(제20판)
개인기업의 법인전환
실무해설

이 철 호

코페하우스
한국재정경제연구소 법인전환센터
since 1986

머 리 말

개정판(20판)을 저술하면서

이 책은 저자가 그동안 공인회계사로서 실무에 종사하면서 접했던 개인기업의 법인전환과 관련된 제반 내용을 중심으로 법인전환 여부를 고민하는 개인기업의 사장님과 법인전환 업무를 수행하는 실무자에게 지침서로 사용할 수 있게 저술하였다. 또한 부족하지만, 법인전환 업무를 직접 수행하거나 고객의 업무를 지도하는 전문가들께도 참고가 될 수 있게 폭넓은 내용을 수록하려고 노력하였다.

이 개정판(20판)은 최근의 세법 등의 개정내용을 반영하여 수록하였다. 특히, 2025년부터 소폭이지만 부동산임대업을 주업으로 하는 성실신고 확인대상 내국법인에 대한 법인세 과세표준 구간 및 세율에 변동이 있었고, 창업중소기업 감면제도에 일부 변화가 있었으며 지방세특례제한법상의 취득세 등의 감면기간이 연장되었다.

또한 최근에 있었던 법인세율의 인하 및 소득세율의 일부 구간 변동, 부동산임대업 및 공급업의 경우 취득세 75% 경감 배제, 상속세 및 증여세법의 개정에 의한 가업승계 제도의 확대 등의 내용도 수록하였다. 법인전환과 관련된 유권해석이나 판례도 관련된 규정의 해석에 한걸음 더 나아가는 쪽으로 변화가 있어 이를 정리하여 추가하였다.

개인기업을 법인으로 전환하는 업무는 상법, 세법 등을 비롯한 다양한 강행 법률과 규정하에 놓여 있어 그 내용과 절차가 간단하지 않으며 또한 상당한 비용을 수반한다. 따라서 법인전환을 위해서는「언제, 어디서, 무엇을, 어떻게, 왜」하여야 하는지에 관한 사전검토가 필요함과 아울러 가장 경제적인 법인전환을 위한 연구가 요청된다.

이 책은 법인전환과 관련된 이러한 문제들을 독자 스스로 해결할 수 있도록 하는 해결방안의 제시에 중점을 두고 다음과 같이 저술하였다.

첫째, 통일된 단일법이 아닌 다양한 법률과 규정을 따라야 하는 법인전환은 자칫 그 내용이 산만해지기 쉬워서 전체적인 통일체계를 잡는 데 주력하였다. 이를 위하여 이 책은 법인전환의 의사결정 및 각 법인전환 방법별의 구체적인 법인전환 절차와 내용을 기본골격으로 하고 공통사항인 법인전환 소요경비, 실무상 유의사항을 각각 독립된 편으로 구성하였다.

둘째, 가능한 한 책의 부피는 줄이되 내용은 늘리도록 노력하였다. 이에 따라 각각의 장별로 공통되는 사항은 중복설명을 생략하고 상호 연결하여 참조하도록 하였으며, 될 수 있는 대로 설명을 간략화하도록 하되 필수적인 중요 내용은 꼭 포함되도록 유의하였다.

셋째, 법인전환 실무에 편리하게 사용 가능 한 책이 될 수 있도록 하였다. 이를 위하여 법인전환에 관한 의사결정 사례, 소요되는 서식과 그 작성 요령에 관한 사례를 별도로 묶어 법인전환의 전 과정을 이론이 아닌 실무로 살펴볼 수 있도록 하여 실제 업무를 수행할 때 참고하기 쉽게 하였다. 또한, 법인전환과 관련된 주요 법률과 각종 서식, 수수료 기준 등을 참고 자료로 수록하여 법인전환 업무에 참고하도록 하였다.

넷째, 특히 이 개정판에서는 법인전환시 감면요건 및 영업권 계상과 관련된 최근의 유권해석과 판례를 되도록 많이 수록하였고, 이러한 유권해석과 판례를 통하여 법인전환시 주의해야 할 점을 강조하였다. 또한 양도소득세 이월과세 신청 이후 양도소득세 이월과세한 고정자산의 처분시 법인세 및 법인지방소득세 세무신고 등 새로운 내용을 추가하려고 노력하였다.

이 개정판이 나오기까지 수많은 세월 동안 많은 어려움과 노력도 있었지만 여기까지 오는데는 독자 제현의 끊임없는 성원이 큰 힘이 되었다고 생각한다. 하지만 이러한 노력에도 불구하고 이 책의 내용이 독자 각각의 상황에 완벽하게 적용하기에는 여러모로 부족한 점이 많을 것이다. 앞으로도 이 책의 내용에 대한 독자 제현의 제안과 충고를 겸허히 수용하고 반영하여 좀 더 나은 내용으로 보답하고자 한다.

끝으로 이 책의 발행을 위해 도와준 모든 분과 한국재정경제연구소 강석원 소장님과 코페하우스 출판센터 여러분에게 감사드린다.

2025년 2월
저자 이 철 호

줄 인 글

▌ 줄인 글로 표기한 관계 법령은 다음과 같습니다.

공증법	공증인법	부가법	부가가치세법
		부가령	부가가치세법 시행령
교세법	교육세법	부가칙	부가가치세법 시행규칙
교세령	교육세법 시행령	부기통	부가가치세법 기본통칙
교세칙	교육세법 시행규칙		
		인지법	인지세법
농특세	농어촌특별세법	인지령	인지세법 시행령
농특령	농어촌특별세법 시행령	인지칙	인지세법 시행규칙
농특칙	농어촌특별세법 시행규칙		
		조특법	조세특례제한법
국기법	국세기본법	조특령	조세특례제한법 시행령
국기령	국세기본법 시행령	조특칙	조세특례제한법 시행규칙
국기칙	국세기본법 시행규칙		
국기통	국세기본법 기본통칙	중기법	중소기업기본법
		중기령	중소기업기본법 시행령
법인법	법인세법		
법인령	법인세법 시행령	지기법	지방세기본법
법인칙	법인세법 시행규칙	지기령	지방세기본법 시행령
법기통	법인세법 기본통칙	지기칙	지방세기본법 시행규칙
상	상법	지세법	지방세법
상법령	상법 시행령	지세령	지방세법 시행령
		지세칙	지방세법 시행규칙
상증법	상속세 및 증여세법		
상증령	상속세 및 증여세법 시행령	지특법	지방세특례제한법
상증칙	상속세 및 증여세법 시행규칙	지특령	지방세특례제한법 시행령
		지특칙	지방세특례제한법 시행규칙
소득법	소득세법		
소득령	소득세법시행령		
소득칙	소득세법 시행규칙		
소기통	소득세법 기본통칙		

차   례

6편   법인전환 소요비용 검토 실무해설   425

7편　법인전환 실무상 검토사항 실무해설　477

8편   법인전환 종합사례 실무해설   555

1편

개인기업의 법인전환
방법과 효과

법인전환이란 무엇인가?

개인기업을 법인기업으로 전환할 것인가? 하지 않을 것인가?

법인기업으로 전환한다면 언제, 어떤 방법으로 전환하는 것이 가장 유리한가?

법인전환을 하는 경우 어떠한 득실이 있으며, 특히 세무면에서 영향은 어떠한가?

이러한 질문들은 「개인기업의 법인전환에 관한 의사결정의 핵심문제」로서 1장은 이에 대한 답을 구하는 방법의 제시에 그 목적이 있다.

1장
개인기업 법인전환의 개요

1절 개인기업과 법인기업

1 개요

① 기업이란 영리를 목적으로 재화 또는 용역을 생산·판매하는 생산경제의 단위체로서 기업활동에 관한 권리·의무의 주체가 누구인가 하는 법률적인 관점에서 개인기업과 법인기업으로 구분한다.

즉, 기업활동에 관한 모든 권리·의무가 개인에게 귀속되는 형태의 기업을 개인기업이라 하며 기업이 법에 따라 소유자와 독립된 법인격을 갖고 권리·의무의 주체가 되는 형태의 기업을 법인기업이라 한다.

② 기업형태가 개인기업이든 법인기업이든 기업의 본질이나 목적에는 별다른 차이가 없다. 그러나 기업의 변천 과정을 볼 때 기업형태는 개인기업에서 출발하여 공동기업·법인기업 형태로 발전해왔으며 개별기업도 최초에는 개인기업 형태로 시작하다가 기업 규모가 커지면서 법인기업으로 형태를 변경하는 경우가 많은데, 이는 기업활동면에서 양자 간에 차이점이 있기 때문이다.

《 개인기업과 법인기업의 비교 》

구 분		개인기업	법인기업
설 립		단 순	복 잡
운영	장점	1. 의사결정이 신속함 2. 기업주 활동이 자유로움 3. 회사 운영상의 비밀유지 용이 4. 창업비용 및 창업자금이 적게 소요됨	1. 대외공신력 우월 2. 자본조달이 용이함 3. 재산 이전 용이(주식양도) 4. 소유와 경영의 분리 가능 5. 자본의 증가 용이
	단점	1. 자본조달 능력의 제한 2. 단독 무한책임 3. 기업의 영속성 결여 4. 경영능력의 한계 5. 일정규모 이상인 경우 세 부담 과중	1. 의사결정체계의 복잡 2. 기업주 활동에 제약이 따름 3. 법상 규제 증가
청 산		단 순	복 잡
적용세법		소득세법	법인세법

2 개인과 법인기업의 차이점

이 책에서의 개인기업과 법인기업의 구분은 법률적인 관점에서의 구분이며 이 구분을 기준으로 한 개인기업과 법인기업의 주요차이점은 다음과 같다.

(1) 설립상의 차이점

개인기업은 복잡한 법적 절차를 거치지 않고도 비교적 쉽게 창업할 수 있지만, 법인기업은 설립시 법적 절차가 비교적 복잡한바 구체적으로는 다음과 같은 차이점이 있다.

첫째, 개인기업은 단독기업이므로 한 개인의 의사결정에 따라 창업할 수 있지만, 법인기업은 공동기업이므로 당해 기업에 참여할 자본주 또는 동업자를 구하고 공동의 의사결정이 필요하게 된다.

둘째, 법인기업을 설립하기 위해서는 상법 등에 따라 당해 기업의 주체가 되는 법인 설립 절차가 선행되어야 하는 데 반해 개인기업의 설립은 그러한 절차가 필요 없다.

셋째, 세무상 개인기업은 설립시 부가가치세법의 규정에 따라 사업자등록만 하면 되는 데 반해 법인기업은 사업자등록 외에 법인설립신고도 하여야 한다.[1]

(2) 운영상의 차이점

개인기업과 법인기업의 차이점 중 가장 중요한 차이점은 운영상의 차이점인바 일반적인 주요 차이점은 다음과 같다.

첫째, 개인기업은 개인기업주가 기업경영활동의 결과에 대하여 단독 무한책임을 지지만 법인기업의 출자자는 출자액을 한도로 유한책임을 진다. 즉, 개인기업은 개인기업주가 기업 경영상의 채무에 대하여 개인 재산까지를 처분하여 변제할 책임이 있지만, 법인기업의 출자자는 출자금액을 한도로만 책임을 지기 때문에 개인 재산까지 처분하여 기업의 채무를 변제하지 않아도 된다.

둘째, 법인을 우대하고자 하는 조세정책의 결과 일정규모 이상의 기업인 경우 법인기업과 비교하면 개인기업이 세무상 불리하다. 즉 매출액이 동일할 때 법인기업의 경우보다 개인기업은 세무 관리가 강화되며 또한 소득세에 대한 누진세율 때문에 일정규모 이상일 때 기업활동에 대한 개인기업의 세 부담액이 법인기업보다 많다.[2]

셋째, 개인기업보다 법인기업은 재산 이전이 비교적 쉽다. 개인기업 소유자는 재산이전은 기업의 자산·부채를 개별적으로 이전해야 하지만 법인기업의 소유자인 주주는 재산 이전은 주권의 양도로써 종결할 수 있다.

넷째, 개인기업보다 법인기업은 기업 운영상에서 많은 제약 또는 의무를 부담하게 되는데 이는 주로 상법 및 세법 규정에 기인한다. 예를 들면 법인은 상법 규정에 의거 상호, 자본금 등을 등기하여야 하고 결산 대차대조표(재무상태표)를 신문에 공고하여야 한다.[3] 그러나 이러한 제약 또는 의무의 증가가 정상적인 기업활동을 저해하는 것은 아니다.

(3) 청산시의 차이점

기업의 설립시와 마찬가지로 청산시에도 개인기업에 비해 법인기업의 법적 절차가 더 복잡하다. 즉, 폐업에 따른 폐업신고, 부가가치세신고 등의 세무상 절차는 개인기업, 법인기업 모든 동일하지만 법인기업은 상법상 해산등기 등 청산절차를 추가로 수행해야만 청산이 종결된다.

---

[1] 법인세법 제109조에서는 제111조의 규정에 따른 사업자등록을 한 때에는 법인설립신고를 한 것으로 본다.
[2] 이에 관해서 1편 3장에서 구체적으로 해설하였다.
[3] 2001.12.31일자로 법인세법에서 대차대조표(재무상태표) 공고에 대한 불이행가산세가 삭제되면서 공고를 하지 않아도 불이익이 없고, 상법에서는 대차대조표(재무상태표)를 공고하라는 규정이 있고 미공고시 500만원 이하의 과태료를 부과한다는 규정이 있지만 과태료를 부과한 실적은 거의 전무한 실정이다. 다만 외부감사를 받는 법인이나 상장회사는 주식회사의 외부감사에 의한 법률 또는 증권거래법 등에 의거 재무제표를 전자공시하고 있다. 따라서 법인세법이 개정된 이후에는 외부감사를 받지 않는 법인들은 대차대조표(재무상태표)를 공고하는 법인은 거의 없다고 보아도 무방할 것이다.

2절 개인기업 법인전환의 효과

1 법인전환의 개념

법인전환의 개념은 비교적 간단하다. 즉, 법인전환이란 개념적으로는 개인기업주가 기업 경영상 권리·의무의 주체가 되어 경영하던 기업을 개인기업주와는 독립된 법인이 기업 경영상 권리·의무의 주체가 되도록 기업의 조직형태를 변경하는 것을 말한다.

그러나 법인전환을 하기 위한 절차와 과정은 상술한 개념처럼 간단하지가 않다. 법인전환을 위해서는 상법·세법 등을 비롯한 각종 법률과 규정에서 요구하는 제반 절차를 수행해야만 한다.

또한, 법인전환은 무상으로 이루어질 수 있는 것이 아니며 법인전환을 위해서는 세금과 수수료를 중심으로 한 비용을 부담해야만 한다.

2 법인전환의 효과

이러한 인적·물적 비용을 부담하면서 개인기업을 법인으로 전환하기 위해서는 법인전환을 함으로써 얻을 수 있는 대가가 있어야만 한다. 이를 법인전환의 효과라 하며 법인전환을 함으로써 기대되는 일반적인 효과는 다음과 같다.

(1) 기업의 유지·발전

개인기업과 비교하면 법인기업은 기업의 영속성과 발전성이 강하다. 개인기업은 기업가의 교체·사망 등 기업주의 개인적 사정이 기업의 존속에 중대한 영향을 미치지만, 법인기업은 출자자의 개인적 사정이 기업의 존속에 큰 영향을 미치지 않는다.

또한, 개인기업과는 달리 법인기업은 전문경영인의 활용을 통해 기업 발전을 위한 경영합리화를 도모할 수 있으며 기업경영에 따른 위험분산도 가능하다.

(2) 기업의 대외신용도 제고

개인기업보다 법인기업이 신용도가 높다고 생각하는 사회적 인식에 따라 법인전환을 함으로써 기업의 대외신용도를 높일 수 있다.

기업의 대외신용도 및 이미지 제고는 외부적으로 자금조달을 쉽게 할 뿐만 아니라 기타 영업정책의 수립과 추진에서도 상당한 플러스 요인으로 작용하게 된다.

(3) 자본조달의 원활화와 다양화

개인기업과 비교하면 법인기업은 더욱 다양한 자본조달수단을 가지게 된다. 개인기업의 자본조달은 개인기업주의 자기자본과 외부로부터의 차입이라는 두 가지 경로를 통해서 이루어지나, 법인기업은 다음과 같은 추가 수단이 있다.

첫째, 법인기업은 복수인의 자본을 결합하는 것을 근간으로 하므로 많은 사람으로부터 자본을 쉽게 조달할 수 있으며, 일정 요건에 해당하는 경우에는 유가증권시장, 코스닥시장, 코넥스시장에 상장하여 기업공개를 할 수도 있다.

둘째, 법인기업 특히 주식회사는 다양한 종류의 회사채 발행을 통한 자금조달도 가능하다.

(4) 세금 절감 및 세제상 유리

현행 법인세율과 소득세율의 차이로 말미암아 일정규모 이상의 동일한 이익을 내는 기업체는 세금납부액에서 개인기업보다 법인기업이 상대적으로 낮으므로 법인전환을 통해 기업활동에 따른 세금의 절감을 기대할 수 있다.[4]

(5) 노사관계의 정립

개인기업은 소유와 경영이 일치되어 있으므로 개인기업의 종업원은 그 기업의 경영의사결정과정에 참여할 수가 없고 또한 기업의 경영성과에 따른 배당을 받을 수가 없다. 그러나 주식회사는 우리사주조합제도 및 스톡옵션(Stock Option)제도[5]를 도입할 수 있으므로 회사의 종업원이 회사의 경영에도 참여할 수 있고 또한 회사의 경영성과에 따라 배당도 받을 수 있으므로 노사관계가 재정립될 수 있는 계기가 마련될 수 있다.

3 법인전환의 제약

법인전환의 효과에도 불구하고 모든 개인기업이 법인으로 전환되지 않는바 그 이유는 다음과 같다.

---

[4] 그러나 이 세금의 절감은 기업활동에 따른 세금만을 비교했을 때의 절감이며, 세금을 기업주의 가처분소득에 대한 세금으로 가정하면 달라질 수 있다. 이에 대하여는 본편 3장에서 구체적으로 설명한다.
[5] 스톡옵션이란 기업이 임직원에게 일정수량의 자기회사의 주식을 매수할 수 있는 권리를 부여하는 제도로 주식매입선택권 및 주식매수선택권이라고 한다. 이 제도는 자사의 주식을 일정 한도 내에서 액면가 또는 시세보다 낮은 가격으로 매입할 수 있는 권리를 해당 상대에게 부여한 뒤 일정 기간이 지나면 임의대로 처분할 수 있는 권한까지 부여하는 것이다. 스톡옵션은 그 대상이 되는 임직원에게 함께 열심히 일하도록 유도할 수 있는 효과적인 능률급제도로 여겨짐으로써 현재 새로운 경영전략의 하나로 자리 잡고 있다. 이 제도는 철저하게 능력 중심으로 제공되기 때문에 직급 또는 근속연수를 바탕으로 하는 우리사주조합제도와는 다르다.

첫째, 기업에 따라서는 법인전환이 불필요할 뿐만 아니라 오히려 기업활동에 장애가 되는 것으로 판단되는 때도 있기 때문이다.

개인기업도 그 나름대로 장점이 있으므로 기업활동의 특성에 따라서는 법인보다는 개인형태로 운영하는 것이 더 유리할 수도 있다. 또한, 소규모의 기업이면 개인기업의 세 부담이 법인기업보다 작으므로 세 부담 절감을 위해서도 개인기업 형태가 바람직할 수도 있다.

둘째, 법인전환의 필요성은 인정되나 법인전환 절차의 추진에 제약 또는 애로 요인이 있는 경우가 있기 때문이다.

법인전환의 추진을 가로막는 애로요인은 기업의 실정에 따라 다양하나 일반적으로는 법인전환 소요비용과 전환절차의 번잡이 주된 장애요인이다.

법인전환 소요비용은[6] 법인전환과정에서 소요되는 각종 세금과 수수료로서 각종 세금에는 부동산을 개인에서 법인 앞으로 명의이전함에 따른 양도소득세, 취득세와 법인설립에 따른 등록면허세 등이 있고 수수료에는 법무사 수수료, 감정평가 보수, 회계감사 보수 및 공증 수수료 등이 있다.

법인전환 절차는 그 종류가 많을 뿐만 아니라 법인전환에 관한 통일된 단일법이 아니라 관련된 많은 개별법에 근거해서 수행되기 때문에 그 절차가 번잡하다.

4 법인전환의 지원

정부는 개인기업의 법인전환을 유도·지원하고 있으며 이를 위해서 법인전환 소요비용을 경감할 수 있는 지원방안으로 법인전환에 대한 조세지원을 조특법 및 지특법에 규정하고 있다.

이에 따라 법인전환 소요비용 중 가장 큰 비중을 차지하는 법인전환에 따른 양도소득세 등의 세금 중 상당 부분을 법이 정하는 요건을 충족시키는 경우에 이월과세·감면받을 수 있다.[7]

---

[6] 법인전환 소요비용은 6편에 구체적으로 설명되어 있다.
[7] 법인전환시 조세지원은 조특법 및 지특법 소정의 요건을 갖춘 경우에만 받을 수 있는데 동 요건과 조세지원 내용은 3편에서 5편까지에 걸쳐 상세히 설명되어 있다.

3절 성실신고확인대상과 법인전환

1 성실신고확인대상 개인기업

① 개인기업 중 해당 과세기간의 수입금액이 다음과 같이 업종별로 정한 일정규모 이상의 사업자를 '성실신고확인대상 사업자'라고 하여 법인기업보다 세무상 관리가 까다롭게 세법이 강화되었으므로 법인기업으로의 전환이 세무상 관리비용의 절감이나 절세측면에서 유리할 수 있다.

② 다만, '성실신고확인'이라는 까다로운 세무상의 절차를 피하고자 법인전환 하는 개인기업이 늘어나자 세무당국은 성실신고확인대상(해당 법인설립일이 속하는 연도 또는 직전 연도에 성실신고확인대상자인 경우)인 개인기업이 현물출자 및 사업양도양수방법으로 법인전환 후 3년 동안은 전환법인에 대해서 계속 성실신고 확인을 받도록 세법을 개정한 바 있으니 이에 유의해야 한다.[8]

③ 성실신고확인대상 개인사업자는 다음과 같다. (소득령 133조)

《 성실신고확인대상 개인기업 》

업종	기준수입금액[9]
농·임·어업, 광업, 도소매업, 부동산매매업, 기타 업종	해당연도 수입금액 15억원 이상
제조업, 음식숙박업, 전기·가스 등 공급업, 수도·하수·폐기물처리·원료재생업, 건설업, 운수업, 정보통신업, 금융보험업, 상품중개업	해당연도 수입금액 7.5억원 이상
부동산임대업, 부동산업(부동산매매업 제외), 전문과학기술서비스업, 사업지원서비스업, 교육서비스업, 보건업 및 사회복지서비스업, 예술스포츠여가서비스업, 수리 및 기타 개인서비스업 등	해당연도 수입금액 5억원 이상

---

8) 필자의 견해로는 입법 취지상 성실신고확인대상인 개인사업자가 법인기업에 현물출자하여 중소기업 통합에 의한 법인전환시에도 통합법인은 3년 동안 성실신고 확인을 받아야 한다고 생각한다.
9) 사업용 유형자산을 양도함으로써 발생한 수입금액 제외

2 성실신고확인대상 법인기업

소규모 법인으로 다음에 해당하는 법인은 법인세법상 성실신고확인대상이므로 부동산임대업을 주업으로 하는 개인사업자가 법인으로 전환하는 경우 계속 성실신고 확인 대상자가 될 수 있다. (법인법 60조의 2).

《 성실신고확인대상 법인기업 》

구분	대상법인
일반법인	①부동산임대업을 주업으로 하거나 이자·배당·부동산(권리)임대소득금액 합계액이 매출액의 50% 이상인 내국법인
	②해당 사업연도의 상시근로자 수가 5인 미만
	③지배주주 및 특수관계인의 지분합계가 전체의 50% 초과
법인전환 법인	①성실신고확인대상(해당 법인설립일이 속하는 연도 또는 직전 연도에 성실신고확인대상자)인 개인기업이 현물출자 및 사업양도양수 방법으로 법인전환 후 3년 이하인 내국법인
	②법인전환 한 법인이 그 전환에 따라 경영하던 사업을 현물출자 등의 방법으로 인수한 다른 내국법인(법인전환일로부터 3년 이내인 경우로서 인수한 기업을 계속 경영하는 경우로 한정)

3 성실신고확인대상의 면제

주식회사 등의 외부감사법에 따라 감사인에 의한 감사를 받은 내국법인은 성실신고확인을 면제한다. (법인법 60조의 2)

4 성실신고 관련 예규사례

사례

신설법인 설립을 통한 법인전환이 아니라 기존법인이 성실신고확인대상 개인사업자의 사업을 포괄양수한 경우에도 성실신고확인서 제출 대상에 해당함.

▶ (사실관계) ○ A법인은 1998.12.1. 설립되어 의류 임가공업을 영위하는 법인으로 사업부진 등으로 2016.10.31. 납품을 마지막으로 휴업을 하였음

○ 휴업 중에 있던 A법인은 2019.6.4. A법인의 1인 주주이자 대표이사이면서 신발 도소매업

을 영위하고 있는 개인사업자인 갑의 사업을 포괄양수하였으며, 갑은 소득세법상 성실신고확인서 제출대상 사업자에 해당함

● (질의) 개인사업자가 폐업 후 신설법인 설립을 통한 법인전환이 아니라 기존법인이 성실신고확인대상 개인사업자의 사업을 포괄 양수하는 경우에도 해당 법인이 성실신고확인서 제출대상에 해당하는지 여부

▶ (회신) 휴업 중에 있던 기존 내국법인이 「소득세법」 제70조의2제1항에 따른 성실신고확인서 제출 대상 개인 사업자의 사업을 포괄적으로 양수한 경우, 해당 내국법인은 「법인세법」 제60조의2제1항제2호에 따른 성실신고확인서 제출 대상에 해당하는 것임.(사전법령법인-1147, 2020.12.24)

2장
개인기업 법인전환의 의사결정

1절 법인전환 의사결정의 사항

1 의사결정의 사항

개인기업의 법인전환에서 의사결정은 법인전환을 수행하는 단계를 기획단계와 실시단계로 구분할 때 기획단계에서 필요한 의사결정은 다음의 4가지로 요약된다.

첫째, 개인기업을 법인으로 전환할 것인가의 여부

둘째, 어떠한 형태의 법인으로 전환할 것인가의 여부

셋째, 어떤 방법으로 전환할 것인가의 여부

넷째, 언제 법인으로 전환할 것인가의 여부

이상의 4가지 의사결정은 순차적으로 결정해야만 하는 것은 아니며 또 상호 관련이 있으므로 종합적으로 검토하여야 한다.

2 법인전환 여부의 결정

① 개인기업을 법인으로 전환할 것인가에 관한 의사결정은 당해 기업이 처한 기업환경과 경영자의 경영 의지에 좌우되는 고도의 경영판단을 해야 하는 의사결정이다. 이 의사결정은 그 성질상 계량적인 분석이 곤란하며 기업의 규모·조직 및 사업의 성격, 장래 발전성 등 기업환경과 기업가의 의지 등을 종합하여 결정하여야 한다.

1. 기업의 규모
2. 기업의 조직

　　3. 사업의 성격

　　4. 사업의 발전성

　② 개인기업의 법인전환 여부에 관한 의사결정은 타인에 의한 조언은 가능하지만, 그 최종 결론은 기업가 자신이 내려야 하며 구체적인 기업의 상황이 종합적으로 고려되어야 한다. 따라서 개인기업을 법인기업으로 전환할 것인가에 대한 전형적인 의사결정모형은 설정하기 곤란하며 일반적으로는 법인전환의 효과와 이에 대한 비용의 비교 또는 법인전환의 장·단점 비교를 통하여 법인전환 여부를 결정하게 된다.

　　1. 법인전환의 효과

　　2. 법인전환의 비용

　　3. 법인전환의 장·단점

　③ 법인전환 여부의 결정에는 많은 고려요소가 있지만, 그중에서도 법인전환의 필요성을 제기하는 기업환경이 가장 중요한 고려 요소이다. 왜냐하면, 기업환경이 변화함에 따라 기업도 대응해서 변신해야 하며 법인전환은 이러한 대응방안 중의 하나이기 때문이다.

3 　기업환경과 법인전환의 여부

　① 기업은 유기적이고 동태적인 조직체로서 기업을 둘러싸고 있는 기업환경에 의해 영향받고 있으며 기업환경이 변화하는 경우에는 그 환경에 적응하기 위한 변신이 필요하다. 변화하는 기업환경에 적응하지 못할 때는 기업의 발전을 기대하기는커녕 기업 자체의 존립마저도 위태로워질 수도 있다.

　② 기업환경에 적응하기 위한 기업의 변신 노력에는 여러 가지가 있다. 예를 들면 사업전환, 신제품개발, 신시장개척, 내부관리조직 개편, 사업 규모의 확장 및 축소 등 기업 경영상의 여러 부분에 걸친 변화가 모두 기업환경에 대응하기 위한 기업의 변신 노력 들이며 개인기업의 법인전환도 이러한 변신 노력의 일환이라 볼 수 있다.

　③ 기업환경이란 기업의 내부 및 외부에서 기업이나 기업활동에 영향을 미치는 모든 것으로서 그 구성요소의 범위도 넓고 그 수도 많다. 즉 기업환경에는 어떠한 형태로건 기업과 관련이 있거나 혹은 영향을 주고받는 사회적, 정치적, 문화적, 경제적 생활의 모든 분야가 포함되고 내부환경과 외부환경으로 구분된다.

　④ 외부환경은 그 환경을 구성하고 있는 주된 내용에 따라 일반적으로는 경제적 환경, 사회적 환경, 정치적 환경, 기술적 환경, 자연적 환경 등으로 나누어지며 내부환경은 기업의 경영자, 주주와 종업원이 포함된다.

　⑤ 개인기업을 법인으로 전환할 것인가의 여부에 관한 의사결정은 경영자의 경영의지를

제외하고는 상술한 각 기업환경을 고려하여 이루어져야 한다.

(1) 경제적 환경

경제적 환경이란 기업활동에 직접적인 영향을 미치는 경제시스템 전반을 말하며 시장, 경제체제, 산업구조, 경쟁, 재정 또는 금융정책 등이 모두 이 범주에 포함된다. 경제적 환경 중 개인기업의 법인전환과 관련하여 특히 중요한 것은 시장과 금융이다.

시장은 다양한 수요자로 구성되며 그 수요자가 개인기업보다 법인기업을 선호할 때[10] 그 환경에 적응하기 위해서는 법인전환을 할 수밖에 없다.

금융은 기업의 유지와 발전에 필요한 자금의 조달과 밀접한 관련이 있으며 개인기업보다 법인의 경우가 주식발행, 사채발행 등, 더 다양한 자금조달수단을 갖게 된다 함은 전술한 바 있다.

(2) 사회적 환경

사회적 환경이란 개인의 행동에 영향을 미치는 집단이나 문화, 가치관, 전통이나 관습 등과 같은 사회적 제도나 사회적 태도 등을 말한다.

전술한 법인전환의 동기 중 대외공신력 등의 제고는 바로 이러한 사회적 환경의 영향이다. 즉, 개인기업보다는 법인기업이 더 신뢰할 수 있다는 일반적인 사회적 가치관의 영향으로 말미암아 개인기업이 법인으로 전환함으로써 기업의 공신력을 높일 수 있다.

(3) 정치적 환경

정치적 환경은 법률적 환경이라고도 하는데 기업에 대한 정부의 정책 및 이를 실행하기 위한 제반 법률이 모두 이에 포함된다.

정치적 환경 중 개인기업의 법인전환과 특히 밀접한 관련이 있는 것은 중소기업기본법과 세법이다. 정부는 중소기업기본법 제9조에 의거 개인기업의 법인전환을 구조고도화 또는 기업체질개선의 목적으로 적극 권장·유도하는 정책을 취하고 있으며 이의 실행을 위해 법인전환에 대한 조세지원을 조특법 및 지특법에 규정하고 있다.

한편, 개별기업의 입장에서는 소득세법과 법인세법상의 세율 차이로 말미암아 법인전환을 함으로써 사업소득에 대한 세 부담을 절감할 수도 있는데 이에 대하여는 후술하기로 한다.

(4) 내부환경

기업의 내부환경은 경영자, 주주, 종업원으로 이루어지는 기업의 경영조직으로서 법인전환

---

[10] 대기업에 의한 중소기업의 계열화 즉 중소기업에 의한 부품생산, 대기업에 의한 조립·판매는 오늘날의 일반적인 추세이며 이 과정에서 대기업은 납품업체가 법인기업일 것을 자격조건으로 하는 예도 있다.

은 이러한 경영조직의 합리화에 도움이 된다.

　개인기업인 경우는 기업주가 바로 경영자이지만 법인기업은 출자자와 경영자의 분리가 가능하다. 따라서 개인기업을 법인으로 전환함으로써 전문경영인의 영입이 가능하며 개인기업주의 경영위험도 분산시킬 수 있게 된다.

　한편, 종업원과의 관계에서도 법인전환은 플러스의 효과를 발휘할 수 있다. 즉 법인전환을 함으로써 대외적인 공신력이 높아질 뿐만 아니라 대내적인 공신력도 높아지므로 종업원에 대한 직장의 안정성을 높이는 심리적 효과를 기대할 수 있으며 우리사주조합제도나 스톡옵션제도 등을 통한 노사관계의 안정도 기대할 수 있다.

4 　창업과 법인전환

　사업을 영위하는 형태는 처음부터 개인기업을 창업하여 할 수도 있고 법인기업을 창업하여 할 수도 있다. 경우에 따라서는 개인기업을 창업하여 영위하다가 개인기업을 폐업한 후 법인기업을 새로 설립하여 사업을 계속할 수도 있으며, 개인기업을 법인전환하여 법인으로 계속 운영할 수도 있다. 이러한 의사결정에 있어 사례별로 다양한 이유로 선택이 달라질 수 있겠으나, 여기서는 조세특례제한법 제6조의 창업중소기업 등에 대한 세액감면에 대해 간략히 서술하고 이 규정과 법인전환의 관련 내용을 소개하고자 한다.

1) 창업의 개념

　창업이라 함은 기업을 새로이 설립하는 것을 말하는 것으로서 법인사업자의 경우 창업일은 법인설립등기일이고 개인사업자의 경우는 소득세법 또는 부가가치세법에 따른 사업자등록을 한 날이 된다. 조세특제한법 제6조 제10항에서는 창업중소기업으로서 세액감면을 적용할 때 다음에 해당하는 것은 창업으로 보지 아니한다고 규정하고 있다.

① 합병·분할·현물출자 또는 사업의 양수를 통하여 종전의 사업을 승계하거나 종전의 사업에 사용되던 자산을 인수 또는 매입해 같은 종류의 사업을 하는 경우(다음의 경우 제외)

　1. 인수하거나 매입하는 자산가액의 합계가 사업용 총자산가액의 50% 미만인 경우

　2. 사업의 일부를 분리해 해당 기업의 임직원이 사업을 개시하는 경우로서 법 소정의 요건에 해당하는 경우

② 거주자가 하던 사업을 법인으로 전환해 새로운 법인을 설립하는 경우

③ 폐업 후 사업을 다시 개시해 폐업 전의 사업과 같은 종류의 사업을 하는 경우

④ 사업을 확장하거나 다른 업종을 추가하는 경우 등 새로운 사업을 최초로 개시하는 것으로 보기 곤란한 경우

상기의 내용으로 보아 개인기업을 법인전환하여 법인으로 영위하는 경우 창업으로 보지 아니하므로 창업중소기업 세액감면을 받을 수 없으나 상기 내용에 해당되어 세액감면을 받을 수 없는지 여부는 사실을 종합적으로 판단해 보아야 할 것이다.

2) 창업중소기업 세액감면의 내용

(1) 감면대상자

① 2027년 12월 31일 이전에 수도권과밀억제권역 외의 지역에서 창업한 중소기업(청년일 경우 수도권과밀억제권역 안이라도 가능함)

② 2027년 12월 31일 이전에 중소기업창업지원법 제53조 제1항에 따라 창업보육센터사업자로 지정받은 내국인

(2) 감면대상업종(조특법 6조 3항)

① 광업, 제조업, 수도하수 및 폐기물처리·원료 재생업, 건설업, 통신판매업, 물류산업, 음식점업, 정보통신업

② 전문과학 및 기술 서비스업, 사업시설 관리 및 조경서비스업, 사업지원 서비스업, 사회복지 서비스업 등

(3) 감면금액

1. 수도권과밀억제권역 외의 지역에서 창업한 청년창업중소기업 : 최초로 소득이 발생한 사업연도와 그 다음 4년간 법인세와 소득세의 100%(수도권과밀억제권역과 인구감소지역을 제외한 수도권지역 75%로 감면율 조정)

2. 수도권과밀억제권역에서 창업한 청년창업중소기업 : 최초로 소득이 발생한 사업연도와 그 다음 4년간 법인세와 소득세의 50%

3. 수도권과밀억제권역 외의 지역에서 창업한 창업중소기업 : 최초로 소득이 발생한 사업연도와 그 다음 4년간 법인세와 소득세의 50%(수도권과밀억제권역과 인구감소지역을 제외한 수도권지역 25%로 감면율 조정)

4. 창업보육센터사업자 : 최초로 소득이 발생한 사업연도와 그 다음 4년간 법인세와 소득세의 50%

상기에서 청년창업중소기업이란 개인기업의 경우 대표자가 창업 당시 15세 이상 34세 이하인 경우이며, 법인으로 창업하는 경우 지배주주 등으로서 최대주주인 대표자가 창업 당시

15세 이상 34세 이하인 중소기업을 말한다.

또한, 상기 감면금액 중 수도권지역 감면율 조정은 2026.1.1 이후 창업분부터 적용하며, 감면율 조정시 "인구감소지역"이란 지방자치분권 및 지역균형발전에 관한 특별법 제2조 제12호에 따른 인구감소지역을 말한다. 한편, 2025.1.1. 이후 창업하는 분부터는 창업중소기업 세액감면액에 대해 연간 감면한도가 5억원으로 설정되었다.

3) 창업벤처중소기업 세액감면의 내용

(1) 감면대상자

창업 후 3년 이내에 벤처기업육성에 관한 특별법 제25조에 따라 2027년 12월 31일까지 벤처기업으로 확인받은 다음의 기업

① 벤처기업육성에 관한 특별법 제2조의 2의 요건을 갖춘 중소기업(같은 조 제1항 제2호 나목에 해당하는 중소기업은 제외)

② 연구개발 및 인력개발을 위한 조특령 별표 6의 연구개발비가 당해 과세연도 수입금액의 5% 이상인 중소기업

(2) 감면대상업종(조특법 6조3항)

- 창업중소기업 세액감면과 동일

(3) 감면금액

- 벤처기업으로 확인받은 날 이후 최초로 소득이 발생한 사업연도와 그다음 4년간 법인세와 소득세의 50%

4) 법인전환시 감면세액의 승계

① 이미 살펴본 바와 같이 개인기업을 법인으로 전환해 새로운 법인을 설립하는 것은 창업으로 보지 않아 창업중소기업 등에 대한 세액감면을 받을 수 없다. 그러나 창업중소기업 등에 대한 세액감면을 적용받던 개인사업자가 법인으로 전환하는 경우 전환 후 법인이 개인사업자의 잔존감면기간 동안 세액감면을 적용받을 수 있느냐의 문제가 있다.

② 이에 대해서는 조세특례제한법 제31조의 규정에 의한 요건을 갖춘 중소기업간의 통합이거나 조세특례제한법 제32조의 규정에 의한 현물출자 또는 사업양수도 방법에 의한 법인전환의 경우 개인사업자의 잔존감면기간에 대한 감면세액은 법인에 승계되도록 하고 있다. (조특법 31④, 조특법 32④)

(4) 창업 관련 예규사례

> (사례1) 개인기업을 승계하거나 인수하지 않고 다른 사업장에 별도 법인 설립하여 사업을 개시하는 경우 동일한 업종이더라도 창업으로 봄
> (사례2) 조세특례제한법 요건을 갖추어 법인으로 전환함으로서 청년창업중소기업에 대한 세액감면을 승계받은 경우
> (사례3) 조세특례제한법상 법인전환에 해당하여야 창업벤처중소기업에 대한 세액감면을 적용받을 수 있음
> (사례4) 법인으로 전환하면서 기존 업종에 다른 업종을 추가하여 그 업종으로 주업종을 변경한 경우
> (사례5) 법인전환 기업이 창업중소기업 세액감면을 적용받을 수 있는지
> (사례6) 창업중소기업이 사업양수도 법인전환시 기감면 취득세액 등의 추징 여부
> (사례7) 창업벤처중소기업의 현물출자 법인전환시 기감면된 취득세 등 추징 여부
> (사례8) 법인전환 후 창업중소기업의 세액감면 잔존감면기간의 적용 여부

사례 1

개인기업을 승계하거나 인수하지 않고 다른 사업장에 별도 법인 설립하여 사업을 개시하는 경우 동일한 업종이더라도 창업으로 봄

■ (사실관계) 1. 질의자는 개인사업(전기·전자공학 연구개발업)을 22년 1월 서울에 개업하여 계속사업 중으로 별도 법인(1인 주주)을 설립 예정임

2. 개업 당시 병역이행 기간(2년) 차감하여 '청년창업감면' 가능한 것으로 질의자 판단

● (질의내용) 1. (질의1) 계속사업 중인 개인사업과 동일한 업종의 법인을 설립할 경우 창업감면 대상에 해당하는지

2. 계속사업 중인 개인사업과 다른 업종의 법인을 설립할 경우 창업감면 대상에 해당하는지

▶ (회신) 1. 「조세특례제한법」 제6조에 의한 [창업중소기업 등에 대한 세액감면]을 적용함에 있어 개인사업자가 그 사업을 계속하면서 해당 개인사업을 승계하거나 인수하지 않고 개인사업장과 다른 사업장에 별도의 법인을 설립하여 사업을 개시하는 경우 기존 개인사업과 동일한 업종이더라도 '창업'에 해당하는 것입니다.

2. 다만, 귀 질의가 이에 해당하는지는 법인의 설립 경위, 기존 개인사업과의 연관성, 거래 규모와 실태 등을 종합적으로 고려하여 사실판단할 사항입니다. (서면 법인-3669, 2024.01.31.)

조세특례제한법 요건을 갖추어 법인으로 전환함으로써 청년창업중소기업에 대한 세액감면을 승계받은 경우

■ (사실관계) 1. 질의법인은 수도권과밀억제권역에서 전자상거래 도소매업을 영위하는 개인사업자('21.1월 창업)로부터 조세특례제한법§32①의 요건을 갖추어 법인으로 전환('21.10월)한 법인임

2. 질의법인은 개인사업자 당시 적용받았던 청년창업중소기업에 대한 세액감면(조세특례제한법§6①(1)나목)을 조세특례제한법§31④,§32④에 따라 승계

3. 질의법인은 운영중인 네이버 연동 온라인쇼핑몰의 영업권 매각* 및 명의변경*을 위해 폐업신고를 하고 그 직후 폐업취소*를 요청할 예정이며 폐업신고 전·후에도 기존의 사업을 그대로 영위

   • 실질적으로 사업을 계속 영위하는 상태에서 폐업신고를 한 경우로서 폐업신고 직후 관할세무서에 폐업취소를 요청하는 경우 폐업신고를 수리하지 않음(기존 사업자 등록 유지)

● (질의) 개인사업자에서 법인으로 전환하면서 조세특례제한법§6에 따른 「창업중소기업에 대한 세액감면」을 개인사업자로부터 승계받은 법인이 영업권 매각 등을 위하여 폐업신고를 하고, 그 직후 폐업취소 요청을 한 경우로서 폐업신고 전·후에도 기존의 사업을 그대로 영위하는 경우 조세특례제한법§6의 세액감면을 계속 적용 받을 수 있는지

▶ (회신) 1. 사실관계와 같이 「조세특례제한법」 제6조제1항의 창업중소기업 등에 대한 세액감면 기간이 지나기 전에 같은 법 제32조의 요건을 갖추어 개인사업자에서 법인으로 전환함으로써 해당 세액감면을 승계받은 법인이,

2. 개인사업자로부터 승계받은 사업에 관한 영업권을 매각하기 위하여 폐업신고를 하였으나 해당 폐업신고 직후 폐업취소를 한 경우로서, 실질적으로는 폐업하지 않고 동일한 사업을 계속 영위하고 있는 경우에는

3. 해당 개인사업자로부터 승계받은 사업에서 발생하는 소득에 대하여 전환 당시의 잔존감면기간내에 종료하는 각 사업연도까지 해당 세액감면을 받을 수 있는 것입니다. 다만, 실질적으로는 폐업을 하지 않고 동일한 사업을 계속 영위하고 있는지 여부는 사실판단할 사항입니다. (서면법규법인-1521, 2022.11.07.)

사례 3

> 조세특례제한법상 법인전환에 해당하여야 창업벤처중소기업에 대한 세액감면을 적용받을 수 있음

■ (사실관계) 1. 질의법인의 대표이사는 '16.12.23. 전자상거래업을 주업으로 개인사업자로 사업을 개시하여 '18.9.30.부터 법인으로 전환하였으며,

2. 질의법인은 개인사업의 자산과 부채, 사용자를 포괄적으로 양도양수하고, 개인사업과 동일한 전자상거래업을 주업으로 영위하고 있음

3. 법인설립 후 '19.1.16. 「벤처기업육성에 관한 특별조치법」에 따른 벤처기업으로 확인받음

● (질의) 개인사업자가 법인으로 전환하면서 조세특례제한법 제32조에 따른 법인전환에 해당하지 않는 경우에도 창업벤처중소기업에 대한 세액감면을 적용받을 수 있는지 여부

▶ (회신) 개인사업자가 「조세특례제한법」 제6조 제3항에 해당하는 업종을 창업한 후 동법 제32조 및 동법시행령 제29조 제2항 및 제5항에 규정하는 법인전환 요건에 따라 중소기업 법인으로 전환하고 개인사업의 창업일로부터 3년 이내에 벤처기업을 확인받는 경우 동법 제6조 제2항의 창업벤처중소기업 세액감면을 적용받을 수 있는 것입니다 (서면법인-899, 2020.07.03)

사례 4

> 법인으로 전환하면서 기존 업종에 다른 업종을 추가하여 그 업종으로 주업종을 변경한 경우

■ (사실관계)
  - 해당법인의 대표자는 2004.2.~2011.5.까지 수도권과밀억제권역 안에서 주방기구 도·소매업을 영위하다가 폐업하고
  - 2011.5. 사업양수도 형식으로 기존 사업에 사용하던 자산을 인수하여 수도권과밀억제권역 밖에 해당법인을 설립하고 주업종을 제조·주방기구로 변경
  - 해당법인이 양수한 자산가액은 사업 개시 당시 사업용자산가액의 30% 이하이며
  - 최초 사업연도 매출액은 제품매출이 92%, 도·소매업이 8%를 차지

● (질의) 도·소매업을 영위하던 개인사업자가 주업종을 제조업으로 변경하여 법인전환 하는 경우 창업중소기업에 대한 세액감면 적용 여부

▶ (회신) 조세특례제한법 제6조 '창업중소기업 등에 대한 세액감면'을 적용함에 있어 거주자가 하던 사업을 법인으로 전환하여 새로운 법인을 설립하는 경우에는 창업으로 보지 아니하는 것이나, 개인사업자가 법인으로 전환하면서 기존 업종에 다른 업종(이하 "해당업종")을 추가하여 해당업종으로 주업종을 변경한 경우에는 해당업종에 대해 창업으로 보는 것임. (서면법규과-731, 2014.07.11.)

사례 5

> 법인전환 기업이 창업벤처중소기업 세액감면을 적용받을 수 있는지

● 조특법 제6조 제3항에 따른 업종을 창업한 개인사업자가 중소기업인 법인으로 전환하고 개인사업의 창업일로부터 3년 이내에 벤처기업으로 확인받는 경우 동법 제6조 제2항에 따른 창업벤처중소기업 세액감면을 적용받을 수 있는지는 다음 예규를 참고(법인세과-276, 2014.06.20).

▶ 개인사업자가 「조세특례제한법」 제6조 제3항에 해당하는 업종을 창업한 후 동법 제31조, 제32조 및 동법시행령 제29조 제2항 및 제4항에 규정하는 법인전환요건에 따라 중소기업 법인으로 전환하고 개인사업의 창업일로부터 3년 이내에 벤처기업을 확인받는 경우 동법 제6조 제2항의 창업벤처중소기업 세액감면을 적용받을 수 있는 것이며, 이 경우 "창업일로부터 3년 이내"의 요건은 2008.1.1 이후 최초로 벤처기업으로 확인받는 분부터 적용되는 것임(법인세과-2498, 2008.9.17.).

사례 6

> 창업중소기업이 현물출자 법인전환시 기감면 취득세액 등의 추징 여부

● (질의) 창업중소기업인 개인이 공장용 부동산 취득에 대한 취득세 및 등록세를 감면받은 후 대출상의 어려움으로 창업일로부터 1년 이내에 개인기업을 법인으로 전환할 경우 기감면받은 세액이 추징되는지.

▶ (회신) 1. 조특법 제119조3항 및 제120조3항에서 창업중소기업이 당해 사업을 영위하기 위하여 창업일부터 2년 이내에 취득하는 사업용 재산에 관한 등기 및 취득에 대해서는 취득세 및 등록세를 면제한다고 규정하면서, 단서에 등기일 또는 취득일부터 2년 이내에 당해 재산을 정당한 사유없이 당해 사업에 직접 사용하지 아니하거나 다른 목적으로 사

용·처분하는 경우 또는 정당한 사유없이 최초사용일부터 2년간 당해 사업에 직접 사용하지 아니하고 다른 목적으로 사용하거나 처분하는 경우에는 면제받은 세액을 추징한다고 규정하고 있으므로

2. 귀 문의 경우 창업중소기업인 개인이 대출상의 어려움으로 조특법 제32조의 규정에 의한 사업양도양수를 통하여 개인기업에서 법인으로 전환한 것은 정당한 사유 없이 당해 자산을 처분한 경우에 해당되므로 기감면받은 취득세 및 등록세를 추징하는 것이 타당하다고 판단됨. (지방세정팀-1738, 2005.7.19.)

사례 7

창업벤처중소기업의 현물출자 법인전환시 기감면된 취득세 등 추징 여부

● (질의) 당사는 2000.3.28. 신기술개발기업으로 벤처기업확인서를 발급, 이로 인하여 2001.1.11. 취득한 토지·건물에 대한 취득세에 대하여 면제받았으며 조특법 제32조 규정에 의한 현물출자 방법으로 법인전환시 취득세·등록세면제 여부를 질의함.

  1. 개인기업이 현물출자에 의한 방법으로 법인전환시 취득세 면제 여부(현재까지 벤처기업으로 취득세·등록세 면제받았음)

  2. 신기술개발벤처기업으로 인한 취득세 면제 여부

  3. 부동산등기일로부터 1년 이상 사용 시 현물출자 법인전환시 취득세 면제 여부

▶ (회신) 1. 조특법 제119조 제3항 및 제120조 제3항에서 창업중소기업 및 창업벤처중소기업이 당해 사업을 영위하기 위하여 창업일로부터 2년 이내에 취득하는 사업용 재산에 대하여는 취득세와 등록세를 면제한다고 규정하면서 단서규정에 취득 또는 등기일부터 2년 이내에 당해 재산을 정당한 사유 없이 당해 사업에 직접 사용하지 아니할 때에는 면제받은 세액을 추징한다고 규정되어 있으므로

2. 귀 문의와 같이 개인이 운영하는 창업벤처중소기업이 취득한 부동산을 조특법 제119조 제3항 및 제120조3항에 의하여 취득세와 등록세를 면제받은 후 당해 부동산을 당해 사업용에 1년 이상 사용하다가 현물출자방식으로 법인전환 한 경우 기감면된 취득세와 등록세는 추징되지 않는 것이 타당하다고 생각되지만, 이에 해당 여부는 과세권자가 사실조사 후 판단할 사항이며

3. 그리고 개인기업으로부터 현물출자 등으로 동종의 사업을 법인이 경영하는 경우에는 창업중소기업으로 볼 수 없어 취득세·등록세감면대상에서 제외되는 것이다. (세정 13407-493, 2001.10.29.)

사례 8

법인전환 후 창업중소기업의 세액감면 잔존감면기간의 적용 여부

● (질의) 경기도 ○○군에서 1999년 6월 설립한 중소사업자(개인)로서 2000년 3월 28일 벤처등록을 하였는바, 2000월 12월경 법인으로 전환할 경우 전환 후의 법인이 조특법 제6조의 규정을 받을 수 있는지

▶ (회신) 조특법 제6조 제2항의 규정적용대상인 개인사업자가 같은 법 제32조의 규정에 따라 법인으로 전환할 때는 전환 후 법인이 개인사업자의 잔존감면기간 동안 동법 제6조2항의 규정에 의한 세액감면을 적용받을 수 있다. (법인 46012-1900, 2000.9.9.)

2절 전환법인의 회사 형태

1 전환법인의 종류

① 개인기업의 법인전환시 선택 가능한 법인 형태는 상법상 법인[11]이며, 상법상의 법인에는 주식회사 외에도 유한회사, 합명회사, 합자회사 등이 있다.

　　1. 주식회사
　　2. 유한회사
　　3. 합명회사
　　4. 합자회사
　　5. 유한책임회사

② 법인전환시 어떤 형태의 법인으로 전환할 것인가에 대하여는 그동안 의사결정과정에서 중요하지 않은 결정으로 생각되어 왔다. 그 이유는 회사형태 중 주식회사가 대표적인 물적회사로서 일반적으로 설립되어 왔고, 기업 경영상의 편리함을 들어 주식회사로의 전환이 대세였던 것이 사실이다.

③ 그러나 최근에는 유한회사로의 법인전환도 꾸준히 늘고 있음을 볼 때, 회사에 따라서는 주식회사 외의 회사형태가 유리할 수 있다는 것을 알 수 있다. 그렇다고 하여 이 책의 모든 내용을 회사형태별로 다루는 것은 지면의 제한과 중복설명으로 인하여 바람직하지 않으므로 회사형태별로 주요 내용만 간략하게 설명하고자 한다.

④ 특히, 여기에서는 주식회사와 유한회사의 차이점을 설명하여 두 회사의 형태 중 하나를 선택하는 데 중점을 두고자 한다.

2 상법상 회사의 종류

상법은 회사를 그 구성원인 사원의 책임에 따라 합명회사, 합자회사, 유한책임회사, 주식회사 및 유한회사의 5종의 회사에 한정하여 인정하고 있다.

---

[11] 상법상의 법인 외의 법인에는 민법 등에 의한 법인, 사립학교법 기타 특별법에 의한 법인이 있다. 민법 등에 의한 법인이란 민법 제32조에 의거 설립된 학술·종교·자선 등의 사업을 목적으로 하는 사단 또는 재단을 말하는데 이는 일반적으로 비영리법인이라 통칭한다. 특별법에 의한 법인이란 당해 법인의 설립을 위한 특별법이 있는 법인을 말하며 예를 들면 한국은행법에 의한 한국은행, 지방공기업법에 의하여 설립된 지방공기업 등이 있는데 이는 일반적으로 공공법인이라 통칭한다. 그러나 이러한 법인들은 개인기업의 법인전환시 선택 가능한 법인형태가 아니다.

(1) 합명회사

합명회사는 2인 이상의 무한책임사원만으로 구성되며, 전사원이 회사채무에 대하여 직접·연대·무한책임을 지고 각 사원이 업무집행권과 대표권을 갖는 회사이다. 이는 경제적으로 서로 신뢰할 수 있는 소수인이 결합하는 소규모 기업에 적합한 형태일 것이다.

(2) 합자회사

합자회사는 무한책임사원과 유한책임사원 각 1인 이상으로 구성되며, 무한책임사원의 지위는 합명회사의 경우와 같은데 반해 유한책임사원은 그 책임이 출자액을 한도로 유한하고, 그 출자도 재산출자에 한정된다. 이는 경영능력은 있으나 자본이 없고, 자본은 있으나 경영능력이 없는 소수인이 결합하는 소규모 기업에 적합할 것이다.

(3) 유한책임회사

① 유한책임회사는 2012년 개정된 상법에 도입된 회사의 형태로서 내부관계에 관하여는 정관이나 상법에 다른 규정이 없으면 합명회사에 관한 규정을 준용한다. 이는 주식회사의 경직된 지배구조보다 신속하고 유연하며 탄력적인 지배구조로 되어 있고, 출자자가 직접 경영에 참여할 수 있으며 각 사원이 출자금액만을 한도로 간접책임을 진다.

② 유한책임회사는 인적 개성이 강조되고 구성원 사이에 강한 결속력을 가지며, 동시에 기업실패로 인한 위험부담을 줄일 필요가 있는 경우에 적합한 기업형태이다. 회사는 정관으로 사원 또는 사원이 아닌 자를 업무집행자로 정하여야 하며, 사원은 정관에 따로 정함이 없는 한 다른 사원의 동의를 얻지 아니하면 지분의 전부 또는 일부를 타인에게 양도하지 못한다.

(4) 주식회사

① 사원의 지위가 주식으로 세분된 일정한 자본을 가진 전형적인 물적회사로서, 사원은 그가 가지는 주식의 인수가액을 한도로 하여 회사에 대한 출자의무를 부담할 뿐 그 밖의 아무런 책임을 부담하지 않는 회사이다.

② 소유와 경영이 분리되어 주주가 직접 경영에 참가할 필요가 없고, 또 기관의 분화가 이루어져 의사결정기관인 주주총회, 집행기관인 이사회가 있다. 사원은 주식을 양도함으로써 투자금을 회수할 수 있으므로 사회에 널리 분산된 소자본을 규합하여 대규모의 기업으로 키워가는데 유리하다.

③ 이 책에서는 상법상의 회사 또는 법인이란 이 주식회사를 주로 설명하고 있다.

(5) 유한회사

① 유한회사는 지분에 대한 출자액을 한도로 책임을 지는 간접 유한책임사원으로 구성된 회사이다. 다만 때에 따라서 사원이 실가 부족재산 보전책임(상법 §550①)과 출자미필액 보전책임(상법 §551①)을 지게 되므로 엄격한 간접 유한책임을 지는 주식회사와는 구별된다.

② 유한회사는 물적회사와 인적회사의 양 요소를 유기적으로 융합한 중간형태의 회사인데 그 실질적 특질을 요약하면 사원책임의 유한성, 회사조직의 간편성, 법적 감독의 관대성, 회사 기업의 폐쇄성 등을 들 수 있다. 따라서 주식회사에 비해 설립절차나 운영이 간편하기 때문에 비교적 소규모의 기업 경영에 적합한 회사이다.

3 주식회사와 유한회사의 비교

개인기업이 법인기업으로 전환할 때 가장 일반적인 회사의 형태가 주식회사라는 것은 반론의 여지가 없을 것이다. 최근에는 주식회사 이외에도 유한회사로 법인전환 하는 개인기업이 늘어나는 추세라서 여기서는 주식회사와 유한회사를 비교 설명함으로써 어떤 형태의 회사로 전환하는 것이 좋을지 판단하는 데 참고가 되었으면 한다.

(1) 구성

주식회사는 1인 이상의 주주로 구성되며, 유한회사는 1인 이상의 유한책임사원으로 구성된다. 주주 또는 사원의 책임이 간접 유한책임이라는 것은 같으나 유한회사의 사원이 주식회사의 주주보다 상술한 보전책임을 추가로 진다는 데 차이점이 있다.

(2) 출자

출자는 재산(금전, 현물)에 한하고 노무 및 신용출자는 허용되지 않는 것과 1주 또는 1좌의 금액이 100원 이상으로 균일하여야 한다는 점에서는 두 회사의 형태가 동일하나, 주식회사의 경우에는 무액면주식의 발행도 가능하다는데 차이가 있다.

또한, 주식회사의 경우 1주 1의결권, 유한회사는 1좌 1의결권을 가지는 것도 동일하다.

(3) 설립절차

① 주식회사의 설립절차는 발기인이 주식 총수를 인수하느냐 아니면 주식 일부를 인수하느냐에 따라 발기설립과 모집설립으로 구분된다. 그 자세한 내용은 2편 일반 사업양도양수에 의한 법인전환을 참고하기로 하고 여기서는 유한회사의 설립절차를 약술하고 그 차이점을 설명하고자 한다.

② 유한회사의 설립절차는 발기설립만 인정되어 정관의 작성, 실체의 형성(이사선임, 출자의 이행), 설립등기로 끝난다. 따라서 정관작성에서 사원과 출자가 확정되므로 발기인이라는 개념도 자본의 인수행위도 따로 필요하지 않은 점, 검사인에 의한 조사제도가 없다는 점 등은 주식회사의 경우와 다르다.

(4) 기관의 구성

① 주식회사의 의결기관은 주주총회이며, 유한회사의 의결기관은 사원총회이다. 사원총회의 소집과 결의방법은 주주총회보다 간편하고 탄력성이 있으며, 주주총회의 결의사항은 법령 및 정관에 한정되어 있으나 사원총회는 법령이나 정관에 반하지 않는 한 모든 의사를 결정할 수 있는 점이 다르다.

② 주식회사의 업무집행기관은 이사회와 대표이사의 이원적 조직으로 구성되나, 유한회사는 이사회제도가 없으므로 이사가 원칙적으로 각자 업무를 집행하고 회사를 대표한다. 다만, 유한회사의 이사가 수인인 경우 정관에 다른 정함이 없으면 사원총회에서 회사를 대표할 이사를 정해야 한다. (상법 562②)

③ 주식회사의 감사는 업무와 회계의 감사를 임무로 하는 법정 상설기관(자본금 총액이 10억원 미만인 경우 선정하지 아니할 수 있음)이나, 유한회사에서는 정관에 의하여 1인 이상의 감사를 둘 수는 있지만, 필요적 기관이 아니라 임의적 기관이다.

(5) 지분의 양도

주식회사의 경우 지분 또는 주식의 양도는 원칙적으로 자유이나, 정관 또는 법률에 의해 규제가 따를 수 있다. 유한회사의 지분 양도는 사원총회의 특별결의가 있어야 가능했으나, 주식회사의 경우처럼 정관에 제한이 없으면 자유롭게 제3자에게 양도하거나 상속할 수 있게 개정되었다. (상법 556)

(6) 회계 및 공시

① 회계에 관해서는 유한회사가 주식회사의 규정을 준용하게 되어 있어 큰 차이점이 없고, 다만 유한회사는 주식회사와 같은 공시주의를 채용하지 않으므로 대차대조표의 공고는 필요하지 않다.

② 한편, 주식회사는 주식회사의 외부감사에 관한 법률에 의거 일정규모 이상이 되면 회계법인 등 외부감사인의 감사를 받아왔으나, 유한회사는 그동안 외부감사를 받지 않아도 되었다. 그러나 최근 주식회사 등의 외부감사에 관한 법률이 개정되어 2019년 1월 1일 이후 개시되는 회계연도 재무제표의 감사에 대해서는 일정규모 이상의 유한회사에 대해서도 외부감사

를 받게 되었다.

③ 개정된 법률에 따르면 주식회사의 경우에는 다음의 2가지 이상의 요건에 해당되면 외부회계감사 대상이 된다.

1. 직전 사업연도 말의 자산총액이 120억원 이상
2. 직전 사업연도 말의 부채총액이 70억원 이상
3. 직전 사업연도의 매출액이 100억원 이상
4. 직전 사업연도 말의 종업원(일용근로자와 파견근로자 제외)이 100인 이상

한편, 직전 사업연도 말의 자산총액이 500억원 이상이거나 직전 사업연도의 매출액(직전사업연도가 12개월 미만인 경우에는 12개월로 환산하며, 1개월 미만은 1개월로 본다)이 500억원인 회사는 다른 조건과 상관없이 외부회계감사 대상이 된다.

④ 유한회사의 경우에는 위의 4가지 요건 외에 직전 사업연도 말의 사원이 50인 이상이라는 요건을 추가한 5개 요건 중 3개 이상의 요건에 해당하면 외부회계감사 대상이 되도록 하여 주식회사의 경우보다는 약간 완화된 요건을 적용하도록 하고 있다. 또한 자산총액 500억원인 회사와 매출액이 500억원인 회사의 경우도 외부회계감사대상이 되는 것은 주식회사의 경우와 같다.

4 법인전환과 회사형태

① 개인기업을 법인으로 전환함에서 상법상의 어떤 회사형태를 선택하느냐도 중요한 의사결정의 하나이다. 인적회사인 합명회사나 합자회사는 사원의 무한책임과 그 폐쇄성 때문에 법인전환시 거의 선택하지 않는 형태이다.

② 유한책임회사는 유한책임사원으로만 구성되는 회사형태지만, 최근 상법의 개정으로 신설된 회사형태로서 익숙하지 않고 문제점도 명확히 드러나지 않은 실정이다. 또한, 지분 양도의 제한 등으로 폐쇄성으로 벤처기업 등 소규모의 회사에 적합한 형태라 할 수 있다.

③ 법인전환의 가장 일반적인 회사형태는 주식회사지만 최근에는 유한회사 사원총수 제한 규정의 삭제, 유한회사 지분 양도의 자율성 강화 등의 상법 개정으로 유한회사로의 법인전환이 유리한 환경이 조성되고 있다. 외부회계감사를 꺼리는 회사 입장에서는 아직도 유한회사가 주식회사보다는 외부감사 대상이 되지 않을 가능성이 크다는 이유로 유한회사로 법인전환을 하려는 경향도 일부 있다고 할 수 있다.

④ 그러나 무엇보다도 유한회사는 설립 시 발기인과 검사인에 의한 조사제도가 없고 정관의 작성에 따라 사원 및 출자액이 정해진다는 점과 현물출자 시 변태설립사항 등에 대한 법원의 까다로운 승인절차를 피할 수 있다는 점에서 최근에는 유한회사형태로 법인전환 하는

사례가 늘고 있는 실정이다.

　⑤ 법인전환시 회사형태를 결정할 때 세법상의 세금감면에 형태별로 차이가 있느냐도 중요한 고려요소이다. 조특법 제31조 또는 제32조에서 법인으로 전환함에 있어 양도소득세 이월과세 등의 혜택을 주고 있는데, 이때 법인이란 주식회사만을 말하는 것이 아니라 모든 상법상의 회사형태에 모두 적용된다고 생각된다.

　⑥ 관할관청의 유권해석에서도 주식회사뿐 아니라 유한회사 등 상법상의 회사로 법인전환하는 경우 동 조특법상의 조세감면이 가능하다고 하고 있다. (법인 46012-3545, 1993.11.23.)

3절 법인전환 방법의 선택

1 법인전환 방법의 유형

개인기업의 법인전환 방법은 법인설립 시의 출자형태와 조세지원 여부, 법인의 신설 여부를 기준으로 그 유형을 구분할 수 있다. 이 기준에 따라 법인전환 방법을 구분해 보면 그 유형은 매우 다양하나[12] 실무적으로 많이 이용되는 법인전환 방법은 다음 표에 제시된 4가지 방법이다.

《 법인전환 방법의 유형 》

구 분	법인전환 방법	비 고
조세지원을 받는 법인전환 방법	1. 현물출자에 의한 법인전환 2. (세금감면) 사업양도양수에 의한 법인전환 3. 중소기업 통합에 의한 법인전환	조특법 32조 조특법 32조 조특법 31조
조세지원을 받지 않는 법인전환 방법	4. (일반) 사업양도양수에 의한 법인전환	

가. 조세지원을 받는 법인전환 방법

개인기업을 법인으로 전환하는 데는 양도소득세·취득세 등의 각종 세금과 수수료 등의 비용이 소요되는데 이 소요비용의 내용과 금액은 법인전환 방법에 따라 달라질 수 있다. 즉 조특법 소정의 요건에 맞는 법인전환은 상술한 비용 중 상당 부분의 세금을 이월과세 또는 면제 및 감면받을 수 있다.

이처럼 법인전환시 소요되는 세금을 이월과세 또는 면제 및 감면받는 법인전환 방법을 조세지원을 받는 법인전환 방법이라 하며 이에는 3가지 방법이 있다.

(1) 현물출자에 의한 법인전환 방법

현물출자에 의한 법인전환 방법은 조특법 제32조에 규정된 법인전환 방법으로서 개인기업의 사업용자산을 현물로 출자하여 법인을 설립함으로써 법인전환을 하는 방법이다. 이 방법

---

[12] 이론적으로 법인전환 방법은 ① 법인전환을 위해 법인을 신설하는 방법과 기존법인을 이용하는 방법으로 구분되며 ② 위의 각 방법은 법인에 대한 출자형태에 따라 현금출자와 현물출자로 나누어지고 ③ 또다시 ②의 각 방법은 조세지원수혜 여부에 따라 조세지원을 받는 방법과 조세지원을 받지 않는 방법으로 유형화할 수 있다.

은 법인전환시 조세지원을 받는 대표적인 방법으로서 법인을 신설하되 설립시의 출자형태는 현물로 하는 방법이다.

(2) 세감면 사업양도양수에 의한 법인전환 방법

세감면 사업양도양수에 의한 법인전환 방법은 조특법 제32조에 규정된 법인전환 방법으로서 개인기업주가 법인을 설립한 후 동 법인이 개인기업을 양수함으로써 법인전환을 하는 방법이다. 이 방법은 법인을 신설하되 법인설립 시의 출자는 현물이 아닌 현금으로 하는 방법이다.

한편, 사업양도양수 방법은 조세지원을 받지 않는 예도 있으므로 이 책에서는 양자의 구분을 위해 조세지원을 받는 사업양도양수에 의한 법인전환 방법을 세감면 사업양도양수 방법이라 하였다.

(3) 중소기업 통합에 의한 법인전환 방법

중소기업 통합에 의한 법인전환 방법은 조특법 제31조에 규정된 법인전환 방법으로서 중소기업인 개인기업 간 또는 개인기업과 법인기업 간의 통합을 통하여 법인으로 전환하는 방법이다. 이 방법 중 개인기업과 법인기업 간의 통합방법은 법인을 신설하지 않고 기존법인에 개인기업을 통합시키되 현물출자하는 데 특징이 있다.

나. 조세지원을 받지 않는 법인전환 방법

① 조세지원을 받지 않는 법인전환 방법은 조특법의 조세지원과는 관련이 없이 상법 규정에 따라 법인 앞으로 개인기업을 양도 양수함으로써 법인전환을 하는 방법이다. 이 법인전환은 법인을 신설하는 방법과 기존법인을 이용하는 방법, 법인설립 시 현금출자 방법과 현물출자 방법 모두가 적용 가능하다.

② 그러나 실무상 조세지원을 받지 않는 경우의 법인전환시에는 현금출자에 의한 법인설립 후 개인기업을 신설법인에 양도하는 양도양수 방법이 주로 사용되고 있다. 왜냐하면, 이 방법이 조세지원을 받지 않는 다른 방법에 비해 가장 절차가 간편하고 소요비용 또한 작기 때문이다.

③ 예컨대 현물출자로 법인을 설립하는 것은 현금출자로 법인을 설립하는 경우보다 법원 검사인 등의 조사, 자산의 감정, 회계감사 등의 추가절차 및 비용이 소요된다. 따라서 조세지원을 받지 못할 때는 다른 특별한 사정이 있는 경우 이외에는 일반적으로 사업양도양수에 의한 법인전환 방법을 택하게 된다.

④ 사업양도양수에 의한 법인전환 방법은 개인기업주가 법인을 설립한 후 동 법인 앞으로

개인기업을 양도 양수함으로써 법인전환을 하는 방법이다.

⑤ 이 방법은 조세지원을 받지 않는 방법으로서 이 책에서는 전술한 세감면 사업양도양수에 의한 법인전환 방법과 구분을 위해 이 방법을 일반 사업양도양수 방법이라 하였다.

2 법인전환 방법의 선택

① 전술한 법인전환 방법 중 당해 기업에 가장 적합한 법인전환 방법을 선택하기 위해서는

첫째, 어느 방법이 선택 가능한 방법인가.

둘째, 어느 방법이 가장 경제적인 방법인가 하는 두 가지 문제에 봉착하게 된다.

② 어느 방법이 선택 가능한 방법인가 하는 문제를 해결하기 위해서는 먼저 당해 기업이 조특법상의 조세지원을 받을 수 있는 조세지원 요건을 충족시킬 수 있는지를 판단하여야 한다. 조세지원 요건에 해당하지 않으면 조세지원을 받는 법인전환 방법은 선택할 수 없다.

③ 예컨대 소비성서비스업을 경영하는 개인기업이면 조세지원 요건 중 업종요건을 충족할 수 없으므로 법인전환시 선택 가능한 법인전환 방법은 조세지원을 받지 않는 법인전환 방법 뿐이다.

④ 어느 방법이 가장 경제적인 방법인가 하는 질문은 선택 가능한 방법이 두 가지 이상 있는 경우의 문제로서 이 질문은 각 방법으로 소요비용을 산출·비교함으로써 답할 수 있다.

즉, 각 방법으로 소요비용 비교를 통하여 소요비용이 가장 적은 방법을 선택하면 그 방법이 당해 기업에 가장 적합한 법인전환 방법이 된다.

3 법인전환 방법의 판단사례

수도권에서 부동산임대업을 하는 ○○빌딩을 소유한 개인기업주의 사례를 가지고 법인전환을 할 것인지, 한다면 어떠한 법인전환 방법을 선택할 것인지 알아보자.

예제 1 **수도권 부동산임대업 개인사업자의 법인전환 방법을 비교해 보자.**

(1) 수도권 부동산임대업 개인사업자

다음에 예시된 전제조건을 가지고 법인전환 소요비용을 계산하고, 이를 의사결정에 활용하기로 하자.

> (예시) 소요비용계산 시 국민주택채권의 매입액은 고려하지 않기로 한다.
> 1. 건물 시가평가액 50억원(토지 시가평가액 45억원 포함)
> 2. 순자산평가액 및 자본금 : 40억원
> 3. 토지, 건물 취득가액 : 20억원
> 4. 토지, 건물 보유기간 : 10년

(2) 법인전환 방법별 비용검토

《 법인전환 소요비용 비교 》

구분	제1방안 일반사업양수도	제2방안 세감면 사업양수도	제3방안 세감면 현물출자	비고
1. 법인설립 비용				
• 등록면허세	48,000,000	48,000,000	48,000,000	40억원×0.004×3
• 지방교육세	9,600,000	9,600,000	9,600,000	20%
• 법무사 수수료	2,000,000	2,000,000	8,000,000	임의적
• 회계감사 수수료	-	-	8,000,000	임의적
• 자산감정 수수료	5,000,000	5,000,000	5,000,000	임의적
(소계)	64,600,000	64,600,000	78,600,000	
2. 부동산명의이전 비용				
• 양도소득세	1,012,935,000	이월과세	이월과세	장기보유특별공제 20%
• (양도세)지방소득세	101,293,500	이월과세	이월과세	
• 취득세	400,000,000	400,000,000	400,000,000	중과인 경우 8%
• 농어촌특별세	10,000,000	10,000,000	10,000,000	
• 취득세분 지방교육세	60,000,000	60,000,000	60,000,000	
(소계)	1,584,228,500	470,000,000	470,000,000	
합계	1,648,828,500	534,600,000	548,600,000	

(3) 법인전환 방법의 검토

상기와 같이 법인전환 소요비용이 산출되면 개인기업주는 대부분 세감면을 받는 법인전환을 고려할 것이고, 두 가지 세감면 방법 중 비용은 조금 더 들더라도 자본금에 따른 현금 동원을 고려하여 현물출자 방법을 선택하는 것이 일반적일 것이다.

(4) 법인전환의 의사결정

한편, 사례를 보면 현물출자 방법에 의하여 법인전환을 하더라도 최소한 548,600,000원의 비용이 든다는 점을 생각하여 법인전환 여부를 고민하는 경우도 많을 것이다. 결국은 법인전환으로 인해 소요되는 비용을 감수하고서 법인으로 전환하는 것이 유리한지 잘 판단하여야 하는데 이것이 현실적으로는 어려운 문제이며, 전문가의 조언을 참고하여 최종적으로 개인기업주가 결정할 수밖에 없을 것이다.

4절 법인전환 시기의 결정

법인전환을 위해서는 개인기업에서 법인기업으로 형태를 변경하는 날 즉 법인전환기준일을 정해야 한다. 법인전환기준일은 구체적으로 2025년 12월 31일 등과 같이 "년·월·일"로 결정되는데 이때 연도의 결정을 편의상 전략적 법인전환 시기의 결정, 월·일의 결정을 전술적 법인전환 시기의 결정이라 하기로 한다.

1 전략적 시기 결정: 법인전환의 연도

법인 전환하는 연도 즉, 전략적 법인전환 시기의 결정은 장기적 또는 대국적 관점에서의 법인전환 시기의 결정으로서 앞서 설명한 법인전환 여부의 결정과 법인전환 방법의 선택에 관한 의사결정시 고려요소의 하나로 반영되어야 한다.

1) 세금 부담의 절감

법인전환 여부에 관한 의사결정 시 법인전환 시기가 적절히 고려되어야만 법인전환의 효과가 발휘된다. 예를 들면 세금 부담의 절감을 위해 법인전환을 할때에 법인전환 시기는 기업의 매출액 또는 과세표준액이 일정 수준 이상인 경우에만 그 효과를 기대할 수 있다.

소득세와 법인세의 세율만을 고려할 때 과세표준이 2,100만원을 초과하는 경우에만 법인기업의 세 부담이 개인기업보다 작아진다.[13] 따라서 과세표준이 2,100만원 이하인 소규모의 개인기업이 법인으로 전환할 때에는 법인으로 전환함으로써 오히려 세 부담이 늘어나게 된다.

2) 자산처분 계획 등

① 기업경영의 장기전망과 관련해서도 법인전환 시기는 적절히 고려되어야 한다. 예를 들면 조특법 제32조에 따라 현물출자 방법 및 사업양수도에 의한 법인전환을 하고 지특법상의 취득세 감면을 받았는데 법인전환 후 5년 이내에 해당 사업을 폐업하거나 해당 자산을 처분(임대 포함) 또는 주식을 처분하는 경우에는 경감받은 세액을 추징한다.

② 또한, 조특법 제31조에 따라 중소기업 통합방법에 따른 법인전환을 하고 취득세감면을 받은 경우에도 5년 이내에 사업의 폐지 또는 주식을 처분하면 경감받은 세액을 추징한다.

---

13) 1편 3장 1절 1 참조.

따라서 기업경영의 장기전망 상 이러한 처분계획 및 사업 폐지 계획이 있을 때는 법인전환 시기의 결정에 이러한 내용이 반영되어야 한다.

3) 준비금과 이월결손금

전략적 법인전환 시기의 결정은 상술한 내용 이외에도 몇 가지 중요한 사항을 추가로 고려하여 이루어져야 하는데 반드시 점검되어야 할 사항은 다음과 같다.

(1) 조특법상 준비금의 일시 환입

현행 조특법상 중소기업투자준비금과 연구 및 인력개발 준비금 등 각종 준비금의 손금산입 규정은 폐지되었으나 종전의 규정에 따라 손금산입한 준비금은 종전 규정에 의해 순차적으로 환입되어야 한다. 그러나 이러한 준비금은 개인기업의 법인전환연도(폐업연도)에 전액 환입되어야 한다.

따라서 이러한 준비금이 많은 개인기업은 법인전환 하는 해당연도에 일시적으로 많은 소득세를 부담하게 되므로 법인전환 시기의 결정에 이를 고려하여야 한다.

(2) 소득세법상의 이월결손금 소멸

소득세법상의 이월결손금은 발생연도 이후 15년간[14] 그 후 사업연도의 소득에서 공제할 수 있는데 법인으로 전환할 때는 이 결손금은 전액 소멸한다. 따라서 이월결손금이 많은 개인기업이면 법인전환을 함으로써 공제받지 못한 이월결손금이 소멸하므로 법인전환 시기의 결정에 이를 고려하여야 한다.

4) 성실신고확인대상자의 수입금액

① 전술한 바와 같이 수입금액이 증가하여 성실신고확인대상 사업자가 되면 세무상 성실신고확인서를 제출해야 하는 등 세무관리가 강화된다. 따라서 성실신고확인대상자가 되기 전에 법인으로 전환하는 것은 법인전환 시기의 결정과 관련하여 중요한 고려요소이다.

② 물론 법인으로 전환한다하여 세무관리가 허술해진다고 볼 수는 없지만 적어도 성실신고확인서 및 관련 명세서를 제출하지 않아도 되며, 성실신고확인자를 선임하는 번거로움 및 선임수수료를 피할 수는 있을 것이다.

③ 다만, 세법의 개정으로 해당 전환법인의 설립일이 속하는 연도 또는 직전 연도에 이미 성실신고확인대상 사업자에 해당하는 경우에는 법인전환 후 3년 동안은 성실신고확인서를

---

[14] 2020년 1월 1일 전에 개시한 사업연도에 발생한 결손금은 10년, 2020년 1월 1일 이후에 개시한 사업연도에 발생한 결손금은 15년임.

제출하여야 함에 유의하여야 한다.

2 전술적 시기 결정: 법인전환의 월·일

전술적 법인전환 시기의 결정은 법인으로 전환하는 월·일의 결정이다. 이 결정은 단기적 관점에서의 법인전환 시기의 결정으로서 1년 중 어느 달을 기준으로 법인전환 할 것인가를 결정하는 문제이다.

원칙적으로 1년 중 1월부터 12월까지의 각 월이 모두 법인전환 시기로 가능하며 어떤 제한도 없다. 다만, 법인전환 실무상의 편의 등을 위해 다음 두 가지 사항은 전술적 법인전환 시기의 결정에 고려하는 것이 좋을 것이다.

(1) 부가가치세 신고기간

① 현행 부가가치세제도는 1년을 2기로 나누어 각 6월을 과세기간으로 구분하고, 부가가치세를 신고·납부에서는 과세기간에 3개월분에 해당하는 기간을 예정신고기간으로 정하여 과세표준과 세액을 신고납부하도록 하여 왔다.

② 그러나 최근에 정부는 개인사업자에게는 원칙적으로 예정신고의무를 폐지하고 직전과세기간 납부금액의 1/2을 세무서에서 예정고지하여 납부하도록 하고 있으며, 직전 과세기간 공급가액이 1억 5천만원 미만의 소규모 법인사업자에게도 예정고지·납부 하도록 하고 있다

③ 1년 중 언제 법인전환을 하는 것이 좋은지 결정할 때 부가가치세 신고기간과 일치시키는 것이 여러 가지로 편리하다. 그 이유는 다음과 같다.

첫째, 법인전환을 하게 되면 개인기업의 폐업에 따른 부가가치세 확정신고를 하여야 하는데 법인전환일과 부가가치세신고기준일을 일치시키면 한 번의 신고로 통상의 부가가치세신고와 폐업에 따른 부가가치세신고를 종료할 수 있다.

둘째, 법인전환을 위해서는 법인전환일까지를 회계기간으로 하여 개인기업의 결산을 빠른 시일 이내에 종료하여야 하며 이 결산을 위해서는 거래 상대방과의 거래관계 확정이 무엇보다도 중요하다. 그런데 거래관계확정을 위한 노력이 부가가치세 신고기준일보다 다른 월에는 더 많이 소요될 수 있다.

(2) 세 부담의 절감과 업무 편의성

법인전환 시기는 가능하면 연도 말보다는 연도 중으로 잡는 것이 다음과 같은 이유에서 도움이 된다.

첫째, 기입활동에 따른 세 부담을 절감할 수 있는바 그 이유는 소득세와 법인세의 세율구

조 상 차이 때문이다.

즉, 연간 3억원의 과세표준이 발생하는 개인기업을 6월 말일자로 법인전환 할 때는 12월 말일자로 법인전환 하는 경우와 비교할 때 기업활동에 따른 세 부담을 94,060,000원에서 50,560,000원으로 감소시킬 수 있다.

구분	12월	6월
① 소득세	94,060,000원	37,060,000원
② 법인세	-	13,500,000원
(합 계)	94,060,000원	50,560,000원

둘째, 연도 말은 경상적인 기업경영에서도 바쁜 시기이므로 법인전환과 같은 비경상적인 업무를 수행하기에는 적당치 않다.

따라서 법인전환 시기는 가능하면 연도 말을 피하는 것이 좋을 것으로 판단된다.

3장
개인기업 법인전환의 세무효과

1절 법인전환 부담세액의 비교

개인기업이 법인전환을 함으로써 세금부담 면에 절감 효과가 있다는 견해가 있지만 그렇지 않다는 견해도 있다. 이러한 견해의 대립에도 이미 설명한 것처럼 법인전환을 하고자 하는 이유 중에는 세금의 절감이 상당한 비중을 차지하고 있다. 이 본문의 목적은 과연 법인전환을 함으로써 세금부담면에서의 절감 효과가 있는지를 실증적으로 규명하는 데 있다.

1 세 부담액의 단순 비교

① 개인기업에 대하여는 소득세가 법인기업에 대하여는 법인세가 과세된다 함은 주지의 사실이며 양 세금액은 과세표준에 세율을 곱하여 계산한다. 그런데 소득세율과 법인세율은 그 구조상 차이가 있어 동일한 이익이 발생하는 기업이라 하더라도 기업형태에 따라 세 부담액이 달라진다.

② 소득세율은 다음과 같이 최저세율 6%에서 과세표준이 10억원을 초과하는 경우의 최고세율 45%에 이르기까지 과세표준금액에 따라 8단계의 누진세율로 구성되어 있다.

《 소득세율표 》   (소득세법 제55조, 2023.1.1. 이후)

종합소득과세표준	세 율
1,400만원 이하	과세표준의 6%
1,400만원 초과 5,000만원 이하	84만원 + (1,400만원을 초과하는 금액의 15%)
5,000만원 초과 8,800만원 이하	624만원 + (5,000만원 초과하는 금액의 24%)
8,800만원 초과 1억5천만원 이하	1,536만원 + (8,800만원 초과하는 금액의 35%)
1억5천만원 초과 3억원 이하	3,706만원 + (1억5천만원을 초과하는 금액의 38%)
3억원 초과 5억원 이하	9,406만원 + (3억원을 초과하는 금액의 40%)

종합소득과세표준	세 율
5억원 초과 10억원 이하	1억7,406만원 + (5억원을 초과하는 금액의 42%)
10억원 초과	3억8천406만원 +(10억원을 초과하는 금액의 45%)

③ 법인세율은 다음과 같이 최저세율 9%에서 최고세율 24%까지 4단계 누진세율로 구성되어 있다.

《 법인세율표 》 (법인세법 제55조, 2023.1.1. 이후)

과세표준금액	세 율
2억원 이하	과세표준금액의 9%
2억원 초과 200억원 이하	1천800만원+(2억원을 초과하는 금액의 19%)
200억원 초과 3천억원 이하	37억8천만원+(200억원을 초과하는 금액의 21%)
3천억원 초과	625억8천만원+(3천억원을 초과하는 금액의 24%)

④ 최근 법인세법 개정을 통해 2025.1.1일 이후 개시하는 사업연도부터 법인세법 제60조의 2 제1항 제1호에 해당하는 내국법인(부동산임대업을 주된 사업으로 하는 성실신고확인대상 내국법인)에 대하여는 과세표준 구간과 세율을 다음과 같이 19%에서 최고세율 24%까지 3단계 누진세율로 적용하고 있다. 여기서 "성실신고확인대상 내국법인"이란 본서 1편 1장의 성실신고확인대상 법인기업 중 일반기업의 요건을 충족하는 기업을 말하는 것이다.

《 법인세율표 》 (법인세법 제55조, 2025.1.1 이후)

과세표준금액	세 율
200억원 이하	과세표준금액의 19%
200억원 초과 3천억원 이하	38억원+(200억원을 초과하는 금액의 21%)
3천억원 초과	626억원+(3천억원을 초과하는 금액의 24%)

위의 세율표를 보면 부동산임대업을 주된 사업으로 하는 내국법인에는 최소 19%로 과세하겠다는 것이며, 이로인해 부동산임대법인은 최대 2천 2백만원의 법인세와 지방소득세를 추가로 부담하게 될 것이다.

⑤ 일반적으로 소득세율이 법인세율보다 최고세율도 높고 소득구간별 누진 정도도 심하므로 어느 정도 이상의 이익이 발생하는 기업은 개인기업의 세 부담이 법인기업보다 많을 것이다. 반면 최저세율은 소득세가 법인세보다 낮으므로 어느 정도 이하의 이익이 발생하는 기업은 개인기업의 세 부담이 법인기업보다 적을 것이다.

⑥ 본서에서 법인세율이라 하면 상기의 성실신고확인대상 내국법인에 적용되는 법인세율표가 아닌 일반법인들에 적용되는 ③의 법인세율표를 기본으로 하여 서술하였다.

　그러면 이러한 세율 구조상의 차이에 따라 법인전환시 실제로 세금 절감 효과가 있는지 사례를 통하여 살펴보자.

예제 2　개인기업과 법인기업의 세 부담을 비교해보자.

> 과세표준 2천만원의 소득세, 법인세
>
> 과세표준 3천만원의 소득세, 법인세

▼▼▼▼

　(예제2)의 계산 결과에 의하면 과세표준이 2천만원일 경우에 소득세는 1,740,000원이고 법인세는 1,800,000원으로서 법인이 더 많은 세금을 부담한다. 그러나 과세표준이 3천만원이 되면 소득세는 3,240,000원인데 반해 법인세는 2,700,000원으로서 법인기업의 세 부담액이 개인기업의 경우보다 적어진다.

▶ (해설) ① 과세표준이 2천만원인 경우
　　1. 소득세 : 840,000+(20,000,000-14,000,000)×5%=1,740,000(원)
　　2. 법인세 : 20,000,000×9%=1,800,000(원)
　② 과세표준이 3천만원인 경우
　　1. 소득세 : 840,000+(30,000,000-14,000,000)×15%=3,240,000(원)
　　2. 법인세 : 30,000,000×9%=2,700,000(원)

예제 3　개인기업과 법인기업의 세 부담이 동일한 과세표준은 얼마나 되는가?

> 개인기업과 법인기업의 세 부담이 같아지는 경우

▼▼▼▼

　(예제2)에서 보면 개인기업과 법인기업의 세 부담액이 같아지는 과세표준은 2,000만원과 3,000만원 사이에 있다.

▶ 이 과세표준을 (X)라 할 때, 소득세는 840,000+(X-14,000,000)×15%이며, 법인세는 (X)×9%이므로, 다음과 같이 계산된다.
　① 840,000+((X)-14,000,000)×15%(소득세율)=(X)×9%(법인세율)
　② (X)=21,000,000(원)
상기 소득세와 법인세 부담액을 도표로 나타내어 비교하면 다음 표와 같다.

《 소득세와 법인세의 비교 》

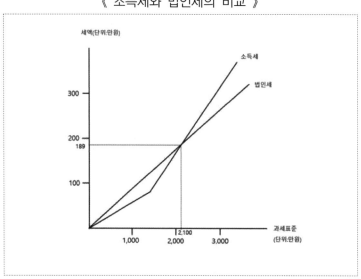

(예제3)의 계산 결과에 의하면 개인기업과 법인기업이 부담하는 세금액이 같아지는 과세표준은 2,100만원이다. 따라서 과세표준 2,100만원을 기준으로 이 이상의 과세표준의 개인기업은 법인전환을 하면 세금 부담에서 유리하다고 일단 결론을 내릴 수 있다.

2 가처분소득에 대한 세 부담 비교

① 앞에서는 소득세와 법인세의 세율 차이만을 기준으로 개인기업과 법인기업의 세 부담 차이를 비교했는데 이 비교는 기업주의 가처분소득을 무시했다는 지적을 받을 수 있다.

즉 개인기업은 기업활동의 이익에서 소득세를 차감한 금액이 그대로 기업주가 처분할 수 있는 소득이 되지만, 법인기업은 기업활동의 이익에서 법인세를 차감한 금액이 바로 기업주가 처분할 수 있는 소득은 아니라는 점이 고려되지 아니한 것이다.

② 법인기업은 기업활동의 이익이 기업주가 처분할 수 있는 소득이 되기 위해서는 법인으로부터 배당을 받아야 하며 이 배당에 대하여는 소득세가 과세된다.

따라서 법인기업은 기업주의 가처분소득은 배당금에서 소득세를 차감한 금액이 되며 결국 기업활동의 이익에서 법인세와 배당소득세를 이중으로 과세당하게 되므로 개인기업보다 더 많은 세금을 부담하게 될 수도 있다.

③ 이처럼 이중과세란 이미 법인세가 과세한 법인소득을 개인에게 배당하는 경우 소득세가 다시 과세하는 제도를 의미한다.

이 이중과세 문제를 해결하기 위하여 현행 세법에서는 배당가산(Gross-up)제도가 있는바,

이는 당해 배당소득(종합과세기준금액인 2,000만원을 초과하는 금액)에 대한 법인세상당액을 배당소득으로 보고 종합소득의 산출세액을 계산한 후 법인세상당액을 종합소득산출세액에서 공제하여 이중과세에 따른 세 부담을 제거하는 제도이다.

④ 종전에는 세법상 배당 가산율을 11%[15]와 실제 법인세 부담을 기준으로 산출된 비율 중에서 납세자가 선택할 수 있도록 하여 배당소득에 대한 이중과세를 완전히 방지해 왔다.

그러나 현행 세법에서는 과도하게 배당세액공제를 허용함에 따라 분리과세 되는 소액주주들의 세 부담(14%)보다 낮아지는 문제를 해소하기 위하여 실제 법인세 부담률에 의한 배당세액공제방식을 폐지하고 일률적으로 11%의 배당가산율을 적용하도록 하고 있다.

예제 4 **기업활동이익이 3억원인 기업주의 가처분소득에 대한 세금을 계산해보자.**

● (예시)

기업활동의 이익이 3억원인 개인기업과 법인기업의 기업주 가처분소득에 대한 세금을 다음의 조건에서 계산해보자.

> ① 배당세액공제 외 각종 소득공제, 세액공제는 고려하지 아니함.
> ② 지방소득세는 계산하지 아니함.
> ③ 기업주는 본 예시사례 이외의 소득은 없음.
> ④ 법인기업의 법인세 차감 후 이익은 전액 배당함.
> ⑤ 금융소득의 원천징수세율로 과세시 산출세액의 비교는 생략함.

▶ (해설)

항목	개인기업	법인기업
① 기업활동이익	300,000,000	300,000,000
② 법인세	-	37,000,000[1]
③ 기업주의 총소득	300,000,000	263,000,000[2]
④ 소득세	94,060,000[3]	58,627,400[4]
⑤ 총부담세액(②+④)	94,060,000	95,627,400

1) 18,000,000+(300,000,000-200,000,000)×19%=37,000,000

2) ① 300,000,000(기업활동이익)-37,000,000(법인세)=263,000,000(법인세 차감 후 이익)

　② 위의 법인세 차감 후 이익이 전액 배당됨

3) 300,000,000원이 과세표준으로서 이에 대한 소득세는 94,060,000원임

---

[15] 10%/(1-10%)≒11%, 현행 최저 법인세율이 10%에서 9%로 변경되었으나, 배당가산율 11%는 변동이 없다.

4) ① 종합소득금액 : 263,000,000+(263,000,000-20,000,000)×11%=289,730,000

　　② 종합소득금액에 대한 산출세액 :

　　　　37,060,000+[(289,730,000-20,000,000)-150,000,000]×38%=82,557,400

　　③ 종합과세기준금액에 대한 기본세율 과세시 산출세액 : 20,000,000×14%=2,800,000

　　④ 산출세액합계 : ②+③=85,357,400

　　⑤ 배당세액공제 : (263,000,000-20,000,000)×11/100=26,730,000

　　⑥ 소득세액 : ④-⑤=58,627,400

상기 예시사례에서 보듯이 배당가산율이 11%일 경우 단순한 세금부담 면에서는 법인기업이 유리하더라도 기업주의 가처분소득 면에서는 법인기업이 개인기업보다 더 많은 조세부담을 하게 되어 법인기업이 개인기업보다 불리할 수도 있다.

즉 단순한 세금부담 면에서는 법인기업이 유리하더라도 기업활동의 이익금을 기업주의 가처분소득으로 하기 위해서는 법인기업의 경우가 개인기업보다 더 많은 조세부담을 하게 될 수도 있다.

3 가처분재원에 대한 세 부담 비교

① 기업주의 가처분소득을 기준으로 했을 때의 세 부담은 일정규모 이상의 이익을 내는 기업에서는 개인기업의 경우보다 법인기업의 경우가 다소 많아질 수 있다.

이러한 결론은 법인기업의 이익이 전액 배당된다는 전제하에서 도출된 결론이다. 그러나 법인기업의 이익이 전액 배당된다는 전제는 사실상 비현실적인 전제이다.

② 개인기업 또는 법인기업을 불문하고 기업활동에서 생긴 이익이 전액 기업주의 소득으로만 사용되는 경우는 거의 없다고 해도 과언이 아니다. 기업활동의 이익은 기업주의 소득으로 사용될 수도 있지만, 기업의 유지·발전을 위한 투자재원으로도 사용된다. 특히 법인기업은 배당은 상장법인의 경우를 제외하고는 거의 하지 않는 것이 일반적이다.

③ 개인기업은 재투자를 위해 내부유보를 하는 이익도 일단 소득세를 납부하여야만 한다. 그러나 법인기업은 재투자를 위해 내부유보를 하는 기업이익에 대해서는 법인세만 과세할 뿐 배당을 하지 않기 때문에 소득세는 과세하지 아니한다.

④ 기업이익 중 얼마를 기업주의 가처분소득으로 하고 얼마를 재투자를 위한 유보재원으로 할 것인가는 기업이 자율적으로 조정할 수 있다. 이러한 배분을 위한 기업이익을 가처분재원이라 할 때 이 가처분재원에 대한 세 부담액은 개인기업은 불변이지만 법인기업은 분배정책에 따라 달라진다.

예제 5 배당률에 따른 법인기업의 기업주 세금액을 계산해보자.

(예제 4)에서의 전제조건 중 법인기업의 배당률만을 변경하는 경우의 세 부담액을 비교하면 (예제 5)와 같다.

● (예제 4)의 조건 중 배당률만을 50%에서 10% 간격으로 변화시킬 때의 법인기업의 기업주 세금액을 계산해보자.

▶ (해설)

구분	50%	60%	70%	80%	90%
①법인세	37,000,000	37,000,000	37,000,000	37,000,000	37,000,000
②배당소득	131,500,000	157,800,000	184,100,000	210,400,000	236,700,000
③종합소득금액	143,765,000	172,958,000	202,151,000	231,344,000	260,537,000
④소득세산출세액	30,677,750	40,984,040	52,077,380	63,170,720	74,264,060
⑤배당세액공제	12,265,000	15,158,000	18,051,000	20,944,000	23,837,000
⑥소득세액(④-⑤)	18,412,750	25,826,040	34,026,380	42,226,720	50,427,060
⑦총부담세액(①+⑥)	55,412,750	62,826,040	71,026,380	79,226,720	87,427,060

동 사례에서 보는 바와 같이 배당소득에 대한 이중과세에도 불구하고 배당률이 90%인 경우에는 총부담세액이 87,427,060원으로서 개인기업의 부담세액 94,060,000원보다 적다.

이러한 결과가 나타나는 이유는 배당세액공제와 소득세 누진세율의 영향 때문으로서 기업활동의 이익규모에 불구하고 이러한 추세는 대동소이할 것으로 판단된다.

따라서 기업활동의 이익 중 10% 이상을 기업에 대한 재투자를 위해 내부유보하는 기업이면 개인기업보다 법인기업이 사외 유출되는 총조세부담면에서 유리하다.

2절 개인기업과 법인기업의 과세제도 차이

개인기업과 법인기업은 전술한 세율구조에 의한 세 부담액의 차이 이외에도 소득세법과 법인세법상의 구조적 차이에 기인하여 과세제도상 많은 차이가 있다.

소득세법은 개인의 소득에 대하여, 법인세법은 법인의 소득에 대하여 과세소득을 규제하는 법으로서 소득에 대하여 과세한다는 점에서는 동일하지만 소득의 파악방법 또는 그 운용면에서 상당한 구조적 차이가 있다.

이 절은 이러한 구조적 차이점 중 법인전환에 관한 의사결정과 관련하여 고려할 주요 차이점을 살펴보는 데 그 목적이 있다.

1 과세소득의 개념과 범위

(1) 과세소득의 개념

소득세법과 법인세법상 과세소득의 개념은 다소 다르다. 즉 소득세법은 소득원천설에 근거해서 소득세법에 제한적으로 열거된 소득만을 과세소득으로 파악하는 데 반하여 법인세법은 순자산증가설에 근거하여 그 사업연도에 속하거나 속하게 될 익금의 총액에서 손금의 총액을 공제한 금액을 과세소득으로 파악하고 있다.

예를 들면 고정자산처분손익[16], (투자)유가증권처분손익 등은 소득세법에 열거된 소득의 종류가 아니므로 소득세법상은 과세소득으로 구성하지 아니하나 법인세법상으로는 순자산의 증감을 가져오는 거래로서 당연히 과세소득에 포함된다.

(2) 과세소득의 범위

개인기업은 당해연도 소득에 대한 납세의무만 지고 있지만, 법인은 각 사업연도소득, 청산소득에 대한 납세의무가 있다.

(3) 과세소득의 종류

① 법인은 모든 소득이 각 사업연도소득을 구성하여 법인세가 과세되므로 특별히 소득의 종류를 구분할 실익이 없다. 그러나 개인은 소득세법상 조세정책적 목적하에 소득의 원천별

---

[16] 2018년 1월 1일부터는 세법의 개정으로 복식부기의무자가 사업용 유형고정자산을 양도함으로써 발생하는 소득(양도소득 제외)을 사업소득의 범위에 포함시켜 종합소득세를 과세하도록 하고 있으며, 건설기계의 처분소득에 대해서는 2020년 1월 1일 이후 양도하는 분부터 적용한다.

로 그 내용과 적용세율이 달리 규정되어 있으므로 이를 명확히 할 필요가 있다.

② 현행 소득세법은 개인에게 귀속되는 소득으로서 과세대상이 되는 것을 크게 종합소득, 퇴직소득, 양도소득 3종의 원천별로 분류하여 규정하고, 종합소득은 이를 다시 이자소득, 배당소득, 사업소득, 근로소득, 연금소득 및 기타소득의 여섯 가지로 세분하고 있다.

③ 한편, 하나의 원천소득에 대하여 중복과세는 되지 않는데, 예를 들면 개인이 상가를 신축하여 판매할 때 부동산매매업으로서 사업소득으로 과세한다면, 이 소득이 다시 양도소득으로 과세하지 아니한다.

④ 이와 같은 논리에서 개인사업자가 은행예금이자 중 분리과세 되는 이자소득(연간 합계액이 2,000만원 이하인 이자소득)을 받았을 경우, 이는 사업소득을 구성하지 아니하므로 분리과세소득으로 종합소득에서 제외하는 것이다.

2 조세채권의 확정방법

과거에 정부는 소득세에 대해서 부과과세방법 제도하에 수입금액대비 일정 수준 이상으로 소득을 신고하는 서면조사결정제도를 시행했으나 '95년 귀속 소득세의 신고부터는 법인세와 동일한 납세자 자진신고납세방식에 의하여 과세표준과 납부세액을 구체적으로 신고하도록 하고 있다.

따라서 신고납세제도하에서 소득세와 법인세는 원칙적으로 납세자의 신고에 의하여 확정하고, 신고가 없거나 사실과 다르게 신고한 때에만 정부가 결정 또는 경정에 의하여 세액을 확정하는 것이다.

3 신고와 납부의 일정

(1) 과세기간

소득세법에서는 과세기간을 1월 1일부터 12월 31일까지의 역년으로 하여 소득금액을 산출, 이에 대하여 과세하므로 소득세의 과세기간은 원칙적으로 1월 1일부터 12월 31일까지의 1년간이다.

그러나 법인세법은 법인의 사업연도는 일반적으로 정관이나 규칙 또는 법령에서 규정하고 있는 회계기간이 되며 그 기간은 원칙적으로 1년을 초과하지 못하게 되어 있다.

(2) 과세표준의 확정신고

소득세법상 사업소득이 있는 자는 당해 과세표준을 당해연도의 다음연도 5월 1일부터 5월 31일까지 정부에 신고납부하여야 한다. 그러나 법인기업은 법인세의 과세표준과 세액을 그 법인의 사업연도 종료일이 속하는 달의 말일부터 3월 이내에 정부에 신고와 함께 자진납부하여야 한다.

한편, 성실신고확인서를 제출하는 경우에는 소득세는 다음연도 6월 30일까지, 법인세는 다음연도 4월 30일까지 각각 신고납부하여야 한다.

4 가산세와 소득처분

(1) 가산세의 종류

가산세란 세법이 규정하는 의무의 성실한 이행을 확보하기 위하여 그 세법에서 산출한 세액에 가산하여 징수하는 금액으로 벌과금의 성격을 지닌다.

이러한 벌과금적 성격의 가산세는 소득세법보다 법인세법상 훨씬 엄격하게 적용됐으나 소득세신고 방법을 신고납부제도로 전환하면서 소득세법상 가산세를 더욱 강화하였다.

현행 세제상 개인기업과 법인기업에 대한 가산세 제도의 차이는 다음 표와 같다.

《 개인과 법인의 가산세 비교 》

구분	가산세의 종류	기준금액	가 산 세 율	
			개 인	법 인
국세기본법	1. 무신고가산세			
	①일반무신고가산세	산출세액 수입금액	20/100 7/10,0000 〉 큰 금액	20/100 7/10,0000 〉 큰 금액
	②부당무신고가산세[17]	산출세액 수입금액	40/100[18] 14/10,000 〉 큰 금액	40/100[18] 14/10,000 〉 큰 금액
	2. 과소신고가산세			
	①일반과소신고가산세	산출세액	10/100	10/100
	②부당과소신고가산세[17]	산출세액 수입금액	40/100[18] 14/10,000 〉 큰 금액	40/100[18] 14/10,000 〉 큰 금액
	3. 초과환급신고가산세	산출세액	10/100 또는 40/100[18]	10/100 또는 40/100[18]
	4. 납부지연가산세	미납부세액 또는 초과환급세액	2.2/10,000 × 미납부기간 또는 초과환급기간	2.2/10,000 × 미납부기간 또는 초과환급기간
	5. 원천징수 등 납부지연가산세	미납부세액	10/100〈50/100〉 2.5/10,000×미납 부기간+3% 〉 적은 금액	10/100〈50/100〉 2.5/10,000×미납 부기간+3% 〉 적은 금액
	6. 영세율과세표준신고불성실가산세	미달신고 과세표준	5/1,000	5/1,000

구분	가산세의 종류	기준금액	가 산 세 율 개 인	법 인
소 득 · 법 인 세 법	1. 무기장가산세	산출세액 수입금액	20/100	20/100 7/10,000 〉 큰 금액
	2. 보고불성실가산세			
	①지급명세서 미제출, 불명	지급금액	0.5~1/100[19]	0.5~1/100[19]
	②계산서미교부, 기재불성실 및 (세금)계산서합계표 제출불성실	공급가액	3~20/1,000	3~20/1,000
	3. 증빙불비가산세	증빙불비금액	2/100	2/100
	4. 영수증수취명세서 미제출가산세	지급금액	1/100	—
	5. 주주등 명세서제출불성실가산세	주식액면금액	—	5/1,000
	6. 주식이동상황명세서 제출 불성실가산세	주식액면금액	—	1/100
	7. 사업장현황신고불성실가산세	미달신고금액	5/1,000	—
	8. 공동사업장등록불성실가산세	총수입금액	5/1,000 또는 1/1,000	—
	9. 사업용계좌미사용가산세	미사용액 또는 총수입금액	2/1,000	—
	10. 신용카드매출전표미발급가산세	미발급액	5/100	5/100
	11. 현금영수증미발급가산세	미발급액	1/100 ~ 20/100	1/100 ~ 20/100
	12. 기부금영수증불성실가산세	기재금액	5/100 또는 2/1,000	5/100 또는 2/1,000
	13. 성실신고확인서미제출가산세	산출세액	5/100 2/10,000 〉 큰 금액	5/100 2/10,000 〉 큰 금액
	14. 유보소득명세서미제출불성실가산세	유보소득금액	5/1,000	5/1,000
	15. 주택임대사업자미등록가산세	주택임대수입업	2/1000	—
	16. 업무용승용차관련비용명세서 제출 불성실가산세	손금산입액	1/100	1/100

17) 부당한 방법으로 무신고 또는 과소 신고한 경우에는 부당무신고가산세 또는 부당과소신고가산세가 적용된다. 여기서 부당한 방법이란 다음에 해당하는 방법을 말한다.
　1. 이중장부의 작성 등 장부의 거짓 기장
　2. 거짓 증빙 또는 거짓 문서의 작성 및 수취
　3. 장부 기록의 파기
　4. 재산의 은닉, 소득·수익·행위·거래의 조작 또는 은폐
　5. 고의적으로 장부를 작성하지 아니하거나 비치하지 아니하는 행위 또는 계산서, 세금계산서 또는 계산서합계표, 세금계산서합계표의 조작
　6. 조특법 제24조1항4호에 따른 전사적 기업자원관리설비의 조작 또는 전자세금계산서의 조작
　7. 그 박에 위계(爲計)에 의한 행위 또는 부정한 행위
18) 역외거래에서 발생한 부정행위로 국세의 과세표준신고를 하지 아니한 경우에는 100분의 60을 가산세율로 적용한다.
19) 근로소득간이지급명세서의 경우는 12.5~25/10,000임

구분	가산세의 종류	기준금액	가산세율	
			개 인	법 인
부 가 가 치 세 법	1. 사업자미등록 등 가산세	공급가액	1/100	1/100
	2. 명의위장사업자 가산세	공급가액	2/100	2/100
	3. 세금계산서기재불성실(지연발급 포함)가산세	공급가액	1/100	1/100
	4. 세금계산서 미교부 등 가산세[20]	공급가액	2/100	2/100
	5. 매출처별 세금계산서합계표 미제출·기재불성실가산세	공급가액	5/1000	5/1000
	6. 매출처별 세금계산서합계표 지연제출가산세	공급가액	3/1,000	3/1,000
	7. 매입처별 세금계산서합계표 미제출기재불성실가산세	공급가액	5/1000	5/1000
	8. 세금계산서 자료상에 대한 가산세	공급가액	3/100	3/100
	9. 현금매출명세서 및 부동산임대공급가액명세서제출 불성실가산세	미제출금액	1/100	1/100
	10. 전자세금계산서 관련 가산세			
	①지연전송	공급가액	3/1,000	3/1,000
	②미전송	공급가액	5/1,000	5/1000
	11. 신용카드매출전표 등 불성실가산세	공급가액	5/1,000	5/1,000

(2) 소득처분

① 개인기업이나 법인기업의 과세표준을 결정 또는 경정시 기업회계의 당기순이익에 세무조정을 하여 당기순이익에 가산하는 익금산입액(또는 총수입금액산입액)과 손금불산입액(또는 필요경비불산입액)은 소득의 귀속에 따른 처분이 필요하다.

② 개인기업과 법인기업의 두드러진 차이는 개인기업에 대한 과세는 곧 개인기업의 사업주가 부담하는 것이므로 사외유출에 대한 귀속자가 개인사업주일 경우에는 총수입금액산입(또는 필요경비 불산입)이 되고 개인사업주에게 상여처분이 된다고 하더라도 종합소득세로 한 번만 과세를 당하면 된다.

③ 그러나 법인기업은 사외유출에 대한 귀속자가 대표이사가 될 때 익금가산(또는 손금불산입)이 되어 일단 법인세의 부담이 되는 한편, 대표이사에 대한 상여로 처분되어 대표이사가 동 금액에 상당하는 종합소득세를 납부하여야 한다. 이는 법인은 별도의 인격을 가진 것으로 보기 때문이다.

---

[20] 전자세금계산서를 발급하여야 하는 사업자가 정상적인 세금계산서의 발급시기에 전자세금계산서를 발급하지 아니하고 수기 세금계산서를 발급한 경우와 둘 이상의 사업장을 가진 사업자가 공급한 사업장 명의로 세금계산서를 발급하지 아니하고 다른 사업장의 명의로 세금계산서를 발급한 경우에는 그 공급가액의 1%를 가산세로 적용한다.

5 매출액 누락시 세 부담 사례연구

신고누락 된 법인소득을 대표이사 등의 상여로 처분하는 소득처분상의 차이에 기인하여 탈루소득에 대한 법인기업의 부담이 개인기업보다 훨씬 크다.

매출누락 시의 추가부담세액에 관한(예제 6)의 계산 결과에 의하면 1억원 매출누락에 대한 추가부담세액은 개인기업은 78,679,540원, 법인기업은 89,541,270원으로써 법인기업이 개인기업보다 약 1.14배의 높은 추가세금을 부담하게 된다.

예제 6 매출액 1억원 누락 시 추가 부담세액의 개인기업과 법인기업을 비교해보자.

● (예시) 회사의 매출액을 고의적으로 1억원 누락하여 과세표준 신고하였으나 신고 후 1년 만에 세무조사과정에서 적출되었다. 이 경우 추가 부담하는 세액을 회사가 개인기업일 때와 법인기업일 때로 구분하여 다음 전제조건하에서 계산해보자.

> ① 매출누락분에 대한 원가는 비용으로 기반영되었음.
> ② 소득세와 법인세 계산시 세율은 소득세 38%, 법인세 19%로 가정함
> ③ 매출누락액은 전액 기업주의 소득으로 처분됨
> ④ 인정상여에 대한 원천징수 및 추가신고 자진 납부는 적법하게 수행됨
> ⑤ 제세에 대한 납부불성실가산세 계산시 납부기한의 다음날부터 고지일까지의 기간은 1년으로 함

▶ (해설)

구분	과목	개인기업	법인기업
1. 부가가치세법	1. 부가가치세	10,000,000	10,000,000
	2. 세금계산서 미교부가산세	2,000,000	2,000,000
	3. 부가가치세과소신고가산세[21]	4,000,000	4,000,000
	4. 부가가치세 납부불성실가산세	803,000	803,000
	(소계)	16,803,000	16,803,000
2. 법인세법 또는 소득세법	1. 법인세 또는 소득세	38,000,000	19,000,000
	2. 과소신고가산세[21]	15,200,000	7,600,000
	3. 미납부가산세	3,051,400	1,525,700
	(소계)	56,251,400	28,125,700
3. 대표이사 인정상여분	1. 소득세	-	38,000,000
	(소계)	-	38,000,000
4. 지방소득세	1. 법인세 또는 소득세	5,625,140	2,812,570
	2. 인정상여분	-	3,800,000
	(소계)	5,625,140	6,612,570
(1+2+3+4)	합계	78,679,540	89,541,270

---

[21] 고의적으로 신고의무를 위반한 경우에는 부당한 방법으로 과세표준을 과소신고한 것으로 보아 과소신고 가산세를 산출세액의 40%로 적용하였다.

3절 지방소득세법의 차이

종전에는 소득세와 법인세의 부가세였던 지방소득세(소득할 주민세)를 지방자치단체의 과세자주권 제고를 위한다는 명분하에 2014년 이후 소득 발생분부터 독립세로 전환하여 납세지 관할 지방자치단체에 신고·납부 하도록 개편하였다.

이에 따라 개인지방소득세와 법인지방소득세가 별도의 과세표준과 세율 및 별도의 공제·감면을 적용하도록 되어 있어 개인기업으로 계속 유지할 경우와 법인기업으로 전환하였을 경우 납부하는 지방소득세액에 차이가 있을 수 있으므로 이를 고려하여야 한다.

1 과세표준과 세율

지방소득세의 과세표준은 소득세 및 법인세법에 의한 소득세·법인세 과세표준액과 동일한 금액이며, 그 세율은 소득세 세율 및 법인세 세율의 10%로서 다음과 같다.

《 개인지방소득세 세율 》

과세표준	세 율
1,400만원 이하	과세표준의 1천분의 6
1,400만원 초과 5,000만원 이하	8만4천원+(1,400만원을 초과하는 금액의 1,000분의 15)
5,000만원 초과 8,800만원 이하	62만4천원+(5,000만원 초과하는 금액의 1,000분의 24
8,800만원 초과 1억5천만원 이하	153만6천원+(8,800만원 초과하는 금액의 1,000분의 35)
1억5천만원 초과 3억원 이하	370만6천원+(1억5천만원을 초과하는 금액의 1,000분의 38)
3억원 초과 5억원 이하	940만6천원+(3억원을 초과하는 금액의 1,000분의 40)
5억원 초과 10억원 이하	1,740만6천원+(5억원을 초과하는 금액의 1,000분의 42)
10억원 초과	3,840만6천원+(10억원을 초과하는 금액의 1,000분의 45)

《 법인지방소득세 세율 》

과세표준	세 율
2억원 이하	과세표준금액의 1,000분의 9
2억원 초과 200억원 이하	180만원+(2억원을 초과하는 금액의 1,000분의 19)
200억원 초과 3천억원 이하	3억7천800만원+(200억원을 초과하는 금액의 1,000분의 21)
3천억원 초과	62억5천800만원+(3천억원을 초과하는 금액의 1,000분의 24)

한편, 부동산임대업을 주업으로 하는 성실신고 확인대상 내국법인의 법인지방소득세 세율은 다음과 같다. 여기서 "부동산임대업을 주업으로 하는 성실신고 확인대상 내국법인"이란 본서 1편 1장의 성실신고 확인대상 법인기업 중 일반기업의 요건을 충족하는 기업을 말하는 것이다.

〈성실신고확인대상 내국법인 법인지방소득세 세율〉

과세표준금액	세 율
200억원 이하	과세표준금액의 1,000분의 19
200억원 초과 3천억원 이하	3억8천만원+(200억원을 초과하는 금액의 1,000분의 21)
3천억원 초과	62억6천만원+(3천억원을 초과하는 금액의 1,000분의 24)

2 공제 및 감면

① 종전의 부가세 방식에서는 소득세 또는 법인세를 감면받는 경우 그 감면세액의 10%만큼 지방소득세도 자동 감소되는 효과가 발생했으나, 독립세로 전환된 이후에는 국가정책에 따른 감면은 국세인 소득세 및 법인세에 한정되고 지방소득세감면은 지방세 및 지방세특례제한법에 따라 지방자치단체 스스로 결정하게 되었다.

② 현행 지방세과세체계에 따르면 소득세 및 법인세의 공제·감면에 대해서는 지방세특례제한법에서 정하도록 한 바, 법인지방소득세의 공제·감면에 대해서는 해당 규정이 없는 실정이고 개인지방소득세에 대해서는 지방소득세특례제한법에 규정을 신설하여 개인 납세자의 납부세액을 계속하여 경감하고 있다(지특법 93조~176조).

③ 또한, 지방세특례제한법 제167조의 2에서는 소득세법 또는 조세특례제한법에 따라 소득세가 세액공제·감면이 되는 경우(조세특례제한법 제144조에 따른 세액공제의 이월공제를 포함하며, 같은 법 제108조의 8[22] 제1항에 따른 세액공제는 제외한다)에는 그 공제·감면되는 금액의 10%에 해당하는 개인지방소득세를 공제·감면하도록 하고 있다.

④ 따라서 법인지방소득세는 공제·감면이 되지 않으나 개인지방소득세는 공제·감면이 되므로 인하여 차이가 발생하므로 이는 기업형태에 따라 세금 부담에 차이를 가져오는 문제라 할 수 있다.

---

[22] 전자신고 등에 대한 세액공제

3 신고와 납부

① 법인지방소득세는 사업년도 종료일부터 4개월 이내에 법인세 신고와 별도로 관할 지방자치단체에 법인지방소득세 과세표준 및 세액신고서에 첨부서류를 첨부하여 신고·납부하여야 하며,

② 개인지방소득세는 해당 사업연도의 다음 연도 5월 1일부터 5월 31일까지 소득세와 동시에 관할세무서에 신고하고 지방자치단체에 납부하면 된다.

4절 상속세법 및 증여세법상 효과

개인기업을 오랫동안 경영했던 경영주들이 고령화되면서 개인기업 형태로 가업을 승계하는 게 좋을지 아니면 법인으로 전환하여 가업을 승계하는 게 좋을지 새로운 의사결정 환경이 조성되고 있다.

전술한 바와 같이 개인기업의 경영자는 개인기업과 법인기업의 장단점, 법인전환의 효과와 제약, 기업환경 등을 고려하여 법인전환 여부를 결정하되, 상속세 및 증여세법과 관련된 내용을 검토하여 어떠한 형태의 기업으로 승계하는 것이 유리한지 판단하는 것도 중요한 절세대책이라 생각한다.

1 가업승계 지원제도와 법인전환

(1) 가업승계의 개요

정부는 국가 경제성장의 주축인 중소기업의 영속성을 지원하기 위하여 가업승계에 대한 세제 지원을 확대하여오고 있다. 여기서 가업승계란 일반적으로 기업이 동일성을 유지하면서 기업주가 후계자에게 해당 가업의 주식이나 사업용 재산을 상속이나 증여를 통하여 그 기업의 소유권 또는 경영권을 다음 세대에게 무상으로 이전하는 것을 의미한다.

(2) 가업승계의 지원제도

가업승계와 관련된 지원 내용에는 가업상속공제제도, 가업의 승계에 대한 증여세과세특례제도, 중소기업 최대주주의 주식 할증평가 배제제도가 있으며, 다음 세대로의 부의 조기 이전을 지원하기 위한 창업자금에 대한 증여세과세특례제도 등이 있다. 또한, 가업상속재산에 대한 상속세에 대하여는 일반 상속재산의 연부연납기간보다 장기간 납부할 수 있는 연부연납제도가 있다.

상기 가업승계 지원제도 중 법인전환과 관련된 제도는 가업상속공제제도와 가업의 승계에 대한 증여세과세특례제도가 있다.

(3) 법인전환과 가업상속공제제도

먼저 가업상속공제제도란 상속공제의 종류 중 하나로 중소기업 또는 중견기업(매출액 평균금액이 5천억원 이상인 기업 제외)의 원활한 가업승계를 지원하기 위하여 거주자인 피상속인이 생전에 10년 이상 영위한 중소기업을 상속인이 승계받는 경우에 최대 600억원까지 상속공제하여 가업승계에 따른 상속세 부담을 크게 경감하는 제도를 말한다(상증법 18조의 2).

🔁 상속공제액

가업상속공제액은 가업상속재산가액에 상당하는 금액으로 하되, 피상속인의 가업영위기간에 따라 그 한도액이 다르게 정해져 있다. 가업영위기간에 따른 상속공제한도액은 다음과 같다.

1. 10년 이상 : 300억원
2. 20년 이상 : 400억원
3. 30년 이상 : 600억원

🔁 가업상속재산

① 가업상속재산이란 다음의 상속재산을 말한다(상증령 15조5항).

1. 개인가업 : 상속재산 중 가업에 직접 사용되는 토지, 건축물, 기계장치 등 사업용자산에서 해당 자산에 담보된 채무액을 뺀 가액

2. 법인가업 : 상속재산 중 가업에 해당하는 법인의 주식 또는 출자지분(사업무관자산비율 제외)

※ 가업상속재산(법인가업) = 상증법상 주식평가액 × [1-(사업무관자산가액÷총자산가액)]

※ 사업무관자산(상속 개시일 현재기준) : 법인세법상 비사업용토지 등, 법인세법상 업무무관자산 및 임대용 부동산, 법인세법상 대여금, 과다보유 현금(상속개시일 직전 5개 사업연도말 평균 현금 보유액의 150% 초과), 법인의 영업활동과 직접 관련이 없이 보유하고 있는 주식·채권 및 금융상품.

② 가업영위기간 계산시 개인사업자로 영위하던 가업을 동일한 업종의 법인으로 전환하여 피상속인이 법인설립일 이후 계속하여 당해 법인의 최대주주 등에 해당하는 경우 개인사업자로서 가업을 영위한 기간을 포함하여 가업 경영시간을 계산하는 것이다(재산제세과-725, 2019.10.18)라는 해석도 있다.

③ 그러나 법인전환에 해당하지 않거나, 개인사업의 사업용자산의 일부를 제외하고 법인전환 한 경우에는 개인사업자로서 가업을 영위한 기간은 포함하지 않는 것이다(서면법규과1179, 2014.11.07.). 한편, 개인사업자로서 제조업에 사용하던 건물 등 일부 사업용 자산을 제외하고 법인전환을 하였다 하더라도, 법인전환 후에 동일한 업종을 영위하는 등 가업의 영속성이 유지되는 경우에는 피상속인이 개인사업자로서 가업을 영위한 기간을 포함하여 가업 경영시간을 계산하는 것이다(재산제세과-725, 2019.10.18)라는 해석도 있다.

④ 장기간 경영하던 개인기업의 경영주 입장에서는 개인가업을 승계하느냐 법인가업을 승

계하느냐에 따라 상속세 과세가액 및 가업상속공제의 금액에 큰 차이가 발생할 수 있으므로 법인전환 여부를 검토할 때, 그 예상금액을 추정하여 법인전환의 유불리를 판단할 필요가 있을 것이다.

(4) 법인전환과 가업승계주식에 대한 증여세 과세특례

① 가업의 승계에 대한 증여세 과세특례제도는 중소기업 경영자의 고령화에 따라 생전에 계획적으로 가업을 승계시켜 경제 활력을 도모하기 위해 도입된 제도이다. 이는 부모의 가업을 승계할 목적으로 일정한 요건을 충족한 주식 또는 출자지분의 증여시 가업주식(상기 가업상속공제액과 같이 가업영위기간에 따라 300억원 내지 600억원 한도)의 과세가액에서 10억원을 공제한 후, 10%(과세표준이 120억원을 초과하는 경우 그 초과금액에 대해서는 20%)의 세율을 적용하여 증여세를 계산한다(조특법 30조의 6).

② 이후 증여세 과세특례가 적용된 주식 등은 증여된 기간과 관계없이 증여 당시 평가액이 상속세과세가액에 산입하여 상속세로 다시 정산되는 것으로, 이때 증여 당시 증여세액은 상속세산출세액에서 공제하는 것이다.

③ 이 제도는 개인기업에는 적용되지 않으므로, 이 제도를 적용받기 위해서는 법인으로 전환하여 주식 등을 증여[23]해야 할 것이다.

> **법령**
>
> **[조세특례제한법] 제30조의6(가업의 승계에 대한 증여세 과세특례)**
> ① 18세 이상인 거주자가 60세 이상의 부모로부터 가업[대통령령으로 정하는 중소기업 또는 대통령령으로 정하는 중견기업(증여받은 날이 속하는 법인세 사업연도의 직전 3개 법인세 사업연도의 매출액 평균금액이 5천억원 이상인 기업은 제외한다)으로서 부모가 10년 이상 계속하여 경영한 기업을 말한다. 이하 이 조 및 제30조의 7에서 같다]의 승계를 목적으로 해당 가업의 주식 또는 출자지분(이하 이 조에서 "주식등"이라 한다)을 증여받고 대통령령으로 정하는 바에 따라 가업을 승계한 경우에는 「상속세 및 증여세법」 제53조, 제53조의 2 및 제56조에도 불구하고 그 주식등의 가액 중 대통령령으로 정하는 가업자산상당액에 대한 증여세 과세가액(다음 각 호의 구분에 따른 금액을 한도로 한다)에서 10억원을 공제하고 세율을 100분의 10(과세표준이 120억원을 초과하는 경우 그 초과금액에 대해서는 100분의 20)으로 하여 증여세를 부과한다. 다만, 가업의 승계 후 가업의 승계 당시 「상속세 및 증여세법」 제22조 제2항에 따른 최대주주 또는 최대출자자에 해당하는 자(가업의 승계 당시 해당 주식등의 증여자 및 해당 주식등을 증여받은 자는 제외한다)로부터 증여받는 경우에는 그러하지 아니하다. (2024.12.31. 개정)
> 1. 부모가 10년 이상 20년 미만 계속하여 경영한 경우: 300억원
> 2. 부모가 20년 이상 30년 미만 계속하여 경영한 경우: 400억원
> 3. 부모가 30년 이상 계속하여 경영한 경우: 600억원

---

23) 가업승계주식의 증여는 법인전환 후 사후관리 규정상 주식 등의 처분으로 보지 아니하므로 양도소득세 등 이월과세를 적용하는데 문제없음. 이에 관해서는 각 편의 "조세지원 후 사후관리"를 참조 바람

2 상속재산의 평가와 법인전환

1) 상속재산의 평가

① 상증세법상 재산의 가액은 상속개시일 또는 증여일 현재의 시가에 따르며, 이 시가는 불특정 다수인 사이에 자유롭게 거래가 이루어지는 경우에 통상적으로 성립된다고 인정되는 가액으로 한다.

② 이때 개인기업의 상속 시 개인기업의 재무제표상 자산과 부채는 상속재산과 상속부채에 각각 포함되어 상속재산을 평가하여야 하며, 법인기업의 상속은 피상속인이 소유한 주식의 평가를 통하여 상속세를 납부하게 된다. 여기서 법인의 주식은 상장주식과 비상장주식으로 구분되며, 주로 중소기업의 주식은 비상장주식이라고 할 것이다.

2) 비상장주식의 보충적 평가방법(상증세법 63조)

비상장주식이란 유가증권시장 또는 코스닥시장 및 코넥스시장에 상장되지 아니한 법인의 주식을 말하는 바, 자유롭게 거래된 가격이 없는 경우가 많아 세법이 정한 보충적 평가방법에 의해 평가되고 있다.

(1) 일반적인 경우의 비상장주식 평가

비상장주식은 1주당 순손익가치와 1주당 순자산가치를 각각 3과 2의 비율로 가중평균한 금액으로 한다. 다만, 그 가중평균한 가액이 1주당 순자산가치의 80%보다 낮은 경우에는 1주당 순자산가치의 80%를 비상장주식의 가액으로 한다.

---

① **순손익가치** = 1주당 최근 3년간 가중평균순손익액 ÷ 순손익가치환원율(10%)

※ 1주당 최근 3년간 가중평균순손익액 = {(평가기준일 이전 1년이 되는 사업연도의 1주당 순손익액 ×3) + (평가기준일 이전 2년이 되는 사업연도의 1주당 순손익액×2) + (평가기준일 이전 3년이 되는 사업연도의 1주당 순손익액 x 1)} ÷ 6

② **순자산가치** = 당해 법인의 순자산가액 ÷ 발행주식 총수

※ 순자산가액은 평가기준일 현재 당해 법인의 자산을 상증세법에 따라 평가한 가액에서 부채를 차감한 금액으로 한다.

---

(2) 부동산과다보유법인의 비상장주식 평가

부동산과다보유법인이란 법인의 자산총액중 토지와 건물 및 부동산에 관한 권리의 합계액이 50% 이상인 법인을 말하며, 이 법인의 주식평가는 1주당 순손익가치와 1주당 순자산가치를 각각 2와 3의 비율로 가중평균한 금액으로 한다. 이 경우도 주식의 가치는 순자산가치

의 80%를 최저한으로 한다.

(3) 순자산가치로만 평가하는 경우

다음의 경우에는 순자산가치로만 평가한다.

① 평가대상법인이 청산절차가 진행중에 있거나 사업자의 사망으로 인하여 사업의 계속이 곤란한 법인의 주식 등
② 사업개시 전 법인, 사업개시 후 3년 미만인 법인, 휴업·폐업 중인 법인의 주식 등
③ 법인의 자산총액 중 부동산 등 가액의 합계액이 차지하는 비율이 80% 이상인 법인의 주식 등
④ 법인의 자산총액 중 주식 등 가액의 합계액이 차지하는 비율이 80% 이상인 법인의 주식 등

(4) 최대주주 등의 주식 등 할증평가

최대주주 등의 주식 등에 대해선 일반적 평가액에 20%에 해당하는 금액을 가산하여 할증평가 하도록 하고 있다. 그러나 중소기업기본법 제2조에 따른 중소기업의 주식에 대해서는 할증평가 대상에서 제외하고 있다.

3) 법인전환의 효과

기업에 따라서는 개인기업의 상속보다는 법인기업 형태로 상속되는 것이 상속재산 평가시 유리할 수도 있다.

예를 들어 순손익가치가 순자산가치에 비해 적은 부동산 임대사업의 경우에는 순자산가치의 80%로 주식가치가 산정될 수 있고, 이 가격이 상속 시 상속재산으로 포함되는 경우이다. 이렇게 기업의 재무상태나 손익구조에 따라 법인기업의 주식 형태로 재산이 상속되는 것이 유리한 경우가 있으므로 이 또한 법인전환의 효과 중 하나라고 할 수 있다.

또한 주식은 수시로 조금씩 양도나 증여가 가능하므로 재산의 이전이 용이하고 기업에 따라서는 상속세의 경우와 같이 평가액도 적게 계산될 소지가 있다고 할 수 있다. 사전 증여를 통해 지분의 일부를 이전하고 다시 배당을 통해(물론 이 경우 소득세를 내지만) 부의 이전을 해나가는 것도 법인전환을 통해 절세할 여지가 있다고 할 수 있다.

3 양도소득세 이월과세의 효과

후술하는 조세특례제한법 제31조의 중소기업간의 통합이나 조세특례제한법 제32조에 의한

법인전환의 결과 양도소득세 이월과세라는 조세지원이 따른다.

여기서 이월과세란 개인사업자의 사업용고정자산을 법인전환 함에 따라 법인에 양도하는 경우 양도소득세를 과세하지 아니하고, 그 대신 사업용고정자산을 양수한 법인이 당해 자산을 양도하는 경우 개인사업자가 종전 사업용고정자산을 동 법인에 양도한 날이 속하는 과세기간에 다른 양도자산이 없다고 보아 계산한 소득세법 제104조의 규정에 의한 양도소득 산출세액 상당액을 법인세로 납부하는 것이다.

(1) 일반적인 효과

① 이월과세는 납세의무자가 사업용고정자산의 양도자인 개인에서 법인으로 바뀐다는 의미가 있고, 적용되는 세목이 소득세에서 법인세로 바뀌는 것이다. 또한 납세의무가 법인전환 등으로 포괄양도되는 때가 아니라 법인이 해당 사업용고정자산을 양도하는 때로 이연된다는 것이다.

② 저자의 개인적인 생각으로는 이러한 효과 중 납세의무자의 변경은 대단히 큰 조세지원이라고 생각된다. 결국 개인의 세부담을 법인에 지운다는 것은 세금없이 법인의 자금을 인출하는 효과가 생긴다고 볼 수 있는 것이다.

③ 다만, 법인전환으로 인한 양도일 후 5년 이내에 다음과 같은 사유가 발생할 때는 개인기업주가 사유 발생일이 속하는 달의 말일부터 2개월 이내에 양도소득세 이월과세액을 양도소득세로 납부하여야 한다(조특법32조⑤항, 조특법31조⑦항).

1. 개인기업주로부터 승계받은 사업을 폐지하는 경우
2. 개인기업주가 법인전환으로부터 취득한 주식 또는 출자지분의 50% 이상을 처분하는 경우

(2) 비상장주식 평가시 효과

① 과세관청은 상기 양도소득세 이월과세가 사업용고정자산을 승계한 법인이 납부하게 되어 있으나 아직 양도하지 않은 경우 법인의 입장에서 미확정부채에 해당한다고 보아 왔다.

② 이를 부채로 보지 않음에 따라 당해 법인의 보충적 평가방법에 의한 비상장주식 평가시 상당한 금액의 차이가 발생하여 납세자들의 불만이 많았으나 최근 판례에서는 사후관리기간인 5년이 지나면 이를 부채의 가산항목에 해당한다고 결정한 바 있다.

③ 이에 따라 5년의 사후관리기간이 지났느냐 여부에 따라 조특법상의 양도소득세 이월과세 금액이 비상장주식평가시 순자산가액에서 차감하는 부채에 포함된다는 것이다.

④ 이렇게 동 양도소득세 이월과세 금액이 순자산가액에서 차감하는 부채에 포함된다는 것은 향후 상속 및 증여 시 상속 및 증여재산의 평가액을 상당히 감소시키는 역할을 할 것으로 생각된다.

다음 내용은 최근 판례의 내용과 함께 한국공인회계사회 조세지원센터의 추가검토 의견을 수록한 것이다.

가. 양도소득세 이월과세의 효과 예규

사례 1

> 법인전환 후 사후관리기간(5년)이 경과한 경우, 이월과세액은 순자산가액에서 차감하는 부채에 포함된다.

▶ (판례) (조심2019서4569, 2020.05.20.)

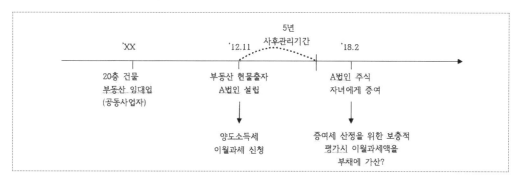

❖ 관련 법령

[상속세 및 증여세법 시행규칙] 제17조의2 (순자산가액의 계산방법)
3. 다음 각목의 가액은 이를 각각 부채에 가산하여 계산할 것
  가. 평가기준일까지 발생된 소득에 대한 법인세액, 법인세액의 감면액 또는 과세표준에 부과되는 농어촌특별세액 및 지방소득세액
  나. 평가기준일 현재 이익의 처분으로 확정된 배당금·상여금 및 기타 지급의무가 확정된 금액
  다. 평가기준일 현재 재직하는 임원 또는 사용인 전원이 퇴직할 경우에 퇴직급여로 지급되어야 할 금액의 추계액

■ (결정요지) 1. 이 건의 경우 현물출자자들이 당초 영위하던 개인사업을 법인으로 전환한 후 5년이 지난 시점에 쟁점주식의 소유권을 이전하여 법률에서 의도하는 규제대상의 범위에서 벗어나 있는 점, 이 건 조세특례의 경우 5년의 사후관리기간 종료 전에는 납부하여야 할 세액은 조특법 제2조 제1항 제6호에 따라 "개인이 종전 사업용고정자산 등을 그 법인에 양도한 날이 속하는 과세기간에 다른 양도자산이 없다고 보아 계산한 「소득세법」 제104조에 따른 양도소득 산출세액 상당액"으로 확정되어 있었으나,

2. 그 세액에 대한 납부의무자가 법인인지 아니면 개인인지 확정되지 아니한 상태에 있다가 사후관리 요건의 위반 없이 그 기간이 종료됨과 동시에 그 세금의 납부의무가 법인으로 확정적으로 이전되는바, 쟁점주식의 증여일(평가기준일)에는 납부할 세액이 정해져 있을 뿐만 아니라 법인전환된 후 약 5년 3개월이 지난 2018.2.28.로서 그 세액의 납부의무자가 ○○○으로 확정된 시점이었던 점, ~중략~

3. 쟁점이월과세액과 유사하게 지급의무는 확정되었지만, 그 지급시기가 확정되어 있지 아니한 특성을 가진 퇴직금 추계액도 상증법 시행규칙 제17조의2 제3호 다목에서 부채의 가산항목으로 규정되어 있는 점,

● 이 건의 경우 쟁점주식의 평가기준일 현재 사후관리기간이 경과하여 납부의무자가 법인으로 확정되어 있었던바, 평가기준일이 사후관리기간 이내에 있어 세금의 납부의무자가 누구인지 확정되지 아니한 경우에 대한 우리 원의 선결정례(조심 2018서1029, 2018.9.10.)와 사실관계를 달리하여 상호 직접 비교할 수 없는 점 등을 종합하여 볼 때, 평가기준일 현재 사후관리기간이 경과하여 세금의 납부의무자가 법인으로 확정된 이 건의 경우 쟁점 이월과세액은 상증법 시행규칙 제17조의2 제3호 나목에 따른 부채의 가산항목에 해당한다 할 것이다.

▶ (추가 검토) 1. 조특법§32에 따른 이월과세액을 순자산가액에서 차감하는 부채에 해당하는지 여부와 관련하여 과거 기재부, 조세심판원은 해당 이월과세액은 자산을 양도하는 경우에 비로소 발생하는 미확정부채이므로 차감대상이 아니라는 입장이었으나

2. 이번 심판원의 결정을 보면, 그러한 과거 선결정례는 법인전환 후 5년의 사후관리기간 내 소유권 이전이 일어난 경우로 만약 본 사례처럼 소유권 이전시점(평가기준일)이 법인전환 후 5년의 사후관리기간의 경과한 경우에는 이월과세액의 납부의무자가 법인으로 확정되는 점,

2. 해당 이월과세액은 실제 언제 양도하는지 여부와 무관하게 납부세액이 확정되어 있는 점, 그럼에도 실제 납부시기가 이월과세된 해당 자산의 처분시점이므로 미확정인 것은 사실이나 이건 퇴직시점이 확정되지 않았음에도 부채로서 인정되는 퇴직금 추계액도 다를 바 없는 점 등을 논거로 들면서 "부채로 인정된다"고 결정하였음

2편

일반 사업양도양수에 의한
법인전환 실무해설

사업의 양도양수란 세법상 개념으로 사업을 포괄적으로 양도양수 하는 것을 말한다. 본서 제2편에서는 조세특례제한법상의 조세지원을 받지 않는 「일반 사업양도양수에 의한 법인전환」을 다루고, 제4편에서 동법상의 조세지원을 받는 「세감면 사업양도양수에 의한 법인전환」을 수록하고 있다.

일반 사업양도양수에 의한 법인전환은
개인기업의 법인전환 방법 중에서 가장 간편하고 단순한 법인전환 방법으로 상법 규정에 따라 법인을 설립한 후, 개인기업을 법인에 양도 양수함으로써 법인전환을 하는 방법이다.

이 방법은 절차가 간편하지만, 법인전환에 따르는 세금과 비용을 모두 부담하는 방법으로 다른 전환 방법을 선택해도 조세지원을 받을 수 없거나 조세지원 요건을 갖추는 데 드는 노력에 비해 지원 효과가 작은 경우에 채택된다.

이 방법에 의한 법인전환의 핵심은 법인설립과 사업의 양도양수이며, 이의 추진 과정에서는 상법 및 세법(법인세법, 소득세법, 부가가치세법, 지방세법) 등과 기타 기업 관련 법규에 대한 이해가 요구된다.

1장
사업양도양수의 개요

1 사업양도양수의 의의

사업의 양도양수란 세법상의 용어이며,[1] 상법에서는 영업의 양도라는 용어를 사용하여 설명하고 있다. 상법상 영업의 양도란 일정한 영업 목적에 의하여 조직화한 유기적 일체로서의 기능적 재산의 이전을 목적으로 하는 채권계약이며 이의 법적 성격은 다음과 같다.

(1) 양수인의 지위

첫째, 양도되는 목적물의 범위에는 단순한 물건 또는 권리·의무뿐만 아니라 거래처 관계·영업상의 비결·경영조직 등의 사실관계가 포함되며, 이의 양수결과 양수인은 이를 이용하여 양도인과 같은 영업자의 지위를 취득하게 된다.

(2) 영업의 동일성 유지

둘째, 영업의 양도 때에는 그것을 구성하는 재산에 다소의 증감변동이 있더라도 영업의 동일성이 유지되어야 한다. 영업재산의 조직적 일체성이 유지되어 양수인이 양도인과 같은 위치에서 영업을 계속할 수 있는데 필요한 재산이 이전된다면, 반드시 영업을 구성하는 재산 전부가 이전될 필요는 없고 그 일부를 유보하여도 된다.

(3) 재산의 전체적 이전

셋째, 영업의 양도는 영업상 유기적 일체로서의 기능적 재산이 한 개의 채권계약에 의하여 전체적으로 이전되는 것으로서, 통상 영업양도라 하면 이 채권계약을 의미하지만, 이 계약에 의해 행하여지는 영업이전의 전 과정을 영업양도라 하는 예도 있다.

---

[1] 부가가치세법 제10조(재화공급의 특례) 제9항 제2호에는 '사업을 양도하는 것으로서 대통령령이 정하는 것을 재화의 공급으로 보지 아니한다.'라고 규정되어 있으며, 조특법 제32조 제1항에는 '사업양도양수의 방법에 따라 법인(소비성서비스업을 경영하는 법인을 제외한다.)으로 전환하는 경우'라고 규정되어 있다.

(4) 조직의 일체성 유지

넷째, 영업양도는 기존 영업을 해체하지 않고 그 조직적 일체성을 유지하면서 이전하는 것으로, 회사의 합병·계속 및 조직변경·일인회사 등과 함께 기업유지의 정신에 입각한 제도이다.

2 영업양도의 효과

상법상 영업의 양도와 양수는 자유이며, 이의 법률상 효과는 다음과 같다.

가. 당사자간의 효과

영업양도의 당사자간 효과는 양도인이 양수인에게 부담하는 의무가 주 내용이며, 적극적 의무인 영업재산의 이전의무와 소극적 의무인 경업피지의무가 있다.

(1) 영업재산의 이전(적극적 의무)

적극적인 의무인 영업재산의 이전의무는 영업양도계약에 의하여 양도인이 영업을 구성하는 각종 재산을 양수인에게 이전하여 양수인으로 하여금 이익을 받게 할 의무로서, 이전될 범위 내의 각 영업재산에 대하여 개별적인 이전절차가 밟아져야 한다. 구체적으로는

① 동산은 인도, 부동산과 상호는 등기, 특허권·상표권은 등록, 지명채권은 통지·승낙, 지시채권은 배서·교부, 기명주식은 명의개서를 각각 하여야 하며

② 채무는 양도인이 그 채무를 면제하는 데 필요한 행위를 하여야 하고

③ 사실관계에서도 양도인은 양수인이 이를 이용할 수 있도록 하여야 한다.

이처럼 영업재산이 개별적인 이전절차를 거쳐야 하는 이유는 영업양도라는 채권계약은 전 양도재산을 일괄하여 대상으로 할 수 있으나 법률상 인정된 포괄승계는 아니기 때문이다.

(2) 경업금지 의무(소극적 의무)

영업양도인이 양도하는 영업과 동종의 영업을 또 개시하는 경우에는 영업양도의 실효가 저해되므로 상법은 영업양도인에게 다음과 같은 의무를 부담시키고 있는데 이를 경업금지의무라 한다.

① 영업을 양도하는 경우에 다른 약정이 없으면 양도인은 동일한 특별시·광역시·시·군과 인접 특별시·광역시·시·군에서는 10년간 동종영업을 하지 못한다(상법 41조1항).

② 특약으로서 위의 의무를 완화·강화할 수도 있으나 무제한으로 강화하여서는 개인의 자유를 부당하게 속박하게 되므로, 영업제한의 강화는 20년을 넘지 않는 범위 이내에서만

그 효력을 인정한다(상법 41조2항).

나. 제3자에 대한 효과

영업양도의 제3자에 대한 효과는 영업상의 채권자에 대한 효과와 채무자에 대한 효과로 나누어진다.

(1) 영업상의 채권자에 대한 효과

① 영업상의 채권자에 대한 영업양도의 효과는 양수인이 양도인의 상호를 계속 사용하는 경우와 사용하지 아니하는 경우가 다르다.

② 양수인이 양도인의 상호를 계속 사용하는 경우에는 양도인의 영업에 대한 제3자의 채권에 대하여 양수인도 변제책임이 있다(상법 42조1항). 그 이유는 동일상호의 배후에는 동일영업주가 있을 것으로 예상하는 일반적 신뢰관계를 배경으로 하는 채권자를 보호하기 위한 것이다.

③ 따라서 이러한 채권자의 신뢰를 보호하는 다른 방법이 취해질 때에는 양수인의 변제책임은 해소되는데 상법은 양수인의 변제책임에 대한 예외로서 두 가지를 규정하고 있다. 즉, 양수인이 영업양수 후 지체없이 양도인의 채무에 관한 책임이 없음을 등기한 경우와(상법 42조 2항 전단) 제3자에 대하여 양수인이 책임을 부담하지 않을 것을 통지한 경우에 그 통지를 받은 제3자에 대하여(상법 42조 2항 후단) 양수인은 변제책임을 지지 아니한다.

④ 양수인이 양도인의 상호를 계속 사용하지 아니할 때에는 원칙적으로 앞서 설명한 채권자의 신뢰는 없을 것이므로 양수인은 변제책임을 지지 아니한다. 그러나 이 경우에도 양수인이 양도인의 영업상 채무 인수를 광고한 때(상법 44조) 또는 개별적으로 그러한 의사표시를 한 때에는 양수인도 변제책임을 지게 된다.

⑤ 한편, 양수인이 변제책임을 부담한다고 해서 양도인의 책임이 당연히 면제되는 것은 아니며 상법상의 제척기간이 경과하기 전에는 양도인도 책임을 지게 된다. 상법상 양도인의 책임에 대한 제척기간은 영업양도 후 또는 상법 44조의 광고 후 2년으로 규정되어 있다(상법 45조).

(2) 영업상의 채무자에 대한 효과

영업 양수인이 양도인의 상호를 계속 사용하는 경우에는 채권의 양도가 없었더라도 채무자가 양수인에게 한 변제는 선의이며 중대한 과실이 없는 한 효력이 있다(상법 43조).

3 영업양도의 절차

상법상 영업양도의 절차는 대내적 의사결정, 양도계약의 체결과 계약이행으로 나누어진다.

(1) 대내적 의사결정

① 영업양도양수인이 개인상인이면 상법상 제한이 없으나 회사이면 영업양도가 회사의 운영·존립에 대한 중대사항이기 때문에 신중한 절차가 필요하다.

② 영업양도인이 회사인 경우 합명·합자회사 및 유한책임회사는 정관변경이 수반되는 경우 총 사원의 동의가 필요하며(상법 204, 269, 287의16조), 주식회사·유한회사는 주주총회 또는 사원총회의 특별결의가 있어야 한다(상법 374조1항1호, 576조1항).

③ 개인기업이 법인으로 전환하는 경우는 곧 영업양수인이 회사로, 주식회사·유한회사가 다른 회사의 영업 전부를 양수하는 때에는 주총 또는 사원 총회의 특별결의를 필요하다(상법 374조1항3호, 576조1항).[2]

(2) 양도계약의 체결과 이행

① 양도양수의 양 당사자간에 영업양도계약의 체결하는데, 계약 내용에 다음의 사항 등을 포함하여야 한다.

1. 자산과 부채에 관한 사항
2. 영업소와 상호의 양도에 관한 사항
3. 사용인의 인계에 관한 사항
4. 해약 또는 양도조건 변동의 사유에 관한 사항

② 전술한 대내적 의사결정 후에 양도계약이 체결하는 것이 일반적인 순서이지만, 순서를 바꾸어 의사결정에 필요한 총 사원의 동의·특별결의를 조건으로 양도계약을 먼저 체결하는 것도 가능하다. 이러한 양도계약의 이행으로 영업이 양도인으로부터 양수인에게 이전되며, 그 결과 전술한 영업양도의 효과가 나타나게 된다.

---

[2] 상법의 개정으로 영업양수도 등의 행위를 하려는 회사의 총주주의 동의가 있거나 그 회사의 발행주식 총수의 90% 이상을 해당 행위의 상대방이 소유하고 있는 경우에는 그 행위를 하려는 회사의 주주총회 승인은 이사회의 승인으로 할 수 있다(상법 374조의3)

4 상법상 자기거래의 제한

(1) 자기거래의 제한

사업양도양수에 의한 법인전환은 회사가 개인기업주의 영업을 양수하는 것이므로 영업양수에 관한 주주총회의 특별결의가 필요함과 아울러, 개인기업주가 회사의 대표이사이므로 이사와 회사와의 거래 즉 자기거래에 대한 상법상의 제한을 한다.

이사가 회사와 거래하는 경우에는 회사가 재산상의 불이익을 받을 우려가 있는바, 상법은 이러한 이사와 회사와의 거래를 자기거래라 하여 이사회의 승인을 얻도록 제한을 하고 있다 (상법 398조).

(2) 자기거래의 승인과 책임

자기거래의 승인기관은 이사회이며 이 경우 이사회의 승인은 이사 3분의 2 이상의 수로써 하여야 하고, 그 거래의 내용과 절차는 공정하여야 한다. 이때 당해 이사는 특별이해 관계인으로 의결권을 행사치 못하며, 승인의 시기는 사전승인을 요하는 것으로 해석된다.

이사회의 승인 없이 한 이사의 자기거래는 무효로 해석되며, 이때 당해 이사는 회사의 손해에 대하여 손해배상책임을 져야 하고(상법 399조1항), 이 책임은 총 사원·주주의 동의가 없는 한 면제할 수 없다. (상법 400조)

이사회의 승인을 얻었다 하더라도 이사의 책임이 완전히 면제되는 것은 아니며, 거래가 법적으로 유효하다 하더라도 부당한 거래조건으로 말미암아 회사가 손해를 입었을 때 임무해태로 인한 손해배상책임을 진다(상법 399조1항). 이때에는 당사자인 이사뿐만 아니라 이사회의 승인결의에 찬성한 다른 이사들도 연대하여 손해배상책임을 지게 되며, 이 책임은 총 사원·주주의 동의가 있어야만 면제될 수 있다.

2장
사업양도양수를 위한 법인설립

상법상의 영리법인의 종류에는 합명회사·합자회사·유한책임회사·유한회사 및 주식회사의 다섯 종류가 있는바, 여기에서는 그중 가장 대표적인 물적회사이며 오늘날 법인설립 시의 주된 형태인 주식회사를 중심으로 법인설립과정을 살펴보고자 한다.

1절 발기설립과 모집설립

상법상 주식회사의 설립은 발기인구성에서 시작하여 설립등기를 함으로써 종결되며, 설립과정에서 누가 주식을 인수하느냐에 따라 발기설립과 모집설립으로 구분되는데 양 방법의 특징적인 차이점은 다음과 같다.

1 주식인수자의 구분

주식회사의 설립시에 발행하는 주식 총수의 인수자가 다른데, 발기설립은 발기인이 주식 총수를 전부 인수하는 데 반해 모집설립은 발기인이 주식 총수의 일부만을 인수하고 잔여주식은 발기인 외에 모집된 다른 주주가 인수한다.

- 발기설립 : 주식 총수의 발기인이 인수
- 모집설립 : 주식 일부의 발기인이 인수, 모집주주가 인수

2 설립경과 조사보고의 구분

법인설립경과 조사의 보고에 차이가 있는데, 발기설립은 이사·감사가 취임 후 지체없이 설

립경과를 조사하여 발기인에게 보고하도록 하고, 모집설립은 동 보고를 창립총회에 하여야 한다.

이사, 감사의 취임에 대하여

- 발기설립 : 발기인에 즉시 보고
- 모집설립 : 설립총회에 보고

3 설립절차의 비교

현행 상법에 의한 주식회사의 설립절차를 요약하면 다음과 같다.

《 주식회사 설립절차의 비교 요약 》

발 기 설 립	모 집 설 립	비고
① 발기인 구성	① 발기인 구성	공통절차
② 정관의 작성 및 인증	② 정관의 작성 및 인증	
③ 주식발행사항의 결정	③ 주식발행사항의 결정	
④ 주식 총수의 인수	④ 주식 일부 인수	회사의 실체구성 절차
	⑤ 주주모집 및 주식배정	
⑤ 출자의 이행	⑥ 출자의 이행	
⑥ 이사·감사의 선임		
⑦ 이사·감사의 설립경과조사		
⑧ 검사인 등의 변태설립사항 조사	⑦ 검사인 등의 변태설립사항 조사	
	⑧ 창립총회(설립경과 조사보고)	
⑨ 설립등기	⑨ 설립등기	

2절 발기설립과 모집설립의 공통절차

1 발기인의 구성

발기인이란 형식적 개념으로서 정관에 발기인으로 기명날인한 사람을 말하며, 설립사무에 사실상 종사하였는지는 문제 되지 아니한다.

주식회사의 설립에는 1인 이상의 발기인이 필요하며(상법 288조) 각 발기인은 정관에 발기인으로 기명날인 또는 서명하여야 하고(상법 289조) 적어도 한 주 이상의 주식을 인수하여야 한다(상법 293조).

한편, 발기인이 주식을 인수하는 것과 관련하여 각 발기인은 자신의 주식인수자금에 대한 자금출처를 입증할 수 있어야 하며, 만약 자금출처가 입증되지 아니한 주식인수가액에 대하여는 증여세가 과세될 수 있다.

법인전환시 발기인에는 개인기업의 대표가 포함되어야 함은 당연하며, 발기인 간에는 정관의 작성에 앞서 회사설립을 목적으로 하는 계약이 체결되는 것이 보통인데 이를 발기인조합이라 하며 그 법률상 성질은 민법상의 조합이다.

한편, 발기인의 자격에는 특별한 제한은 없어 법률상 행위무능력자만 아니면 되며, 자연인은 물론 법인도 발기인으로 참여할 수 있다.

2 정관의 작성과 효력

정관3)이란 실질적 개념으로는 회사의 조직활동에 관한 근본규칙을 말하며 형식적 개념으로는 그 근본규칙을 기재한 서면을 말한다.

주식회사의 정관은 공증인의 인증이 있어야만 효력이 생기며, 자본금 총액이 10억원 미만인 회사를 발기설립하는 경우에는 각 발기인이 정관에 기명날인 또는 서명함으로써 효력이 생긴다(상법 292조). 이 정관의 기재사항은 다음과 같다.

가. 정관의 절대적 기재사항

절대적 기재사항은 법률이 기재를 절대적으로 요구하는 사항으로서 이들 중 하나라도 기재를 누락하면 정관 자체를 무효로 하는 기재사항이다.

---

3) 9편 1. 참고서류 참조

(1) 목적

목적이란 회사가 운영하고자 하는 사업으로서 그 사업내용이 무엇인가를 알 수 있는 정도로 구체적으로 기재되어야 한다. 여러 개의 사업을 기재하여도 되며 법인전환의 경우 목적은 개인기업 사업자등록증의 업태·종목을 기재한다.

(2) 상호

상호란 상인이 영업상 자기를 표시하기 위하여 사용하는 명칭으로서 회사의 종류에 따라 합명회사·합자회사·유한책임회사·주식회사 또는 유한회사의 문자를 사용하여야 한다. (상법 19조)

주식회사로 법인전환 하는 경우 상호는 개인기업에서 사용하던 상호에 '주식회사'를 부가하는 것이 일반적이다.

여기에서 주의하여야 할 사항은 개인기업은 상호사용에 특별한 제한이 없던 것과는 달리 법인기업의 상호는 등기 의무사항으로서 동일한 특별시·광역시·시·군내에서 동일한 영업을 위하여 다른 사람이 등기한 것과 확연히 구별할 수 있는 상호가 아니면 등기할 수 없다는 점이다. (상업등기법 제29조)

따라서 법인전환의 경우 상호결정시에는 관할 등기소에 사용하고자 하는 상호의 등기 가능 여부를 사전 열람하는 것이 좋다.

한편, 현행 상법에서는 주식회사를 설립하고자 할 때, 상호와 목적을 변경할 때 및 본점을 이전하고자 할 때 관할등기소에 상호를 가등기할 수 있도록 하여 등기와 같은 효력을 인정하고 있으므로(상법 22조의2) 미리 가등기를 하는 것이 바람직하다.

(3) 회사가 발행할 주식의 총수

이는 회사가 발행할 것으로 예정하는 주식의 총수로서, 이 발행예정주식 수에 1주의 금액을 곱하면 이른바 수권자본 또는 예정자본의 총액이 산출된다.

이 발행예정주식 총수는 설립시 전부 발행될 필요는 없고 그 일부만 발행해도 되며, 나머지 미발행분은 회사설립 후 이사회 결의로 발행 가능 하다.

발행예정주식 총수는 회사가 임의로 정할 수 있으며 법률상 특별한 제한은 없다.

(4) 1주의 금액

1주의 금액은 균일하여야 하고 1주당 금액은 100원 이상이어야 한다(상법 329조3항). 다만, 2012.4.15부터 시행하는 개정 상법에서는 무액면주식의 발행이 가능하다. (상법 329조1항)

(5) 회사설립시에 발행하는 주식의 총수

이는 회사의 발행예정주식 총수에서 설립시 발행할 주식 수를 확정하기 위한 사항으로, 이 주식 전부에 대한 인수·납입이 있어야만 회사가 설립된다.

이 발행주식 수에 1주당 금액을 곱하면 회사의 자본금이 되는바, 주식회사의 최저자본금은 100원(주식회사는 최소 1주 이상은 발행하여야 하고, 1주당 액면가는 100원 이상이므로) 이상이어야 한다.

(6) 본점의 소재지

본점의 소재지는 본점이 위치하는 지역을 기재하는 것으로 최소행정구역을 표시하면 충분하고 지번까지를 기재할 필요는 없다.

(7) 회사가 공고하는 방법

주식회사는 결산 대차대조표 등 일정한 사항을 공고해야 하는데 이 공고방법은 관보 또는 일간신문지를 특정적으로 지정하여야 한다. 다만, 회사는 그 공고를 정관으로 정하는 바에 따라 전자적 방법으로 할 수 있다.

(8) 발기인의 성명과 주민등록번호 및 주소

발기인의 동일성을 인식하기 위한 것으로 그 기재 방법에 특별한 제한은 없으나 발기인의 주소와 성명 및 주민등록번호를 기재하여야 하며, 주민등록등본과 인감증명서가 일치하여야 한다.

나. 정관의 상대적 기재사항

상대적 기재사항이란 정관에 기재하지 아니하여도 정관의 효력에는 영향이 없으나, 법률상 그 효력을 발생하려면 정관에 기재해야 하는 사항으로서 회사설립시 중대한 관계가 있는 사항은 상법 290조에 열거된 다음과 같은 변태설립사항이며 이 경우 법원검사인 등에 의한 조사를 받아야 한다.

(1) 발기인이 받을 특별한 이익과 이를 받을 자의 성명

특별한 이익이란 발기인이 회사설립을 발의한 공로에 대한 보수로서, 예를 들면 이익배당의 우선권·회사설비 우선 이용권 등을 들 수 있다.

(2) 현물출자를 하는 자의 성명, 그 출자의 목적인 재산의 종류, 수량, 가격과 이에 대하여 부여할 주식의 종류와 수

현물출자라 함은 금전이 아닌 재산으로 하는 출자로서 그 목적인 재산은 대차대조표상 자산에 기재할 수 있는 것이면 되며, 회사설립시 현물출자를 할 수 있는 사람은 발기인이 아니라도 가능하다.

(3) 회사의 성립 후에 양수할 것을 약정한 재산의 종류·수량·가격과 그 양도인의 성명

발기인이 설립 중의 회사를 위하여 회사성립을 조건으로 주주 또는 제3자로부터 일정한 재산의 매수를 약정하는 계약을 재산인수라 한다. 이것은 현물출자에 관한 상법상의 규제를 피하면서 현물출자와 동일한 효과를 가져오게 되는 사항이기 때문에 현물출자와 마찬가지로 정관에 기재하게 하여 법원검사인 등의 감독을 받게 하고 있다.

(4) 회사가 부담할 설립비용과 발기인이 받을 보수

설립비용은 설립절차를 수행하는데 소요되는 모든 비용으로 정관의 기재액을 초과한 비용은 발기인이 부담하여야 한다. 또한, 발기인의 보수는 설립 중인 회사의 기관으로서 설립사무에 종사한 데 대한 보수를 말한다.

다. 정관의 임의적 기재사항

이는 회사가 임의로 기재하는 사항으로서 회사의 운영에 필요한 준칙을 기재하는 것이다. 법의 강행규정, 사회질서 및 주식회사의 본질에 반하지 않는 한 어떠한 사항도 정관에 기재 가능하며, 예를 들면 이사·감사의 수, 정기총회의 소집시기, 회계기간 등이 있다.

3 정관의 인증

1) 공증인의 인증

정관이 작성된 후 정관으로서 효력 발생을 위해서는 공증인의 인증이 필요한바, 이는 원시정관에 국한되며 창립총회에서 변경되는 정관은 창립총회 의사록에 기재된 내용이 증거가 되므로 다시 인증을 받을 필요는 없다.

정관의 인증은 회사의 본점 소재지를 관할하는 지방검찰청에 소속하는 공증인이나 합동법률사무소에서 받아야 한다.

2) 인증 준비서류

(1) 정관 3부

정관 3부의 용도는 공증인 사무소의 보관용 원본 1부, 회사보존용 원본 1부 및 설립등기신청서에 첨부하여 등기소에 제출하는 등본 1부이다.

(2) 인감증명서와 위임장

정관의 인증에는 각 발기인의 인감증명서 1부씩이 공증인사무소에 제출하여야 한다.

발기인 전원이 공증인 사무소에 출두하는 경우에는 위임장은 필요치 않지만, 일부 발기인이 나가는 경우 또는 제3의 대리인이 나갈 때에는 대리권을 입증하는 위임장을 제출하여야 한다. (공증법 31조1항)

한편, 대리권을 증명할 증서가 인증을 받지 아니한 사서증서인 경우에는 대리인 자신의 인감증명서 또는 서명에 관한 증명서를 제출하게 하여야 한다. (공증법 31조2항)

4 주식발행사항의 결정

회사의 설립시에 발행하는 주식의 총수는 정관 작성시 정해지지만, 주식발행에 관한 나머지 사항은 정관에 정함이 없으면 발기인이 정하게 된다.

이 결정은

① 우선주·보통주·무의결권주와 같은 수종의 주식의 종류와 수

② 액면 이상의 주식을 발행하는 때의 그 수와 금액

③ 무액면주식을 발행하는 경우에는 주식의 발행가액과 주식의 발행가액 중 자본금으로 계상하는 금액

에 관한 세 가지 사항은 발기인 전원의 동의로 정하고(상법 291조), 이를 제외한 나머지 사항은 발기인 과반수의 결의로 정한다.

3절 주식회사의 실체구성 절차

1 발기설립의 절차

(1) 주식 총수의 인수

발기설립할 때 설립 시에 발행하는 주식전부를 발기인이 인수하게 되는데, 각 발기인은 서면으로 인수하여야 하고(상법 293조), 그 인수가액은 액면가 이상이어야 한다(상법 330조).

(2) 출자의 이행

발기인이 회사의 설립시에 발행하는 주식의 총수를 인수한 때에는 지체없이 각 주식에 대하여 그 인수가액의 전액을 납입하여야 한다(상법 295조1항). 이 경우 발기인은 납입을 맡을 은행 기타 금융기관과 납부장소를 지정하여야 한다.

한편, 현물출자의 경우에는 현물출자를 하는 발기인은 납입기일에 지체없이 출자의 목적물인 재산을 인도하고, 등기, 등록 기타 권리의 설정 또는 이전을 요할 경우에는 이에 관한 서류를 완비하여 교부하여야 한다. (상법 295조2항)

(3) 이사·감사의 선임

각 주식에 대한 납입 등이 완료된 때에는 발기인은 지체없이 의결권의 과반수 결의로 이사·감사를 선임하여야 하는데(상법 296조), 이때 의결권은 인수주식의 한 주당 한 개다. (상법 296조2항)

참고로 주식회사의 이사는 3인(자본금 10억원 미만인 회사는 1인) 이상, 감사는 1인 이상이어야 하며(자본금 10억원 미만인 회사는 제외) 이사와 감사의 임기는 3년을 초과하지 못한다. (상법 383조, 409조)

(4) 설립경과의 조사

이사와 감사는 취임 후 지체없이 회사설립의 경과를 조사하여 발기인에게 보고하여야 한다. 이때 이사와 감사 중 발기인이었던 자와 현물출자자 및 회사에 재산을 양도하는 계약당사자는 당해 조사·보고에 참가하지 못한다. (상법 298조)

이사와 감사의 전원이 상기의 경우에 해당되어 조사·보고에 참가할 수 없는 때에는 이사는 공증인으로 하여금 설립경과의 조사·보고를 하게 하여야 한다.

(5) 검사인 등의 변태설립사항 조사

① 정관으로 상법 제290조의 변태설립사항을 정한 때에는 이사는 이에 관한 조사를 하게 하려면 검사인의 선임을 법원에 청구하여야 하며, 검사인은 변태설립사항과 현물출자의 이행을 조사하여 법원에 보고하여야 한다. (상법 299조)

② 다만, 현물출자 및 재산인수 시 재산총액이 자본금의 5분의 1을 초과하지 아니하고 5천만원을 초과하지 아니하는 경우 등에는 검사인의 조사가 필요 없다. (상법 299조2항)

③ 한편, 변태설립사항 중 발기인이 받을 특별이익과 회사가 부담할 설립비용 및 발기인의 보수에 관하여는 공증인의 조사·보고로, 현물출자와 재산인수에 관한 내용 및 현물출자의 이행에 관하여는 공인된 감정인의 감정으로 검사인의 조사에 갈음할 수 있다. 이 경우 공증인 또는 감정인은 조사 또는 감정 결과를 법원에 보고하여야 한다. (상법 299조의2)

2 모집설립의 절차

(1) 주식 일부의 인수

각 발기인은 서면에 의하여 주식인수를 하여야 하는데(상법 293조), 앞의 발기설립과는 달리 모집설립은 회사가 설립시에 발행하는 주식 총수가 발기인에 의해 전부 인수되지 않고 잔여주식이 남게 된다.

(2) 주주모집 및 주식 배정

① 발기인이 설립시에 발행하는 주식 총수를 인수하지 아니하였으면 주주를 모집하여야 한다(상법 301조). 이때 모집의 방법으로 공모를 취하는 경우 취득의 청약을 권유받은 자가 50인 이상이고 공모금액이 10억원 이상이면, 금융위원회에 등록하고 증권신고서를 제출하는 등의 절차가 요구되므로 연고모집을 하는 것이 통상적이다.

② 주주의 모집에 응하여 주식인수의 청약을 하는 사람은 주식청약서 2통에 법정사항을 기재하고 기명날인 또는 서명하여야 한다. (상법 302조1항)

주식청약서는 발기인이 작성하고 회사조직 및 주식발행에 관한 사항 등 법정사항을 기재하여야 한다. (상법 302조2항) 한편, 주식의 양도를 이사회의 승인을 얻도록 정한 때에는 그 규정을 주식청약서에 기재하도록 하고 있다.

③ 주식인수의 청약이 있는 후에는 발기인은 모집주식 총수에 대해 배정을 하게 되는데 이로 말미암아 주식의 인수가 성립하여 주식인수의 청약인은 주식인수인이 되고 발기인이 배정한 주식의 수에 따라서 인수가액을 납입할 의무를 부담한다. (상법 303조)

(3) 출자의 이행

회사설립시에 발행하는 주식의 총수가 인수된 때에는 발기인은 지체없이 주식인수인에 대하여 각 주식에 대한 인수가액의 전액을 납입하여야 한다. (상법 305조1항)

현물출자 방법은 발기설립의 경우와 동일하며 주금납입은 주식청약서에 기재한 납입장소인 은행 기타 금융기관에서만 하여야 한다. (상법 305조2항3항)

(4) 검사인 등의 변태설립사항 조사

상법 290조의 변태설립사항이 있을 때에는 발기인은 이에 관한 사항을 조사하기 위하여 검사인의 선임을 법원에 청구하여야 하며, 검사인의 조사보고서를 창립총회에 제출하여야 한다(상법 310조).

그러나 현행 상법에서는 발기설립의 경우와 마찬가지로 변태설립사항과 현물출자의 이행에 관한 검사인의 조사·보고를 공증인의 조사·보고 또는 공인된 감정인의 감정으로 갈음할 수 있게 하고 있다. (상법 310조3항)

(5) 창립총회

각 주식에 대한 납입과 현물출자의 이행을 완료한 때에는 발기인은 창립총회를 소집하여야 한다. (상법 308조1항)

창립총회는 주식인수인들로 구성되는 설립 중의 회사의 의결기관으로서 그 의결방법은 엄격하여 출석한 주식인수인의 의결권의 3분의 2 이상이며 인수된 주식 총수의 과반수에 해당하는 다수로 의결된다. (상법 309조)

창립총회의 권한은 회사설립에 관한 모든 사항에 미치는 폭넓은 것이나 상법상 주요 권한은 다음과 같다.

① 발기인은 회사의 설립에 관한 사항 특히 주식인수와 납입에 관한 사항, 변태설립에 관한 사항에 대한 실태를 창립총회에 보고하여야 한다. (상법 311조)
② 창립총회에서 이사와 감사를 선임하여야 한다. (상법 312조)
③ 이사와 감사는 회사의 설립에 관한 모든 사항이 법령 또는 정관의 규정에 위반되지 않는지 여부를 조사하여 창립총회에 보고하여야 하며 창립총회에서 변태설립사항 등이 부당하다고 인정한 때에는 이를 변경할 수 있다. (상법 313조, 314조)
④ 창립총회에서는 정관의 변경 또는 설립의 폐지를 결의할 수 있다. (상법 316조)

4절 법인설립의 등기

전술한 법인설립 절차가 완료되면 본점 소재지 관할 상업등기소에 설립등기를 하여야 하는데 설립등기 절차는 다음과 같다.

1 설립등기신청인

주식회사의 설립등기는 회사의 대표자 또는 그 대리인이 등기소에 출석하여 신청하여야 하며(상업등기법 24조), 인터넷을 통해 전자적으로 신청할 수도 있다.

- 설립등기신청자 겸 출석자: 회사의 대표자 및 대리인[4]

2 설립등기의 기간

주식회사의 설립등기는 발기설립에는 상법 299조(검사인 조사·보고)와 300조(법원의 변경처분)의 규정에 의한 절차가 종료된 때로부터 2주간 이내에 하여야 하고, 모집설립에는 창립총회가 종결된 날 또는 상법 314조(변태설립사항의 변경)의 규정에 따른 절차가 종료된 날로부터 2주간 이내에 하여야 한다(상법 317조1항).

① 발기설립 기간: 검사인 조사·보고 및 법원의 변경처분 종료일로부터 2주간 이내
② 모집설립 기간: 창립총회가 종결된 날 및 변태설립사항의 변경 절차가 종료된 날로부터 2주간 이내

3 설립등기사항

등기사항이란 등기부에 등기해야 하는 사항으로 주식회사의 설립등기 사항은 다음과 같다.[5]

① 목적
② 상호
③ 본점의 소재지 : 정관상 본점의 소재지는 독립한 최소행정구역까지만 기재하지만, 설립

---

[4] 대리인이 변호사(법무법인 포함)나 법무사(법무사법인 포함)인 경우에는 대법원규칙으로 정하는 사무원을 등기소에 출석하게 하여 서면을 제출할 수 있다.
[5] 등기사항 중 상당 부분은 정관 기재사항과 동일한 바, 동일한 항목에 대하여는 정관의 내용과 등기 내용이 일치해야 한다.

2장 사업양도양수를 위한 법인설립

등기시에는 그 소재지번까지 도로명 주소로 등기

④ 회사가 발행할 주식의 총수

⑤ 액면주식을 발행하는 경우 1주의 금액

⑥ 회사가 공고하는 방법

⑦ 자본금의 액 : 이는 회사설립시에 발행하는 주식 총수의 액면 총액으로서 1주의 금액에 발행주식 총수를 곱한 금액으로 자본금의 상한선은 제한이 없으나 하한선은 최저 100 원으로 제한되고 있다.

⑧ 발행주식 총수, 그 종류와 각종 주식의 내용과 수 : 회사가 발행한 주식의 총수와 그 종류별 내용과 수를 기재하여야 한다. 회사는 보통주식에 비하여 이익배당·잔여주식분배 등에 관하여 우선하거나 열등한 내용을 가지는 수종의 주식을 발행할 수 있는데(상법 344조) 이때에는 보통주식 몇 주, 우선주식 몇 주, 후배주식 몇 주 등과 같이 그 내용과 수를 기재하여야 한다.

⑨ 주식을 양도할 때 이사회의 승인을 얻도록 정한 때에는 그 규정 : 이는 예상치 못한 주식지분율의 변동으로 인한 경영권의 불안정을 막기 위하여 정관에 기재된 경우 주식양도시 이사회의 개별적 승인을 요하도록 함으로써 주식양도를 제한하고자 하는 주식 양도성의 예외적인 규정이다.

⑩ 주식매수선택권을 부여하도록 정한 때에는 그 규정 : 주식매수선택권은 기업의 기존 임직원 등에게 당해 법인의 주식을 특별히 유리한 가격으로 신주교부 등의 방법으로 매입할 수 있는 권리를 부여하여 경영성과의 향상 등에 기여하도록 동기부여하고 능력있는 임직원의 채용을 촉진할 수 있는 제도이다. 주식회사가 주식매수선택권을 부여하기로 정한 때에는 그 정관에 다음의 사항 등을 등기하여야 한다.

 1. 일정한 경우 주식매수선택권을 부여할 수 있다는 뜻
 2. 주식매수선택권의 행사로 발행하거나 양도할 주식의 종류와 수
 3. 주식매수선택권을 부여받은 자의 자격요건
 4. 주식매수선택권의 행사기간
 5. 일정한 경우 이사회결의로 주식매수선택권의 부여를 취소할 수 있다는 뜻

⑪ 지점의 소재지

⑫ 회사의 존립기간 또는 해산사유를 정한 때에는 그 기간 또는 사유

⑬ 이사[6]와 감사의 성명 및 주민등록번호

⑭ 회사를 대표할 이사의 성명·주민등록번호 및 주소

---

6) 사내이사, 사외이사, 그 밖에 상무에 종사하지 아니하는 이사를 포함한다.

⑮ 수인의 대표이사가 공동으로 회사를 대표할 것을 정한 때에는 그 규정

⑯ 주주에게 배당할 이익으로 주식을 소각[7]할 것을 정한 때에는 그 규정

⑰ 전환주식[8]을 발행하는 경우에는 상법 347조[9]에 게기한 사항

⑱ 명의개서대리인을 둔 때에는 그 상호 및 본점 소재지

⑲ 감사위원회를 설치한 때에는 감사위원회 위원의 성명 및 주민등록번호

한편, 현행 상법에 의하면 지점설치 때에는 위의 ①,②,③,⑥, ⑫, ⑭ 및 ⑮의 사항을 등기하여야 한다.

4 설립등기 첨부서류

주식회사 설립등기 신청시는 설립등기 신청서에 다음의 서류가 첨부되어야 한다. (상업등기규칙 제129조)

① 정관

② 주식인수증

③ 주식청약서(모집설립시의 경우에 한함)

④ 주식발행사항 동의서

⑤ 이사와 감사 또는 감사위원회 및 공증인의 조사보고서와 그 부속서류 또는 감정인의 감정서와 그 부속서류

⑥ 검사인이나 공증인의 조사보고서 또는 감정인의 감정보고서와 그 부속서류

⑦ 검사인 또는 공증인의 조사보고나 감정인의 감정결과에 관한 재판이 있은 때에는 그 재판의 등본

⑧ 발기인총회 의사록(발기설립의 경우 이사와 감사 또는 감사위원회 선임의사록에 한함)

⑨ 창립총회 의사록(모집설립의 경우에 한함)

⑩ 이사회 의사록(대표이사 선임 의사록에 한함)

---

7) 회사가 자본감소를 목적으로 주식소각을 하는 경우에는 채권자 보호를 위하여 상법상 엄격한 자본감소규정을 적용받게 되는데 이사회의 결의에 의하여 주주에게 배당할 이익으로써 주식소각을 하는 경우에는 자본감소규정의 적용을 받지 아니한다(상법 343조).

8) 회사가 보통주, 우선주, 후배주 등 수종의 주식을 발행하는 경우에는 정관으로 주주는 인수한 주식을 다른 종류의 주식으로 전환을 청구할 수 있음을 정할 수 있다(상법 346조).

9) 상법 제347조(전환주식발행의 절차) 제346조의 경우에는 주식청약서 또는 신주인수권증서에 다음의 사항을 기재하여야 한다.
   1. 주식을 다른 종류의 주식으로 전환할 수 있다는 뜻
   2. 전환의 조건
   3. 전환으로 인하여 발행할 주식의 내용
   4. 전환청구기간 또는 전환의 기간

⑪ 주금납입 보관증명서(자본금 총액이 10억 미만인 회사를 발기설립하는 경우 은행 등의 잔고 증명서류)

⑫ 명의개서대리인을 둔 경우에는　명의개서대리인과의 계약 증명서류

⑬ 이사·감사 또는 감사위원회 위원·대표이사의 취임승낙서

⑭ 기타

　1. 회사설립에 관청의 허가가 필요한 경우 : 관청의 허가서

　2. 대리인에 의하여 신청하는 경우 : 대리권을 증명하는 위임장

　3. 임원의 인감도장·인감증명서, 주민등록표등(초)본

　4. 소정의 등록면허세를 납부한 영수필 확인서

3장
일반 사업양도양수 법인전환의 절차와 실무

1절 법인전환의 절차와 일정

1 법인전환의 절차

일반 사업양도양수에 의한 법인전환의 핵심은 법인의 설립과 사업의 양도양수이다.

이 방법에 따른 법인전환은 개인기업과 법인의 두 법률당사자가 상법·제세법 및 기타 관련 규정에 따라 필요한 각 절차를 수행함으로써 완성되는데 이의 추진을 위한 절차는 다음과 같다.

《 일반 사업양도양수 법인전환 절차 요약 》

①	법 인 설 립
②	사 업 양 도 양 수 계 약
③	법인설립신고와 사업자등록신청
④	자 산 의 감 정
⑤	개 인 기 업 의 결 산
⑥	개 인 기 업 의 폐 업 신 고
⑦	부 가 가 치 세 확 정 신 고
⑧	명 의 이 전 등 후 속 조 치

2 법인전환의 일정수립

법인전환의 절차와 일정계획을 예시하면 다음과 같다.

여기에서 법인전환기준일(D)이란 법인으로 전환되는 날, 즉 개인기업이 폐업하고 신설법인 명의로 사업을 개시하는 사업양도양수일을 말한다.

《 일반 사업양도양수 법인전환 세부 일정표 》

절 차 ＼ 월 일	법인전환기준일 ▼					
	D-1월 10 20		D + 1월 10 20		D + 2월 10 20	
① 법인설립	▨					
② 사업양도양수계약		▨				
③ 법인설립신고와 사업자등록신청		▨				
④ 자산의 감정		▨				
⑤ 개인기업의 결산		▨▨▨				
⑥ 개인기업의 폐업신고				▨		
⑦ 부가가치세 확정신고				▨		
⑧ 명의이전 등 후속 조치			▨▨▨▨▨			

2절 법인전환의 절차별 실무

❶ 법인설립   ⑤ 개인기업의 결산
② 사업양도양수의 계약   ⑥ 개인기업의 폐업신고
③ 법인설립신고와 사업자등록신청   ⑦ 부가가치세 확정신고
④ 자산의 감정   ⑧ 명의이전 등 후속 조치

1 법인의 설립

주식회사의 설립은 1인 이상의 발기인구성에서 시작하여 법인설립등기로 종료되며 그 구체적 진행절차는 본 편 제2장에서 상술한 바와 같다.

일반 사업양도양수를 통한 법인전환은 법인설립의 모든 과정을 개인기업주가 직접 수행할 수 있음은 물론이다. 그러나 법인설립 및 설립등기업무의 특성상 법인설립등기신청 부분은 변호사 또는 법무사에게 위탁하는 것이 더 신속하고 경제적이며 또한 일반적인 법인설립 방법이기도 하다.

《 주식회사 설립등기 결정사항 및 준비서류 》

구 분	항 목	비 고
결정사항	1. 발기인(1인 이상) 2. 공모주주(1인 이상) 3. 상 호 4. 본점 소재지	- 성명, 주민등록번호, 주소 명기 - 성명, 주민등록번호, 주소 명기
	5. 이사(1~3인 이상) 6. 감사10) 7. 대표이사	- 성명, 주민등록번호, 주소 명기 - 성명, 주민등록번호, 주소 명기 - 이사 중에서 선임
	8. 사업의 목적 9. 회계연도 10. 1주당금액 11. 공고방법	
	12. 설립시 발행주식수 13. 주식비율	- 발기인, 공모주주 인명별 출자주식수와 　주식 비율
	14. 기타	- 법인설립 시의 특별사항
준비서류	1. 발기인의 인감증명 2. 위임장 3. 대표이사 인장	- 공증용 - 정관공증위임용 - 법원 인감등록용

---

10) 자본금 총액이 10억원 미만인 주식회사는 '감사'를 선임하지 아니할 수 있다.(상법 409조)

법인설립등기신청을 변호사·법무사에게 위탁하는 경우 개인기업주는 정관작성 및 등기에 필요한 각종 사항과 서류를 갖추어 변호사·법무사에게 제시하고 지정된 날에 주식대금을 은행에 불입하면 나머지 절차와 서류는 변호사 등이 작성하여 설립등기를 하게 되는데 이때 제시해야 할 결정사항 및 준비서류를 요약하면 표와 같다.

2 사업양도양수의 계약

① 법인설립   ⑤ 개인기업의 결산
❷ 사업양도양수의 계약   ⑥ 개인기업의 폐업신고
③ 법인설립신고와 사업자등록신청 ⑦ 부가가치세 확정신고
④ 자산의 감정   ⑧ 명의이전 등 후속 조치

법인이 설립되면 법인의 대표이사와 개인기업주 간에 사업양도양수계약을 체결하게 되는데, 이 계약에서는 사업양도에 따른 부가가치세를 면제받기 위하여 포괄적인 사업양도양수가[11] 되도록 주의하여야 한다.

사업양도양수 계약서의 몇 가지 중요사항을 살펴보면 다음과 같다.

(1) 계약당사자

계약당사자는 법인의 대표이사와 개인기업주가 되는데 이때 양자는 법상 별개의 인격체로 간주하기 때문에 동일인이어도 무방하다.

(2) 계약체결의 시기

계약체결시기는 법인의 설립등기 후 신설법인의 사업자등록신청일 이전이다. 왜냐하면, 법인의 사업자등록 신청시는 세무서장이 사업자등록번호를 부여하기 전에 위장사업자 여부를 심사하게 되어 있는데 이때 진정한 사업자임을 증명하는 서류로써 필요하기 때문이다.

(3) 양도양수의 가액

사업양도양수계약의 체결시에는 양도양수가액을 확정할 수 없는 것이 일반적이다. 왜냐하면, 양도양수가액은[12] 개인기업의 결산이 완료되어 자산·부채가 확정되고 필요한 경우 고정

---

[11] 포괄적인 사업양도양수란 사업장별로 그 사업에 관한 모든 권리와 의무(미수금, 미지급금, 사업무관 토지·건물 등에 관한 것 제외)를 포괄적으로 승계시키는 것을 말하는데(부가법 10조9항, 부가령 23조) 이는 법인전환시 부가가치세가 과세되지 않기 위한 필요조건인바, 자세한 내용은 7편 3장 참조

[12] 개인기업의 법인전환시 양도양수가액을 결정함에서는 세법상의 부당행위계산부인규정을 감안하여 제3자와의 거래시와 같은 조건·금액이 되도록 유의하여 세무상 불이익을 보지 않도록 주의하여야 한다. 이에 대해서 7편 2장 참조.

자산에 대한 감정이 완료된 후에야 결정할 수 있기 때문이다.

따라서 양도양수계약서는 양도양수가액의 결정방법만이 기재되며, 양도양수가액은 결산종료 후에 확정된다.

(4) 사업양수에 대한 주주총회와 이사회의 승인

개인기업을 법인이 양수하면서 주주총회의 특별결의(상법 374조)와 이사의 자기거래에 대한 이사회의 결의가(상법 398조) 필요하다 함은 이미 설명한 바와 같으며 이를 증명하기 위해 주총의사록과 이사회의사록이 작성되어야 한다.

다만, 총주주의 동의가 있으면 주주총회의 승인은 이사회의 승인으로 갈음할 수 있다(상법 374조의3).

(5) 사업양도양수 계약서

사업양도양수 계약서의 사례는 다음과 같다.

사업양도양수계약서

갑 : 주소 : 서울특별시 ××구 ××동 ××번지
　　상호 : 코페공업사
　　대표 : 소 구 연(이하 '갑'이라 한다)

을 : 주소 : 서울특별시 ××구 ××동 ××번지
　　상호 : 코페공업주식회사
　　대표이사 : 소 구 연(이하 '을'이라 한다)

'갑'이 운영하고 있는 서울특별시 ××구 ××동 ××번지 소재 코페공업사(이하 '회사'라 함)의 사업에 관한 일체의 권리와 의무를 '을'이 포괄적으로 양도 양수함에 대하여 다음과 같이 계약을 체결한다.

제1조(목적) 본 계약은 '갑'이 운영하고 있는 '회사'의 사업에 관한 일체의 권리와 의무를 '을'이 포괄적으로 양수함으로써 부가가치세법 제10조 제9항의 규정에 의한 사업양도를 함에 그 목적이 있다.

제2조(사업승계) 사업양도양수일 현재 '갑'과 거래 중인 모든 거래처는 '을'이 인수하여 계속 거래를 보장하며, '갑'이 기왕에 제조 판매한 제품이 사업양수일 이후 반품될 경우에는 '을'의 책임하에 인수 처리토록 한다.

제3조(양도양수자산·부채 및 기준일) '을'은 20××년 12월 31일을 양도양수 기준일로 하여 동일 현재의 '갑'의 장부상 자산총액과 부채총액을 인수하기로 한다.

제4조(양도양수가액) 양도양수가액은 제3조의 자산총액에서 부채총액을 차감한 잔액으로 하되 다음과 같이 수정 평가한다.

　　1. 토지·건물·기계장치 등 유형자산은 감정가액으로 수정 평가한다.

　　2. 제1항을 제외한 자산과 부채는 기업회계기준에 따라 수정할 사항이 있는 경우에는 수정 평가하며 이를 위하여 공인회계사의 회계감사를 할 수 있다.

제5조(종업원 인계) '을'은 '갑'의 전 종업원을 신규채용에 의하여 전원인수, 계속 근무케 함은 물론 사업양수일 이후 퇴직자가 발생할 경우에는 종전 '갑'의 사업에서 근무하던 근속연수를 통산 인정하여 퇴직금을 지급하기로 한다.

제6조(양도양수대금의 지급) 양도양수대금은 제4조에서 정한 방법에 의하여 계산된 금액을 지급하되 구체적인 지급방법과 지급기일은 '갑'과 '을'이 별도의 약정서에 의하여 정하기로 한다.

제7조(협조의무) '갑'은 '을'이 사업을 양수함에 따른 제반 절차를 수행하는데 적극 협조하여야 한다.

제8조(기타) 본 계약규정 이외에도 사업양도양수에 관하여 협정할 사항이 발생한 경우에는 '갑' '을' 쌍방 협의에 의하여 정하기로 한다.

이상의 계약 내용을 '갑' '을' 쌍방은 성실히 이행할 것을 약속하며 후일을 증명키 위하여 본 계약서 2통을 작성 각 1통씩 보관키로 한다.

20××년 ××월 ××일

갑 : 서울특별시 ××구 ××동 ××번지
　　　코페공업사
　　　대표　소　구　연 ㉑
을 : 서울특별시 ××구 ××동 ××번지
　　　코페공업주식회사
　　　대표이사　소　구　연 ㉑

3 법인설립신고와 사업자등록신청

① 법인설립   ⑤ 개인기업의 결산
② 사업양도양수의 계약   ⑥ 개인기업의 폐업신고
❸ 법인설립신고와 사업자등록신청   ⑦ 부가가치세 확정신고
④ 자산의 감정   ⑧ 명의이전 등 후속 조치

(1) 법인설립의 신고

법인은 설립등기를 한 날(사업의 실질적 관리장소를 두는 경우에는 그 실질적 관리장소를 두게 된 날)로부터 2월 이내에 본점 소재지 관할 세무서에 법인설립신고를 하여야 한다. (법인세법 109조)

법인설립 신고할 때에는 소정의 법인설립신고서에 필요사항을 기재한 후 다음의 법인설립신고 시 구비서류를 갖추어 같이 제출하여야 하며, 다음의 사업자등록 신청서류도 첨부하여 법인 설립신고를 한 경우에는 사업자등록신청을 한 것으로 본다. (법인법 111조5항)

한편, 법인설립신고를 하기 전에 주주 등의 명세서를 제출하여 사업자등록을 한 때에는 법인설립신고를 한 것으로 본다. (법인법 109조)

《 법인설립신고 시 구비서류 (본점) 》

구 분	서류명 및 부수
법정서류	1. 법인설립신고 및 사업자등록신청서 1부(소정양식) 2. 주주 등의 명세서 1부(소정양식) 3. 현물출자 시 현물출자명세서 1부

(2) 사업자등록의 신청

사업자등록신청은 사업개시일로부터 20일 이내에 사업장을 관할하는 세무서 또는 그 밖의 세무서에 다음의 사업자등록 신청서류를 갖추어 신청하여야 하는데(법인법 111조), 신규로 사업을 개시하는 경우는 사업개시일 전이라도 등록[13]할 수 있다(부가법 8조).

한편, 사업자등록신청의 법정처리기한은 2일(5일 이내에서 연장할 수 있음) 이므로 개인기업의 법인전환시 법인의 사업자등록신청은 늦어도 개업일(법인전환기준일)의 2일 전까지는 하여야 하며 실무적으로는 이때 법인설립신고도 함께하는 것이 일반적이다.

사업자등록신청을 개업일 3일 전까지 하여야 하는 이유는 개인기업을 승계한 법인기업이

[13) 사업장 관할 세무서장은 동 첨부서류에 대한 정보를 전자정부법에 따른 행정정보의 공동이용을 통하여 발기인의 주민등록표 등본을 확인하여야 한다. 다만, 등록을 신청하는 자가 확인에 동의하지 않는 경우에는 발기인의 주민등록표 등본을 첨부하게 하여야 한다.

법인전환 된 날로부터 세금계산서 수수 등의 업무처리를 중단없이 하기 위해서는 개업일 이전에 법인기업의 사업자등록번호를 부여받아야 하기 때문이다.

《 사업자등록 신청서류 》

구 분	서 류 명 및 부 수
본 점 법 인	1. 법인설립신고 및 사업자등록신청서 1부(소정양식) 2. 법인설립등기 전은 주주 등의 명세서 또는 발기인의 주민등록표 등본 각 1부 3. 법령에 의한 허가사업인 경우 : 사업허가증사본·사업등록증사본 또는 신고확인증 사본 1부(사업허가 전은 사업허가신청서사본·사업등록신청서사본·사업신고서사본 또는 사업계획서 1부) 4. 사업장을 임차한 경우에는 임대차계약서 사본 1부 5. 상가건물임대차보호법 제2조 제1항의 규정에 의한 상가건물을 임차한 경우 해당 부분의 도면(상가건물의 일부분을 임차하는 경우에 한함) 6. 사업자금명세 또는 재무상황 등을 확인할 수 있는 서류: 자금출처명세서[14] 7. 사업자단위[15]로 등록하려는 사업자는 종된사업장에 대한 위 2부터 6까지의 서류 및 기획재정부령으로 정하는 서류
지점법인 또는 사업장	1. 법인설립신고 및 사업자등록신청서 1부(소정양식) 2. 본점 사업자등록증 사본 1부 3. 사업장을 임차한 경우에는 임대차계약서 사본 1부 4. 상가건물임대차보호법 제2조 제1항의 규정에 의한 상가건물을 임차한 경우 해당 부분의 도면(상가건물 일부분을 임차하는 경우에 한함)

*사업자등록을 신청하려는 사업자가 미성년자인 경우에는 법정대리인 동의서를 추가로 첨부

---

[14] 다음의 사업자에 한한다.
　① 조특법 제106조의3 제1항에 따른 금지금 도매 및 소매업
　② 개별소비법 제1조 제4항에 따른 과세유흥장소에서 영업을 경영하는 경우
　③ 액체연료 및 관련제품 도매업, 기체연료 및 관련제품 도매업, 차량용주유소운영업, 차량용 가스 충전업, 가정용 액체연료 소매업과 가정용 가스연료 소매업
　④ 재생용 재료 수집 및 판매업
[15] 사업자단위과세사업자란 2 이상의 사업장을 보유한 사업자는 법정기한 내에 신청에 의해 사업자등록을 본점 또는 주사무소의 등록번호로 단일화하고, 세금계산서도 하나의 사업자등록번호로 교부할 수 있도록 하고 있다(부가세법 제8조3항).

4 자산의 감정

① 법인설립	⑤ 개인기업의 결산
② 사업양도양수계약	⑥ 개인기업의 폐업신고
③ 법인설립신고와 사업자등록신청	⑦ 부가가치세 확정신고
❹ 자산의 감정	⑧ 명의이전 등 후속 조치

1) 감정이 필요한 이유

개인기업을 일반 사업양도양수 방법을 통해 법인전환 함에 있어 자산의 감정은 필수적인 사항은 아니지만, 다음과 같은 경우에는 자산의 감정을 하여 사업양도양수를 할 수도 있다.

(1) 부당행위 규정의 적용

사업양도양수는 세무상 특수관계인과의 거래로서 공정한 금액을 기준으로 이루어져야 하며, 부당한 금액으로 사업양도양수 하였을 때 세무상 부당행위규정을 적용받게 된다.

토지·건물 등 부동산이 없다거나 기계장치 등의 금액이 중대하지 않을 경우에는 기계장치 등의 유형자산에 대하여 장부가액(취득가액에서 감가상각비를 뺀 금액)으로 양도양수해도 큰 문제를 일으키지 않을 것이다.

한편, 산업재산권·광업권·상표권 등 무형자산이 있을 경우 그 평가는 법인세법 및 소득세법의 규정에 따라야 법인세법 또는 소득세법상의 부당행위계산 문제가 발생하지 않을 것이다.[16]

(2) 공평한 출자

사업양도양수 시 외부전문가의 평가금액을 기초로 공정하게 결정되어야만 개인기업주와 다른 주주간에 공평한 출자가 이루어질 수 있다. 다만, 법인전환시 개인기업주가 대부분 출자하는 경우라면 이 목적은 큰 의미가 없을 것이다.

2) 감정기관

이런 이유로 개인기업의 양도양수가액을 결정하는 데 있어 자산의 평가방법으로 감정을 받기로 하였으면 해당 자산에 대하여 감정을 실시해야 한다. 자산의 감정은 한국부동산원 또는 감정평가법인에 의뢰하는 것이 좋으며 감정은 사업양도양수기준일자로 실시해야 하는데 사전에 감정의뢰를 하여야 한다.

---

[16] 7편 2장 2절 참조

3) 자산감정의 준비서류

감정을 받기 위해서는 많은 서류가 필요한데 이를 사전에 준비하는 것이 좋으며 필요서류는 다음과 같다.

《 감정 준비서류 》

자 산	준 비 서 류
토 지 · 건 물	1. 등기부등본 2. 토지(임야)대장, 건축물 관리대장 3. 토지이용계획확인원 4. 관련도면(지적도, 설계도면 등)
기 계 장 치	1. 기계장치 목록 2. 취득원가 증빙(세금계산서, 수입면장 등)
자 동 차 (중 기)	1. 자동차(건설기계) 등록원부 및 검사증 사본
집 기 · 비 품 등	1. 목록대장(수량, 형식, 연식 등 기재) 2. 취득원가 증빙

5 개인기업의 결산

① 법인설립	❺ 개인기업의 결산
② 사업양도양수계약	⑥ 개인기업의 폐업신고
③ 법인설립신고와 사업자등록신청	⑦ 부가가치세 확정신고
④ 자산의 감정	⑧ 명의이전 등 후속 조치

가. 개요

법인전환시 개인기업은 법인전환 하는 당해연도의 1월 1일부터 폐업일인 법인전환기준일까지를 결산 기간으로 하여 동 기간의 경영성과와 결산일 현재의 재무상태를 확정하여야 한다. 이 결산은 법인전환에 관한 의사결정 때부터 준비를 시작하여 늦어도 최소 법인전환기준일로부터 24일 이내에 종료하여야 한다.

왜냐하면 법인전환기준일(폐업일)이 속하는 달의 말일로부터 25일 이내에 개인기업의 부가가치세 확정신고와 폐업신고를 하여야 하는데 이 신고 시 결산자료가 필요하기 때문이다.

나. 유의사항

법인전환시의 결산은 결산결과가 개인기업주의 사업소득 및 개인기업 양도양수가액 결정의 기초자료가 된다는 점에 그 중요성이 있으며, 이를 감안하여 신중하게 수행되어야 한다.

결산방법은 일반적인 결산과 마찬가지로 기업회계기준에 따라 행하면 되나, 사업양도양수 및 폐업을 전제로 한다는 점에서 몇 가지 유의사항이 있는데, 이를 살펴보면 다음과 같다.

1) 자산 및 부채의 현실화

개인기업의 결산에 의하여 확정된 자산·부채는 신설법인에 양도 양수되므로, 결산 때에는 자산·부채가 개인기업의 현실과 일치되도록 주의하여야 한다.

자산 중 장부에는 있으나 실물이 없는 자산, 또는 실물은 있으나 장부에는 누락된 자산이 있으면 이를 조정하여 장부와 실물로 일치시켜야 한다. 또한, 외상매출금·받을어음과 같은 채권 중에서 상대방의 부도 등으로 회수불능인 부실채권은 상각처리[17] 하여야 한다.

부채도 자산의 경우와 마찬가지로 장부와 현실을 일치시켜야 하며, 이를 위해서는 가공부채 또는 부외부채를 정리·조정하여야 한다.

2) 가지급금과 가수금의 정리

개인기업의 회계처리 내용을 보면 개인기업주에 대한 가지급금과 가수금을 자산과 부채에 계상하고 있는 경우가 많은데 결산시 이는 적절한 계정과목으로 대체되어야 한다.

업무상 발생한 가지급금이나 가수금인 경우에는 그 성격에 합당한 계정과목으로 대체하면 되지만, 업무와 관련 없는 개인기업주 사적인 가지급금이나 가수금인 경우에는 자산·부채에서 제외하여 출자금에서 가감시켜야 한다.

3) 고정자산의 상각

① 고정자산에는 유형자산(세무상 유형고정자산)과 무형자산(세무상 무형고정자산)이 있다. 기업이 소유하고 있는 고정자산은 토지 등 특별한 것을 제외하고는 사용하거나 시간의 경과에 따라 그 가치가 점차로 감소하게 되는바, 이와 같은 가치의 감소를 합리적으로 추정하는 회계절차를 유형자산의 감가상각 또는 무형자산의 상각이라 한다.

② 이러한 감가상각 또는 상각은 개인기업의 적정한 소득금액을 산출하여 종합소득세신고를 하기 위한 목적도 있지만, 개인기업의 양도양수가액을 결정하는 데 있어 필수불가결한 요

---

17) 포괄적인 사업양도양수 시 '포괄의 조건을 충족시키기 위해서는 부실채권이라 하더라도 양도자산에서 제외하면 안 된다는 의견이 있다. 한편, 부실자산을 법인전환시 법인에 양도한 경우에는 법인세법상의 부당행위에 해당하여 개인기업주에 대한 상여로 간주하여 세무상 불이익을 당하게 된다. 이러한 사유로 법인전환시 부실채권은 양도자산에서 제외할 수도 포함할 수도 없는 곤란한 항목으로 대두한다. 그러나 필자의 소견으로는 부실채권을 개인기업의 결산시 대손상각 처리하면 이러한 난점을 해결할 수 있다고 생각된다. 왜냐하면, 대손 처리하였기 때문에 그 자산은 이미 개인기업의 법인전환기준일 현재의 재무상태표에 나타나는 사업용자산에서 제외되기 때문이며, 기준일 현재의 재무상태표에 계상된 상태에서 제외하고 양도하는 것과는 다르기 때문이다. 다만, 부실채권 상각액이 개인기업주의 사업소득 계산시 손금산입되기 위해서는 소득세법시행령 55조의 요건에 맞아야만 한다.

3장 일반 사업양도양수 법인전환의 절차와 실무

소이다.

③ 사업양도양수 방법의 법인전환시 감정이 필요하다고 판단되는 부동산 등 자산 외에는 통상 장부가액으로 양도양수 하는 것이 큰 문제를 일으키지 않을 것이다. 여기서 장부가액이란 취득금액에서 그동안의 감가상각 누계액을 차감한 금액을 말하므로 감가상각이 필수적이라는 것이다.

④ 한편, 무형자산 중 개발비의 승계 또는 취득에 대하여는 적절하게 평가하여 승계할 수 있다는 유권해석18)이 있으나, 실무상 적절하게 평가하기 곤란하다는 문제가 남아 있다.

4) 영업권의 계상 문제

① 영업권은 미래초과수익력을 발생원천으로 하는 무형의 자원이다. 기업회계상 이 영업권은 기업 내에서 무형의 가치를 논리적으로 추론한 것에 지나지 않으며 그 취득원가를 신뢰성 있게 측정할 수 없다는 등의 사유로 말미암아, 내부적으로 창출된 영업권은 자산으로 인식하지 않는다.

② 그러나 법인(또는 개인)이 다른 법인(또는 개인)의 사업을 양수하면서 양도양수자산과는 별도로 그 사업으로 소유하고 있는 허가·인가 등 법률상의 특권, 사업상 편리한 지리적 여건, 영업상의 비법, 신용·명성·거래처 등 영업상의 이점 등을 고려하여 적절한 평가방법에 따라 유상으로 취득한 금액은 세법상의 영업권의 범위에 포함되는 것이나, 이에 해당하는지 또는 양수하는 자산의 가액으로 지급하는 것인지는 그 실질내용에 따라 사실 판단할 사항이다(법인 46012-3049, 1998.10.19).

③ 또한, 부당행위계산부인의 규정 적용시 시가와 관련하여 시가가 불분명할 때 감정가액이 있으면 감정가액에 의하는 것이므로 감정평가서상의 영업권가액이 있으면 이를 사업을 양수한 때의 영업권가액으로 인정함이 타당할 것(국심 2000서 1535,2001.1.27)이며, 감정가액이 없으면 상속세법시행령 제159조 제2항에 따른 보충적 평가방법에 의하여 평가한 가액을

---

18) 타 법인의 사업양수시, 개발이 진행 중인 양도법인의 개발비를 적절한 평가방법에 따라 평가하여 유상취득한 경우, '개발비' 또는 '영업권' 해당 여부(서이 46012-11329, 2003.7.15)
[질의] 법인이 2003년도 중에 다른 법인으로부터 사업을 양수하면서 당해 양수사업과 관련하여 양도법인이 계상한 연구개발비(2000년 발생분으로 미상각잔액 1억원, 2002년 발생분으로 미상각잔액 1억원)를 승계할 수 있는지.
[답변] 개발비가 양도양수 시점에서 이미 개발이 완료되어 상각 중인지 여부가 불분명하여 정확한 답변이 어려우나, 법인이 다른 법인으로부터 사업을 양수하면서 개발이 진행 중인 사업양도법인의 개발비를 적절한 평가방법에 따라 평가하여 유상으로 취득한 금액이 법인세법시행령 제24조 제1항 제2호 바목의 규정에 의한 개발비에 해당하는 경우에는 같은 영 제26조 제1항 제6호의 규정에 의한 상각방법에 의하여 감가상각하는 것이며, 다만, 동 금액이 같은 법시행규칙 제12조 제1항의 금액에 해당하는 경우에는 같은 법시행령 제24조 제1항 제2호 가목에 규정된 영업권에 포함되는 것으로, 귀 질의가 어느 경우에 해당하는지는 사실 판단할 사항임.

시가로 볼 수도 있을 것이다.

④ 상기와 같은 문제들로 인해 사업양도양수에 의한 법인전환시 영업권의 가액을 평가할 것인가, 평가한다면 어떠한 방법으로 평가하여 양도양수가액을 결정할 것인가는 상당히 어려운 의사결정이라 할 수 있다.[19]

⑤ 한편, 영업권의 양도로 말미암아 발생하는 소득은 기타소득에 해당하며, 사업용고정자산과 함께 양도하는 영업권은 양도소득세 과세대상이 된다.

5) 퇴직금과 퇴직급여충당금

개인기업의 법인전환시 종업원의 퇴직금에 대한 결산처리는 우선 종업원들과의 합의가 선결되어야 한다. 이 합의시에는 개인기업에서의 근무기간에 대하여 퇴직금을 정산 지급할 것인지, 아니면 퇴직금을 법인에 승계시켜 법인에서 퇴직할 때 개인기업 근무기간까지를 통산하여 지급할 것인지가 결정되어야 한다.

(1) 퇴직금을 정산 지급하는 경우

퇴직금을 지급하기로 하였으면 현금으로 지급하는 것이 원칙이나 자금 사정으로 현금지급이 당장은 곤란한 경우에는 이를 미지급금으로 계상하여 처리할 수 있다.

퇴직금을 현금으로 지급한 경우나 미지급금으로 계상한 경우 모두 세무상 퇴직금으로 손금처리가 가능하며, 이때 개인기업은 퇴직금에 대한 소득세를 원천징수하여야 한다.

(2) 퇴직금을 법인에 승계시키는 경우

개인기업이 퇴직금을 지급하지 않고 퇴직급여충당금을 신설전환법인에 승계시키는 경우에도 퇴직급여충당금 또는 부채를 인계한 양도사업자는 양도시점에서 퇴직급여상당액을 개인기업의 소득금액 계산상 필요경비로 산입할 수 있다[20]. 이렇게 개인기업으로부터 법인에 승

---

[19] 7편 5장을 참조

[20] 사업의 포괄적 양도양수시 퇴직금의 필요경비계산(소기통 29-57…5)

① 사업자가 다른 사업자로부터 사업을 포괄적으로 양도 양수함에 따라 종업원 및 당해 종업원에 대한 퇴직급여충당금을 승계받았으면 이를 양수한 사업자의 퇴직급여충당금으로 본다. 〈개정 1997.04.08.〉

② 제1항의 경우와 같이 사업을 포괄적으로 양도 양수함으로써 당해 종업원이 승계시점에 퇴직할 경우 지급할 퇴직금상당액을 퇴직급여충당금(퇴직보험 등에 관한 계약의 인수를 포함한다. 이하 같다) 또는 부채로 승계받은 사업자는 그 종업원이 실제로 퇴직함에 따라 지급하는 퇴직금과 영 제57조 제2항에 규정하는 퇴직급여추계액은 당해 사업자의 퇴직급여지급규정 등에 따라 양도한 사업자에게서 근무한 기간을 통산하여 계산할 수 있다. 〈개정 2011.3.21〉

③ 제2항의 규정과 같이 퇴직급여충당금을 승계받지 아니한 사업자의 경우 영 제57조 제2항에 규정하는 퇴직급여추계액은 양도한 사업자에게서 근무한 기간을 통산하여 계산할 수 없으나, 종업원이 실제로 퇴직함에 따라 지급하는 퇴직금은 사업의 양도양수계약 및 당해 사업자의 퇴직급여지급규정 등에 따라 근무기간을 통산하여 계산할 수 있다. 이 경우 근무기간을 통산함으로써 증가하는 퇴직금도 당해 사업자의 퇴직급여충당금과 상계하여야 한다. 〈개정 2008.7.30〉

계된 퇴직급여충당금은 법인의 퇴직급여충당금으로 보며 이후 법인의 세무처리는 퇴직급여
충당금 승계내용에 따라 달라지게 된다.[21]

(3) 추계액 전액을 승계한 경우

법인의 퇴직급여충당금 한도액 계산시의 퇴직금추계액과 종업원의 실제 퇴직시 지급하는
퇴직금 계산시 개인기업에서의 근무기간을 통산할 수 있다.

(4) 추계액 일부만을 승계한 경우

① 종업원을 인수하면서 인수 당시에 전사업자가 지급하여야 할 퇴직급여상당액을 인수하
지 아니하거나 부족하게 인수하고 전사업자에게서 근무한 기간을 통산하여 당해 법인의 퇴
직금지급규정에 따라 퇴직금을 지급하기로 하였으면 인수하지 아니하였거나 부족하게 인수
한 금액은

② 당해 법인에 지급의무가 없는 부채의 인수액으로 보아 종업원별 퇴직급여상당액명세서
를 작성하고 인수일이 속하는 사업연도의 소득금액 계산상 손금산입(△유보)함과 동시에 동
금액을 손금불산입(전 사업자에게 소득처분)한 후 인수한 종업원이 퇴직함으로써 퇴직금을

---

④ 제2항의 규정에 의하여 퇴직급여충당금 또는 부채를 인계한 양도 사업자는 당해 양도양수시점의 퇴직급여
　상당액을 법 제29조 및 영 제57조의 규정에 불구하고 당해연도 소득금액계산상 필요경비에 산입한다. 〈개
　정 1997.04.08.〉
⑤ 2개 이상의 사업장이 있는 다른 사업자로부터 1개 사업장을 포괄적으로 양도양수한 경우에도 제1항 내지
　제4항의 규정을 준용한다. 〈개정 1997.04.08.〉

21) 사업양도양수 등에 의한 종업원 인수·인계시의 퇴직급여충당금 등의 처리(법기통 33-60…2)
① 법인이 다음 각 호의 사유로 다른 법인 또는 사업자로부터 종업원을 인수하면서 인수시점에 전 사업자가
　지급하여야 할 퇴직급여상당액 전액을 인수(퇴직보험 등에 관한 계약의 인수를 포함한다)하고 당해 종업원
　에 대한 퇴직금 지급시 전 사업자에 근무한 기간을 통산하여 당해 법인의 퇴직금지급규정에 따라 지급하기
　로 약정한 경우에는 당해 종업원에 대한 퇴직금과 영 제60조 제2항의 퇴직급여추계액은 전 사업자에 근무
　한 기간을 통산하여 계산할 수 있다.
　　1. 다른 법인 또는 개인사업자로부터 사업을 인수(수개의 사업장 또는 사업 중 하나의 사업장 또는 사업을
　　　인수하는 경우를 포함한다)한 때
　　2. 법인의 합병 및 분할
　　3. 법제2조 제12호에 따른 특수관계인인 법인간의 전출입 〈2024.3.15 개정〉
② 인수당시에 퇴직급여상당액을 전 사업자로부터 인수하지 아니하거나 부족하게 인수하고 전 사업자에 근
　무한 기간을 통산하여 퇴직금을 지급하기로 한 경우에는 인수하지 아니하였거나 부족하게 인수한 금액은
　당해 법인에 지급의무가 없는 부채의 인수액으로 보아 종업원별 퇴직급여상당액명세서를 작성하고 인수일
　이 속하는 사업연도의 각사업연도소득금액 계산상 그 금액을 손금산입 유보처분함과 동시 동액을 손금불
　산입하고 영 제106조에 따라 전 사업자에게 소득처분한 후, 인수한 종업원에 대한 퇴직금 지급일이 속하는
　사업연도에 해당 종업원에 귀속되는 금액을 손금불산입 유보처분한다. 다만, 제1항 제3호의 경우에는 영
　제44조3항의 규정에 의한다.
③ 법인이 제1항 제1호에 따른 사유로 종업원을 다른 사업자에게 인계함으로써 해당 종업원과 실질적으로 고
　용관계가 소멸되는 경우에 인수하는 사업자에게 지급한 종업원 인계시점의 퇴직급여상당액은 퇴직급여충당
　금과 상계하고 부족액은 각사업연도소득금액 계산상 손금에 산입한다.

지급하는 경우에는 손금불산입(유보)함으로써 종결한다.

6) 미지급 소득세의 계상

① 개인기업은 사업주와 사업체의 구분이 명확하지 않기 때문에 결산시 미지급소득세를 계상하지 않고 실제 지급시 장부 처리하거나 사업주가 개인자금으로 납부하는 것이 일반적이다. 그러나 법인전환을 위한 개인기업의 결산 때에는 미지급소득세의 계상에 유의하여야 한다.

② 개인기업이 법인으로 전환되면 모든 자산과 부채는 법인에 귀속되며 기업주와 법인은 명확히 구분되기 때문에 법인전환 후에는 개인소득세 납부액을 법인의 비용으로 처리할 수 없다. 만약 개인의 소득금액[22]에 대한 소득세를 법인비용으로 처리한 때에는 세무상 개인기업주에게 상여를 지급한 것으로 처분되어 동액이 법인의 손비처리가 안 됨은 물론이고 이에 대한 소득세까지를 납부해야 되는 불이익을 받게 된다.

③ 따라서 법인전환 하는 개인기업의 결산시에는 법인전환일이 속하는 사업연도의 소득에 대한 소득세를 미지급소득세(부채)로 계상하여 법인전환 후 법인이 납부하는 것이 바람직하나, 후술하는 조특법상의 양도소득세 등 이월과세를 받기 위해서는 당해 소득세가 과다 계상되어 순자산가액이 축소되는 것에 주의할 필요가 있다.

6　개인기업의 폐업신고

① 법인설립
② 사업양도양수계약
③ 법인설립신고와 사업자등록신청
④ 자산의 감정
⑤ 개인기업의 결산
❻ 개인기업의 폐업신고
⑦ 부가가치세 확정신고
⑧ 명의이전 등 후속 조치

① 개인기업이 법인으로 전환되면 개인기업은 사업의 중지 즉, 폐업이 되며, 이 사실을 사업장소재지 관할 세무서나 그 밖에 편의에 따라 선택한 세무서에 신고하여야 하는데 이를 폐업신고라 한다.

② 부가가치세법상 폐업신고는 폐업 후 지체없이 하여야[23]하며 사업자의 인적사항, 폐업 연월일 및 사유, 기타 참고사항을 기재한 폐업신고서에 사업자등록증 원본을 첨부하여 제출하여야 한다.

③ 폐업신고 시에는 폐업자에 대한 소득세 수시부과를[24] 면하기 위하여 신고서 폐업사유

---

[22] 사업을 경영하는 거주자가 사업양도양수 방법에 의하여 법인전환 하는 경우 당해 거주자의 소득금액계산에서 양도된 재고자산의 시가상당액은 당해 사업을 양도하는 때에 총수입금액에 산입하고 이에 대응하는 취득원가는 필요경비에 산입하는 것이다(소득 46011-2126, 1996.7.27).
[23] 부가령 13조

에 사업양도양수에 의한 법인전환이라는 취지를 기재하고 사업양도양수 계약서를 첨부하여야 한다.

④ 한편, 폐업하는 사업자가 부가가치세 확정신고서에 폐업연월일과 그 사유를 적고 사업자등록증을 첨부하여 제출하는 경우에는 폐업신고서를 제출한 것으로 본다.

7 부가가치세 확정신고

① 법인설립	⑤ 개인기업의 결산
② 사업양도양수계약	⑥ 개인기업의 폐업신고
③ 법인설립신고와 사업자등록신청	❼ 부가가치세 확정신고
④ 자산의 감정	⑧ 명의이전 등 후속 조치

① 개인기업이 법인으로 전환한 경우 개인기업은 전환일(폐업일)이 속하는 과세기간의 개시일로부터 폐업일까지의 과세기간분에 대한 부가가치세확정신고[25]를 폐업일이 속하는 달의 말일부터 25일 이내에 하여야 한다.[26]

② 이때 부가가치세 신고대상이 되는 과세거래에는 포괄적인 사업양도양수를 전제조건으로 정상적인 사업상의 과세거래만이 포함되며 사업양도 상의 거래는 제외된다.

즉, 사업장별로 자산과 부채를 포괄적으로 신설된 법인에 양도하는 개인기업의 법인전환은 부가가치세법상의 포괄적인 사업의 양도양수에 해당되어 부가가치세법상 재화의 공급으로 보지 아니하므로 법인전환을 위해 양도 양수되는 사업용자산에 대하여는 부가가치세가 과세하지 아니한다.

③ 한편, 포괄적인 사업양수도에 따라 사업을 양도하는 경우에는 부가가치세 확정신고 시 사업양도신고서(부가가치세법 시행규칙 별지 제31호 서식)를 확정신고서와 함께 제출하여야 한다.

---

[24] 정부는 사업부진이나 그 밖의 사유로 장기간 휴업 또는 폐업상태에 있는 때로서 소득세 포탈의 우려가 있다고 인정되는 경우, 기타 조세를 포탈할 우려가 있다고 인정되는 상당한 이유가 있는 경우에는 수시부과를 할 수 있으나(소득법 82조 1항), 개인기업의 법인전환으로 인한 폐업은 경영조직을 보다 합리화하기 위한 것이므로 수시 부과 사유에 해당되지 않는다.

[25] 사업양도 시의 부가가치세 확정신고(부기통 49-91-2): 사업을 양도하고 폐업한 사업자는 폐업일이 속하는 과세기간의 개시일로부터 폐업일까지의 과세기간분에 대한 확정신고를 하여야 한다.

[26] 부가가치세법 제49조 제1항

8 명의이전 등 후속 조치

① 법인설립	⑤ 개인기업의 결산
② 사업양도양수계약	⑥ 개인기업의 폐업신고
③ 법인설립신고와 사업자등록신청	⑦ 부가가치세 확정신고
④ 자산의 감정	❽ 명의이전 등 후속 조치

개인기업이 법인으로 전환되면 개인기업에서 법인으로 양도 양수된 각종 자산과 부채 중 명의가 등록·등재된 자산부채의 명의를 법인으로 이전하는 등의 후속 조치가 뒤따라야 한다.

이 후속 조치의 내용은 개별기업의 상황에 따라 상당히 차이가 있지만, 일반적일 때의 후속 조치내용을 요약하면 다음과 같다.

《 일반 사업양도양수 법인전환의 후속 조치내용 》

후 속 조 치 명	주 요 내 용
1. 부동산 실거래가격 신고	·부동산매매계약체결일로부터 30일 이내에 실제 거래가격 신고 ·부동산소재지 관할 시·군·구청에 신고 또는 '국토교통부 부동산 거래관리시스템'에서 신고
2. 부동산의 명의이전(국민주택채권매입 포함)	·토지·건물 등 부동산소유권 이전등기 ·관할법원 소속등기소에 신청
3. 차량·등록건설기계 명의이전	·차량의 명의이전과 등록건설기계 명의 변경
4. 금융기관 예금, 차입금의 명의변경	·당좌예금을 제외한 예금과 차입금의 명의변경 ·차입금과 관련하여 저당설정된 부동산의 채무자 명의변경 병행
5. 거래처, 조합, 협회 등의 명의변경	·거래처, 조합, 협회에 법인전환 사실을 통보, 명의변경
6. 공장등록변경	·공장등록의 명의변경 ·공장소재지의 시·군·구청에 신청
7. 토지거래의 허가	·법인전환 기업의 토지가 해당되는 경우에만 적용 ·관할 시장·군수·구청장에서 허가신청
8. 감가상각방법·재고자산평가방법의 신고	·법인 신설시 소관세무서장에게 신고 ·신고기한 : 영업개시 사업연도의 과세표준 신고기한 내
9. 양도소득세 신고·납부	·양도소득세가 면제되는 경우에도 양도소득세신고는 하여야 함 ·신고기한 : ① 예정신고 : 양도월 익익월 말일 　　　　　　② 확정신고 : 양도년의 익년 5월
10. 취득세 신고	·토지·건물·차량등 취득세과세대상자산의 취득세 신고 ·신고기한 : 취득일로 부터 60일 이내에 자진신고 납부

가. 부동산 실거래가격 신고

(1) 부동산거래 신고의무제도

① 이중계약서 작성 등 잘못된 관행을 없애고 부동산거래를 투명하게 하려고 '부동산 실거래가격 신고의무제도'가 2006년 1월 1일부터 시행되고 있다.

② 따라서 거래당사자는 부동산을 매매한 경우 계약체결일로부터 30일 이내에 실제 거래가격으로 부동산소재지 관할 시·군·구청에 신고하고, 부동산거래 신고필증을 교부받아야 한다. 이렇게 신고된 가격은 2006년 6월 1일부터 등기부 등본에 기재되고 있다.

③한편, 신고된 부동산 거래가격은 허위 신고 여부 등에 대해 가격 검증을 거치게 되며, 거래내역 및 검증결과는 국세청 및 시·군·구청 세무부서에 통보하여 과세자료로 활용된다.

(2) 신고의무 위반시 불이익

무신고 · 허위신고 · 지연신고 등으로 신고의무 위반한 매도자·매수자 및 중개업자는 3,000만원 이하 또는 취득가액의 5% 이하의 과태료를 물어야 한다.

나. 부동산의 명의이전

법인으로 양도 양수된 자산 중 토지·건물의 부동산은 잔금 지급일로부터 60일 이내에 법인 앞으로 소유권이전등기를 하여야 한다. 부동산 소유권이전등기는 부동산소재지 관할법원의 소속등기소에 신청하며 이때 필요한 서류는 다음과 같다.

《 부동산소유권 이전 신청서류 》

1. 소유권이전등기신청서
2. 개인기업주의 인감증명서(용도: 부동산매도용)
3. 토지대장, 건축물관리대장
4. 개인기업주 주민등록등초본
5. 등기권리증(등기필증)
6. 법인등기부등본
7. 국민주택채권 매입필증
8. 취득세납부영수증
9. 부동산매매계약서
10. 부동산거래신고필증
11. 위임장(법무사나 대리인에게 위임하는 경우)

다. 차량과 등록된 건설기계의 명의이전

(1) 차량의 명의이전 신청서류

차량의 명의이전 신청기관은 자동차 등록사업소 또는 시청·군·구의 등록 담당 부서이며 신청서류는 다음과 같다.

① 차량이전등록신청서

② 사업양도양수 계약서

③ 양도인 인감증명서(매매용)

④ 자동차 등록증

⑤ 보험가입증명서

⑥ 자동차세완납증명서

⑦ 법인등기부등본과 사업자등록증

⑧ 법인 인감

(2) 건설기계 명의변경 신청서류

한편, 시의 구청이나 군에 등록한 건설기계에 대하여도 등록 담당부서에 명의변경을 하여야 하며, 명의변경신청서류는 다음과 같다.

① 건설기계 등록사항변경신고서

② 양도증명서 및 양도인의 인감증명서

③ 건설기계등록증(검사증)

④ 보험가입증명서

⑤ 법인 사업자등록증 사본

라. 금융기관 예금·차입금의 명의변경

(1) 당좌예금

당좌예금은 양도할 수 없다. 따라서 개인기업의 법인전환시 당좌예금은 법인명의 당좌예금이 신규로 개설될 때까지 개인 당좌예금을 법인이 계속 사용하여야 한다.

만약 법인명의 당좌가 개설되기 전에 개인당좌를 법인전환 했다 하여 바로 폐쇄하게 되면 법인기업의 자금 운영상 문제가 발생할 소지가 크다.

따라서 당좌예금은 법인당좌가 개설된 후 개인당좌를 폐쇄하는 절차를 밟는 것이 좋다.

(2) 기타예금·적금

당좌예금을 제외한 예금·적금은 개인기업이 법인으로 전환되는 경우 거래은행의 승인을 얻어 개인에서 법인으로 명의변경이 가능하다.

명의변경신청은 은행 소정양식인 예금주 명의변경신고서 및 예금·신탁(채권 등)양도동의의뢰서에 의해 신청하게 되는데, 예금 중 대출과 관련된 예금은 채무자 명의변경신고를 동시에 하여야 한다.

(3) 차입금

① 은행 등으로부터의 차입금에 대하여는 차입금의 채무자 명의변경을 하여야 하며 이때 필요한 서류는 다음과 같다.

1. 채무인수약정서
2. 근저당권변경계약서(계약 인수용)
3. 채무양수인의 사업자등록증 사본
4. 폐업사실 증명원(법인전환시)
5. 사업양도양수 계약서
6. 법인사업자등록증 신청서 사본(설립 중인 법인과 거래시)
7. 기타 필요한 서류

② 한편, 차입금 명의변경은 동 차입금과 관련하여 부동산이 담보로 제공된 경우에는 부동산 등기부등본상의 채무자 명의변경을 동시에 하여야 한다. 이 채무자 명의변경을 하는 방법에 대하여 종전에는 은행실무상 기존 근저당권을 해지하고 신규로 근저당권을 설정해야 한다는 등의 논란이 있었다.

③ 논란의 원인은 법인전환시 개인기업으로부터 신설법인에 이전되는 채무승계의 법적 성격을 어떻게 규정하는가에 있었는데 과거 은행에서는 이 채무승계를 면책적 채무인수 또는 중첩적 채무인수로 해석하여 처리해 왔다.

④ 면책적 채무인수 또는 중첩적 채무인수로 처리하는 경우 관련 여신의 담보권이 근저당권인 때에도 이 저당권은 인수한 특정채무만을 담보하고 보통저당권의 효력만을 갖게 되어 채무승계 후 신설법인 앞으로 새로 발생하는 여신은 담보되지 아니한다.

이에 따라 개인기업이 법인으로 전환하는 경우 기설정된 근저당권을 말소하고 신규로 근저당권을 설정하는 등의 방법을 사용하게 되는데 이는 등기비용의 과중이라는 문제점을 일으켰다.

⑤ 위와 같은 문제점 해소를 위하여 현재 은행별로 시행하는 채무인수운용기준에서는 개인기업의 법인전환시 채무승계를 계약인수방식으로 처리하고 있다.

⑥ 계약인수란 원채무자의 지위를 포괄적으로 승계하는 계약으로서 종래의 원채무자는 계약관계에서 탈퇴하고, 계약인수의 효과로서 계약상 이미 발생한 채권·채무뿐만 아니라 장차 발생할 채권·채무관계와 계약에 따르는 취소권·해제권도 양수인에게 이전되는 계약이다.

⑦ 따라서 개인기업의 법인전환인 경우 개인에서 법인으로의 차입금 승계가 계약인수방식으로 처리되는 한, 관련 담보제공 부동산의 근저당권을 새로 설정할 필요는 없고 단순히 등

기부등본상의 채무자 명의만 신설법인으로 변경하면 된다.

마. 거래처·조합·협회

개인기업에서 거래하였던 매출·매입거래처, 당해 산업의 각 협회 또는 조합 및 건강보험공단에 법인으로 전환하여 당해사업을 계속하고 있음을 통보, 명의를 변경하여야 한다.

바. 공장등록의 변경

시의 구청이나 군청에 공장등록이 되어 있는 경우는 공장등록 담당부서에 공장등록의 명의변경을 하여야 하며, 제출서류는 다음과 같다.

1. 공장등록변경신청서
2. 변경사항을 증명하는 서류
3. 양수 또는 임차사실을 증명하는 서류

사. 토지거래의 허가

법인전환 하는 기업의 토지가 토지거래의 허가대상에 해당되는 경우에는 법인전환에 따른 토지거래라 하더라도 관계 법령에 의해 관할 시장·군수·구청장에게 토지거래 허가를 신청하여야 한다.

아. 감가상각방법과 재고자산 평가방법의 신고

(1) 감가상각방법의 신고

① 법인세법상 감가상각방법은 다음과 같은 바, 법인의 사업연도 소득계산시 고정자산 감가상각비는 상기 상각방법 중 법인이 소관세무서장에게 신고한 상각방법에 의하여 계산토록 규정되어 있다. (법인령 26조1항)

1. 건축물과 무형자산은 정액법
2. 건축물 외의 유형자산은 정률법 또는 정액법
3. 광업권 또는 폐기물매립시설은 생산량비례법 또는 정액법
4. 광업용 유형자산은 생산량비례법과 정률법 또는 정액법
5. 개발비는 관련 제품의 판매 또는 사용이 가능한 시점부터 20년의 범위에서 연단위로 신고한 내용연수에 따라 매사업연도별 경과월수에 비례하여 상각하는 방법
6. 사용수익기부자산가액은 해당 자산의 사용수익기간에 따라 균등하게 안분한 금액을 상

각하는 방법

7. 주파수이용권, 공항시설관리권, 항만시설관리권은 주무관청에서 고시하거나 주관청에 등록한 기간 내에서 사용기간에 따라 균등액을 상각하는 방법

② 따라서 법인은 감가상각방법을 소관세무서장에게 신고함으로써 당해 법인에 가장 적합한[27] 감가상각방법을 선택할 수 있는데 그 신고기간은 신설법인은 영업을 개시한 날이 속하는 사업연도의 법인세 과세표준 신고기한 내이며, 신고서식은 감가상각방법신고서에 의한다 (법인령 26조3항).

③ 만약 신고하지 아니하였으면 당해 감가상각자산에 대한 상각범위액은 다음의 방법에 따라 계산한다.

1. 건축물과 무형고정자산은 정액법
2. 건축물 외의 유형고정자산은 정률법
3. 광업권 또는 폐기물매립시설은 생산량비례법
4. 광업용 유형고정자산은 생산량비례법
5. 개발비는 관련 제품의 판매 또는 사용이 가능한 시점부터 5년 동안 매년 균등액을 상각하는 방법
6. 사용수익기부자산가액은 당해 자산의 사용수익기간에 따라 균등하게 안분한 금액을 상각하는 방법
7. 주파수이용권, 공항시설관리권, 항만시설관리권은 주무관청에서 고시하거나 주무관청에 등록한 기간 내에서 사용기간에 따라 균등액을 상각하는 방법

(2) 재고자산 평가방법의 신고

① 법인세법상 재고자산의 평가방법은 원가법, 저가법이 있으며, 원가법은 다시 개별법·선입선출법·후입선출법·총평균법·이동평균법 및 매출가격환원법으로 나누어진다. (법인령 74조 1항)

② 위의 방법으로 재고자산을 평가하는 경우

1. 제품 및 상품
2. 반제품 및 재공품
3. 원재료

---

[27] 감가상각방법 중에서 가장 대표적인 방법은 정률법과 정액법이다. 정률법과 정액법의 차이점은 여러 가지가 있겠지만, 기간과 상각액의 관계에 가장 큰 차이점이 있다. 즉 정률법에 의한 상각액은 초기에는 많고 기간이 경과할수록 감소하는 데 비해 정액법 상각액은 매 기간별로 상각액이 동일하다. 따라서 기업의 수지전망이 초년도에 어렵다가 기간이 경과하면서 개선되는 경우에는 정률법보다는 정액법에 의한 감가상각을 하는 것이 회계 및 세무상 유리할 것이다.

4. 저장품

③ 자산별로 구분하여 종류별·영업장별로 각각 다른 방법으로 평가할 수 있는데(법인령 74조2항) 이를 위해서는 재고자산평가방법을 신고하여야 한다.

④ 재고자산 평가방법의 신고는 재고자산 등 평가방법신고서에 의하며, 신고기한은 신설법인은 설립일이 속하는 사업연도의 과세표준신고기한 이내이다. (법인령 74조3항)

⑤ 만약 재고자산 평가방법을 신고하지 아니하였으면 선입선출법을 적용하여 재고자산을 평가하여 법인의 과세표준을 계산하게 된다. (법인령 74조4항)

자. 양도소득세 신고와 납부[28]

① 사업양도양수 자산 중에 토지·건물을 비롯한 양도소득세 과세대상 자산이 있을 때에는 이에 대한 양도소득세의 신고·납부를 주소지 관할 세무서에 하여야 한다.

② 양도소득세의 예정신고기한은 당해 자산의 양도일이 속하는 달의 말일(주식 또는 출자지분을 양도하는 경우에는 반기 말일)부터 2월 이내이며(소득법 105조), 당해연도에 부동산 등을 여러 건 양도한 경우에는 그다음 해 5월 1일부터 5월 31일 사이에 확정신고를 하여야 한다.

③ 다만, 1건의 양도소득만 있는 자가 예정신고를 마친 경우 확정신고를 하지 않아도 된다.

차. 취득세 신고와 납부

법인전환에 따라 신설법인이 개인기업으로부터 양수한 토지·건물, 차량 등 취득세과세대상 물건에 대하여는 취득세 신고와 납부를 하여야 한다.[29]

---

[28] 양도소득세에 대하여는 6편 2장 참조
[29] 취득세에 대하여는 6편 4장 참조.

4장
사업양도양수 법인전환의 사례해설

1절 법인전환의 검토사례

1 법인전환 검토 기업의 개요

(1) 검토 예제

개인기업 M사는 금형 제작업체로 다음과 같이 법인전환에 대하여 알아보기로 하자.

> **예제**
>
> ① 개인기업 M사는 2013년 5월에 설립된 후 매출액이 꾸준히 늘어 2024년에는 21억원의 매출액에 당기순이익 2억원 이라는 경영성과를 내기에 이르러 법인전환을 심각하게 고려하고 있다.
>   - 매출액   : 21억원
>   - 당기순이익 : 2억원
> ② 이 M사의 관련 자료 및 정보가 다음과 같을 때 법인전환과 관련된 의사결정과 실무를 검토해 보자

    (1) 법인전환을 하는 게 좋을지

    (2) 한다면 어떤 법인전환 방법을 선택하는 게 좋을지

    (3) 법인전환 시기와 일정은 어떻게 할지

    (3) 자본금 규모는 얼마로 하면 되는지

    (5) 법인전환시 회계처리는 어떻게 하는지

(2) 기업 및 사업 개요
- 사업장소재지 : 서울시 금천구
- 업태, 종목 : 주형 및 금형 제조
- 개업일 : 2013년 5월 15일
- 사업용 부동산 : 공장용 토지, 건물을 임차하고 있음

(3) 2024년 12월 31일 현재의 재무상태표

재무상태표
(제6기 2024년 12월 31일 현재)

(단위:원)

과 목	금 액	과 목	금 액
보통예금	57,358,754	외상매입금	210,063,529
외상매출금	170,327,551	미지급금	53,116,670
미수금	13,463,207	예수금	5,544,590
재공품	213,853,992	선수금	22,400,000
기계장치	697,526,060	장기차입금	250,000,000
감가상각누계액	(265,029,570)	퇴직급여충당부채	128,969,437
차량운반구	37,751,230	(부채총계)	670,094,226
감가상각누계액	(25,601,520)		
집기비품	24,060,000	자본금	365,120,656
감가상각누계액	(16,543,020)	인출금	(68,048,198)
임차보증금	60,000,000	(자본총계)	297,072,458
[자산총계]	967,166,684	[부채 및 자본총계]	967,166,684

2 법인전환 검토의 결정사례

(1) 법인전환 여부의 결정

① 개인기업 M사는 이익이 2억원 정도 발생하여 이를 소득세 과세표준으로 한다면 종합소득세 56,060,000원과 지방소득세 5,606,000, 합계 61,666,000원의 세금을 납부하여야 한다.

〈개인기업 M사 이익이 2억원인 경우〉

- 종합소득세 56,060,000원
- 지방소득세 5,606,000원
- 합계 61,666,000원

② 법인기업이 2억원의 법인세 과세표준이 발생하면 법인세 18,000,000원과 지방소득세 1,800,000원, 합계 19,800,000원을 납부하면 되므로 가처분소득을 고려하지 않는다면 법인기

업이 개인기업보다 세금면에서 유리하다 할 수 있다.

〈법인기업이 2억원의 법인세 과세표준의 경우〉

- 법인세 18,000,000원
- 지방소득세 1,800,000원
- 합계 19,800,000원

③ 또한, 성실신고 확인비용이 3년만 추가로 발생하면 되고 금융기관과 거래처에서도 법인으로 전환하면 기업의 신뢰도가 향상된다고 할 수 있어 법인전환의 여건이 무르익었다고 생각된다.

- 성실신고 확인비용 3년만 추가로 발생
- 금융기관과 거래처의 기업신뢰도 향상

(2) 법인전환 방법의 결정

개인기업 M사는 공장건물을 임차하고 있어 토지, 건물 등 부동산이 없는 실정으로 조특법상의 요건을 갖추더라도 양도소득세 등 이월과세와 취득세감면 등의 조세지원 효과가 미미하여 일반 사업양도양수 방법을 통하여 법인전환을 하는 것이 바람직하다.

- 일반 사업양도양수 방법에 의한 법인전환

(3) 법인전환 시기와 일정

전술적 법인전환 시기는 세금 절세 효과가 극대화되고 회사의 비경상적인 일이 많지 않은 6월 말을 기준일로 하여 다음과 같은 일정으로 진행하기로 하되, 토지, 건물 등 부동산이 없어 자산에 대한 감정평가는 시행하지 않기로 한다.

1. 법인설립: 6월 15~6월 24일
2. 사업양도양수계약: 6월 24일
3. 법인설립신고와 사업자등록신청: 6월 25일
4. 개인기업의 결산: 7월 20일까지
5. 개인기업의 폐업신고: 7월 25일
6. 부가가치세 확정신고: 7월 25일
7. 명의이전 등 후속 조치: 7월 1일~7월 31일

(4) 자본금의 규모

① 이 경우 조특법상의 요건을 갖추지 않아도 되므로 자본금 규모에 제한은 없다.

② 실무적으로는 개인기업의 순자산 정도에서 결정되는 경우가 많으므로 사례의 경우 가

결산 결과 2025년 6월 30일의 재무상태표가 2024년 말에 비해 순자산이 약간 증가한 정도라고 하면 설립되는 법인의 자본금을 250,000,000원으로 결정하기로 한다.

③ 법인설립 비용은 자본금에 대한 등록면허세로서 자본금 250,000,000원에 4/1,000의 세율을 적용한 금액에 3배 중과를 한 3,000,000원과 이에 대한 교육세 600,000원 및 소정의 공증수수료 등이 발생한다.

3 법인전환시 회계처리

2025년 6월 30일로 결산을 한 결과 재무상태표가 다음과 같이 변경되었다고 하자.

(1) 2025년 6월 30일 현재의 재무상태표

재무상태표
(제7기 2025년 6월 30일 현재)

(단위: 원)

과 목	금 액	과 목	금 액
보통예금	73,525,622	외상매입금	160,063,529
외상매출금	210,520,000	미지급금	42,561,325
미수금	11,553,890	예수금	2,450,030
재공품	198,220,320	선수금	22,400,000
기계장치	697,526,060	장기차입금	250,000,000
감가상각누계액	(315,029,570)	퇴직급여충당부채	142,560,300
차량운반구	37,751,230	(부채총계)	620,035,184
감가상각누계액	(30,601,520)		
집기비품	24,060,000	자본금	365,120,656
감가상각누계액	(19,543,020)	인출금	(37,172,828)
임차보증금	60,000,000	(자본총계)	327,947,828
[자산총계]	947,983,012	[부채 및 자본총계]	947,983,012

(2) 회계처리

① 개인기업 M사가 사업 일체를 법인기업에 포괄적인 사업양도를 하였으므로 개인기업의 결산이 끝나면 2025년 6월 30일 일자로 하여 다음과 같이 회계처리 한다.

(차변)		(대변)	
보통예금	73,525,622	외상매입금	160,063,529
외상매출금	210,520,000	미지급금	370,509,153
미수금	11,553,890	예수금	2,450,030
재공품	198,220,320	선수금	22,400,000
기계장치	382,496,490	장기차입금	250,000,000
차량운반구	7,149,710	퇴직급여충당부채	142,560,300
집기비품	4,516,980		
임차보증금	60,000,000		
(차변 계)	947,983,012	(대변 계)	947,983,012

② 이 회계처리에서 주의할 점은 순자산금액 327,947,828원이 개인기업주에 대한 미지급금이 된다는 것이다.

③ 개인기업주는 법인을 설립하면서 자본금 250,000,000원을 조달하였으므로 이 금액으로 미지급금을 지급하고 남은 77,947,828원은 사업양도양수 계약서 제6조의 양도양수대금 지급에서 언급한 별도의 약정서에 따라 지급하면 될 것이다.

- 순자산금액 327,947,828원 (개인기업주에 대한 미지급금)
- 신설법인 자본금 250,000,000원
- 별도약정서 지급액 77,947,828원

2절 법인전환 관련 예규사례

사업양수도 방법의 법인전환시 기계장치 승계방법 및 미지급 소득세 등의 승계 여부

1. 법인전환시 개인기업에서 사용하던 기계장치 등의 승계방법

2. 개인사업자의 폐업연도의 소득세를 미지급 소득세로 계상하여 법인으로 승계시킬 수 있는지 여부

3. 법인으로 전환 후 최초의 사업연도에 법인세 중간예납 의무가 있는지 여부

● (질의) 당사는 의류제조업을 경영하는 개인사업자로서 사업양수도 방법에 따른 법인전환을(양수도계약 체결기준일 12.31.) 위하여 12.19.에 법인설립등기를 하였음. 개인기업을 사업양수도 방법에 따라 법인으로 전환 시 의문점이 있어 질의함.

　1. 법인으로 전환 시 개인기업에서 사용한 기계장치 등에 대하여 장부가액으로 승계 시 감가상각 누계액도 합계 승계하는 것인지(즉, 취득가액과 감가상각 누계액을 합계 승계하는 것인지 여부(총액법), 아니면 순자산가액만 승계하는 것인지(순액법)). 이 경우 기계장치에 대한 내용연수를 중고자산의 취득으로 보아 내용연수를 수정할 수 있는 것인지 아니면 신규취득으로 보아 내용연수를 적용하여야 하는지.

　2. 개인사업자의 폐업신고 시 당해연도 귀속소득에 대한 소득세를 재무제표에 미지급 소득세로 계상하여 이를 법인으로 승계시킬 수 있는지. 승계시킬 수 없다면 이를 법인비용으로 처리 시 전 개인사업자에 대한 상여 또는 배당(법인체에 근무하지 아니하고 주주로만 등재된 경우)으로 소득처분 하는 것인지.

　3. 법인으로 전환 후 최초 사업연도에 대한 법인세의 중간예납의무가 있는 것인지.

▶ (회신) (서이46012-10132, 2002.01.22)

　1. 질의 1의 경우 법인이 타인으로부터 매입한 자산의 취득가액은 매입가액에 부대비용을 가산한 금액으로 하는 것이며, 이 경우 특수관계자로부터 자산을 시가보다 높은 가액으로 매입한 경우에는 법인세법 제52조의 부당행위계산의 부인규정이 적용되는 것임. 법인이 사업양수도 방법에 의하여 취득한 중고자산의 경우에도 법인세법시행령 제29조의 2(중고자산 등의 내용연수)의 규정을 적용할 수 있는 것임.

　2. 질의 2의 경우 법인이 개인사업자의 소득세를 납부한 경우 이를 당해 법인의 손금에

산입할 수 없는 것이며, 법인의 소득금액 계산상 익금에 산입한 금액은 그 귀속자에 따라 상여 등 법인세법시행령 제106조의 규정에 따라 소득처분하는 것임.

3. 질의 3의 경우 합병 또는 분할에 의하지 아니하고 새로 설립된 법인의 경우 설립 후 최초의 사업연도에 대하여는 법인세법 제63조 제1항의 규정에 의한 중간예납의무가 없는 것임.

3편

현물출자에 의한 법인전환 실무해설

현물출자에 의한 법인전환은 개인기업의 법인전환 방법 중에서 조세지원 효과가 가장 큰 법인전환 방법이다.

이 방법은 조세지원 효과가 크지만 모든 개인기업의 법인전환시 적용될 수는 없고 조특법 소정의 요건에 맞는 개인기업에만 적용할 수 있다.

또한, 이 방법은 현물출자라는 비교적 까다로운 법인설립 방법을 택하면서 조특법상의 감면요건을 갖추어야 하고, 이 과정에서도 사업을 계속 이어가야 하므로 절차가 다소 복잡하다.

그러나 조세지원 효과가 크기 때문에 특히 토지·건물 등의 부동산을 가지고 있는 개인기업의 법인전환시는 반드시 고려해보는 법인전환 방법이다.

이 방법에 의한 법인전환의 핵심은 조특법에 의한 조세지원 요건의 충족과 현물출자에 의한 법인설립에 있으며, 이의 추진과정에서는 조특법 등 세법, 상법 및 기타 관련 법규에 대한 이해가 요구된다.

1장

현물출자 법인전환과 조세지원의 개요

1절 현물출자 법인전환의 개요

1 현물출자의 개념

① 현물출자란 금전이 아닌 재산으로 하는 출자를 말하는 것으로 상법상의 개념이다. 상법상 주식회사의 자본금 출자는 금전으로 하는 것이 원칙이지만 필요한 경우 금전 외의 재산 출자 즉, 현물출자가 인정되고 있다.

② 현물출자의 목적인 재산은 재무상태표에 자산으로 할 수 있는 동산·부동산·채권·유가증권·특허권 등 무엇이든 가능하고, 적극적 재산인 자산은 물론 소극적 재산인 부채까지를 포함하여 현물출자가 가능하다.

③ 한편, 현물출자를 하는 경우 출자자가 현물출자자산을 과대평가하는 등의 방법으로 회사의 자본을 부실화시킬 가능성이 있다. 따라서 상법은 현물출자를 변태설립사항으로 원시정관에 기재토록 하고 법원이 선임한 검사인의 조사를 받게 하는 등 이에 대한 보완장치를 마련하고 있다.

④ 현행 상법은 현물출자에 관한 사항을 조사하기 위하여 법원 검사인을 선임하지 아니하고 공인된 감정인의 감정으로 갈음할 수 있게 하고 있다.

2 상법과 조특법의 포괄범위

현물출자에 의한 법인전환은 상법상의 포괄범위와 조특법상의 포괄범위가 같지 아니한다.

① 상법상 현물출자에 의한 법인전환이란 개인기업을 현물출자하여 법인을 설립함으로써

법인전환을 하는 모든 법인전환을 말한다.

이 법인전환은 현금을 출자하여 법인을 설립한 후, 신설법인에 개인기업을 양도 양수함으로써 법인전환을 하는 일반 사업양도양수 방법에 의한 법인전환에 대응되는 개념이다.

상법상의 현물출자에 의한 법인전환은 상법규정에 의한 개인기업의 현물출자 가능 여부에 전환의 성패가 달렸으며 조세지원을 받을 수 있는가 여부는 전환의 성패와 관련이 없다.

② 조특법상 현물출자에 의한 법인전환은 상술한 상법상의 범위에 포함된다. 즉 상법규정에 의거 개인기업을 법인에 현물출자함으로써 이루어지는 법인전환 가운데 조특법에서 정한 소정의 요건에 적합한 경우만이 조특법상의 현물출자에 의한 법인전환이 된다.

조특법상 현물출자에 의한 법인전환은 상법규정에 의한 개인기업의 현물출자 가능 여부뿐만 아니라 조세지원수혜 가능 여부에 전환의 성패가 달렸으며, 이 책에서 '현물출자에 의한 법인전환'이란 특별한 경우를 제외하고는 조특법상의 조세지원을 받는 현물출자 방법에 의한 법인전환을 의미한다.

3 장점과 단점

(1) 장점

개인기업의 법인전환시 현물출자에 의한 법인전환 방법은 자금부담의 완화와 조세지원의 수혜라는 두 가지 장점이 있다.

① 자금부담의 완화는 사업양도양수에 의한 법인전환은 법인설립 시 일단 현금출자를 하여야 하는 데 비해 현물출자에 의한 법인전환은 현물로 출자하기 때문에 현금수요를 크게 줄일 수 있는 장점이 있다.

② 조세지원 수혜는 조특법 소정의 요건을 충족하는 경우 현물출자에 의한 법인전환을 통해 일반 사업양도양수에 의한 법인전환의 경우보다 양도소득세 등 각종 세금부담을 크게 줄일 수 있는 장점이다.

(2) 단점

① 현물출자에 의한 법인전환은 몇 가지 단점도 지니고 있다. 그 단점의 주요 내용은 전환절차의 번잡과 현물출자에 따른 추가비용의 소요인데 현물출자 시 전환절차가 번잡하게 되는 주요인은 다음과 같다.

첫째, 법인의 설립시 현물출자라는 변태설립을 함에 따라 법원 검사인 등의 조사를 받게 되어 이에 필요한 여러 절차가 추가된다.

둘째, 사업양도양수에 의한 법인전환은 먼저 법인을 설립한 후 개인기업을 양도 양수함으로써 법인전환이 되는 데 반해, 현물출자에 의한 법인전환은 법인설립과 사업의 승계과정이 같은 기간에 진행되며 법인설립 때까지 비교적 많은 시간이 소요된다.

셋째, 조특법상의 조세지원을 받기 위한 요건을 갖추는 데 필요한 절차가 소요된다.

② 한편, 현물출자에 의한 법인전환시 사업양도양수에 의한 법인전환 경우보다 추가 소요되는 비용은 주로 현물출자에 따른 비용으로서 그 주요 내용은 자산감정료, 회계감사보수, 검사인 보수 등이다.

2절 현물출자 법인전환의 조세지원 등

조특법 제32조 소정의 요건에 맞는 현물출자에 의한 법인전환은 받을 수 있는 조세지원 내용은 현물출자하는 사업용자산에 대한 양도소득세 등 이월과세, 취득세감면 및 국민주택채권 매입면제 등인데 이를 구체적으로 살펴보면 다음과 같다.

1 양도소득세 등 이월과세

① 개인기업의 토지·건물 등 양도소득세 과세대상 자산을 법인에 현물출자하는 경우는 동 자산을 양도하는 경우와 마찬가지로 소득세법상의 자산양도에 해당한다.[1]

② 따라서 토지·건물 등 양도소득세 과세대상 자산을 법인에 현물출자하는 경우 출자자인 개인기업주는 원칙적으로는 자산양도에 따른 양도소득세를 납부하여야 한다.

③ 그러나 조특법 소정의 요건을 갖추어 적용신청을 하면 개인기업을 법인으로 전환할 때 양도소득세·양도소득분 개인지방소득세의 이월과세 적용신청을 할 수 있다. 또한, 양도소득세가 이월과세되는 경우 양도소득분 농어촌특별세를 납부하지 않는다.

《 현물출자 법인전환시 이월과세 등 》

과세대상	세목	과세	법령
개인기업의 토지·건물 등 양도	양도소득세	이월	조특법 32조1항
	양도소득분 개인지방소득세	이월	지특법 120조1항
	양도소득분 농어촌특별세	-	—

(1) 양도소득세

① 개인사업자가 사업용고정자산을 현물출자하여 소비성서비스업을 제외한 법인으로 전환하는 등 조세지원 요건에 해당하는 경우 그 사업용고정자산에 대해서는 양도소득세의 이월과세신청으로 이월과세 적용을 받을 수 있다. 다만, 해당 사업용고정자산이 주택 또는 주택

---

[1] '양도'의 개념(소득법 88조1항) '양도'라 함은 자산에 대한 등기 또는 등록에 관계없이 매도·교환·법인에 대한 현물출자 등으로 인하여 그 자산이 유상으로 사실상 이전되는 것을 말한다.

을 취득할 수 있는 권리인 경우는 제외한다. (조특법32조1항)

② 여기서 이월과세란 개인사업자의 사업용고정자산을 법인전환 함에 따라 법인에 양도하는 경우 양도소득세를 과세하지 아니하고, 그 대신 사업용고정자산을 양수한 법인이 당해 자산을 양도하는 경우 개인사업자가 종전 사업용고정자산을 동 법인에 양도한 날이 속하는 과세기간에 다른 양도자산이 없다고 보아 계산한 소득세법 제104조의 규정에 의한 양도소득산출세액 상당액을 법인세로 납부하는 것을 말한다.[2]

③ 즉, 거주자가 현물출자하여 법인으로 전환하고 당해 사업용고정자산에 대하여 이월과세를 적용받는 경우, 당해 법인이 당해 사업용고정자산을 양도한 날이 속하는 사업연도에 이월과세액을 법인세로 납부하여야 하는 것이다. (서이 46012-11989, 2002.10.31)

(2) 개인지방소득세

사업용고정자산의 현물출자 법인전환시 양도소득세 이월과세 적용신청을 하는 경우 법인전환시 양도소득분 개인지방소득세도 이월과세를 적용받을 수 있다. (지특법 120조1항)

(3) 농어촌특별세

농어촌특별세법에서는 조특법에 따라 감면된 양도소득세액의 20%를 농어촌특별세로 납부하도록 하고 있으나 양도소득세가 이월과세되는 경우에는 농어촌특별세를 납부하지 않아도 된다.

2 취득세의 감면 등

① 토지·건물·차량 등 지방세법상 취득세 과세대상 자산을 법인이 취득하는 경우에는 취득세를 납부하여야 하며, 이 취득에는 매수에 의한 취득뿐만 아니라 현물출자에 의한 취득도 포함된다.

② 그러나 조특법 소정의 요건을 갖춘 현물출자에 의한 법인전환에 따라 취득하는 사업용재산에 대하여는 취득세의 75%를 경감하고 있으며, 2020년 8월 12일 이후 부동산임대업 및 공급업의 현물출자에 의한 사업용고정자산의 취득에 대해서는 취득세 경감을 하지 않고 전액 과세하고 있다.

《 현물출자 법인전환의 취득세 감면 등 》

---

[2] 조특법 제2조1항6호.

과세 대상	현물출자 법인전환		
	세목	감면/과세	법령
법인의 토지·건물 등 취득	취득세	75% 감면	지특법 57조의2제4항
	취득세분 농어촌특별세	취득세감면분의 20% 과세	농특법 제5조1항1호
	지방세분 농어촌특별세	취득세액(표준세율 2%)의 10% 과세	농특법 제5조1항6호

(1) 취득세의 감면

① 조특법 소정의 요건을 충족하는 현물출자의 경우에 2027년 12월 31일까지 취득하는 사업용고정자산(부동산 임대업 및 공급업의 사업용고정자산 제외)에 대해서는 취득세의 75%를 경감한다. (지특법 57조의2, 4항)

② 그러므로 현물출자로 인한 법인전환시 취득세의 25%를 납부하여야 한다.

③ 비영업용 소형승용차 등 비사업용 재산은 취득세가 경감되지 않는다.

(2) 농어촌특별세의 과세

① 취득세분의 농어촌특별세로 취득세감면분의 20%를 과세한다(농특법 제5조1항1호).

② 지방세분 농어촌특별세로 취득세액(표준세율 2%)의 10%를 과세한다(농특법 제5조1항6호).

(3) 취득세 등의 추징

취득세를 경감받은 전환법인이 취득일로부터 5년 이내에 정당한 사유없이 해당 사업을 폐지하거나 해당 자산을 처분 또는 주식을 처분하는 경우에는 경감받은 취득세를 추징한다(지특법 57조의2, 4항 단서).

3 국민주택채권의 매입면제

① 개인기업을 법인으로 전환할 때는 부동산이전등기시에 주택법의 규정에 따라 일정 금액의 국민주택채권을 매입해야 하는데 이때 부동산등기에 따른 국민주택채권매입은 아래의 요건에 해당하면 매입이 면제된다.[3]

② 국민주택채권의 매입의무가 면제되는 요건은 다음의 3가지를 모두 충족하여야 한다.

---

[3] 주택도시기금법 시행규칙(별표1) 국민주택채권의 매입이 일부 면제되는 범위(제6조1항 관련) 제5호에 근거한 것이며, 구체적 내용은 이 책 6편 6장 참조.

1. '중소기업을 경영하는 자'가
2. '당해 사업에 1년 이상 사용한 사업용자산을 현물출자하여 법인을 설립'하고
3. '자본금이 종전사업장의 1년간 평균순자산가액 이상'인 경우로

③ 이 요건은 (구)조세감면규제법상의 요건을 인용한 것으로 현행 조특법상의 현물출자에 의한 법인전환시 조세지원 요건과 다르다는 점에 유의해야 한다.

④ 따라서 현물출자하는 개인기업이 현행 조특법 제32조의 요건뿐만 아니라 위의 요건도 갖추어야만 현물출자에 의한 법인전환시 위의 국민주택채권매입이 면제된다.

4 개인기업의 조세감면 등 승계

① 법인전환은 개인기업의 폐업을 수반하며, 개인기업이 폐업하는 경우 그 개인기업이 폐업 전에 받고 있던 각종 조세지원 혜택은 폐업과 함께 소멸하는 것이 원칙이다.

② 그러나 조특법 소정의 요건을 갖춘 현물출자에 의한 법인전환시는 전환 전 개인기업이 받고 있던 아래의 조세지원 혜택이 법인에 승계된다.

(1) 조특법에 의한 미공제세액의 승계

① 조특법 144조에 의한 미공제세액이 있는 개인기업이 현물출자에 의한 법인전환을 하는 경우 동 미공제세액은 법인이 승계하여 공제받을 수 있다(조특법 32조4항, 31조6항).

② 이때 법인은 개인기업으로부터 승계받은 미공제세액 상당액을 당해 개인기업의 이월공제 잔여기간 내에 종료하는 각 사업연도에 이월하여 공제받을 수 있다(조특령 28조8항).

③ 한편, 조특법 제144조에 의거 이월공제의 대상이 되는 세액공제는 다음과 같다.

⚙ 이월공제의 대상이 되는 세액공제
1. 기업의 어음제도개선을 위한 세액공제 (조특법 7조의2)
2. 연구 및 인력개발비에 대한 세액공제 (조특법 10조)
3. 특허권 등 취득금액에 대한 세액공제 (조특법 12조2항)
4. 통합투자세액공제 (조특법 24조)
5. 고용창출투자세액공제 (조특법 26조)
6. 고용을 증대시킨 기업에 대한 세액공제(조특법 29조의7)
7. 통합고용세액공제(조특법 29조의8)
8. 전자신고에 대한 세액공제 (조특법 104조의8)
9. 성실신고 확인비용에 대한 세액공제(조특법 126조의 6)
10. 기타 세액공제

(2) 창업중소기업·농공지구입주기업에 대한 조세감면 승계

① 법인전환 전 개인기업이 조특법 제6조의 창업중소기업 및 창업벤처중소기업 또는 조특법 제64조의 농공단지 및 지방중소기업 특별지원지역 입주기업에 해당하여 소득세의 감면 혜택을 받아 왔으며,

② 그 감면기간이 종료되기 전에 현물출자에 의한 법인전환을 한 경우 전환법인은 승계받은 사업에서 발생하는 소득에 대하여 동 조세감면을 승계하여 잔존감면기간까지 법인세를 감면받을 수 있다. (조특법 32조4항 및 31조4항, 조특령 28조4항)

(3) 농업회사법인 등의 조세감면 승계

① 법인전환 개인기업이 농업회사법인(조특법 68조) 또는 수도권 과밀억제권역 밖으로 이전하는 중소기업(조특법 63조)으로서 그 감면기간이 종료되기 전에 현물출자에 의한 법인전환을 하였으면 전환법인은 동 감면을 승계한다. (조특법 32조4항, 31조5항)

② 이때 전환법인은 개인기업으로부터 승계한 사업에서 발생하는 소득에 대하여만 전환 당시 잔존감면기간 내에 종료하는 각 과세연도까지 감면받을 수 있으며 감면신청을 하여야 한다. (조특령 28조6항)

3절 현물출자 법인전환 사례해설

다음 예제에 따라 개인기업이 현물출자 법인전환시 조세지원을 구체적으로 다루어 보기로 하자.

> **예제**
>
> 부동산임대업을 하는 개인사업자의 ○○빌딩의 개요는 다음과 같다.
> ① 건물평가액 : 50억원(토지평가액 45억원 포함)
> ② 순자산평가액 및 자본금 : 40억원
> ③ 토지, 건물 취득가액 : 20억원
> ④ 토지, 건물 보유기간 : 10년

이 개인기업은 조특법 제32조의 세금감면요건을 갖추어 현물출자에 의한 법인전환을 하기로 했다. 이 경우 조세지원은 어떠한 게 있고 어떻게 계산되는지 알아보면 다음과 같다.

1 양도소득세의 이월과세

개인사업자는 임대업에 사용되는 토지, 건물을 설립되는 법인에 현물출자 하였으므로 이에 대해 양도소득세가 과세되나,

① 조특법상 소정의 요건을 갖춘 경우 개인사업자가 양도소득세를 납부하지 않고, 전환법인이 향후 이 고정자산을 양도했을 때 법인세로 납부하게 된다.

② 이때 납부할 양도소득세는 현물출자하는 날이 속하는 과세기간의 소득세법에 따라 계산되고 이를 신고하는 것이다.

(1) 양도소득세의 계산

① 현행 세법에 따라 양도소득세를 계산하면 다음과 같다.

1. 토지, 건물의 감정가액으로 출자를 하였으므로 양도가액은 50억원이 된다.

2. 양도차익 = 50억원 - 20억원 = 30억원

3. 양도소득금액 = 30억원 - 30억원 × 20% = 24억원

4. 양도소득과세표준 = 2,400,000,000원 - 2,500,000원 = 2,397,500,000원

5. 양도소득산출세액 = 384,060,000원 + (2,397,500,000 - 1,000,000,000) × 45%

   = 1,012,935,000원

6. 양도소득세에 대한 지방소득세 = 1,012,935,000원 × 10% = 101,293,500원

② 일단 법인전환시 양도소득세와 동 양도소득세에 대한 지방소득세는 납부하지 않아도 되므로 이 사례의 경우 부동산의 양도와 관련된 세금은 "0원"이다.

(2) 법인전환 후 부동산매도 시

여기서 전환법인이 10년 후 해당 부동산을 150억원에 매각하였다고 하자

① 부동산을 매각한 연도의 법인세율이 20%라고 가정하면 전환법인은 150억원에서 50억원을 차감한 100억원에 대한 법인세 20억원과 법인전환시 이월한 양도소득세 1,012,935,000원을 합하여 법인세로 3,012,935,000원을 납부하여야 한다.

② 물론 이에 대한 지방소득세 301,293,500원도 이 과세기간의 납부기간에 납부하여야 한다.

1. 10년 후 매도금액(가정) : 150억원
2. 법인세 : (150억원 - 50억원) × 20% + 1,012,935,000 = 3,012,935,000원
3. 지방소득세 : 301,293,500원

2 취득세의 계산

① 사업용 부동산에 대해서는 조특법상의 요건을 갖추어 법인전환 하는 경우 취득세의 75%를 경감해주고 있으나 부동산임대업의 사업용 부동산은 취득세 경감 없이 전액 과세하고 있다.

② 이 사례의 경우 사업용 부동산을 현물출자하여 법인으로 전환했으니 현물출자가액이 해당 법인의 취득가액이 되고, 과밀억제권역에서 사업용 부동산을 취득하였으므로 취득세중 과율 8%를 적용하게 된다.

- 취득세 산출세액 = 50억원 × 8% = 4억원

3 농어촌특별세의 계산

① 취득세와 관련해서 두 가지의 농어촌특별세기 과세된다. 먼저, 감면되는 취득세에 대해 20%의 농어촌특별세가 과세된다.

② 이 사례의 경우 부동산임대업의 사업용 부동산에 해당되어 취득세가 경감되지 않고 전액 과세되므로 감면되는 취득세에 대한 농어촌특별세는 과세되지 않는다.

③ 두 번째, 지방세법 등에 따라 납부하여야 할 취득세에 대하여는 취득세액(표준세율을

2%로 적용함)의 10%를 농특세로 납부하여야 하는데, 그 금액의 계산은 다음과 같다.

- 지방세분 농특세 : 50억원 × 2% × 10% = 10,000,000원

4 국민주택채권 매입면제

개인기업의 법인전환을 할 때 부동산등기이전 시 주택법의 규정에 따라 일정액의 국민주택채권을 매입해야 하며, 현물출자에 의한 법인전환시 일정한 요건을 충족하면 매입이 면제된다.

여기서는 법령에 따른 매입 면제요건을 충족한다고 간주하고 이에 대한 것은 본서의 본문 내용으로 갈음하고자 한다.

4절 조세지원 관련 예규

(사례1) 2020.8.18. 법인설립등기를 완료한 경우 쟁점자산의 개정 전 취득세 감면규정 적용 여부
(사례2) 현물출자 받은 임대용 부동산을 법인설립등기 이전에 취득했다고 보기 어려움
(사례3) 중소기업 특별세액감면 적용 소기업 판단 시 법인전환일 이후 매출액의 환산 여부
(사례4) 개인병원이 의료법인으로 전환하는 경우 이월과세 적용 여부
(사례5) 개인기업의 현물출자 법인전환 후 가업상속재산의 처분으로 보아 상속세의 추징 여부
(사례6) 현물출자 법인전환 후 본점 외 지역으로 지점설립등기를 하는 경우
(사례7) 현물출자 법인전환 후에 다른 중소기업과 통합을 하는 경우
(사례8) 현물출자 법인전환시 사업용자산에 대한 감가상각의제액 상당액의 승계 여부
(사례9) 사업용고정자산 현물출자 법인전환시 이월과세의 납부 및 계산방법
(사례10) 농공단지 공장을 현물출자하여 법인전환 하는 경우 기감면된 취득세 등 추징 여부
(사례11) 현물출자 법인전환시 이월결손금 승계 여부
(사례12) 이월공제세액이 있는 개인사업자가 현물출자 법인전환을 한 경우 이월공제 여부
(사례13) 현물출자에 의한 법인전환시 면제되는 취득세 등에 농어촌특별세를 과세 여부

사례 1

2020.8.18. 법인설립등기를 완료한 경우 쟁점자산의 개정 전 취득세 감면규정 적용 여부

2020.8.18. 법인설립등기를 완료하여 이날 쟁점자산을 취득한 것으로 보아야 하므로 동 자산에 대하여 취득세감면규정의 적용이 안됨. (조심2023지4148, 2024.04.01.)

■ (처분개요) 1. 청구법인은 2020.2.29. A(청구법인 대표이사, 개인사업자)와 쟁점자산에 대하여 현물출자계약을 체결하고, 2020.8.18. 쟁점자산을 취득하면서 쟁점자산을 지방세특례제한법 제57조의2 제4항에 따라 개인사업자가 사업용고정자산을 현물출자하는 부동산으로 신고하여 취득세 등을 감면(75%)받았다.

2. 처분청은 청구법인이 쟁점자산을 사업용이 아닌 부동산 임대 및 공급업에 사용하는 것으로 보아, 2023.6.14. 기 감면한 취득세 등 합계 ○○○원(이하 "이 건 취득세 등"이라 한다)을 부과·고지하였다.

▶ (판단) 1. 청구법인은 쟁점자산에 대하여 2020.8.12. 개정되기 전의 「지방세특례제한법」 제57조의2 제4항을 적용하여 취득세감면대상에 해당한다고 주장하나, 청구법인과 A(청구법인 대표이사, 개인사업자)는 2020.2.29. 쟁점자산에 대하여 현물출자계약을 체결하였고,

「지방세특례제한법」 제57조의2 제4항은 2020.8.12. 현물출자에 따른 취득세감면 대상에서 사업용고정자산이 아닌 부동산 임대 및 공급업에 제공되는 부동산을 제외하는 것으로 개정되었으며, 청구법인은 2020.8.18. 법인설립등기를 완료하였으므로 이날 쟁점자산을 취득한 것으로 보아야 하고 처분청과 청구법인 사이에 쟁점자산을 사업용 자산이 아닌 부동산 임대 및 공급업에 제공하고 있는 것에 대하여 다툼이 없으므로 쟁점자산에 대하여 「지방세특례제한법」 제57조의2 제4항의 취득세감면 규정을 적용할 수 없다 할 것이다.

2. 또한, 청구법인은 처분청 담당공무원이 쟁점자산의 취득에 대하여 취득세감면대상에 해당한다고 하여 이를 신뢰하였다고 주장하면서도 구체적이고 객관적인 증빙을 달리 제출하지 아니하였을 뿐만 아니라, 설령 그렇다하더라도 처분청 담당공무원이 행하는 상담은 안내수준의 행정서비스를 제공하는 행위에 해당하여 이를 과세관청의 공적인 견해표명으로 보기는 어려우므로 처분청이 쟁점자산에 대하여 이 건 취득세 등을 부과한 처분은 달리 잘못이 없다고 판단된다. (조심2023지4148, 2024.04.01.)

사례 2

> **현물출자 받은 임대용 부동산을 법인설립등기 이전에 취득했다고 보기 어려움**

■ (처분개요) 1. 청구법인은 부동산 임대업을 영위하기 위하여 설립된 법인으로, 쟁점부동산을 현물출자로 취득하고, 2020.8.26. 지방세특례제한법 제57조의2 제4항에 따라 쟁점부동산을 '현물출자에 따라 취득하는 사업용고정자산'으로 신고하여 취득세 100분의 75를 경감받아 2020.9.3. 취득세 등을 납부하였다.

2. 이후 처분청은 '부동산 임대업은 감면을 제외한다'고 개정된 지특법 제57조의2 제4항 (2020.8.12. 법률 제17474호로 일부 개정된 것)에 따라 부동산 임대업을 영위하는 청구법인이 설립등기일(2020.8.12.)에 쟁점부동산을 취득한 것으로 보아, 2022.6.1. 감면한 취득세 등을 부과·고지하였다.

▶ (판단) 1. 청구법인은 현물출자로 취득한 쟁점부동산을 법인설립등기일 이전부터 사용·수익하고 있었으므로 처분청이 쟁점부동산에 대하여 감면한 취득세를 추징한 처분은 부당하다고 주장한다.

그러나 「상법」상 발기설립의 경우 현물출자를 하는 발기인은 납입기일까지 출자 목적이 되는 재산을 인도하고, 등기·등록 기타 권리의 설정 또는 이전을 요할 경우 이에 관한 서류를 완비하여 교부하여야 하며, 회사는 본점소재지에 설립등기를 함으로써 성립하는 바, 법인등기를 마친 후에야 비로소 청구법인이 성립되었다고 보는 것이 합리적인 점, 청구법인은 현물출자 받은 쟁점부동산을 법인설립등기 이후에 취득세 신고·납부하면서 부동산 소유권이전 등기를 경료한 점 등에 비추어 법인설립등기 이전에 쟁점부동산을 취득하였다는 청구주장을 받아들이기는 어렵다.

2. 또한 청구법인은 처분청의 감면 결정 통지 사실을 신뢰하여 그 납세의무를 이행하지 못한 것이므로 처분청이 감면한 쟁점부동산의 취득세를 추징하면서 가산세까지 부과하는 것은 부당하다고 주장한다.

그러나 취득세는 신고납부방식의 조세로서 그 신고·납부에 대한 책임은 원칙적으로 납세자에게 있고, 법령의 부지 또는 오인은 가산세를 감면할 정당한 사유에 해당하지 아니한 점, 납세자가 지방세감면신청서를 작성하여 제출하고 처분청이 이를 받아들였다고 하여, 그것이 법령에 어긋나는 것이라면 그러한 사유만으로 정당한 사유가 있는 경우에 해당한다고 할 수 없는 점 등에 비추어 처분청이 부과한 가산세는 적법한 것으로 보인다. (조심 2022지1175, 2023.02.23.)

사례 3

중소기업 특별세액감면 적용 소기업 판단 시 법인전환일 이후 매출액의 환산 여부

● (질의)「중소기업 특별세액감면」적용과 관련하여 소기업 여부 판단 시 법인전환 후의 매출액을 연간 매출액으로 환산하여야 하는지 여부

▶ (회신) 조특법 제7조 및 같은 법 시행령 제6조에 따라 소기업에 해당하여 중소기업에 대한 특별세액감면을 받던 거주자가 해당 사업장을 법인 전환하는 경우, 법인으로 전환된 내국법인의 소기업 해당 여부를 판정함에 있어「조특법시행령」제6조 제5항 단서의 매출액은 법인전환일 이후 발생한 매출액을 연간 매출액으로 환산한 금액으로 하는 것임. (서면법규과-568, 2014.06.02.).

사례 4

개인병원이 의료법인으로 전환하는 경우 이월과세 적용 여부

● (질의) 개인병원을 의료법인으로 전환하는 경우 부담부증여에 따른 양도소득세에 대하여

조특법 제32조에 따라 이월과세를 적용할 수 있는지.

▶ (회신) 개인의료기관을 운영하는 자가 의료기관의 전 재산을 무상으로 출연하여 의료법인을 설립하는 경우로서 출연재산 중 양도소득세 과세대상 재산에 담보된 채무를 의료법인이 인수하는 경우 당해 채무액에 상당하는 부분은 소득세법」제88조 제1항에 의하여 그 재산이 유상으로 사실상 이전되는 것으로 보아 출연자에게 양도소득세가 과세되는 것이며, 이 경우 조특법 제32조의 법인전환에 대한 양도소득세의 이월과세 규정이 적용되지 아니함. (재산-1572,2009.7.29)

사례 5

> 개인기업의 현물출자 법인전환 후 가업상속재산의 처분으로 보아 상속세의 추징 여부

● (질의) 개인기업체를 상속받아 가업상속공제를 받은 상속인이 가업상속재산을 현물출자 또는 포괄양도양수방법으로 법인전환 한 경우에 가업상속공제금액을 당초 상속세과세가액에 산입하여 상속세를 부과하는지.

〈갑설〉 상속세 추징사유에 해당되지 않음.

〈이유〉 1. 피상속인이 5년 이상 영위하던 가업을 상속받은 경우 가업상속재산가액을 1억원 한도로 공제하되, 정당한 사유없이 상속개시일부터 5년 이내에 가업상속재산을 처분하거나 가업에 종사하지 아니한 경우에는 상속세를 추징함.

2. 현물출자 또는 사업양도양수방법의 법인전환은 정당한 사유로 규정하고 있지 않지만(상속세 및 증여세법 시행령 제15조 제5항) 개인사업체의 법인전환은 소유재산의 형태가 개별적인 자산·부채에서 주식으로 대체된 것이므로, 단순한 가업상속재산의 처분으로 보아 상속세를 추징하는 것은 타당하지 않음.

3. 또한, 피상속인이 5년 이상 계속하여 법인의 최대주주인 경우로서 특수관계자의 보유지분을 합하여 50% 이상인 경우가 가업의 범위에 포함되고(상속세 및 증여세법 시행령 제15조 제2항), 피상속인이 개인사업체를 동일업종의 법인으로 전환 후 계속하여 최대주주에 해당하는 경우에는 개인과 법인의 사업기간을 통산하여 5년 이상인지를 판단하므로(상속세 및 증여세법 기본통칙 18-15-1 제4항), 법인전환 후 가업상속인의 보유지분이 50% 이상인 경우에는 가업을 계속 경영하는 것으로 보아 사후관리규정을 적용함이 입법취지에 부합하는 것으로 판단됨.

▶ (회신) '갑설'이 타당하다. 개인사업체의 법인전환은 단순한 가업상속재산의 처분으로 보

아 상속세를 추징하지 않는다. (재산세제과-1563, 2007.12.31)

사례 6

현물출자 법인전환 후 본점 외 지역으로 지점설립등기를 하는 경우

● (질의) 거주자가 현물출자에 의한 법인으로 전환하면서 법인의 본점 소재지를 대전으로 하고 현물출자 대상물건이 있는 서울에 지점설립등기를 하는 경우 등록세 중과세 대상이 되는지.

▶ (회신) 1. 조특법 제119조 제1항과 그 제4호 및 동법 제32조 규정에 의거 거주자가 현물출자에 따라 취득하는 사업용 재산에 관한 등기에 대하여는 등록세를 면제하여 지방세법 제138조1항의 세율을 적용하지 아니한다고 규정하고 있다.

2. 상기 규정에 의한 등록세 면제 대상은 현물출자에 따라 취득하는 사업용 재산으로서 취득장소가 대도시 내인 경우 등록세를 중과세하지 않는다는 것이므로 거주자가 현물출자에 의하여 법인으로 전환하면서 법인의 본점 소재지는 대전으로 하고 서울에 지점등기를 하는 경우 법인등기에 대한 등록세는 면제 대상이 되지 않는 것이므로 법인의 본점등기에 대한 등록세는 일반과세되는 것이고, 서울 지점설치에 대한 등록세는 지방세법 제138조 제1항과 그 제1호 규정에 의거 100분의 300으로 중과세되는 것이다.(지방세정팀-2388, 2006.6.12)

사례 7

현물출자 법인전환 후에 다른 중소기업과 통합을 하는 경우

● (질의) 개인이 현물출자하여 법인으로 전환할 때 조특법 제32조 규정을 적용받아 양도소득세를 이월과세 받은 중소기업이 다른 중소기업과 조특법 제31조 규정에 의한 중소기업간 통합을 하는 경우 당초 법인전환시 이월과세 받은 양도소득세가 계속 이월과세 되는지.

▶ (회신) 조특법 제32조 규정에 따라 법인전환에 대한 양도소득세 이월과세를 받은 경우 양수받은 법인이 당해 사업용고정자산을 양도하는 경우에 법인세로 납부하는 것이며, 양수받은 법인(중소기업)이 다른 중소기업과 조특령 제28조1항에서 정한 중소기업간의 통합을 하는 경우 당초 이월과세받은 세액은 통합 후 존속하는 법인이 당해 사업용고정자산

을 양도하는 날이 속하는 사업연도에 법인세로 납부하는 것이다. (서이-836, 2005.6.16)

사례 8

현물출자 법인전환시 사업용자산에 대한 감가상각의제액 상당액의 승계 여부

● (질의) 중소기업에 대한 특별세액감면을 받은 개인사업자가 소득세법시행령 제68조의 규정에 의한 감가상각의제액이 있는 사업용자산을 현물출자하여 법인으로 전환하는 경우 당해 사업용자산에 대한 감가상각의제액상당액이 법인에 승계되는지

▶ (회신) 귀 질의의 경우 개인사업자가 소득세법시행령 제68조의 규정에 의한 감가상각의제액이 있는 사업용자산을 현물출자하여 법인으로 전환하는 경우, 당해 사업용자산에 대한 감가상각의제액상당액은 현물출자된 법인에 승계되지 아니하는 것이다. (서이 46012-11989, 2002.10.31.)

사례 9

사업용고정자산 현물출자 법인전환시 이월과세의 납부 및 계산방법

● (질의) 조특법 제32조의 규정에 따라 제조업을 경영하는 거주자가 사업용고정자산을 2002.1.1 현물출자하여 제조업을 경영하는 법인으로 전환하고 당해 사업용고정자산에 대하여는 이월과세를 적용받은 경우 이월과세의 납부 및 계산방법은?

▶ (회신) 당해 법인이 당해 사업용고정자산을 양도한 날이 속하는 사업연도에 이월과세액을 법인세로 납부하여야 하는 것이며, 이월과세액의 계산방법 등에 대하여는 조특법시행규칙 별지 제12호 서식(이월과세적용신청서)을 참고바람. (서이 46012-11989, 2002.10.31)

사례 10

농공단지 공장을 현물출자하여 법인전환 하는 경우 기감면된 취득세 등 추징 여부

● (질의) 당 회사는 2000.3.17. 정읍시에 있는 농공단지 내 부도사업장을 경매를 통해 취득하고 도세감면조례 제28조에 의하여 관련취득세와 등록세를 면제받고서 개인사업자로서 포장지제조업을 영위하다 2001.12. 중 조특법 제32조의 규정에 의한 사업양도양수의 방법으로 법인전환을 할 예정임. 이럴 때 감면조례 단서항목인 3년내에 해당 공장을 매각한 것으로 보아 기감면된 지방세를 추징하는지, 아니면 정당한 사유에 해당하여 감면세

액을 추징당하지 아니하고 법인전환 할 수 있는지.

▶ (회신) 1. (구) 전라북도 감면조례(2000.12.29. 개정 전의 것) 제28조의5 규정에 의거 산업입지 및 개발에 관한 법률에 의하여 지정된 농공단지 중 시군 세감면조례에서 정한 농공단지에 대체입주하는 자(휴·폐업된 공장에 대체입주하는 자에 한한다.)가 취득하는 당해 농공단지 내의 부동산에 대하여는 취득세와 등록세를 면제하나 그 취득일로부터 3년 이내에 정당한 사유 없이 공장용에 직접 사용하지 아니하거나 매각하는 경우 등은 면제된 취득세 등을 추징하도록 규정하고 있음.

2. 귀 문의 경우 개인사업자가 휴·폐업된 농공단지 내 공장을 취득하고 대체입주하여 제조업을 영위하다가 조특법 제32조의 규정에 의거 법인전환 하는 경우라면 기감면된 취득세 등이 추징되지 아니하나 이에 해당 여부는 과세권자가 사실 조사하여 판단할 사항이다. (세정 13407-15, 2002.1.4)

사례 11

현물출자 법인전환시 이월결손금 승계 여부

● (질의) 본인은 금년 7.1.자로 현재 개인사업체로 경영 중인 회사를 현물출자방식에 따른 영업의 포괄승계로 법인기업으로 전환하고자 함. 이때 문제점이 있어 질의함.

1. 이월결손금의 승계 여부

2. 창사 이후부터 법인전환 전 6.30.까지의 전사원의 퇴직금을 계산하여 현금 지급하지 아니하고 법인기업의 부채로 전액 인계하고자 할 경우 금년 말에 이르러 법인기업에서 퇴직급여충당금을 계상(금년 1년분에서 6.30.까지 금액을 공제하고 남은 잔액)할 수 있는지.

▶ (회신) 1. 개인이 영위하던 사업을 포괄적으로 현물출자하여 법인으로 전환하는 경우 개인사업에서 발생한 결손금은 당해 법인의 각 사업연도의 소득에 대한 법인세의 과세표준을 계산에서 이를 공제할 수 없다.

2. 개인사업자로부터 사업을 포괄적으로 양수한 법인이 그 개인사업 당시의 종업원을 인수하면서 인수시점에 전사업자가 지급하여야 할 퇴직급여상당액 전액을 인수하고(퇴직보험 등에 관한 계약의 인수를 포함) 당해 종업원에 대한 퇴직금지급시 전사업자에 근무한 기간을 통산하여 당해 법인의 퇴직금지급규정에 따라 지급하기로 약정한 경우 그 인수받은 퇴직급여상당액은 인수일 현재 당해 법인이 가지고 있는 퇴직급여충당금으로 보는 것이며,

그 종업원이 개인사업자와 당해 법인에서의 근무기간을 통산하여 1년 이상 계속 근무한 경우에는 그 종업원에 대하여 당해 법인이 지급한 총급여액(법인세법시행령 제44조 제3항 제2호의 규정에 의한 총급여액) 기준과 사업양수 전·후의 근무기간을 통산하여 계산한 퇴직금추계액(같은 법 시행령 제44조의 규정에 따라 손금에 산입하지 아니하는 금액을 제외)을 기준으로 같은 법 제33조의 규정을 적용하는 것이다. (서이 46012-101401, 2001.9.10.)

사례 12

> 이월공제세액이 있는 개인사업자가 현물출자 법인전환을 한 경우 이월공제 여부

● (질의) 조특법 제144조의 규정에 의한 이월공제세액이 있는 개인사업자가 같은 법 제32조의 규정에 의한 사업용고정자산을 현물출자 하거나 사업양도양수 방법으로 법인전환을 한 경우 이월공제 여부

▶ (회신) 당해 이월공제세액은 개인사업자의 이월공제기간내에 전환법인이 이를 승계하여 공제받을 수 있으나, 소득세법 제70조의 규정에 의한 거주자의 법인전환일이 속하는 종합소득세 과세표준 확정신고 전에 전환법인의 법인세 신고기한이 도래하는 사업연도의 법인세에서 공제할 수 없다. (제도 46012-11721, 2001.6.26)

사례 13

> 현물출자에 의한 법인전환시 면제되는 취득세 등에 농어촌특별세를 과세 여부

● (질의) 자영업(기계제작)을 하다가 상법 제290조(현물출자)에 의거 주식회사를 설립하여 상업등기를 마쳤음. 자영업 당시 소유하던 부동산을 주식회사에로의 소유권 이전등기할 때에 등록세와 취득세는 조특법 제119조 제7항과 제120조6항에 의거 면제되었음.
그러나 농어촌특별세 역시 면제되는 것으로 아는데, 본인의 관할 지방자치단체에 세무 담당자는 농어촌특별세면제 대상이 아니므로 납부한 후 등기를 하는 것이 옳다고 하는바, 본인과 같이 현물출자에 의한 이전 경유시 농어촌특별세법 제4조 제8항에 해당이 되지 아니한지, 아니면 다른 법적 근거가 있는지.

▶ (회신) 조특법 제119조1항7호 및 같은 법 제120조1항6호의 규정에 의하여 면제되는 취득세와 등록세를 과세표준으로 하는 농어촌특별세는 농어촌특별세법 제4조 각호의 규정에 의한 비과세 대상이 아니다. (세정 13407-142, 2001.2.7)

2장
현물출자 법인전환의 조세지원 요건

1절 조세지원의 대상
2절 조세지원의 신청
3절 조세지원 후 사후관리

현물출자에 의한 법인전환 중 조특법 소정의 요건을 충족하는 경우에만 조세지원을 받을 수 있다. 즉 상법 규정에 의거 어떤 개인기업도 현물출자에 의한 법인전환을 할 수는 있지만 전환하는 개인기업과 전환내용이 조특법 소정의 요건에 합당해야만 양도소득세 이월과세 등 전술한 조세지원을 받을 수 있다.

한편, 현물출자에 의한 법인전환에 대한 조세지원 내용과 요건을 규정하고 있는 조특법은 몇 차례에 걸친 변경을 거쳐 지금에 이르고 있는데 요건에 관한 변천내용을 간추리면 다음과 같다.

《 기간별 현물출자 조세지원 요건 변천내용 》

구분	83.1.1이후 (조감법45조)	95.1.1 이후 (조감법32조)	96.1.1 이후 (조감법32조)	98.1.1이후) (조감법32조)	02.1.1이후) (조특법32조)	03.1.1이후 (조특법32조)	07.1.1이후 (조특법32조)	12.1.1 이후 (조특법32조)	13.1.1 이후 (조특법32조)
(1) 대상자	제조업 광 업 건설업 운수업 또는 수산업을 경영하는 거주자	제조업 광 업 건설업 운수업 수산업 또는 정보처리 및 컴퓨터 운용 관련업을 경영하는 거주자	제조업 광 업 건설업 어 업 운수업 도·소매업 지식서비스 산업을 경영하는 거주자	제조업 광 업 건설업 어 업 축산업 운수업 도·소매업 지식서비스 산업을 경영하는 거주자	제조업 광 업 건설업 어 업 축산업 물류산업 및운수업중 여객운송업 도·소매업 지식서비스 산업을 경영하는 거주자	소비성서비스업을 경영하는 법인외 법인으로 전환하는 거주자	좌동	좌동	좌동
(2) 대상 자산	1년 이상 사용한 사업용자산	사업용 고정자산	좌동	좌동	좌동	좌동	좌동	좌동	좌동

구분	83.1.1이후 (조감법45조)	95.1.1 이후 (조감법32조)	96.1.1 이후 (조감법32조)	98.1.10이후 (조감법32조)	02.1.1이후 (조특법32조)	03.1.1이후 (조특법32조)	07.1.1이후 (조특법32조)	12.1.1 이후 (조특법32조)	13.1.1 이후 (조특법32조)
(3) 신설법인 자본금	법인전환 하는 사업 장의 1년간 평균순자산 가액 이상	좌동	좌동	법인전환 하는 사업 장의 순자 산평가액 이상	좌동	좌동	좌동	좌동	좌동
(4) 법인전환 방법	설립시 현 물출자	좌동	좌동	좌동	좌동	좌동	좌동	좌동	좌동
(5) 세액감면 신청 또는 이월과세 신청	신청하여야 함	좌동	좌동	좌동	좌동	좌동	좌동	좌동	좌동
(6) 일몰 시한	없음	없음	없음	없음	없음	없음	2012년 12월 31일 까지 법인전환	좌동	없음4)
(7) 이월과세 사후관리	없음	없음	없음	없음	없음	없음	없음	법인전환 후 5년 이 내에 사업 을 폐지하 거나 자본 금의 50% 이상 유상 감자시 추 징	설립등기일 부터 5년 이내에 승 계받은 사 업을 폐지 하거나 법 인전환으로 취득한 주 식 등의 50% 이상 을 처분하 는 경우

---

4) 2024년 12월 31일까지 법인전환 하여야 취득세감면

1절 조세지원의 대상

> 1. 업종: 소비성서비스업 제외 요건
> 2. 현물출자자: 거주자 요건
> 3. 승계사업: 계속성 및 동일성 요건
> 4. 대상자산: 사업용고정자산 요건
> 5. 신설법인 자본금: 순자산가액 이상 요건

1 업종: 소비성서비스업 제외 요건

가. 조세지원 대상업종

거주자가 사업용고정자산을 현물출자하여 법인으로 전환하는 경우 소비성서비스업을 제외한 업종의 사업용고정자산에 대해서는 양도소득세 이월과세를 적용받을 수 있다. (조특법 32조1항)

나. 소비성서비스업 범위

① 조특법 시행령 제29조 제3항의 규정에 따라 다음의 소비성서비스업을 경영하는 법인으로 전환할 때는 조특법의 다른 요건을 갖추었더라도 조세지원을 받을 수 없다.

1. 호텔업과 여관업 (관광진흥법에 따른 관광숙박업을 제외한다.)
2. 주점업 (일반유흥주점업, 무도유흥주점업 및 식품위생법시행령 제21조의 규정에 따른 단란주점영업에 한하며, 관광진흥법에 따른 외국인전용유흥음식점업 및 관광유흥음식점업을 제외한다.)
3. 그 밖에 오락·유흥 등을 목적으로 하는 사업으로서 기획재정부령으로 정하는 사업

② 여기에서 업종은 소득세법 제19조 및 동법 시행령 제31조부터 제37조의 규정을 준용하여 실질내용에 따라 판정하여야 하며, 소득세법 및 소득세법시행령에 특별한 규정이 있는 경우를 제외하고는 통계법 제22조의 규정에 따라 통계청장이 고시하는 '한국표준산업분류'를 기준으로 판정한다.

다. 겸영업종의 조세지원

① 위에서 열거한 소비성서비스업종과 기타업종의 사업을 겸영하는 때도 있다.

② 예를 들면 개인사업자가 부동산임대업 및 도매업과 소비성서비스업을 겸영하는 경우는 종종 나타나는 겸영의 형태이며, 이 경우 현물출자에 의한 법인전환시 조세지원을 받을 수 있는 업종인지의 문제가 대두된다.

③ 겸영의 경우 당해 기업의 업종은 중소기업에 대한 업종판정[5])의 경우와 마찬가지로 판정한다. 즉 2 이상의 서로 다른 사업을 경영하는 경우에는 사업별 수입금액이 큰 사업을 주된 사업으로 본다.

④ 그러나 겸영시 소비성서비스업 외의 사업에 해당하는 것으로 판정되어 당해 기업 전체로는 현물출자에 의한 법인전환시의 조세지원 요건에 맞는 업종인 경우에도 소비성서비스업에 사용되는 부분의 사업용고정자산에 대하여는 조세지원을 받을 수 없으므로 주의하여야 한다.

라. 조세지원 업종 관련 예규사례

> 사례

> 골프연습장으로 사용하는 사업용고정자산을 현물출자하여 법인전환 하는 경우 이월과세 여부

● (질문) 1. 2004년 4월 갑은 본인 소유의 토지, 건물에 골프연습장 개인사업자 등록함.

2. 골프연습장 사업이 조세특례제한법시행령 제29조제3항 대통령령으로 정하는 소비성서비스업의 각호에 해당되는 지

3. 위 사업용고정자산을 현물출자하여 법인으로 전환하는 경우 양도소득세 이월과세 적용을 받을 수 있는지

▶ (회신) 골프연습장으로 사용하는 사업용고정자산을 현물로 출자하여 법인으로 전환하는 경우 당해 사업용고정자산에 대하여는 이월과세를 적용받을 수 있으나, 본 건이 이에 해당하는지는 실제 내용을 종합하여 사실 판단할 사항입니다. (서면부동산-2812, 2016.03.29.)

---

[5]) 조특령 2조3항 참조.

2 현물출자자: 거주자 요건

가. 조세지원 거주자 요건

① 현물출자에 의한 법인전환시 조세지원은 거주자에 한한다. 거주자란 국내에 주소를 두거나 183일 이상 거소를 둔 개인[6]을 말하며(소득법 1조의2 1항), 따라서 법인전환 하는 사업자가 비거주자면 조특법상의 다른 요건을 갖추어 법인전환 하더라도 조세지원을 받을 수 없다.

② 한편, 여기에서 말하는 거주자인 사업자에는 단수인 경우는 물론 복수인 경우도 포함되는 것으로 해석된다. 따라서 동업계약에 의한 복수사업자는 모두 거주자에 해당하여야 하며, 현물출자에 의한 법인전환시 조세지원을 받는데 복수사업자라 해서 제한되는 것은 없다.

나. 관련 예규사례

(사례1) 공동사업장으로 정정한 후 사업용고정자산을 현물출자하여 법인으로 전환하는 경우
(사례2) 공동사업자로서 현물출자 전환법인의 법인등기부에 임원으로 등재된 사실이 없는 경우
(사례3) 명의신탁 사실이 확인되어 실소유자에게 양도소득세를 부과하는 경우 이월과세 여부
(사례4) 공동사업자 중 1인이 자기지분을 현물출자하는 경우
(사례5) 공동소유 사업용고정자산을 현물출자 한 경우 이월과세 적용 범위
(사례6) 공동사업자의 법인전환시 미등록 사업자의 조세지원 여부
(사례7) 공동사업자의 법인전환시 양도소득세의 감면과 자본금의 기준
(사례8) 법인전환시 개인기업주와 신설법인 대표이사의 양도소득세 면제요건 여부
(사례9) 공동사업자의 현물출자 법인전환시 출연재산의 비율에 따라 주식을 인수하는 경우

---

[6] 주소와 거소의 판정(소득령 2조)
  ① 법 제1조의2에따른 주소는 국내에서 생계를 같이하는 가족 및 국내에 소재하는 자산의 유무 등 생활관계의 객관적 사실에 따라 판정한다.
  ② 법 제1조의2에 따른 '거소'라 함은 주소지 이외의 장소 중 상당기간에 걸쳐 거주하는 장소로서 주소와 같이 밀접한 일반적 생활관계가 형성되지 아니하는 장소를 말한다.
  ③ 국내에 거주하는 개인이 다음 각 호의 1에 해당하는 경우에는 국내에 주소를 가진 것으로 본다.
    1. 계속하여 183일 이상 국내에 거주할 것을 통상 필요로 하는 직업을 가진 때
    2. 국내에 생계를 같이하는 가족이 있고 그 직업 및 자산상태에 비추어 계속하여 183일 이상 국내에 거주할 것으로 인정되는 때
  ④ 국외에 거주 또는 근무하는 자가 외국국적을 가졌거나 외국법령에 따라 그 외국의 영주권을 얻은 자로서 국내에 생계를 같이하는 가족이 없고, 그 직업 및 자산상태에 비추어 다시 입국하여 주로 국내에 거주하리라고는 인정되지 아니하는 때에는 국내에 주소가 없는 것으로 본다.
  ⑤ 외국을 항해하는 선박 또는 항공기의 승무원은 그 승무원과 생계를 같이 하는 가족이 거주하는 장소 또는 그 승무원이 근무기간 외의 기간 중 통상 체재하는 장소가 국내에 있는 때에는 당해 승무원의 주소는 국내에 있는 것으로 보고, 그 장소가 국외에 있는 때에는 당해 승무원의 주소가 국외에 있는 것으로 본다.

(사례10) 미등록 공동사업자 법인전환시 양도소득세를 면제받을 수 있는지

(사례11) 특수관계자 소유 토지의 현물출자 시 양도소득세 과세 여부

사례 1

공동사업장으로 정정한 후 사업용고정자산을 현물출자하여 법인으로 전환하는 경우

- ■ (사실관계)

  - 2008년 11월 甲은 부산 금정구에서 "○○폐차장(도매/고철, 재생재료)" 개업

  - '○○폐차장' 공장부지는 1필지로 甲 50%, 乙 20%, 丙 30%로 공동 소유(乙과 丙은 사업자 미등록)이고, 지상건물은 3개동으로 甲 100% 소유

  - 2020년 ○○월 ○○폐차장을 법인전환 할 예정

- ● (질의) ○'○○폐차장'의 사업자등록을 甲 단독에서 甲, 乙, 丙 공동사업으로 정정한 후 '○○폐차장'의 사업용고정자산(공장부지 및 건물 3개동)을 법인전환 현물출자하는 경우 「조세특례제한법」 제32조에 따른 양도소득세 이월과세 적용 여부

- ▶ (회신) 귀 질의의 경우 기존해석사례 "서면-2015-부동산-0429, 2015.07.03."을 참고하시기 바랍니다. ○ 서면-2015-부동산-0429, 2015.07.03. 거주자가 사업용고정자산을 현물출자하여 법인(소비성서비스업을 영위하는 법인을 제외)으로 전환하는 경우로서 새로 설립되는 법인의 자본금이 현물출자로 인하여 법인으로 전환하는 사업장의 순자산가액 이상인 경우에는 「조세특례제한법」 제32조제1항에 따라 법인전환에 대한 양도소득세의 이월과세를 적용받을 수 있는 것입니다.(서면부동산-3, 2020.01.30)

사례 2

공동사업자로서 현물출자 전환법인의 법인등기부에 임원으로 등재된 사실이 없는 경우

공동사업자(공동대표)로 등재되었다거나 쟁점부동산의 현물출자 이후 전환법인의 등기부등본상 임원으로 등재된 사실은 없으나, 서류와 정황으로 실질적인 공동사업자로 인정하는 것이 경험칙에 비추어 타당한 경우에는 쟁점부동산의 현물출자에 대하여 조특법상 현물출자 법인전환에 따른 양도소득세 이월과세를 적용함이 타당함. (조심2018구2143, 2018.07.23)

- ● (사건) 쟁점 부동산의 현물출자 이후 전환법인의 등기부등본상 임원으로 등재된 사실이 없어 ○○○세무서장이 2018.1.16. 청구인에게 한 2017년 귀속 양도소득세 ○○○원의 부과

처분을 받아 청구인이 소를 제기한 경우.

▶ (판단) 1. 이상의 사실관계 및 관련 법령 등을 종합하여 살피건대, 비록 청구인이 ○○○의 사업자등록시(정정등록 포함) 공동사업자(공동대표)로 등재되었다거나 쟁점부동산의 현물출자 이후 청구외법인의 등기부등본상 임원으로 등재된 사실은 없으나, 청구인 외 6인과 청구외법인 간에 2017.4.1. 체결한 현물출자약정서에 쟁점부동산의 공유자인 청구인도 출자자로서 청구외법인의 보통주식을 부여받기로 약정되어 있는 점,

2. 쟁점토지의 공유자간에 작성한(2016.4.6. 작성, 2016.4.7. 및 2016.5.2. 공증) 합의서에 의하면 쟁점토지의 주차장업 제공에 있어 사업운영의 의사결정방법, 사업수익금에 대한 공평한 분배약속 등을 정하면서 여기에 공유자인 청구인을 포함시킨 점,

3. ○○○의 주차장업 영위와 관련한 시설 및 운영자금 대출시 청구인의 공유지분도 담보로 제공된 점, 「국가공무원법」 제64조 및 「국가공무원복무규정」 제25조에서는 국가공무원의 영리업무 및 겸직금지를 규정하고 있는바, 국가공무원 신분인 청구인이 동 규정의 제약에 따라 ○○○의 사업자등록시 형식상의 공동사업자로 참여하지 못한 것으로 보이는 점 등을 고려하면,

4. 청구인을 ○○○의 실질적인 공동사업자로 인정하는 것이 경험칙에 비추어 타당하므로 청구인의 쟁점부동산 양도(현물출자)에 대하여 조특법 제32조에 규정하는 현물출자 법인전환에 따른 양도소득세 이월과세를 적용함이 타당하다고 판단된다. (조심2018구2143, 2018.07.23.)

사례 3

명의신탁 사실이 확인되어 실소유자에게 양도소득세를 부과하는 경우 이월과세 여부

명의수탁자 명의로 이월과세적용신청서를 제출한 경우로서 명의신탁 사실이 확인되어 실제 소유자에게 양도소득세를 부과하는 경우 당해 양도소득세 상당액은 조특법에 따른 이월과세를 적용받을 수 없는 것임 (기준법령재산-199, 2015.10.02)

● (질문) 조세특례제한법 제32조 제1항에 따라 이월과세 신청한 양도물건이 명의신탁재산으로 확인되어 실제 소유자에게 양도소득세를 고지할 때, 명의수탁자가 이미 신청한 이월과세신청 효력의 유효 여부

▶ (회신) 위 과세기준자문 신청의 사실관계와 같이, 거주자가 명의신탁한 부동산을 양도한 후 명의수탁자 명의로 법정 신고기한에 양도소득세를 신고하고 조세특례제한법 제32조 제1항 및 같은법 시행령 제29조 제4항에 따라 이월과세적용신청서를 납세지 관할 세무서

장에게 제출한 경우로서 명의신탁 사실이 확인되어 실제 소유자에게 양도소득세를 부과하는 경우 해당 양도소득세 상당액은 같은법 제32조에 따른 이월과세를 적용받을 수 없는 것임. (기준법령재산-199, 2015.10.02.)

사례 4

공동사업자 중 1인이 자기지분을 현물출자하는 경우

● (질의) A(개인)와 B(개인)가 1개의 부동산(점포)을 6:4의 비율로 공유하면서 공동사업자로서 부동산임대업을 영위하고 있음 A가 단독으로 자신의 지분만을 현물출자하여 법인을 설립하는 경우 조특법 제32조의 '법인전환에 대한 양도소득세의 이월과세' 대상에 해당하는지

▶ (회신) 거주자가 사업용고정자산을 현물출자하여 법인(소비성서비스업을 경영하는 법인을 제외)으로 전환하는 경우로서 새로이 설립되는 법인의 자본금이 현물출자로 인하여 법인으로 전환하는 사업장의 순자산가액 이상인 경우에는 조특법 제32조 제1항의 규정에 의하여 당해 사업용고정자산에 대하여는 양도소득세의 이월과세를 적용받을 수 있으나, 공동사업을 영위하던 거주자 중 1인이 단독으로 자기지분만을 현물출자하여 법인으로 전환하는 경우에는 당해 규정이 적용되지 아니한다. (재산-3294, 2008.10.15.)

사례 5

공동소유 사업용고정자산을 현물출자 한 경우 이월과세 적용 범위

● (질의) 충청도 도시지역 밖의 농지지역에 골프연습장을 건설하고 6년간 영업을 하고 있으며, 동 부지는 부부공동으로 소유(각각 50%)하고 있으나 부부간에 공동사업자등록을 하지 않고 아내 명의로만 등록하여 골프장을 운영하였다. 부동산을 포함한 사업용자산 전부(부부소유 전체)를 법인에 현물출자 방법에 의하여 양도할 경우 공동사업으로 등록되지 않은 남편 소유지분도 조특법 제32조에 의한 양도소득세 이월과세 적용이 가능한지

▶ (회신) 2인 공동소유 토지를 그 중 1인이 사업자등록하여 골프연습장을 운영한 경우로서 당해 공동소유 토지 전부를 조특법 제32조의 규정에 따라 법인에 현물출자하는 경우에는 사업자등록이 되어 있는 사업자지분에 한하여 이월과세를 적용받을 수 있다. (재산-3112, 2008.10.02)

공동사업자의 법인전환시 미등록 사업자의 조세지원 여부

2인 이상의 사업자가 공동으로 사업을 영위하였으나 그중 1인의 명의로 사업자등록을 한 상태에서 법인전환 하는 경우 조세지원은 사업자등록이 되어 있는 사업자 지분에 한하여 적용한다. (재일 46014–2531, 1994.9.28)

● (질의) 1. 경기도 ××시에서 제조업 중 도계업(닭고기)을 경영하는 4명의 공동 개인사업자 (A, B, C, D)가 조세감면규제법 제32조에 의거 사업용고정자산을 현물출자하여 법인으로 전환하고자 함.

2. 사업용고정자산인 공장 및 부수되는 토지의 소유권은 실질적인 사업영위자인 4명의 공동 소유(각각 25% 지분 소유)로 되어 있음. 실질적인 경영 및 금융기관에 연대보증에도 4명 이 함께 참여하였으며 사업에 따른 이익배당 및 위험부담도 4명이 균분함.

3. 도계허가증이 'A'로만 되어 있어 사업자등록증 상에는 제조업 영위자의 명의가 'A'로 되어 있음. 이와 같은 상황에서 사업용고정자산 전부를 현물출자에 의해 4명의 지분을 각각 25%씩 하여 법인을 설립하였을 경우 조세감면규제법 제32조에 해당하는지 여부

▶ (회신) 1. 제조업·광업·건설업·운수업 또는 수산업을 경영하는 거주자가 사업용고정자산 을 현물출자 하거나 조세감면규제법시행령 제29조 제1항의 규정에 따른 사업양도양수 방 법으로 법인으로 전환하면서,

2. 새로이 설립되는 법인의 자본금에 현물출자 하거나 법인으로 전환하는 사업장의 1년간 평균순자산가액 이상인 경우에는 동법 제32조의 규정에 따라서 당해 고정자산을 양도함 으로써 발생하는 소득에 대한 양도소득세의 100분의 50에 상당하는 세액을 감면하거나 양도가액의 특례를 적용받을 수 있는 것이나,

3. 이 경우 2인 이상의 사업자가 공동으로 공장을 취득하여 가동하였으나 그 중 1인의 명의 로 사업자등록을 한 상태에서 공장을 양도한 때에는 사업자등록이 되어 있는 사업자 지 분에 한하여 적용되는 것이다. (재일 46014-2531, 1994.9.28.)

사례 7

공동사업자의 법인전환시 양도소득세의 감면과 자본금의 기준

공동사업자 법인전환은 조세감면규제법 따른 양도소득세의 면제세액은 당해 면제되는 공동사업자의 출자지분을 한도로 한다. (재일 46014-4470, 1993.12.15)

● (질의) 본인(갑)은 을과 공동으로 현 장소에서 약 4년 전부터 제조업을 영위하고 있었음. 공장의 토지·건물은 '갑'의 소유로 되어 있고(토지는 공장부지로, 건물은 공장건물 및 사무실로 사용하고 있음) 공장운영은 '갑' '을' 공동으로 하여 운영이익을 나누어 가짐. 당 제조업의 1년 평균순자산가액은 1억원임.

1. '갑'과 '을'이 법인전환 되는 사업장의 1년간 평균순자산가액 이상을 출자하여 법인을 설립하고 당해 법인에 개인기업을 포괄적으로 사업양도하는 경우 양도소득세감면에 관한 질의

2. 양도소득세감면을 위해 개인업체를 사업양도 받을 신설법인의 자본금에 관한 질의

▶ (회신) (재일 46014-4470, 1993.12.15) ① 제조업을 경영하는 개인 공동사업자가 조세감면규제법 제45조 및 동법 시행령 제39조 제4항의 규정에 의한 사업양도양수 방법에 의하여 법인으로 전환하는 경우에도 당해 사업양도양수에 따라 발생한 소득에 대하여는 양도소득세를 면제하는 것이나, 이때 면제되는 세액은 당해 면제되는 공동사업자의 출자지분을 한도로 하는 것임.

② 다만, 사업양도양수자산이 소득세법 제70조 제7항의 규정에 의한 미등기 양도자산에 해당하는 경우에는 위 1의 감면적용이 배제되는 것임.

③ 또한, 조세감면규제법 제45조 제1항의 규정에 따라 신설되는 법인의 자본금은 사업양수양도하여 법인으로 전환하는 사업장의 1년간 평균순자산가액 이상이 되어야 하며 당해 면제받는 공동사업자의 출자지분 비율은 그대로 유지되어야 함.

사례 8

법인전환시 개인기업주와 신설법인 대표이사의 양도소득세 면제요건 여부

● (질의) 개인기업의 법인전환시 조세감면규제법 제45조, 제45조의1, 제45조의2와 부가가치세법 제6조의 사항에 대하여 의문이 있어 문의함.

1. 개인기업의 법인전환시 개인기업 대표와 법인의 대표이사가 동일인어야 하는지.

2. 개인기업 당시의 대표가 반드시 주식의 51% 이상을 보유해야 하는지

3. 개인기업 당시의 대표가 이사가 되지 않고 주식만 가져도 되는지.

4. 개인기업 당시 대도시권(대도시)에 있던 공장시설을 대도시 이외의 지역(지방)으로 이전시 조세감면규제법 제41조의 혜택은 개인으로 이전하여야 하는 법인전환 후 1년 이내 이전하여도 가능한지.

▶ (회신) (재산 01254-417, 88.2.13) ① 상기 1~3의 경우 제조업·광업·건설업·운수업·수산업을 경영하는 거주자가 사업장별로 사업용자산을 현물출자하여 법인을 설립하는 경우에는 신설법인 대표이사의 동일인 여부에 관계없이 조세감면규제법 제45조 및 동법 시행령 제39조의 요건을 갖추는 경우에 한하여 양도소득세가 면제되는 것

② 또한, 대도시 안에서 공장시설을 갖추고 사업을 경영하는 내국인이 그 공장을 지방으로 이전하기 위하여 당해 공장의 대지와 건물을 양도함으로 인하여 발생하는 소득에 대하여는 동법 제42조 제2항 및 동법 시행령 제36조의 요건을 갖추는 경우에 한하여 양도소득세가 면제된다.

사례 9

공동사업자의 현물출자 법인전환시 출연자산의 비율에 따라 주식을 인수하는 경우

● (질의) 1. 본인은 4인의 동업자 명의로 운영하는 제조업에 근무하고 있음. 당초 7인 동업으로 창업하에 중도에서 3인이 탈퇴하고 잔류 4인이 동업자계약에 의하여 20여 년간 관할 세무서에 소득신고를 하여 경영한 개인중소기업을 1987.10.1자로 포괄적인 현물출자를 하여 법인전환을 계획하고 있음.

2. 총자산에서 총부채를 공제한 가액을 동업자 간에 양도소득으로 보지 않기 때문에 동업자계약의 비율로 주식을 배정하고자 함.

3. 동업자계약의 비율과 부동산지분 비율의 주식배정에 대하여 증여세 과세 여부를 질의함

▶ (회신) 제조업을 경영하는 거주자가 사업용자산을 현물출자하여 법인을 설립하는 경우 당해 자산을 현물출자 함에 따라 발생하는 소득에 대하여는 조세감면규제법 제45조의 규정에 의거 양도소득세를 면제하는 것인바, 이때 출자하는 자산의 비율에 따라 법인의 주식을 인수하는 경우 증여세 과세문제도 발생하지 아니하는 것임. (재산 01254-2521, 1987.9.16)

사례 10

미등록 공동사업자 법인전환시 양도소득세를 면제받을 수 있는지

● (질의) 1. 당 업소는 사업에 공하던 토지·건물의 2분의 1은 타인소유였던 바, 그 2분의 1을 동업자가 취득하여 동 사업에 사용하게 되고 그 당시 제반여건 및 동업조건에 합당한 투자를 하여 구성원이 되고 이익의 분배비율을 50:50으로 하여 공동사업체를 동업하였으나, 관할 세무서에 공동사업자로 등록하지 못하고 단독사업으로 제반 세금을 납부하여 오다가 82년 3월경 동 구성원의 사망으로 당 사업체에 투자된 재산을 장남이 상속하게 되어 현재까지 당초 구성원의 동업조건으로 상속인과 현재까지 공동사업체로 동업하고 있음(상속 후도 공업사업자로 등록하지 못하고 제반 세금을 단독으로 납부하였음).

2. 금번 동 사업체를 법인전환 하고자 하는바, 사실상 동업을 한 구성원(상속인)도 조세감면규제법 제45조의 적용을 받을 수 있는지.

▶ (회신) (재산 01254-3363, 87.12.15) ① 조세감면규제법 제45조에 규정하는 사업을 공동으로 경영하는 개인사업자가 사업장별로 당해 사업에 사용한 사업용자산을 현물출자 함에 따른 양도소득세 면제에 대하여는 당청에서 기회신된 바 있는 질의회신문을 참조하되,

② 다만, 실질적으로 공동사업을 영위하지 아니하는 때에는 사업을 영위하지 아니한 자의 소유지분에 대하여는 양도소득세가 과세되는 것이므로,

③ 소관세무서장이 공동사업 여부를 조사하여 판단할 사항임.

〈참고예규〉 제조업·광업·건설업·운수업 또는 수산업을 경영하는 개인사업자(공동사업자 포함)가 사업장별로 당해 사업에 1년 이상 사용한 사업용자산을 현물출자하여 법인을 설립(법인으로 전환)하는 경우에는 조세감면규제법 제45조 및 동법 시행령 제39조의 요건을 갖춘 경우에 한하여 사업용자산인 부동산을 현물출자 함으로써 발생하는 양도소득(양도시의 가액과 취득시의 가액의 차익에 의하여 산정된 양도소득)에 대한 소득세가 면제되는 것임 (재산 01254-3233, 1985.10.29.).

사례 11

특수관계자 소유 토지의 현물출자 시 양도소득세의 과세 여부

● (질의) ① 본인은 제조업(제빙)을 경영하고 있는 개인사업자임. 금번 경영의 건실화를 위하여 법인으로 전환코자 하여 아래와 같은 사항에 대하여 질의를 함.

② 제빙에 필요한 공장건물 및 기계장치는 본인의 소유로 되어 있고 토지는 본인과 특수관계 있는 자의 소유로서 본인이 사실상 영업에 사용하고 있음.

③ 이 경우 본인 소유의 건물 및 기계장치와 특수관계인의 토지를 공동으로 현물출자하여 법인을 설립코자 할 때 조세감면규제법 제45조(법인전환에 대한 양도소득세의 면제), 동법 제84조(등록세의 면제), 동법 제85조(취득세의 면제)7의 규정에 의하여 감면을 받고자 할 때

1. 본인 및 본인의 특수관계인 모두 감면을 받을 수 있는지?

2. 본인만 받을 수 있는지?

▶ (회신) 귀 질문은 조세감면규제법 제45조 제1항에 의거 토지소유자인 특수관계인은 제조업을 경영하는 거주자에 해당하지 아니하므로 양도소득세가 과세하는 것임. (소득 1264-1567, 83.5.10)

3 승계사업: 계속성 및 동일성 요건

가. 법인전환 후 승계사업을 5년간 유지할 것

① 조특법 제32조 제1항에서는 법인전환시 "거주자가 소비성서비스업을 경영하는 법인 외의 법인으로 전환하는 경우 이월과세를 적용"하되,

② 조특법 제32조 제5항에서 "법인전환으로 설립된 법인의 설립등기일부터 5년 이내에 동 법인이 개인기업주로부터 승계받은 사업을 폐지하는 경우에는 개인기업주가 이월과세액을 양도소득세로 납부하여야 한다"라고 명시하고 있다.

③ 이는 법인전환 후에도 사업의 계속성 및 동일성을 적어도 5년간은 유지하여야 조세지원을 받을 수 있다는 뜻으로 해석된다. 그러나 '사업의 폐지'에 대한 유권해석을 보면 전환법인이 승계받은 종전의 업종을 새로운 업종으로 변경하는 경우는 사업의 폐지'에 해당하지 않는 것으로 보고 있어 부가가치세법상 '포괄적인 사업양도'와 같은 태도를 취하고 있다.

④ 또한, 포괄적인 현물출자에 의해 부가가치세 면제를 받으려면 여전히 사업의 동일성을 유지하여야 한다.7)

⑤ 한편, 후술하는 중소기업 통합에 의한 법인전환의 조세지원 요건에서는 사업의 동일성 요건이 현물출자에 의한 법인전환의 경우보다 까다롭게 규정되어 있으니 이에 유의하여야 한다.

---

7) 7편 3장 2절 2. 참조

나. 사업의 계속성 관련 예규사례

> (사례1) 부동산임대업을 영위하는 거주자가 현물출자 법인전환하고 임차인인 특수관계법인이 영위
>   하는 업종을 영위하는 경우
> (사례2) 조특법 제32조에 따라 설립되는 법인이 승계받은 종전의 업종을 새로운 업종(소비성서비스
>   업은 제외함)으로 변경하는 경우
> (사례3) 일시적으로 임대한 것은 사업의 동질성이 유지되지 않은 것으로 보기 어려움
> (사례4) 음식숙박업자가 현물출자로 주택신축판매업으로 법인전환 후 주택신축판매업을 하는 경우
> (사례5) 부동산임대업자가 현물출자 법인전환 후 임차자가 소비성서비스업을 하는 경우
> (사례6) 법인전환 후 업종만 추가하고 기존사업을 계속하는 경우 감면된 양도소득세 추징 여부
> (사례7) 양도소득세 면제 법인전환 후에 조세지원 사업의 계속성 여부

사례 1

> 부동산임대업을 영위하는 거주자가 현물출자 법인전환하고 임차인인 특수관계법인이 영위하는
> 업종을 영위하는 경우 동 부동산에 대하여는 양도소득세 이월과세 적용됨

■ (사실관계) 1. '01.03월 甲은 개인사업자로 콘크리트 블록 제조·판매업을 영위

 2. '18.12.29. 콘크리트 블록 제조·판매하는 별도 B법인 설립에 발기인으로 참여(甲이 51%
    지분 보유)

 3. '19.01월 사업용고정자산 전부를 B법인에 임대하고, 콘크리트 블록 제조·판매는 B법인
    이 수행, 甲은 부동산임대업으로 전환

 4. 현재 甲의 수입금액은 B법인으로부터 받은 임대료가 전부임

 5. 예정 사업용고정자산 임대차계약 등 모든 상거래 계약의 이행이 완료되면 B법인은 폐
    업할 예정임

 6. 예정 甲소유의 사업용고정자산 전부를 현물출자하여 A법인 설립 예정(법인전환)

   ※ 업종이나 사업장의 일부를 분할하여 법인으로 전환하는 경우가 아니며 B법인의 자본
      금이 현물출자하여 법인으로 전환하는 사업장의 순자산가액보다 큰 경우임을 전제

● (질의) 부동산임대업자가 특수관계법인에 임대하고 있는 사업용고정자산(토지·건물) 전
   부를 현물출자하여 법인전환하고, 임차인인 특수관계법인이 영위하는 업종을 영위하는
   경우,법인전환에 대한 양도소득세 이월과세를 적용받을 수 있는지 여부

▶ (회신) 귀 질의의 사실관계와 같이 부동산임대업을 영위하는 거주자(甲)가 제조업을 영위
   하는 특수관계법인(B)에 임대하고 있는 사업용고정자산 전부를 임대차계약 종료 후 「조
   세특례제한법」 제32조 및 같은 법 시행령 제29조의 규정에 의해 현물출자하여 법인(A)

으로 전환하고 전환법인(A)이 임차인인 특수관계법인(B)이 영위하는 업종을 영위하는 경우 당해 부동산에 대하여는 양도소득세의 이월과세를 적용받을 수 있는 것입니다. (서면법규재산-5003, 2023.07.31.)

사례 2

> 조특법 제32조에 따라 설립되는 법인이 승계받은 종전의 업종을 새로운 업종(소비성서비스업은 제외함)으로 변경하는 경우는 '사업을 폐지하는 경우'에 해당하지 아니함

■ (사실관계) 1. '17.7.1. 甲이 개인사업체로 운영하던 LPG충전소를 ㈜△△법인 명의로 사업자등록으로 함

- 2017.6.30. 甲이 운영하던 LPG충전소 개인사업자(사업자등록) 폐업

2. ㈜○○ 법인설립등기일 : '17.11.2.

- 주업종 : 도소매업
- 당해 LPG충전소를 포함한 부동산 일체를 현물출자 한다는 정관을 작성하는 등 회사설립과정을 거쳐 주식회사 설립등기 경료

3. '17.12.29. 사업용고정자산 토지(건물) 소유권 이전일

4. '22.5.1. 부동산임대업으로 업종 추가 또는 변경

- 타인에게 사업용고정자산 전체 임대 예정

● (질의) 1. 조세특례제한법§32 「법인전환에 대한 양도소득세의 이월과세」 적용 시 사후관리 기산일이 실제 사업개시일인지, 법인 설립등기일인지 여부

2. LPG 충전사업(도소매업)을 영위하다가 이월과세 적용받은 법인이 사후관리기간 중 사업 전체를 타인에게 임대하여 부동산업(부동산임대업)으로 변경한 경우 사업의 폐지에 해당하는지 여부

▶ (회신) 귀 서면질의의 사실관계와 같이 「조세특례제한법」 제32조제1항에 따라 설립되는 법인이 거주자로부터 승계받은 종전의 업종을 새로운 업종(같은 법 시행령 제29조제3항 각 호 따른 소비성서비스업은 제외함)으로 변경하는 경우는 같은 법 제32조제5항제1호에 따른 사업을 폐지하는 경우에 해당하지 아니하며, 당해 법인이 설립등기일로부터 5년 이내에 같은 조 제5항 각호의 사유가 발생하는 경우 거주자가 사유발생일이 속하는 다음 달의 말일부터 2개월 이내에 같은 조 제1항에 따른 양도소득세를 납부하여야 하는 것입니다. (서면법규재산-5097, 2022.06.29.)

사례 3

일시적으로 임대한 것은 사업의 동질성이 유지되지 않은 것으로 보기 어려움.

■ (요지) 임대업을 영위하는 개인사업자가 현물출자에 따라 법인으로 전환하는 경우의 사업용 재산은 임대에 공하는 부동산을 의미하므로

① 동 법인이 현물출자 받은 부동산을 임대용으로 공하고 있다면 이는 추징 대상이 되는 처분(임대)에 포함되지 아니하는 점,

② 개인사업자인 ○○○는 임대업을 영위하고 있었고 청구법인 또한 목적사업을 임대업으로 하여 수입이 발생하였으므로 사업의 동질성이 유지되고 있는 점 등에 비추어

③ 쟁점 부동산은 청구법인의 설립을 전·후하여 임대업용부동산(사업용재산)에 해당한다 할 것임.

▶ (판단) 임대업을 영위하는 개인사업자가 현물출자에 따라 법인으로 전환하는 경우의 사업용 재산은 임대에 공하는 부동산을 의미하므로

① 개인사업자에서 전환된 법인이 현물출자 받은 부동산을 임대용에 공하고 있다면 이는 추징 대상이 되는 처분(임대)이 아닌 점,

② 임대업의 특성상 부동산의 임대면적은 임대환경 또는 경제적 사정 등에 따라 그 현황이 변경(증가 또는 감소)될 수 있어서 법인설립 당시 취득한 부동산을 공실상태로 두거나 다른 목적사업에 공여하다가 계획된 면적 이상을 추가로 임대하고 있다하여 해당 부분을 추징사유인 처분(임대)으로 보는 것은 현물출자에 따라 취득하는 사업용 재산에 대한 감면 취지에 부합하지 아니하는 점,

③ 개인사업자인 ○○○는 임대업을 영위하고 있었고 청구법인 또한 목적사업을 임대업으로 하여 수입이 발생하여 사업의 동질성이 유지되고 있는 점,

④ 이 건 부동산 신축 전의 임대계획서 및 임대를 위한 컨설팅용역계약서 등에 의하면 쟁점 부동산은 임대용 부동산으로 계획되었던 것으로 보이고 임대용 쟁점부동산이 사실상 임대되지 아니하여 공실상태에 있음에 따라 청구법인은 2013년 말까지 다른 목적사업인 도소매업 관련 자전거전시장으로 활용하다가 이후 무상임대 하였는바 이와 같이 쟁점부동산을 청구법인의 목적사업의 범위 내에 있는 도소매업에 일시적으로 사용하다가 임대한 것을 새로운 임대에 해당된다 하여 사업의 동질성이 유지되지 않았다고 하기는 어려운 점 등에 비추어 쟁점부동산은 청구법인의 설립을 전·후하여 임대업용 부동산(사업용 재산)으로서 공여되고 있다 할 것이다.

⑤ 따라서 처분청이 쟁점 부동산을 추징대상으로 보아 청구법인에 이 건 취득세 등을 부과한 처분은 잘못이 있다고 판단된다. (조심2017지767, 2018.05.15)

사례 4

> **음숙박업자가 현물출자로 주택신축판매업으로 법인전환 후 주택신축판매업을 하는 경우**

음식 및 숙박업(펜션)을 경영하는 개인사업자가 현물출자하여 숙박업 및 주택신축판매업을 목적으로 하는 법인으로 전환하였고, 개인사업자가 쟁점토지를 취득하여 실질적으로 음식 및 숙박업 등에 제공한 사실이 없는 점 등에 비추어 동 토지가 사업용고정자산에 해당하지 아니하는 것으로 판단한 사례임 (조심2017지663, 2017.10.27)

■ (사실관계) ① ○○○는 2016.1.8. ○○○에서 개업하여 2016.10.31.(폐업일)까지 ○○○라는 상호로 음식 및 숙박업/펜션을 영위한 개인사업자이고, 청구법인은 위 ○○○가 대표이사가 되어 2016.10.21. ○○○에서 개인사업자의 장부상 자산총액과 부채총액을 포괄적으로 양수받아 설립(법인등기)하여 펜션 및 주택신축판매업을 영위하고 있는 법인이다.

② 처분청의 현지확인(2017.5.1.) 결과 이 사건 토지 지상에 현재 단독주택(12동)의 건축이 진행 중으로 공사현장 입구에 주택 분양 홍보물(○○○타운하우스 12세대 분양)이 부착되어 있고, 이 사건 토지에 설치된 공사안내문에는 제목을 ○○○단독주택 신축공사'로 하여 허가일(2016.11.25.), 공사기간(2016.12.5.~2017.12.5.), 건축주○○○등이 표시되어 있는 것으로 나타난다.

● (소 제기) ○ 청구법인은 2016.12.22. 사업양수도를 원인으로 이 사건 토지를 취득하고 취득세 등 합계 ○○○을 신고·납부하였다가, 2017.2.1. 이사건 토지가 「지방세특례제한법」 제57조의2 제4항에 따른 사업용고정자산으로서 취득세 등 감면대상에 해당된다는 사유로 취득세 ○○○및 이에 따른 지방교육세 및 농특세 등 감면세액의 환급을 구하는 경정청구를 제기하였고,

○ 처분청은 사업에 사용할 목적으로 건설 중인 자산은 「지방세특례제한법」 제57조의2 제4항에서 규정한 취득세 등이 면제되는 사업용고정자산에 포함되지 아니한다는 사유로 2017.3.15. 청구법인에 경정청구 거부통지를 하였다.

▶ (판결) 1. 법인전환에 따르는 감면대상인 사업용고정자산에 해당되기 위해서는 사업을 양도한 개인사업자가 해당 자산을 직접 사용하였어야 하고 사업을 양수한 법인 역시 직접 사용하는 자산이어야 할 것인바,

2. ○○○(현물출자자)는 음식 및 숙박업(펜션)을 경영하는 개인사업자이고 청구법인은 숙박업

및 주택 신축판매업을 영위할 목적으로 설립되어 업종 및 업태가 상이한 점,

3. 개인사업자가 이 사건 토지를 취득하여 건축허가(단독주택 6동)만 득하였을 뿐 실질적으로 이를 음식 및 숙박업에 제공한 사실이 없고 청구법인도 이 사건 토지를 취득한 후 분양을 위한 단독주택(단독주택 12동)의 건축·분양 사업을 진행 중일 뿐이어서 음식 및 숙박업 등에 제공한 사실이 없는 점 등에 비추어

4. 처분청이 이 사건 토지가 사업용고정자산에 해당하지 아니하는 것으로 보아 경정청구를 거부한 이 건 처분은 달리 잘못이 없다고 판단된다. (조심2017지663, 2017.10.27.)

사례 5

부동산임대업자가 현물출자 법인전환 후 임차자가 소비성서비스업을 하는 경우

부동산임대업 개인사업자가 부동산을 현물출자하여 법인전환 후 제3자에게 임대한 후 제3자인 임차자가 소비성서비스업을 경영하는 경우 취득세와 등록세가 면제한다. (지방세정팀-10, 2006.01.02)

● (질의) 부동산임대업을 경영하는 개인사업자가 소유한 부동산을 현물출자하여 전환한 법인으로부터 제3자가 동 부동산을 임차하여 호텔업 등 소비성서비스업을 경영하는 경우, 취득세와 등록세의 면제 대상이 되는지.

▶ (회신) 1. 조특법 제119조 제1항 제4호와 제120조 제3호 및 동법 제32조 제1항에서 거주자가 사업용고정자산을 현물출자(제136조 제1항 규정에 의한 소비성서비스업을 경영하는 법인을 제외한다)방법에 의하여 법인으로 전환하면서 취득하는 사업용 재산과 이에 관한 등기에 대하여는 취득세와 등록세를 면제하도록 규정하고 있음.

2. 상기 규정에서 '조특법 제136조 제1항 규정에 의한 소비성서비스업(도박장·무도장·유흥주점 등)을 제외한다.'라고 함은 개인사업자가 법인전환시 현물출자하는 사업용고정자산이 소비성서비스업에 해당하는 경우에 취득세와 등록세의 면제 대상이 되지 않는다는 것이므로 부동산임대업을 경영하는 개인사업자가 소유한 부동산을 현물출자하여 법인으로 전환한 후 전환된 법인으로부터 임대받은 임차자가 동 부동산에 소비성서비스업을 경영하는 경우라면 취득세와 등록세면제에 영향을 미치지 아니하므로 귀 문의 경우는 면제 대상이 되는 것이 타당하다 할 것임.

사례 6

법인전환 후 업종만 추가하고 기존사업을 계속하는 경우 감면된 양도소득세 추징 여부

● (질의) 1997.8.1 현물출자에 의해 법인전환을 한 업체로 현물출자 법인전환 당시의 업태(종목)는 제조(공작기계부품), 서비스(기계수리)이었음. 현물출자 후 상기 조건의 업태(종목)를 계속 영위하여 오는 중에 경기의 어려움으로 상기의 업태(종목)에 제조(공기조절기)의 업종을 추가하여 경영하려고 하는데, 이 경우가 (구)조세감면규제법 제32조5항의 감면세액의 추징사유에 해당하는지 여부

▶ (회신) 거주자로부터 사업용고정자산을 현물출자 받아 법인으로 전환된 법인이 기존의 사업을 계속하여 영위하면서 새로운 업종을 추가하는 경우에는 (구)조세감면규제법 제32조 제5항(1997.12.13 개정 전)의 규정에 의한 감면세액의 추징사유에 해당하지 아니하는 것이다. (법인 46012-718, 1999.2.25.)

사례 7

양도소득세 면제 법인전환 후에 조세지원 사업의 계속성 업종의 여부

● (질의) 조세감면규제법 제45조 제1항에 의하여 제조업·광업·건설업·운수업·수산업을 영위한 거주자가 법인전환에 따른 법적인 요건을 구비하여 법인을 설립하였을 경우 그 후의 사업은 어느 사업을 하여야 양도소득세를 면제한다는 규정이 없는바, 사업의 계속성 여부

▶ (회신) 조세감면규제법 제45조 및 동법 시행령 제39조의 규정에 따라 제조업·광업·건설업·운수업 또는 수산업을 경영하는 거주자가 당해 사업에 1년 이상 사용한 사업용자산을 현물출자하여 법인으로 전환하는 때에는 사업의 계속성이 유지되어야 하므로 새로 설립된 법인은 위의 업종을 영위하여야 동 규정을 적용받을 수 있다.(재산 01254-2708, 86.9.2)

4 대상자산 : 사업용고정자산 요건

가. 사업용고정자산의 범위

① 현물출자에 의한 법인전환으로 조세지원을 받을 수 자산은 사업용고정자산으로 한다. 사업용자산이란 개인기업에서 사업에 사용한 모든 자산 즉, 현금·예금·외상매출금과 같은 당좌자산을 비롯하여 재고자산, 고정자산 등의 모든 자산을 의미한다.

② 조특법에서 사업용고정자산이란 넓은 의미의 사업용자산 중 조세지원을 받을 자산 즉, 양도소득세·취득세의 과세대상 자산인 유형자산 및 무형자산을 말하는 것으로 업무와 관련이 없는 부동산8)은 제외된다. (조특령 28조2항)

한편, 2021년 1월 1일 이후 현물출자에 의한 법인전환시 해당 사업용고정자산이 주택이거나 주택을 취득할 수 있는 권리인 경우에도 제외됨을 유의해야 한다. (조특법 32조 1항 단서)

(1) 조세지원 대상 자산만을 현물출자 하는 경우

현물출자에 의한 법인전환시 모든 자산·부채를 현물출자하는 대신 조세지원 대상자산인 고정자산만을 현물출자하고 동시에 나머지 자산과 부채는 신설법인에 포괄양도양수 할 때 사업의 동일성이 유지된다면 현물출자에 의한 법인전환으로서 조세지원을 받을 수 있다. (재일01254-1841, 1990.09.24, 재산1264-3455, 1984.10.29)

(2) 사업장이 2개 이상인 경우

① 사업용자산은 사업장별로 구분하여 현물출자 되는데, 이는 개인기업주가 2 이상의 사업장을 경영하고 있는 경우 각 사업장을 분리하여 법인전환 할 수 있음을 의미한다.

② 즉, 2 이상의 사업장을 운영하는 개인기업 사업주의 경우

1. 2개 중 1개 사업장만 법인전환 하거나
2. 2개 사업장을 각각 다른 법인으로 전환하거나
3. 2개 사업장을 1개 법인으로 전환하는 경우 모두 조세지원을 받을 수 있다.

(3) 일부 자산만 승계하는 경우

동일사업장의 사업용자산 중에서 일부 자산만을 승계(현물출자 및 포괄양도양수)하여 법인전환 할 때에도 조세지원을 받을 수 있다. 최근 유권해석에서는 사업의 동질성을 해하지 않는 범위 내에서 일부 현금예금의 누락에 대해 감면요건을 벗어나지 않는 것으로 본다거나

---

8) 업무와 관련이 없는 부동산이란 법인세법시행령 제49조1항1호의 규정에 의한 업무와 관련없는 부동산을 말하는데, 이 경우 업무무관부동산에 해당하는지 여부에 대한 판정은 양도일 기준으로 한다.

사업과 직접 관련이 없는 자산의 누락도 용인해주는 등의 분위기가 있는 것이 사실이나, 이는 어디까지나 사업의 동일성 유지 및 조세회피 여부에 대한 사실 판단의 문제가 있음을 주지해야 한다.

(4) 사업용고정자산에 영업권이 포함되는지

① 사업용고정자산이란 당해 사업에 직접 사용하는 유형자산 및 무형자산을 말하는 것이며, 무형자산의 범위는 현행 기업회계기준(국제회계기준 및 일반회계기준 포함)에 의하는 것이다.

② 기업회계상 영업권은 기업 내에서 무형의 가치를 논리적으로 추론한 것에 지나지 않는 등의 이유로 내부적으로 창출된 영업권은 자산으로 인정하지 않고 있으며, 유상으로 취득한 경우만 인정하고 있다.

③ 세법에서도 사업을 양수하면서 그 사업으로 소유하고 있는 인허가 등 법률상의 특권, 사업상 편리한 여건, 영업상의 비밀 및 이점 등을 고려하여 적절한 평가방법에 따라 유상으로 취득하는 금액을 영업권으로 인정하고 있으며, 적절한 평가방법은 감정평가기관이 감정한 가액 또는 상증법상 보충적 평가방법을 말한다

(5) 기타의 사업용고정자산 포함 여부

사업용고정자산에 해당되기 위해서는 사업을 현물출자한 개인사업자가 해당 자산을 그 사업에 직접 사용했어야 하고 사업을 양수한 법인 역시 그 사업에 직접 사용하는 자산이어야 하는데, 해당 사업에 직접 사용했느냐의 여부는 다양한 사례가 있을 수 밖에 없는 실정이다.

따라서 여기에서는 사업용고정자산 여부를 판단하는데 도움이 될 것으로 보이는 유권해석과 판례를 정리해서 소개하고자 한다.

나. 사업용고정자산의 사용기간

(1) 현물출자일 현재 사업용자산

① 사업용이란 현물출자일 현재 당해 고정자산을 당해 사업에 직접 사용하고 있어야 한다. 현물출자일 현재 사업용으로 제공되고 있었다면 사용기간이 1년 미만인 경우라도 조세지원을 받을 수 있다.

② 종전에는 법인으로 전환하는 당해 사업에 1년 이상 사용한 사업용자산인 경우에만 현물출자 시 조세지원을 받을 수 있었으나 (구)조세감면규제법 및 동 시행령의 개정으로 1995.1.1부터 현물출자에 의한 법인전환시에 1년 이상 사용기간의 제한이 없어졌다.

(2) 국민주택채권의 매입면제 : 1년 이상 사용한 사업용자산

그러나 국민주택채권의 매입면제를 받기 위해서는 1년 이상 사용한 사업용자산이어야 한다.

다. 사업용고정자산 관련 예규사례(1)

(사례1) 구분 등기할 수 없는 건물 중 주택 부분을 제외한 임대사업장 부분만 법인에 현물출자 약정하고 공유등기한 경우
(사례2) 임대사업에 사용하다가 건축물 착공을 위한 준비중인 토지의 경우 감면대상 여부
(사례3) 개발행위가 진행 중인 해당 부동산을 취득세감면대상이 아니라고 본 사례
(사례4) 임대용 토지를 현물출자하여 법인전환 하는 경우 양도소득세 이월과세의 적용 여부
(사례5) 실질적 공장용지로 사용하는 농지를 현물출자 법인전환시 사업용자산의 계상 여부
(사례6) 개인사업자가 개발 중인 토지를 현물출자하여 부동산임대업 법인으로 전환하는 경우
(사례7) 순자산가액 계산시 해당 사업장과 직접 관련이 없는 자산이나 부채는 그 산정에서 제외
(사례8) 부동산임대용 부속토지를 현물출자하는 경우 양도소득세의 이월과세 여부
(사례9) 임대업자가 한 건물과 토지에 사업용과 비사업용자산이 있는 경우 이월과세 적용 여부
(사례10) 순자산가액 계산 시 장부상 미반영된 토지가 사업용고정자산에 해당하는지 여부
(사례11) 공동소유사업장 중 일부 소유지분만 법인전환 하는 경우 양도소득세 이월과세 적용 여부
(사례12) 부부의 각각 사업장별로 현물출자하여 법인전환 하는 경우 이월과세 적용 여부
(사례13) 사업용고정자산 일부만 현물출자하여 법인으로 전환하는 경우 이월과세 적용 여부
(사례14) 현물출자 법인전환시 현물출자가액에 포함된 자기창설영업권의 이월과세 적용 여부
(사례15) 건축물이 없는 임대토지를 현물출자하여 건물신축판매업으로 법인전환 하는 경우
(사례16) 건설 중인 자산이 법인전환시 양도소득세 이월과세 적용대상에 해당하는지 여부
(사례17) 이월과세 대상자산인 노후화 된 건물을 철거하고 법인전환 하는 경우
(사례18) 본사 인근 무등록사업용 토지와 건물을 현물출자하여 법인전환시 이월과세 적용 여부
(사례19) 법인전환 후 이월과세를 적용받은 사업용고정자산을 분할 신설법인이 승계하는 경우

사례 1

구분 등기할 수 없는 건물 중 주택 부분을 제외한 임대사업장 부분만 법인에 현물출자 약정하고 공유등기한 경우 조특법 제32조의 규정을 적용할 수 있음

■ (사실관계) 신청인은 1991년부터 상가임대업을 영위하고 있는 개인사업자로서 신청인의 해당 사업장 건물에 대한 사용현황은 아래와 같음
　1. 지하1층과 지상 1~2층은 음식점업을 영위하는 사업자에게 임대하고 3층 및 옥탑은 신청인의 주거용으로 사용하고 있음

2. 해당 건물은 별도로 구분등기가 되어 있지 않으며 건축법상 구분등기가 불가능한 상황임

3. 신청인은 해당 개인임대사업자에 대해 조세특례제한법 제32조에 따른 현물출자 방식에 의한 법인전환을 고려중인 바, 신청인이 거주하는 3층과 옥탑을 제외한 임대사업장에 해당하는 지하1층과 지상 1~2층만을 법인전환할 계획임

● (질의) 부동산임대업을 영위하는 사업자가 건축법상 구분등기가 불가능한겸용건물 중 임대사업장으로 사용하고 있는 면적 비율만큼 공유지분등기(구분소유적 공유관계)하는 방식으로 사업용고정자산을 현물출자한 경우, 「조세특례제한법」 제32조 적용 대상인지

▶ (회신) 거주자가 소유하고 있는 구분 등기할 수 없는 하나의 건물과 그 부수토지로서 임대사업장으로 사용하고 있는 부분과 주택으로 사용하고 있는 부분 중 사업자등록이 되어 있는 임대사업장 부분만 그 위치와 면적으로 특정하여 법인에 현물출자하는 것으로 약정하고 그 내용대로 공유등기한 경우(구분소유적 공유관계가 성립한 경우)

1. 현물출자하는 해당 임대사업장의 사업용고정자산에 대하여 「조세특례제한법」 제32조의 규정을 적용할 수 있는 것이며,

2. 이 경우 구분소유적 공유관계가 성립하는지는 법인과 거주자간 임대사업장을 구분소유하기로 합의한 내용, 구분소유에 따른 실지 사용수익 현황 등을 종합적으로 고려하여 사실판단할 사항입니다. (서면법규재산-3301, 2023.10.18.)

사례 2

임대사업에 사용하다가 건축물 착공을 위한 준비중인 토지의 경우 감면대상 여부

■ (사실관계) ① ○○○ 외 3인은 2015.7.22. 쟁점토지를 취득하였으나 그 이전인 2014.4.15. ○○○에게 쟁점토지에 대한 매입대금 등의 90%를 입금하였고, 임대차거래와 관련하여 부가가치세 신고내역 및 임대료 등 입금내역이 존재하는 등 2014.6.17.부터 2015.2.16.까지 쟁점토지를 임대사업에 실제 사용하였다는 청구주장에 수긍이 가는 점.

② 비록 쟁점토지가 이 건 현물출자(2015.12.22.) 당시 임대사업에 공하지는 않았으나, 청구법인 대표 ○○○는 쟁점토지를 취득한 후 임대사업에 사용하다가 건축물 착공(2016.8.23.)을 이유로 건축물 설계계약을 체결하는 등 착공을 위한 준비를 계속하였고, ③ 건축사업의 원활한 진행을 위해 착공하기 전에 임대를 중단하고 임차인들로부터 해당 토지를 명도받은 상황은 납득이 가능하며, 청구법인은 쟁점토지에 건물을 준공하여 임대사업에 사

용한 것으로 보이는 점.

▶ (판단) 1. 법인전환에 대한 양도소득세의 이월과세를 적용받을 수 있는 재산의 범위를 사업용고정자산으로 한정하고 있다고 하더라도, 「지방세특례제한법」 제57조의2의 적용대상이 되는 재산의 범위는 '사업용고정자산'으로 한정하지 아니하고 있는 점,

2. 현물출자되는 사업용 재산에 대하여 취득세 등을 면제하는 취지는 실질적으로는 동일한 사업주가 사업의 운영형태만을 바꾸는 것에 불과하여 재산이전에 따르는 등록세, 취득세 등을 부과할 필요가 적음과 더불어 개인사업의 법인전환을 장려함에 있는 측면(대법원 2003.3.14. 선고 2002두12182 판결, 같은 뜻임),

3. 2016년 시행된 「지방세특례제한법」 제57조의2의 개정취지를 살펴보면 그 감면대상을 인용규정인 「조세특례제한법」 상의 사업용고정자산으로 규정하여 그 감면의 범위를 일치시키는데 개정목적이 있는 것으로 보이는바, 같은 조 개정 전에 이루어진 쟁점토지의 취득에 대하여 이를 바로 적용하기는 어려워 보이는 점 등에 비추어

4. 쟁점토지가 '사업용 재산'으로서 「지방세특례제한법」 제57조의2에 따른 기업합병·분할 등에 대한 감면대상에 해당한다는 청구주장은 타당하다고 판단된다. 따라서, 기면제한 취득세 등을 부과한 이 건 처분에는 잘못이 있다고 판단된다. (조심2020지553, 2021.05.04.)

사례 3

개발행위가 진행 중인 해당 부동산을 취득세감면대상이 아니라고 본 사례

■ (요지) 현물출자자 명의로 개발행위가 진행 중인 해당 부동산을 부동산임대업에 공여하였다고 보기도 어려운 점(조심 2017지460, 2017.7.5., 같은 뜻임) 등에 비추어 이 건 부동산이 「지방세특례제한법」 제57조의2 제4항에 따른 현물출자에 따라 취득하는 사업용고정자산에 해당한다고 보아 취득세감면을 적용하여야 한다는 청구주장은 받아들이기 어렵다고 할 것임

▶ (판단) 1. 「조세특례제한법 시행령」 제28조 제2항에서 사업용고정자산은 당해 사업에 직접 사용하는 유형자산 및 무형자산으로서 법인의 업무와 관련이 없는 자산을 제외하도록 규정하고 있으므로 감면 요건인 사업용고정자산에 해당되기 위해서는 사업을 양도한 개인사업자가 해당 자산을 그 사업에 직접 사용하였어야 하고 그로부터 사업을 양수한 법인 역시 그 사업에 직접 사용하는 자산이어야 하는 점,

2. ○○○등의 현물출자자는 토지임대업을 영위하는 개인사업자로서 해당 사업용 자산을 그

사업에 직접 사용하였어야 하지만 ○○○등은 임야가 포함된 이 건 부동산을 취득하여 산
지전용에 대한 허가만 득하였을 뿐 해당 부동산을 부동산 개발사업이나 임대사업 등에
제공한 사실이 확인되지 않고 있고, 현물출자자 명의로 개발행위가 진행 중인 해당 부동
산을 부동산임대업에 공여하였다고 보기도 어려운 점(조심 2017지460, 2017.7.5., 같은 뜻
임) 등에 비추어

3. 이 건 부동산이 「지방세특례제한법」 제57조의2 제4항에 따른 현물출자에 따라 취득하
는 사업용고정자산에 해당한다고 보아 취득세감면을 적용하여야 한다는 청구주장은 받아
들이기 어렵다고 할 것이다. 따라서 「지방세특례제한법」 제57조의2 제4항에 따른 감면
을 배제하고 청구법인에 취득세 등을 부과한 이 건 처분은 달리 잘못이 없다고 판단된다.
(조심 2020지757, 2020.08.24)

사례 4

임대용 토지를 현물출자하여 법인전환 하는 경우 양도소득세 이월과세의 적용 여부

■ (사실관계) 1. 2006.01.10.甲(44.39%), 乙(44.39%), 丙(11.2%) 은 '서울 강남 삼성동' A토지
(802.2㎡) 및 B건물(486.9㎡) 를 공동으로 취득한 후 부동산임대사업 등록

2. 2014.12.18. 丙 외 주주 3명이 C법인 (乙이 대표이사)을 설립

3. 2016.04.00. B 건물철거 및 멸실등기

4. 2017.11.00. C 법인은 A토지를 임차하여 호텔건물 신축 중

5. 2018.00.00. 甲·乙·丙은 A토지를 현물출자하여 법인으로 전환 예정

● (질의) A토지를 현물출자하여 법인전환 하는 경우 양도소득세 이월과세 적용 여부

▶ (회신) 건축물이 없는 토지를 임대한 임대사업자가 임대용으로 사용하던 해당 토지를 현
물출자하여 법인전환 하는 경우 해당 토지는 조세특례제한법 제32조 법인전환에 대한 양
도소득세 이월과세 규정을 적용받을 수 없는 것임. (서면부동산-2079, 2018.02.07)

사례 5

실질적 공장용지로 사용하는 농지를 현물출자 법인전환시 사업용자산의 계상 여부

조특법에 의한 현물출자에 의한 법인전환시 장부계상 여부에 불구하고 실질적으로 개인기업의 사업에 사용
한 자산은 사업용고정자산에 포함하여 승계하여야 감면요건을 충족함 (감심2016-916, 2017.12.27)

● (쟁점사항) ① 〈청구인〉은 이 사건 쟁점토지가 법인이 취득할 수 없는 농지로서 이 사건

개인사업자의 장부에도 계상되지 않은 개인적 용도로 취득하여 사업용자산과 무관하므로 이 사건 부과처분은 부당하다고 주장.

② 〈피청구인〉은 쟁점토지는 이 사건 부동산과 동일한 공장구획 내에 있으며 법인전환 이전 부터 아스팔트로 포장되어 진입로 및 주차선이 구획된 차량 주차장으로 사용되고 있는 점,

③ 쟁점토지를 법인전환 이전(2009~2016년)부터 현황지목을 공장용지로 하여 부과된 재산세 를 납부해 온 점.

▶ (판단) ① 사업용고정자산의 취득세 감면요건과 관련된 위 구 「지방세특례제한법」 제57 조의2 제4항 등의 규정 내용을 종합해 보면, 개인사업자가 2015.12.31.까지 사업용고정자 산을 현물출자하여 법인으로 전환하되, 법인전환으로 새로 설립되는 법인의 자본금이 법 인전환 전 개인사업자가 영위하던 사업장의 순자산가액 이상인 경우,

② 해당 법인이 현물출자하여 취득한 사업용고정자산에 대한 취득세를 면제하는 것으로서, 이는 개인사업자가 보다 투명한 경영이 가능한 법인으로 전환하는 것을 유도하고자 개인 사업자의 권리·의무를 포괄적으로 양수도하여 순자산가액 이상을 출자함으로써 개인사 업자와 법인의 사업 동질성이 유지되는 경우에 취득세를 면제하고자 하는데 그 입법취지 가 있다고 할 것이다.

③ 살피건대, 인정사실의 내용과 같이 처분청의 출장복명서에 첨부된 현황사진에서 쟁점토 지는 이 사건 부동산과 동일한 공장구획 내에 있으며 법인전환 이전부터 아스팔트로 포 장되어 진입로 및 주차선이 구획된 차량 주차장으로 사용되고 있던 것으로 보이는 점.

④ 인정사실의 내용과 같이 청구인은 이 사건 쟁점토지를 법인전환 이전(2009~2016년)부터 현황지목을 공장용지로 하여 부과된 재산세를 납부해 온 점.

⑤ 개인사업자의 자산가액(657,685,530원)에 이 사건 쟁점토지의 시가표준액(143,445,600원) 을 반영할 경우 개인사업자의 순자산가액(801,131,130원)이 청구인의 자본금(657,680,000 원)보다 많아 청구인은 지방세특례제한법제57조의2 등에 규정되어 있는 취득세 감면요건 을 갖추지 못한 점 등을 종합적으로 고려할 때

⑥ 이 사건 쟁점토지는 현물출자 전·후 사업용으로 사용해 왔다고 판단되므로 사업과 관련 이 없는 개인용 자산이라는 청구인의 주장은 받아들이기 어렵다.

이 사건 심사청구는 이유 없다고 인정되므로 감사원법제46조 제2항의 규정에 따라 청구 를 기각한다. (감심2016-916, 2017.12.27)

개인사업자가 개발 중인 토지를 현물출자하여 부동산임대업 법인으로 전환하는 경우

개인사업자가 개발행위가 진행 중인 토지를 현물출자하여 부동산임대업이 주업인 법인으로 전환시 쟁점토지를 부동산임대업에 직접사용하는 사업용고정자산으로 보기는 어려움 (조심 2017지460, 2017.07.05)

● (사실관계) 1. 처분청은 2016.8.9. 쟁점토지를 포함한 ○○○외 14개 지역을 개발행위허가의 제한지역으로 지정 고시(제2016-334호)하였고, 2016.10.27. 청구법인의 쟁점토지에 대한 부지조성을 위한 개발행위허가 변경신청(2016.9.23.)에 대하여 개발행위허가제한구역 지정을 이유로 불허가 통보를 하였는 바, 이는 당초 개발행위허가된 내용 외의 변경신청 건에 대한 불허가로 기존 허가받은 내용대로의 개발행위는 가능한 것으로 확인된다.

2. 한편, 현물출자자는 쟁점토지 취득가액이 ○○○이고 현물출자 당시 평가액이 ○○○으로 양도차익이 발생하지 않아 양도소득세 이월과세적용신청을 하지 않은 것으로 확인되며, 청구법인은 ○○○과의 쟁점토지에 대한 임대차계약 체결 당시 중개한 공인중개사에게 2016.8.8. 중개수수료를 지급하였다는 것과 ○○○이 쟁점토지에 대한 사업계획서 작성 및 건축설계를 추진하였다는 증빙으로 관련 세금계산서를 제출하였다.

▶ (판단) 1. 지방세특례제한법」제57조의2, 조세특례제한법 제32조 제1항 및 같은 법 시행령 제28조 제2항은 거주자가 당해 사업에 직접 사용하는 유형자산 또는 무형자산인 사업용고정자산을 현물출자함에 따라 법인으로 전환하는 경우

2. 전환법인의 사업용고정자산 취득에 대해서는 취득세를 면제하도록 규정하고 있는바, 이와 같이 해당 법령에서 거주자가 사업용고정자산을 현물출자함에 따라 취득하는 사업용고정자산에 대하여 취득세 등을 면제하는 취지는 개인이 권리의무의 주체가 되어 경영하던 기업을 개인 기업주와 독립된 법인이 권리의무의 주체가 되어 경영하도록 기업의 조직형태를 변경하는 경우

3. 실질적으로 동일한 사업주가 사업의 운영형태만 바꾸는 것에 불과하므로 재산 이전에 따르는 취득세 등을 부과할 필요가 적다는 데에 있다(대법원 2012.12.13. 선고 2012두17865 판결, 같은 뜻임) 할 것이다.

▶ 1. 위와 같이 감면요건인 사업용고정자산에 해당되기 위해서는 사업을 양도한 개인사업자가 해당 자산을 그 사업에 직접 사용하였어야 하고 그로부터 사업을 양수한 법인 역시 그 사업에 직접 사용하는 자산이어야 할 것인바,

2. 현물출자자는 부동산임대업을 경영하는 개인사업자이지만 임야인 쟁점토지를 취득하여

개발행위허가만 득하였을 뿐 실질적으로 임대업에 제공된 사실이 확인되지 않고 있고 현물출자자 명의로 개발행위가 진행 중인 쟁점토지를 부동산임대업에 공여하였다고도 보기 어려운 점,

3. 비록 현물출자자가 현물출자 이전에 ○○○과 임대차계약을 체결하였지만 그에 따른 임차료와 공인중개사 수수료가 현물출자 이후에 지급되었고 계약서상의 당사자인 ○○○의 대표이사가 현물출자자인 것으로 보아 해당 임대차계약을 신뢰하기 어려운 점 등에 비추어

4. 쟁점토지를 현물출자에 따라 취득하는 부동산임대업을 위한 사업용고정자산으로 보기는 어렵다 할 것이다. 따라서 처분청이 청구법인의 경정청구를 거부한 처분은 달리 잘못이 없다고 판단된다. (조심 2017지460, 2017.07.05)

> **사례 7**

> 순자산가액 계산시 해당 사업장과 직접　관련이 없는 자산이나 부채는 그 산정에서 제외

○ (원심판결) 수원지방법원-2016-구단-8092 (2017.03.08.)

■ (주문) 원고의 항소를 기각한다.

● (이유) 제1심 판결 이유의 인용

1. 양도소득세 이월과세는 사업장별로 적용하여야 하므로 개인이 여러 사업을 하는 경우라도 사업장의 순자산가액을 산정함에 있어서 해당 사업장과 직접 관련이 없는 자산이나 부채는 그 산정에서 제외하는 것이 양도소득세 이월과세의 취지에 부합한다.

2. 설령 이 사건 부채가 이 사건 사업장의 사업과 직접 관련이 없지만 위 사업장의 부채에는 해당한다는 이유로 공제가 가능하다고 한다면, 위 사업장의 순자산가액이 신설 법인에 그대로 승계되어야 한다는 점 등에 비추어 이 사건 부채에 대응하는 자산(구상금, 대여금 등) 또한 위 사업장의 순자산가액 산정 시 자산으로 가산되어야 할 것이므로, 이를 감안하면 여전히 이 사건 법인의 자본금이 이 사건 사업장의 순자산가액에 미달하여 양도소득세 이월과세 요건이 충족되지 못한다.

▶ (결론) 그렇다면 원고의 이 사건 청구는 이유 없어 이를 기각할 것인바, 제1심 판결은 이와 결론을 같이하여 정당하므로 원고의 항소는 이유 없어 이를 기각하기로 하여 주문과 같이 판결한다. (서울고법2017누 42363, 2017.12.15)

사례 8

부동산임대용 부속토지를 현물출자하는 경우 양도소득세의 이월과세 적용 여부

사업용고정자산을 현물출자하여 법인으로 전환하는 경우 해당 사업용고정자산은 사업에 직접 사용하는 유형자산과 무형자산을 말하는 것으로, 사업용고정자산에 해당하지 아니하는 토지를 현물출자하는 경우에는 법인전환에 대한 양도소득세의 이월과세규정을 적용받을 수 없음. (서면부동산–5215, 2017.02.07)

● (질의) 1. 1988.02.21 자매관계인 갑(자1), 을(자2), 병(자3)은 '서울 마포 서교동 소재' 토지 906.4㎡를 父親으로부터 각각 1/3 지분 공동상속 취득함 2002.03.04. 상속받은 토지위에 모든 비용을 각 1/3씩 부담하고 자금조달을 위한 금융기관차입금도 1/3씩 부담하는 조건으로 건물을 신축하여 부동산임대사업을 개시함(동일자 사업자등록) 토지는 사용권·수익권만을 출자하고 처분권은 각 소유자에게 유보한 상태에서 공동사업(부동산임대업)을 운영함

2. 갑, 을, 병은 토지에 대한 각각의 지분을 공동사업(건물신축 및 임대사업)을 위해 사용할 것을 승낙, 즉 사용권 및 수익권을 공동사업에 출자하고 소유권은 각 소유자에게 유보한 상태에서 건물을 신축하고 공동사업(임대업) 개시

3. 현재 시점에서 위 공동사업을 법인으로 전환코자 하는데, 소유권(처분권)은 출자하지 않았지만 실지로는 공동사업인 부동산임대용 건물의 부속토지로 사용되는 토지의 경우 현물출자 시 조세특례제한법 제32조에 따른 이월과세가 적용되는 사업용고정자산에 해당하는지 여부

▶ (회신) 1. 거주자가 사업용고정자산을 현물출자하여 법인으로 전환하는 경우 당해 사업용고정 자산에 대하여는 새로이 설립되는 법인의 자본금이 조세특례제한법 시행령 제29조 제4항의 규정에 의한 금액 이상인 경우에 한하여 동법 제32조의 양도소득세 이월과세를 각 사업장별로 적용받을 수 있는 것이며,

2. 이 경우 사업용고정자산이란 당해 사업에 직접 사용하는 유형자산과 무형자산을 말하는 것이나, 사업용고정자산에 해당되지 아니하는 토지를 현물출자하는 경우에는 법인전환에 대한 양도소득세의 이월과세 규정을 적용받을 수 없는 것임. (서면부동산-5215, 2017.02.07.)

사례 9

> 임대업자가 한 건물과 토지에 사업용과 비사업용자산이 있는 경우 이월과세 적용 여부

■ (사실관계) 1. 2004.01.30. 경기도 화성시 소재 토지 취득

　　2. 2012.09.10. 부동산임대 사업자등록

　　3. 2013.12.31. 건물 신축하여 소유권 보존등기

　※ 지하 2층 지상 4층의 건물 중 지하 1,2층, 지상 1,2,3층은 임대사업장으로 사용하고 있고, 4층은 신청인이 거주하고 있어 임대사업장 아님.

● (질의) 개인사업자의 사업용자산(3층 이하의 토지건물)과 비사업용자산인 4층 주거용을 포함한 전체 부동산을 현물출자대상으로 하여야 양도소득세 이월과세감면규정을 적용받을 수 있는지 여부

▶ (회신) 하나의 건물과 그 부수토지 중 임대사업장으로 사용하고 있는 부분과 자가사용하고 있는 부분 중 사업자등록이 되어 있는 임대사업장 부분만 현물출자의 방법에 따라 법인으로 전환하는 경우에 현물출자하는 사업용고정자산에 대하여 조세특례제한법 제32조의 규정을 적용할 수 있는 것임. (부동산납세과-781, 2014.10.17)

사례 10

> 순자산가액 계산 시 장부상 미반영된 토지가 사업용고정자산에 해당하는지 여부

■ (사실관계) 부동산임대업에 대하여 토지를 제외한 건물만 장부 반영함

　　1. 2007.8.14. '갑' 서울 마포구 소재 토지(A) 취득

　　2. 2012.4.27. '갑, 을' A 토지 연접한 토지(B)를 각 1/2지분으로 공동 취득

　　3. 2012.9.1. '갑, 을' 공동임대사업자등록(각 1/2지분)

　　4. 2012.12.21. A, B 토지 위에 건물신축((갑, 을 각 1/2지분) 임대업개시

● (질의) 조특법 제32조에 따른 사업용고정자산을 사업양도양수의 방법에 따라 법인으로 전환함으로써 양도소득세 이월과세를 적용받고자 할 때 법인설립자본금의 기준이 되는 순자산가액 계산 시 장부상 미반영된 토지가 사업용고정자산에 해당하는지 여부

▶ (회신) 관련 예규참고(부동산거래관리과-959, 2011.11.14.) 조특법 제32조에 따른 법인전환에 대한 양도소득세의 이월과세가 적용되는 사업용고정자산에 해당하는지와 관련하여서는 같은 법시행령 제28조 제2항 및 같은 법시행규칙 제15조 제3항을 참고하기 바라며, 사업용고정자산에 해당하는지는 사실 판단할 사항임. (부동산납세과-423, 2014.06.13.)

사례 11

공동소유사업장 중 일부 소유지분만 법인전환 하는 경우 양도소득세 이월과세 적용 여부

● (질의) 공동소유 대지에 '갑' 단독으로 건물을 신축하여 임대사업을 영위하던 '갑'의 사업
  장 지분만 법인전환 할 경우 양도소득세 이월과세 적용 여부
  1. '갑'1985.7.8 서울 ○○구 대지 상속취득(지분 84.84%) '갑'외 1인지분 : 15.16%
  2. 1986.5.19 당해 토지에 '갑' 단독으로 건물을 신축하여 현재까지 임대사업을 영위하고
     있는 상태에서 현물출자하여 법인으로 전환예정

▶ (회신) 거주자의 동일사업장 전체를 현물출자하여 법인으로 전환하는 경우 양도소득세
  이월과세 적용할 수 있으나, 법인전환시 동일사업장 중 일부만 법인으로 전환하는 경우
  에는 조세특례제한법 제32조의 규정을 적용할 수 없다. (부동산납세과-247, 2014.04.14.)

사례 12

부부의 각각 사업장별로 현물출자하여 법인전환 하는 경우 이월과세 적용 여부

● (질의) 거주자 갑, 을이 각각 자기사업장의 사업용고정자산을 같은 날에 현물출자하여 법
  인전환 한 경우 조특법 제32조에 따른 양도소득세 이월과세 적용 여부 및 갑 사업장 중
  일부 사업장만 현물출자 한 경우에도 이월과세 적용 여부
  1. 거주자 갑, 을의 개인사업 내역

(㎡, 백만원)

대표자	사업장	업종	지목	면적	취득연월	비고
갑 (을의 남편)	○○동	부동산/임대	대지	976	19××.12.	전환전처분예정
			건물	1,112	19××.12.	
	○○동	부동산/임대	대지	195	19××.09.	
			건물	91		
	○○동	서비스/주차장운영	대지	185	19××.06.	
을	○○동	부동산/임대	대지	53	19××.10.	
			건물	245		

  2. 거주자 갑, 을은 다수의 임대사업장에 대한 효율적인 관리 등의 목적으로 임대사업장
     의 사업용고정자산을 현물출자하여 법인전환 예정임
  3. 사업용고정자산의 현물출자가액은 감정평가기관의 감정을 거쳐 결정할 예정임

▶ (회신) 거주자인 부부가 각각 영위하던 개인기업의 사업장별 사업용고정자산의 전부를

현물출자하여 법인으로 전환하는 경우 당해 사업용고정자산에 대하여 조세특례제한법 제 32조에 의한 양도소득세 이월과세를 적용받을 수 있는 것이며, 이때 거주자 1인이 2 이상의 사업장을 가진 경우에는 각각의 사업장별로 적용하는 것이다. (서면법규과-219, 2014.03.13)

사례 13

사업용고정자산 일부만 현물출자하여 법인으로 전환하는 경우 이월과세 적용 여부

● (질의) '갑'이 사업용고정자산인 소유 토지 중 농지 등 일부를 제외하고 법인에 현물출자 하는 경우 조특법 제32조에 따른 양도소득세 이월과세를 적용받을 수 있는지

　1. '갑'이 출자하는 토지는 지목이 '전, 답, 임야'로서 법인은 농지를 취득할 수 없으므로 해당 농지를 제외하고 법인에 현물출자를 할 예정임

　2. ○○파크를 운영하는 개인 공동사업자(갑,을,병)의 출자자산은 아래와 같음

구분	출자재산목록	출자재산가액	소득분배비율
갑	토지, 사슴, 차량	3,750백만원	50%
을	수목	2,625백만원	35%
병	곰(동물원)	1,125백만원	15%
합계		7,500백만원	100%

▶ (회신) 조특법 제32조에 따른 법인전환에 대한 양도소득세의 이월과세를 적용할 때 거주 자가 사업용고정자산의 일부만 현물출자하여 법인으로 전환하는 경우에는 동 규정을 적용받을 수 없다. (부동산거래관리과-482, 2012.9.11.)

사례 14

현물출자 법인전환시 현물출자가액에 포함된 자기창설영업권의 이월과세 적용 여부

● (질의) 개인사업자가 사업에 사용하던 부동산 및 기계장치 등의 고정자산을 현물출자 방식을 통하여 법인전환(영업권발생)하는 경우 조특법 제32조의 요건충족시 영업권도 이월과세 적용가능한지 여부

▶ (회신) 거주자가 사업용고정자산을 현물출자하여 2012년 12월 31일까지 법인(소비성서비스업을 경영하는 법인은 제외)으로 전환하는 경우로서 현물출자가액에 자기창설영업권이 포함된 때에는 자기창설영업권은 조특법 제32조1항에 따른 이월과세를 적용받을 수 없습

니다. (법규과 829, 2011.6.28, 부동산거래관리과 560, 2011.7.5.)

사례 15

> **건축물이 없는 임대토지를 현물출자하여 건물신축판매업으로 법인전환 하는 경우**

- (사실관계) 갑은 주차장 사업자에게 임대하는 토지(나대지)를 건물신축판매업 법인 신설 후 현물출자 또는 사업양도양수의 방법에 따라 법인전환 할 예정임.
  1. 1988.9월 부천시 원미구 심곡동 소재 A토지 취득
  2. 2001년 A토지에 대한 부동산임대업(토지임대) 사업자등록
  3. 2003.2월 부천시 원미구 심곡동 소재 B토지 취득
  4. 2009.1월 A토지와 B토지를 C토지로 합필
  5. 2010.3월 C토지와 부동산임대업 변경 등록 및 건물신축판매업종 추가

- (질의) ① 건축물이 없는 토지를 현물출자하여 건물신축판매업으로 법인전환 하는 경우 사업용고정자산으로 인정받아 양도소득세를 적용받을 수 있는지

② 건축물이 없는 토지를 사업양도양수의 방법에 따라 2012년 12월 31일까지 법인전환 하는 경우 사업용고정자산으로 인정받아 양도소득세 이월과세를 적용받을 수 있는지

▶ (회신) 건축물이 없는 토지를 임대한 임대업자가 임대용으로 사용하던 해당 토지를 현물출자 또는 사업양도양수의 방법에 따라 법인으로 전환하는 경우 해당 토지는 조특법 제32조를 적용받을 수 없는 것임. (부동산거래관리과-413, 2011.5.20)

사례 16

> **건설 중인 자산이 법인전환시 양도소득세 이월과세 적용대상에 해당하는지 여부**

- (질의) 다음의 건설 중인 자산이 사업용고정자산에 해당하는지 여부
  1. 토지취득(전·임야): 2006.12.28~2008.6.20(충남 당진군 면천면)
  2. 개인사업자등록: 2008.7.30
  3. 공장건축허가 신청예정: 2010.8.

▶ (회신) 법인전환에 대한 양도소득세의 이월과세 적용시 사업용고정자산에 건설 중인 자산은 포함되지 아니함. 조특법 제32조 1항에 따른 사업용고정자산은 당해 사업에 직접 사용하는 유형자산 및 무형자산을 말하는 것이므로, 사업에 사용할 목적으로 건설 중인 자산(공장용지포함)은 사업용고정자산에 포함하지 아니한다. (기재부 재세과 1187-2010.12.10)

사례 17

이월과세 대상자산인 노후화 된 건물을 철거하고 법인전환 하는 경우

- (질의) ① 30여 년간 부동산임대업을 영위한 갑은 현물출자 또는 사업양도양수 방법에 의하여 법인으로 전환하고 자 함.

  1. 사업용고정자산은 5층 상업용 빌딩과 부수토지이며,

  2. 법인전환에 대한 양도소득세 이월과세 요건은 충족하는 것으로 가정함.

  3. 법인전환 후 노후화된 위 건물을 철거하고 같은 토지에 빌딩을 신축하여 임대업을 계속 영위할 예정.

② 토지와 건물에 대해 법인전환 이월과세를 적용받은 후 법인이 건물을 철거하고 신축한 경우 건물을 철거하는 시점에 이월과세 세액을 납부하는지

▶ (회신) 조특법 제32조를 적용함에서 이월과세 대상자산 중 건물을 철거하고 신축한 경우에는 건물을 철거한 때에 건물에 대한 이월과세 세액을 법인세로 납부한다. (재산-296, 2009.9.23.)

사례 18

본사 인근 무등록사업용 토지와 건물을 현물출자하여 법인전환시 이월과세 적용 여부

제조사업장의 사업용고정자산을 현물출자하여 법인으로 전환하는 경우 사업용고정자산에 대하여 법인전환에 대한 양도소득세의 이월과세 규정을 적용할 수 있다. (서면4팀-95, 2007.01.08)

- (질의) 1. 현재의 사업용자산 및 부채(○○동 666-69번지 토지, 건물, 기타 자산 및 부채 포함)를 현물출자하여 법인전환 하는 경우 새로이 설립되는 법인의 자본금이 조특법 제32조의 요건을 충족할 경우 666-69번지의 토지 및 건물에 대한 양도소득세 이월과세를 적용받을 수 있는지.

2. 토지 및 건물을 임차하여 제조업을 영위하던 개인이 사업장 협소 등의 사유로 인근에 토지 및 건물을 취득하여 자재보관창고 및 공장으로 사용한 경우로서 매입시점부터 별도의 사업자등록도 없었고 자산과 취득원가 및 감가상각비 등이 기존사업자의 자산 및 경비로 계상된 상태에서 동 토지, 건물을 현물출자하는 경우 조특법 제32조 규정에 의하여 양도소득세 이월과세가 적용되는지.

▶ (회신) 제조장 부지가 도로로 인하여 연속되지 아니하고 가까이 떨어져 있는 장소에 각각 제조장이 설치되어 있는 경우 그 제조장들을 일괄하여서 한 장소에서 제조·저장·판매·회

계 등의 관리를 총괄적으로 하는 등 그 실태가 동일제조장으로 인정되는 경우로서, 당해 제조사업장의 사업용고정자산을 현물출자하여 법인으로 전환하는 경우에는 동 사업용고정자산에 대하여 조특법 제32조의 규정을 적용할 수 있다.

사례 19

법인전환 후 이월과세를 적용받은 사업용고정자산을 분할 신설법인이 승계하는 경우

이월과세를 적용받은 사업용고정자산을 분할 신설법인이 승계하는 경우, 사업용고정자산을 양도한 날이 속하는 과세기간에 다른 양도자산이 없다고 보아 계산한 산출세액을 법인세로 납부한다. (서면2팀-2605, 2006.12.15)

● (질의) 1. 당사는 축산업을 경영하는 농업회사법인으로서 2002.10.1. 개인사업을 영위하다 법인전환 하여 현재까지 사업을 영위하고 있으며, 조특법제32조에 의하여 사업용고정자산에 대한 양도소득세 이월과세를 신청하여 현재까지 적용받고 있음.

2. 금번 회사의 조직개편 차원에서 법인의 사업장 중에 일부 지점사업장을 분할(인적 또는 물적 분할)하여 새로운 법인을 설립하고자 하는바, 분할할 사업장은 분리하여 사업이 가능한 독립된 사업장이며 사업부문의 자산 및 부채를 포괄적으로 분할 신설회사에 이전하고 분할 신설회사는 분할 전·후 동일한 사업을 계속 영위할 것임.

3. 상기의 경우 법인전환당시 이월과세된 양도소득세 중에 분할신설법인에 이전된 사업용고정자산(부동산)에 대하여 양도소득세 이월과세가 계속 적용될 수 있는지.

▶ (회신) 1. 법인이 상법 제530조의2의 규정에 의하여 회사를 분할하여 새로운 법인을 설립하고, 조특법 제32조의 규정에 의한 양도소득세 이월과세를 적용받은 사업용고정자산을 당해 분할 신설법인이 승계하는 경우,

2. 이월과세 적용신청을 한 거주자가 당해 사업용고정자산을 법인에 양도한 날이 속하는 과세기간에 다른 양도자산이 없다고 보아 계산한 소득세법 제104조 규정에 의한 양도소득 산출세액 상당액을 법인세로 납부한다. (서면2팀-2605, 2006.12.15.)

라. 사업용고정자산 관련 예규사례(2)

(사례20) 현물출자 법인전환시 일반건축물과 설치하지 않은 기계의 사업용고정자산 여부
(사례21) 토지취득 및 등기 후 토지를 현물출자하여 법인설립등기할 경우 이월과세 적용 여부
(사례22) 공유사업장의 개별지분을 현물출자하여 법인전환 한 경우 양도소득세 면제 여부
(사례23) 건축 중인 사업용고정자산을 현물출자 법인전환 하는 경우 이월과세 적용 여부
(사례24) 현물출자 법인전환시 사업용고정자산에 영업권의 포함 여부
(사례25) 법인전환시 공동사업장 실제 사업자와 사업용고정자산의 소유자가 다른 경우
(사례26) 사업용 재고자산 수목을 현물출자로 법인전환시 양도소득세 면제 여부
(사례27) 주택신축판매업자 재고자산의 현물출자 법인전환시 이월과세 적용 여부
(사례28) 사업용고정자산의 현물출자 법인전환시 양도소득세가 면제되는 사업용자산이란
(사례29) 취득 후 1년 미만인 자산을 현물출자하여 법인전환 하는 경우 양도소득세감면 여부
(사례30) 공장과 별도로 분리된 기숙사의 현물출자 법인전환시 사업용고정자산 해당 여부
(사례31)현물출자 법인전환시 종업원 사택의 사업용고정자산 해당 여부
(사례32) 사업장을 분할하여 그 일부분만 현물출자 법인전환시 조세특례 적용 여부
(사례33) 농공단지 입주기업의 연불조건 취득자산의 현물출자 법인전환시 양도소득세 면제 여부
(사례34) 양도소득세 과세대상인 토지 및 건물만을 현물출자 법인전환시 양도소득세 면제 여부

사례 20

현물출자 법인전환시 일반건축물과 설치하지 않은 기계의 사업용고정자산 여부

사업자등록을 하고 건물을 신축하여 기계 등을 구입하였으나, 설치 없이 일반건축물과 포장된 기계상태로 현물출자 한 경우 사업용자산의 현물출자가 아니라고 본다. (국심2006전2755, 2006.11.01)

● (청구) 1. 청구인은 쟁점 사업장에서 금속재생재료 가공처리업을 경영하는 사업자로서 처분청으로부터 사업자등록증을 교부받고 공장용지를 취득하여 위 지상에 공장건물 및 사무실을 신축한 후 쟁점 사업장을 폐업하고 신설법인을 설립하고, 쟁점 부동산과 대기오염방지시설을 현물출자 하였으며, 쟁점 부동산 양도에 대한 양도소득세신고를 아니하였다.

2. 이에 국세청장은 처분청에 대한 업무감사시 쟁점 부동산이 양도 당시 개별공시지가가 없는 토지로서 양도소득세가 결정누락되었음을 확인하고 처분청에 양도 당시 개별공시지가를 산정하여 과세할 것을 시정 지시하고, 쟁점 토지에 대한 개별공시지가를 평가하여 청구인에게 양도소득세를 결정 고지하였다.

▶ (판단) 1. 청구인은 2001.12.13. 개인으로 사업자등록증을 교부받고 2002.2.1. 공장용지를 취득하여 2002.5.2. 위 지상에 공장건물 및 사무실을 신축한 후, 기계 등을 구입하였으나

이를 사업용 기계로 설치하는 등 가동하지 아니하고 일반건물과 포장된 기계 상태로 2002.7.3. 청구 외 법인에 현물로 출자하여 법인으로 전환한 사실에 대하여는 청구인과 처분청 간에 다툼이 없다.

2. 청구인이 사업자로 등록하고 건물을 신축하여 사업용자산으로 기계 등을 구입하였으나, 기계장치로 설치하지도 아니하고 일반건축물과 포장된 기계라는 재화인 상태로 현물출자한 사실이 확인되는 이 건에 대하여는 사업용자산의 현물출자가 아닌, 일반적인 토지·건물 및 기계기구의 현물출자로 보는 것이 타당하다 하겠다.

3. 따라서 처분청이 쟁점 자산의 현물출자를 사업용고정자산의 현물출자 시 적용되는 조특법 제32조 규정에 의한 법인전환에 대한 양도소득세 이월과세 규정에 해당하지 아니하는 것으로 보아 위 감면규정의 적용을 배제하고 이건 과세한 처분은 잘못이 없는 것으로 판단된다.

사례 21

토지취득 및 등기 후 토지를 현물출자하여 법인설립 등기할 경우 이월과세 적용 여부

● (질의) 1. 토지를 소유권이전등기를 받은 후 곧바로 당해 토지를 현물출자하여 법인을 설립할 예정이다. 현재 사업자등록하지 않은 상태이며, 사업개시 소요자금을 확보하기 위해 현물출자로 인한 신설법인에의 지분율은 51%로 하고 나머지 지분 49%는 제3자인 투자자를 주주로 영입하기로 계획하고 있다.

2. 해당 토지를 취득 및 등기한 후 즉시 현물출자하여 법인설립등기할 경우에 조특법 제32조 규정의 법인전환에 의한 이월과세가 적용되는지

▶ (회신) 1. 거주자가 사업용고정자산을 현물출자하여 법인(소비성서비스업을 경영하는 법인을 제외함)으로 전환하는 경우 당해 사업용고정자산에 대하여는 새로이 설립되는 법인의 자본금이 조특령 제29조 제4항의 규정에 의한 금액 이상인 경우에 한하여 동법 제32조의 양도소득세 이월과세를 사업장별로 적용받을 수 있다.

2. 이 경우 사업용고정자산이란 당해 사업에 직접 사용하는 유형자산과 무형자산을 말하는 것이나, 사업용고정자산에 해당되지 아니하는 토지를 현물출자하는 경우에는 법인전환에 대한 양도소득세의 이월과세 규정을 적용받을 수 없다. (서사-3342, 2006.9.29)

사례 22

공유사업장의 개별지분을 현물출자하여 법인전환 한 경우 양도소득세 면제 여부

등기부상 관련 부동산이 2인의 공유로 기재되었더라도 각각 개별사업을 영위하였다면 각 개별사업을 법인에 현물출자 한 것은 법인전환에 따른 양도소득세 이월과세의 적용대상에 해당한다. (국심2004전2754, 2005.08.31)

● (청구) 1. 청구인은 2003.1.18. 주식회사 ○○텍에 쟁점 부동산에 대한 청구인의 지분 1/2을 현물출자 하기로 계약을 하였고, 주식회사 ○○텍은 2003.5.28.자에 발행주식총수 98,400주, 자본금 984,000,000원으로 하여 회사설립등기를 하였다.

2. 처분청은 2004.4.6. 청구인과 이○호가 동일사업장으로 사용하던 쟁점 부동산 전부를 현물출자하지 않고 청구인 지분 1/2만 2003.6.13. 양도(현물출자)한 것으로 조사하여 조특법 제32조(법인전환에 대한 양도소득세이월과세) 규정에 해당하지 않는 것으로 판단하여 양도소득세 6,728,180원을 결정·고지하였다.

3. 청구인은 이에 불복하여 2004.5.14. 이의신청을 거쳐 2004.8.2. 이건 심판청구를 제기하였다.

▶ (판단) 1. 조특법상 법인전환에 의한 이월과세적용을 받고자 하는 자는 현물출자 또는 사업양도양수를 한 날이 속하는 과세연도의 과세표준신고 시 이월과세적용신청서를 납세지 관할 세무서장에게 제출해야 한다고 규정하고 있고, 양도소득세확정신고는 양도일의 다음연도 5월 중에 신고하도록 규정하고 있으며 법인전환에 의하여 새로이 설립되는 법인의 자본금이 소멸한 사업장의 순자산가치 이상이어야 한다고 규정하고 있다(조특법 제32조2항, 동법 시행령 제29조4항).

2. 처분청이 과세근거자료 및 청구인이 제시한 자료를 살펴보면 청구인은 쟁점 부동산을 이○호와 함께 낙찰받아 각자 알루미늄사업부와 철강사업부를 운영하다가 자신이 운영하던 알루미늄사업부인 개인 ○○텍 전체를 법인 ○○텍에게 현물출자 하기로 계약을 체결하였고, 법인 ○○텍이 위 계약에 따라 2003.5.28. 설립자본금 984백만원으로 설립되었으며, 청구인이 2004.5.14. 쟁점 부동산의 양도와 관련하여 양도소득세신고와 함께 이월과세적용신청서를 처분청에 제출하였고, 현물출자에 의하여 설립한 법인 ○○텍의 자본금은 984백만원이고, 소멸한 개인 ○○텍의 순자산가액은 498,404,708원(자산총계 2,407,413,422원-부채총계 1,909,008,714원)임을 알 수 있다.

3. 따라서 청구인은 조특법상 법인전환에 대한 양도소득세 이월과세 요건을 모두 충족하였다 할 것이고, 쟁점 부동산의 등기부등본상 청구인의 지분 1/2만 양도되었음을 근거로 사업장 전체가 법인전환 되지 아니하고 그중 일부만 법인전환 되었다는 이유로 과세한 이

건 처분은 잘못이라 하겠다. (국심2004전2754, 2005.08.31.)

사례 23

건축 중인 사업용고정자산을 현물출자 법인전환 하는 경우 이월과세 적용 여부

사업용고정자산은 사업에 직접 사용하는 유형자산이나 무형자산을 의미하므로, 건축 중인 사업용고정자산을 현물출자방식으로 법인전환 한 경우의 동 자산은 이월과세를 적용받을 수 없다. (서사-1447, 2005.8.18)

● (질의) ① 본인은 수도권에서 제조업 개인사업을 하고 있는바, 조특법 제32조의 규정에 의한 현물출자 법인전환 해당 여부에 대하여 다음과 같이 질의함.

  1. 지방에 제2공장을 지을 목적으로 1년 전에 공장용지를 구입하고 2개월 전에 건축허가를 득한 후 건축 중에 있으며 사업자등록을 하였다.

  2. 본인의 개인회사는 지방에 소재하는 상기 건축 중인 제2공장만을 조특법 제32조 조정의 요건을 갖춘 현물출자방식에 의한 방법으로 법인전환을 계획 중에 있음.

② 상기의 건축 중인 공장을 현물출자방식으로 법인전환할 경우 당해 공장용지와 건축 중인 건물이 조특법 제32조에 의한 사업용고정자산의 현물출자에 해당되어 당해 사업용고정자산에 대하여 이월과세 적용을 받을 수 있는지

③ 건축 중인 건물은 제외하고 공장용지에 대해서만 이월과세 적용을 받을 수 있는지.

▶ (회신) 1. 거주자가 사업용고정자산을 현물출자하여 법인(조특법 제136조1항의 규정에 의한 소비성서비스업을 경영하는 법인을 제외함)으로 전환하는 경우 당해 사업용고정자산에 대하여는 새로이 설립되는 법인의 자본금이 조특법시행령 제29조4항의 규정에 의한 금액 이상인 경우에 한하여 동법 제32조의 양도소득세 이월과세를 각 사업장별로 적용받을 수 있다.

2. 여기서 사업용고정자산이란 당해 사업에 직접 사용하는 유형자산과 무형자산을 말하는 것으로, 귀 질의와 같이 건설 중인 자산(공장용지를 포함)에 대하여는 당해 규정이 적용되지 아니하는 것이다. (서사-1447, 2005.8.18)

사례 24

현물출자 법인전환시 사업용고정자산에 영업권의 포함 여부

▶ (질의) 조특법 제32조의 규정에 의하여 거주자가 사업용고정자산을 현물출자 하거나 동 시행령 제29조에서 정하는 사업양도양수 방법에 의하여 법인(동법 제136조 제1항의 규정

에 의한 소비성서비스업을 경영하는 법인을 제외한다)으로 전환하는 경우

▶ (회신) 질의 경우 당해 사업용고정자산에 대하여는 이월과세를 적용받을 수 있는 것임. 이 경우 사업용고정자산이란 조특법 제31조1항의 규정을 준용하여 당해 사업에 직접 사용하는 유형자산 및 무형자산을 말하는 것이며, 무형자산의 범위는 현행 기업회계기준(기업회계기준서 포함)에 의하는 것으로서 내부적으로 창출된 영업권이 무형자산에 해당하는지는 동 회계기준에 따라 사실 판단하여 적용할 사항이다. (서면4팀-1699, 2004.10.22)

사례 25

법인전환시 공동사업장 실제 사업자와 사업용고정자산의 소유자가 다른 경우

● (질의) 1. 98인의 공동사업장으로서 두부제품 제조업을 하던 중 공장을 신축하여 이전하는 과정에서 138명의 공동사업자로 변경함과 동시에 공장을 일부 증축하였고, 대표로 선임된 10인의 명의로 공장등록 및 공동등기를 하였으며, 소유권등기이전 후 새 상호로 사업자등록을 한 경우 창업중소기업 또는 공장의 지방이전에 대한 조특법상의 감면이 해당되는지.

2. 위 공동사업에서 사업용고정자산(토지 및 공장)의 실제 소유자는 공동사업자 138명이나 소유권등기는 당사의 운영위원회에서 정한 10명 앞으로 공동등기하였다가 법인전환으로 인한 현물출자 시 조특법 제32조의 법인전환에 대한 양도소득세의 이월과세를 적용받을 수 있는지.

▶ (회신) 1. 폐업 후 사업을 다시 개시하여 폐업 전의 사업과 동종의 사업을 경영하는 경우에는 조특법 제6조 제4항 제3호 규정에 의하여 이를 창업으로 보지 아니하는 것이고, 지방이전 중소기업에 대한 감면은 같은 법 제63조의 규정에 의하여 수도권과밀억제권역 안에서 사업을 경영하는 내국중소기업에 적용되는 것임.

2. 또한, 실제 사업자와 사업용고정자산의 소유자가 다른 경우에는 법인전환에 대한 양도소득세 이월과세가 적용되지 아니한다. (서사-1040, 2004.07.07)

사례 26

사업용 재고자산 수목을 현물출자로 법인전환시 양도소득세 면제 여부

● (질의) 제조업·광업·건설업 등을 경영하는 거주자가 건설업을 영위하던 개인사업자가 사업용 재고자산인 수목을 설립 중인 법인에 현물출자하여 법인으로 전환한 경우에 양도소

득세 면제 여부

▶ (판단) 1. 제조업·광업·건설업 등을 경영하는 거주자가 사업용고정자산을 현물출자 하거나 사업양도양수 방법에 의해 제조업 등을 경영하는 법인으로 전환하는 경우 당해 사업용고정자산에 대하여는 이월과세를 적용받을 수 있고,

2. 개인기업이 법인기업으로 전환하는 과정에서 사업용고정자산을 현물출자하는 경우에만 취득세를 면제하므로,

3. 건설업을 영위하던 개인사업자가 사업용 재고자산인 수목을 설립 중인 법인에 현물출자하여 법인으로 전환한 경우에는 취득세 면제 대상에 해당하지 아니한다. (감심 2001-122, 2001.10.16.)

사례 27

주택신축판매업자 재고자산의 현물출자 법인전환시 이월과세 적용 여부

● (질의) ① 주택신축업을 경영하는 개인기업을 법인으로 현물출자 법인전환(조특법 제32조)함에 있어, 아래의 재고자산을 보유하고 있다.

　　1. 주택신축을 하기 위하여 보유한 토지

　　2. 주택을 신축 중인 토지와 미완성건물

　　3. 주택을 완공하였으나 미분양되어 보유 중인 주택과 주택의 부속토지

② 개인기업이 현물출자 법인전환시 개인기업이 보유하고 있는 재고자산에 대하여도 조특법 제32조 규정의 양도소득세 이월과세적용대상 자산에 포함되는지

▶ (회신) ① 조특법 제32조의 규정에 의한 법인전환에 대한 양도소득세의 이월과세는 제조업·광업·건설업 및 같은 법 시행령 제29조 제1항의 규정에 의한 사업(이하 '제조업 등'이라 함)을 경영하는 거주자가 사업용고정자산을 현물출자 하거나 같은 영 같은 조 제2항의 규정에 의한 사업양도양수 방법에 의하여 제조업 등을 경영하는 법인으로 전환하는 경우 당해 사업용고정자산에 대하여는 이월과세를 적용받을 수 있으나

② 사업용고정자산이 아닌 재고자산을 현물출자하는 경우에는 그러하지 아니하는 것이다. (재일 46014-1171, 1999.6.16).

사례 28

사업용고정자산의 현물출자 법인전환시 양도소득세가 면제되는 사업용자산이란

사업용고정자산을 현물출자하여 법인전환함에 따른 양도가액 특례 적용시 사업용자산이란 개인의 사업용으로 제공되어 소득발생의 원천이 되는 자산이다. (재일 46014-641, 1999.4.)

● (질의) 사업용고정자산을 현물출자하여 법인전환에 따른 양도가액 특례적용시 사업용자산은?

▶ (회신) ① 사업을 경영하는 거주자가 사업용고정자산을 현물출자하여 법인전환 하는 경우 새로이 설립하는 법인의 자본금이 (구)조세감면규제법시행령(1996.12.31 대통령령 제15197호로 개정되기 전의 것) 제29조4항에 규정하는 금액 이상인 경우에 한하여 같은 법 제32조1항의 규정에 따라 양도소득세의 50%를 감면받거나 양도가액의 특례를 선택하여 적용받을 수 있다.

② 같은 영 제29조4항의 규정에 의한 평균순자산가액은 같은 영 제28조2항2호의 규정을 준용하여 계산한 금액을 말하는 것이며, 이 경우 같은 조 같은 항 같은 호에서 '사업용자산'이란 개인의 사업용으로 제공되어 소득발생의 원천이 되는 자산을 말한다.

사례 29

취득 후 1년 미만인 자산을 현물출자하여 법인전환 하는 경우 양도소득세 등 감면 여부

● (질의) 1년 미만 취득자산을 현물출자하여 법인전환 할 때 양도세 여부

▶ (회신) 사업을 경영하는 거주자가 사업용고정자산을 현물출자하여 법인전환 하는 경우 새로이 설립하는 법인의 자본금이 조세감면규제법시행령 제29조 제4항에 규정하는 금액 이상인 경우에 한하여 동법 제32조 제1항의 규정에 따라 양도소득세의 50%를 감면받거나 양도가액의 특례를 선택하여 적용받을 수 있다. 이 경우 현물출자하는 당해 사업용고정자산은 그 사용기간에 대하여 제한을 받지 아니한다. (재일 46014-2352, 1997.10.2.)

사례 30

공장과 별도로 분리된 기숙사의 현물출자 법인전환시 사업용고정자산 해당 여부

종업원기숙사로 계속 사용한 사실이 있고 그 위치가 공장 내에 있는지 밖에 있는지 불문하고 청구인의 사업목적에 직접 사용한 경우 사업용고정자산에 해당하여 양도소득세감면이 타당하다. (국심 97서695, 1997.8.22)

- (청구) 처분청은 쟁점 부동산을 공장과 별도로 분리되어 있는 기숙사용 아파트라는 이유로 이를 사업용고정자산으로 보지 아니하여 청구인이 한 양도소득세감면신고를 배제하고 양도소득세를 과세하여 감면 여부 청구

▶ (판단) 1. 대한주택공사와의 계약조건상 사원용 임대주택 이외의 다른 목적으로는 사용이 불가능하고 청구인이 대한주택공사로부터 분양받아(1992.12.21) 법인전환시(1995.4.24) 현물출자 할 때까지 종업원기숙사로 계속 사용한 사실에 다툼이 없는 쟁점 부동산의 경우 그 위치가 공장 내에 있든지 또는 공장밖에 있든지를 불문하고 청구인의 사업목적에 직접 사용됐으므로 사업용고정자산에 해당한다할 것이고,

2. 청구인의 경우 제조업을 영위하였고 조세감면규제법시행령 제29조 제3항의 규정에 의한 세액감면신청을 처분청에 한 사실이 있으므로 쟁점 부동산의 현물출자에 따른 산출 양도소득 세액 중 100분의 50에 상당하는 세액은 전시한 법령의 규정에 의거 이를 감면하는 것이 타당하다고 판단된다.

사례 31

> **현물출자 법인전환시 종업원 사택의 사업고정자산 해당 여부**

- (질의) 금형제조업을 경영하는 개인이 조세감면규제법 제32조에 의해서 사업용고정자산을 현물출자하는 방식으로 법인전환 하고자 함. 위 개인이 공장 외부에 아파트 10여 채를 구입하여 종업원 사택용으로 제공하고 있음. 위 아파트를 법인전환시 현물출자 하였을 경우 조세감면규제법 제32조1항에 의한 사업용고정자산의 현물출자로 보아 양도소득세 감면을 받을 수 있는지

▶ (회신) 제조업을 경영하는 거주자가 사업장 인근에 소재한 아파트를 구입하여 장부에 사업용고정자산으로 계상하고 종업원용 사택으로 사용하다가 그 개인기업을 현물출자 방법에 의하여 법인기업으로 전환하는 경우, 위 '종업원용 사택'은 조세감면규제법 제32조1항의 규정에 의한 사업용고정자산에 포함되는 것이다. (법인 46012-2693, 1994.9.26)

사례 32

> **사업장을 분할하여 그 일부분만 현물출자 법인전환시 조세특례 적용 여부**

- (질의) 1985년에 설립된 대구시 북구 소재 개인 중소제조업체로 현재 운영하고 있으나 1993.7. 유통단지 사업고시로 사업장 중 대지 부분 1/3(총 1639평방미터 중 590평방미터)

과 건물 전체(양분되어 부득이 철거하여야 함)가 조만간 수용되는바 수용보상금 수령 후 건물철거 전에 현물출자에 의한 법인설립의 경우 수용되지 아니한 사업장에 대하여 조세감면규제법 제45조에 의한 양도소득세감면요건의 충족 여부

▶ (회신) 조세감면규제법 제45조의 규정에 따라 법인전환에 대한 조세특례를 적용하면서 동 사업장을 분할하여 그 일부분만 법인으로 전환할 때에는 동 규정을 적용할 수 없음. (재일 46014-4461, 1993.12.15)

사례 33

농공단지 입주기업의 연불조건 취득자산의 현물출자 법인전환시 양도소득세 면제 여부

연불조건으로 취득한 자산의 취득시기는 첫회 부불금의 지급일이며, 연불 취득자산을 현물출자하는 경우 등기 여부에 불구하고 조감법상의 다른 요건을 충족하면 양도소득세가 면제한다. (재산 01254-1243, 88.4.29)

● (질의) 1. 농공단지 내에서 제조업을 경영하는 개인기업이 농공단지에 입주한 때에 지방자치단체로부터 공장부지를 연부 매매방법으로 취득하여 매매대금이 완납되는 향후 5년 후에나 개인기업주의 명의로 소유권이전등기가 됨.

2. 토지의 소유권이 지방자치단체에 있는 상태에서 제조업용 토지와 건물을 현물출자하여 법인기업으로 전환하려면 토지에 대하여 전환된 법인기업의 명의로 소유권이전등기가 즉시 될 수가 없음(토지의 사용자가 개인에서 법인기업으로 변경되더라도 지방 자치단체에 사업양수·도의 신고로 토지 매매계약의 효력에는 변동이 없음).

3. 법인기업의 명의로 즉시 소유권이전등기가 이행될 수 없는 토지를 현물출자 하더라도 양도소득세·취득세·등록세가 면제되는지.

▶ (회신) ① 양도소득세 계산에서 자산을 취득세법 제51조6항의 규정에 의한 연불조건으로 취득하는 경우의 그 자산의 취득시기 산정은 동법 시행령 제53조1항2호의 규정에 따라 첫회 부불금의 지급일이 되는 것임.

② 따라서 연불조건으로 취득한 자산을 1년 이상 사업용자산으로 사용한 후 법인으로 전환하기 위해 당해 자산을 현물출자하는 경우에도 조세감면규제법 제45조의 요건을 갖춘 경우에는 양도소득세를 면제하는 것임. (재산 01254-1243, 88.4.29)

사례 34

양도소득세 과세대상인 토지 및 건물만을 현물출자 법인전환시 양도소득세 면제 여부

● (질의) 1. 제조업을 경영하는 개인중소기업의 사업자가 법인전환을 위하여 자기사업장의 당해 사업에 1년 이상 직접 사용한 사업용의 자산[9] 중 양도소득세 과세대상인 토지 및 건물만을 현물출자하여 법인을 설립하고,

2. 동시에 현물출자하는 토지 및 건물을 제외한 기계장치 등 모든 자산 및 부채는 포괄적으로 신설되는 법인에 일괄양도하여 개인기업의 본질 및 계속성이 인정되는 경우에 조세감면규제법 제45조1항에 규정된 양도소득세의 면제요건에 해당하는지.

▶ (회신) 조감령 제39조의 규정에 따라 중소기업을 경영하는 거주자가 현물출자하여 법인전환시 1년 이상 당해 사업에 직접 사용한 자산 중 토지·건물 등 소득세법 제23조1항에 규정된 양도소득세의 과세대상인 자산만을 현물출자하여 법인으로 전환할 때에도 사업의 계속성이 인정되는 경우에는 동 규정의 적용을 받을 수 있다. (재산 1264-3455, 84.10.29)

5 신설법인 자본금: 순자산가액 이상 요건

가. 신설법인 자본금

① 현물출자에 의한 법인전환시 조세지원을 받기 위해서는 '새로이 설립되는 법인의 자본금이 법인으로 전환하는 사업장의 순자산가액 이상'이어야 한다. (조특법32조2항, 조특령29조5항)

② 신설법인의 자본금이 개인기업의 순자산가액 이상일 것을 요구하는 이유는 개인사업이 법인으로 전환되는 과정에서 기업 규모가 축소되는 것을 방지하기 위해서이다.

③ 전환된 법인기업은 최소한 개인기업의 순자산가액 이상의 자본금으로 설립되어야 하며, 이때 법인의 자본금은 개인기업주의 현물출자액뿐만 아니라 개인기업주의 현금출자액을 포함하는 것으로 해석된다. (지방운영과-2001, 2008.10.31)

④ 여기서 자본금에 개인기업주가 아닌 타 주주의 출자액을 포함하느냐에 대해서는 양설로 나뉘고 있는데, 필자는 타 주주의 출자액도 포함하는 것이 맞는다고 생각한다. 비교하는 자본금에 타 주주의 출자액이 포함되지 않는다는 해석(지식운영과-344, 2010.1.26 및 국심

---

9) 조세감면규제법(현 조특법)의 개정으로 '1년 이상 사용한 사업용자산'의 감면요건이 사업용고정자산으로 변경되었음. 따라서 현물출자일 현재 사업용으로 사용하고 있는 고정자산이면 사용기간이 1년 미만이라도 감면이 가능함.

2005중2993, 2005.11.1)은 후술하는 사업양수도에 의한 법인전환시 '개인기업주가 발기인이 되어 순자산가액 이상 출자하여 법인을 설립하여야 한다'라는 규정을 확장해석 내지는 유추해석한 결과로 보인다. 그러나 조세특례제한법 제32조 제1항을 문리대로 해석하면 거주자의 출자금액의 크기(종전 개인사업장의 순자산가액인지 여부)와 상관없이 새로이 설립되는 법인의 자본금이 종전사업장의 순자산가액 이상이면 감면요건을 충족한다는 해석이 타당할 것이다. (조심2010지516, 2011.11.22)

⑤ 하지만 실무적으로는 자산 누락이나 비사업관련 부채의 포함 등으로 순자산가액 요건을 충족하지 못하는 경우가 많고, 관련 규정의 해석에 법리적 오해가 생길 수 있으므로 가급적 개인기업주의 출자액이 순자산가액 이상으로 하는 것이 안전하다고 생각한다.

나. 순자산가액의 계산

(1) 순자산가액

① 순자산은 현물출자일 현재의 시가로 평가한 자산의 합계액에서 충당금을 포함한 부채의 합계액을 공제한 금액을 말한다. (조특령28조1항2호)

순자산가액	=	현물출자일 현재 시가평가자산 합계액	-	충당금을 포함한 부채합계액

② 여기서 시가[10]란 불특정다수인 사이에 자유로이 거래가 이루어질 때 통상 성립된다고 인정되는 가액을 말하며 수용·공매가격 및 감정가액 등 상증법 시행령 제49조의 규정에 의하여 시가로 인정되는 것을 포함한다. 또한, 순자산가액의 계산에서 영업권은 포함하지 아니한다. (조기통 32-29…2)

(2) 규정의 변천

(구)조세감면규제법의 개정에 따라 98.1.1일 이후 법인전환시 신설법인의 자본금 규모는 법인으로 전환하는 사업장의 '장부가액으로 평가한 1년간 평균순자산가액 이상'에서 '시가로 평가한 순자산가액 이상'으로 변경되었다.

개정 이유는 법인의 자본금을 충실히 하기 위한 일환으로써, 시가와 장부가액과의 차액상당액을 현금 등으로 수수하는 경우 이는 유상 양도에 해당함에도 양도소득세를 과세하지 못하는 사례를 방지하기 위한 것이다.

(3) 국민주택채권 매입면제 조건

---

[10] 7편 5장 참조

그러나 이미 설명한 대로 국민주택채권 매입의 면제를 받기 위해서는 신설법인의 자본금 규모가 1년간 평균순자산가액 이상이어야 한다.

다. 순자산가액 계산 시 유의사항

① 법인전환시 신설법인의 자본금 결정을 위한 순자산가액은 일단 확대 지향적으로 계상하는 것이 바람직하다. 즉, 순자산가액에 포함되어야 할지가 불분명한 어떤 자산항목 또는 순자산가액에서 공제되어야 할지가 불분명한 부채항목이 있는 경우에는 보수적으로 해석하여 순자산가액이 많이 나오는 방향으로 계상함이 후일을 위해 여러 가지로 보탬이 된다.

② 순자산가액은 시가로 평가하는 사업용고정자산을 제외하고는 기업회계기준에 따라 계상된 개인기업의 장부금액을 기준으로 계산하는데, 실무상 많이 나타나는 유의사항은 다음과 같다.

(1) 사업용자산의 누락

① 조특법상 조세지원을 받기 위해서는 새로 설립되는 법인의 자본금이 현물출자하여 법인으로 전환하는 사업자의 순자산가액 이상이어야 하는데 실무상 가끔 발생하는 문제가 부외자산 때문이다.

② 개인기업은 소득세법상의 소득금액을 계산하여 신고하는 데 중점을 두고 자산 및 부채의 계상이 완벽하지 않은 경우가 종종 있다. 법인전환시 부채의 누락은 순자산가액을 증액시키는 반면. 자산의 누락은 순자산가액을 감소시키는 결과를 초래한다.

③ 사업용자산가액이 누락된 재무상태표로부터 계산된 순자산가액은 실질 금액보다 적게 계산되고 이를 토대로 결정된 자본금은 순자산가액보다 적은 결과가 되어 조특법 소정의 감면요건을 충족하지 못하는 사태가 발생할 수 있다.

이런 일이 종종 발생하다 보니 개인기업주가 법인전환시 별도의 현금출자를 하여 이런 문제를 일부 완충하는 것이 현실이다.

(2) 업무무관부채의 계상

① 사업용자산을 취득하기 위한 차입금이 아니라 취득 후 일정기간이 경과하여 동 자산을 담보로 추가로 차입하여 인출한 경우 동 차입금이 업무용 부채인가 하는 문제이다.

② 예를 들면 종종 유권해석을 보면 "부동산임대업을 하는 개인사업자가 부동산임대용 건물을 출자금 80억원 및 차입금 20억원, 합계 100억원에 취득하였고, 이후 개인기업주는 50억원을 차입한 후 법인전환 할 예정이라고 한다."

③ 이에 대한 과세관청의 유권해석은 일반적으로 "순자산가액 계산시 공제되는 부채는 해

당 사업과 관련하여 발생된 부채를 말하는 것이며, 이에 해당하는지는 사실 판단할 사항이다 "라고 하여 왔다. 그러나 최근의 판례를 보면 법인전환 직전의 차입금이라도 이를 자본의 인출금으로 사용시 초과인출금이 발생하지 않는 한 그 차입금채무는 순자산가액 계산시 부채로 계상할 수 있다고 판시하고 있다.

이는 유기적 일체로서의 영업재산이 영업의 동질성을 유지하면서 포괄적으로 현물출자되는 되는 한 법인전환에 앞서 자본구성에 일부 변경이 있더라도 무방하다는 취지로 법인전환시 감면요건을 해석하고 있는 결과이다. (대법2016두62771, 2017.3.9 및 서울고법2016누45532, 2016.11.9)

여기서 초과인출금이란 부채합계액이 사업용 자산의 합계액을 초과하는 금액으로, 개인사업자가 장부상 출자한 금액보다 더 많은 금액을 가져간 경우가 이에 해당한다.

④ 이와 같이 감면을 받으려고 하는 개인기업주는 장부에 계상한 부채가 사업과 관련되었다는 것을 입증해야 하거나 영업의 동질성을 훼손하지 않았다는 것을 입증해야 할 수도 있다. 따라서 법인전환을 앞두고 차입금을 추가로 차입하여 부채로 계상하는 것은 상당한 주의를 요한다.

⑤ 특히 사업무관 부채(비사업 관련 부채) 또는 물상보증부채는 순자산가액 계산시 자산에서 공제하는 부채에 포함되면 안 된다. 사업 관련 부채의 범위는 그 부채를 공제하는 대상인 사업 관련성이 있는 자산의 범주에 대응하는 것이라고 해석되며, 사업 관련 부채가 아닌 부채가 사업 무관 부채로 보면 될 것이다.

(3) 결산수정사항의 반영

감가상각비 등 다음의 결산수정사항도 법인전환일 현재의 자산·부채에 반영되어야 하므로 기업회계기준에 따라 계산하여 조정·반영한다.

1. 감가상각비
2. 퇴직급여충당부채
3. 선급비용
4. 선수수익
5. 미수수익
6. 미지급비용 등

(4) 가지급금과 가수금

① 업무상 발생한 가지급금과 가수금은 순자산가액 계산시 그 성격에 합당한 계정과목으로 대체하여 자산·부채에 포함시킨다.

② 그러나 개인기업주에 대한 업무와 관련없는 가지급금과 가수금은 자산·부채에서 제외하여 순자산가액을 계산하여야 한다.

③ 왜냐하면, 개인기업의 경우 업무와 관련 없이 개인기업주가 현금을 인출한 때는 출자금의 회수로 해석되며, 반대로 현금을 투입한 때는 출자금의 납입으로 해석되기 때문이다.

(5) 조특법상의 준비금

법인전환시 조특법상 준비금은 법인전환으로 인하여 폐업되는 당해연도의 소득금액 계산시 전액 환입되어 익금으로 처리되어야 한다.

라. 신설법인의 자본금 관련 예규사례(1)

(사례1) 주임종단기차입금은 채권자와 채무자가 동일하여 사업과 관련한 채무에 해당하지 않음
(사례2) 사업무관 채무를 순자산가액 계산시 차감하면 양도소득세의 이월과세 요건을 충족 못함
(사례3) 변경등기를 못하였으나 근저당채무를 실질적으로 인수한 것으로 보는 것이 타당하다면 조특법 제32조에 규정하는 양도소득세 이월과세를 적용함이 타당함
(사례4) 순자산가액 산정시 물상보증채무를 부채로 인식하면 순자산가액에 미치지 못하여 조특법 제32조의 감면요건을 충족하지 못하게 됨
(사례5) 현물출자를 받으면서 교부한 주식의 가액이 1주당 액면가액을 초과하는 경우
(사례6) 현물출자 방식 법인전환을 위한 순자산가액 산정 시 자산에서 공제하는 부채의 범위
(사례7) 현물출자 법인전환시 순자산가액 계산에 포함하여야 할 자산과 부채의 범위
(사례8) 현물출자 법인전환 직전에 대출받은 부채가 사업장의 순자산가액 산정에 해당 여부
(사례9) 현물출자 법인전환시 개인사업자의 현금예금 중 일부가 승계되지 않은 경우
(사례10) 법인전환 직전에 현금을 인출하고 나머지 자산·부채를 현물출자하여 법인전환 한 경우
(사례11) 현물출자 법인전환시 순자산가액의 계산에서 물상보증채무에 대한 공제 여부
(사례12) 현물출자 법인전환시 개인소유 부동산의 공동담보 장기차입금의 부채계상 여부
(사례13) 현물출자 이전에 예금을 인출한 경우 현물출자 법인전환에 대한 취득세 감면요건 여부
(사례14) 현금 유입이 없는 차입금의 부채계상에 대한 현물출자 법인전환시 면제 여부
(사례15) 법인전환 직전에 출자금 사용을 위한 차입금에 대한 순자산가액 계산 여부
(사례16) 임대업자가 임대용 토지를 현물출자하여 법인전환시 이월과세 적용을 받을 수 있는지
(사례17) 법인자본금이 소멸사업장의 순자산가액보다 1주의 금액 이상으로 작은 경우

사례 1

주임종단기차입금은 채권자와 채무자가 동일하여 사업과 관련한 채무에 해당하지 않음

■ (사실관계 및 처분내용) 1. 청구인은 ○○ ○○시 소재의 공장용지 및 그 지상 공장건물

에서 특수합판 개인 제조업체를 운영하다가 유한회사로 전환하는 과정에서 쟁점부동산을 감정평가법인의 감정가액으로 평가하여 2018.3.6. 쟁점법인에 현물출자하고, 2018.5.31. 법인전환에 따른 양도소득세 이월과세를 적용하여 양도소득세 예정신고를 하였다.

2. 감사원은 법인으로 전환하는 구사업장의 순자산가액 계산 시 부채로 계상된 주임종단기 차입금은 채권자와 채무자가 동일(개인사업자인 청구인이 청구인 본인으로부터 빌린 채무)하여 부채로 볼 수 없는 채무로써, 이를 제외할 경우 전환신설법인의 자본금이 순자산가액에 미달하여 이월과세 요건을 충족하지 못한다고 지적하였고, 처분청은 이에 따라 양도소득세 이월과세 적용을 배제하여 2023.2.28. 청구인에게 2018년 과세연도 양도소득세를 과세한다는 내용의 과세예고통지를 하였다.

▶ (판단) 1. 청구인은 구 사업장을 쟁점법인으로 전환하는 과정에서 2016.8.1. 법인설립등기 전 '설립중인 법인'으로써 ㈜○○의 사업자등록을 부여받고 이후 발생한 거래들을 ㈜○○의 사업자등록번호로 2016년과 2017사업연도 소득에 대한 법인세를 신고해 왔으나 ㈜○○ 법인 설립에 대한 법원 인가가 반려됨에 따라 2017.12.31.자로 ㈜○○은 폐업 신고를 하게 된 사정이 있어, 현물출자 법인전환일 현재 구 사업장과 ㈜○○의 결산을 기준으로 법인전환 사업장의 순자산가액을 도출하였으며, 쟁점차입금은 청구인이 개인사업 시절 융통했던 자금으로 사업 관련 용도로 사용된 것이 명백하고, 쟁점법인에 부채로 승계되었는바, 양도소득세 이월과세를 배제하는 것은 부당하다고 주장하고 있다.

2. 그러나, 양도소득세 이월과세 규정은 개인이 법인에 사업용고정자산 등을 현물출자 등을 통해 양도하는 경우 양도하는 개인에게 양도소득세를 과세하지 아니하고 그 대신 이를 양수한 법인이 고정자산 등을 양도하는 경우 법인세로 납부하도록 하는 규정인바, 구 사업장과 함께 법인으로 전환된 ㈜○○의 실질이 개인사업자가 아니라면 동 규정은 청구인에게 적용될 여지가 없고, ㈜○○은 법인 설립등기가 이루어지지기 전 폐업신고를 하였는바, 개인사업장과 다를 바 없어 보인다.

3. 이에 따라, 쟁점법인으로 전환하기 전 사업장인 구 사업장과 ㈜○○을 함께 개인사업장으로 본다면, 개인사업장의 대표자가 회사에 금전 등을 입금한 경우에는 인출금을 회수한 것으로 처리한 다음 결산 시 자본금과 대체 처리하도록 되어있는바, 법인전환 사업장의 재무제표에 '주임종차입금' 계정은 있을 수 없는 계정이고, 쟁점차입금 만큼 법인전환 사업장의 순자산가액이 증가되어야 하는 것이 타당하며, 그렇다면 신설전환으로 신설되는 법인의 자본금이 법인전환 사업장의 순자산가액에 미달하게 되어 양도소득세 이월과세 요건을 충족하였다고 보기 어렵다.

4. 조세법규 중 특히 감면 요건 규정은 엄격하게 해석하는 것이 조세공평의 원칙에도 부합하므로, 이를 따르더라도 개인사업자가 자신으로부터 빌린 채무인 쟁점차입금을 법인전환 사업장의 부채로 인정하기는 어렵다고 할 것이다.(심사양도2023-67, 2024.01.10.)

사례 2

> **사업무관 채무를 순자산가액 계산시 차감하면 양도소득세의 이월과세 요건을 충족 못함**

■ (처분개요) 1. 청구인은 2006.5.9. 부동산을 취득하고, 이를 고정자산으로 하여 2016.4.8. 개인사업자 등록(업종: 부동산/주거용 건물 임대업)을 한 뒤 주거용 건물 임대업을 영위하다가, 2020.3.25. 쟁점부동산을 현물출자로 (유)甲기업(이하 "신설법인"이라 한다)에 양도하였다. 그리고 2020.4.24. 「조세특례제한법」(이하 "조특법"이라 한다) 제32조 및 같은 법 시행령 제29에 따라 법인전환에 대한 양도소득세의 이월과세 신청을 하였다.

2. 한편, 감사원은 청구인의 기존 쟁점사업장 금융부채 187,166,801원(이하 "쟁점채무"라 한다)이 법인전환시 승계되지 아니하여 법인전환으로 신설되는 법인의 자본금이 법인전환 사업장의 순자산가액에 미달(자본금 < 순자산가액)하기 때문에 법인전환에 대한 양도소득세의 이월과세 요건을 충족하지 못한다고 감사지적하였다.

▶ (판단) 1. 조특법 제32조에 따라 법인전환에 대한 양도소득세의 이월과세를 적용받으려면 새로 설립되는 법인의 자본금이 법인으로 전환하는 사업장의 순자산가액 이상이어야 하는데, 이때 순자산가액이란, 기존 개인사업장이던 쟁점사업장과 직접 관련된 자산이나 부채에 한정하여 계산하여야 한다. 이 건 법인전환시 쟁점부동산에 근저당된 쟁점채무(채무자 명의: 청구인)가 신설법인 명의로 변경하지 아니한 사실이 부동산등기부를 통하여 확인된다.

2. 쟁점사업장과 직접 관련되어 있는 자산 및 부채의 신설법인으로의 승계는 양도소득세의 이월과세를 적용하기 위한 핵심적인 요건인바, 쟁점채무는 2006.5.9. 쟁점부동산을 취득하면서 가계대출로 차입한 것으로서 청구인이 2016.4.8. 주거용 건물임대업으로 사업자등록을 한 이후에도 기업자금대출로 전환되지 아니하였고, 신설법인 설립 후 쟁점채무의 이자 및 원금상환 재원이 모두 신설법인이 아닌 청구인의 가수금 입금으로 마련한 것으로 나타나는 점 등에 비추어 쟁점채무가 쟁점사업장과 직접 관련된 부채인지 불분명해 보인다. 나아가 쟁점채무가 2020.3.11. 법인전환에 따라 차주(借主)를 신설법인으로 변경되지 아니한 채 있다가 쟁점부동산의 근저당상 채무자인 청구인이 2021.2.9. 은행에 상환한 것으로 나타난다.

3. 조세법규 중 특히 감면요건 규정은 엄격하게 해석하는 것이 조세공평의 원칙에도 부합하므로 이를 따를 경우 법인전환시 쟁점채무가 신설법인으로 승계되지 않은 것으로 봄이 상당하고, 따라서 신설법인의 자본금이 법인전환 사업장의 순자산가액에 미달(자본금 <순자산)하기 때문에 쟁점부동산 양도에 따른 양도소득세는 이월과세 요건을 충족하지 못하는 것으로 봄이 타당하다 하겠다. (심사양도2023-39, 2023.09.13.)

사례 3

> 변경등기를 못하였으나 근저당채무를 실질적으로 인수한 것으로 보는 것이 타당하다면 조특법 제32조에 규정하는 양도소득세 이월과세를 적용함이 타당함

■ (처분개요) 1. 청구인은 개인사업자의 사업용 부동산으로 사용하던 경북 소재 토지 및 건물을 신설법인에 2019.2.14. 현물출자방식으로 양도하였다.

2. 청구인은 2019.4.30. 쟁점부동산의 양도(현물출자)에 따른 양도소득세를 조특법 제32조에 따라 법인전환에 대한 이월과세로 양도소득세 신고서를 제출하였다.

3. 감사원은 쟁점부동산의 등기부전부증명서상 근저당설정채무가 신설법인에 인수되지 않았으므로, 법인이 승계한 대출이 아닌 경우 신설법인의 출자금액이 법인으로 전환하는 사업장의 순자산가액 미만이 되어 이월과세요건에 부합하지 않는다고 보았으며, 처분청은 위 감사원의 시정지시에 따라 2023.3.7 청구인에게 양도소득세를 고지하였다.

▶ (판단) ① 관련 법리

1. 국세기본법 제14조제1항은 "과세의 대상이 되는 소득·수익·재산·행위 또는 거래의 귀속이 명의일 뿐이고 사실상 귀속되는 자가 따로 있는 때에는 사실상 귀속되는 자를 납세의무자로 하여 세법을 적용한다."고 하여 실질과세의 원칙을 천명하고 있다.

2. 소득이나 수익, 재산, 행위 또는 거래 등의 과세대상에 관하여 귀속 명의와 달리 실질적으로 이를 지배·관리하는 자가 따로 있는 경우에는 형식이나 외관을 이유로 귀속 명의자를 납세의무자로 삼을 것이 아니라, 실질과세원칙에 따라 실질적으로 당해 과세대상을 지배·관리하는 자를 납세의무자로 삼아야 할 것이다.

3. 그리고 그러한 경우에 해당하는지는 명의사용의 경위와 당사자의 약정 내용, 명의자의 관여 정도와 범위, 내부적인 책임과 계산 관계, 과세대상에 대한 독립적인 관리·처분 권한의 소재 등 여러 사정을 종합적으로 고려하여 판단하여야 한다. (2014.5.16., 대법원2011두9935 판결 참조).

② 법인전환시 신설법인이 쟁점근저당채무를 인수하였는지에 대한 판단

1. 이상의 사실관계 및 관련 법리 등을 종합하여 보건대, 은행의 내부규정상 신설법인 명의로 쟁점근저당채무에 대한 변경등기를 못하였으나, 현물출자약정서에 쟁점부동산을 전부 이전하고 그에 대한 채무를 인수하기로 약정되어 있는 점,

2. 쟁점근저당권채무에 대응하는 자산, 부채가 신설법인의 재무상태표에 계상되어 있는 점, 쟁점근저당채무액 816백만원이 사업과 관련된 채무로 채권자의 채무조회서상에서 확인되는 점,

3. 이자비용 또한 신설법인이 부담하였고 신설법인의 손익계상서상에서 확인되는 점, 은행의 내부규정상 쟁점근저당채무를 형식상 변경등기 하지 못한 것으로 보이는 점 등을 고려하면,

4. 신설법인이 위 쟁점근저당채무를 실질적으로 인수한 것으로 보는 것이 타당하므로 청구인의 쟁점부동산 양도에 대하여 「조세제한특례제한법」 제32조에 규정하는 현물출자 법인전환에 따른 양도소득세 이월과세를 적용함이 타당하다고 판단된다.(심사양도2023-34, 2023.08.30.)

> ### 사례 4
>
> 순자산가액 산정시 물상보증채무를 부채로 인식하면 순자산가액에 미치지 못하여 조특법 제32조의 감면요건을 충족하지 못하게 됨

■ (처분개요) 1. 청구법인은 2018.8.20. 토지를 AAA(이하 "소멸중소기업자"라 한다)으로부터 지방세특례제한법 제57조의2 제4항에 따른 현물출자에 따라 취득하는 부동산으로 신고하여 취득세 등 ○○○원을 면제받고, 나머지 농어촌특별세 ○○○원을 신고·납부하였다.

2. 처분청은 소멸중소기업자가 법인전환을 하면서 조세특례제한법 시행령 제28조 제1항 제2호에 따른 소멸사업장의 순자산가액 이상을 현물출자하지 않았으므로 「지방세특례제한법」 제57조의2 제4항에 따른 취득세 감면요건을 충족하지 않은 것으로 보아, 2020.9.15. 청구법인에 취득세 등을 부과·고지하였다.

▶ (판단) 1. 청구법인이 법원의 인가를 받아 법인을 설립하면서 순자산 가액을 축소하지 않았음에도 그 순자산가액을 국세와 다르게 산정하여 적용하는 것은 부당하다고 주장하나, 이 건 토지에 타인의 채무를 담보하기 위하여 설정된 근저당권, 즉 쟁점물상보증채무는 소멸중소기업자의 당초 채무가 아니므로 소멸중소기업자의 재무제표상에 부채로 기장되지 않고 있는 점,

2. 조세특례제한법령에 따른 순자산가액은 소멸하는 사업장의 사업용에 직접 사용하는 고정자산과 당해 사업과 직접 관련된 부채를 반영하여 산정하는 것(서울고등법원 2017.12.15. 선고 2017누42363 판결, 같은 뜻임)으로서 설령, 쟁점물상보증채무를 소멸중소기업자의 부채로 인식한다 하더라도 소멸중소기업자는 실제 채무자들(주식회사 BBB·주식회사 CCC)에게 동일한 금액의 구상채권을 갖게 되므로 결국 부채로 인식하지 않은 경우와 같은 금액으로 소멸중소기업자의 순자산가액을 계상하게 되는 점,

3. 국세는 개인사업자가 법인으로 전환하면서 주식발행초과금으로 계상된 쟁점물상보증채무를 사후에 무상증자 또는 매각하여 처분하는 경우 과세이연 제도를 통해 사후에 주주 또는 법인에 양도소득세를 과세할 수 있는 반면, 취득세는 취득당시의 가액을 기준으로 직접 감면 여부를 결정하게 되므로 그 감면요건을 더욱 엄격하게 해석하여 적용하는 것이 조세공평의 원칙에 부합한다 할 것인 점,

4. 쟁점물상보증채무를 순자산가액에서 공제하는 방식으로 한 청구법인의 설립을 적법한 현물출자로 판단한 법원의 인가는 부동산감정평가결과나 근저당채무의 반영여부, 대항력 있는 임차인의 존부, 현물출자의 이행 여부 등과 같은 외형적·형식적 사항에 대한 승인이므로 취득세 면제대상인 사업용고정자산의 요건(순자산가액 이상 출자)까지 심사하여 승인한 것으로 보기 어려운 점 등에 비추어,

5. 소멸중소기업자의 순자산가액은 이 건 토지의 감정가액 및 현금자산인 ○○○원에서 임대보증금 등 부채 ○○○원을 차감한 ○○○원이고, 소멸중소기업자가 법인전환하면서 취득한 주식의 가액, 즉 신설법인의 순자산가액은 ○○○원이므로 이는 「조세특례제한법」 제32조 및 같은 법 시행령 제28조 제1항 제2호의 감면요건을 충족하지 못하였으므로 이 건 토지는 「지방세특례제한법」 제57조의2 제4항에서 규정한 취득세가 면제되는 사업용고정자산에는 해당되지 않는다고 보는 것이 타당하므로 처분청이 이 건 취득세 등을 부과한 처분은 달리 잘못이 없다고 판단된다. (조심2021지2320, 2021.12.08.)

사례 5

현물출자를 받으면서 교부한 주식의 가액이 1주당 액면가액을 초과하는 경우

■ (요지) 현물출자를 받으면서 교부한 주식의 가액이 순자산가액 미달하는 금액이 1주당 액면가를 초과하는 경우 감면요건 충족 안 됨.

● (판단) 1. 청구법인의 경우 대표이사로부터 현물출자를 받으면서 교부한 주식의 가액이

종전사업장의 순자산가액에 미달하는 사실에는 다툼이 없고, 이러한 미달금액이 주식발행과정에서 발행주식수의 편의를 위하여 단수처리를 하는 과정에서 발생한 것이라 하더라도 당해 미달금액이 1주당 액면가액을 초과하는 금액에 해당하는 이상 부득이하게 주식의 단수처리 과정에서 미달금액이 발생한 것이라고 인정할 수는 없다고 하겠으며, 이러한 미달금액을 자본잉여금으로 처리하였다 하더라도 개인사업자이었던 청구법인의 대표이사가 취득한 주식의 가액은 그 액면가액으로 평가하여야 할 것이고, 당해 액면가액이 종전사업장의 순자산가액에 미달하는 이상 청구법인이 감면요건을 충족하였다고 보기는 어렵다고 하겠다.

2. 또한, 청구법인은 설립 당시 자본금이 종전사업장의 순자산가액 이상이면 취득세감면대상에 해당하는 것으로 보아야 한다고 주장하나, 「조세특례제한법 시행령」 제28조 제1항 제2호에서 "통합으로 소멸하는 사업장의 중소기업자가 당해 통합으로 인하여 취득하는 주식 또는 지분의 가액이 통합으로 인하여 소멸하는 사업장의 순자산가액 이상일 것"이라고 규정하고 있으므로, 순자산가액과 비교되는 자본금은 취득하는 주식의 가액이라고 보아야 할 것이고, 다른 발기인이 납입한 출자금을 포함하여 자본금을 산정하고, 이러한 자본금과 개인사업자의 순자산가액과 비교할 수는 없다 할 것이므로 이에 대한 청구주장도 인정할 수 없다하겠다. (조심2019지1954, 2019.11.13)

사례 6

현물출자 방식 법인전환을 위한 순자산가액 산정 시 자산에서 공제하는 부채의 범위

● (질의) 현물출자 방식 법인전환에 대한 취득세감면 관련 순 자산가액 계산 시 자산에서 공제하는 부채에 사업무관 부채도 포함할 수 있는지 여부

▶ (회신) ① 순자산가액 산정에 관하여는 「조세특례제한법」 시행령 제29조 제5항에 따라 같은 시행령 제28조 제1항 제2호를 준용하도록 하고 있는데, 법인설립 당시의 소멸 사업장의 자산합계액에서 충당금을 포함한 부채의 합계액을 공제하는 것인바,

1. 이때 부채의 범위는 그 부채를 공제하는 대상인 자산의 범주에 대응하는 것이라 하는 것이 타당하다 할 수 있고, 그 자산은 위 산식을 정한 「조세특례제한법」 시행령 제28조제1항제2호가 해당사업에 관한 주된 자산을 모두 승계하는 경우에 적용되는 것(동 시행령 제28조 제1항 본문)이라는 점 등을 고려한다면 사업관련성이 있는 자산을 의미하는 것으로 보는 것이 합리적이라 할 것으로

2. 그와 같은 범주를 지닌 자산에 대응하는 부채에 관하여도 달리 다른 기준을 적용해야 한

다는 점에 관한 특별한 사정이 없다면 사업과 관련한 금액으로 새겨야 할 것으로 보입니다.

② 또한, 현물출자에 관하여는 법원은 이를 심사하여 인가 또는 변경결정을 하게 되는 것이고 그 절차는 「상법」 제299조의2, 제300조 등에 기한 것인데 위 조문에는 「조세특례제한법」 시행령 제28조제1항제2호와 같은 순자산가액 산출과 관련한 산식을 정하여 이를 심사대상으로 정하였다거나 승계하는 자산이나 부채의 조사 등과 관련하여 특별히 사업관련성 여부를 고려해야 한다는 등의 내용은 없는 바,

이에 따른 법원의 심사 및 그에 관한 결정에 순자산가액에 대한 내용이 있다고 하더라도, 이 사건 쟁점과 근거조문 및 순자산가액 산출에 관한 요건 등을 달리한 것을 두고 그대로 사안에 적용될 수 있다고 보기는 어려워 보입니다.

③ 한편, 사업과 관련한 부채라 하여 소멸 사업장의 자산합계액에서 공제하는 경우라 하더라도 그 부채에 대응한 채권 등으로써 자산으로 계상할 수 있는 것이 있다면 이를 위 부채공제 대상 자산에 더하여 순자산가액을 계산함이 타당하다 할 것입니다. 다만, 위 제반의 사정에 해당하는지 여부는 과세관청에서 구체적인 사실관계 등을 확인하여 판단하여야 할 것입니다. (지방세특례제도과-2712, 2019.07.11.)

사례 7

현물출자 법인전환시 순자산가액 계산에 포함하여야 할 자산과 부채의 범위

개인사업자가 사업용고정자산을 현물출자의 방법에 따라 법인으로 전환하면서 취득세 면제요건을 충족하기 위해서는 현물출자일을 기준으로 하여 개인사업자의 순자산가액 이상으로 출자하여 법인을 설립하여야 하는 바, 이 경우 순자산가액 계산시 포함하여야 할 자산과 부채의 범위 (조심 2017지479, 2018.04.26)

● (판단) 1. 이 건의 경우 현물출자계약서에서 정하고 있는 현물출자의 시기(2012.5.1.)를 기준으로 개인사업자의 순자산가액 이상으로 출자하였는지를 보아야 할 것으로 쟁점차입금은 2008.4.14. ○○○로부터 차입한 금액을 상환할 목적으로 2012.4.30. ○○○은행에서 대출받은 금액이고, ○○○로부터 차입한 금액은 직원급여지급, 외상대지급 등 사업자금으로 활용한 것으로 나타나므로 순자산가액에서 차감되는 사업 관련성이 있는 차입금으로 보이고, 쟁점인출금(정기적금, 생명보험)이 사업용자산의 성격이 아닌 순수한 개인의 자산이라고 한다면 이를 사업용자산에서 제외하는 것이 타당하다 할 것이고,

2. 처분청은 쟁점인출금이 사업용자산이라는 증빙자료를 제시하지 아니하고 단순히 법인전환일 전에 현금성 자산이 인출된 사실만으로 이를 사업용자산으로 보았으나,

3. 쟁점인출금은 개인사업자 개인 명의로 가입된 정기적금과 생명보험료로 이는 사업용자산이라기보다는 개인자산으로 보이며, 청구법인은 개인사업자의 사업과 관련하여 미지급한 2011년 귀속 종합소득세 등 ○○○을 법인전환시 장부상에 미계상하였고, 개인사업자 직원의 퇴직금을 법인에서 승계하면서 장부상에 충당금을 설정하지 아니한 ○○○을 부채에서 누락한 것으로 보는 것이 타당하다 할 것이다.

4. 따라서, 개인사업자는 현물출자 기준일(2012.5.1.) 현재 개인사업자의 순자산가액○○○이상으로 출자○○○하여 청구법인을 설립하여 취득세 면제요건을 충족하였으므로 이 건 취득세 부과처분은 잘못이 있다고 판단된다. (조심 2017지479, 2018.04.26.)

사례 8

> ### 현물출자 법인전환 직전에 대출받은 부채가 사업장의 순자산가액 산정에 해당 여부

조특법상의 현물출자에 의한 법인전환을 할 때 사업과 관련이 없는 부채는 순자산가액 산정에서 제외하여야 하며, 특히 양도소득세 이월과세액은 개인사업장과 직접 관련된 부채가 아님 (인천지법 2017구합50069, 2018.01.25)

● (쟁점 1) 부채를 사업장의 순자산가액 산정에서 제외한 것의 적법 여부

▶ (판단) 사실관계 및 변론 전체의 취지에 의하면 원고는 법인전환을 위한 현물출자 하루 전날에 자신 명의로 1,855,000,000원을 대출받아 그 채무를 이 사건 법인에 승계시켰으나, 위 대출금 중 1,846,000,000원(이 사건 부채)을 이 사건 사업장과는 직접 관련이 없는 용도에 사용하였던 것으로 보이므로(원고도 이를 특별히 다투고 있지는 않다), 이 사건 부채는 이 사건 사업과 직접 관련된 부채라고 보기 어렵고, 피고가 이 사건 사업장에 관한 양도소득세 이월과세 요건을 판단함에 있어 이 사건 부채를 순자산가액의 산정에서 제외한 것이 위법하다고 단정하기 어렵다.

● (쟁점 2) 부외부채의 산입 가부

▶ (판단) 1. 우선 이월과세 요건인 순자산가액에 대한 입증책임은 원칙적으로 과세관청에 있으나, 현물출자일 현재 당해 사업장의 순자산가액을 산정함에 있어서 당해 사업장의 재무상태표 등 장부에 계상되지 아니한 부외부채가 존재한다는 사실은 예외적인 사유에 속하는 것이므로 이러한 특별한 사유에 대한 입증책임은 이를 다투는 납세의무자에게 있다고 할 것인바, 원고가 제출한 증거들만으로는 그 제출경위 등에 비추어 볼때, 이 사건 부외부채가 존재한다고 단정하기 어렵다.

2. 나아가 앞서 든 증거들 및 변론 전체의 취지에 의하면 원고의 현물출자 자산·부채명세서

에 이 사건 부외부채는 포함되어 있지 않은 사실을 인정할 수 있고, 원고가 제출한 증거들만으로는 원고가 이 사건 부외부채를 이 사건 사업장의 일부로서 현물출자할 의도였고 이 사건 법인 역시 이를 인수할 의도였음에도 위 명세서에서 착오로 누락하는 등 특별한 사정이 있어 이 사건 부외부채가 현물출자의 대상이 되었음을 인정하기에 부족하며, 달리 이를 인정할 만한 뚜렷한 증거가 없다. 이와 다른 전제에 선 원고의 이 부분 주장도 받아들이지 않는다.

- (쟁점 3) 이월세액의 산입 가부
▶ (판단) 이 사건 이월세액은 이 사건 사업장과 직접 관련된 부채가 아닐 뿐만 아니라 이 사건 사업장의 현물출자일 현재 납세의무가 성립되지 아니한 것으로서 이 사건 사업장의 순자산가액을 산정함에 있어 부채에 포함되지 않는다고 봄이 상당하고, 달리 이를 인정할 만한 뚜렷한 증거가 없다(설령 이 사건 이월세액이 이 사건 사업장의 순자산가액을 산정함에 있어 부채에 포함되어야 한다고 보더라도, 앞서 본 바와 같이 이 사건 부외부채가 이 사건 사업장의 순자산가액에 포함되지 않는 이상 여전히 이 사건 법인의 자본금은 이 사건 사업장의 순자산가액에 미치지 못한다고 할 것이어서, 결국 원고의 주장은 받아들일 수 없다).

사례 9

현물출자 법인전환시 개인사업자의 현금예금 중 일부가 승계되지 않은 경우

개인사업자의 현금예금 중 일부가 승계되지 않았으나 주요 영업재산인 토지와 건물을 현물출자의 대상에 포함하였고, 영업의 동일성을 훼손하거나 고의적인 조세회피를 위해 의도한 것으로 보이지 아니하는 점 등에 비추어 양도소득세 이월과세 적용을 배제하여 양도소득세를 과세한 것은 잘못이라는 판례임 (조심2016부2393, 2017.11.20)

- (쟁점사항) 1. 〈처분청〉은 현금예금이 현물출자하기로 되어 있던 ○○○원이 증가되었음에도 이를 신설법인에 이전하지 아니하여 신설법인의 자본금이 폐업일 당시 개인사업장의 순자산가액에 미달하므로 조특법 제32조의 이월과세 적용 요건을 충족하지 못하였다는 의견.

2. 〈청구인〉은 현물출자의 방법으로 법인전환하기 위하여 주요 영업재산인 토지와 건물을 현물출자의 대상에 포함하였고, 특히 조특법 제32조에 의하여 양도소득세의 이월과세가 적용되는 토지와 건물 및 건설중인 자산의 경우 그 가액이 검사보고서나 실제 현물출자시 변동되지 아니하고 현물출자로 보이는 점, 법인전환과정에서 기업의 규모가 축소되지 아니하여 조특법 제32조 제2항의 요건을 충족한 점.

▶ (판단) 1. 이 건의 경우 청구인은 현물출자의 방법으로 법인전환하기 위하여 주요 영업재산인 토지와 건물을 현물출자의 대상에 포함하였고, 특히 조특법 제32조에 의하여 양도소득세의 이월과세가 적용되는 토지와 건물 및 건설중인 자산의 경우 그 가액이 검사보고서나 실제 현물출자 시 변동되지 아니하였으므로 이는 영업의 동질성을 유지할 수 있을 정도의 현물출자로 보이는 점, 현물출자를 위한 개인사업장에 대한 검사보고서에 의하면 순자산가액은 자산 ○○○원으로 감정되었고, 이에 청구인은 신설법인과 개인사업장의 자산·부채 등 현물출자 목적물의 평가금액을 ○○○원으로 하여 현물출자계약을 체결하였으며, 신설법인은 현물출자계약서에 따라 창원지방법원으로부터 출자금액 ○○○원으로 인가를 받아 설립된 사실이 확인되므로 법인전환과정에서 기업의 규모가 축소되지 아니하여 조특법 제32조 제2항의 요건을 충족한 점.

2. 처분청은 현금예금이 현물출자하기로 되어 있던 ○○○원이 증가되었음에도 이를 신설법인에 이전하지 아니하여 신설법인의 자본금이 폐업일 당시 개인사업장의 순자산가액에 미달하므로 조특법 제32조의 이월과세 적용 요건을 충족하지 못하였다는 의견이나, 청구인은 당초 현물출자하기로 한 현금예금 ○○○원을 그대로 이행하였고, 폐업일까지 증가한 ○○○원을 현물출자의 대상에 적극적으로 추가하지 아니하였다고 하더라도 이로써 영업의 동일성을 훼손하였다거나 조세회피가 있었다고 보기도 어려운 점 등에 비추어 처분청이 이월과세 적용을 배제하여 청구인에게 양도소득세를 부과한 처분은 잘못이라고 판단된다. (조심2016부2393, 2017.11.20)

사례 10

법인전환 직전에 현금을 인출하고 나머지 자산·부채를 현물출자하여 법인전환 한 경우

현물출자에 의한 법인전환시 법인전환 직전에 개인사업장의 현금성 자산을 인출하여 순자산가액을 축소시킨 상태였다 하더라도 법인전환 당시 순자산가액 이상 출자하였으므로 취득세 면제요건을 충족한 것으로 판단됨. (조심2017지500, 2017.09.14)

■ (사실관계) 청구법인은 2014.6.16. ○○○외 8필지 토지 12,453㎡ 및 건축물 4,568.66㎡(이 건 부동산)와 승용자동차 ○○○외 3대의 차량(이 건 차량) 등을 개인사업자 ○○○엔지니어링 ○○○으로부터 현물출자받아 취득하고, 2014.7.8. 처분청에 조세특례제한법 제120조 제5항에 따른 현물출자에 따라 취득하는 사업용 재산으로 감면신청하여 취득세 등을 면제받았다.

● (처분) 처분청은 개인사업자 ○○○이 법인으로 전환하기 전인 2013.12.31. 보통예금, 정기

적금 등 ○○○(쟁점금액)을 인출하여 개인사업자의 순자가산가액을 부당하게 감소시켰고, 청구법인에 현물출자한 가액이 쟁점금액을 포함한 개인사업장의 순자산가액에 미달하여 청구법인은 조세특례제한법 제120조 제5항에 따른 취득세 등의 감면요건을 충족하지 못한 것으로 보아, 2016.10.4. 청구법인에 감면한 취득세 ○○○농어촌특별세 ○○○지방교육세 ○○○합계 ○○○을 부과·고지하였다.

▶ (판단) 1. 조세특례제한법 시행령 제28조 제1항 제2호에서 통합으로 인하여 소멸하는 사업장의 중소기업자가 당해 통합으로 인하여 취득하는 주식 또는 지분의 가액이 통합으로 인하여 소멸하는 사업장의 순자산가액(통합일 현재의 시가로 평가한 자산의 합계액에서 충당금을 포함한 부채의 합계액을 공제한 금액을 말한다) 이상일 것을 규정하고 있다.

2. 개인사업자가 사업용고정자산을 현물출자하여 법인으로 전환하는 경우 새로 설립되는 법인의 자본금이 현물출자일 현재 개인사업장의 순자산가액 이상이 되면 취득세 등의 감면요건을 충족한다고 보는 것이 타당하다 할 것(대법원 2017.3.9. 선고 2016두62771 판결, 같은 뜻임)이다.

3. 개인사업자 ○○○이 2014.6.16. 사업용자산 등을 현물출자하여 설립한 청구법인의 설립 당시 자본금이 현물출자일 현재 개인사업자 ○○○의 순자산가액 이상인 사실이 청구법인의 등기사항전부증명서, 개시대차대조표 및 공인회계사 ○○○이 2014.4.8. 작성하여 의정부지방법원에 제출한 감정인 조사보고서 등에 의하여 확인되는 점 (조심2017지500, 2017.09.14)

4. 개인사업자 ○○○이 2013.12.31. 쟁점금액을 인출하였으나 나머지의 사업용자산·부채 전체를 현물출자하여 2015.6.16. 청구법인을 설립하였다 하더라도 사업의 동질성이 없다고 보기는 어려운 점 등에 비추어, 청구법인은 조세특례제한법 제120조 제5항 및 제32조에 따른 취득세 등의 감면요건을 충족한 것으로 보이므로 처분청이 이 건 취득세 등을 과세한 처분은 잘못이 있다고 판단된다. (조심2017지500, 2017.09.14)

사례 11

현물출자 법인전환시 순자산가액의 계산에서 물상보증채무에 대한 공제 여부

법인전환 하는 사업장의 순자산가액 산정시 물상보증채무가 자산가액에서 공제하는 부채에 해당한다는 법원의 판결이 있는 점 등을 감안하여, 법인전환 하는 사업장의 순자산가액은 물상보증채무액을 공제하여 평가함이 타당하다는 판례임 (조심 2017중563, 2017.06.01)

■ (사실관계) ① 청구인 주장

1. 이 건과 쟁점이 동일한 사항에 대하여 법원은 순자산가액을 계산함에 있어 물상보증채무액을 부채에서 공제할 수 있다고 판단(수원지방법원 2014.11.26. 선고 2014구합51242 판결, 서울고등법원2015.8.20. 선고 2014누73373 판결, 대법원 2015두51378, 2015.10.5. 소취하)하였다.

2. 청구인은 쟁점부동산을 비롯한 개인사업자의 사업용자산 및 부채 전부를 현물출자하여 ○○○를 설립하였고, 현물출자 대상인 순자산가액이 새로 설립되는 법인에 그대로 승계되어 실질적으로 동일한 사업주가 사업의 운영형태만 바뀌었으므로 쟁점부동산에 대한 이월과세는 정당하다.

② 처분청 의견

1. 조특법 시행령 제29조 제1항 제2호에서 '통합으로 인하여 소멸하는 사업장의 순자산가액은 통합일 현재의 시가로 평가한 자산의 합계액에서 충당금을 포함한 부채의 합계액을 공제한 금액을 말한다'라고 규정하고 있는바, 이 경우 공제대상 부채는 당해 사업과 관련하여 발생된 부채를 말하는 것으로 기업회계기준에 따른 우발부채는 공제대상 부채에 포함되지 아니한다.

2. 순자산가액 계산 시 공제되는 부채는 당해 사업과 관련하여 발생된 부채를 말하고, '당해 사업과 관련하여 발생된 부채'라 함은 출자를 위한 차입금 외에 당해 사업을 위하여 차입한 차입금을 말하는 것이지 쟁점부동산에 ○○○를 채무자로 설정해 줌으로써 발생한 우발채무는 순자산가액 산정시 자산가액에서 공제하는 부채에 해당되지 않으며 청구인은 사업과 관련된 채무를 확대해석하고 있다.

3. 「상법」을 적용하여 현물출자액을 정하는 경우에는 쟁점물상보증채무액을 차감한 가액으로 할 수 있으나, 양도소득세 이월과세 적용 여부를 판단함에 있어서는 조특법에서 정한 방법에 의한 순자산가액을 산정하여야 하고, 쟁점물상보증채무액은 확정되지 아니한 우발채무로 순자산가액 계산 시 공제되는 부채에 해당되지 아니하므로 청구인이 양도소득세 이월과세를 적용받기 위해서는 쟁점물상보증채무액을 말소하여 현물출자를 하였어야 한다.

▶ (판단) ① 처분청은 쟁점물상보증채무액을 부채에서 미공제하여 평가함이 타당하다고 주장하나,

1. 청구인은 이 건 현물출자 시 「상법」에 따른 법원의 결정을 따를 수 밖에 없었던 점,

2. 쟁점물상보증채무액에 상당하는 금액을 주식발행초과금으로 계상하여 조특법 제32조에서 요구하는 자본충실의 원칙에 위배되었다고 보기도 어려운 점,

3. 쟁점부동산의 현물출자 시 쟁점물상보증채무액 상당액이 부채로 계상되지 아니하여 OOO가 직접 상환해야 할 채무가 아니므로 사업무관성과도 관련이 없는 것으로 보이는 점,

4. 물상보증채무를 소멸하는 사업장의 순자산가액 산정시 자산가액에서 공제하는 부채에 해당한다는 법원의 판결(수원지방법원 2014.11.26. 선고 2014구합51242 판결, 서울고등법원 2015.8.20. 선고 2014누73373 판결, 대법원 2015두51378, 2015.10.5. 소취하)이 있는 점 등을 감안할 때,

② 쟁점물상보증채무액을 부채에서 공제하여 평가함이 타당하다 하겠다. 따라서, 처분청이 법인전환으로 취득하는 주식의 가액이 법인전환으로 인하여 소멸하는 사업장의 순자산가액 이상이 아니어서 이월과세요건을 충족하지 못한 것으로 보아 청구인에게 이 건 양도소득세를 과세한 처분은 잘못이 있다고 판단된다. (조심 2017중563, 2017.06.01.)

사례 12

현물출자 법인전환시 개인소유 부동산의 공동담보 장기차입금의 부채계상 여부

조특법상 사업용고정자산을 현물출자하여 법인전환 할 때 순자산가액의 계산은 현물출자일 현재의 시가로 평가한 자산에서 부채를 공제하여 계산함. 이때 사업과 관련하여 발생한 부채에 해당되는 경우라면 당해 현물출자 부동산이 개인소유 부동산의 공동담보 여부와 관계없이 장기차입금은 부채에 해당함 (지방세특례제도과-846, 2017.04.28)

● (질의) 개인사업자가 사업용고정자산을 현물출자하여 법인으로 전환하면서 현물출자와 관계없는 개인소유 부동산을 공동담보로 한 장기차입금을 소멸하는 사업장의 부채에 포함할 수 있는지 여부

▶ (규정) 1. 조세특례제한법·(2011. 12. 31. 법률 제1133호로 개정되기 이전의 것) 제120조 제5항에서는 제32조에 따른 현물출자 또는 사업양도·양수에 따라 취득하는 사업용 재산에 대하여는 취득세를 면제한다고 규정하고 있으며, 같은 법 제32조 제1항에서는 거주자가 사업용고정자산을 현물출자하거나 대통령령으로 정하는 사업양도·양수의 방법에 따라 2012년 12월 31일까지 법인으로 전환하는 경우 그 사업용고정자산에 대해서는 이월과세를 적용받을 수 있다고 규정하면서, 제2항에서는 제1항은 새로 설립되는 법인의 자본금이 대통령으로 정하는 금액 이상이 경우에만 적용한다고 규정하고 있고,

2. 같은 법 시행령 제28조 제1항 제2호에서는 통합으로 인하여 소멸하는 사업장의 중소기업자가 당해 통합으로 인하여 취득하는 주식 또는 지분의 가액이 통합으로 인하여 소멸하는 사업장의 순자산가액(통합일 현재의 시가로 평가한 자산의 합계액에서 충당금을

포함한 부채의 합계액을 공제한 금액을 말한다. 이하 같다) 이상일 것이라고 규정.

▶ (회신) 거주자가 사업용고정자산을 현물출자하여 법인전환 할 때 사업과 관련하여 발생한 부채에 해당되는 경우라면 당해 현물출자 부동산이 개인소유 부동산의 공동담보 여부와 관계없이 장기차입금은 부채에 해당하고 현물출자일 현재의 시가로 평가한 자산에서 부채를 공제하여 계산한 금액이 통합으로 인하여 소멸하는 법인의 순자산가액 이상이라면 감면대상이라고 보는 것이 타당하다 할 것입니다. 다만, 이에 해당하는지는 과세권자가 구체적인 사실조사 등을 통하여 최종 판단할 사안이라 할 것입니다. (지방세특례제도과-846, 2017.04.28.)

사례 13

> **현물출자 이전에 예금을 인출한 경우 현물출자 법인전환에 대한 취득세 감면요건 여부**

현물출자를 통한 법인전환시 자본금이 현물출자 당시의 순자산가액 이상이면 취득세 감면요건을 충족하므로 현물출자 이전에 인출된 예금은 자산에 포함되지 않아도 됨. (대법원 2016두62771, 2017.03.09)

● (관련 법규) 1. 구 조세특례제한법 제120조 제5항, 제32조 제1항 및 제2항, 같은 법 시행령 제29조 제2항 및 제5항, 제28조 제1항 제2호의 규정 취지를 종합하여 보면, 거주자인 개인사업자가 사업용 재산을 포함한 사업을 현물출자하여 법인전환을 하는 경우 새로 설립되는 법인의 자본금이 해당 출자에 의해 법인으로 전환하는 사업장의 현물출자일 당시 순자산 가액(현물출자일 현재 시가로 평가한 사업용 재산의 합계액에서 충당금을 포함한 부채의 합계액을 공제한 금액의 합계액) 이상이면, 당해 사업용 재산에 대하여는 취득세가 면제되는 것으로 풀이된다.

2. 그러나 구 조세감면규제법 시행령 규정이 1997.12.31.자로 개정되면서, 사업용 재산의 평가를 시가에 의하도록 함과 아울러, 1년간의 평균 순자산가액이 아니라 해당 기준일 당시 순자산가액에 의하도록 규정함에 따라, 현물출자에 의한 법인전환의 경우 그 현물출자일 당시 당해 사업장의 순자산가액과 비교하여 설립법인의 자본금이 그 이상이면 취득세 등이 면제되게 되었고, 이러한 규정이 이 사건에도 적용되는 구 조세특례제한법 시행령 제28조 제1항 제2호에 이르기까지 이어졌다.

3. 따라서 이러한 규정하에서는 현물출자 당시 당해 사업장의 순자산가액이 외부 유출됨이 없이 설립법인의 자본금으로 그대로 승계되었는지 여부만 문제 될 뿐 현물출자 이전과 비교해서 축소되었는지 여부는 더 이상 문제 될 여지가 없게 되었고, 이는 설립법인의 자본충실이 확보되면 그 규모는 종전에 비하여 축소되더라도 취득세 면제 등의 과세특례를

인정하여 법인전환을 촉진시키자는 데 그 취지가 있는 것으로 볼 수가 있다.

▶ (판단) 이 사건에서 ○○○가 개인사업체를 운영하여 오다가 2011.2.28. 그 자산 중 보통
예금 901,493,822원을 인출한 후, 그다음 날인 2011.3.1.자로 나머지 토지와 건물 등 사업
용 재산 2,923,512,339원을 포함한 사업을 현물출자 할 당시 당해 사업장의 순자산가액은
위 사업용 재산가액에서 당시 부채총액 1,510,734,839원을 공제한 나머지 1,412,777,500원
이었고, 이것이 그 후 2011.5.12.자로 설립된 원고의 자본금과 같은 금액이었던 이상, 현
물출자 대상이었던 위 사업용 재산에 관하여는 취득세 등이 면제된다고 할 것이다. (대법
원 2016두62771, 2017.03.09.)

사례 14

현금 유입이 없는 차입금의 부채계상에 대한 현물출자 법인전환시 면제 여부

쟁점 부채는 현물출자 기준일에 개인사업장의 대표자로부터 차입, 부채로 계상한 것으로 그에 따른 현금
유입 등이 없었는바, 이는 법인전환이 개인사업자와 사업의 동일성을 유지한 것으로 인정하기 어려운 점
등에 비추어 처분청에서 청구법인이 개인의 법인전환에 따른 면제요건을 갖추지 못하였다고 봄. (조심
2016지1037, 2016.11.24.)

■ (사실관계) 1. 2011.6.30. 작성된 '현물출자 계약서'에 의하면, 개인사업장의 대표자 ○○○
과 설립중인 회사인 청구법인(이하 "을")은 현물출자계약을 체결하면서 "갑"이 개인사업
자로 영위하고 있는 일체의 사업용자산·부채를 "을"에게 현물출자하고, "을"은 "갑"으로부
터 출자받은 순자산가액에 해당하는 자본금을 발행하여 주식회사를 설립한다고 되어 있
다.

2. 청구법인이 2016.3.25. ○○○에 의하면 개인사업장의 이익잉여금을 법인전환과정에서 신
규차입 등으로 자금을 조달하여 지급되었어야 하지만, 동일 대표자로부터 금리부담 없이
○○○은 자본을 전입하였다고 소명한 사실이 나타난다.

3. 청구법인에 대한 ○○○이 쟁점 부채인 대표자 장기차입금은 자산재평가로 인한 자산금액
증액분(차액)을 개인 출자로 보아 부채로 계상한 것이며 당해 차입금과 관련하여 현금,
예금 등의 자금 유출입 사실은 없다고 진술한 것으로 기재되어 있다.

4. 처분청이 제출한 '법인별 과점주주 연계 조회' 및 '법인등기사항전부증명서'에 의하면, 자
본 총액을 ○○○의 주식수는 360,400주(지분율 100%)로 나타난다.

5. 청구법인이 제출한 재무제표에서 쟁점부채는 2012~2014사업연도 기간에 장기차입금명세
서에, 2015사업연도에는 장기미지급금명세서에 기재된 것으로 나타난다.

▶ (판단) 1. 청구법인의 경우, 이전까지 존재하지 않던 쟁점부채를 현물출자기준일에 개인사업장의 대표자로부터 차입한 것으로 하여 부채로 계상하였으나 그에 따른 현금 유입 등이 이루어지지 아니하였는바,

2. 개인사업장의 법인전환 과정에서 청구법인의 출자금을 축소하거나 향후 채무변제를 통해 자금을 유출하고자 한 것으로 볼 수 있어 개인사업장과 관련된 주된 자산이 모두 청구법인에 승계되어 사업의 동일성을 유지하면서 운영하는 형태만 변경한 것으로 인정하기 어려운 점,

3. 법인전환을 전·후한 사업의 동일성에 대한 판단을 배제하고 현물출자기준일 현재 개인사업장의 순자산가액 이상을 법인전환시 출자하였다 하여 취득세 면제요건을 충족한 것으로 볼 경우 개인사업과 관련된 주된 자산을 처분·인출하고 축소한 순자산가액 상당액만을 출자하여 법인으로 전환하는 경우에도 취득세를 면제하게 되는 문제가 발생하는 점 등에 비추어

4. 처분청이 개인의 법인전환에 따른 면제요건에 해당하지 않는다고 보아 이 건 취득세 등을 부과한 처분은 달리 잘못이 없다고 판단된다.

- (조심 2016지1037, 2016.11.24)

사례 15

법인전환 직전에 출자금 사용을 위한 차입금에 대한 순자산가액 계산 여부

■ (사실관계) 1. '갑'은 부동산임대업을 주업으로 하는 개인사업자로서 사업용고정자산을 현물출자하여 법인으로 전환할 예정임

2. '갑'의 부동산임대용 토지 및 건물의 취득가액은 100억원이며, 甲은 출자금 80억원 및 차입금 20억원으로 해당 자산을 취득하였고, 甲은 금융기관으로부터 50억원을 추가로 차입하여 동 차입금을 출자금의 인출로 회계처리 한 후 법인전환 할 예정임

● (질의) 조특법 제32조에 따른 법인전환 이월과세를 적용할 때 출자금인출 목적으로 차입한 50억원을 순자산가액 계산시 부채로 공제하는 것인지 여부

▶ (회신) 조특법 제32조 및 같은 법 시행령 제29조 규정을 적용함에서 거주자가 사업용고정자산을 현물출자하여 법인으로 전환하는 사업장의 순자산가액은 현물출자일 현재의 시가로 평가한 자산의 합계액에서 충당금을 포함한 부채의 합계액을 공제하여 계산하는 것이고, 이 경우 공제대상 부채는 당해 사업과 관련하여 발생된 부채를 말하는 것이며, 이에

해당하는지는 사실 판단할 사항이다. (부동산납세과-478, 2014.07.08)

임대업자가 임대용 토지를 현물출자하여 법인전환시 이월과세 적용을 받을 수 있는지

건축물이 있는 토지를 임대한 임대업자가 임대용으로 사용하던 해당 토지를 현물출자의 방법에 따라 법인으로 전환하는 경우 해당 토지에 대해서는 이월과세를 적용받을 수 있는 것이며, 이 경우 소멸하는 사업장의 순자산가액을 계산할 때 부채의 합계액에는 임대보증금을 포함하는 것임 (부동산납세과-427, 2014.06.16)

■ (사실관계) 1. 1983.04. 갑, 서울 중구 충무로 소재 A부동산(토지 및 건물) 증여 취득 및 임대개시

2. 2007.11. 갑, A건물 철거 및 을법인에 토지임대 개시(을법인은 갑으로부터 토지 임차 후 을법인 소유의 건물을 신축하기 위해 공사 착공)

3. 2009.02. 을법인, A토지 지상에 건물 준공 및 건물임대 개시

4. 2014.00. 갑, A토지(355.7㎡, 예상평가액 350억원, 임대보증금 65억원)를 병법인 신설 후 병법인에 현물출자할 예정

● (질의) 1. 건축물이 있는 A토지를 신설법인에 현물출자하는 경우 조특법 제32조 제1항에 따른 이월과세를 적용받을 수 있는지 여부

2. (갑)이 (을)법인으로부터 수령한 임대보증금은 부채로 인정되어 순자산가액을 계산할 때 자산의 합계액에서 공제가 가능한지 여부

3. 신설법인에 현물출자하여 법인전환한 직후 갑이 법인전환으로 취득한 주식 또는 출자지분의 100분의 50 미만을 처분하는 경우 조특법 제32조 제5항 제2호에 해당하지 아니하여 이월과세를 계속 적용받을 수 있는 것인지 여부

▶ (회신) 질의 1, 2 : 조특법 제32조 제1항에 따른 법인전환에 대한 양도소득세의 이월과세 규정을 적용할 때 건축물이 있는 토지를 임대하는 거주자인 임대업자가 임대용으로 사용하던 해당 토지를 현물출자의 방법에 따라 법인으로 전환하는 경우 해당 토지에 대해서는 동 규정을 적용받을 수 있는 것임. 이 경우 소멸하는 사업장의 순자산가액을 계산할 때 부채의 합계액에는 임대보증금을 포함하는 것임.

질의 3 : 조특법 제32조 제1항에 따른 이월과세를 적용받은 거주자가 같은 규정에 따라 설립된 법인의 설립일부터 5년 이내에 법인전환으로 취득한 주식 또는 출자지분의 100분의 50 이상을 처분하는 경우에는 해당 거주자가 사유발생일이 속하는 과세연도의 과세표준

신고를 할 때 같은 조 제1항에 따른 이월과세액(해당 법인이 이미 납부한 세액을 제외한 금액을 말함)을 양도소득세로 납부하여야 하는 것임. (부동산납세과-427, 2014.06.16)

사례 17

> ## 법인자본금이 소멸사업장의 순자산가액보다 1주의 액면금액 이상으로 작은 경우

● (질의) 거주자 3명이 현물출자의 방법으로 1개 법인으로 전환하는 경우로서 거주자별로 인수한 주식의 총액이 현물출자한 순자산가액 보다 1주의 액면금액 미만으로 부족하여 전체적으로 설립되는 법인의 자본금이 소멸하는 사업장의 순자산가액 보다 1주의 액면금액 이상으로 작은 경우 취득세를 면제할 수 있는지 여부

▶ (회신) 1. 이 건의 경우 현물출자 방식으로 설립되는 법인의 자본금(18,667,800,000원)이 소멸하는 사업장의 순자산가액(18,667,805,837원)에 5,837원 미달하므로 위 법령에 따른 취득세 감면요건을 충족하지 못한 것으로 판단된다.

2. 그럼에도 그동안 감면요건을 규정한 취지가 훼손되지 아니하는 범위 이내에서 유권해석 (지방세운영과-2637, 2011.6.8), 조세심판례(조심2010지0040, 2010.11.19) 및 조세심판례 (조심2010지0298, 2010.12.28)를 통하여

3. 이 건의 경우가 이에 해당하는지 여부를 살펴보면, 1주의 금액(5,000원)을 초과하여 설립 되는 법인의 자본금이 부족한 점, 현물출자 뿐만 아니라 현금출자도 가능한 점(사건번호: 지방세운영과-2001, 2008.10.30),

4. 거주자의 출자금액의 크기(종전 개인사업장의 순자산가액 이상인지 여부)와 상관없이 새 로이 설립되는 법인의 자본금이 종전 개인사업장의 순자산가액 이상이면 취득세의 면제 대상으로 보고 있는 점(조심2010지0516, 2011.11.22),

5. 정관에서도 1만원 미만은 절사하고 출자재산의 평가액을 확인하는 내용이 없는 점 등을 종합적으로 고려할 때 취득세 감면요건을 충족한 것으로 보기는 어렵다고 할 것이나, 이 에 해당하는지에 대하여는 과세권자가 관련 자료 및 사실조사를 통해 최종 판단할 사항 이라고 할 것이다. (지방세운영과-713, 2014.02.27.)

마. 신설법인의 자본금 관련 예규사례(2)

(사례18) 개인기업 사업장의 순자산가액 계산시 관계회사대여금, 출자금, 미수금 등이 포함 여부
(사례19) 개인기업 법인전환시 순자산가액이 음수(-)인 경우 출자금액 범위
(사례20) 법인전환시 취득하는 주식가액이 단주처리금액이 소멸사업장의 순자산가액 이상인 겨우
(사례21) 법인전환시 신설법인 자본금의 순자산가액에 부채의 계산 여부
(사례22) 거주자의 출자금액 크기와 새로이 설립되는 법인의 자본금
(사례23) 법인전환시 이월과세 적용에 순자산가액을 1곳의 감정가로 적용 여부
(사례24) 법인설립 시 자본금이 순자산가액에 미달하였으나 경정등기로 순자산가액 이상이 된 경우
(사례25) 현물출자 법인전환시 사업용고정자산 양도가액의 산정기준 여부
(사례26) 현물출자 시 감면요건 자본금에 다른 주주의 투여지분에 해당하는 출자액은 포함되는지
(사례27) 법인전환시 해외현지법인 지분의 시가평가방법과 자산 및 부채의 포함 여부
(사례28) 주택신축판매업자의 법인전환시 재고자산인 주택의 시가산정 인정기준 여부
(사례29) 법인전환시 새로이 설립되는 법인의 자본금 범위
(사례30) 현물출자 법인전환시 순자산가액의 평가기간과 충당금의 부채포함 여부
(사례31) 현물출자 법인전환시 순자산가액의 산정에 하자보수충당금의 부채계상 여부

사례 18

개인기업 사업장의 순자산가액 계산시 관계회사대여금, 출자금, 미수금 등이 포함 여부

● (질의) 개인기업의 법인전환에 소요된 등기비와 미수금된 임대료(이하 "등기비 등"이라 함)가 법인설립 당시의 장부상에 부채로만 계상한 경우, 개인기업 사업장의 순자산가액 산출시 자산에 포함하여야 하는지 여부

▶ (회신) 개인기업 법인전환 설립시의 취득세 감면요건은 법인 설립 당시를 기준으로 법인의 자본금이 소멸하는 개인기업의 순자산가액 이상이여야 하고, 개인기업 사업장의 순자산가액 계산시 관계회사 대여금·출자금·미수금을 순자산가액에서 제외할 수 없는 것(국세청 부동산거래-355, 2011.4.26. 법령해석 참조)이므로 소멸하는 개인사업장의 대표이사가 대납한 등기비와 미수금된 임대료가 법인설립 당시의 법인장부에 부채로만 계상되어 있는 경우로서 개인기업 대차대조표상의 자산에서 누락되어 순자산가액이 산출된 경우라면 누락된 등기비 등을 대여금 등으로 자산에 포함하여 순자산가액을 산출함이 타당하다고 할 것입니다. 다만, 등기비 등의 자산에서 누락 여부 등은 당해 과세권자가 관련 자료 및 사실관계를 조사하여 최종 판단할 사안이라고 할 것이다. (지방세운영과-1951, 2013.08.20.)

사례 19

개인기업 법인전환시 순자산가액이 음수(−)인 경우 출자금액 범위

● (질의) 개인기업에서 법인으로 전환하는 사업장의 순자산가액이 음수(-)인 경우, 취득세감면대상에 해당하는 개인기업(거주자) 출자금액의 범위는?

▶ (회신) 1. 개인기업이 법인으로 전환시의 취득세 감면요건 중의 하나가 '개인기업을 영위하던 자가 발기인이 되어 개인기업의 순자산가액 이상을 출자하여 법인을 설립하는 것'이라고 할 것이며, 위 개인기업의 '순자산가액' 이란 법인전환일 현재의 시가로 평가한 자산의 합계액에서 충당금을 포함한 부채의 합계액을 공제한 금액을 의미하는 것"이므로 순자산가액이 음수(-)로 나타날 수도 있고, 음수(-)로 나타나는 경우는 '0'원으로 봄이 합리적(조특법 제106조의8 등 참조)이라고 할 것임.

2. 하지만 위 순자산가액 이상 출자요건의 경우 음수(-)로 나타난 순자산가액 상쇄 등의 규정이 별도로 없고 오로지"순자산가액 이상 출자"로만 규정하고 있으므로 순자산가액이 음수(-)라도 최소 출자금액(100원) 이상으로만 출자하였다면 순자산가액 이상 출자라는 감면요건을 충족하였다고 봄이 합리적이라고 판단됨. (지방세운영과-1325, 2013.07.01)

사례 20

법인전환시 취득하는 주식가액이 단주처리금액이 소멸사업장의 순자산가액 이상인 경우

● (질의) 조특법상 개인사업자 3인이 사업용고정자산을 현물출자하여 법인전환 하면서 그 대가로 취득하는 주식가액이 소멸하는 사업장의 순자산가액 이상인 경우

▶ (회신) 1. 조특법 제32조 및 제120조, 같은 법 시행령 제28조 및 제29조에서 개인사업자가 사업용고정자산을 현물출자하는 방법에 따라 소비성서비스업을 제외한 법인으로 전환하는 경우 취득세를 면제하되, 신설되는 법인의 자본금이 당초 개인사업장의 순자산가액(법인전환일 현재의 시가로 평가한 자산의 합계액에서 충당금을 포함한 부채의 합계액을 공제한 금액을 말한다) 이상일 것을 규정하고 있고, 상법 제33조에서 주식은 액면미달의 가액으로 발행하지 못하도록 규정하고 있음.

2. 이 질의 경우 감정평가법인이 당초 개인사업장의 순자산가액을 ○○○원으로 평가하여 이에 따른 발행주식수 ○○○주를 이사회에서 결정한 후 법원의 인가를 받아 현물출자 3인에게 각각 ○○○주, ○○○주, ○○○주, 액면가 총액 ○○○원을 발행하면서 차액

6,703원은 이익잉여금으로 처리하였음을 알 수 있음.

3. 최초에 현물출자자 3인이 현물출자한 금액 중 각각 3,428원, 2,084원, 1,191원, 합계 6,703 원은 상법 제330조에서 액면 미달의 가액으로 발행할 수 없도록 규정하고 있어 부득이하게 단주 처리하였음을 알 수 있음. 그렇다면, 조특법상 개인사업자가 사업용고정자산을 현물출자하여 법인전환 하면서 그 대가로 취득하는 주식가액이 소멸하는 사업장의 순자산가액 이상이 된다고 보아야 할 것(행정안전부 지방세운영과-2637, 2011.6.8.)이고, 개인 사업자 3인의 단주처리금액 합계가 주당 액면가액 이상이라 하여 달리 볼 사안이 아닌 것으로 판단됨. 다만, 이에 해당 여부는 사실관계를 종합적으로 고려하여 판단할 사안임. (서울세제과-16921, 2012.12.31)

사례 21

법인전환시 신설법인 자본금의 순자산가액에 부채의 계산 여부

■ (사실관계) 1. 개인사업자의 재무상태

(2003.12 현재)		(2012.5 현재)	
자산 12,000	차입금 등 6,000 자본금 6,000	자산 12,000	차입금 등 13,000 자본금 △1,000

2. 2011.1월 당해자산 담보제공 후 7,000원을 차입하여 부채 증가하여, 초과인출금 1,000원 발생

● (질의) ① 순자산가액 계산 시 사업용 부채로 계산될 금액은?

(갑설) 6,000원 : 당초 차입금

(을설) 12,000원 : 당초 차입금과 추가대출금 중 초과인출금 제외

(병설) 13,000원 : 당초 차입금과 추가대출금 전부

② 순자산가액이 계산결과 부수(△)가 발생한 경우 신설된 법인의 자본금은 얼마로 해야 하는지

▶ (회신) 질의① 경우 조특법시행령 제29조5항에 따른 순자산가액 계산시 차감되는 부채는 당해 사업과 관련하여 발생된 부채를 말하며, 사업과 관련 여부는 지출내역 등을 보아 판단할 사항입니다.

질의② 경우 신설된 법인의 자본금은 법인전환 전 개인기업의 순자산가액(법인전환일 현재 시가로 평가한 가액에서 충당금을 포함한 부채의 합계액을 공제한 금액) 이상이어야 합니다. (부동산거래관리과-285, 2012.5.21)

사례 22

거주자의 출자금액의 크기와 새로이 설립되는 법인의 자본금

● (판례 요지) 사업용고정자산을 현물출자하여 법인으로 전환하는 경우에는 거주자의 출자금액의 크기(종전 개인사업장의 순자산가액 이상인지 여부)와 상관없이 새로이 설립되는 법인의 자본금이 종전 개인사업장의 순자산가액 이상이면 취득세 및 등록세의 면제대상으로 보아야 할 것임.

▶ (판단) 1. 처분청이 개인사업자가 직접 투여하지 아니한 다른 주주의 투여지분에 해당하는 출자액은 법인의 자본금에 포함되지 아니한다고 인용한 구 국세심판원의 선결정(국심 2005중2993, 2005.1.1.)은 거주자가 사업용고정자산을 사업양수도의 방법에 의하여 법인으로 전환하는 경우에 해당하는 심판결정사례이므로 현물출자에 의해 법인전환 하는 경우 이를 동일하게 적용할 수는 없다하겠다.

2. 그렇다면, 조세법규는 확장해석이나 유추해석을 금하고 문언에 따라 충실하게 문리해석을 하여야 하는 점을 고려할 때, 이 건 관련법령인 「조세특례제한법」 제32조와 같은 법 시행령 제29조의 규정내용에 따라 이 건과 같이 사업용고정자산을 현물출자하여 법인으로 전환하는 경우에는 거주자의 출자금액의 크기(종전 개인사업장의 순자산가액 이상인지 여부)와 상관없이 새로이 설립되는 법인의 자본금이 종전 개인사업장의 순자산가액 이상이면 취득세 및 등록세의 면제대상으로 보아야 할 것이다. (조심2010지516, 2011.11.22)

사례 23

법인전환시 이월과세 적용에 순자산가액을 1곳의 감정가로 적용 여부

● (질의) 제조업을 경영하는 개인사업장을 조특법 32조 규정에 의해 현물출자 방법으로 법인전환하고 현물출자 부동산에 대하여 양도소득세 이월과세적용을 받으려 하는 경우, 순자산가액을 시가평가에서 1곳만의 공신력 있는 감정기관의 감정가액으로 시가를 인정받을 수 있는지.

▶ (회신) 조특법 제32조에 따른 법인전환에 대한 양도소득세의 이월과세 적용시 순자산가액의 시가는 법인세법 시행령 제89조1항에 해당하는 가격, 같은 조 제2항1호의 감정가액, 상증법 제61조 내지 제64조의 규정을 준용하여 평가한 가액의 순서대로 적용합니다. (부

동산거래관리과-0965, 2011.11.15.)

사례 24

법인설립 시 자본금이 순자산가액에 미달하였으나 경정등기로 순자산가액 이상이 된 경우

■ (사실관계) 1. 2010.2.5 : 순자산가액(45억원) 모두를 현물출자하고 자본금을 20억원으로 하여 법인설립등기

2. 2010.2.26 : 등기 절차상 착오신청을 원인으로 자본금 경정등기 신청

3. 2010.3.10 : 경정등기 완료 (자본금 20억원 → 45억원)

● (질의) 법인설립 당시에는 자본금이 순자산가액에 미달하였으나 수일 내 착오신청을 원인으로 경정등기하여 자본금을 순자산가액 이상으로 증가시킨 경우 구 조특법 제119조 및 제120조에 따른 개인기업 법인전환 취득세 및 등록세 면제 대상에 해당하는지

▶ (회신) 1. 개인기업의 법인전환에 따른 취득세 및 등록세의 면제요건으로 새로이 설립되는 법인의 자본금의 경우 소멸하는 개인기업의 순자산가액 이상으로 출자될 것을 요구하고 있는바, 이는 법인전환으로 경제실체의 재산이 유출되지 아니하고 보전되어야 한다는 법인의 자본유지의 원칙을 도모하려는 취지라 할 것인 점,

2. 경정등기는 원시적 착오, 또는 유루(당초의 등기절차에 신청의 착오나 등기관의 과오가 있어 등기와 실체가 불일치하는 경우)가 있는 경우에 할 수 있고, 등기완료 후에 발생한 사유에 의해서는 할 수 없는 점(경정등기절차에 관한 업무처리지침, 대법원 등기예규 제1148호, 2006.9.15),

3. 위 사실관계와 같이 2010.2.5. 법인설립 당시에는 자본금이 순자산가액에 미달하였으나, 2010.2.26. 착오신청을 원인으로 경정등기를 신청하여 2010.3.10. 법원의 승인으로 경정등기가 이루어진 점 등을 종합적으로 고려할 때, 경정등기의 소급효로 인해 당해 법인설립일부터 자본금이 순자산가액 이상이 된 경우로서 취득세 등 면제 대상에 해당된다고 할 것입니다만, 이에 해당되는지는 당해 과세권자가 사실관계 등을 조사하여 최종 판단할 사항입니다. (지방세운영과-5089, 2011.11.1.)

사례 25

현물출자 법인전환시 사업용고정자산 양도가액의 산정기준 여부

● (질의) 다음과 같이 개인기업이 현물출자로 법인전환하여 순자산가액을 기준으로 발기인

에게 주식 559,400주(액면가액 5,000원, 2,797백만원)를 교부하고 양도소득세 이월과세를 적용 신청하려고 함 이 경우 양도가액을 토지와 건물의 장부가액(9,144백만원) 또는 주식 교부금액(2,797백만원)으로 하는지.

<table>
<tr><td colspan="4">(현물출자 자산 및 부채 명세서)</td></tr>
<tr><td>유동자산</td><td>397백만원</td><td>건물</td><td>2,234백만원</td></tr>
<tr><td>유동부채</td><td>7,321백만원</td><td>기계장치외</td><td>3,379백만원</td></tr>
<tr><td>토지</td><td>6,910백만원</td><td>순자산가액</td><td>2,797백만원</td></tr>
<tr><td>비유동부채</td><td>2,802백만원</td><td></td><td></td></tr>
<tr><td>(자 산 계)</td><td>(12,920백만원)</td><td></td><td></td></tr>
<tr><td>(부채와 자본 계)</td><td>(12,920백만원)</td><td></td><td></td></tr>
</table>

▶ (회신) 1. 조특법 제32조에 의한 거주자가 사업용고정자산을 현물출자하여 법인으로 전환하는 경우에 그 사업용고정자산에 대해 이월과세를 적용함에 있어 그 사업용고정자산에 대한 양도가액은 법인전환일 당시의 소득세법 제96조1항의 규정에 의한 실지거래가액에 의하는 것이나,

2. 실지거래가액이 불분명한 경우에는 소득세법 제89조1항 1호 및 제3호의 규정에 의하여 법인세법 시행령 제89조1항에 해당하는 가격, 법인세법 시행령 제89조2항1호의 감정가액 상증법, 제61조의 규정을 준용하여 평가한 가액의 순서대로 적용하여 산정된 가액에 취득세 등록세 기타 부대비용을 가산한 금액으로 하는 것임. (부동산거래관리-169, 2010.02.03.)

사례 26

현물출자 시 감면요건 자본금에 다른 주주의 투여지분에 해당하는 출자액은 포함되는지

● (질의) 「조세특례제한법」 제119조 제4항 및 같은 법 제120조 제5항 규정에 의한 현물출자에 따라 취득하는 사업용 재산에 대한 취득·등록세감면을 적용함에 있어 새로이 설립되는 법인의 자본금의 범위는?

▶ (회신) 「조세특례제한법」 제32조 제2항에서 새로이 설립되는 법인의 자본금이 개인사업자의 순자산가액 이상일 것을 감면요건으로 규정한 것은

1. 개인사업을 법인으로 전환하는 과정에서 법인으로 전환한 당초 개인기업의 규모가 축소되는 것은 방지하기 위한 것이므로, 개인사업자가 법인전환시 투여한 현물출자액 이외 현금출자액도 법인의 자본금에 포함된다고 할 것(우리 부 지방세운영과-2001, 2008.10.30. 질의회신 참조)이나,

2. 개인사업자가 직접 투여하지 아니한 다른 주주의 투여지분에 해당하는 출자액은 법인의

자본금에 포함되지 아니한다고 할 것(국심2005중2993, 2005.11.1. 결정참조)임. (지방운영과-344, 2010.1.26)

법인전환시 해외현지법인 지분의 시가평가방법과 자산 및 부채의 포함 여부

● (질의) 휴대폰용 정밀금형제조 회사로서 국내 판매 및 수출하는 개인기업이며 현물출자 방식에 의한 법인전환을 계획 중이며, 당 개인기업은 2007년부터 인도시장에 현지법인을 설립하여 주식 90%를 보유하고 있음

1. 법인전환 한 개인기업이 보유하고 있는 해외 현지법인의 지분에 대한 시가평가방법은 무엇인지

2. 개인기업에 귀속될 부외자산 또는 부채가 현물출자대상 사업용자산 및 부채에 포함되는지

▶ (회신) 1. 외국법인이 발행한 비상장주식의 평가는 내국법인과 동일하게 평가기준일 현재의 시가에 의하며 시가를 산정하기 어려운 경우에는 상속세 및 증여세법 제63조1항1호 다목 및 같은 법 시행령 제54조의 규정에 의하여 평가하는 것이나, 이에 따라 평가하는 것이 부적당한 경우 같은 법 시행령 제58조의3 규정에 따라 평가할 수 있는 것임

2. 조특법 제32조의 규정에 따라 법인으로 전환하는 사업장의 순자산가액은 법인전환일 현재의 시가로 평가한 자산의 합계액에서 충당금을 포함한 부채의 합계액을 공제한 금액을 말하는 것이나, 순자산가액의 계산시 장부계상을 누락한 부외부채는 상대계정이 부외자산으로 확인되는 경우에 부채의 합계액에 포함되는 것으로서, 동 부외부채가 이에 해당하는지 여부는 사실관계에 따라 판단하는 것임. (재산-293, 2009.9.23.)

주택신축판매업자의 법인전환시 재고자산인 주택의 시가산정 인정기준 여부

● (질의) 주택신축판매업자가 주택을 완공 후 현물출자로 법인전환시 일시에 포괄적으로 거래하는 형태의 경우는 그 업황, 거래규모, 거래물량, 거래금액 등과 같거나 비슷한 경우를 찾아볼 수 없는 점과 이에 해당하는 시가를 찾을 수 없는 등의 사유로 개인사업자가 1채씩 최종소비자에게 거래하는 매매사례 가액이 적용되지 않음이 타당하다고 보임. 이 경우 시가산정의 기준에 대해 질의함.

▶ (회신) 개인사업자가 조특법 제32조 규정에 따라 법인전환 하는 경우 재고자산에 대한 시

가산정은 불특정다수인 사이에 자유로이 거래가 이루어지는 경우에 통상 성립된다고 인정되는 가액을 말하며, 수용·공매가격 및 감정가액 등 상속세 및 증여세법 시행령 제49조의 규정에 의하여 시가로 인정되는 것을 포함하는 것임. (서이-1778, 2006.09.13.)

사례 29

법인전환시 새로이 설립되는 법인의 자본금 범위

● (질의) 조특법 제32조 제2항에서 규정하는 자본금의 범위에 대하여 다음과 같이 설이 있어 질의함.

   1. 갑설 : 법인등기부등본 또는 대차대조표상 자본금을 의미한다.

      (이유) 조특법에서 자본금이라 규정하고 있으며 조세법의 엄격한 해석 원칙상 자본잉여금을 포함하는 것으로 볼 수 없음.

   2. 을설 : 법인등기부등본 또는 대차대조표상 자본금과 자본잉여금(주식발행초과금)을 합한 금액이다.

      (이유) 조특법 제32조 제2항에서 규정하는 자본금은 출자자의 주식취득 가액을 말하는 것으로 주식취득 당시 가액인 자본금과 자본잉여금을 합한 금액임.

▶ (회신) 조특법 제32조 제2항에서 규정한 '새로이 설립되는 법인의 자본금'에서의 '자본금'이란 법인의 기업회계기준에 의한 대차대조표상의 자본금을 의미한다. (서사-709, 2005.5.7)

사례 30

현물출자 법인전환시 순자산가액의 평가기간과 충당금의 부채포함 여부

● (질의) 사업용고정자산을 현물출자 또는 사업양도양수 하여 법인전환 할 때 사업자의 순자산가액 평가 기간과 충당금을 포함한 부채의 자본금 포함 여부

▶ (회신) 조특법 제32조2항 및 같은 법 시행령 제29조4항 규정에서 사업용고정자산을 현물출자 하거나 사업양수 양도하여 법인으로 전환하는 사업자의 순자산가액은 법인전환일 현재의 시가로 평가한 자산의 합계액에서 충당금을 포함한 부채의 합계액을 공제한 금액이라 할 것이므로, 신설법인의 자본금이란 주식발행초과금 등을 포함한 총자본을 의미한다. (세정과-1234, 2005.3.21.)

사례 31

현물출자 법인전환시 순자산가액의 산정에 하자보수충당금의 부채계상 여부

● (질의) 조특법상 법인전환일 현재의 시가로 평가한 사업용고정자산의 합계액에서 공제되는 '충당금을 포함한 부채의 합계액'에 '하자보수충당금'의 포함 여부

▶ (회신) 1. 조특법 제32조의 법인전환에 대한 양도소득세의 이월과세규정을 적용에서 개인기업이 현물출자방식에 의하여 법인으로 전환하는 경우 하자보수충당금을 계상하여야 하는지 등은 기업회계기준에 따르는 것으로서

2. 조특법시행령 제28조1항2호 및 같은 법 시행령 제29조4항의 순자산가액을 계산함에 있어서 전환일 현재의 시가로 평가한 사업용고정자산의 합계액에서 공제되는 '충당금을 포함한 부채의 합계액'이란 세무상 충당금을 포함한 부채의 합계액을 말하는 것으로서 하자보수충당금은 포함되지 아니한다. (서이 46012-11766, 2003.10.14)

2절 조세지원의 신청

1 현물출자의 시기

현물출자에 의한 법인전환시 조세지원을 받기 위해서는 현물출자 함으로써 법인전환을 해야 한다. 거주자가 사업용고정자산을 현물출자 방법에 따라 법인(소비성서비스업 법인은 제외)으로 전환하는 경우 그 사업용고정자산에 대해서는 이월과세를 적용받을 수 있다. (조특법 제32조1항)

(1) 법인설립등기 이전

① 현물출자 함으로써 법인전환을 한다 함은 현물출자 방법을 통해서 법인을 설립해야 한다는 의미이다. 따라서 법인의 설립등기 전에 발기인으로서 현물출자의 이행을 하는 경우에만 조세지원을 받을 수 있다.

② 현물출자는 상법상 변태설립사항으로 이에 대해서는 법원의 심사와 인가가 있어야 법인설립등기를 할 수 있으나, 법인설립등기 전에 사업자등록이 가능하고 법인전환기준일부터 사업개시도 가능하다. 이에 대해서는 후술하는 절차와 실무에서 더 자세히 서술하고 있디.

(2) 법인설립 이후

① 조특법상의 다른 요건을 모두 충족한 경우라도 이미 설립된 법인에 현물출자 하는 때에는 조세지원을 받을 수 없다.

② 따라서 설립중에 있는 법인 명의로 사업자등록을 내고 사업을 하는 것이 불편하다는 이유로 법인을 설립 후 현물출자 하면 조세지원을 받을 수 없으므로 주의해야 한다.

2 양도소득세의 이월과세 적용신청

(1) 이월과세의 신청

① 현물출자에 의한 법인전환시 조세지원을 받기 위해서는 양도소득세 및 지방소득세의 경우에는 '이월과세적용신청서'를 제출하여야 한다. (조특법 32조3항, 지특법 120조3항),

② 현물출자에 의한 법인전환시 개인기업주가 양도소득세 이월과세 적용을 받기 위해서는 현물출자를 한 날이 속하는 과세연도의 과세표준신고 시(예정신고포함)[11] 새로이 설립되는 법인과 함께 조특법 시행규칙 별지 제12호 서식의 이월과세적용신청서를 납세지 관할 세무서장에게 제출하여야 한다.

(2) 이월과세 적용신청을 안 한 경우

① 이월과세적용신청서를 제출하지 아니한 경우 양도소득세 이월과세를 적용받을 수 있는 가에 대하여는 의견이 상반될 수 있다. 즉 종전의 국세청 유권해석 및 조세심판원의 심판례에 따르면 양도소득세 면제신청서의 제출은 행정상의 협조의무에 불과하므로 신청서를 제출하지 아니한 경우에도 조특법상의 타 요건을 갖춘 경우에는 양도소득세 등을 면제하여야 한다고 판시하고 있었다.

② 그러나 최근에 조세심판원은 이월과세의 경우는 납세자가 개인에서 법인으로 변경되어, 부과하여야 할 조세가 개인에서 법인으로 전가되는 문제가 있기때문에 납세자의 명확한 의사표시가 요구되는 점을 감안할 때, 이월과세신청서의 기한 내 제출규정을 납세자의 단순한 협력의무로 보기 어렵다고 보아 기한 내 신청서를 제출하여야 양도소득세 이월과세가 가능하다고 하고 있다.

③ 그러므로 법인전환시는 세법규정에 따라 반드시 이월과세적용신청서를 제출하는 것이 필수이다.

---

[11] 현물출자의 경우 자산의 양도시기, 과세표준신고기한, 예정신고일은 6편 참조.

(3) 이월과세적용신청서 작성요령

1. 이월과세적용대상자산·사업용자산 및 부채명세는 각각 별지로 작성합니다.

2. "⑮취득가액"란 및 "⑰양도가액"란은 "⑱이월과세"란의 금액을 기준시가로 산정하는 경우 기준시가를 기재하고, 실지거래가액으로 산정하는 경우 실지거래가액을 적습니다.

3. "⑯양도일"란은 통합일(법인전환일) 또는 현출출자일을 적습니다.

4. "⑳사업용자산의 합계액"란은 소멸하는 사업장의 사업용자산을 시가로 평가한 후 그 합계액을 적습니다.

5. "㉓순자산가액"란은 소멸하는 사업장의 사업용자산에 대한 시가의 합계액에서 부채의 합계액을 차감한 금액을 적습니다.

6. 조세특례제한법 시행령 제63조제10항 및 제65조에 따른 이월과세는 "⑳사업용자산의 합계액(시가)"란부터 "㉓순자산가액"란까지는 적지 않습니다.

조세특례제한법 시행규칙 [별지 제12호 서식] (2015.3.13. 개정)

이월과세적용신청서

신 청 인 (양 도 자)	① 상호		② 사업자등록번호	
	③ 성명		④ 생년월일	
	⑤ 주소		(전화번호 :　　　　)	
양 수 인	⑥ 상호		⑦ 사업자등록번호	
	⑧ 성명		⑨ 생년월일	
	⑩ 주소		(전화번호 :　　　　)	

이월과세 적용 대상 자산

⑪ 자 산 명	⑫ 소재지	⑬ 면적	⑭ 취득일	⑮ 취득가액
토　지				
건　물				

⑯ 양 도 일	⑰ 양도가액	⑱ 이월과세액	⑲ 비고
2018.8.16.			
2019.8.16.			

소멸하는 사업장의 순자산가액의 계산

⑳ 사업용자산의 합계액 (시가)	부채		㉓ (⑳-㉒) 순자산가액
	㉑ 과목	㉒ 금액	

「조세특례제한법 시행령」 [ ]제28조 제3항 [ ]제29조 제4항 [ ]제63조 제10항 [ ]제65조 제5항 에 따라 이월과세의 적용을 신청합니다.

2019년 10월 31일

신청인(양도인)　　　　(서명 또는 인)
양 수 인　　　　(서명 또는 인)

세무서장 귀하

첨 부 서 류	1. 사업용자산 및 부채명세서 1부 　(전자신고 방식으로 제출하는 경우에는 구비서류를 제출하지 않고 법인이 보관합니다) 2. 현물출자계약서 사본 1부(「조세특례제한법 시행령」제63조 제10항에 따라 신청하는 경우로 한정합니다)	수수료 없 음
담 당 공 무 원 확 인 사 항	이월과세적용대상자산의 건물(토지) 등기사항증명서	

3 개인지방소득세의 이월과세 적용신청

(1) 개인지방소득세 이월과세 적용

소득세의 부가세였던 지방소득세를 독립세로 전환했기 때문에 현물출자에 의한 법인전환 시 양도소득세 이월과세 적용을 받기 위해 이월과세적용신청서를 제출해야 하는 것과 별도로 양도소득분 개인지방소득세의 이월과세를 적용받으려면 현물출자 한 날이 속하는 과세연도의 과세표준신고 시 새로운 법인과 함께 이월과세적용신청서를 납세지 관할 지방자치단체장에게 제출하여야 한다. (지특법 120조3항)

> [지방세특례제한법]
> 제120조(법인전환에 대한 양도소득분 개인지방소득세의 이월과세) ① 거주자가 사업용고정자산을 현물출자하거나 대통령령으로 정하는 사업 양도·양수의 방법에 따라 법인(대통령령으로 정하는 소비성서비스업을 경영하는 법인은 제외한다)으로 전환하는 경우 그 사업용고정자산에 대해서는 이월과세를 적용받을 수 있다.
> ② 제1항은 새로 설립되는 법인의 자본금이 대통령령으로 정하는 금액 이상인 경우에만 적용한다.
> ③ 제1항을 적용받으려는 거주자는 대통령령으로 정하는 바에 따라 이월과세 적용신청을 하여야 한다.

(2) 양도소득세의 이월과세 적용을 신청한 경우

다만, 조특령 29조4항에 따라 납세지 관할 세무서장에게 양도소득세 이월과세를 신청하는 경우에는 개인지방소득세에 대한 이월과세를 함께 신청한 것으로 본다. (지특령 73조3항단서)

> [지방세특례제한법 시행령]
> 제73조(법인전환에 대한 양도소득분 개인지방소득세의 이월과세) ③ 법 제120조제1항에 따라 양도소득분 개인지방소득세의 이월과세를 적용받으려는 자는 현물출자 또는 사업 양도·양수를 한 날이 속하는 과세연도의 과세표준신고 시 새롭게 설립되는 법인과 함께 행정안전부령으로 정하는 이월과세적용신청서를 납세지 관할 지방자치단체의 장에게 제출하여야 한다. 다만, 조세특례제한법 시행령 제29조제4항에 따라 납세지 관할 세무서장에게 양도소득세 이월과세를 신청하는 경우에는 법 제120조에 따른 개인지방소득세에 대한 이월과세도 함께 신청한 것으로 본다. 〈개정 2017.7.26.〉

4 취득세의 감면확인

(1) 감면확인

현물출자에 의한 법인전환으로 부동산 등을 취득하여 등기하려는 경우에는 그 부동산 등의 납세지를 관할하는 시장(서울특별시·광역시 및 '구'가 설치된 '시'를 제외한다)·군수 또는 구청장에게 취득세감면확인을 받아야 한다(지방칙 12조1항).

취득세감면에 대한 시장·군수 및 구청장의 확인은 지방세법 시행규칙 별지 제8호 서식에 의한다.

(2) 직권감면

지방세의 감면을 받으려는 자는 지방세감면신청을 하여야 한다. 다만, 지방자치단체의 장이 감면대상을 알 수 있을 때는 직권으로 감면할 수 있다. (지특법 183조)

지방세를 감면받은 자는 관할 지방자치단체의 장에게 감면에 관한 자료를 제출하여야 한다. (지특법 184조)

(3) 감면신청

지방세(취득세)의 감면을 신청하려는 자는 감면대상을 취득한 날부터 60일 이내 감면신청서를 관할 시장·군수·구청장에게 제출하여야 한다. (지특령126조)

- 취득세감면신청서 신청기한 : 감면대상을 취득한 날부터 60일 이내

《 지방세(취득세) 감면신청서 처리 절차 》

신청서 작성	→	관계증빙서류	→	접수	→	감면 처리 (감면확인서 발부)	→	감면통지
(신청인)		(신청인)		(시·군·구)		(시·군·구)		(시·군·구)

❖**관련 법령**

> **지방세특례법 제183조(감면신청 등)** ① 지방세의 감면을 받으려는 자는 대통령령으로 정하는 바에 따라 지방세감면신청을 하여야 한다. 다만, 지방자치단체의 장이 감면대상을 알 수 있을 때에는 직권으로 감면할 수 있다.
>
> **지방세특례법 시행령 제126조(감면 신청)** ① 법 제183조제1항 본문에 따라 지방세의 감면을 신청하려는 자는 다음 각호의 구분에 따른 시기에 행정안전부령으로 정하는 감면신청서에 감면받을 사유를 증명하는 서류를 첨부하여 납세지를 관할하는 지방자치단체의 장에게 제출해야 한다. 〈개정 2020.12.31.〉
>
> 1. 납세의무자가 과세표준과 세액을 지방자치단체의 장에게 신고납부하는 지방세: 해당 지방세의 과세표준과 세액을 신고하는 때. 다만, 「지방세기본법」 제50조제1항 및 제2항에 따라 결정 또는 경정을 청구하는 경우에는 그 결정 또는 경정을 청구하는 때로 한다.

(4) 취득세 감면확인서 등

① 지방세감면신청서

② 취득세(등록면허세) 비과세(감면) 확인서(지방칙 12조2항)

■ 지방세특례제한법 시행규칙[별지 제1호서식] 〈개정 2020.12.31.〉

지방세감면신청서

(앞쪽)

접수번호		접수일		처리기간	5일
신청인	성명(대표자)			주민(법인)등록번호	
	상호(법인명)			사업자등록번호	
	주소 또는 영업소				
	전자우편주소			전화번호 (휴대전화번호)	
감면대상	종류			면적(수량)	
	소재지				
감면세액	감면세목		과세연도	기분	
	과세표준액		감면구분		
	당초 산출세액		감면받으려는 세액		
감면 신청 사유					
감면 근거규정	「지방세특례제한법」 제 조 및 같은 법 시행령 제 조				
관계 증명서류					
감면 안내 방법	직접교부[ ] 등기우편[ ] 전자우편 [ ]				

신청인은 본 신청서의 유의사항 등을 충분히 검토했고, 향후에 신청인이 기재한 사항과 사실이 다른 경우에는 감면된 세액이 추징되며 별도의 이자상당액 및 가산세가 부과됨을 확인했습니다.

「지방세특례제한법」 제4조 및 제183조, 같은 법 시행령 제2조제6항 및 제126조제1항, 같은 법 시행규칙 제2조에 따라 위와 같이 지방세감면을 신청합니다.

년   월   일

신청인   (서명 또는 인)

특별자치시장·특별자치도지사시장·군수·구청장 귀하

첨부서류	감면받을 사유를 증명하는 서류	수수료 없음

■ 지방세법 시행규칙[별지 제8호서식] (2022.3.31. 개정)

취득세(등록면허세) 비과세(감면) 확인서

신청인	성명(법인명)		생년월일(법인등록번호)
	주소(소재지)		

취득 또는 등기·등록 목적	

취득 또는 등기·등록의 표시	

과세표준	취득세율 (등록면허세율)	산출세액	감면세율	비과세 또는 감면액

결정사유	

      년   월   일 취득세(등록면허세) 납부명세서에 따라 위의 취득세(등록면허세)가 [ ]비과세
[ ]감면됨을 확인합니다.

                                               년   월   일

      시장·군수·구청장   (직인)

5 조세지원 신청 관련 예규사례

(사례1) 부동산임대사업자가 현물출자 법인전환시 취득세 면제 여부
(사례2) 법인전환에 의한 양도소득세 이월과세 적용시 임지와 임목을 일괄 양도한 경우
(사례3) 법인설립등기일 전에 생긴 손익의 신설법인 귀속 여부
(사례4) 현물출자 법인전환시 양도소득세의 이월과세 적용 시기
(사례5) 현물출자 법인전환시 실지거래가액이 불분명한 경우의 순자산가액 적용 순서

(사례6) 개인사업장의 일부 업종만 법인으로 전환하는 경우 이월과세 적용 여부
(사례7) 법인설립 후 개인기업의 부동산을 양수하는 경우 이월과세 적용 여부
(사례8) 이월과세를 적용받고 있는 공장건물이 화재로 멸실된 경우 이월과세 여부
(사례9) 현물출자 법인전환 후 동일업종의 내국법인이 합병 등을 하는 경우 이월과세 적용 여부
(사례10) 현물출자 법인전환시 화폐성 외화부채 차손익의 필요경비 등 산입 여부

(사례11) 특수관계자로부터 증여받은 토지를 현물출자 법인전환 하는 경우
(사례12) 법인설립 후 현물출자하는 경우에 양도소득세 이월과세 여부
(사례13) 법인전환 이후 과세표준신고기한 후 이월과세적용신청서를 제출하는 경우
(사례14) 현물출자 법인전환시 사업용고정자산의 취득가액의 계산방법은
(사례15) 현물출자 법인전환시 양도소득세 이월과세 적용 신청기한은

(사례16) 기존법인에 대하여 개인사업장 공장을 추가로 현물출자할 경우 양도세 면제의 여부
(사례17) 현물출자 법인전환시 세액면제신청서를 제출하지 않는 경우

사례 1

부동산임대사업자가 현물출자 법인전환시 취득세 면제 여부

● (질의) 1. 개인사업자 甲은 운영하던 부동산임대사업장 A를 2016.4.30.을 폐업일로 하여 2016.6.7. 사업자등록을 폐업 신고하고, 2016.5.1. 설립 중인 부동산임대사업 법인 B와 현물출자계약을 체결하였으며, B법인의 개업년월일을 2016.5.1.로 하여 사업자등록을 신청하여 2016.6.9. 사업자등록이 되었고 법인설립등기일은 2016.7.13.일 때, 개인사업자의 사업용고정자산을 현물출자하여 법인으로 전환하는 경우로서

2. 조세특례제한법 제32조에 따른 현물출자에 따라 취득하는 사업용고정자산(출자부동산)에 해당하는 것으로 보아 「지방세특례제한법」 제57조의2 제4항에 따른 취득세 면제가 가능한지 여부

▶ (회신) 제시된 부가가치세신고서, 매출 세금계산서합계표 및 부동산임대공급가액명세서 등의 자료 내용을 볼 때, 출자부동산을 개인사업자 甲은 사업장 폐업일인 2016.4.30.까지, 설립 중인 법인 B는 2016.5.1.부터 사실상 부동산임대사업을 계속적·반복적으로 영위하

고 있어, 개인사업자와 법인의 사업 동질성이 계속 유지되고 있는 것으로 보이므로, 개인
사업자 甲은 현물출자 당시 사업자인 거주자로 볼 수 있고 출자부동산은 사업용고정자산
에 해당하는 것으로 볼 수 있어 「지방세특례제한법」 제57조의2 제4항에 따른 취득세 면
제 대상으로 판단됩니다. (서울세제과-10617, 2018.08.09)

사례 2

> ### 법인전환에 의한 양도소득세 이월과세 적용시 임지와 임목을 일괄 양도한 경우

법인전환에 의한 양도소득세 이월과세 적용시 임지와 임목을 일괄 양도한 경우 일반적으로 임목의 양도
및 취득가액은 임지의 양도 및 취득가액에 포함되는 것임 (서면법령재산-22555, 2015.10.02)

● (질의) 1. 토지·건물 및 구축물·수목·동물 등 공동사업에 사용하는 일체의 자산을 현물출
자방식으로 법인에 이전하는 경우 구축물·수목·동물 등의 양도소득세 과세 여부(과세되
는 경우 법인전환 이월과세 적용 여부)

2. 구축물·수목·동물 등이 양도소득세 과세대상이 아닌 경우 사업소득 등 소득세 과세대상
인지 여부

▶ (회신) 양도소득세가 과세되는 자산을 현물출자하여 법인으로 전환하는 경우 조세특례
제한법 제32조 규정에 따라 이월과세를 적용받을 수 있는 것으로서, 이 경우 기존 해석사
례(재산세과-1482, 2009.07.20., 서면인터넷방문상담5팀-1462, 2007.05.04)를 참조하시기
바랍니다.

1. 구축물이 「건축법」 상 건축물 또는 부속건축물에 해당하는 경우와 토지의 정착물에 해
당하는 경우 양도소득세 과세대상이고, 수목이 토지와 함께 양도된 경우 수목의 양도 및
취득가액이 토지의 양도 및 취득가액에 포함되는지 여부에 대하여는 기존 해석사례(재산
세과-1482, 2009.07.20., 서면인터넷방문상담5팀-1462, 2007.05.04)를 참조하시기 바라며,

2. 수목과 구축물 및 동물이 양도소득세 과세대상이 아닌 경우로서 수목원 사업에 직접 사
용하여 사업용고정자산으로 인정되는 때에는 해당 자산의 양도차익은 사업소득에 해당되
지 않는 것입니다. (재산세과-1482, 2009.07.20.)

3. 토지의 양도 및 취득가액을 실지거래가액으로 산정함에 있어 임지와 임목을 일괄 양도한
경우 일반적으로 임목의 양도 및 취득가액은 임지의양도 및 취득가액에 포함되는 것임.
그러나 임목의 양도가액이 사업소득에 해당되어 별도 과세되는 경우 전체 양도가액에서
임목의 가액에 해당하는가액을 공제한 금액을 양도소득세 과세대상으로 하는 것으로 귀
질의가 이에 해당하는지 여부는 사실 판단할 사항임. (서면인터넷방문상담5팀-1462,

2007.05.04)

4. 토지와 그 정착물인 수목을 동시에 양도하는 경우 토지의 양도대가는 소득세법 제94조의 규정에 의한 양도소득으로서 과세하는 것이나, 수목의양도대가는 그 취득·생립·조림·식재의 태양 및 관련 매매계약서 등구체적인 사실관계에 따라 사업소득(임업)·산림소득 또는 양도소득으로과세하는 것으로 귀 질의의 양도가액포함 여부는 관련 사실관계를 종합적으로 조사·확인하여 판단할 사항임. (서면법령재산-22555, 2015.10.02)

사례 3

법인설립등기일 전에 생긴 손익의 신설법인 귀속 여부

법인설립등기일 전에 생긴 손익을 사실상 당해 법인에 귀속시킨 것이 있는 경우 조세포탈의 우려가 없을 때에는 최초사업연도의 기간이 1년을 초과하지 아니하는 범위 내에서 이를 당해 법인의 최초사업연도의 손익에 산입할 수 있는 것이며, 이 경우 최초사업연도의 개시일은 당해 법인에 귀속시킨 손익이 최초로 발생한 날로 하는 것임 (서면법령법인-564, 2015.05.26)

■ (사실관계) 질의법인은 2014년 11월 30일을 현물출자기준일로하여 개인사업을 법인으로 전환하였으며,

1. 법인등기일 : 2015년 2월 26일
2. 사업자등록일 : 2014.11.27.
3. 개업연월일 : 2014.11.30.

● (질의) 1. 2015년 0월 0일부터 2015년 0월 00일의 법인 설립전의 소득은 2015년 귀속 법인세 신고 시 법인소득으로 합산하여 신고하여야 하는지

2. 2014년 00월 0일부터 2015년 0월 00일까지의 자산, 부채 변동사항은 법인의 자산, 부채로 계상하여야 하는지

▶ (회신) 1. 과세의 대상이 되는 소득, 수익, 재산, 행위 또는 거래의 귀속이 명의일 뿐이고 사실상 귀속되는 자가 따로 있을 때에는 「국세기본법」 제14조에 따라 사실상 귀속되는 자를 납세의무자로 하여 세법을 적용하는 것이며,

2. 내국법인이 법인설립등기일 전에 생긴 손익을 사실상 그 법인에 귀속시킨 것이 있는 경우 조세포탈의 우려가 없을 때에는 「법인세법 시행령」 제3조에 따라 최초사업연도의 기간이 1년을 초과하지 아니하는 범위 내에서 이를 당해 법인의 최초사업연도의 손익에 산입할 수 있는 것이며, 이 경우 최초사업연도의 개시일은 당해 법인에 귀속시킨 손익이 최초로 발생한 날로 하는 것입니다. (서면법령법인-564, 2015.05.26)

사례 4

현물출자 법인전환시 양도소득세의 이월과세 적용 시기

조특법상 이월과세 적용 시 사업용고정자산을 현물출자로 법인전환 하는 경우 법인전환 시기는 「상법」에 따른 법인설립등기일이 되는 것임 (부동산거래관리과-664, 2012.12.07)

■ (사실관계) 현물출자에 의한 법인전환 절차는

    ① 발기인 구성하여 법인전환기준일(개인기업의 결산일)을 정하고, 현물출자계약 체결

    ② 사업자등록 신청하여 세무서 법인사업자등록 완료

    ③ 개인기업 결산하여 폐업하고, 개인기업의 자산부채 평가하여 순자산 산출 후 현물출자액과 자본금 결정하여 정관 작성, 발기인에게 현물출자서류 제출완료

    ④ 법원에 서류 제출하여 인가 후 「상법」 상 법인설립등기 완료

    ⑤ 개인기업의 토지·건물 등 자산을 법인 명의로 이전등기 또는 등록완료

● (질의) 조세특례제한법 제32조에 따른 법인전환에 따른 양도소득세의 이월과세 적용시 법인전환 시점은 언제인지.

    ① 개인기업의 결산기준일(폐업일)

    ② 법인사업개시일(법인사업자등록증상 개업연월일)

    ③ 현물출자이행일

    ④ 법인설립등기일

    ⑤ 토지·건물 등 부동산의 법인 명의이전등기일

▶ (회신) 거주자가 사업용고정자산을 현물출자하는 방법으로 법인으로 전환하는 경우, 조세특례제한법 제32조(2012.6.1. 법률 제11459호로 개정된 것)에 따른 법인전환 시기는 「상법」에 따른 법인설립등기일이 되는 것임. (부동산거래관리과-664, 2012.12.07.)

사례 5

현물출자 법인전환시 실지거래가액이 불분명한 경우의 순자산가액 적용 순서

● (질의) 1. 재무제표상 순자산가액은 (-)1.5억이나, 상속세및증여세법 제61조를 적용하여 임대료의 환산가액으로 평가하면 순자산가액이 (+)1.5억일 경우, 조세특례제한법 제32조에 의한 이월과세 적용이 가능한지

2. 감정평가법인이 평가한 가액이 있는 경우 이와는 상관없이 상속세및증여세법 제61조에 의한 평가가 가능한지

▶ (회신) 1. 조세특례제한법 제32조에 따른 현물출자 법인전환 이월과세를 적용할 때 실지 거래가액이 불분명한 경우의 양도가액 또는 법인으로 전환하는 사업장의 순자산가액은 「법인세법 시행령」 제89조제1항에 해당하는 가격, 같은 조 제2항제1호의 감정가액, 「상속세 및 증여세법」 제61조부터 제64조까지의 규정을 준용하여 평가한 가액을 순서 대로 적용하는 것입니다.

2. 이월과세 적용대상 사업용고정자산의 양도가액은 현물출자일 당시의 「소득세법」 제96 조제1항의 규정에 의한 실지거래가액에 의하는 것이나, 실지거래가액이 불분명한 경우에 는 「법인세법 시행령」 제89조제1항에 해당하는 가격, 「법인세법 시행령」 제89조제2항 제1호의 감정가액, 「상속세및증여세법」 제61조의 규정을 준용하여 평가한 가액의 순서 대로 적용하는 것임(법규과-391, 2011.04.04).

3. 조세특례제한법 제32조에 따른 법인전환에 대한 양도소득세의 이월과세 적용시 순자산가 액의 시가는 법인세법 시행령 제89조제1항에 해당하는 가격, 같은 조제2항제1호의 감정 가액, 상속세 및 증여세법 제61조 내지 제64조의 규정을 준용하여 평가한 가액의 순서대 로 적용하는 것임(부동산거래관리과-0838, 2011.10.5.).

사례 6

개인사업장의 일부 업종만 법인으로 전환하는 경우 이월과세 적용 여부

● (질의) 부동산임대업과 의료업을 운영하는 공동사업자가 사업용고정자산(임대업용 자산 과 의료업용 자산)을 현물출자 하거나 사업양도양수 방식에 의하여 법인으로 전환하고, 해당 자산을 임대하여 의료업을 계속하는 경우 법인전환에 대한 양도소득세 이월과세를 적용받을 수 있는지.

▶ (회신) 조특법 제32조에 따른 법인전환에 대한 양도소득세 이월과세는 사업장별로 적용 하는 것으로서 해당 사업장의 일부 업종은 법인으로 전환하고 일부 업종은 개인사업으로 계속 경영하는경우에는 동 규정을 적용할 수 없음. (부동산관리과-0861, 2011.10.12)

사례 7

법인설립 후 개인기업의 부동산을 양수하는 경우 이월과세 적용 여부

● (질의) A가 1.5억원을 출자하여 법인을 설립하고 이 법인이 순자산가액이 1.5억원인 A의 개인기업의 부동산을 양수하는 경우 조세특례제한법 제32조에 의한 이월과세 적용이 가

능한지

▶ (회신) 1. 거주자가 사업용고정자산을 현물출자하거나 사업양수도 방법에 따라 법인으로
전환하는 경우 이월과세를 적용받을 수 있는 것이나, 법인을 설립한 후에 사업용고정자
산을 현물출자한 경우에는 동 규정을 적용받을 수 없는 것임(부동산거래관리과-442,
2012.08.20., 서면부동산-4081, 2016.09.01).

2. 형식상 법인설립 후 3개월 이내의 현물출자 방식의 법인전환의 경우에도 양도소득세의
이월과세가 가능한지 여부에 대하여는 거주자가 사업용고정자산을 현물출자하거나 조세
특례제한법 시행령 제29조 제2항 규정이 정하는 사업양수도 방법에 따라 2009년 12월 31
일까지 법인(소비성서비스업을 경영하는 법인을 제외)으로 전환하는 경우 당해 사업용고
정자산에 대하여는 조세특례제한법 제32조 제1항 규정에 의한 이월과세를 적용받을 수
있는 것이나, 법인을 설립한 후에 사업용고정자산을 현물출자한 경우에는 동 규정을 적용
받을 수 없는 것입니다(서면인터넷방문상담2팀-1176, 2007.06.15.).

사례 8

> 이월과세를 적용받고 있는 공장건물이 화재로 멸실된 경우 이월과세 여부

● (질의) 개인사업자가 사업용고정자산(공장 및 토지)을 법인에 현물출자하고 법인전환에
대한 양도소득세의 이월과세(조특법 제32조)를 적용받았으나, 현물출자 한 공장건물이 화
재로 소실되었으며, 당 법인은 사업용자산가액의 20% 이상을 상실함.
  1. 이같이 이월과세를 적용받고 있는 공장건물이 화재로 멸실된 경우 이월과세된 세액의
  납부사유가 발생하는지.
  2. 납부사유가 발생한다면 이월과세된 세액이 재해손실 세액공제 대상인지

▶ (회신) 법인이 조특법 제32조에 따라 이월과세를 적용받은 자산을 재해로 상실한 경우에
는 같은 법 제2조1항의 '양수한 법인이 그 사업용고정자산 등을 양도하는 경우'에 해당하
지 않음. (기재부 법인-429, 2011.5.24.)

사례 9

> 현물출자 법인전환 후 동일업종의 내국법인이 합병 등을 하는 경우 이월과세 적용 여부

● (질의) 개인기업 A는 6개월 전에 현물출자 방법으로 동일한 업종인 내국법인 B를 신설법
인으로 전환하여 법인전환에 대한 양도소득세의 이월과세를 적용받음.

1. 법인전환 한 내국법인 B가 업종이 다른 내국법인 C를 흡수합병하여 소멸법인인 내국법인 C의 업종을 합병 후 계속 사업을 경영하는 경우 존속하는 내국법인 B는 합병 후에도 법인전환에 대한 양도소득세의 이월과세를 계속 적용받을 수 있는지.

2. 위와 반대로 법인전환 한 내국법인 B가 업종이 다른 내국법인 C에 흡수합병되는 경우 존속하는 내국법인 C는 합병 후에도 소멸법인인 내국법인 B의 법인전환에 대한 양도소득세의 이월과세를 계속 적용받을 수 있는지.

3. 법인전환 한 내국법인 B의 현물출자자인 주주가 법인전환일로부터 6개월 경과 후 업종이 다른 내국법인 C에게 주식을 전부 양도했을 경우 내국법인 B는 법인전환에 대한 양도소득세의 이월과세를 계속 적용받을 수 있는지.

▶ (회신) 1. 조특법 제32조의 규정에 따라 법인전환 한 내국법인의 사업용고정자산에 대하여 이월과세를 적용받는 법인이 다른 법인을 흡수합병한 경우에는 계속하여 이월과세를 적용받을 수 있으나, 법인전환 한 당해 법인이 피합병된 경우에는 이월과세를 적용받을 수 없다.

2. 거주자가 조특법 제32조의 요건을 갖추어 양도소득세 이월과세를 적용받다가 법인전환시 취득한 주식을 주주가 처분하는 사유로는 동 이월과세 적용을 배제하지 아니한다. (법인-1221, 2009.11.05)

사례 10

현물출자 법인전환시 화폐성 외화부채 차손익의 필요경비 등 산입 여부

● (질의) 1. 거주자는 제조업을 경영하는 자로서 2009.1.1 기준으로 조특법 제32조에 의해 당해 사업체를 포괄적 현물출자방식으로 법인전환 하고자 함. 공장구입 목적으로 차입한 엔화(등기부등본 담보설정)의 장부상 금액과 법인전환시 평가한 금액과의 차손 발생함.

2. 개인사업자가 당해 사업과 관련된 자산부채를 현물출자일에 적법한 방법으로 평가하여 현물출자 방식으로 법인으로 전환한 경우, 화폐성 외화부채의 장부가액과 현물출자 당시 평가된 원화금액과 차손익이 필요경비 등에 산입되는지.

▶ (회신) 개인사업자가 자산과 부채를 평가하여 현물출자 방식에 따라 법인으로 전환하는 경우, 당해 부채에 포함된 화폐성 외화부채의 장부가액과 현물출자 당시 평가된 가액과의 차손익은 법인으로 전환하는 연도의 총수입금액 또는 필요경비에 산입하는 것임. (소득-738, 2009.05.21.)

사례 11

특수관계자로부터 증여받은 토지를 현물출자 법인전환 하는 경우

● (질의) 1. 거주자 甲은 개인사업자의 사업용고정자산을 현물출자하여 법인을 설립하여 법 인전환에 대한 이월과세 규정을 적용받고자 함. 현물출자 대상 사업용고정자산에는 특수 관계자로부터 5년 이내에 증여받은 토지가 존재하여 부당행위계산부인 규정이 적용됨

2. 법인에 대한 이월과세 규정이 적용되는 경우 수증자가 납부한 증여세 환급시점이 현물출 자를 하는 때인지, 법인이 당해 자산을 양도하는 때인지

▶ (회신) 양도소득에 대한 소득세를 부당하게 감소시키기 위하여 소득세법시행령 제98조 규정의 특수관계자에게 사업용고정자산을 증여한 후 그 자산을 증여받은 자가 그 증여일 부터 5년 이내에 이를 현물출자하여 법인을 설립함으로써 해당 사업용고정자산의 현물출 자로 인하여 발생한 양도소득에 대하여 조특법 제32조 규정에 따라 이월과세가 적용되는 경우에는 증여자가 해당 사업용고정자산을 직접 현물출자 한 것으로 보아 소득세법 제 101조 규정이 적용되는 것임. (서면4팀-1328, 2008.05.30.)

사례 12

법인설립 후 현물출자하는 경우에 양도소득세 이월과세 여부

사업용고정자산을 현물출자 또는 사업양도양수 방법으로 법인전환 하는 경우 양도소득세의 이월과세 적용대 상이며, 법인설립 후 현물출자 한 경우에는 이월과세 배제대상이다. (서면2팀-1176, 2007.06.15)

● (질의) ① 2007.2.28. 개인사업장을 폐업하였으며 해당 사업장의 순자산가액을 확정하기 위한 감정을 진행하던 중 현물출자에 의한 법인설립에 2개월여의 기간이 소요됨에 따라 신규거래처 등의 법인등기부 제시요구 등에 적절히 대응하기 어렵고 사업의 계속성 유지 및 영업을 수행함에 어려움이 있어 2007.3.14. 대표자 여유자금인 5천만원을 자본금으로 하는 법인을 설립하였고, 2007.2.28.자로 감정(평가기준일)된 개인사업장의 순자산가액은 해당 설립법인에 현물출자하는 것으로 법원에 서류를 제출, 2007.4.12. 법원의 인가에 의 거 2007.4.16. 현물출자에 따른 자본금 변경등기가 이루어짐.

② 조특법 제32조 현물출자에 의한 법인전환시, 여러 사정으로 현물출자 계약만 하고, 새로 이 설립되는 법인의 설립시점에는 현물출자 없이 최초 5천만원으로 법인이 설립되고, 3 월 후 현물출자 관련 평가가액 확정으로 자본금 및 현물출자 등 상법상 변경등기 완료된 경우에도, 같은 법 시행령 제29조 제2항의 사업양도양수 방법과 같은 사유에 해당되어(사

업양도양수 시 3개월 여유기간 인정) 양도소득세 이월과세 적용되는지.

▶ (회신) 거주자가 사업용고정자산을 현물출자 하거나 조특령 제29조2항 규정이 정하는 사업양도양수 방법에 따라 2009년 12월 31일까지 법인(소비성서비스업을 경영하는 법인을 제외)으로 전환하는 경우 당해 사업용고정자산에 대하여는 조특법 제32조1항 규정에 의한 이월과세를 적용받을 수 있으나, 법인을 설립한 후에 사업용고정자산을 현물출자 한 경우에는 동 규정을 적용받을 수 없다. (서면2팀-1176, 2007.06.15.)

사례 13

법인전환 이후 과세표준신고기한 후 이월과세적용신청서를 제출하는 경우

● (질의) 과세표준신고기한 후 거주자와 법인이 이월과세적용신청서를 제출하는 경우 법인전환 이월과세 적용 여부

1. 2006.11월 갑은 개인사업체의 사업용자산을 출자하여 법인전환 함.
2. 갑은 양도소득세를 신고하지 아니하였다가 2009.4월 이월과세적용신청서를 제출함.
3. 신설법인도 당초 법인세신고 시(2007.3)에는 이월과세적용신청서를 제출하지 아니하였다가 2009.4월에 제출하였음.

▶ (회신) 조특법 제32조1항의 규정에 의하여 양도소득세 이월과세를 적용받고자 하는 자는 현물출자한 날이 속하는 과세연도의 과세표준 신고기한까지 새로이 설립되는 법인과 함께 이월과세적용신청서를 납세지 관할 세무서장에게 제출한 경우에 한하여 동 규정에 따른 양도소득세의 이월과세를 적용받을 수 있음. (재산세과-519, 2009.10.21.)

사례 14

현물출자 법인전환시 사업용고정자산의 취득가액의 계산방법은?

● (질의) 사업용고정자산을 현물출자 법인전환하여 양도소득세 이월과세를 적용받는 경우 사업용고정자산의 취득가액의 계산방법은?

▶ (회신) 거주자가 2002.1.1 이후 사업용고정자산인 토지와 건물을 현물출자 하거나 사업양도양수 방법에 따라 법인으로 전환하여 조특법 제32조의 규정에 따라 양도소득세 이월과세 적용받는 경우 같은 법 제2조1항6호의 규정에 따라 법인세로 납부할 양도소득세액 상당액 계산시 당해 사업용고정자산의 취득가액은 같은 법 시행규칙(별지 제12호 서식) 이월과세적용신청서의 작성요령에 따라 기준시가 또는 실지거래 가액으로 하는 것임. (서

면2팀-547, 2007.3.30.)

사례 15

현물출자 법인전환시 양도소득세 이월과세 적용 신청기한은

● (질의) 조세감면규제법시행령 제29조3항의 규정에서 '양도소득세 이월과세 적용을 받고자 하는 내국인은 현물출자 또는 사업양도양수를 한 날이 속하는 과세연도의 과세표준신고 (자산양도차익예정신고를 포함한다)와 함께 총리령이 정하는 이월과세적용신청서를 제출하여야 한다.'라고 규정되어, 이월과세신청기한은?.

　〈갑설〉 이월과세선청서와 함께 과세표준신고기한, 즉 확정신고기한까지 과세표준확정신고서와 함께 이월과세신청서를 제출하면 된다.

　〈을설〉 확정신고기한이 아닌 자산양도차익예정신고기한까지 자산양도차익예정신고서와 함께 이월과세신청서를 제출하여야 한다.

▶ (회신) 제조업 등을 영위하던 거주자가 사업용고정자산을 현물출자하여 제조업 등을 경영하는 법인으로 전환하는 경우로서 조특법 제32조 각항 및 같은 법 시행령 제29조 각항의 규정에 해당하는 경우 사업용고정자산에 대하여는 이월과세를 적용받을 수 있는 것이, 이 규정에 해당하여 양도소득세이월과세를 적용받고자 하는 자는 현물출자 또는 사업양도양수를 한 날이 속하는 과세연도의 과세표준확정신고기한 내에 이월과세적용신청서를 납세지관할 세무서장에게 제출하여야 한다. (재일 46014-973, 1999.5.21)

사례 16

기존법인에 대하여 개인사업장 공장을 추가로 현물출자할 경우 양도세 면제의 여부

● (질의) 1. 조세감면규제법 제45조에 의하면 제조업·광업·건설업·운수업 또는 수산업을 경영하는 거주자가 사업장별로 1년 이상 사용한 자산을 현물출자하여 법인을 설립하는 경우에 당해 자산을 현물출자 함에 따라 발생하는 소득에 대하여 양도소득세를 면제한다고 규정되어 있는바,

2. 당 법인은 수산물을 제조·가공하여 수출하는 법인으로서 법인의 대표이사가 자기 개인 명의로 된 수산물 가공공장을 임차하여 사용하여 오던 중 금번 개인 명의로 된 공장을 법인 앞으로 추가로 현물출자하여 사용코자 하는바, 이미 3년 전에 설립된 기존법인에 대하여 개인 명의로 된 공장을 추가로 현물출자하여도 조세감면규제법 제45조의 규정에 의하

여 양도소득세가 면제되는지.

▶ (회신) 조세감면규제법 제45조에서 규정하고 있는 개인사업용자산을 법인에 현물출자 함에 따른 양도소득세감면은 제조업·광업·건설업·운수업 또는 수산업을 경영하는 거주자가 사업장별로 당해 사업에 1년 이상 사용한 사업용자산을 출자하여 법인을 신설하는 경우에 한하는 것이므로 비록 사업용자산이라 하더라도 기존법인에 현물출자하는 때에는 동 규정을 적용할 수 없다. (재산 01254-2582, 1987.9.22).

<table>
<tr><td>사례 17</td></tr>
</table>

현물출자 법인전환시 세액면제신청서를 제출하지 않는 경우

● (질의) 1. 제조업을 경영하는 개인사업자가 개인사업에 사용하던 토지와 건물을 출자하여 83년도 11월에 법인을 설립하여 개인으로 영위하던 사업을 그대로 법인이 영위하게 되었는바, 조감법 제45조3항에 '세액을 면제받고자 하는 자는 대통령령이 정하는 바에 의하여 세액면제신청서를 제출하여야 한다.'라고 규정되어 있는바,

2. 토지·건물을 현물출자 한 개인사업자가 세액면제신청서를 제출하지 아니하였더라도 동법 동조 제1항의 사실이 확인될 경우에 양도소득세 면제를 받을 수 있는지(소득세 확정신고 기한에 신고하지 않은 경우).

▶ (회신) 조세감면규제법 제45조의 규정에 의한 법인전환에 대한 양도소득세 면제에 조세 지원의 요건 고지기한 내에 세액면제신청서를 제출하지 않는 경우 양도소득세를 면제받을 수 없다. (재산 1264-4147, 84.12.24)

3절 조세지원 후 사후관리

1. 양도소득세의 사후관리
2. 개인지방소득세의 사후관리
3. 취득세의 추징

1 양도소득세의 사후관리

가. 양도소득세의 이월과세

2013년 1월 1일부터 언제 법인전환 하느냐에 상관없이 현물출자에 의한 법인전환의 조세지원 법정요건을 갖추면 양도소득세의 이월과세를 적용한다. (조특법32조①~④)

나. 양도소득세 이월과세액의 사후관리

현물출자 방법에 따라 설립된 법인의 법인설립등기일로부터 5년 이내에 다음의 사유가 발생할 때는 개인기업주가 사유 발생일이 속하는 달의 말일부터 2개월 이내에 양도소득세 이월과세액(해당 법인이 이미 납부한 세액을 제외한 금액)을 양도소득세로 납부하여야 한다. (조특법32조⑤항)

(1) 개인기업의 현물출자에 따라 설립된 법인이 개인기업주로부터 승계받은 사업을 폐지하는 경우

여기서 전환법인이 현물출자의 방법으로 취득한 사업용고정자산의 50% 이상을 처분하거나 사업에 사용하지 않는 경우는 사업의 폐지로 보나, 다음에 해당하는 경우에는 사업의 폐지로 보지 않는다. (조특령29조⑥)

① 전환법인이 파산하여 승계받은 자산을 처분한 경우
② 전환법인이 법인세법 제44조2항에 따른 합병, 같은 법 제46조2항에 따른 분할, 같은 법 제47조1항에 따른 물적분할, 같은 법 제47조의2 제1항에 다른 현물출자의 방법으로 자산을 처분한 경우
③ 전환법인이 '채무자 회생 및 파산에 관한 법률'에 따른 회생절차에 따라 법원의 허가를 받아 승계받은 자산을 처분한 경우

(2) 현물출자로 법인전환 한 개인기업주가 법인전환으로부터 취득한 주식 또는 출자지분의 50% 이상을 처분하는 경우

① 주식 등의 처분은 주식 등의 유상이전, 무상이전, 유상감자 및 무상감자[12]를 포함한다. 다만, 다음에 해당하는 경우에는 그러하지 아니하다. (조특령29조⑦)

1. 조세특례제한법 제32조제1항을 적용받은 거주자가 사망하거나 파산하여 주식 또는 출자지분을 처분하는 경우

2. 해당 거주자가 법인세법 제44조제2항에 따른 합병이나 같은 법 제46조제2항에 따른 분할의 방법으로 주식 또는 출자지분을 처분하는 경우

3. 해당 거주자가 조특법 제38조에 따른 주식의 포괄적 교환·이전 또는 법 제38조의2에 따른 주식의 현물출자의 방법으로 과세특례를 적용받으면서 주식 또는 출자지분을 처분하는 경우

4. 해당 거주자가 「채무자 회생 및 파산에 관한 법률」에 따른 회생절차에 따라 법원 허가를 받아 주식 또는 출자지분을 처분하는 경우

5. 해당 거주자가 법령상 의무를 이행하기 위하여 주식 또는 출자지분을 처분하는 경우

6. 해당 거주자가 가업의 승계를 목적으로 해당 가업의 주식 또는 출자지분을 증여하는 경우로서 수증자가 법 제30조의6에 따른 증여세 과세특례를 적용받은 경우

② 조특법 제30조의 6에 따른 가업승계주식에 대한 과세특례제도는 중소기업 경영자의 고령화에 따라 생전에 자녀에게 가업을 계획적으로 사전 상속하도록 함으로써 중소기업의 영속성을 유지하고 경제활력을 도모하기 위해 도입된 제도인바, 동 제도를 활용하기 위해 법인전환을 했더라도 이월과세의 사후관리 규정에 막혀 개인기업주가 사전 가업승계를 하기는 어려운 실정이었다.

③ 그동안 과세 관청의 유권해석에서도 가업승계 주식의 증여도 처분으로 보아 이월과세액에 상당하는 양도소득세를 납부하여야 한다고 명시하고 있었으나 상기 ①의 6 규정이 신설됨으로 인해 이러한 난점이 해결되었다.

다. 양도소득세 이월과세액의 법인세 납부

① 현물출자 방법에 따라 설립된 법인의 설립등기일로부터 5년이 지나 이 법인이 이월과세 적용받은 고정자산을 양도했을 때 해당 자산의 양도소득세 이월과세금액을 법인세로 납부해야 한다.

---

12) 주주 등의 소유주식 또는 출자지분 비율에 따라 균등하게 소각하는 경우는 제외한다.

② 이때는 해당 과세 연도의 법인세 과세표준 및 세액의 신고 시 법인세법 [별지 제8호 서식(을)] "공제감면세액 및 추가납부세액합계표(을)"상의 4. 이월과세(조세특례제한법) (177)법인전환에 대한 양도소득세 이월과세 칸에 기재하고 "법인세 과세표준 및 세액조정계산서"상의 (133)감면분추가납부세액 칸에 옮겨 기재하여 신고 납부하면 된다.

라. 양도소득세의 사후관리 관련 예규사례

(사례1) '사업의 폐지'에 해당하는 '사업용고정자산의 2분의 1 이상 처분'은 사업용고정자산의 가액을 기준으로 판단
(사례2) 법인이 2인 이상으로부터 현물출자 받은 고정자산의 일부 처분 시 "사업용고정자산의 1/2 이상 처분" 여부는 현물출자 받은 전체 자산을 기준으로 판단
(사례3) 법인전환으로 취득한 주식 등의 50% 이상 처분 여부는 거주자별로 판단함
(사례4) 이월과세 적용 법인전환 후 5년 이내 50% 이상 주식처분의 판단 기준은
(사례5) 이월과세 적용 법인전환 후 새로운 업종을 추가하거나 다른 업종으로 변경하는 경우
(사례6) 건물을 현물출자 법인전환하여 이월과세를 적용 후 신축을 위해 철거하는 경우
(사례7) 이월과세 적용받은 신설법인의 사업용고정자산을 임차하여 개인사업에 하는 경우
(사례8) 양도소득세 이월과세 적용받은 법인전환 법인이 다른 법인을 흡수합병하는 경우
(사례9) 양도소득세 이월과세 적용받은 법인전환 법인의 대주주가 주식을 포괄양도하는 경우

사례 1

'사업의 폐지'에 해당하는 '사업용고정자산의 2분의 1 이상 처분'은 사업용고정자산의 가액을 기준으로 판단

- (사실관계) 1. 신청인은 부동산임대업에 사용하는 부동산을 현물출자하여 법인(이하 "전환법인")을 설립, 조특법§32에 따른 양도소득세 이월과세 신청
2. 전환법인은 현물출자 받은 토지 위에 건물을 신축하여 분양 사업을 진행, 분양 실적은 ① 면적기준 67.7%, ② 당초 현물출자 한 사업용고정자산의 분양원가기준 48.6%임
  - 전환법인이 신축한 건물은 집합건물에 해당함을 전제
- (질의) 법인이 현물출자로 취득한 '사업용고정자산의 2분의 1이상 처분'하여 "사업의 폐지"에 해당하는지 여부의 판단 기준
- (회신) 1. 귀 서면질의 신청의 경우 기획재정부의 해석(기획재정부 재산세제과-1015, 2024.8.28.)을 참고하시기 바랍니다(서면법규재산-2445, 2024.08.30.).
2. 참고예규(기획재정부 재산세제과-1015, 2024.8.28.) 「조세특례제한법 시행령」 제29조제6

항의 '사업의 폐지'에 해당하는 '사업용고정자산의 2분의 1 이상 처분'은 사업용고정자산의 가액을 기준으로 판단합니다.

> **사례 2**
>
> 법인이 2인 이상으로부터 현물출자 받은 고정자산의 일부 처분 시 "사업용고정자산의 1/2 이상 처분" 여부는 현물출자 받은 전체 자산을 기준으로 판단

■ (사실관계) 1. '19.9.1. 甲, 乙, 丙, 丁은 경기 광명시 소재 A부동산*과 서울 강남구 소재 B부동산**을 현물출자(총 139억원)하여 법인(이하 "전환법인")을 설립하고 조세특례제한법§32에 따른 양도소득세 이월과세를 신청함
  • A부동산 출자액 : 8,938,092,480원, 출자자 : 甲, 乙, 丙, 丁
  • B부동산 출자액 : 5,000,000,000원, 출자자 : 甲, 乙
  ※ 조세특례제한법§32에 따른 이월과세 특례 신청요건을 갖춘 것으로 전제함

2. '21.1.21. 전환법인은 법인 설립일부터 5년 이내 현물출자 받은 B부동산을 5,590,000,000원에 매각함

● (질의) 1. 법인이 2인 이상으로부터 현물출자 받은 사업용고정자산의 일부 처분 시, "사업용고정자산의 1/2 이상 처분"의 판단 기준
  • 거주자별 현물출자자산 기준 vs 법인이 현물출자 받은 전체 자산 기준

2. "사업용고정자산의 1/2 미만 처분"한 경우 조세특례제한법§2①(6)의 '이월과세' 규정에 따라 법인세를 납부하여야 하는지

▶ (회신) 1. 질의1 경우 우리청의 기존해석사례(서면-2016-법령해석재산-4862, 2017.4.19.)를 참고하시기 바랍니다.

참고(서면-2016-법령해석재산-4862, 2017.4.19.) 거주자 갑, 을, 병으로부터 사업용고정자산을 현물출자받아 설립된 「조세특례제한법」 제32조제1항에 따른 법인이 갑으로부터 승계받은 사업용고정자산의 2분의 1이상을 처분하는 경우로서, 해당 처분자산이 갑, 을, 병으로부터 승계받은 사업용고정자산 전체의 2분의 1이상에 해당하지 아니하는 경우에는 같은 조 제5항제1호에 따른 거주자로부터 승계받은 사업을 폐지하는 경우에 해당하지 아니하는 것임

2. 또한, 귀 질의의 경우와 같이 「조세특례제한법」 제32조제5항 각 호에 따른 사후관리규정이 적용되지 아니하는 경우로서, 같은 조 제1항에 따라 이월과세를 적용받는 사업용고정자산을 법인이 양도하는 경우에는 개인이 사업용고정자산을 그 법인에 양도한 날이 속하는 과

세기간에 다른 양도자산이 없다고 보아 계산한 「소득세법」 제104조에 따른 양도소득 산출세액 상당액을 법인세로 납부하는 것입니다. (사전법규재산-1659, 2022.11.10.)

사례 3

> 법인전환으로 취득한 주식 등의 50% 이상 처분 여부는 거주자별로 판단함

■ (사실관계) 전환법인 2017사업연도(2017.8.1.~2017.12.31.) '주식등변동상황명세서'에 의하면 전환법인 발행주식 중 청구인이 74,954주(쟁점주식, 지분율 79.94%)를, ○○○이 18,813주(지분율 20.06%)를 각각 취득하였다가 청구인은 자녀 ○○○에게 10,000주, ○○○에게 64,954주를 각각 증여함에 따라 2017년말 기준 ○○○이 83,767주(지분율 89.34%)를, ○○○가 10,000주(지분율 10.66%)를 각각 보유하고 있는 사실이 나타난다.

● (판단) 1. 조특법 제32조 제1항은 거주자가 사업용고정자산을 현물출자하거나 대통령령으로 정하는 사업 양도·양수의 방법에 따라 법인(대통령령으로 정하는 소비성서비스업을 경영하는 법인은 제외한다)으로 전환하는 경우 그 사업용고정자산에 대해서는 이월과세를 적용받을 수 있다고 규정하고 있고,

2. 같은 조 제5항 제2호는 사업용고정자산을 현물출자하여 법인으로 전환함에 따라 양도소득세 이월과세를 적용받은 거주자가 해당 법인의 설립등기일부터 5년 이내에 법인전환으로 취득한 주식 또는 출자지분의 100분의 50 이상을 처분하는 경우에는 해당 사유발생일이 속하는 달의 말일부터 2개월 이내에 이월과세액(해당 법인이 이미 납부한 세액을 제외한 금액을 말한다)을 양도소득세로 납부하여야 한다고 규정하고 있는바,

3. 양도소득세는 거주자별로 납세의무를 부담하는 조세로서 청구인과 같이 공동사업을 영위하다가 각자 소유한 사업용고정자산을 법인에 현물출자하여 법인전환함으로써 조특법 제32조 제1항 규정에 따라 적용받게 되는 양도소득세 이월과세액은 각 거주자별로 산정되므로 양도소득세 이월과세 사후관리에 대해 규정하고 있는 같은 조 제5항 제2호 규정의 법인전환으로 취득한 주식 또는 출자지분의 100분의 50 이상을 처분하였는지 여부 또한 거주자별로 판단하여야 할 것인 점,

4. 동 사후관리 규정에 공동사업자의 양도소득세 이월과세 사후관리에 대한 별도 특례규정을 두고있지 않고 있어 청구주장은 세법의 엄격해석원칙에도 반하는 점,

5. 양도소득세 이월과세 사후관리 규정상 공동사업자 간의 지분 처분에 대해 특례를 적용할 만한 합리적인 사유도 없어 보이는 점 등에 비추어 청구주장을 받아들이기 어려운 것으

로 판단된다. (조심2020구1675, 2020.07.14)

이월과세 적용 법인전환 후 5년 이내 50% 이상 주식처분의 판단 기준은

● (질의) 2인 이상의 거주자가 「조세특례제한법」 제32조에 따른 이월과세를 적용받은 후 법인전환으로 취득한 주식의 50% 이상을 처분하는 경우 50% 이상 처분을 거주자별 보유 주식을 기준으로 판단할 것인지 법인의 발행주식총수를 기준으로 판단할 것인지 여부
   1. 1988.5.9. 갑과 을은 공동명의로 "서울시 서초구 반포동 소재 토지 및 건물"(이하 "쟁점부동산")을 취득하고 부동산임대업을 영위함
   2. 2017년 갑과 을은 쟁점부동산을 현물출자하여 법인을 설립하고 「조세특례제한법」 제32조에 따른 이월과세를 신청할 예정이며, 법인전환으로 취득한 주식 중 50% 미만을 5년 이내에 자녀에게 증여할 예정임

▶ (회신) 2인 이상의 거주자가 공동으로 소유하는 부동산을 법인에 현물출자하고 「조세특례제한법」 제32조에 따른 이월과세를 적용받은 경우, 같은 조 제5항에 따른 법인의 설립일부터 5년 이내에 법인전환으로 취득한 주식의 100분의 50 이상을 처분하였는지 여부는 거주자 각자를 기준으로 판단하는 것입니다. (서면법령재산-1453, 2017.10.27.)

이월과세 적용 법인전환 후 새로운 업종을 추가하거나 다른 업종으로 변경하는 경우

■ (사실관계) 1. (주)A는 2년 전에 개인사업자 甲으로부터 사업용고정자산을 현물출자 받은 법인으로서 甲은 조특법에 따라 양도소득세 이월과세를 적용받았음.

2. (주)A는 본 공장부지 지상에 건물 2개동을 신축하여 부동산임대업을 추가하는 방안, 주업종(제조/합성수지)의 수익성 악화로 주업종과 연관된 제조업종을 추가하거나 주업종의 종목을 변경하는 방안을 마련중에 있음.

3. 전환법인의 설립일 : 2012.09.01.

● (질의) 거주자가 현물출자 방법으로 법인전환에 현물출자 한 사업용고정자산에 대해 조특법 제32조에 따른 양도소득세 이월과세를 적용받은 후 전환법인이 전환 전의 개인이 영위하던 업종에 다른 업종을 추가하거나 전환 전의 업종을 다른 업종으로 변경하는 경우 이월과세 사후관리에 따른 추징 사유인 '사업의 폐지'에 해당 여부

▶ (회신) 조특법 제32조 제1항에 따라 설립되는 전환법인이 거주자로부터 승계받은 종전의 업종에 새로운 업종을 추가하거나 새로운 업종으로 변경하는 것은 같은 법 제32조 제5항 제1호에 따른 사업을 폐지하는 경우에 해당하지 아니하는 것임. (서면법규과-1265, 2014.12.02.)

사례 6

건물을 현물출자 법인전환하여 이월과세를 적용 후 신축을 위해 철거하는 경우

■ (사실관계) • 1989.3월 서울 강북구 ○○동 소재 부동산임대업 개시
  • 2012.6.12. 위 임대용 토지 및 건물을 현물출자 법인전환
  • 2012.7.26. 현물출자에 따른 양도소득세 이월과세 신청
  • 2013.1.5. 건물 노후화로 철거
  • 2013.2.6. 새로운 건물 착공(완공 후 계속 임대사업예정)

● (질의) 임대사업에 사용하던 토지와 건물을 현물출자하여 법인전환하고 조특법 제32조 제1항에 따른 양도소득세 이월과세를 적용한 후 해당 법인이 노후화된 건물을 새로 지어 계속 임대사업에 사용할 목적으로 현물출자 받은 건물을 철거하는 경우 같은 법 제32조 제5항 제1호의 '사업의 폐지'에 해당하는지 여부 및 철거시점에 같은 법 제2조 제1항 제6호의 '이월과세' 규정에 따라 법인세를 납부해야 하는지 여부

▶ (회신) 거주자가 부동산임대업에 사용하는 토지와 건물을 현물출자 방법으로 법인전환하여 조특법 제32조에 따른 이월과세를 적용받은 후, 이월과세 대상자산 중 건물을 철거한 후 신축하여 계속 임대업에 사용하는 경우, 건물철거가 같은 법 시행령 제29조 제6항의 '사업용고정자산의 2분의 1이상을 처분하거나 사업에 사용하지 않는 경우'에 해당 시에는 같은 법 같은 조 제5항의 사후관리규정을 적용하는 것이며, 사후관리규정이 적용되지 아니하는 경우에도 건물신축을 위해 현물출자 받은 건물을 철거하는 때에 전환법인이 건물에 대한 이월과세 세액을 법인세로 납부하는 것임. (서면법규과-837, 2014.08.11.)

사례 7

이월과세 적용받은 신설법인의 사업용고정자산을 임차하여 개인사업에 하는 경우

■ (사실관계) '갑'은 개인병원을 운영하는 의료사업자로 병원의 사업용고정자산을 현물출자하여 임대업 법인을 설립하고, 당해 임대업 법인에 현물출자한 사업용고정자산을 다시

임차하여 개인병원을 계속 운영하려고 함

● (질의) 개인사업자가 사업용고정자산을 현물출자하여 법인설립한 후 현물출자한 사업용 고정자산을 임차하여 계속 개인사업을 할 경우 조특법 제32조에 따른 양도소득세 이월과 세를 적용받을 수 있는지

▶ (회신) 조특법 제32조를 적용함에 있어 거주자가 사업용고정자산을 현물출자하거나 같은 법 시행령 제29조 제2항에 따른 사업양도양수의 방법에 따라 법인(소비성서비스업을 경 영하는 법인은 제외)으로 전환하는 경우 그 사업용고정자산에 대해서 이월과세를 적용받 을 수 있는 것이나, 법인전환 후 거주자가 당초 법인에 사업양도한 사업용고정자산을 임 차하여 법인전환 전 사업을 계속 영위할 경우에는 이월과세를 적용받을 수 없다. (서면법 규과-308, 2014.04.02.)

사례 8

> 양도소득세 이월과세 적용받은 법인전환 법인이 다른 법인을 흡수합병하는 경우

● (질의) 양도소득세 이월과세를 적용받는 신설법인이 합병 주체가 되어 동종업을 경영하 는 다른 법인을 합병하는 경우 이월과세 계속 적용 여부

1. (구)조세감면규제법(1998.12.28. 법률 제5584호로 조특법으로 전문개정 전의 것)의 규 정에 의하여 구 목장의 토지 등에 대한 양도소득세의 과세이연 받아 신 목장을 경영하 는 거주자가 신 목장을 현물출자하여 법인전환

2. 이때 현물출자로 설립된 신설법인은 조특법 제32조에 의거 계속 이월과세를 적용받고 있음.

▶ (회신) 참고(법인세과-1221, 2009.11.5) 조특법 제32조의 규정에 따라 법인전환한 내국법 인의 사업용고정자산에 대하여 이월과세를 적용받는 법인이 다른 법인을 흡수합병한 경 우에는 계속하여 이월과세를 적용받을 수 있으나, 법인전환한 당해 법인이 피합병된 경 우에는 이월과세를 적용받을 수 없는 것임 (법인세과-47, 2013.01.17.)

사례 9

> 양도소득세 이월과세 적용받은 법인전환 법인의 대주주가 주식을 포괄양도하는 경우

■ (사실) 1. 개인사업자로 2011.10.27. 토지 및 공장건물을 신설되는 A법인에 현물출자 하 면서 조특법상 법인전환에 대한 양도소득세 이월과세 적용받음

2. 2011.10.27. 신설된 A법인의 대주주 갑은 2012.12월 말 전에 제조업을 경영하는 B특수
　　관계법인의 주식과 포괄적 주식교환을 할 예정이며, 그 결과 A법인은 B법인의 완전 자
　　회사가 되게 됨

● (질의) 조특법 제32조 제5항에 따른 양도소득세 추징 사유에 해당하는지 여부

▶ (회신) 거주자가 조세특례제한법 제32조에 따른 법인전환에 대한 양도소득세 이월과세를
　　적용받은 경우로서 같은 조 제5항 각호에 해당하는 때에는 양도소득세 이월과세액을 납
　　부하여야 한다. (부동산거래관리과-613, 2012.11.13)

2 개인지방소득세의 사후관리

가. 개인지방소득세의 이월과세

2013년 1월 1일부터 언제 법인전환 하느냐에 상관없이 현물출자 법인전환의 조세지원 법
정요건을 갖추면 양도소득분 개인지방소득세의 이월과세를 적용한다. (지특법120조①②③).

나. 개인지방소득세 이월과세액의 사후관리

현물출자 방법에 따라 설립된 법인의 법인설립등기일로부터 5년 이내에 다음의 사유가 발
생할 때는 개인기업주가 사유 발생일이 속하는 달의 말일부터 2개월 이내에 양도분 개인지
방소득세 이월과세액(해당 법인이 이미 납부한 세액을 제외한 금액)을 양도분 개인지방소득
세로 납부하여야 한다. (지특법120조4항)

① 개인기업의 현물출자에 따라 설립된 법인이 개인기업주로부터 승계받은 사업을 폐지하
　 는 경우
② 현물출자로 법인전환 한 개인기업주가 법인전환으로부터 취득한 주식 또는 출자지분의
　 50% 이상을 처분하는 경우

다. 양도소득세분 지방소득세 이월과세액의 법인지방소득세 납부

① 현물출자 방법에 따라 설립된 법인의 설립등기일로부터 5년이 지나 이 법인이 이월과
세 적용받은 고정자산을 양도했을 때 해당 자산의 양도소득세분 지방소득세 이월과세금액을
법인지방소득세로 납부해야 한다.

② 이때는 해당 과세연도의 법인지방소득세 신고 시 지방세법[별지 제43의 3] "공제(감면)
세액 및 추가납부세액합계표"상의 2.이월과세 ⑤법인전환에 대한 이월과세 칸에 기재하고
"법인지방소득세 과세표준 및 세액조정계산서"상의 (134)감면분추가납부세액 칸에 옮겨 기재

하여 신고 납부하면 된다.

3 취득세의 추징

가. 취득세의 감면

2019.1.1부터 현물출자 법인전환 방법에 따라 2027년 12월 31일까지 취득하는 사업용고정자산에 대해서는 취득세의 75%를 경감(부동산 임대업 및 공급업 제외)한다. (지특법§57조의2④)

- 취득세의 감면 : 2027년 12월 31일까지

지방세특례제한법 제57조의2(기업합병 · 분할 등에 대한 감면)
④ 「조세특례제한법」 제32조에 따른 현물출자 또는 사업 양도 · 양수에 따라 2027년 12월 31일까지 취득하는 사업용 고정자산(통계법 제22조에 따라 통계청장이 고시하는 한국표준산업분류에 따른 부동산 임대 및 공급업에 대해서는 제외한다)에 대해서는 취득세의 100분의 50을 경감한다. 다만, 취득일부터 5년 이내에 대통령령으로 정하는 정당한 사유 없이 해당 사업을 폐업하거나 해당 재산을 처분(임대를 포함한다) 또는 주식을 처분하는 경우에는 경감받은 취득세를 추징한다. 〈개정 2024. 12. 31.〉

나. 감면세액의 추징

현물출자 법인전환에 따른 취득세의 경감 후 5년 이내에 다음의 사유가 발생하면 감면받은 세액을 추징하므로 주의해야 한다. (지특법§57조의2④)

① 취득일로부터 5년 이내에 해당 사업을 폐업하는 경우
② 취득일로부터 5년 이내에 해당 자산을 처분(임대 포함)하는 경우
③ 취득일로부터 5년 이내에 법인전환으로 취득한 주식을 처분하는 경우

다. 감면세액의 추징면제

감면세액의 추징 사유가 발생했다 하더라도 다음과 같은 정당한 사유가 발생하면 동 세액을 추징하지 아니한다. (지특령§28조의2③)

① 해당 사업용 재산이 공익사업을 위한 토지 등의 취득 및 보상에 관한 법률 및 기타 법률에 의하여 수용된 경우
② 법령의 규정에 의한 폐업 또는 이전명령 등에 의하여 해당 사업을 폐지하거나 해당 사업용 재산을 처분하는 경우
③ 다음 중의 어느 하나에 해당하는 경우(조특령29조7항)
  1. 조세특례제한법 제32조제1항을 적용받은 거주자가 사망하거나 파산하여 주식 또는 출자지분을 처분하는 경우

2. 해당 거주자가 법인세법 제44조제2항에 따른 합병이나 같은 법 제46조제2항에 따른 분할의 방법으로 주식 또는 출자지분을 처분하는 경우

3. 해당 거주자가 법 제38조에 따른 주식의 포괄적 교환·이전 또는 법 제38조의2에 따른 주식의 현물출자의 방법으로 과세특례를 적용받으면서 주식 또는 출자지분을 처분하는 경우

4. 해당 거주자가 「채무자 회생 및 파산에 관한 법률」에 따른 회생절차에 따라 법원 허가를 받아 주식 또는 출자지분을 처분하는 경우

5. 해당 거주자가 법령상 의무를 이행하기 위하여 주식 또는 출자지분을 처분하는 경우

6. 해당 거주자가 가업의 승계를 목적으로 해당 가업의 주식 또는 출자지분을 증여하는 경우로서 수증자가 법 제30조의6에 따른 증여세 과세특례를 적용받은 경우

④ 조특법 제32조 제1항에 따른 법인전환으로 취득한 주식의 100분의 50 미만을 처분하는 경우

라. 취득세 추징 관련 예규사례

(사례1) 청년고용증대 세액공제 적용 법인전환 기업의 근로자 수 산정기간은
(사례2) 법인전환 후 사업용고정자산의 50% 이상을 소비성서비스업에 사용하는 경우
(사례3) 임대업 부동산을 현물출자 법인전환 후 일시적으로 다른 업종을 사용한 경우
(사례4) 임대사업용 부동산을 현물출자 법인전환 후 같은 사업을 위해 철거 및 신축하는 경우
(사례5) 이월과세 적용받은 A전환법인을 B법인이 흡수합병하여 자가사용하는 경우
(사례6) 현물출자 법인전환 후 2년 이내 주식을 처분한 경우
(사례7) 임대용 토지를 현물출자 법인전환 후 계속하여 임대하는 경우
(사례8) 임대사업자등록 없이 임대하는 부동산을 현물출자하여 법인전환 하는 경우
(사례9) 현물출자에 의해 설립된 법인이 다른 법인에 합병될 경우 취득세 추징 여부

사례 1

청년고용증대 세액공제 적용 법인전환 기업의 근로자 수 산정기간은

● (질의) 개인 사업자로서 "15년 개업하여 "17년 도중에 법인전환과 동시에 폐업함. 개인사업자에서 법인으로 전환하였으며, 해당 과세연도의 개인사업자 기간과 법인전환 이후 기간에 각각 청년정규직 근로자 수가 증가한 경우 조세특례제한법 제29조의5에 따른 세액공제 적용 방법

▶ (회신) 조세특례세한법 세29조의5의 청년고용을 증대시킨 기업에 대한 세액공제액 계산

과 관련하여 청년정규직 근로자 수의 계산은 조세특례제한법 시행령 제26조의5제8항제1 호(2018.01.09. 대통령령 제28575호로 개정되기 전의 것)에 따르되, 해당 과세연도에 법인 으로 전환한 내국인의 경우 직전 과세연도 청년정규직 근로자 수는 법인전환 전의 사업 의 직전 과세연도 상시근로자 수로 하는 것임. (사전법령소득-319, 2018.12.19.)

사례 2

법인전환 후 사업용고정자산의 50% 이상을 소비성서비스업에 사용하는 경우

● (질의)) 2016.10.01. 부동산임대업을 영위하던 개인사업자인 甲이 사업용고정자산(임대용 부동산)을 현물출자에 의한 방법으로 법인으로 전환하여 조세특례제한법 제32조에 해당 하는 이월과세 적용받은 후 2017.07.18. 현물출자로 취득한 사업용고정자산의 전체면적 전체면적의 52.9%를 숙박업으로 업종 추가하여 사업을 영위함

  이 경우 이월과세 사후관리에 따라 추징하는 "사업의 폐지"에 해당하는지 여부

▶ (회신) 조세특례제한법 제32조1항에 따라 설립된 전환법인이 거주자로부터 현물출자 받 은 사업용고정자산의 2분의 1이상을 같은 법 시행령 제29조제3항 각 호에 해당하는 "소 비성서비스업"에 사용하는 경우 같은 법 제32조제5항제1호에 규정한 "승계받은 사업을 폐지하는 경우"에 해당하는 것입니다. (서면부동산-1722, 2018.08.30.)

사례 3

임대업 부동산을 현물출자 법인전환 후 일시적으로 다른 업종을 사용한 경우

● (원인) 처분청은 청구법인이 2013년 말까지 다른 목적사업인 도소매업 관련 자전거전시 장으로 활용하다가 이후 쟁점부동산을 청구법인의 목적사업의 범위 내에 있는 도소매업 에 일시적으로 사용하다가 임대한 것을 새로운 임대에 해당된다 하여 사업의 동질성이 유지되지 않았다고 처분청이 쟁점부동산을 추징대상으로 보아 청구법인에 취득세 등을 부과한 처분함.

▶ (판단) 이 건 부동산 신축 전의 임대계획서 및 임대를 위한 컨설팅용역계약서 등에 의하 면 쟁점부동산은 임대용 부동산으로 계획되었던 것으로 보이고 임대용 쟁점부동산이 사 실상 임대되지 아니하여 공실상태에 있음에 따라 청구법인은 2013년 말까지 다른 목적사 업인 도소매업 관련 자전거전시장으로 활용하다가 이후 무상임대하였는바 이와 같이 쟁 점부동산을 청구법인의 목적사업의 범위 내에 있는 도소매업에 일시적으로 사용하다가

임대한 것을 새로운 임대에 해당된다 하여 사업의 동질성이 유지되지 않았다고 하기는 어려운 점 등에 비추어 쟁점부동산은 청구법인의 설립을 전·후하여 임대업용 부동산(사업용 재산)으로서 공여되고 있다 할 것이다. 따라서 처분청이 쟁점부동산을 추징대상으로 보아 청구법인에 이 건 취득세 등을 부과한 처분은 잘못이 있다고 판단된다. (조심 2017지767, 2018.05.15.)

임대사업용 부동산을 현물출자 법인전환 후 같은 사업을 위해 철거 및 신축하는 경우

● (원인) 개인사업자의 현물출자에 의한 법인전환으로 취득한 임대사업용 부동산을 취득일부터 2년 이내에 멸실하고 같은 용도의 건축물을 신축한 것을 해당 재산을 처분한 것으로 보아 기감면한 취득세 등을 추징 처분함

▶ (판단) 1. 처분청은 재산의 처분이란 취득에 반대되는 개념으로 매각, 증여 등으로 인하여 타인에게 해당 재산에 대한 새로운 취득이 발생되는 경우와 건물이 철거 등에 따라 물리적으로 없어져 해당 재산에 대한 지배 권리를 상실하게 되는 것을 말하는 것이라는 의견이나,

2. 부동산업을 영위하던 개인사업자 ○○○이 2016.3.28. 쟁점부동산으로 사업의 포괄적인 현물출자를 하여 2016.5.26. 부동산매매 및 임대업 등을 목적사업으로 하여 설립된 청구법인이 쟁점부동산 중 쟁점건축물을 2016.10.11. 멸실한 것은 현물출자한 개인사업자의 부동산임대업과 동일한 목적사업을 영위하기 위한 건물을 신축하기 위하여 취한 부득이한 조치인 점, 청구법인은 쟁점토지상에 임대용 건축물을 신축하기 위하여 2016.8.29. 착공을 하였고 준공예정일이 2017.12.15.인 점 등을 감안할 때 쟁점건축물의 멸실을 사업을 폐업하거나 재산을 처분하는 경우로 보기에는 무리가 있으므로 처분청이 이 건 취득세 등을 부과한 처분은 잘못이 있다고 판단된다. (조심2017지422, 2017.09.18.)

이월과세 적용받은 A전환법인을 B법인이 흡수합병하여 자가사용하는 경우

● (질의) 신청인은 개인사업자로 임대업을 운영하였으며, 2015.1.1. 갑법인을 설립하고 개인사업을 갑법인으로 전환하여 조세특례제한법 제32조에 따른 이월과세를 적용받았음.
  1. 갑법인은 현물출자 받은 부동산을 을법인에 임대하고 있음(을법인은 신청인이 대표

이사로 재직중인 폐자원재생업을 경영하는 법인)

2. 을법인은 갑법인을 흡수합병할 예정이며, 합병 후 임대사업장을 자가사용할 예정임

3. 갑법인과 을법인의 합병이 「법인세법」 제44조제2항의 요건을 충족한 적격합병에 해당하는 경우, 갑법인이 흡수합병으로 소멸하고 을법인이 임대사업장을 자가사용하는 것이 이월과세 추징대상에 해당하는지 여부

▶ (회신) 거주자가 부동산임대업에 사용하던 부동산을 조세특례제한법 제32조제1항에 따른 법인(이하"갑법인"이라 함)에 현물출자하고 같은 조에 따른 이월과세를 적용받았으나, 해당 부동산에서 폐자원재생업을 경영하는 을법인이 갑법인을 흡수합병(법인세법 제44조제2항에 따른 합병)을 하고 해당 부동산을 자가사용하는 경우에는 조세특례제한법 제32조제5항제1호 및 같은 법 시행령 제29조제6항에 따라 사업의 폐지에 해당하지 아니하는 것임. (서면법령재산-3439, 2017.03.30.)

현물출자 법인전환 후 2년 이내 주식을 처분한 경우

● (질의) 현물출자 방법으로 법인전환 또는 사업양수도 방식으로 감면받은 법인이 2년 이내 주식지분 50% 이상(전부)을 이전한 경우 해당 재산을 처분으로 보아 취득세를 추징할 수 있는지 여부

▶ (회신) 관련 법령의 각 규정 및 관련 법리에 비추어 보면, 비록 현물출자 또는 사업 양수·양도 이후 법인 주주의 변동없이 주식지분 비율의 변동이 있다거나 주주의 변동 등으로 인한 주식지분 비율의 변동이 2년 이내에 있었다 하더라도 주식 비율조정에 대하여 별도 규정이 없다는 점을 감안할 때, 현물출자 또는 사업양수·양도에 따라 취득하는 사업용 재산이 법인전환 이후에도 그 법인이 계속 사업용 재산으로 제공되어 사업의 동일성이 유지되는 경우라면 사업의 운영 형태만 변경한 것에 불과한 것이므로 이를 처분으로 볼 수는 없다 할 것이나, 이에 해당하는지 여부는 사실관계 등을 면밀히 검토하여 과세기관에서 판단할 사안입니다. (세정과-3135, 2016.03.04.)

임대용 토지를 현물출자 법인전환 후 계속하여 임대하는 경우

● (질의) 조특법제 120조 제5항에 따라 거주자가 사업용고정자산을 현물출자의 방법에 따

라 법인으로 전환하는 경우

　1. 임대용 토지를 법인전환 후 계속 임대하는 경우

　2. 건설 중인 재산이 사업용고정자산에 해당되는지 여부

　3. 골프장 코스 조성비가 순자산가액에 포함되는지 여부

　4. 현물출자로 법인이 농지를 취득하는 것이 적법한지 여부

▶ (회신) 1의 질의 : 개인사업자가 임대업에 사용하던 자산을 현물출자하여 법인으로 전환한 후 계속하여 임대업으로 사용하는 경우, 사업의 동질성이 유지된 것으로 보아 추징대상인 처분에 해당되지 않음.

2의 질의 : 골프장이 건설 중인 이 건 토지는 사업용고정자산이 아니므로 현물출자 감면대상에 해당하지 않는다는 주장에 대하여 살펴보면, 조특법제120조 제5항에서 "제32조에 따른 현물출자 또는 사업양도양수에 따라 2014년 12월 31일까지 취득하는 사업용 재산에 대하여는 취득세를 면제한다 "고 규정하고 있는바, 취득세 등의 면제대상을 "사업용 재산"으로 법문상 명백히 규정되어 있으며, 다만 그 사업용 재산의 취득의 계기가 되는 현물출자에 관하여 법 제32조의 규정에 의하도록 한 것에 불과하므로, 현물출자에 의한 법인전환시 양도소득의 이월과세를 적용받는 대상에 맞추어 법 제32조에서 규정하는 사업용고정자산만을 의미한다고 한정하여 해석할 것을 아니라 할 것임

3의 질의 : 그린티, 벙커 등의 골프장 조성공사는 골프장 용지의 필수불가결한 요소로서 골프장 용지의 구성 부분으로 현물출자일 현재 조성된 골프장은 자산평가 시 순자산에 포함됨

4의 질의 : 현물출자로 취득한 골프장 공사가 진행 중인 농지라 할지라도 법인이 취득하는데 아무런 제한은 없으며 이는 사업용 재산에 해당함

　• (지방세특례제도과-985, 2014.07.10.)

사례 8

임대사업자등록 없이 임대하는 부동산을 현물출자하여 법인전환 하는 경우

● (질의) 임대사업자등록 없이 임대업을 영위하던 개인사업자가 임대용 부동산을 현물출자하여 법인전환 후, 법인의 목적사업에 부동산임대업을 추가하고, 계속하여 임대업을 경영하는 경우 취득세 등 감면대상 여부

▶ (회신) 1. 조특법 제120조 제5항은 "제32조에 따른 현물출자 또는 사업양도양수에 따라

2014년 12월 31일까지 취득하는 사업용 재산에 대하여는 취득세를 면제한다. 다만, 취득일부터 2년 이내에 대통령령으로 정하는 정당한 사유 없이 해당 사업을 폐업하거나 해당 재산을 처분(임대를 포함한다)하는 경우에는 감면받은 세액을 추징한다."라고 규정하고 있다.

2. 상기 규정에서 감면세액 추징대상인 처분에" 임대를 포함"하는 취지는 법인전환 하면서 취득한 사업용 재산을 고유목적사업에 사용하지 않고 수익 등을 위하여 임대하는 경우 처분에 준하는 추징대상으로 보겠다는 의미라 할 것이며, 고유목적사업의 판단은 특별한 사정이 없는 한 사업자등록, 법인등기부등본 및 정관에 기재된 목적사업 등으로 추정해야 할 것이라 판단된다. (지방세특례제도과-703, 2014.06.20.)

사례 9

현물출자에 의해 설립된 법인이 다른 법인에 합병될 경우 취득세 추징 여부

● (질의) 2013.12. 현재 A법인은 갑으로부터 현물출자를 받아 설립시 개인사업자가 법인사업자로 전환됨에 따라 조특법 제120조 제5항에 따라 취득세를 면제받음.

이후 A법인이 B법인에 합병될 경우 합병으로 인한 재산의 소유권 이전을 '해당 재산을 처분하는 경우'로 보아 취득세를 추징할 수 있는지 여부

▶ (회신) (가) 조특법 제120조 제5항은 "제32조에 따른 현물출자 또는 사업양도양수에 따라 2014년 12월 31일까지 취득하는 사업용 재산에 대하여는 취득세를 면제한다. 다만, 취득일부터 2년 이내에 대통령령으로 정하는 정당한 사유 없이 해당 사업을 폐업하거나 해당 재산을 처분(임대를 포함한다)하는 경우에는 감면받은 세액을 추징한다."고 규정하고 있습니다. (지방세운영과-3351, 2013.12.13.)

3장
현물출자 법인전환의 절차와 실무

1절 법인전환의 절차와 일정

1 현물출자 법인전환의 절차

(1) 조세지원 요건 등 적용 절차

현물출자에 의한 법인전환은 일반 사업양도양수에 의한 법인전환에 비하여 절차가 복잡하고 기간도 많이 소요되는데, 그 이유는 현물출자에 의한 법인전환을 하기 위해서는

다음과 같은 절차가 일반 사업양도양수에 의한 법인전환 때보다 추가로 수행되어야 하기 때문이다.

첫째, 현물출자가액의 공정한 평가를 위해 공인회계사의 감사와 감정기관의 감정을 받아야 한다.

- 공인회계사의 감사와 감정기관의 감정

둘째, 변태설립사항인 현물출자를 통해 법인을 설립하기 때문에 법원 검사인 등에 의해 설립과정·현물출자 내용에 관한 조사를 받아야 한다.

- 법원 검사인 조사보고(공인된 감정인의 감정) 및 법원의 심사

셋째, 양도소득세 이월과세 등 조세지원을 받기 위하여 조세지원 요건을 확인하고 갖추는 절차를 별도로 수행하여야 한다.

- 양도소득세 이월과세 등 조세지원 요건확인

넷째, 법인의 설립 전에 설립 중인 법인 명의로 사업을 수행하면서 법인설립절차를 추진해야 한다.

- 법인설립 전에 설립 중인 법인 명의로 사업수행

(2) 현물출자 법인전환의 단계별 절차

현물출자에 의한 법인전환의 단계별 절차를 요약하면 다음과 같다.

《 현물출자 법인전환의 절차 요약 》

① 법인설립준비 (발기인구성·상호결정)

② 현물출자계약서 작성

③ 사업자등록신청

④ 자산의 감정

⑤ 개인기업의 결산

⑥ 공인회계사의 회계감사

⑦ 개인기업의 부가가치세 확정신고와 폐업신고

⑧ 현물출자가액과 법인자본금 결정

⑨ 정관의 작성과 인증

⑩ 주식회사 실체구성

⑪ 현물출자 조사보고 및 법원의 심사

⑫ 법인설립등기

⑬ 명의이전 등 후속 조치

2 현물출자 법인전환의 일정수립

현물출자에 의한 법인전환을 이른 시일 내에 차질없이 완료하기 위해서는 구체적인 일정계획을 사전에 작성하고 작성된 계획에 맞춰 필요한 업무를 필요한 시기에 수행해야 한다.

현물출자에 의한 법인전환의 일정은 다음 표와 같이 수립할 수 있는데, 이 일정표는 주식회사로의 법인전환과 발기설립에 의한 주식회사설립을 가정하여 작성되었다.

일정표에서 '법인전환기준일(D)'이란 개인기업이 폐업하고 신설법인 명의로 사업이 개시되는 날을 말하며, 이는 법인 설립등기일 또는 현물출자 이행일과는 다른 개념이다.

《 법인전환 일정표 (현물출자, 발기설립) 》

절차	구분 (월·일 / 행위주체)	D-1월 10	D-1월 20	D+1월 10	D+1월 20	D+2월 10	D+2월 20	D+3월 10	D+3월 20
① 법인설립준비 (발기인구성·상호결정)	법　인	■							
② 현물출자 계약서 작성	개인·법인		■						
③ 사업자등록 신청	법　인		■						
④ 자산의 감정	개　인		■						
⑤ 개인기업의 결산	개　인	■	■	■	■				
⑥ 공인회계사 회계감사	개　인				■				
⑦ 개인기업의 부가가치세 확정신고와 폐업신고	개　인				■				
⑧ 현물출자가액과 법인 자본금 결정	법　인				■				
⑨ 정관의 작성·인증	법　인				■				
⑩ 주식회사 실체구성	법　인				■				
⑪ 현물출자 조사보고 및 법원의 심사	법　인					■	■		
⑫ 법인 설립등기	법　인							■	
⑬ 명의이전 등 후속 조치	법　인							■	■

2절 현물출자 법인전환의 절차별 실무

❶ 법인설립의 준비(발기인의 구성·상호의 결정)
② 현물출자계약서의 작성
③ 사업자등록의 신청
④ 자산의 감정
⑤ 개인기업의 결산
⑥ 공인회계사 회계감사
⑦ 개인기업의 부가가치세확정신고와 폐업신고
⑧ 현물출자가액과 법인자본금의 결정
⑨ 정관의 작성·인증
⑩ 주식회사의 실체구성
⑪ 현물출자 조사보고 및 법원의 심사
⑫ 법인설립의 등기
⑬ 명의이전 등 후속 조치

1 법인설립의 준비

법인설립의 준비를 위해 취해야 할 조치내용은 발기인 구성과 상호결정의 두 가지 사항이다.

(1) 발기인의 구성

① 주식회사의 설립시에는 1인 이상의 발기인이 필요하므로 개인기업주를 포함한 1인 이상의 발기인을 구성하여야 한다.

② 한편, 현행 상법상 현물출자는 발기인이 아니라도 가능하지만, 실무상 개인기업주가 발기인이 되는 것이 일반적이다. 각 발기인은 후에 적어도 한 주 이상의 주식을 인수하여야 하며, 주식인수자금에 대한 자금출처를 입증할 수 있어야만 증여세 과세를 면할 수 있다.

③ 발기인의 자격에는 특별한 제한이 없어 법률상 행위무능력자만 아니면 되며, 자연인은 물론 법인도 발기인으로 참여할 수 있다.

④ 한편, 발기인 간에는 회사설립을 목적으로 하는 계약이 체결되는 것이 보통인데 이는 발기인조합이라 한다. 이의 법률상 성질은 민법상의 조합이며, 그 대표가 선임되어야 하는데 발기인대표는 통상 개인기업주가 선임되지만 다른 발기인이 선임되어도 된다.

(2) 상호의 결정

① 상호란 상인이 영업상 자기를 표시하기 위하여 사용하는 명칭으로서 법인전환의 경우 상호는 개인기업에서 사용하던 상호에 '주식회사'를 부가하는 것이 일반적이다.

② 그러나 개인기업의 경우와는 달리 주식회사는 상호 사용에는 법적 제한이 있으므로 주의하여야 한다.

③ 즉 주식회사는 상호는 등기사항으로 동일한 특별시·광역시·시·군에서 동일한 영업을 위하여 다른 사람이 등기한 것과 확연히 구별할 수 있는 상호가 아니면 등기할 수 없다.

④ 따라서 법인전환을 위한 상호의 결정 때에는 관할 등기소에 사용하고자 하는 상호의 등기 가능 여부를 사전 열람한 후에 상호를 결정해야 한다.

⑤ 한편, 현행 상법에서는 이미 서술한 바와 같이 "상호가등기제도"를 규정하고 있으니 이 제도를 이용하는 것도 좋을 것이다.

2　현물출자계약서의 작성

① 법인설립의 준비 (발기인구성·상호결정)
❷ 현물출자계약서의 작성
③ 사업자등록의 신청
④ 자산의 감정
⑤ 개인기업의 결산
⑥ 공인회계사 회계감사
⑦ 개인기업의 부가가치세확정신고와 폐업신고
⑧ 현물출자가액과 법인자본금의 결정
⑨ 정관의 작성·인증
⑩ 주식회사의 실체구성
⑪ 현물출자 조사보고 및 법원의 심사
⑫ 법인설립의 등기
⑬ 명의이전 등 후속 조치

① 발기인 구성 등의 절차가 종료되면 발기인 대표와 개인기업주 간에 (4)의 현물출자계약서 사례와 같은 계약서를 사용하여 현물출자계약을 체결하게 된다.

② 현물출자 계약할 때에는 사업의 포괄적인 현물출자 또는 양도가 되도록 특히 주의하여야 한다.

③ 왜냐하면, 사업의 포괄적인 현물출자 또는 양도는 조특법상의 양도소득세 이월과세 등 조세지원을 받기 위한 요건일 뿐만 아니라 사업양도에 대한 부가가치세가 과세되지 않기 위한 필요조건[13]이기 때문이다.

한편, 현물출자계약서상의 몇 가지 중요사항을 살펴보면 다음과 같다.

(1) 계약당사자

계약당사자는 발기인 대표와 개인기업주가 되는데 이때 양자는 법상 별개의 인격체로 간주하므로 동일인이어도 무방하다.

(2) 계약체결 시기

현물출자계약은 발기인대표 선임 후 신설법인의 사업자등록 신청일 이전에 체결되어야 하는데, 사업자등록 신청일 이전에 계약이 체결되어야 하는 이유는 다음과 같다.

첫째, 신설법인의 사업자등록신청 시기는 법인의 설립등기일 이전이기 때문에 신설법인의 사실상 존재를 증명할 수 있는 서류로서 동 계약서가 필요하기 때문이다.

---

13) 사업의 포괄적인 현물출자 또는 양도는 부가가치세법상의 개념으로서 이에 관하여 7편 3장 참조.

둘째, 사업자등록번호 부여전 세무서장의 위장사업자 여부 심사에 진정한 사업자임을 증명하는 서류로서 동 계약서가 필요하기 때문이다.

(3) 현물출자가액

① 현물출자계약 때에는 현물출자가액[14]을 확정할 수 없는 것이 일반적이다. 왜냐하면, 현물출자가액은 개인기업의 결산이 완료되고 자산의 감정평가, 자산·부채의 회계감사 및 현물출자에 관한 검사인 등의 조사가 완료된 후에야 확정되기 때문이다.

② 따라서 현물출자계약서에는 현물출자가액의 결정방법만이 기재되며, 현물출자가액은 후에 상기 절차가 종료된 후 확정된다.

(4) 현물출자계약서 사례

사업의 포괄적인 현물출자계약서

  (갑) 주   소 : 서울특별시 ××구 ××동 ××번지
        상   호 : 코페공업사
        대   표 : 소 구 연(이하 '갑'이라 칭한다)
  (을) 주   소 : 서울특별시 ××구 ××동 ××번지
        상   호 : 코페공업주식회사 (설립중인 회사)
      발기인 대표 : 소 구 연(이하 '을'이라 칭한다)

'갑'이 운영하고 있는 서울특별시 ××구 ××동 ××번지 소재 코페공업사 (이하 '회사'라 칭함)의 사업에 관한 일체의 권리와 의무를 '을'에 포괄적으로 현물출자 함에 대하여 다음과 같이 계약을 체결한다.

제1조(목적) 본 계약은 '갑'이 운영하고 있는 '회사'의 사업에 관한 일체의 권리와 의무를 '을'에게 포괄적으로 현물출자 함으로써 부가가치세법 제10조 9항의 규정에 의한 사업양도를 하고, 조특법 제32조에 의한 양도소득세 이월과세와 지방세특례제한법 제57조의 2 제4항에 의한 취득세감면을 받는 법인전환을 함에 그 목적이 있다.

제2조(사업승계) 현물출자기준일 현재 '갑'과 거래 중인 모든 거래처는 '을'이 인수하여 계속 거래를 보장하며 '갑'이 기왕에 제조 판매한 제품이 현물출자일 이후 반품될 경우에는 '을'의 책임하에 인수 처리토록 한다.

제3조(현물출자 기준일) '갑'은 20××년 12월 31일 현물출자기준일로 하여 동일 현재의 '갑'의 장부상 자산총액과 부채총액을 현물출자 하기로 한다.

---

[14] 현물출자가액의 결정시 고려하여야 할 중요사항 중 하나는 동 가액이 세무상 부당행위계산부인 규정에 해당하지 않도록 하는 것이다. 현물출자가액 결정시 세무상 유의사항은 7편 2장 참조.

제4조(현물출자가액) 현물출자가액은 제3조의 자산총액에서 부채총액을 차감한 잔액범위내에서 감정인 등이 인정하는 가액으로 하되 자산총액과 부채총액은 장부가액에 불구하고 다음과 같이 수정 평가한다.

① 토지·건물·기계장치 등 유형자산은 감정평가법인의 감정가액으로 수정평가한다.

② 위 ①항을 제외한 자산과 부채는 공인회계사의 감정보고서 상 감정금액으로 수정 평가한다.

제5조(현물출자에 대하여 교부할 주식의 종류와 수) '을'은 제4조에서 정한 방법에 의하여 계산된 금액에 상당하는 액면의 보통주식을 '갑'에게 교부하기로 한다.

제6조(종업원인계) '을'은 '갑'의 전 종업원을 신규 채용에 의하여 전원인수, 계속근무케 하기로 한다.

제7조(현물출자계약의 효력) 본 계약은 20××년 1월 1일에 효력이 발생한다. 따라서 '갑'은 20××년 12월 31일을 현물출자에 따른 폐업일로 하는 폐업신고를 하여야 하며, '을'은 설립등기일 전이라도 20××년 1월 1일을 개업일로 하는 사업자등록신청을 하고 20××년 1월 1일부터 '을'의 계산에 의한 사업을 영위하도록 한다.

제8조(협조의무) '갑'은 '을'의 설립등기 및 사업수행에 필요한 일체의 협조를 하여야 한다.

제9조(기타) 본 계약규정 이외에도 현물출자에 관하여 협정할 사항이 발생한 경우에는 '갑' '을' 쌍방간 협의에 의하여 정하기로 한다.

이상의 계약내용을 '갑' '을' 쌍방은 성실히 이행할 것을 약속하며 후일을 증명키 위하여 본 계약서 2통을 작성 각 1통씩 보관키로 한다.

20××년 ××월 ××일

(갑) 주소: 서울특별시 ××로 ××길 ××   (을) 주소: 서울특별시 ××로 ××길 ××

　　상호: 코페공업사　　　　　　　　　　　　상호: 코페공업주식회사(설립중인 회사)

　　대표: 소 구 연 　㊞　　　　　　　　　　발기인 대표: 소 구 연 　㊞

3 사업자등록의 신청

① 법인설립의 준비 (발기인구성·상호결정)   ⑧ 현물출자가액과 법인자본금의 결정
② 현물출자계약서의 작성   ⑨ 정관의 작성·인증
❸ 사업자등록의 신청   ⑩ 주식회사의 실체구성
④ 자산의 감정   ⑪ 현물출자 조사보고 및 법원의 심사
⑤ 개인기업의 결산   ⑫ 법인설립의 등기
⑥ 공인회계사 회계감사   ⑬ 명의이전 등 후속 조치
⑦ 개인기업의 부가가치세확정신고와 폐업신고

① 법인전환시 법인전환기준일의 3일 전까지는 법인의 사업자등록신청을 하여야 한다. 왜냐하면, 법인전환기준일에 폐업한 개인기업을 승계한 법인이 세금계산서 등의 발행·수령 등 사업을 중단없이 수행하기 위해서는 법인전환기준일까지는 사업자등록번호를 부여받아야 하는데, 이때 사업자등록신청의 법정처리기한이 2일(5일 이내에서 연장할 수 있음)이기 때문이다.

② 한편, 현물출자에 의한 법인전환은 사업자등록이 과연 가능한지에 대하여 논란이 일어나 실무자를 당황케 하는 경우가 종종 있다. 이 논란의 원인은 법인설립 후에 사업자등록 신청을 하는 것이 일반적인 데 반해 현물출자에 의한 법인전환시에는 법인설립 전에 사업자등록 신청을 해야 하기 때문이다.

③ 그러나 법상 법인설립등기 전이라도 다음과 같이 사업자등록을 할 수 있으므로 크게 당황할 필요는 없다. 즉,

1. 법인의 사업자등록 시는 부가가치세법 제8조의 규정을 준용하게 되어 있는데 (법인법 111조, 법인령 154조)

2. 부가가치세법상 '신규로 사업을 개시하는 자는 사업개시일 전이라도 등록할 수 있으며 (부가법 8조1항 단서)

3. 2의 경우 '법인설립등기 전 등록신청시는 법인설립을 위한 발기인의 주민등록표등본(다만, 관할 세무서장이 행정정보의 공동이용을 통하여 발기인의 주민등록표등본 확인에 동의하는 경우 첨부하지 않아도 됨), 사업허가 전 등록시는 사업허가신청서사본·사업등록신청서사본·사업신고서사본이나 사업계획서로 사업허가증사본을 대신하여(부가령 제11조4항) 사업자등록을 신청할 수 있다.

4. 사업개시일 이전에 사업자등록의 신청을 받은 사업장 관할 세무서장은 신청자가 사업을 사실상 시작하지 아니할 것이라고 인정될 때에는 등록을 거부할 수 있으니 현물출자에 의한 법인전환임을 잘 소명해야 한다.

④ 따라서 현물출자에 의한 법인전환시 사업자등록은 다음과 같이 사업자등록 신청서류를 갖추어 사업장소재지 관할 세무서에 신청하여 사업자등록증을 우선 교부받고, 후에 법인이 설립되면 필요한 서류를 추가로 제출한다.

⑤ 이때 현물출자계약서를 제출하는 이유는 사업자등록증 교부에 따른 세무서장의 위장사업자 여부 검토시 진정한 사업자임을 증명하는 서류로써 필요하기 때문이다.

《 사업자등록 신청서류 (현물출자에 의한 법인전환) 》

구분	법인설립 전 등록신청 시	법인설립 후 추후 보완
1. 법정서류	1. 사업자등록신청서 1부(소정양식) 2. 주주 등의 명세서 또는 발기인의 주민등록표 등본 각 1부 3. 사업허가신청서사본, 사업등록신청서사본, 사업신고서사본이나 사업계획서(법령에 의한 허가 사업인 경우) 4. 사업장을 임차한 경우에는 임대차계약서 사본 5. 상가건물임대차보호법 제2조 제1항의 규정에 의한 상가건물을 임차한 경우 해당 부분의 도면(상가 건물의 일부분을 임차하는 경우에 한함) 6. 사업자금 명세 또는 재무상황 등을 확인할 수 있는 서류(부가가치세법시행령 제11호 제3항에 따라 금지금 도·소매업 및 과세유흥장소에의 영업을 영위하려는 경우 등에 한함) : 자금출처명세서 7. 사업자단위로 등록하려는 사업자는 종된 사업장에 대한 위 2로부터 6까지 서류 및 기획재정부령으로 정하는 서류	사업허가증 사본·사업등록증 사본 또는 신고확인증 사본 1부
2. 보정서류	1. 현물출자계약서	

*사업자등록을 신청하려는 사업자가 미성년자인 경우에는 법정대리인 동의서를 추가로 첨부

4 자산의 감정

① 법인설립의 준비 (발기인구성·상호결정)
② 현물출자계약서의 작성
③ 사업자등록의 신청
❹ 자산의 감정
⑤ 개인기업의 결산
⑥ 공인회계사 회계감사
⑦ 개인기업의 부가가치세확정신고와 폐업신고
⑧ 현물출자가액과 법인자본금의 결정
⑨ 정관의 작성·인증
⑩ 주식회사의 실체구성
⑪ 현물출자 조사보고 및 법원의 심사
⑫ 법인설립의 등기
⑬ 명의이전 등 후속 조치

(1) 감사와 감정

현물출자에 의한 법인전환시 현물출자가액을 공정하게 결정하고 특히 법원 감정인 등에

의한 현물출자가액 조사를 받기 위해서는 현물출자하는 개인기업의 자산·부채에 대한 공인
회계사의 감사와 감정기관의 감정이 필요한데, 그 필요한 이유를 구체적으로 설명하면 다음
과 같다.

첫째, 현물출자는 상법상의 변태설립사항으로서 법원이 선임한 검사인에 의한 조사를 받
거나, 공인된 감정인의 감정으로 갈음하도록 되어 있다. 검사인의 조사는 직업적 전문가인
공인회계사의 감사와 감정기관의 감정을 근거로 수행된다. 결국 두 경우 모두 공인회계사의
감사와 감정기관의 감정이 필요하다.

둘째, 현물출자는 세무상 특수관계인 간의 거래로서 공정한 금액을 기준으로 이루어져야
하며, 부당한 금액으로 현물출자 하였을 때 세무상 부당행위계산부인규정을 적용받게 된다.
따라서 공정한 금액으로 현물출자 되었음을 입증하는 증거로서 감사 및 감정이 필요하다.

셋째, 현물출자에 의한 법인전환시 조세지원을 받기 위해서는 새로이 설립되는 법인의 자
본금이 법인으로 전환하는 사업장의 순자산가액 이상이 되어야 하는데, 이때 순자산가액을
계산하기 위해서는 자산을 시가로 평가하여야 한다. 만약 다수인 간에 이루어진 거래금액이
없다면 시가를 입증하는 근거로서 감정이 필요하다.

넷째, 현물출자가액이 외부전문가의 평가금액을 기초로 공정하게 결정되어야만 현물출자
자와 현금출자자 간에 공평한 출자가 이루어지며 또한 회사의 자본충실을 해치지 않게 된다.

(2) 감정대상의 자산

① 현물출자에 의한 법인전환시 감정대상자산은 일반적으로 재무상태표상의 유형자산(토
지, 건물, 기계장치, 집기비품, 차량운반구, 선박, 중기, 공구기구, 금형, 임목 등)이며, 무형자
산(산업재산권, 광업권, 상표권, 영업권, 개발비 등)은 개인기업주가 여러 상황을 고려하여 감
정 여부를 결정하여야 할 것이다.[15]

② 재고자산에 대하여도 감정이 필요하다는 의견이 있을 수 있으나. 재고자산은 취득원가
를 기초로 기업회계기준에 따라 적절한 평가방법을 적용하여 산정한 금액을 현물출자가액으
로 하면 되므로 이에 관한 공인회계사의 감사로 적정성을 입증하면 충분하다고 생각된다.

③ 감정받는 유형자산과 일부 무형자산을 제외하고는 공인회계사의 회계감사를 받아야 함
은 다음에 설명하는 바와 같다.

(3) 감정기관

① 유형자산의 감정기관은 한국부동산원 등 감정평가법인과 감정평가사로 크게 나뉘는데
법인전환시 감정이 필요한 이유에 비추어 볼 때 한국부동산원 등 감정평가법인에 감정을 의

---

15) 7편 5장 참조

뢰하는 것이 좋다. 왜냐하면

첫째, 전자의 감정가격은 세무상의 시가로 인정되는 데 문제가 없으나 후자의 경우는 그렇지 않을 수 있으며[16]

둘째, 법원 검사인의 조사시 검사인 개인 특성에 따라서는 한국부동산원 등 감정평가법인의 감정서만을 요구하는 때도 있기 때문이다.

② 무형자산 중 특허권, 실용신안권, 의장권 등 산업재산권에 대해서는 벤처기업육성에 관한 특별법시행령 제4조에 따른 기술평가기관(한국산업기술진흥원, 기술보증기금, 한국산업기술기획평가원, 한국환경공단, 국가기술표준원, 한국과학기술연구원, 한국과학기술정보연구원, 정보통신산업진흥원, 그 밖에 중소벤처기업부장관이 고시하는 기관 또는 단체))의 가격평가를 받을 때 상법에 따른 공인감정인의 감정을 받은 것으로 볼 수 있다.

(4) 감정시기와 준비서류

유형자산 등에 대한 감정평가 시점은 법인전환기준일과 일치시키는 것이 바람직하다. 이를 위해서는 사전에 감정기관과 감정조사 기간 등 일정을 협의하고 다음과 같은 감정준비서류를 사전에 준비하여야 한다.

《 자산감정 준비서류 》

자　산	준　비　서　류
토지·건물	1. 등기부 등본 2. 토지(임야)대장, 건축물 관리대장 3. 토지이용계획확인원 4. 관련 도면(지적도, 설계도면 등)
기계장치	1. 기계장치목록 2. 취득원가 증빙(세금계산서, 수입면장 등)
자동차(중기)	1. 자동차(건설기계)등록원부 및 검사증 사본
집기 비품 등	1. 목록대장(수량·형식·연식 등 기재) 2. 취득원가 증빙(세금계산서 등)

[16] 소기통 41-98…3, 10호

5 개인기업의 결산

(1) 일정

① 현물출자에 의한 법인전환시 개인기업은 법인전환 하는 당해연도의 1월 1일부터 폐업일인 법인전환기준일까지를 결산기간으로 하여 동 기간의 경영성과와 결산일 현재의 재무상태를 확정하여야 한다.

② 이 결산은 법인전환에 관한 의사결정 때부터 준비를 시작하여 가능한 한 빨리, 늦어도 법인전환기준일이 속하는 달의 말일부터 24일 이내에 종료하여야 한다. 왜냐하면 법인전환기준일(폐업일)이 속하는 달의 말일부터 25일 이내에 개인기업의 부가가치세 확정신고와 폐업신고를 하여야 하는데 이 신고 시 결산자료가 필요하기 때문이다.

③ 또한, 개인기업의 결산자료는 현물출자가액과 순자산가액을 산출하는 기초자료가 되므로 결산이 늦어지게 되면 그만큼 전체적인 법인전환 일정이 늦어지게 되므로 신속한 결산은 현물출자에 의한 법인전환시 대단히 중요하다.

(2) 유의사항

① 현물출자에 의한 법인전환시의 결산은 결산결과가 개인기업주의 사업소득, 개인기업의 현물출자가액 및 법인자본금의 기준이 되는 개인기업의 순자산가액 결정의 기초자료가 된다는 점에 그 중요성이 있으며, 이를 감안하여 신중하게 수행되어야 한다.

② 결산방법은 일반적인 결산과 마찬가지로 기업회계기준에 따라 행하면 되나 현물출자 및 폐업을 전제로 한다는 점에서 몇 가지 유의사항이 있다. 동 유의사항은 일반 사업양도양수의 경우와 같은바 요약하면 다음과 같다.[17]

　1. 자산 및 부채의 현실화 : 자산·부채가 기업의 현실과 일치되도록 조정하여야 한다. 특히 사업용자산이 누락되거나 업무무관부채가 포함되어 순자산가액이 적게 산출되는 일이

---

[17] 법인전환 하는 당해연도의 결산상 유의사항의 상세한 내용은 일반 사업양도양수의 경우와 동일하며 이에 대하여는 2편 3장 2절 참조.

없도록 주의해야 한다.

2. 가지급금과 가수금의 정리 : 개인기업주에 대한 업무와 관련없는 가지급금·가수금은 자산·부채가 아닌 출자금의 납입과 인출로 처리하여야 한다.

3. 고정자산의 상각 : 감정을 하기로 한 경우를 제외하고는, 정확한 장부가액이 산출되도록 고정자산에 대한 상각을 하여야 한다.

4. 영업권의 계상: 영업권의 계상과 관련하여 다양한 세무문제가 발생할 수 있으므로 영업권의 가액을 계상하는 것은 상당한 주의를 요한다.

5. 퇴직금과 퇴직급여충당금 : 개인기업에서 근무하였던 기간에 대한 퇴직금의 처리방침에 따라 회계처리 하여야 한다.

6. 미지급소득세의 계상: 개인기업의 소득세 추정액을 부채로 계상하되, 과다계상되지 않도록 주의하여야 한다.

6 공인회계사의 회계감사

① 법인설립의 준비 (발기인구성·상호결정)   ⑧ 현물출자가액과 법인자본금의 결정
② 현물출자계약서의 작성   ⑨ 정관의 작성·인증
③ 사업자등록의 신청   ⑩ 주식회사의 실체구성
④ 자산의 감정   ⑪ 현물출자 조사보고 및 법원의 심사
⑤ 개인기업의 결산   ⑫ 법인설립의 등기
❻ 공인회계사의 회계감사   ⑬ 명의이전 등 후속 조치
⑦ 개인기업의 부가가치세확정신고와 폐업신고

현물출자에 의한 법인전환시 유형자산 및 일부 무형자산에 대하여는 한국부동산원 등의 감정을 받아야 하고 감정받는 자산을 제외한 나머지 자산과 부채에 대하여는 공인회계사의 회계감사를 받아야 함은 이미 설명한 바와 같다.

(1) 감사시기와 감사인 선임

① 공인회계사의 회계감사는 일반적으로 예비조사, 중간감사, 재고조사, 결산감사의 순서로 진행된다. 각각의 감사시기는 예비조사와 중간감사는 결산일 이전 적당한 때, 재고 실사는 결산일, 결산감사는 기업의 결산 종료 후가 된다. 물론 경우에 따라서는 결산감사시 예비조사부터의 모든 절차를 한꺼번에 수행할 수도 있으나 업무부담이 가중되며 시간도 많이 소요된다.

② 따라서 법인전환을 위한 회계감사를 담당할 감사인은 가능한 한 빠른 시기에 선임하여 결산감사 전에 필요한 절차를 수행할 수 있도록 하는 것이 바람직하며 다음과 같은 효과가 있다.

첫째, 결산감사 소요시간과 부담을 줄여 결과적으로 전체 법인전환 소요 시일을 단축할 수 있고

둘째, 결산 시 문제점을 사전 상의함으로써 감사 후 수정사항을 최대한 예방할 수 있다.

(2) 준비서류

회계감사에 필요한 서류는 개인기업의 결산재무제표 및 부속명세서를 비롯하여 채권·채무조회서, 금융거래조회서 등 종류가 많다. 특히 조회서는 거래상대방 또는 거래금융기관의 협조가 필요하며, 시간이 필요하므로 사전에 담당 공인회계사와 상의하여 일정을 정하고 서류준비를 하여야 한다.

(3) 감사 후 수정사항의 처리

① 회계감사 후 수정사항은 그 성격에 따라 감사를 담당했던 공인회계사와 상의하여 처리하되, 세무상 문제를 일으키지 않도록 주의하여야 한다. 일반적으로 개인기업의 장부를 수정하여 재무상태표상 자산·부채금액을 공인회계사 감사보고서상 자산(유형자산 등 감정대상자산은 제외)·부채금액과 일치시키는 것이 바람직하다.

② 왜냐하면, 자산 또는 부채 중 특정과목에 차이가 나는 경우 현물출자가액은 감사보고서상 감정금액으로 평가하는 것으로 별문제가 없지만, 세무상 다른 문제[18]를 일으킬 수 있기 때문이다.

7 개인기업의 부가가치세 확정신고와 폐업신고

① 법인설립의 준비 (발기인구성·상호결정)
② 현물출자계약서의 작성
③ 사업자등록의 신청
④ 자산의 감정
⑤ 개인기업의 결산
⑥ 공인회계사 회계감사
❼ 개인기업의 부가가치세확정신고와 폐업신고
⑧ 현물출자가액과 법인자본금의 결정
⑨ 정관의 작성·인증
⑩ 주식회사의 실체구성
⑪ 현물출자 조사보고 및 법원의 심사
⑫ 법인설립의 등기
⑬ 명의이전 등 후속 조치

(1) 부가가치세 확정신고

① 개인기업이 법인으로 전환하였을 때 개인기업은 전환일(폐업일)이 속하는 과세기간의 개시일로부터 폐업일까지의 과세기간분에 대한 부가가치세 확정신고를 폐업일이 속하는 달의 말일부터 25일 이내에 하여야 한다.

---

18) 예를 들면 재고자산이 실제보다 과소평가되었다는 수정사항은 개인기업주의 소득세액을 증가시킨다. 즉 동 수정사항은 재고자산을 증가시키는데 이는 재고자산증가 → 매출원가의 감소 → 당기순이익의 증가로 이어져 소득세의 증가를 초래한다.

② 이때 부가가치세 신고대상이 되는 과세거래에는 포괄적인 현물출자를 전제조건으로 정상적인 사업상의 과세거래만이 포함되며 사업양도 상의 거래는 제외된다. 즉, 사업장별 사업용자산과 부채를 포괄적으로 신설된 법인에 현물출자하는 개인기업의 법인전환은 부가가치세법상의 포괄적인 사업의 양도양수에 해당하여 부가가치세법상 재화의 공급으로 보지 아니하므로 법인전환을 위해 현물출자하는 사업용자산에 대하여는 부가가치세가 과세하지 아니한다(부기통 10-23-1).

(2) 개인기업의 폐업신고

① 개인기업이 법인으로 전환되면 개인기업은 사업의 중지, 즉 폐업되며 이 사실을 사업장 소재지 관할 세무서나 그 밖에 편의에 따라 선택한 세무서에 신고하여야 하는데 이를 폐업신고라 한다. 현물출자에 의한 법인전환시의 폐업신고도 일반 사업양도양수에 의한 법인전환의 경우와 동일하다.

② 즉, 부가가치세법상 폐업 신고는 폐업 후 지체없이 하여야 하며 사업자의 인적사항, 폐업 연월일 및 사유, 기타 참고사항을 기재한 폐업신고서에 사업자등록증 원본을 첨부하여 제출하여야 한다.

③ 폐업 신고 시에는 폐업자에 대한 소득세 수시부과를[19] 면하기 위하여 신고서 폐업사유에 현물출자에 의한 법인전환이라는 취지를 기재하고 현물출자계약서를 첨부하여야 한다.

④ 한편, 폐업을 하는 사업자가 부가가치세 확정신고서에 폐업 연월일과 그 사유를 적고 사업자등록증을 첨부하여 제출하는 경우에는 폐업신고서를 제출한 것으로 본다.

8　현물출자가액 및 법인자본금의 결정

① 법인설립의 준비 (발기인구성·상호결정)	❽ 현물출자가액과 법인자본금의 결정
② 현물출자계약서의 작성	⑨ 정관의 작성·인증
③ 사업자등록의 신청	⑩ 주식회사의 실체구성
④ 자산의 감정	⑪ 현물출자 조사보고 및 법원의 심사
⑤ 개인기업의 결산	⑫ 법인설립의 등기
⑥ 공인회계사 회계감사	⑬ 명의이전 등 후속 조치
⑦ 개인기업의 부가가치세확정신고와 폐업신고	

개인기업의 결산, 자산의 감정, 자산·부채에 대한 회계감사가 종료되면 현물출자가액 및 신설법인의 자본금을 결정하여야 한다.

---

[19] 정부는 사업부진이나 그 밖의 사유로 장기간 휴업 또는 폐업 상태에 있는 때, 기타 조세를 포탈할 우려가 있다고 인정되는 상당한 이유가 있으면 수시부과를 할 수 있으나(소득법 82조1항), 개인기업의 법인전환으로 인한 폐업은 경영조직을 보다 합리화하기 위한 것이므로 수시부과 사유에 해당하지 않는다.

(1) 현물출자가액의 결정

① 현물출자가액이란 개인기업의 자산·부채를 법인에 현물출자하는 가액 즉, 법인전환일 현재 시가로 평가한 순자산가액(이하 '순자산평가액'이라 한다)을 말하며 그 결정방법은 다음과 같다.

《 현물출자가액의 결정방법 》

구 분		평 가 기 준
1. 자 산	가. 유형자산 등	감정기관의 감정금액
	나. '가' 이외의 자산	공인회계사 감사보고서상 감정금액
	다. 자산합계(가+나)	
2. 부 채		공인회계사 감사보고서상 감정금액
3. 현물출자가액 (1-2)		

② 현물출자가액인 개인기업의 순자산평가액은 현물출자하는 자산총액에서 부채총액을 차감하는 방식으로 계산하며, 이때의 자산총액과 부채총액은 개인기업의 장부가액이 아닌 감정기관의 감정금액과 공인회계사의 감사보고서상 감정금액에 의하여 평가하여야 한다.

③ 즉, 유형자산 등 감정대상자산은 감정기관의 감정금액, 감정대상자산 이외의 자산과 모든 부채는 공인회계사 감사보고서상의 감정금액을 기준으로 현물출자하는 자산·부채를 평가하여야 한다.

(2) 법인자본금의 결정

① 현물출자에 의한 법인전환시 양도소득세 이월과세 등 조세지원을 받기 위해서는 신설법인의 자본금이 법인으로 전환하는 개인기업의 순자산평가액 이상이어야 한다 함은 전술한 바 있다.

② 따라서 개인기업의 결산이 종료되면 시가를 기준으로 개인기업의 순자산가액을 산출하고, 법인자본금이 최소한 그 이상이 되도록 신설법인의 자본금을 결정하여야 한다. 신설법인의 자본금 결정시는 위에서 설명한 개인기업의 순자산평가액 이외에도 기업의 장래운영계획, 현물출자가액 등이 함께 고려되어야 하며 실무적으로 '순자산평가액'보다 다소 여유를 두고 법인자본금을 결정하는 것이 바람직하다.

③ 여기서 순자산평가액보다 여유를 두어 법인자본금을 결정한다는 뜻은 개인기업의 모든 자산과 부채를 포괄하여 현물출자를 하되, 추가적인 현금 등을 출자하여 자본금 규모를 크게 하는 것이 좋다는 뜻이다.

④ 또한, 신설법인의 자본금이 개인기업의 순자산평가액 이상인 한 법인의 주주별 출자액

은 따지지 아니하므로, 법인의 자본금은 개인기업주의 현물출자액뿐만 아니라 개인기업주의 현금출자 또는 타 주주의 출자액을 포함하는 것으로 해석된다. 이에 대해서는 〈제2장 제1절 5. 신설법인 자본금〉을 참고하기 바란다.

⑤ 한편, 조세지원 대상 자산인 고정자산만을 현물출자하고 동시에 나머지 자산과 부채는 신설법인에 포괄양도양수 할 때에도 사업의 동일성이 유지된다면 현물출자에 의한 법인전환 으로서 조세지원이 가능하므로, 여타 발기인의 출자규모가 클 때 일부 자산과 부채를 포괄양 도양수 하는 것도 바람직할 것이다.

9　정관의 작성과 인증

① 법인설립의 준비 (발기인구성·상호결정)	⑧ 현물출자가액과 법인자본금의 결정
② 현물출자계약서의 작성	❾ 정관의 작성·인증
③ 사업자등록의 신청	⑩ 주식회사의 실체구성
④ 자산의 감정	⑪ 현물출자 조사보고 및 법원의 심사
⑤ 개인기업의 결산	⑫ 법인설립의 등기
⑥ 공인회계사 회계감사	⑬ 명의이전 등 후속 조치
⑦ 개인기업의 부가가치세확정신고와 폐업신고	

① 전술한 '8'까지의 절차가 종료되면 현물출자에 의한 법인설립을 상법상 추진할 수 있는 필요사항이 갖춰졌으므로 발기인 총회를 열어 현물출자에 필요한 사항을 의결한다. 이 의결 에서 현물출자가액과 그에 대하여 교부할 주식 수가 반드시 결의되어야 하며, 이 의결 후 발 기인은 지체없이 정관을 작성해야 한다.

② 정관이란 실질적 개념으로는 그 회사의 조직활동에 관한 근본규칙, 형식적 개념으로는 그 근본규칙을 기재한 서면을 말하는 것으로 공증인의 인증이 있어야만 효력이 생긴다(상법 292조).[20] 정관의 기재사항에는 크게 나누어 세 가지가 있는데 절대적 기재사항, 상대적 기 재사항 및 임의적 기재사항이다.

(1) 절대적 기재사항

절대적 기재사항은 법률이 기재를 절대적으로 요구하는 사항이다. 만약 절대적 기재사항 중 하나라도 기재를 누락하면 정관 자체가 무효가 되는데 절대적 기재사항은 다음의 8가지 이다.

　　1. 목적

　　2. 상호

---

20) 자본금 총액이 10억원 미만인 회사를 발기설립하는 경우 공증인의 인증 생략이 가능함(상법 292조)

   3. 회사가 발행할 주식의 총수

   4. 1주의 금액

   5. 회사의 설립시에 발행하는 주식의 총수

   6. 본점의 소재지

   7. 회사가 공고하는 방법

   8. 발기인의 성명과 주소 및 주민등록번호

(2) 상대적 기재사항

① 상대적 기재사항이란 정관에 기재하지 아니하여도 정관의 효력에는 영향이 없으나, 법률상 그 효력을 발생시키기 위해서는 정관에 기재해야 하는 사항으로서 회사설립과 밀접한 관계가 있는 상대적 기재사항은 상법 290조에 열거된 다음의 4가지 사항이다.

   1. 발기인이 받을 특별한 이익과 이를 받을 자의 성명

   2. 현물출자를 하는 자의 성명, 그 출자의 목적인 재산의 종류, 수량, 가격과 이에 대하여 부여할 주식의 종류와 수

   3. 회사의 설립 후에 양수할 것을 약정한 재산의 종류, 수량, 가격과 그 양도인의 성명

   4. 회사가 부담할 설립비용과 발기인이 받을 보수

② 상대적 기재사항은 정관에 기재되어야만 효력이 있으므로 현물출자에 의한 법인전환시에는 정관에 현물출자에 관한 위의 내용을 반드시 기재해야 하는데 기재방법은 다음과 같이 정관의 부칙 또는 정관 별지목록에 법에서 정한 현물출자 시 추가되는 정관의 내용을 기재하여야 한다.

   ※ 현물출자 시 추가되는 정관의 내용

코페공업주식회사 정관

제6×조(현물출자) 현물출자를 하는 자의 성명, 그 출자의 목적인 재산의 종류, 수량, 가격과 이에
     대하여 부여할 주식의 종류와 수는 별지목록과 같다.

제6×조(창업비) 상법 제290조 제4호의 규정에 의한 설립비용(설립등기비용, 검사인 보수, 인지
     세, 주권발행비 등)은 이천만원 범위 내로 한다.

(정관 별지 목록)
1. 현물출자자 : 소 구 연(코페공업사 대표)
2. 현물출자의 목적인 재산의 종류, 수량, 가격

가. 자 산		
1. 현금예금	96,659,004	
2. 재고자산	145,338,567	
3. 기타 유동자산	75,362,387	
4. 토 지	173,560,000	(별지 부표)
5. 건 물	56,079,000	(〃)
6. 차 량	17,283,000	(〃)
7. 기계장치 등	93,341,000	(〃)
자 산 합 계	657,622,958원	
나. 부 채		
1. 외상매입금	88,328,909	
2. 기타유동부채	120,602,181	
3. 장기차입금	185,336,000	
4. 퇴직급여충당금	78,140,025	
부 채 합 계	472,407,115원	
다. 차감현물출자가액	185,215,843원	

3. 부여하는 주식 : 보통주식 삼만칠천사십삼주(37,043주) (액면가액 : 일금 185,215,000원)

10　주식회사 실체구성

① 법인설립의 준비 (발기인구성·상호결정)　　　⑧ 현물출자가액과 법인자본금의 결정
② 현물출자계약서의 작성　　　　　　　　　　⑨ 정관의 작성·인증
③ 사업자등록의 신청　　　　　　　　　　　　❿ 주식회사의 실체구성
④ 자산의 감정　　　　　　　　　　　　　　　⑪ 현물출자 조사보고 및 법원의 심사
⑤ 개인기업의 결산　　　　　　　　　　　　　⑫ 법인설립의 등기
⑥ 공인회계사 회계감사　　　　　　　　　　　⑬ 명의이전 등 후속 조치
⑦ 개인기업의 부가가치세확정신고와 폐업신고

주식회사설립에는 발기설립과 모집설립의 두 가지 방법이 있는데 현물출자에 의한 법인전환은 모집설립 절차를 밟을 실익이 없으므로 발기설립을 가정하여 주식회사 실체구성 절차를 살펴보면 다음과 같다.

《 주식회사 실체구성 절차 》

절　차	주　요　내　용
1. 주식발행사항 결정	① 회사설립시 발행주식 총수는 정관에 정해짐 ② 수종의 주식, 할증발행 등 상법 291조의 사항은 발기인 전체의 동의로 의결 ③ ②를 제외한 주식발행에 필요한 사항은 발기인 과반수 결의
2. 주식 총수의 인수	① 각 발기인은 1주 이상, 주식 총수를 서면으로 인수 ② 인수가액은 액면가 이상이어야 함
3. 출자의 이행	① 현금출자 : 인수가액의 전액을 현금 납입 ② 현물출자 : 출자의 목적물인 재산인도와 등기·등록이전서류를 완비하여 교부
4. 이사·감사의 선임	① 발기인 의결권(인수주식 1주당 1개)의 과반수 결의 ② 이사(3인 이상), 감사(1인 이상) 선임 (자본금 10억원 미만의 경우는 이사 1인 이상 선임, 감사 선임 안 해도 됨). ③ 이사는 취임 후 지체없이 검사인 선임을 법원에 청구 또는 공증인과 감정인의 선임 ④ 이사회의 결의에 의하여 대표이사 선임

11　현물출자 조사보고 및 법원의 심사

① 법인설립의 준비 (발기인구성·상호결정)　　　⑧ 현물출자가액과 법인자본금의 결정
② 현물출자계약서의 작성　　　　　　　　　　⑨ 정관의 작성·인증
③ 사업자등록의 신청　　　　　　　　　　　　⑩ 주식회사의 실체구성
④ 자산의 감정　　　　　　　　　　　　　　　❶ 현물출자 조사보고 및 법원의 심사
⑤ 개인기업의 결산　　　　　　　　　　　　　⑫ 법인설립의 등기
⑥ 공인회계사 회계감사　　　　　　　　　　　⑬ 명의이전 등 후속 조치
⑦ 개인기업의 부가가치세확정신고와 폐업신고

법인전환시 현물출자는 현물출자사항으로 반드시 정관에 규정하여야 하고 일정한 조사절차를 거쳐야 하고, 이 조사절차는 검사인에 의한 조사 또는 공인된 감정인의 감정에 의할 수 있다.

(1) 법원이 선임한 검사인에 의한 조사

① 정관에 변태설립사항이 있는 경우 이사는 취임 후 즉시 이에 관한 사항을 조사하기 위하여 검사인의 선임을 법원에 신청하여야 한다(상법 298조4항).

② 이러한 검사인의 선임신청은 본점 소재지 지방법원합의부에 서면으로 하여야 하고, 이렇게 선임된 검사인은 다음 사항을 조사하여 법원에 보고한다. 다만, 현물출자 시 재산총액이 자본금의 5분의 1을 초과하지 아니하고 5천만원을 초과하지 아니하는 경우 등에는 검사인의 조사가 필요없다. (상법 299조2항)

　1. 상법 제290조(변태설립사항)의 사항
　2. 상법 제295조(발기설립의 경우의 납입과 현물출자의 이행)의 사항

③ 법원은 검사인의 조사보고서를 심사한 후 현물출자가 부당하다고 인정되는 경우에는 이를 변경하여 각 발기인에게 통고할 수 있다(상법 300조1항). 법원의 변경에 불복하는 발기인은 주식의 인수를 취소할 수 있으며, 이 경우에는 정관을 변경하여 설립절차를 계속 진행할 수 있다.

④ 검사인 선임은 비용과 소요기간 등의 측면에서 불리하므로 이를 공인된 감정인의 감정으로 갈음하도록 상법이 개정된 이후에는 실무상 거의 활용되지 않고 있다.

(2) 공인된 감정인의 감정

① 현행 상법은 현물출자에 관한 내용 및 현물출자의 이행에 관하여 검사인의 조사를 공인된 감정인의 감정으로 갈음하도록 허용하고 있다. 이에 따라 이사(발기인)는 공인된 감정인을 선임하여 그로 하여금 현물출자에 관한 사항을 조사한 후 법원에 조사보고서를 제출하며, 법원이 이를 심사한다.

② 공인된 감정인이란 주로 유형자산(특히 부동산)을 감정하는 한국부동산원 등의 감정평가법인과 산업재산권 등을 평가하는 기술평가기관, 그리고 이외의 자산과 부채를 감사하여 평가하는 회계법인 등이 있다. 최근의 추세는 회계법인 등이 조사보고서 또는 감정보고서의 형태로 다른 감정기관의 조사 내용을 포함 정리하여 보고하는 것이 일반적이다.

③ 제3절 사례연구에서는 이러한 감정보고서의 사례를 제시하고 있으나, 이러한 형식이 법제화된 것이 아니라 경험적인 결과물이라는 것을 인지하여 주기 바란다.

(3) 법원의 심사

① 상기와 같은 상법의 규정에 의하여 검사인·공증인·감정인의 조사보고서 및 감정서가 제출되면 법원은 다음의 예규에 따라 사건접수 및 심사를 진행한다.

② 최근 실무적으로는 현물출자에 의한 법인전환시 법원의 심사가 까다롭고 1~2개월 이상의 기간이 소요되어 주식회사형태로의 법인전환을 꺼리고 이러한 과정이 필요없는 유한회사형태로 법인전환 하는 사례가 늘고 있는 실정이다.

③ 그러나 필자의 생각으로는 이러한 절차의 번거로움을 피하기 위해 유한회사형태로 법인전환 하다가 조특법상 조세지원 요건을 갖추지 못하여 낭패를 볼 수도 있다는 점을 유의해야 한다. 왜냐 하며 법원의 복잡한 심사를 받다 보면 여러 가지 발견하지 못했던 재무상의 문제를 파악하는 경우가 종종 있을 수 있기 때문이다.

현물출자 조사보고 및 법원의 심사(예규)
(1999.5.20.제정 대법원 송무예규 제719호)

제1조(목적)
이 예규는 상법의 규정에 의하여 검사인 · 공증인 · 감정인의 조사보고서 · 감정서가 제출된 때의 처리에 관하여 필요한 사항을 정함을 목적으로 한다.

제2조(사건접수)
① 검사인의 조사보고서가 제출된 때에는 독립한 사건으로 접수하지 아니하고 검사인 선임신청 사건 기록에 가철한다.
② 상법 제299조의2 · 제310조 · 제422조의 규정에 의하여 발기설립시의 변태설립사항과 현물출자 · 모집설립시의 변태설립사항 · 신주발행 시의 현물출자의 조사에 관하여, 검사인의 조사보고서에 갈음하여 공증인의 조사보고서 또는 감정인의 감정서가 법원에 제출된 때에는 "검사인 선임 신청 사건"에 준하여 비송사건으로 접수한다.

제3조(사건명 및 신청인)
① 상법 제299조의2의 규정에 의하여 공증인의 조사보고서 · 감정인의 감정서가 제출된 때에는 사건명을 "발기설립조사"로, 제310조의 규정에 의하여 공증인의 조사보고서 · 감정인의 감정서가 제출된 때에는 사건명을 "모집설립 조사"로, 제422조의 규정에 의하여 감정인의 감정서가 제출된 때에는 사건명을 "신주발행 조사"로 한다.
② 상법 제299조의2 · 제422조의 규정에 의하여 공증인의 조사보고서 · 감정인의 감정서가 제출된 때에는 그 조사 · 감정을 위임한 이사를, 제310조의 규정에 의하여 감정인의 감정서가 제출된 때에는 그 감정을 위임한 발기인을 신청인으로 본다.

제4조(보고방법)
공증인 · 감정인의 조사 · 감정결과 보고는 검사인의 조사보고서에 준하여 서면으로 하여야 한다.

제5조(기재사항)
공증인 · 감정인의 조사보고서 · 감정서에는 다음 각호의 사항을 기재하고 공증인 · 감정인이 기명 날인하여야 한다.

1. 조사·감정을 위임한 이사(상법 제299조의2·제422조) 또는 발기인(제310조)의 성명·주소·전화번호
2. 상법 제299조의2의 규정에 의한 조사·감정의 경우 발기인의 성명·주소·전화번호
3. 상법 제422조의 규정에 의한 감정의 경우 현물출자자의 성명·주소·전화번호
4. 조사·감정의 목적
5. 조사·감정 사항
6. 공증인·감정인의 주소·전화번호
7. 작성연월일
8. 법원의 표시

제6조(부본 제출 및 송달료 납부의무)
검사인·공증인이 조사보고서를, 감정인이 감정서를 제출함에는 부본 1통을 첨부하고, 신청인의 계산으로 송달료 2회분을 납부하여야 한다.

제7조(심사)
① 상법 제310조의 규정에 의한 검사인·공증인의 조사보고서 및 감정인의 감정서가 제출된 때에는 법원은 이를 심사하지 아니하고 원본 및 부본 표지의 적당한 여백에 "2000. . . 접수"라고 기재하며 재판장이 기명날인한 후 신청인에게 부본을 송달한다.
② 상법 제299조의2·제422조의 규정에 의한 검사인·공증인의 조사보고서 및 감정인의 감정서가 제출된 때에는 다음 각호의 예에 의한다.
　　1. 검사인·공증인의 조사보고서 및 감정인의 감정서를 심사한 결과 정당하다고 인정한 때에는 원본 및 부본 표지의 적당한 여백에 "201 . . . 인가"라고 기재하고 재판장이 기명날인한 후 신청인에게 부본을 송달한다.
　　2. 검사인·공증인의 조사보고서 및 감정인의 감정서를 심사한 결과 부당하다고 인정하여 변경결정을 한 때에는 원본 및 부본 표지의 적당한 여백에 "201 . . . 변경결정"이라고 기재하고 재판장이 기명날인한 후 신청인에게 부본과 변경결정 등본을 송달한다.
③ 상법 제299조의2의 규정에 의한 조사보고서·감정서를 부당하다고 인정하여 변경결정을 한 때에는 발기인에게도, 상법 제422조의 규정에 의한 감정서를 부당하다고 인정하여 변경결정을 한 때에는 현물출자자에게도, 각 그 변경결정 등본을 송달한다.

부　칙

제1조(시행일) 이 예규는 1999.5.24.부터 시행한다.
제2조(경과조치) 이 예규는 이 예규 시행 당시 법원에 계속 중인 사건에도 적용한다.

12 법인설립의 등기

① 법인설립의 준비 (발기인구성·상호결정)   ⑧ 현물출자가액과 법인자본금의 결정
② 현물출자계약서의 작성   ⑨ 정관의 작성·인증
③ 사업자등록의 신청   ⑩ 주식회사의 실체구성
④ 자산의 감정   ⑪ 현물출자 조사보고 및 법원의 심사
⑤ 개인기업의 결산   ❷ 법인설립의 등기
⑥ 공인회계사 회계감사   ❸ 명의이전 등 후속 조치
⑦ 개인기업의 부가가치세확정신고와 폐업신고

① 검사인 등의 조사보고서가 송달된 날(상법 299조)로부터 또는 검사인 등의 조사보고서에 대한 법원의 변경처분이 완료된 날(상법 300조)로부터 2주간 이내에 회사의 대표자 또는 대리인의 신청으로 법원에 회사설립등기를 하여야 한다.

② 현물출자에 의한 법인전환인 경우의 설립등기도 등기사항, 등기신청시 첨부서류[21]는 일반법인설립의 경우와 동일하다.

13 명의이전 등 후속 조치

① 법인설립등기가 완료되면 개인기업에서 법인으로 현물출자 한 각종 자산·부채 중 명의가 등록·등재된 자산·부채의 명의를 법인으로 이전하는 등의 후속 조치가 뒤따라야 한다. 이 후속 조치의 내용은 개별기업의 상황에 따라 상당히 차이가 있지만 일반적인 경우에 후속 조치내용은 다음과 표와 같다.

② 현물출자에 의한 법인전환의 경우 후속 조치는 다음 표에서 보는 바와 같이 상당 부분이 일반 사업양도양수의 경우와 동일하다.

《 현물출자 법인설립등기 후 후속 조치내용 》

후 속 조 치 명	주 요 내 용	일반 사업양도·양수와의 비교
1. 부동산의 명의이전 (국민주택채권 매입면제 신청서 제출 포함)	·토지·건물 등 부동산소유권이전등기 ·관할법원 소속 등기소에 신청	국민주택채권 매입면제 확인 추가 외는 동일
2. 차량·등록건설기계 명의이전	·차량의 명의이전과 등록건설기계 명의변경 ·차량은 자동차 등록사업소 등에 신청 ·건설기계는 군 또는 구청의 담당부서 신청	동 일
3. 금융기관 예금·차입금의 명의변경	·당좌예금을 제외한 예금과 차입금의 명의변경 ·차입금과 관련 저당설정된 부동산의 채무자 명의변경 병행	동 일

---

[21] 등기사항, 등기신청서류 등은 8편 3장 질문 참조.

후 속 조 치 명	주 요 내 용	일반 사업양도·양수와의 비교
4. 거래처·조합·협회등의 명의변경	·거래처·조합·협회에 법인전환사실을 통보, 명의변경	동　일
5. 공장등록변경	·공장등록의 명의변경 ·공장소재지의 시·군·구청에 신청	동　일
6. 토지 거래의 허가	·법인전환기업의 토지가 해당되는 경우에만 적용 ·관할 시장·군수·구청장에게 허가신청	동　일
7. 감가상각방법·재고자산평가방법의 신고	·법인 신설시 소관세무서장에게 신고 ·신고기한 : 영업개시 사업연도의 과세표준 신고기한 내	동　일
8. 양도소득세 등 신고·납부와 이월과세적용신청서 제출	·양도소득세 등 이월과세 적용신청의 경우에도 양도소득세 등 신고는 하여야 함. ·이월과세적용신청서 필히 제출 ·신고납부·제출기한 : ①예정신고 : 양도 월의 익익월 말일 ②확정신고 : 양도 년의 익년 5월	이월과세적용신청서 제출 추가외는 동일
9. 취득세 신고와 감면확인	·토지·건물·차량 등 취득세 과세대상 자산의 취득세 신고 ·취득세감면확인 요함 ·신고기한 : 취득일로부터 60일 이내에 자진신고납부	취득세감면확인 추가외는 동일
10. 법인설립신고와 사업자등록신청서류 보완	·법인설립등기에 따른 법인설립신고 이행 ·사업자등록시 미비서류 보완제출	추가절차

따라서 여기에서는 동일한 부분의 설명은 생략하고[22] 현물출자에 의한 법인전환시 달라지는 부분만을 살펴보면 다음과 같다.

(1) 양도소득세 등 이월과세적용신청서 제출

① 현물출자에 의한 법인전환에 따라 개인기업주의 이월과세 적용신청으로 양도소득세 및 개인지방소득세가 이월과세 된다 해서 양도소득세 및 개인지방소득세의 신고의무까지 면제되는 것은 아니다. 따라서 법인전환에 따른 양도소득세신고서와 이월과세적용신청서를 작성하여 개인기업주 주소지 관할 세무서에 제출하여야 한다.[23]

② 개인기업주의 이월과세적용신청서의 제출기한은 양도소득세 과세표준신고일(예정신고

일 포함)까지 이다. 또한, 현물출자를 받아 신설된 법인도 최초 법인세 과세표준신고 시 이월
과세적용신청서를 제출하여야 한다.

(2) 취득세의 감면확인

① 현물출자에 따라 취득하는 사업용 재산 중 부동산에 대하여는 취득세가 75% 감면(부동
산 임대업 및 공급업 제외)되므로, 취득세 면제확인을 본점 소재지 관할 시 또는 군으로부터
확인받아 제출하여야 한다.

② 또한, 취득세와 마찬가지로 '국민주택채권 일부 면제신청서'를 작성하여 시장·군수의
확인을 받아 부동산이전등기신청 시 제출하여야 한다.

(3) 법인설립신고와 사업자등록신청서류 보완

① 현물출자에 의한 법인전환은 법인설립등기 전에 부가가치세법 8조 1항 단서의 규정에
따라 사업자등록을 하여 법인전환절차를 진행하였다.

② 이제 법인설립등기가 종료되었으므로 소정 서류를 갖추어 법인설립신고와 사업자등록
신청서류 보완을 납세지 관할 세무서에 설립등기일로부터 2월 이내에 하여야 한다. (법인법
109조1항)

14 현물출자 절차별 실무의 관련 예규사례

(사례1) 국고보조금으로 취득한 사업용고정자산의 일시상각충당금 잔액을 총수입금액에 산입하는지
여부
(사례2) 법인설립등기 전까지의 개인명의 거래분이 실질적으로 해당 법인에 귀속되는 경우
(사례3) 적격합병시 사업영위기간에는 개인사업자의 법인전환전의 사업기간을 포함하지 아니함
(사례4) 사업용고정자산을 현물출자로 법인전환 하는 경우 법인전환 시기는
(사례5) 법인설립등기 전에 발급받은 사업자등록번호의 부가가치신고 경우
(사례6) 현물출자에 의한 법인전환 후 신설법인의 최초 사업연도 개시일은

사례 1

국고보조금으로 취득한 사업용고정자산의 일시상각충당금 잔액을 총수입금액에 산입하는지
여부

■ (사실관계) 개인사업자로서 2016년에 국고보조금을 수령하여 사업용고정자산을 구입하였

으며, 일시상각충당금을 설정하여 필요경비에 계상하였음

● (질의) 국고보조금으로 사업용고정자산을 취득한 개인사업자가 영위하던 사업을 현물출자 및 사업양수도의 방법으로 법인사업자로 전환하는 경우, 소득세법시행령 제60조 제2항에 따라 감가상각비와 상계하고 일시상각충당금 잔액이 남은 경우 전환되는 법인으로 승계되는지

▶ (회신) 귀 질의의 경우, 국고보조금으로 사업용고정자산을 취득한 개인사업자가 영위하던 사업을 현물출자 및 사업양수도의 방법으로 법인사업자로 전환함에 따라 사업용고정자산을 전환한 법인에 이전하는 경우에도 소득세법시행령 제60조 제2항 단서에 따라 감가상각비와 상계하고 남은 일시상각충당금의 잔액은 개인사업자의 소득금액 계산시 그 처분한 날이 속하는 과세기간의 총수입금액에 산입해야 하는 것입니다. (서면소득-1687, 2018.08.20)

예규 2

법인설립등기 전까지의 개인명의 거래분이 실질적으로 해당 법인에 귀속되는 경우

■ (사실관계) ◇◇주유소(이하 "당사")는 주유소업을 영위하는 개인기업으로 2017년2월28일을 계약체결일로 하여 현물출자를 통한 법인전환을 추진하고 있으며

1. 현물출자를 통한 법인전환을 위하여 법원이 선임한 검사인의 검사 등 관련 절차를 진행 중으로 법인등기까지는 상당한 기간이 소요될 것으로 예상됨

2. 당사는 「부가가치세법」 제8조제1항의 규정에 따른 법인설립 전 사업자등록을 신청하여 사업자등록증(상호 : (주)ㅁㅁ, 개업일 2017년3월1일)을 교부받아 사업을 영위하고 있으며 개인사업자는 법인등기 완료 후 폐업을 진행할 예정임

3. 그러나 당사는 법인설립 전으로 법인명의의 석유판매업 허가등록증을발급받을 수 없는 상황이며, 이에 매입거래처에서는 법인사업자 등록번호가 아닌 개인사업자 등록번호로 매출세금계산서를 발행하고 있음

4. 또한 당사는 전자세금계산서 발행대상이나 법인설립 전으로 법인명의의 공인인증서 발급이 불가능하여 부득이하게 개인사업자등록번호로 매출세금계산서를 발행하였음

● (질의) 법인설립등기 전까지의 개인명의 거래분이 실질적으로 해당 법인에 귀속되는 경우

1. 개인사업자 명의로 교부 및 수령한 세금계산서(신용카드매출전표 포함)를 해당 법인의

부가가치세 신고에 포함할 수 있는지 여부

2. 개인사업자 명의로 발급하거나 발급받은 세금계산서가 사실과 다른 세금계산서로서 가산
세 부과대상인지 여부

▶ (회신) 위 세법해석 사전답변 신청의 사실관계와 같이, 개인사업자가 현물출자에 의해 법
인을 설립하여 「부가가치세법」 제10조제1항제2호 규정에 따라 해당 법인에 사업을 양
도함에 있어서 사업양도 이후 법인설립등기 전까지 개인명의 거래분이 실질적으로 해당
법인에 귀속되는 경우에는 해당 법인명의로 부가가치세를 신고납부하여야 하는 것입니
다. (사전법령부가-302,2017.5.19.)

예규 3

적격합병시 사업영위기간에는 개인사업자의 법인전환전의 사업기간은 포함하지 아니함

● (질의) 1년 이상 사업영위한 법인 간의 합병인지 판단할 때, 개인사업자의 법인전환으로
설립된 법인의 전환전 사업기간을 포함하는지 여부

▶ (회신) 귀 질의의 경우 회신사례(법인46012-97(2001.1.11.)를 참고하시기 바랍니다. 법인
세법 제46조, 같은법 제47조 및 조세특례제한법 제38조의 규정을 적용함에 있어 "5년 이
상 계속하여 사업을 영위한 내국법인"에 대한 기간에는 현물출자방식으로 법인전환한 개
인사업자의 법인전환전의 사업기간은 포함하지 아니한다. (서면법인-4418, 2016.11.09)

예규 4

사업용고정자산을 현물출자로 법인전환 하는 경우 법인전환 시기는

● (질의) 조특법 제32조에 따른 사업용고정자산을 현물출자 방법으로 법인전환에 따른 법
인전환시점은 언제인지.

▶ (회신) 거주자가 사업용고정자산을 현물출자 방법으로 법인으로 전환하는 경우 조특법
제32조(2012.6.1. 법률 제11459호로 개정된 것)에 따른 법인전환 시기는 상법에 따른 법
인설립등기일이 되는 것임. (부동산거래관리과-664, 2012.12.07.)

사례 5

법인설립등기 전에 발급받은 사업자등록번호의 부가가치세 신고 경우

● (질의) 법인설립등기 전에 발급받은 사업자등록번호로 세금계산서를 발급받거나 발급받은 경우

▶ (회신) 개인사업자가 법인전환을 위하여 법인설립등기 전 부가법 제5조에 따라 법인사업자로 사업자등록을 신청하여 관할 세무서장으로부터 부여받은 사업자등록번호로 같은 법 제16조에 따른 세금계산서를 발급하거나 발급받아 같은 법 제18조 및 제19조에 따라 부가가치세를 신고·납부한 경우에는 관할 세무서장으로부터 부여받은 사업자등록번호로 발급하거나 발급받은 세금계산서는 사실과 다른 세금계산서에 해당하지 아니하고 부가가치세 신고·납부 효력에도 영향이 없는 것임. (부가과-469, 2011.5.11.)

사례 6

현물출자에 의한 법인전환 후 신설법인의 최초 사업연도 개시일은

● (질의) 당사는 제조회사로서 개인사업을 영위하다가 개인 사업용자산·부채를 포괄양도하기로 계약한 후 1999.12.31 자로 개인사업을 폐업하고, 현물출자기준일인 2000.1.1자로 법인사업자등록을 교부받아 계속 사업을 하고 있음.

1. 현물출자에 의한 법인전환의 경우 감정평가, 공인회계사 감사 등으로 인하여 2000.3.14 자로 법인등기를 하였음.

2. 2000.1.1 사업자등록증 교부 당시 법인등록번호를 기재하지 않은 상태의 사업자등록증을 교부받아 사업을 하다가 법인등기 완료 후 법인등록번호를 기재한 사업자등록증을 재교부 받았음.

3. 당사의 경우 사업연도 개시일을 언제로 해야 하는지(법인설립등기일: 2000.3.14, 실질적인 사업개시일: 2000.1.1)

▶ (회신) 내국법인이 법인설립등기일 전에 생긴 손익을 사실상 그 법인에 귀속시킨 것이 있는 경우 조세포탈의 우려가 없을 때에는 최초사업연도의 기간이 1년을 초과하지 아니하는 범위내에서 이를 당해 법인의 최초사업연도의 손익에 산입할 수 있는 것이며 이 경우 최초사업연도의 개시일은 당해 법인에 귀속시킨 손익이 최초로 발생한 날로 하는 것임. (서이 46012-10453, 2001.11.1)

4장
현물출자 감정보고서 작성사례

1 부동산임대 개인기업의 사례

사례 부동산임대업을 하는 ○○빌딩의 개인기업을 현물출자 방법에 의한 법인전환을 하는 과정에서 H회계법인에 이를 위한 감정보고서를 작성하는 용역을 제의하였다.

이 경우 주식회사로 설립하는 경우와 유한회사로 설립하는 경우의 감정보고서를 각각 작성해 보자.

1. 주식회사 설립의 경우
2. 유한회사 설립의 경우

예제 ① ○○빌딩의 개인기업 감사가 종료된 2025년 6월 30일 현재의 재무상태표는 다음과 같다.

《 ○○개인기업 재무제표 (2025.6.30. 현재) 》

과목	금액	과목	금액
현금및현금성자산	65,000,000	예수금	800,000
매출채권	13,200,000	부가세예수금	14,000,000
부가세대급금	1,200,000	미지급비용	8,100,000
토지	1,650,000,000	장기차입금	800,000,000
건물	350,000,000	임대보증금	250,000,000
시설장치	4,000,000	퇴직급여충당부채	13,000,000
집기비품	2,500,000	자본금	1,000,000,000
합계	2,085,900,000		1,085,900,000

② 2025년 6월 30일 현재의 토지의 시가평가액은 45억원이고 건물의 시가평가액은 5억원이다.

③ 본 사례의 현물출자에 의한 주식회사로의 법인전환과 현물출자에 의한 유한회사로의 법인전환은 조특법 및 지특법상의 조세지원 요건을 모두 갖추고 있음

2 주식회사 설립 감정보고서

해설 주식회사형태로 설립시 작성되는 감정보고서는 주목적이 법원에 현물출자에 대한 사항 및 이행을 보고하고 인가받기 위한 목적이다.

다음은 현물출자를 위한 감정보고서 중에서 「감정 결과」 부분의 서식이다.

(주식회사) 현물출자를 위한 감정보고서
– 감정 결과 –

1. 현물출자자의 성명, 주소, 전화번호
　　성　　명 : ○○○ (주민등록번호:　　　　　)
　　주　　소 : 서울시 강남구 테헤란로 ○○길
　　전화번호 : ○○-○○○○-○○○○

2. 감정의 목적인 재산의 종류, 수량 및 가격
감정의 목적인 재산은 현물출자의 대상이 되는 재산으로서 서울시 서초구 양재동 35-15에 소재하는 평가기준일 현재 운영중인 개인기업 ○○빌딩의 자산과 부채를 포함한 사업 일체이며 출자재산의 종류, 수량 및 가격은 다음과 같습니다.

가. 자산

(단위 : 원)

구 분	명 세	금 액
현금및현금성자산	별지명세와 같음	65,000000
매출채권	〃	13,200,000
부가세대급금	〃	1,200,000
토지	〃	4,500,000,000
건물	〃	500,000,000
시설장치		4,000,000
집기비품	〃	2,500,000
자산총계		5,085,900,000

나. 부채

(단위 : 원)

구 분	명 세	금 액
예수금	별지명세와 같음	800,000
부가세예수금	〃	14,000,000
미지급비용	〃	8,100,000
장기차입금	〃	800,000,000
임대보증금	〃	250,000,000
퇴직급여충당부채	〃	13,000,000
부채총계		1,085,900,000

다. ○○빌딩 현물출자 재산가액(가 - 나)

• 순자산평가액 4,000,000,000원 = 자산 5,085,900,000원 - 부채 1,085,900,000원

3. 현물출자재산에 대해서 부여할 주식의 종류와 수

가. 주식회사 ○○빌딩의 주식의 발행가액

• 주식회사 ○○빌딩의 주식 1주의 발행금액은 5,000원입니다.

나. 부여할 주식의 종류와 수

현물출자재산 금4,000,000,000원에 대하여 부여할 주식의 종류는 사건 본인 설립중인 주식회사 ○○빌딩의 보통주 800,000주(1주의 발행금액 5,000원, 1주의 액면금액 5,000원)이며 이에 대한 자본금의 액수는 금4,000,000,000원입니다.

(단, 현물출자순자산액 4,000,000,000원 중 단주에 해당하는 0원은 현물출자자에게 현금으로 반환한다.)

3 유한회사 설립 감정보고서

해설 유한회사 형태로 설립시 작성되는 감정보고서는 법원에 제출되지 않지만, 조특법상의 요건을 충족하는지 검토하기 위한 목적으로 작성된다.

다음은 현물출자를 위한 감정보고서 중에서 「감정 결과」 부분의 서식이다.

(유한회사) 현물출자를 위한 감정보고서

- 감정 결과 -

1. 현물출자자의 성명, 주소, 전화번호

　성　　명 : ○○○ (주민등록번호:　　　　　)

　주　　소 : 서울시 강남구 테헤란로 ○○길

　전화번호 : ○○-○○○○-○○○○

2. 감정의 목적인 재산의 종류, 수량 및 가격

감정의 목적인 재산은 현물출자의 대상이 되는 재산으로서 서울시 서초구 양재동 35-15에 소재하는 평가기준일 현재 운영중인 개인기업 ○○빌딩의 자산과 부채를 포함한 사업 일체이며 출자 재산의 종류, 수량 및 가격은 다음과 같습니다.

가. 자산

(단위 : 원)

구 분	명 세	금 액
현금및현금성자산	별지명세와 같음	65,000000
매출채권	〃	13,200,000
부가세대급금	〃	1,200,000
토지	〃	4,500,000,000
건물	〃	500,000,000
시설장치	〃	4,000,000
집기비품	〃	2,500,000
자산총계		5,085,900,000

나. 부채

(단위: 원)

구 분	명 세	금 액
예수금	별지 명세와 같음	800,000
부가세 예수금	〃	14,000,000
미지급비용	〃	8,100,000
장기차입금	〃	800,000,000
임대보증금	〃	250,000,000
퇴직급여충당부채	〃	13,000,000
부채총계		1,085,900,000

다. ○○빌딩 현물출자 재산가액(가- 나)

- 순자산 평가액 4,000,000,000원 = 자산 5,085,900,000원 - 부채 1,085,900,000원

3. 현물출자재산에 대해서 부여할 출자좌수

가. 유한회사 ○○빌딩의 출자지분 발행가액

유한회사 ○○빌딩의 출자 1좌의 금액은 10,000원입니다.

나. 부여할 출자좌수

현물출자재산 금4,000,000,000원에 대하여 부여할 출자좌수는 설립중인 유한회사 ○○빌딩 출자지분 400,000좌(1좌의 발행금액 10,000원, 1좌의 액면금액 10,000원)이며 이에 대한 자본금의 액수는 금4,000,000,000원입니다.

(단, 현물출자순자산액 4,000,000,000원 중 단주에 해당하는 0원은 현물출자자에게 현금으로 반환한다.)

4편

세감면 사업양도양수에 의한
법인전환 실무해설

「세감면 사업양도양수에 의한 법인전환」은 「일반 사업양도양수에 의한 법인전환」과 「현물출자에 의한 법인전환」과의 중간 위치에 있다.

「현물출자에 의한 법인전환」의 경우와 비교할 때 이 방법의 경우가 절차는 조금 덜 복잡하지만, 조세지원 효과는 다소 줄어든다.

일반 사업양도양수에 의한 법인전환과 비교할 때 이 방법은 조세지원을 받는 대신 조특법상의 조세지원 요건을 갖추기 위한 절차가 다소 복잡해진다.

이 방법에 의한 법인전환의 핵심은 조특법의 조세지원 요건 충족과 사업의 양도양수에 있으며, 이의 추진과정에서는 조특법 등 세법, 상법 및 기타 관련 법규에 대한 이해가 요구된다.

참고 4편에서는 2편과 3편에서 설명한 내용은 중복설명을 생략한다.

세감면 사업양도양수 법인전환의 개요

1절 법인전환의 특징

세감면 사업양도양수에 의한 법인전환은 조특법 제32조에 규정된 사업양도양수에 의한 법인전환이다. 이 방법에 의한 법인전환은 다음과 같은 특징이 있다.

1 법인전환의 특징

① 법인전환 절차가 현물출자의 경우보다는 간편하고, 일반 사업양도양수의 경우보다는 복잡하다.

② 간편해지는 이유는 현물출자라는 변태설립사항을 통해 법인설립을 하지 않아도 되기 때문에 일반 사업양도양수의 경우와 같이 먼저 법인을 설립한 후 개인기업을 양도 양수하는 과정을 밟아 법인전환을 할 수 있기 때문이다.

③ 복잡해지는 이유는 조세지원을 받기 위해 조특법 소정의 요건과 절차에 관한 제한을 따라야 하기 때문이다.

《 법인전환 방법별 절차의 복잡성 》

┌───┐
│ ① 현물출자 법인전환 》 ② 세감면 사업양도양수 법인전환 》 ③ 일반 사업양도양수 법인전환 │
└───┘

❖ 관련 법령

[조세특례제한법] 제32조(법인전환에 대한 양도소득세의 이월과세) ① 거주자가 사업용고정자산을 현물출자하거나 대통령령으로 정하는 사업 양도·양수의 방법에 따라 법인(대통령령으로 정하는 소비성서비스업을 경영하는 법인은 제외한다)으로 전환하는 경우 그 사업용고정자산에 대해서는 이월과세를 적용받을 수 있다. 다만, 해당 사업용고정자산이 주택 또는 주택을 취득할 수 있는 권리인 경우는 제외한다. (2020.12.29. 단서신설)
② 제1항은 새로 설립되는 법인의 자본금이 대통령령으로 정하는 금액 이상인 경우에만 적용한다.
③ 제1항을 적용받으려는 거주자는 대통령령으로 정하는 바에 따라 이월과세 적용신청을 하여야 한다.
④ 제1항에 따라 설립되는 법인에 대해서는 제31조 제4항부터 제6항까지의 규정을 준용한다.
⑤ 제1항에 따라 설립된 법인의 설립등기일부터 5년 이내에 다음 각 호의 어느 하나에 해당하는 사유가 발생하는 경우에는 제1항을 적용받은 거주자가 사유발생일이 속하는 달의 말일부터 2개월 이내에 제1

항에 따른 이월과세액(해당 법인이 이미 납부한 세액을 제외한 금액을 말한다)을 양도소득세로 납부하여야 한다. 이 경우 사업 폐지의 판단 기준 등에 관하여 필요한 사항은 대통령령으로 정한다. (2017.12.19. 개정)

1. 제1항에 따라 설립된 법인이 제1항을 적용받은 거주자로부터 승계받은 사업을 폐지하는 경우
2. 제1항을 적용받은 거주자가 법인전환으로 취득한 주식 또는 출자지분의 100분의 50 이상을 처분하는 경우

2 조세지원의 효과

조세지원 효과가 일반 사업양도양수의 경우보다는 많고 현물출자의 경우보다는 적다.

《 법인전환 방법별 조세지원의 효과 》

① 현물출자 법인전환 》 ② 세감면 사업양도양수 법인전환 》 ③ 일반 사업양도양수 법인전환

① 일반 사업양도양수는 특별한 조세지원이 없이 소요되는 세금·비용을 모두 부담하는 반면 세감면 사업양도양수는 조특법 소정의 요건을 갖추는 경우 조세지원을 받게 된다.

그러나 이 경우의 조세지원은 현물출자의 경우와 비교할 때 양도소득세 등이 이월과세 되고 취득세도 75% 경감되어 같지만, 국민주택채권은 전액 매입해야 하는 차이점이 있다.

1. 양도소득세, 개인지방소득세 : 이월과세
2. 취득세감면 : 75% 감면
3. 국민주택채권 : 전액매입

② 한편, 개념상으로 볼 때 세감면 사업양도양수에 의한 법인전환은 일반 상법상의 사업양도양수에 의한 법인전환의 범위에 포함된다. 즉 일반 상법 규정에 의거 개인기업을 법인에 양도 양수함으로써 이루어지는 법인전환 가운데 조특법 소정의 요건에 적합한 경우만이 세감면 사업양도양수에 의한 법인전환이 된다.

1. 조특법 소정의 요건에 의한 법인전환시 세금감면

③ 따라서 이 방법에 의한 법인전환은 상법 규정에 의한 사업양도양수의 가능 여부와 조특법 및 지특법 규정에 의한 조세지원의 수혜에 전환의 성패가 달렸다.

1. 상법 규정에 따른 사업양도양수의 가능 여부
2. 조특법 및 지특법 규정에 따른 조세지원의 수혜

2절 법인전환시 조세지원 내용

1 조세지원의 비교

조특법 제32조 소정의 요건에 해당하는 세감면 사업양도양수에 의한 법인전환시 조세지원을 받는 내용은 양도 양수하는 사업용자산에 대한 양도소득세 등 이월과세, 취득세의 감면 등으로 현물출자의 경우와 비교하면 다음과 같다.

《 법인전환 방법별 조세지원 비교 》

세 　 목	현물출자	세감면 사업양도양수	비 고
1. 양도소득세	이월과세	좌 　 동	같 음
2. 양도소득분 개인지방소득세	이월과세	좌 　 동	같 음
3. 취득세	75% 감면	좌 　 동	같 음
4. 국민주택채권 매입	전액 면제	전액 매입	다 름
5. 개인기업 조세감면 승계	승 　 계	좌 　 동	같 음

2 양도소득세의 이월과세

법인전환을 위해 개인기업 소유 토지·건물 등 양도소득세 과세대상 자산을 법인에 양도하는 경우에 개인기업주는 원칙적으로 양도소득세를 납부하여야 한다.

그러나 조특법 소정의 요건을 갖춘 세감면 사업양도양수는 현물출자의 경우와 마찬가지로 동 양도소득세에 대해 이월과세를 적용받을 수 있다. (조특법 32조1항)

3 개인지방소득세의 이월과세

양도소득세에 대해 이월과세를 적용받은 경우 양도소득분 개인지방소득세도 이월과세 된다. (지특법 120조1항)

양도소득세가 이월과세 되는 경우 농어촌특별세를 납부하지 않는 것도 현물출자의 경우와 같다.

4 취득세의 감면

① 토지·건물 등 지방세법상 취득세 과세대상 자산을 법인이 취득하는 경우에는 취득세를 납부하여야 한다.

② 그러나 조특법 소정의 요건을 갖춘 세금감면 양도양수에 의한 법인전환에 따라 취득하는 사업용고정자산(부동산 임대업 및 공급업의 사업용고정자산 제외)에 대하여는 취득세의 75%가 경감된다. (지특법 57조의 2 4항)

③ 이때 감면받은 취득세액의 20%를 농어촌특별세로 납부하여야 하며, 취득일로부터 5년 이내에 정당한 사유없이 해당 사업을 폐업하거나 해당 재산을 처분(임대를 포함함)하는 경우에는 감면받은 세액을 추징하는 데 유의하여야 한다.[1]

5 국민주택채권의 매입

현물출자에 의한 법인전환은 주택도시기금법 시행규칙에 규정된 요건을 충족하면 부동산 등기에 따른 국민주택채권의 매입의무가 면제되나 세감면양도양수에 의한 법인전환은 부동산등기에 따른 국민주택채권을 전액 매입해야 한다.[2]

6 개인기업 조세감면의 승계

세감면 사업양도양수에 의한 법인전환의 경우도 현물출자에 의한 법인전환의 경우와 마찬가지로 개인기업의 미공제세액 등을 법인이 승계하여 감면받을 수 있다.

---

[1] 구체적인 내용은 7편 5장 참조
[2] 구체적인 내용은 6편 6장 참조

7　조세지원 관련 예규사례

(사례1) 법인전환시 개인기업의 남은 감면기간에 대해 창업중소기업 세액감면을 받을 수 있는지
(사례2) 법인전환하고 이월과세 적용받은 후 주식을 처분하는 경우
(사례3) 증여자산을 5년 이내 사업양수도의 방법으로 법인전환 하는 경우 양도소득세 여부
(사례4) 신설법인의 자본금이 설립등기 당시에 개인사업장의 순자산가액 이하의 경우
(사례5) 법인전환 전에 차입금을 출자금으로 사용하여 법인전환 하는 경우
(사례6) 사업양도양수 법인전환시 순자산가액 계산순서와 부당행위 여부
(사례7) 법인으로 전환 후 최초의 사업연도에 법인세 중간예납의무 여부
(사례8) 법인으로 전환 시 기계장치 등 장부가액으로 승계시 감가상각누계액의 승계 여부
(사례9) 개인사업자의 폐업신고 시 당해연도 미지급 소득세의 승계 여부
(사례10) 법인전환에 따른 임시투자세액의 이월공제 승계 여부

사례 1

법인전환시 개인기업의 남은 감면기간에 대해 창업중소기업 세액감면을 받을 수 있는지

■ (사실관계) 신청인은 '11.7.1. 인천시에서 개인사업자로 사업을 개시하여 창업중소기업 세액감면을 적용받아 오다가

1. '14.10.10. 신청인 외 3인(총4인)이 발기인이 되어 주식회사 ○○○○를 설립하고 14.11.1. 개인사업을 주식회사 ○○○○에 포괄양수도 하였음

2. 개인사업자를 법인으로 전환하면서 발기인 요건(사업을 영위하던 자가 발기인이 되어야 한다)을 제외하고는 조세특례제한법 §32 및 조특령 §29에 열거된 법인전환 요건(세액감면 승계 요건)을 충족함
    - 법인설립 시 자본금 1억원 (신청인 지분율 55%, 자본금 55백만원)

● (질의내용) 개인사업자에서 법인으로 전환하면서 발기인이 다수인 경우 적격 법인전환에 해당하여 남은 감면기간 동안 세액감면을 적용받을 수 있는지 여부 (세액감면 승계 가능 여부)

▶ (회신) 「조세특례제한법」 제6조제1항에 따른 세액감면을 적용받던 거주자(이하 "개인기업")가 발기인이 되어 동법 제32조제1항의 법인전환 요건을 충족하여 중소기업 법인으로 전환하는 경우 해당 중소기업 법인은 동법 제32조제4항에 따라 개인기업의 남은 감면기간에 대하여 동법 제6조제1항의 창업중소기업 세액감면을 적용받을 수 있는 것입니다. (서면법인-5363, 2019.04.02)

사례 2

법인전환하고 이월과세 적용받은 후 주식을 처분하는 경우

● (질의) 2012.12.31 이전 법인전환하고 이월과세를 적용받은 거주자가 2013년 이후 법인전환으로 취득한 주식 처분시 사후관리 적용 여부

▶ (회신) 2012.12.31 이전 조특법 제32조에 따라 사업양도·양수의 방법으로 법인으로 전환하고 그 사업용고정자산에 대해 이월과세를 적용받은 거주자가 해당 법인의 설립일로부터 5년 이내에 법인전환으로 취득한 주식의 100분의 50 이상을 2013.1.1. 이후 처분하는 경우 같은 법(2013.1.1 법률 제11614호로 개정) 같은 조 제5항 및 부칙 제11조에 따라 처분일이 속하는 과세연도의 과세표준 신고를 할 때 이월과세액을 양도소득세로 납부하여야 함. (재산세제과-7, 2015.01.06)

사례 3

증여자산을 5년 이내 사업양수도의 방법으로 법인전환 하는 경우 양도소득세 여부

● (질의) 배우자로부터 증여받은 후 5년 이내에 해당 자산을 사업양수도의 방법으로 법인전환 하는 경우 소득세법 제97조의 2에 따른 이월과세 규정을 적용하여 법인 전환시에 양도소득세를 납부해야 하는지 여부

(사실관계) 1. A는 개인사업을 영위하고 있음

2. 위 사업장의 토지(공장용지; 경기도) 소유자는 A의 배우자로서 A는 배우자로부터 상기 토지를 증여받은 후 1개월 이내에 해당 자산 및 본인 소유의 건물('08.7.31. 취득, 위 2필지 지상의 건축물)을 사업양수도의 방법으로 법인전환할 예정임

3. '13.12월 현재 상기 토지의 공시지가 합계는 562백만원

▶ (회신) 거주자가 사업에 직접 사용하는 사업용고정자산을 배우자로부터 증여받고 증여받은 날로부터 5년 이내「조특법시행령」제29조 제2항에 따른 사업양도·양수의 방법에 따라 법인으로 전환하는 경우 해당 사업용고정자산의 양도차익을 산정할 때 양도가액에서 공제할 필요경비 계산방법은 소득세법(2014.1.1. 법률 제12169호로 개정) 제97조의2를 적용하는 것이며, 이 경우 해당 사업용고정자산에 대해서는 조특법 제32조에 따른 법인전환에 대한 양도소득세 이월과세를 적용받을 수 있다. (서면법규과-182, 2014.03.04.)

사례 4

신설법인의 자본금이 설립등기 당시에 개인사업장의 순자산가액 이하의 경우

- (질의) 1) 조특법 제32조에 따른 "법인전환에 대한 이월과세"를 적용함에 있어 사업양도·양수방법에 따라 법인전환 하는 경우 이월과세 적용 요건 중 신설법인의 자본금 요건(법인의 자본금≥소멸하는 개인사업장의 순자산가액)을 충족해야 하는 시점

2) 신설법인의 자본금이 설립등기 당시에는 개인사업장의 순자산가액 이하이나, 사업포괄양수도 계약체결일 이전에 순자산가액 이상으로 증가시켜 신설법인의 자본금 요건을 충족하고 법인설립일부터 3개월 이내에 사업에 관한 모든 권리·의무를 포괄적으로 양도하는 사업양도·양수방식으로 법인전환 한 경우 법인전환에 대한 이월과세를 적용받을 수 있는지.

▶ (회신) 거주자가 사업양도·양수방식으로 법인전환 하는 경우 이월과세 적용 요건에 대하여는 예규참고

예규(제도 46014-10775, 2001.4.24.) 사업양수도 방법에 의하여 법인전환한 귀 질의의 경우 '법인전환에 대한 양도소득세 이월과세' 규정은 법인의 설립당시 새로이 설립되는 법인의 자본금이 소멸하는 사업장의 순자산가액 이상일 경우 이월과세되는 것임. (서면법규과-165, 2013.02.15.)

사례 5

법인전환 전에 차입금을 출자금으로 사용하여 법인전환 하는 경우

- (질의) 제조업을 경영하는 거주자 갑은 금융기관으로부터 10억원을 차입하고 동 차입한 금원을 출자금의 인출로 회계처리 한 후 법인전환 할 예정이다. 개인사업자가 법인전환 시 금융기관으로부터 차입하고, 동 차입금을 인출하여 순자산을 감액시키는 경우 동 출자금회수가 세법상 가능한지.

재무상태표(2012.11.30)		재무상태표(예정)	
자산 19억원	부채 6억원	자산 19억원	부채 16억원
	자본 13억원		자본 3억원
19억원	19억원	19억원	19억원

▶ (회신) 예규(소득세과-4633, 2008.12.10) 참고
개인사업자가 사업을 영위하기 위하여 자기자본을 투입한 후 그 투입한 자본을 회수하기

위하여 금융기관으로부터 자금을 차입하여 그 차입금을 자본인출금으로 사용한 경우 그 차입금으로 인하여 초과인출금이 발생하지 않는 때에는 그 차입금을 총수입금액을 얻기 위해 직접 사용한 부채로 보아 그 차입금에 대한 지급이자를 필요경비로 산입한다. (소득세과-11, 2013.1.3.)

사례 6

사업양도양수 법인전환시 순자산가액 계산순서와 부당행위 여부

● (질의) (갑)은 제조업을 영위 중이며 사업양도양수 방법에 따라 법인으로 전환하고자 함.
  • 사업용고정자산의 장부가액은 360만원(감가상각 반영), 기준시가는 1,400만원이며, 매매예상가는 2,400만원 정도임
  • 지난 2년여간 감정가액이나 매매사례가액은 없었음

1. 개인사업장의 순자산가액을 계산할 때 토지 및 건물의 시가를 적용함에 있어 해당 자산의 수용, 공매, 감정가액 등이 없는 경우 기준시가에 의하는지 아니면 반드시 감정평가를 하여 감정가액을 적용해야 하는지(법인전환에 따른 양도소득세 이월관세 관련).

2. 장부가액 또는 기준시가로 평가하여 법인전환 하는 경우 양도소득 부당행위계산부인 규정이 적용되는지

▶ (회신) (질의회신문 및 소득령 제167조6항 참고)
참고예규: 조특법 제32조에 따른 법인전환에 대한 양도소득세의 이월과세 적용시 순자산가액의 시가는 법인령 제89조1항에 해당하는 가격, 같은 조 제2항1호의 감정가액, 상속세 및 증여세법 제61조 내지 제64조의 규정을 준용하여 평가한 가액의 순서대로 적용하는 것임. (부동산거래관리과-388, 2011.10.5.)

사례 7

법인으로 전환 후 최초의 사업연도에 법인세 중간예납의무 여부

● (질의) 당사는 의류제조업을 경영하는 개인사업자로서 사업양도양수 방법에 의한 법인전환을(양도양수계약체결기준일 12.31) 위하여 12.19에 법인설립등기를 하였음. 법인으로 전환 후 최초사업연도에 대한 법인세의 중간예납의무가 있는 것인지.

▶ (회신) 합병 또는 분할에 의하지 아니하고 새로 설립된 법인은 설립 후 최초의 사업연도에 대하여는 법인세법 제63조 제1항의 규정에 의한 중간예납의무가 없다. (서이46012-10132, 2002.1.22.)

1장 세감면 사업양도양수 법인전환의 개요

사례 8

법인으로 전환 시 기계장치 등 장부가액으로 승계시 감가상각누계액의 승계 여부

● (질의) 1. 당사는 의류제조업을 경영하는 개인사업자로서 사업양도양수 방법에 의한 법인 전환을(양도양수계약체결기준일 12.31) 위하여 12.19에 법인설립등기를 하였음. 개인기업 을 사업양도양수 방법에 의하여 법인으로 전환에 대하여 질의함.

2. 법인으로 전환시 개인기업에서 사용한 기계장치 등에 대하여 장부가액으로 승계시 감가 상각누계액도 합계 승계하는 것인지(즉, 취득가액과 감가상각누계액을 합계 승계하는 것 인지 여부(총액법), 아니면 순자산가액만 승계하는 것인지(순액법)). 이 경우 기계장치에 대한 내용연수를 중고자산의 취득으로 보아 내용연수를 수정할 수 있는 것인지 아니면 신규취득으로 보아 내용연수를 적용하여야 하는지.

▶ (회신) 법인이 타인으로부터 매입한 자산의 취득가액은 매입가액에 부대비용을 가산한 금액으로 하는 것이며, 이 경우 특수관계자로부터 자산을 시가보다 높은 가액으로 매입 한 경우에는 법인세법 제52조의 부당행위계산의 부인규정이 적용되는 것임. 법인이 사업 양도양수 방법에 의하여 취득한 중고자산도 법인세법시행령 제29조의2(중고자산 등의 내 용연수)의 규정을 적용할 수 있다.(서이 46012-10132, 2002.1.22.)

사례 9

개인사업자의 폐업신고 시 당해연도 미지급 소득세의 승계 여부

● (질의) 당사는 의류제조업을 경영하는 개인사업자로서 사업양도양수 방법에 의한 법인전 환을(양도양수계약체결기준일 12.31) 위하여 12.19에 법인설립등기를 하였음. 개인기업을 사업양도양수 방법에 의하여 법인으로 전환에 대하여 질의함.

  - 개인사업자의 폐업신고 시 당해연도 귀속소득에 대한 소득세를 재무제표에 미지급소득 세로 계상하여 이를 법인으로 승계시킬 수 있는지. 승계시킬 수 없다면 이를 법인비용으 로 처리시 전개인사업자에 대한 상여 또는 배당(법인체에 근무하지 아니하고 주주로만 등재된 경우)으로 소득 처분하는 것인지.

▶ (회신) 법인이 개인사업자의 소득세를 납부한 경우 이를 당해 법인의 손금에 산입할 수 없으며, 법인의 소득금액계산상 익금에 산입한 금액은 그 귀속자에 따라 상여 등 법인세 법시행령 제106조의 규정에 따라 소득 처분하는 것임. (서이 46012-10132, 2002.1.22.)

사례 10

법인전환에 따른 임시투자세액의 이월공제 승계 여부

● (질의) 공제대상임시투자세액을 최저한세의 적용으로 인하여 공제받지 못하고 조특법 제 114조 제1항의 규정에 따라 이월된 세액이 있는 개인사업자가 같은 법 제32조 제1항의 사업양도양수 방법에 의하여 법인으로 전환하는 경우 이월공제 승계 여부

▶ (회신) 당해 미공제세액은 동조 제4항의 규정에 의거 전환법인이 승계하여 공제받을 수 있다. (법인 46012-1253, 2000.5.29)

2장

세감면 사업양도양수 법인전환의 조세지원 요건

1절 조세지원 요건의 비교

　현물출자에 의한 법인전환의 경우와 마찬가지로 세감면 사업양도양수에 의한 법인전환의 경우에도 조특법 소정의 요건에 맞는 경우에만 조세지원을 받을 수 있다.

　세감면 사업양도양수에 의한 법인전환시 조특법상의 조세지원 요건은 표와 같이 법인전환 방법에 대한 요건을 제외하고는 현물출자에 의한 법인전환의 경우와 동일하다.

《 조세지원 요건의 비교 》

구　　분	현 물 출 자	세감면 사업양도양수
1. 대상자	소비성서비스업을 경영하는 법인 외의 법인으로 전환하는 거주자	좌　동
2. 대상자산	사업용고정자산	좌　동
3. 신설법인의 자본금	법인으로 전환하는 사업장의 순자산평가액 이상	좌　동
4. 법인전환 방법	현물출자 함으로써 법인전환	대통령령이 정하는 사업양도 양수방법에 의하여 법인전환
5. 이월과세적용신청서	제출하여야 함.	좌　동
6. 일몰기한	2027년 12월 31일까지 법인전환 하여야 취득세감면	좌　동
7. 이월과세 등 사후관리	양도소득세 등 이월과세와 취득세 감면의 사후관리	좌　동

2절 조세지원의 대상

> 1. 업종: 소비성서비스업 제외 요건
> 2. 개인기업주: 거주자 요건
> 3. 대상자산: 사업용고정자산 요건
> 4. 신설법인 자본금: 순자산가액 이상 요건
> 5. 주주: 개인기업주의 발기인 참여 요건
> 6. 개인기업주 출자액: 개인기업의 순자산평가액 이상 요건
> 7. 포괄적 양도기간: 법인설립일로부터 3개월 이내

세감면 사업양도양수에 의한 법인전환시 조세지원을 받기 위한 조특법상의 조세지원 요건 중 상당 부분은 현물출자에 의한 법인전환의 경우와 동일하다.

세금 감면 사업양도양수 방법에 의한 법인전환시 조세지원을 받기 위해서는 '거주자가 대통령령이 정하는 사업양도양수 방법에 의해 법인전환'을 하여야 한다(조특법 32조1항).

여기에서 말하는 대통령령이 정하는 사업양도양수 방법이란 조특법시행령 29조2항3)에서 정한 방법으로서 다음의 요건이 모두 충족되는 사업양도양수에 의한 법인전환을 말한다.

1 업종: 소비성서비스업 제외 요건

(1) 소비성서비스업을 제외한 법인

세감면 사업양도양수에 의한 법인전환시 조세지원을 받을 수 있는 대상자는 '소비성서비스업을 경영하는 법인 외의 법인으로 전환하는 거주자'이다. (조특법 32조1항)

(2) 소비성서비스업

소비성서비스업이란 다음의 어느 하나에 해당하는 사업을 말한다.(조특령 29조3항)

1. 호텔업 및 여관업(관광진흥법에 따른 관광숙박업은 제외한다)

2. 주점업(일반유흥주점업, 무도유흥주점업 및 식품위생법 시행령 제21조에 따른 단란주점 영업만 해당하되, 관광진흥법에 따른 외국인전용유흥음식점업 및 관광유흥음식점업은

---

3) 대통령령이 정하는 사업양도양수방법(조특령 29조2항) : 조특법 제32조1항에서 '대통령령이 정하는 사업양도양수방법'이란 해당 사업을 영위하던 자가 발기인이 되어 제5항의 규정에 의한 금액 이상을 출자하여 법인을 설립하고, 그 법인설립일로부터 3개월 이내에 해당 법인에 사업에 관한 모든 권리와 의무를 포괄적으로 양도하는 것을 말한다.

제외한다)

3. 그 밖에 오락·유흥 등을 목적으로 하는 사업으로서 기획재정부령으로 정하는 사업

(3) 업종 관련 예규사례

사례
부동산임대업 개인사업자가 비영리법인으로 전환하는 경우 이월과세 적용 여부

- (질의) 개인사업자가 부동산임대업을 영위하던 중 해당 임대사업장을 포괄적인 사업양도양수의 방법으로 비영리 사단법인(종친회목, 장학사업)으로 전환하고자 하는 경우, 사업양도양수의 방법으로 비영리 사단법인으로 법인전환 하는 경우 양도소득세 이월과세가 적용되는지.

▶ (회신) 부동산임대업을 경영하는 개인사업자가 해당 사업장의 사업용고정자산을 사업양도양수의 방법으로 비영리사단법인으로 전환하는 경우 그 사업용고정자산에 대해 조특법 제32조1항에 따른 법인전환에 대한 양도소득세의 이월과세가 적용되지 아니한다. (부동산거래관리과-1451, 2010.12.07)

2 개인기업주: 거주자 요건

법인으로 전환하는 개인기업주는 해당 사업을 경영하는 거주자여야 하며, 여기에서 해당 사업이란 소비성서비스업을 제외한 사업을 말한다.

종전에는 개인기업주가 법인설립일로부터 소급하여 1년 이상 당해 사업을 영위했어야 한다는 요건이 있었으나, 원활한 법인전환을 지원하기 위해 2006년 1월 1일 이후 사업양도양수에 의한 법인전환분부터 이 요건을 폐지하였다.

3 대상자산: 사업용고정자산 요건

(1) 조세지원 사업용자산

① 세감면 사업양도양수에 의한 법인전환시 조세지원을 받을 수 있는 사업용자산은 사업용고정자산이다. (조특법 32조1항)

사업용자산이란 개인기업에서 사업에 사용한 모든 자산 즉, 현금·예금·외상매출금과 같은

당좌자산을 비롯하여 재고자산, 고정자산 등의 모든 자산을 의미한다.

② 조특법에서 사업용고정자산이란 넓은 의미의 사업용자산 중 조세지원을 받을 자산 즉, 양도소득세·취득세의 과세대상 자산인 유형자산 및 무형자산을 말하는 것으로 업무와 관련이 없는 부동산[4]은 제외된다. (조특령 28조2항)

③ 한편, 2021년 1월 1일 이후 사업양도양수에 의한 법인전환시 해당 사업용고정자산이 주택이거나 주택을 취득할 수 있는 권리인 경우에도 양도소득세 이월과세가 제외됨을 유의해야 한다(조특법 32조 1항 단서). 또한 2020년 8월 12일 이후 법인전환으로 취득하는 부동산임대업 및 공급업의 사업용고정자산에 대해서는 현물출자에 의한 법인전환의 경우와 마찬가지로 취득세 75% 감면이 없고 취득세가 전액 과세된다.

(2) 사업용자산 관련 예규사례

> **사례**
>
> **2개 이상의 사업장을 법인전환 하는 경우 사업용고정자산의 이월과세 여부**

● (질의) 1. 이월과세대상 자산인 건물을 철거하고 신축한 경우 건물을 철거한 때에 건물에 대한 이월과세 세액을 법인세로 납부하여야 하는지.

2. 2개 이상의 사업장을 소유하고 있는 거주자가 그 중 1개의 사업장에 대하여만 사업양도양수방식에 의하여 법인전환 하는 경우에도 조특법 제32조 규정을 적용받을 수 있는지.

▶ (회신) 1. 거주자가 2개 이상의 사업장을 사업양도양수 방법에 의하여 법인으로 전환하는 경우 사업장별로 당해 사업용고정자산에 대하여 조특법 제32조 규정에 의한 이월과세를 적용받을 수 있다.

2. 위 규정을 적용함에서 이월과세대상 자산 중 건물을 철거하고 신축한 경우에는 건물을 철거한 때에 건물에 대한 이월과세 세액을 법인세로 납부하는 것임.(서오-245, 2006.09.26)

---

[4] 업무와 관련이 없는 부동산이란 법인세법시행령 제49조1항1호의 규정에 의한 업무와 관련없는 부동산을 말하는데, 이 경우 업무무관부동산에 해당하는지 여부에 대한 판정은 양도일 기준으로 한다.

4 신설법인의 자본금: 순자산가액 이상 요건

(1) 자본금의 요건

① 세감면 사업양도양수에 의한 법인전환시 조세지원을 받기 위해서는 '새로이 설립되는 법인의 자본금이 법인으로 전환하는 사업장의 법인전환일 현재 순자산평가액 이상'이어야 한다. (조특법 32조2항, 조특령 29조5항)

② 신설법인의 자본금이 개인기업의 순자산가액 이상일 것을 요구하는 이유는 개인사업이 법인으로 전환되는 과정에서 기업 규모가 축소되는 것을 방지하기 위해서이다.

③ 순자산은 법인전환일 현재의 시가로 평가한 자산의 합계액에서 충당금을 포함한 부채의 합계액을 공제한 금액을 말한다. (조특령28조1항2호)

순자산가액	=	사업양도양수일 현재 시가평가자산합계액	−	충당금을 포함한 부채합계액

여기서 시가란 불특정다수인 사이에 자유로이 거래가 이루어질 때 통상 성립된다고 인정되는 가액을 말하며 수용·공매가격 및 감정가액 등 상증법 시행령 제49조의 규정에 의하여 시가로 인정되는 것을 포함한다.

④ 순자산가액의 계산에서 영업권은 포함하지 아니한다. (조기통 32-29…2)

(2) 순자산가액 관련 예규사례

> (사례1) 사업양수도계약 전의 차입금이 순자산가액 산출시 부채로 계상되는지
> (사례2) 사업양도양수 법인전환시 신제품개발비를 순자산가액으로 계산할 수 있는지
> (사례3) 순자산가액 계산시 장부계상을 누락한 미지급 부외부채가 있는 경우

사례 1

사업양수도계약 전의 차입금이 순자산가액 산출 시 부채로 계상되는지

• (대법2016두62474, 2017.3.9.)

● (쟁점) 사업양수도방식을 통해 법인으로 전환하면서 사업양수도 계약 바로 직전에 자기자본 회수를 위해 부동산을 담보로 금융기관으로부터 차입한 경우, 순자산가액 산출시 차입금을 부채로 계상하여야 하는지 여부

▶ (판결요지) 법인전환 사업양수도계약 전의 차입금이라도 이를 자본 인출금으로 사용시

(초과인출금 미발생)는 순자산가액 산출시 부채로 계상할 수 있음.

1. 조세특례제한법 시행령 제29조 제2항이 법인전환으로 인한 취득세 등의 감면대상이 되기 위한 사업양수도 방법에 관하여 '해당 법인에 사업에 관한 모든 권리와 의무를 포괄적으로 양도하는 것'이라고 규정한 것은, 일정한 영업목적에 의하여 조직화된 유기적 일체로서의 영업재산이 영업의 동일성을 유지하면서 개인기업주로부터 법인으로 양도되는 것을 의미하는 것으로서, 그러한 영업의 동일성이 유지되는 한 개인기업의 영업재산 일부가 법인에 양도되지 않거나 법인전환에 앞서 개인기업의 자본구성에 일부 변경이 있더라도 무방하다고 할 것이다.

2. 한편, 개인사업자가 부동산임대사업에 자기자본을 투입한 후 그 투입자본을 회수하기 위하여 자금을 차입하여 이를 자본 인출금으로 사용한 경우에는 차입금으로 인하여 초과인출금이 발생하지 않는 한 그 차입금채무는 총수입금액을 얻기 위하여 직접 사용한 것으로 부채에 포함된다(대법원 2010.1.14. 선고 2009두11874 판결 등 참조)고 할 것이다.

- (서울고등법원 2016. 11. 9. 선고 2016누45532 판결)

▶ (결정요지)

개인사업자가 차입한 금원을 모두 인출했다 하더라도 그 인출금은 본래 개인사업자가 출자하여 사업에 사용했던 자기자본을 차입금으로 대체한 것이라서 그 차입금도 해당 사업에 사용했던 것으로 보아야 할 것임. 따라서 개인사업자가 인출한 것이 초과인출금에 해당하지 아니한 이상 인출한 차입금은 해당 사업에 사용했던 자기자본을 대체한 것이므로 사업과 관련된 부채로 보는 것이 합리적이라 할 것임. (대법2016두62474, 2017.3.9.)

사례 2

사업양도양수 법인전환시 신제품개발비를 순자산가액으로 계산할 수 있는지

- (질의) 당사는 개인사업자로 조특법 제32조 및 같은 법 시행령 제29조의 규정에 의한 사업양도양수 방법에 의하여 법인으로 전환할 예정으로 당사가 제조하는 산업용 코팅장갑의 개발이 완료되어 신제품을 생산 판매하는 개발비 1억원과 개발이 진행 중인 제품의 개발비 8천만원이 장부상 무형자산인 개발비로 계상되어 있으며, 법인전환 이후에도 계속하여 개발진행 예정임. 법인으로 전환하는 사업장의 순자산가액 계산은?

▶ (회신) 조특법시행령 제28조 제1항 제2호의 규정에 따라, 통합으로 인하여 소멸하는 사업장의 중소기업자가 당해 통합으로 인하여 취득하는 주식 또는 지분의 가액이 통합으로 인하여 소멸하는 사업장의 순자산가액 이상이어야 하며, 여기서 순자산가액은 통합일 현

재의 시가로 평가한 자산의 합계액에서 충당금을 포함한 부채의 합계액을 공제한 금액을 말하는 것임. (서이-2368, 2006.11.20.)

사례 3

순자산가액 계산 시 장부계상을 누락한 미지급 부외부채가 있는 경우

● (질의) 법인으로 전환하는 사업장의 순자산가액 계산 시 계상누락 한 미지급된 부외부채를 차감하여도 조특법 제32조의 규정에 의한 사업양도양수 법인전환을 할 수 있는지

▶ (회신) 조특법 제32조의 규정에 따라 사업양도양수 방법에 의하여 법인으로 전환하는 사업장의 순자산가액은 법인전환일 현재의 시가로 평가한 자산의 합계액에서 충당금을 포함한 부채의 합계액을 공제한 금액을 말하는 것이나, 순자산가액의 계산시 장부계상을 누락한 부외부채는 상대계정이 부외자산으로 확인되는 경우에 부채의 합계액에 포함되는 것으로서, 동 부외부채가 이에 해당하는지는 사실관계에 따라 판단하기 바람. (서이-1780, 2006.09.13.)

5　주주: 개인기업주의 발기인 참여요건

① 개인기업주는 회사설립시 발기인으로 참여하여야 하고, 법인으로 전환하는 사업장의 "순자산평가액 이상"을 출자하여야 한다.

② 회사설립시 주식회사의 주주가 되는 방법은 "발기인으로 참여"하거나 "공모주주로 참여"하는 두 가지 방법이 있다.

③ 세감면 사업양도양수에 의한 법인전환시 조세지원을 받기 위해서는 "개인기업주가 반드시 발기인으로 참여"해야 한다.

6　개인기업주 출자액: 개인기업의 순자산평가액 이상 요건

(1) 개인기업의 순자산평가액 이상

① 조세지원을 받기 위해서는 개인기업주가 출자한 금액이 법인으로 전환하는 개인기업의 순자산평가액 이상이어야 한다.

② 이때 개인기업의 순자산평가액 계산은 이미 설명한 현물출자에 의한 법인전환의 경우와 같이 법인전환일 현재의 시가로 평가한 사업용자산의 합계액에서 충당금을 포함한 부채

의 합계액을 공제한 금액을 말한다.

(2) 개인기업주의 출자액

① 여기서 특히 유의할 점은 개인기업주가 출자한 금액이 전환하는 개인기업의 순자산평가액 이상이어야 한다는 것이다.

② 이것은 현물출자에 의한 법인전환의 경우와 다르다. 현물출자에 의한 법인전환시에는 개인기업주의 출자액과 타인의 출자액을 합하여 개인기업의 순자산평가액 이상이면 세감면 요건을 충족한다고 해석되나,

③ 세감면 사업양도양수에 의한 법인전환시에는 개인기업주 본인의 출자액이 개인기업의 순자산평가액 이상이어야 한다는 것이다.

(3) 회사설립시 일시에 출자

① 세감면 사업양도양수에 의한 법인전환의 경우에 상기의 순자산평가액 이상이 회사설립시 일시에 출자되어야 한다.

② 왜냐하면, 설립절차에 관한 상법 규정상 회사설립시는 이를 분할 출자하여 설립할 수 없고 또한 회사설립 후에 증자의 형식으로 출자하는 것은 조특법상의 조세지원 요건에 어긋나는 것으로 해석되기 때문이다.

③ 이러한 이유 등으로 거액의 순자산평가액이 나오는 경우 거액의 현금 동원이 필요하기 때문에 세감면 사업양도양수에 의한 법인전환이 어려워진다.

(4) 출자액 관련 예규사례

(사례1) 포괄양수도일에 고액의 부채를 발생시켜 축소된 순자산가액을 자본금으로 출자하여 양도소득세 이월과세 요건을 충족하지 못함
(사례2) 부채 중 미지급 공사비는 건물임대업과 직접 관련이 없는 부채로서 자본금이 순자산가액에 미달하여 이월과세 적용 요건 충족이 안됨
(사례3) 사업양도양수 방식의 법인전환시 법인설립일 기준으로 출자한 자본금이 사업장의 순자산가액 이상이어야 함
(사례4) 사업양수도 법인전환시 사업장의 순자산가액 미만으로 출자하는 경우
(사례5) 사업양수도 법인전환시 개인기업주가 출자한 자본금이 기존 사업장의 순자산가액에 미달하여 양도소득세 이월과세 금액을 추징한 사례

포괄양수도일에 고액의 부채를 발생시켜 축소된 순자산가액을 자본금으로 출자하여 양도소득세 이월과세 요건을 충족하지 못함

■ (처분개요) 1. 청구인은 ○○○ 공장용지(이하 "쟁점부동산"이라 한다)에서 A(이하 "소멸하는 사업장"이라 한다)이라는 상호로 제조업을 영위하다가 2020.9.24. 법인전환을 위해 A 주식회사(이하 "전환법인"이라 한다)와 사업포괄양수도 계약(이하 "쟁점계약"이라 하고, 해당 계약에 따른 포괄양수도를 "쟁점포괄양수도"라 한다)을 체결하였다.

2. 청구인은 2020.9.24. 쟁점계약에 따라 사업용 고정자산인 쟁점부동산 등을 전환법인에 포괄양도한 후, 전환법인의 자본금(○○○원)이 소멸하는 사업장의 순자산가액(○○○원) 이상에 해당한다고 보아 조세특례제한법 제32조 및 같은 법 시행령 제29조에 따라 법인전환에 대한 양도소득세 이월과세를 적용하여 2020.10.30. 2020년 귀속 양도소득세를 신고하였다.

3. 처분청은 청구인이 쟁점포괄양수도일(2020.9.24.)에 금융기관으로부터 대출받은 ○○○원(이하 "쟁점차입금"이라 한다)을 사업과 관련 없는 부채로 보고, 이를 제외하여 순자산가액을 계산하면 전환법인의 자본금이 소멸하는 사업장의 순자산가액에 미달하여 이월과세 요건을 충족하지 않는다는 이유로 이월과세 적용을 배제하였으며, 쟁점영업권의 양도가액을 ○○○원으로 평가하여 2023.11.7. 청구인에게 2020년 귀속 양도소득세 ○○○원을 경정·고지하였다.

▶ (판단) 1. 청구인은 쟁점차입금이 소멸하는 사업장의 사업과 관련하여 사용되었으므로 업무와 무관하다고 보기 어렵고, 법인전환에 따른 사업의 동일성·동질성이 유지되고 있으므로 양도소득세 이월과세가 적용되어야 한다고 주장한다.

2. 「조세특례제한법」 제32조, 같은 법 시행령 제28조 제1항 및 제29조 제5항은 거주자가 사업용 고정자산을 현물출자하거나 포괄적 사업양수도에 따라 법인으로 전환하는 경우, 새로 설립되는 법인의 자본금이 소멸하는 사업장의 순자산가액 이상인 경우 그 사업용 고정자산에 대하여는 양도소득세 이월과세를 적용한다고 규정하고 있는바, 자본금이 순자산가액 이상일 것을 요구하는 법의 취지는 이와 같이 실질적으로 동일한 사업주가 사업의 운영 형태만 바꾸는 것으로 평가되기 위해서는 현물출자 대상인 순자산가액이 새로 설립되는 법인에 그대로 승계되어야 하기 때문이라고 할 것이다(조심 2019부1188, 2020.3.10. 등, 같은 뜻임).

3. 이 건의 경우, 청구인은 쟁점포괄양수도일에 고액의 부채(자산 합계액의 34.6%)를 발생시켜 축소된 순자산가액을 바탕으로 자본금을 출자하였는바, 사업의 동일성을 유지하면서 사업을 운영하는 형태만 변경한 것으로 인정하기 어려운 점, 청구인은 쟁점차입금이 전환법인에 이전된 후, 소멸하는 사업장의 사업과 관련하여 지출되었다고 주장하나, 청구인이 제시한 소멸하는 사업장 관련 지출내역의 합계 OOO원에는 소멸하는 사업장과 관련된 비용이 아닌 청구인 개인이 부담하여야 할 비용이 상당부분 포함되어 있을 뿐만 아니라, 해당 비용이 쟁점차입금에서 지급되었다고 단정하기 어렵고, 청구인 역시 이를 입증할 수 있는 명확한 근거를 제시하지 못하는 점 등에 비추어 청구주장을 받아들이기 어렵다고 판단된다. (조심2024중700, 2024.05.20.)

사례 2

> 부채 중 미지급 공사비는 건물임대업과 직접 관련이 없는 부채로서 자본금이 순자산가액에 미달하여 이월과세 적용 요건 충족이 안됨

■ (처분개요) 1. 청구인은 2015.6.25. 주식회사 a(이하 "a"이라 한다)과 경기도 용인시 기흥구에 공동주택(아파트) 및 상가를 건설하는 도급공사계약(계약금액 : OOO원)을 체결한 후, 분양사업을 진행하여 2018년 3월 준공을 완료하였다.

2. 청구인은 아파트 분양완료 후, 위 사업장 소재지에 2018.10.8. 주식회사 b(이하 "쟁점법인"이라 한다)를 설립하여 2018.10.15. 처분청에 사업자등록신청하였고, 청구인과 쟁점법인은 2018.12.31. 청구인의 개인사업자로 소유·관리하고 있던 위 잔여 자산 및 부채에 대한 사업포괄양도·양수 계약을 체결하였으며, 청구인은 위 사업포괄양도자산에 대하여 2019.2.26. 처분청에 양도소득세 이월과세적용 신청서를 제출하였다.

3. 처분청은 청구인의 이월과세적용 신청에 대한 적정여부를 검토한 결과, 쟁점부동산의 순자산가액 계산 시 포함된 부채 중 법인전환대상 사업용 고정자산(상가)과 관련이 없는 아파트 공사비가 포함되어 있는 등 법인 설립시 쟁점법인의 자본금이 순자산가액에 미달하여 「조세특례제한법」 제32조에 따른 자본금 요건을 충족하지 못하여 양도소득세 이월과세 적용대상이 아닌 것으로 보아 2023.3.14. 청구인에게 2018년 귀속 양도소득세를 경정·고지하였다.

▶ (판단) 1. 「조세특례제한법 제32조, 같은 법 시행령 제28조 제1항 제2호 및 제29조 제5항에 의하면, 거주자가 사업용 고정자산을 현물출자하여 법인으로 전환하는 경우 그 사업용 고정자산에 대해서는 이월과세를 적용받을 수 있도록 하되, 새로 설립되는 법인의 자

본금이 법인으로 전환하는 사업장의 순자산가액(현재의 시가로 평가한 자산의 합계액에서 충당금을 포함한 부채의 합계액을 공제한 금액) 이상인 경우에 한하여 이를 적용한다고 규정하고 있다.

2. 청구인은 쟁점법인 설립시 아파트와 관련된 부채가 승계된 사실이 없고, 개인사업자를 법인사업자로 전환하면서 기존에 영위하던 사업 전부를 포괄양도·양수하여 양도소득세 이월과세의 취지에도 반하지 않으므로 처분청의 과세처분은 부당하다고 주장한다.

3. 그러나, 이월과세는 개인이 권리·의무의 주체가 되어 경영하던 기업을 개인 기업주와 독립된 법인이 권리·의무의 주체가 되어 경영하도록 기업의 조직 형태를 변경하는 경우 실질적으로 동일한 사업주가 사업의 운영 형태만을 바꿀 때 적용되는 것이고, 자본금이 순자산가액 이상일 것을 요구하는 법의 취지는 이와 같이 실질적으로 동일한 사업주가 사업의 운영형태만 바꾸는 것으로 평가되기 위해서는 현물출자 대상인 순자산가액이 새로 설립되는 법인에 그대로 승계되어야 하기 때문이라고 할 것이다(서울고등법원 2015.8.20. 선고 2014누73373 판결 참조).

4. 이 건의 경우 쟁점법인의 대차대조표(재무상태표)에 계상된 부채 중 미지급 공사비 약 ○○○원과 PF대출금 중 약 ○○○원은 이월과세가 적용되는 사업(비주거용 건물 임대업)과 직접 관련이 없는 주택분양사업에 관한 부채로 보이므로 동 부채를 제외할 경우 신설법인의 자본금(○○○원)이 개인사업장의 폐업일 당시 순자산가액에 미달하여 이월과세 적용 요건을 충족하지 못하는 점, 쟁점법인의 2018~2019사업연도 재무상태표 등을 보면 자본금이 순자산가액에 미치지 못하는 것으로 확인되는 점 등에 비추어, 처분청이 쟁점법인 설립시 이월과세에 대한 자본금 요건을 충족하지 못한 것으로 보아 청구인에게 양도소득세를 부과한 이 건 처분은 달리 잘못이 없는 것으로 판단된다. (조심 2023중8211, 2024.02.28.)

사례 3

사업양도양수 방식의 법인전환시 법인설립일 기준으로 출자한 자본금이 사업장의 순자산가액 이상이어야 함

■ (사실관계)
• 법인설립일 2019.5., 자본금 10백만원, 순자산가액 590백만원
• 취득일 : 법인설립일로부터 3개월 이내 취득예정
• 자본금 증자(예정) : 법인설립일로부터 3개월이내 순자산가액 이상으로 자본금 증자

- (질의) 사업양도·양수방식에 따라 개인기업을 법인으로 전환하는 경우 법인의 순자산 가액 산정 기준일을 법인설립일로 보아야 하는지 아니면 법인설립일로부터 3개월 이내에 사업양수도일로 보아야 하는지 여부

▶ (회신) ① 귀 질의의 경우 「지방세특례제한법」 제57조의2 제4항에 따라 사업양도·양수 방식에 따라 개인기업을 법인으로 전환하면서 취득하는 사업용자산에 대한 취득세를 감면받기 위해서는 조세특례제한법 제32조에 따른 사업양도·양수의 방법에 따라 법인으로 전환하여야 하는데,

  조세특례제한법 제32조 제1항 및 동법 시행령 제29조에서는

  1. 해당 사업을 영위하던 자가 발기인이 되어 법인으로 전환하는 사업장의 순자산가액 이상을 출자하여 법인을 설립하고,

  2. 그 법인설립일부터 3개월 이내에 해당 법인에 사업에 관한 모든 권리와 의무를 포괄적으로 양도하고,

  3. 순자산가액은 조세특례제한법 시행령 제29조 제5항에서 동법 시행령 제28조제1항 제2호의 규정(통합일 현재의 시가로 평가한 자산의 합계액에서 충당금을 포함한 부채의 합계액을 공제한 금액을 말한다)을 준용하여 계산한 금액을 말한다고 규정하고 있는데,

  ② 질의법인의 경우에는 법인으로 전환하는 사업장의 순자산가액이 5.9억원이므로 법인설립시 출자한 자본금이 최소한 5.9억원 이상이 되어야 함에도 불구하고 출자한 자본금이 1천만원인 경우에는 위 법령에서 규정한 순자산가액 이상을 출자하여 법인을 설립하여야 하는 요건을 충족치 못한 경우에 해당된다 하겠음(같은 취지의 대법원 1998.11.24 선고, 97누6216판결 참조)

▶ (결론) 따라서 귀 질의 법인이 개인기업을 사업양도·양수 방식에 따라 법인으로 전환하면서 출자한 자본금이 사업장의 순자산가액에 미달하므로 취득하는 사업용자산에 대해서는 「지방세특례제한법」 제57조의2제4항의 취득세감면 규정을 적용할 수 없다고 하겠으며, 이는 질의 당시 사실관계를 바탕으로 판단한 해석으로서 추가 사실 확인 등 변동이 있을 시에는 당해 과세권자가 면밀한 조사를 통해 결정할 사안임. (지방세특례제도과-535, 2020.03.10)

사례 4

사업양도양수 법인전환시 사업장의 순자산가액 미만으로 출자하는 경우

■ (현황) 1. 20년간 개인사업(제조업)자가 사업양도양수의 방법으로 법인전환을 할 예정임.

2. 토지, 건물, 기계장치 등이 있는 개인사업장의 순자산가액(자산-부채)은 6억원 이다.

● (질의) 사업양도양수의 방법에 의한 법인전환시 이월과세와 관련하여 개인사업자가 개인사업장의 순자산가액(6억원) 이상을 출자하여야 하는지 아니면, 개인사업자 개인이 6억원 미만을 출자하고 다른 사람이 출자하여 총 출자금액이 6억원 이상이면 되는지

▶ (회신) 조특법 제32조 및 같은 법 시행령 제29조1항에 따른 '사업양도양수의 방법'이란 해당 사업을 영위하던 자가 발기인이 되어 법인으로 전환하는 사업장의 순자산가액 이상을 출자하여 법인을 설립하고, 그 법인설립일로부터 3개월 이내에 해당 법인에 사업에 관한 모든 권리와 의무를 포괄적으로 양도하는 것을 말하는 것으로, 제조업 등을 경영하는 거주자가 법인으로 전환하는 사업장의 순자산가액 미만으로 출자하는 경우에는 해당 사업용고정자산에 대하여 이월과세를 적용받을 수 없는 것임. (부동산거래관리과-220, 2012.4.18.)

사례 5

사업양수도에 의한 전환법인시 개인기업주가 출자한 자본금이 기존 사업장의 순자산가액에 미달하여 양도소득세 이월과세 금액을 추징한 사례

■ (주문) 심판청구를 기각한다(국심2005중2993, 2005.11.1.).

● (사실관계 및 판단) (1) 처분청이 제시한 심리자료에 의하면 청구인이 개인으로 운영하였던 주유소의 순자산가액과 당해 사업상 권리와 의무를 포괄양수하였던 신설법인의 자본금 총액은 표(생략)와 같이 확인되고, 이에 대하여는 처분청과 청구인 간에 다툼이 없다.

(2) 조세특례제한법 제32조 제2항과 같은법시행령 제29조 제4항에 의하면, 거주자가 사업용고정자산을 사업양수도 방법에 의하여 법인으로 전환하는 경우 거주자가 법인전환으로 새로이 설립되는 법인으로부터 취득한 주식 또는 지분의 가액이 사업용고정자산을 사업양수도하여 법인으로 전환하는 사업장의 순자산가액 이상인 경우에 한하여 사업용고정자산에 대한 이월과세를 적용받을 수 있도록 규정되어 있는바, 처분청은 위에서 보는 바와 같이 신설법인에 대한 청구인의 자본금(147,000,000원)이 전환 전 청구인의 사업장의 순자산가액(299,209,901원)에 미달한다 하여 이건 양도소득세 이월과세 적용을 배제하였음이 결정결의서 등에 의하여 확인된다.

(3) 청구인은 이에 대해 신설법인의 설립과정에서 상법상 주식회사 설립요건을 구비하기 위하여 청구인의 처 이○○와 청구인의 직원 권○○의 명의를 빌려 형식상 등재하였을 뿐

사실상 청구인 단독으로 주금납입을 하고 신설법인을 경영하고 있으므로 신설법인에 대한 청구인의 자본금은 300,000,000원이고 따라서 전환 전 사업장의 순자산가액 이상이므로 양도소득세 이월과세 적용을 배제한 이건 처분은 부당하다고 주장하여 이를 살펴본다.

(4) 청구인이 증빙자료로 제시하는 이○○ 및 권○○의 사실확인서는 사인간에 임의로 작성이 가능한 것이어서 객관성이 부족하고, 동 확인서 외에 신설법인에 대한 이○○와 권○○ 지분의 실지소유자를 청구인으로 볼 수 있는 증빙자료의 제시가 없다. 따라서 신설법인의 주주명부상 청구인지분의 자본금 147,000,000원이 법인으로 전환하는 사업장의 순자산가액 299,209,901원에 미달한다 하여 양도소득세 이월과세 적용의 요건을 충족하지 못한 것으로 본 이건 처분은 정당하다고 판단된다.

▶ (결론) 이건 심판청구는 심리결과 청구인의 주장이 이유없다고 인정되므로 주문과 같이 결정한다. (국심2005중2993, 2005.11.1.)

7 포괄적 양도 기간: 법인설립일로부터 3개월 이내

(1) 포괄적 양도

세감면 사업양도양수에 의한 법인전환시 조세지원을 받기 위해서는 법인설립일로부터 3개월 이내에 해당 법인에 개인기업의 사업에 관한 모든 권리·의무를 포괄적으로 양도하여야 한다.

(2) 법인설립일

법인설립일이란 법인설립등기일을 말한다. 여기서 3개월의 기간계산은 국세기본법 제4조에 의한다.

❖관련 법령

① 기간의 계산 (국기법 4조)
   이 법 또는 세법에 규정하는 기간의 계산은 이 법 또는 그 세법에 특별한 규정이 있는 것을 제외하고는 민법에 의한다.
② 기한의 특례 (국기법 5조)
   1. 이 법 또는 세법에 규정하는 신고, 신청, 청구, 그밖에 서류의 제출, 통지, 납부 또는 징수에 관한 기한이 공휴일, 토요일이거나 '근로자의 날 제정에 관한 법률'에 따른 근로자의 날일 때는 공휴일, 토요일 또는 근로자의 날을 기한으로 한다.

2. (삭제)

3. 이 법 또는 세법에서 규정하는 신고기한일이나 납부기한일에 국세정보통신망이 대통령령으로 정하는 장애로 가동이 정지되어 전자신고나 전자납부(이 법 또는 세법에 따라 납부할 국세를 정보통신망을 이용하여 납부하는 것을 말한다)를 할 수 없는 경우에는 그 장애가 복구되어 신고 또는 납부할 수 있게 된 날의 다음날을 기한으로 한다.

③ 기간의 기산점 (국기통 4-0…1)

기간을 일, 주, 월 또는 연으로 정한 때에는 초일은 산입하지 아니한다. 그러나 그 기간이 오전 영시로부터 시작하는 때와 국세기본법 또는 세법에 특별한 규정이 있는 경우에는 그러하지 아니한다.

④ 기간의 만료점 (국기통 4-0…2)

1. 기간을 일, 주, 월 또는 연으로 정한 때에는 기간 말일의 종료로 기간이 만료한다.

2. 기간을 주, 월 또는 연으로 정한 때에는 역에 의하여 계산한다.

3. 주, 월 또는 연의 처음으로부터 기간을 기산하지 아니하는 때에는 최후의 주, 월 또는 연에서 그 기산일에 해당하는 날의 전일로 기간이 만료한다.

4. 월 또는 연으로 기간을 정하면 최종의 월에 해당일이 없는 때에는 그 월의 말일로 기간이 만료한다.

5. 기간의 말일이 공휴일에 해당하는 때에는 기간은 그 다음날로 만료한다.

(3) 포괄양도의 판단 기준

① 유권해석에 의하면 '법인전환시 사업의 포괄적 양도라 함은 사업용자산을 비롯한 물적·인적시설 및 권리, 의무 등을 포괄적으로 양도하고 사업의 동질성을 유지하면서 경영주체가 개인에서 법인으로 전환되는 행위를 말하는 것임'이라고 하고 있다.

② 또한, 사업에 관한 모든 권리·의무를 포괄적으로 양도[5] 했는지 여부는 부가가치세법 시행령 제23조의 규정을 준용하여 판정한다.

사업장별로 그 사업에 관한 모든 권리와 의무를 포괄적으로 승계시키는 것으로 이 경우 그 사업에 관한 권리와 의무 중 다음의 것을 포함하지 아니하고 승계시킨 경우에도 그 사업을 포괄적으로 승계시킨 것으로 본다. (부가령 제23조)

1. 미수금에 관한 것

2. 미지급금에 관한 것

3. 해당 사업과 직접 관련이 없는 토지·건물 등

---

[5] 사업의 포괄양도양수에 대하여는 7편 3장 참조.

(4) 포괄양도 관련 예규사례

사례 1

> 사업에 사용하던 토지 및 건물을 제외하고 사업을 양도하는 경우

▶ (판단) 1. 재화의 공급으로 보지 않는 '사업의 양도'라 함은 '사업장별로 그 사업에 관한 모든 권리와 의무를 포괄적으로 승계시키는 것'으로 규정되어 있는바, 이는 양도인이 양수인에게 모든 사업시설뿐만 아니라 영업권 및 그 사업에 관한 일체의 인적·물적인 권리와 의무를 양도하여 양도인과 동일시되는 정도로 법률상의 지위를 그대로 승계시키는 것을 의미한다고 할 수 있는바

2. 청구인이 법인전환 하면서 양도자산에서 제외한 공장용지와 건물은 제조업에 직접적으로 관련되는 자산이고 그 가액도 양도한 자산보다 많은 자산임을 고려하면, 사업의 동질성이 유지되었다고 보기 어려워 비록 사업과 관련한 나머지 권리·의무를 포괄적으로 양도하였다고 하더라도 부가가치세법시행령 제17조2항에서 규정하는 사업의 포괄적 양도에 해당하지 아니한다고 하겠음. (국심 2002서2003, 2002.10.2.)

사례 2

> 사업양도양수방식에 의한 법인전환시 「포괄적 양도」란

● (질의) 개인이 법인전환을 위해 사업의 포괄양도양수계약을 체결하고 토지, 건물에 대한 취득세, 등록세의 감면을 받기 위하여는, 양수받은 법인의 설립 등기일로부터 3월 이내에 그 사업에 관한 모든 권리와 의무를 포괄적으로 양도하여야 한다고 함. 이때 '포괄적으로 양도'한다는 의미에 대해서 질의함.

▶ (회신) 법인전환시 사업의 포괄적 양도라 함은 사업용자산을 비롯한 물적·인적시설 및 권리, 의무 등을 포괄적으로 양도하고 사업의 동질성을 유지하면서 경영주체가 개인에서 법인으로 전환되는 행위를 말하는 것임. (재경부 재산 46014-695, 2000.6.7)

3절 조세지원의 신청 등

1 양도소득세의 이월과세 적용신청

① 세감면 사업양도양수의 방법이란 해당 사업을 영위하던 자가 발기인이 되어 사업용고정자산을 현물출자하거나 사업양수도하여 법인으로 전환하는 사업장의 순자산가액 금액 이상을 출자하여 법인을 설립하고, 그 법인설립일부터 3개월 이내에 해당 법인에 사업에 관한 모든 권리와 의무를 포괄적으로 양도하는 것을 말한다. (조특령 제29조2항,5항)

② 이때, 세감면 사업양도양수에 의한 법인전환시 '양도소득세 및 지방소득세'의 조세지원을 받기 위해서는 개인사업자가 새로이 설립되는 법인과 함께 이월과세적용신청서를 제출하여야 한다. (조특령 29조4항)

③ 이월과세적용신청서는 조특칙 별지 제12호서식으로 제출한다.

2 개인지방소득세의 이월과세 적용신청

소득세의 부가세였던 지방소득세를 독립세로 전환했기 때문에 현물출자에 의한 법인전환시 양도소득세 이월과세 적용을 받기 위해 이월과세적용신청서를 제출해야 하는 것과 별도로 양도소득분 개인지방소득세의 이월과세를 적용받으려면 현물출자 한 날이 속하는 과세연도의 과세표준 신고시 새로운 법인과 함께 이월과세적용신청서를 납세지 관할 지방자치단체장에게 제출하여야 한다. (지특법 제120조3항, 지특령 제73조3항)

> [지방세특례제한법] 제120조(법인전환에 대한 양도소득분 개인지방소득세의 이월과세) ① 거주자가 사업용고정자산을 현물출자하거나 대통령령으로 정하는 사업 양도·양수의 방법에 따라 법인(대통령령으로 정하는 소비성서비스업을 경영하는 법인은 제외한다)으로 전환하는 경우 그 사업용고정자산에 대해서는 이월과세를 적용받을 수 있다.
> ② 제1항은 새로 설립되는 법인의 자본금이 대통령령으로 정하는 금액 이상인 경우에만 적용한다.
> ③ 제1항을 적용받으려는 거주자는 대통령령으로 정하는 바에 따라 이월과세 적용신청을 하여야 한다.

✦ 양도소득세의 이월과세 적용을 신청한 경우

다만, 조특령 29조4항에 따라 납세지 관할 세무서장에게 양도소득세 이월과세를 신청하는 경우에는 개인지방소득세에 대한 이월과세를 함께 신청한 것으로 본다(지특령 73조3항단서).

> **[지방세특례제한법 시행령]** 제73조(법인전환에 대한 양도소득분 개인지방소득세의 이월과세) ③ 법 제
> 120조제1항에 따라 양도소득분 개인지방소득세의 이월과세를 적용받으려는 자는 현물출자 또는 사업
> 양도·양수를 한 날이 속하는 과세연도의 과세표준신고 시 새롭게 설립되는 법인과 함께 행정안전부령
> 으로 정하는 이월과세적용신청서를 납세지 관할 지방자치단체의 장에게 제출하여야 한다. 다만, 조세특
> 례제한법 시행령 제29조제4항에 따라 납세지 관할 세무서장에게 양도소득세 이월과세를 신청하는 경우
> 에는 법 제120조에 따른 개인지방소득세에 대한 이월과세도 함께 신청한 것으로 본다. 〈개정 2017.7.26.〉

3 취득세의 감면확인

(1) 취득세의 감면기한

세감면 사업양도양수에 의한 법인전환은 2027년 12월 31일까지 법인으로 전환하여야 취득
세감면을 받을 수 있다. (지특법 57조의2 4항)

(2) 감면확인

① 세감면 사업양도양수에 의한 법인전환시 '취득세'의 조세지원을 받기 위해서는 '감면사
유를 증명할 수 있는 서류를 갖추어 관할 시장(서울특별시·광역시 및 구가 설치된 시 제외)·
군수 또는 구청장에게 감면확인'을 받아야 한다. (지방칙 12조1항)

② 취득세감면에 대한 시장·군수 및 구청장의 확인은 지방세법 시행규칙 별지 제8호 서식
에 의한다.

> **[지방세법시행규칙]** 제12조(취득세 비과세 등 확인) ① 법, 지방세특례제한법 또는 조세특례제한법에 따
> 라 취득세의 비과세 또는 감면으로 법 제7조에 따른 부동산 등을 취득하여 등기하거나 등록하려는 경우
> 에는 그 부동산등의 납세지를 관할하는 시장·군수·구청장의 취득세 비과세 또는 감면확인을 받아야 한
> 다. 〈개정 2016.12.30.〉
> ② 제1항에 따른 취득세 비과세 또는 감면에 대한 시장·군수·구청장의 확인은 별지 제8호서식에 따른
> 다. 〈개정 2016.12.30.〉

(3) 직권감면

지방세의 감면을 받으려는 자는 지방세감면신청을 하여야 한다. 다만, 지방자치단체의 장
이 감면대상을 알 수 있을 때는 직권으로 감면할 수 있다. (지특법 183조)

> **[지방세특례제한법]** 제183조(감면신청 등) ① 지방세의 감면을 받으려는 자는 대통령령으로 정하는 바에
> 따라 지방세감면 신청을 하여야 한다. 다만, 지방자치단체의 장이 감면대상을 알 수 있을 때에는 직권으
> 로 감면할 수 있다.

②제1항에 따른 지방세감면신청을 받은 지방자치단체의 장은 지방세의 감면을 신청한 자(위임을 받은 자를 포함한다)에게 행정안전부령으로 정하는 바에 따라 지방세감면 관련 사항을 안내하여야 한다. (2020.12.29 개정)

(4) 감면신청

지방세(취득세)의 감면을 신청하려는 자는 감면대상을 취득한 날부터 60일 이내 감면신청서를 관할 시장·군수·구청장에게 제출하여야 한다. (지특령126조)

- 취득세감면신청서 신청기한 : 감면대상을 취득한 날부터 60일 이내

《 지방세(취득세) 감면신청서 처리절차 》

신청서 작성	→	관계증빙서류	→	접수	→	감면처리 (감면확인서 발부)	→	통 지
(신청인)		(신청인)		(시·군·구)		(시·군·구)		(시·군·구)

❖ 관련 법령

[지방세특례제한법 시행령] 제126조(감면 신청) ① 법 제183조 제1항 본문에 따라 지방세의 감면을 신청하려는 자는 다음 각 호의 구분에 따른 시기에 행정안전부령으로 정하는 감면신청서에 감면받을 사유를 증명하는 서류를 첨부하여 납세지를 관할하는 지방자치단체의 장에게 제출해야 한다. (2020.12.31. 개정)
1. 납세의무자가 과세표준과 세액을 지방자치단체의 장에게 신고납부하는 지방세: 해당 지방세의 과세표준과 세액을 신고하는 때. 다만, 「지방세기본법」 제50조 제1항 및 제2항에 따라 결정 또는 경정을 청구하는 때로 한다.
[지방세특례제한법 시행규칙] 제2조(감면신청) ① 「지방세특례제한법 시행령」(이하 "영"이라 한다) 제2조 제6항 및 제126조 제1항에 따른 지방세감면 신청은 별지 제1호 서식에 따른다. (2020.12.31. 개정)

4 이월과세적용신청서 등

① 이월과세적용신청서
② 지방세감면신청서
③ 취득세(등록면허세) 비과세(감면)확인서(지방칙 12조2항)

■ 조세특례제한법 시행규칙 [별지 제12호 서식] (2015.3.13. 개정)

이월과세적용신청서

신 청 인 (양 도 자)	① 상호		② 사업자등록번호		
	③ 성명		④ 생년월일		
	⑤ 주소 (전화번호 :　　　　)				
양 수 인	⑥ 상호		⑦ 사업자등록번호		
	⑧ 성명		⑨ 생년월일		
	⑩ 주소 (전화번호 :　　　　)				

이월과세적용 대상 자산

⑪ 자 산 명	⑫ 소재지	⑬ 면적	⑭ 취득일	⑮ 취득가액
토　　　지				
건　　　물				

⑯ 양 도 일	⑰ 양도가액	⑱ 이월과세액	⑲ 비고
2018.8.16.			
2019.8.16.			

소멸하는 사업장의 순자산가액의 계산

⑳ 사업용자산의 합계액 (시가)	부채		㉓ (⑳-㉒) 순자산가액
	㉑ 과목	㉒ 금액	

「조세특례제한법 시행령」 　[　]제28조 제3항
[　]제29조 제4항
[　]제63조 제10항
[　]제65조 제5항 　에 따라 이월과세의 적용을 신청합니다.

2019년 10월 31일

신청인(양도인)　　　　(서명 또는 인)
양 수 인　　　　(서명 또는 인)

세무서장 귀하

첨 부 서 류	1. 사업용자산 및 부채명세서 1부 (전자신고 방식으로 제출하는 경우에는 구비서류를 제출하지 않고 법인이 보관합니다) 2. 현물출자계약서 사본 1부(「조세특례제한법 시행령」 제63조 제10항에 따라 신청하는 경우로 한정합니다)	수수료 없 음
담 당 공 무 원 확 인 사 항	이월과세적용대상자산의 건물(토지) 등기사항증명서	

■ 지방세특례제한법 시행규칙[별지 제1호서식] 〈개정 2020.12.31.〉

지방세감면신청서

(앞쪽)

접수번호		접수일	처리기간	5일
신청인	성명(대표자)		주민(법인)등록번호	
	상호(법인명)		사업자등록번호	
	주소 또는 영업소			
	전자우편주소		전화번호 (휴대전화번호)	
감면대상	종류		면적(수량)	
	소재지			
감면세액	감면세목	과세연도	기분	
	과세표준액	감면구분		
	당초 산출세액	감면받으려는 세액		
감면신청 사유				
감면 근거 규정	「지방세특례제한법」 제 조 및 같은 법 시행령 제 조			
관계 증명서류				
감면 안내 방법	직접교부[ ] 등기우편[ ] 전자우편 [ ]			

신청인은 본 신청서의 유의사항 등을 충분히 검토했고, 향후에 신청인이 기재한 사항과 사실이 다른 경우에는 감면된 세액이 추징되며 별도의 이자상당액 및 가산세가 부과됨을 확인했습니다.
「지방세특례제한법」 제4조 및 제183조, 같은 법 시행령 제2조제6항 및 제126조제1항, 같은 법 시행규칙 제2조에 따라 위와 같이 지방세감면을 신청합니다.

년   월   일

신청인   (서명 또는 인)
특별자치시장·특별자치도지사시장·군수·구청장 귀하

첨부서류	감면받을 사유를 증명하는 서류	수수료 없음

■ 지방세법 시행규칙[별지 제8호서식](2022.3.31 개정)

취득세(등록면허세) 비과세(감면) 확인서

신청인	성명(법인명)		생년월일(법인등록번호)
	주소(소재지)		

취득 또는 등기·등록 목적	

취득 또는 등기·등록의 표시	

과세표준	취득세율 (등록면허세율)	산출세액	감면세율	비과세 또는 감면액

결정사유	

　　　년　　월　　일 취득세(등록면허세) 납부명세서에 따라 위의 취득세(등록면허세)가 [ ]비과세 [ ]감면됨을 확인합니다.

　　　　　　　　　　　　　　　　　　　　　　　　　　　년　　　월　　　일

시장·군수·구청장　　　　　　　(직인)

4절 조세지원 후 사후관리

1 양도소득세 등 사후관리

① 세감면 사업양도양수에 의한 법인전환은 현물출자에 따른 법인전환과 마찬가지로

　　1. 법인전환 후 5년 이내에 승계받은 사업을 폐지하거나

　　2. 법인전환으로 취득한 주식 등의 50% 이상을 처분하는 경우에는

② 양도소득세 및 개인지방소득세 이월과세액(해당 법인이 이미 납부한 금액을 제외한 금액)을 개인기업주가 양도소득세 및 개인지방소득세로 납부하여야 한다. (조특법 32조5항 지특법 120조4항)

　　1. 양도소득세

　　2. 개인지방소득세

③ 이때 사업의 폐지와 주식 등의 처분과 관련된 내용은 현물출자에 의한 법인전환의 경우와 같다. (조특령 29조6~7항)

④ 세감면 사업양도양수 방법에 따라 설립된 법인의 설립등기일로부터 5년이 지나 이 법인이 이월과세 적용받은 고정자산을 양도했을 때 해당 자산의 양도소득세 이월과세 금액을 법인세로 납부해야 한다. 이때 법인세 및 법인지방소득세 신고는 현물출자에 의한 법인전환의 경우와 같다.

2 취득세의 추징

① 세감면 양도양수에 의한 법인전환의 경우도 현물출자 방법에 의한 법인전환의 경우와 마찬가지로 2027년 12월 31일까지 취득하는 사업용 재산에 대해 취득세의 75%를 경감(부동산 임대업 및 공급업 제외) 하되,

② 취득 후 5년 이내에 정당한 사유없이 해당 사업을 폐업하거나 해당 자산을 처분(임대 포함 또는 주식을 처분)하는 경우에는 감면받은 세액을 추징한다. (지특법 57조의2 4항)

③ 이때 정당한 사유의 내용도 현물출자에 의한 법인전환의 경우와 같다.

3 사후관리 관련 예규사례

(사례1) 차입금으로 순자산가액이 감소하였으나 법인전환시 순자산가액 이상을 출자한 경우
(사례2) 토지주와 건물주 각각의 사업장을 법인전환시 양도소득세 이월과세 여부
(사례3) 인출금으로 감소한 순자산가액이 법인전환기준일에 순자산가액 이상으로 출자한 경우
(사례4) 사업양도양수 법인전환시 순자산가액 계산에 미지급 퇴직금의 부채계상 여부
(사례5) 사업양도양수 법인전환시 법인의 자본금을 갖추어야 하는 시기
(사례6) 사업양수도계약 전에 자금을 차입하여 이를 자본인출금으로 사용한 경우
(사례7) 부동산임대업 법인전환 후 임차인이 소비성서비스업을 하는 경우 과세 여부

사례 1

차입금으로 순자산가액이 감소하였으나 법인전환시 순자산가액 이상을 출자한 경우

개인사업자의 사업양수도에 의한 법인전환시 단기차입금 증가로 순자산가액을 축소시킨 상태에서 법인전환을 하였더라도 해당 사업장의 순자산가액 이상을 출자하였다면 취득세 면제요건을 충족함

● (판단) 1. 조세특례제한법 시행령 제28조 제1항 제2호에서 통합으로 인하여 소멸하는 사업장의 중소기업자가 당해 통합으로 인하여 취득하는 주식 또는 지분의 가액이 통합으로 인하여 소멸하는 사업장의 순자산가액(통합일 현재의 시가로 평가한 자산의 합계액에서 충당금을 포함한 부채의 합계액을 공제한 금액을 말한다) 이상일 것을 규정하고 있는바,

2. 같은 법 시행령 제29조 제2항에서 법인전환으로 인한 취득세 등의 감면대상이 되기 위한 사업양수도 방법에 관하여 '해당 법인에 사업에 관한 모든 권리와 의무를 포괄적으로 양도하는 것'이라고 규정한 것은 일정한 영업목적에 의하여 조직화된 유기적 일체로서의 영업재산이 영업의 동일성을 유지하면서 개인기업주로부터 법인으로 양도되는 것을 의미하는 것으로서,

3. 그러한 영업의 동일성이 유지되는 한 개인기업의 영업재산 일부가 법인에 양도되지 않거나 법인전환에 앞서 개인기업의 자본구성에 일부 변경이 있더라도 무방하다고 할 것이고, 같은 조 제5항의 '법인으로 전환하는 사업장의 순자산가액'이란 기존 사업장의 순자산가액이 아니라 같은 조 제2항에 의한 사업양수도 대상에 포함된 것의 순자산가액을 의미한다고 해석함이 타당하다(대법원 2017.3.9. 선고, 2016두62474 판결, 같은 뜻임) 하겠다.

● 1. 청구법인이 개인사업자 ○○○에게서 사업양수도로 승계한 순자산가액은 ○○○(자산총계 ○○○-부채총계 ○○○)이고, 법인의 설립당시 자본금이 ○○○인 것으로 나타나는 점, ○○○이 법인전환을 위하여 사업용 계좌를 정리하면서 일부 금액을 인출하는 것으로 처리

하였다 하더라도 ○○○이 2013.4.23. 대출받은 단기차입금 ○○○을 청구법인이 부채로 계상하는 등 나머지 사업용자산·부채 전체를 양도·양수하여 설립되었으므로 사업의 동질성이 없다고 보기는 어려운 점

2. 청구법인은 조세특례제한법 제120조 제5항 및 제32조에 따른 취득세 등의 감면요건을 충족한 것으로 보이므로(조심 2017지500, 2017.9.14., 같은 뜻임) 처분청이 이 건 취득세 등을 부과한 처분은 잘못이 있다고 판단된다. (조심2017지464, 2018.02.05.)

사례 2

토지주와 건물주 각각의 사업장을 법인전환시 양도소득세 이월과세 여부

■ (사실관계)
- 1977.06.08. 甲은 '서울시 동작구 사당동' 소재 A토지를 취득
- 2004.04.07. 乙(甲의 子)은 A토지 지상에 B상가건물을 신축함
- 2004.02.01. 甲은 乙에게 A토지를 임대하고 임대사업자 등록함
- 2004.02.20. 乙은 丙 외 임차인에게 임대하고 임대사업자 등록함
- 2017.00.00. 甲과 乙은 A토지 및 B 상가건물을 사업양도·양수방법으로 법인전환 예정

● (질의) 토지 및 건물임대업을 하던 甲과 乙의 개인사업장을 법인으로 전환하는 경우 법인전환에 따른 양도소득세 이월과세가 적용되는지

▶ (회신) 조세특례제한법 제32조 및 같은 법 시행령 제29조에 따른 사업양도·양수방법을 모두 충족하여 법인전환 하는 경우에는 당해 사업용고정자산에 대하여 양도소득세 이월과세를 적용받을 수 있는 것입니다. (서면부동산-140, 2017.11.29)

사례 3

인출금으로 감소한 순자산가액이 법인전환기준일에 순자산가액 이상으로 출자한 경우

사업양도양수계약에 의한 법인전환 직전에 인출금이 발생하여 순자산가액이 감소하였다 하더라도 법인전환기준일 현재 개인사업자의 순자산가액 이상으로 출자하여 청구법인을 설립한 경우 취득세 면제요건을 충족하였으므로 이 건 취득세 부과처분은 잘못이 있다고 판단됨 (조심2017지300, 2017.11.14)

● (쟁점) 개인사업자가 법인으로 전환하기 직전에 쟁점자산을 부당하게 인출하여 순자산가액을 감소시킨 것으로 보아 면제한 취득세 등을 추징한 처분의 당부

▶ (판단) 1. 이 건의 경우 사업양도·양수 계약서에서 정하고 있는 명도일(2015.11.10)을 기

준으로 개인사업자의 순자산가액 이상으로 출자하였는지를 보아야 할 것으로 쟁점자산 (정기예적금, 생명보험)이 사업용 자산의 성격이 아닌 순수한 개인의 자산이라고 한다면 이를 사업용 자산에서 제외하는 것이 타당하다 할 것이고,

2. 처분청은 쟁점자산이 사업용 자산이라는 증빙자료를 제시하지 아니하고 단순히 법인전환일 전에 현금성 자산이 인출된 사실만으로 이를 사업용 자산으로 보았으나, 쟁점자산은 개인사업자 개인 명의로 가입된 정기예·적금과 생명보험료로 이는 사업용 자산이라기보다는 개인 자산으로 보는 것이 타당하다 할 것이다.

3. 따라서, 개인사업자는 법인전환기준일(2015.11.10.) 현재 개인사업자의 순자산가액○○○이상으로 출자○○○하여 청구법인을 설립하여 취득세 면제요건을 충족하였으므로 이 건 취득세 부과처분은 잘못이 있다고 판단된다.

사례 4

사업양도양수 법인전환시 순자산가액 계산에 미지급 퇴직금의 부채계상 여부

▶ (판단) 1. ○○○구청장이 2015.12.18. 청구법인에 한 취득세 ○○○지방교육세 ○○○합계 ○○○의 부과처분은 청구법인이 ○○○의 종업원들을 승계하면서 미지급한 퇴직금의 산정방식과 금액이 적정한지를 재조사하여 산정한 금액을 개인사업자의 부채에 포함한 결과에 따라 취득세 등의 감면 여부를 결정한다. (조심2016지1020, 2017.06.29)

2. 미지급 퇴직금에 대하여 살펴보면, 개인사업자가 사업양도·양수를 통하여 법인으로 전환하면서 청구법인이 개인사업자의 종업원들을 승계하면서 퇴직금을 미지급한 사실이 근로소득원천징수영수증과 퇴직금산정내역서 등에 나타나므로 이들에게 미지급한 퇴직금을 부채항목에 포함하는 것이 타당하다 할 것이다.

사례 5

사업양도양수 법인전환시 법인의 자본금을 갖추어야 하는 시기

사업양수도에 의항 법인전환시 취득세 감면요건은 별다른 규정이 없는 이상 사업양수도 당시를 기준으로 판단하여야 하므로, 쟁점부동산을 취득할 당시 그 자본금이 소멸하는 개인기업의 순자산가액 이상이었으므로 취득세 감면요건을 충족하였다 할 것임. (조심 2015지733, 2017.01.16)

● (쟁점) ① 사업의 양도양수방식에 따라 개인기업을 법인으로 전환하는 경우 법인의 자본금을 갖추어야 하는 시기가 법인설립일인지 아니면 사업양수도일 인지 여부

 1. 청구법인의 법인등기부등본을 보면, 청구법인은 2012.1.16. 자본금을○○○으로 기재되어

있다.

2. 청구법인과 청구법인의 대표자인○○○을 청구법인에 양도하는 것으로 기재되어 있다.

3. 청구법인은 2012.2.27. ○○○를 취득하였다.

② 처분청은 청구법인이 2012.1.16. 자본금을○○○을 청구법인에 양도하는 것으로 되어 있으므로 청구법인은 설립 당시의 자본금이 개인기업의 순자산가액에 미달하여 이 건 취득세 등 부과처분은 적법하다는 의견이나,

▶ (판단) 조세특례제한법 제29조 제2항에서법 제32조 제1항에서 "대통령령으로 정하는 사업양도·양수의 방법"이란 해당 사업을 영위하던 자가 발기인이 되어 법인으로 전환하는 사업장의 순자산가액 이상을 출자하여 법인을 설립하고, 그 설립일부터 3개월 이내에 해당 법인에 사업에 관한 모든 권리와 의무를 포괄적으로 양도하는 것을 말한다고 규정하고 있으므로, 청구법인이 2012.2.27. 사업양수도를 할 당시의 순자산가액은 ○○○이므로 쟁점부동산은 취득세 등 면제요건을 충족한 것으로 판단된다.   (조심 2015지733, 2017.01.16)

사례 6

사업양수도계약 전에 자금을 차입하여 이를 자본인출금으로 사용한 경우

사업양수도에 의한 법인전환시 사업양수도계약 전에 자금을 차입하여 이를 자본인출금으로 사용시 초과인출금이 발생하지 않는 한 그 차입금을 순자산가액 산출시 부채로 계상할 수 있음. (서울고법 2016누45532, 2016.11.09.)

▶ 1. 이 사건에서 김△△는 이 사건 사업양수도계약을 체결하기 전 이 사건 사업장에 투입하였던 자기자본 중 일부를 회수하기 위하여 이 사건 차입금을 인출하였고, 당시 초과인출금은 발생하지 아니한 점, 부동산임대사업을 영위하던 이 사건 사업장의 핵심 자산은 이 사건 각 부동산인데, 이 사건 차입금을 제외하고는 이 사건 각 부동산을 비롯한 이 사건 사업장의 자산 및 부채의 대부분이 이 사건 사업양수도계약의 대상이 된 점 등에 비추어 보면, 김△△가 원고의 설립 직전에 이 사건 차입금을 인출함으로써 이 사건 사업장의 부채와 자산 구성이 일부 변경되었다 하더라도 그러한 사정만으로 원고에게 양도되는 영업의 유기적 일체로서의 동일성이 해할 정도에 이른다고 볼 수 없다. 따라서 이 사건 사업양수도는 조세특례제한법 시행령 제29조 제2항 소정의 '해당 법인에 사업에 관한 모든 권리와 의무를 포괄적으로 양도'한 경우에 해당한다.

2. 이 사건에서 보건대, 갑 제2 내지 5호증, 갑 제6호증의 1의 각 기재에 변론 전체의 취지를

더하여 보면, 원고가 이 사건 사업양수도로 승계한 이 사건 사업장의 순자산가액은 145,983,513원(= 자산총액 2,814,380,000원- 부채총액 2,668,396,487원)이고, 김△수가 출자한 원고의 자본금은 400,000,000원인 사실을 인정할 수 있는바, 원고의 자본금이 이 사건 사업양수도로 승계한 이 사건 사업장의 순자산가액에 미달하지 아니하므로, 구 조세제한특례법 제32조 제2항 및 같은 법 시행령 제29조 제5항의 요건을 충족한다고 할 것이다.

3. 이 사건 차입금은 김△△의 자본인출금에 해당하므로 그 차입금 채무는 이 사건 사업장의 부채로 계상하여야 하고, 이 사건 차입금이 이 사건 사업양수도 대상에 포함되지 아니한 이상 이를 자산으로 계상할 수는 없다. 피고가 주장하는 재산정방식은 받아들일 수 없다.

4. 원고의 이 사건 각 부동산 취득은 구 조세특례제한법 제120조 제5항 및 제32조 소정의 취득세 등 감면대상에 해당한다.

사례 7

부동산임대업 법인전환 후 임차인이 소비성서비스업을 하는 경우 과세 여부

임대사업을 경영하는 개인사업자가 법인으로 전환한 경우 임대 중인 부동산을 임차인이 소비성 서비스업을 영위하더라도 취득세 및 등록세감면대상에 해당함. (도세-131, 2008.03.21)

● (질의) 임대사업을 경영하는 개인사업자가 조특법 제32조에 따라 법인으로 전환하는 경우 사업자가 임대 중인 부동산에 임차인이 소비성 서비스업(유흥주점영업)을 경영하는 경우에도 전환시 해당 법인이 같은 법 제119조 제4항 및 제120조 제5항에 의한 취득·등록하는 사업용 재산에 대한 과세감면의 대상에 해당하는지 여부

▶ (회신) (도세-131, 2008.03.21) 1. 조특법 제32조에서 법인전환시 소비성 서비스업을 경영하는 법인을 제외한다는 법문은 당해 법인이 소비성 서비스업을 운영하는 주체가 되어 해당 사업을 경영하는 것을 의미하는 것이므로 당해 법인이 소비성 사업을 영위하지 않고 단지 임대사업만을 영위하고 있으며 임차인이 소비성 서비스업을 경영하는 경우, 임대한 부동산에 단지 임차인이 소비성 서비스업을 영위한다는 점만을 들어 부동산을 임대한 법인이 소비성 서비스업을 영위한다고 볼 수는 없음.

2. 임대사업자가 법인전환 후에도 계속 임대사업에 사업용 재산 제공하는 경우라면 조특법 제119조 제4항 단서 및 같은 법 제120조 제5항 단서의 정당한 사유 없이 당해 재산을 처분(임대포함)하는 것으로 볼 수 없음.

3장

세감면 사업양도양수 법인전환 절차와 실무

1절 법인전환의 절차와 일정

1 법인전환의 절차

세감면 사업양도양수에 의한 법인전환은 일반 사업양도양수에 의한 법인전환의 경우와 비교할 때 조특법상의 조세지원을 받기 위한 다음과 같은 몇 가지 절차가 추가되는 점을 제외하고는 거의 유사하다.

첫째, 신설법인의 자본금과 개인기업주의 출자액을 결정하기 위하여 개인기업의 법인전환일 현재의 순자산평가액을 법인설립 전에 추정해야 한다.

둘째, 조세지원을 받기 위해서 '양도소득세 이월과세적용신청서' '취득세감면확인서'를 제출하여야 한다.

《 세감면 사업양도양수 법인전환의 절차 》

①	개인기업 순자산평가액의 추정 (자 산 감 정 포 함)	⑤	자 산 의 감 정
②	법인자본금 결정과 법인설립	⑥	개 인 기 업 의 결 산
③	사 업 양 도 양 수 계 약	⑦	개 인 기 업 의 부 가 가 치 세 확 정 신 고 와 폐 업 신 고
④	법인설립신고와 사업자등록신청	⑧	명 의 이 전 등 후 속 조 치

2 법인전환의 일정 수립

세감면 사업양도양수 법인전환 절차의 세부 일정표는 다음과 같다.

《 세감면 사업양도양수 법인전환 일정표 》

절차＼월일	법인전환기준일(D) ▼					
	D − 1월		D + 1월		D + 2월	
	10	20	10	20	10	20
① 개인기업 순자산평가액의 추정 (자산감정 포함)	■					
② 법인자본금 결정과 법인설립		■				
③ 사업양도양수계약		■				
④ 법인설립신고와 사업자등록신청		■				
⑤ 자산의 감정		■				
⑥ 개인기업의 결산	■	■	■			
⑦ 개인기업의 부가가치세 확정신고와 폐업신고				■		
⑧ 명의이전 등 후속 조치			■	■	■	

2절 법인전환의 절차별 실무

❶ 개인기업 순자산평가액의 추정(자산감정 포함) ⑤ 자산의 감정
❷ 법인자본금 결정과 법인설립 ⑥ 개인기업의 결산
③ 사업양도양수계약 ⑦ 개인기업의 부가가치세 확정신고와 폐업신고
④ 법인설립신고와 사업자등록신청 ⑧ 명의이전 등 후속 조치

1 개인기업 순자산평가액의 추정

① 세감면 사업양도양수에 의한 법인전환시 조세지원을 받기 위해서는 신설법인의 자본금과 개인기업주의 출자액이 법인전환 하는 개인기업의 순자산평가액 이상이어야 한다. 따라서 개인기업의 순자산평가액은 늦어도 법인설립 전에 추정되어야 하며, 이 금액을 기준으로 법인자본금과 개인기업주의 출자액이 결정되어야 한다.

② 한편, 순자산평가액을 산정하기 위해서는 개인기업 결산이 두 번 행해져야 한다. 즉 당해연도 1월 1일부터 법인전환기준일까지의 본 결산 외에 법인설립등기일 전월 말일까지의 결산이 필요하다. 법인설립등기일 전월 말일까지의 결산결과를 기초로 개인기업의 순자산평가액을 추정하게 되며, 이때의 결산도 본 결산과 마찬가지의 기준·원칙 아래에서 행해져야 한다.

③ 또한, 이미 설명한 바와 같이 순자산평가액은 시가로 평가되어야 하고, 여기서 시가라 함은 불특정 다수인 사이에 자유로이 거래가 이루어지면 통상 성립된다고 인정되는 가액을 말하며 수용·공매가격 및 감정가액 등 상속세 및 증여세법 시행령 제49조의 규정에 따라 시가로 인정되는 것을 포함한다.

④ 필자의 소견으로는 세금감면사업양도양수에 의한 법인전환의 경우도 현물출자에 의한 법인전환의 경우와 같이 신설법인의 자본금 결정을 위한 순자산가액은 일단 확대 지향적으로 계상하는 것이 바람직하다고 생각된다.

2 법인자본금 결정과 법인설립

① 주식회사의 설립은 1인 이상의 발기인 구성에서 시작하여 법인설립등기로 종료되며 그 구체적인 진행절차[6]는 2편 '일반 사업양도양수에 의한 법인전환'에서 상술하였다.

---

6) 주식회사의 설립절차는 2편 2장 3절 참조.

344 세감면 사업양도양수에 의한 법인전환 실무해설

② 세감면 사업양도양수에 의한 법인전환은 일반 사업양도양수의 경우와 비교할 때 법인설립 시 주의할 사항은 첫째, 개인기업주가 반드시 발기인으로 참여해야 하고 둘째, 법인자본금과 개인기업주의 출자액이 법인전환 하는 개인기업의 순자산평가액 이상이 되도록 하여야 한다는 점이다.

③ 한편, 법인설립등기는 전술한 개인기업의 법인전환기준일과 가능한 한 근접하게 이루어지도록 일정을 조정하는 것이 좋다. 왜냐하면, 법인전환시 법인의 자본금은 법인전환기준일 현재의 순자산평가액 이상이어야 조세감면이 적용되기 때문이다. 따라서 순자산평가액 추정일과 법인전환기준일의 기간이 길어지면 순자산평가액이 예상과 많이 달라질 수 있으므로 실무상 주의가 필요하다.

3 사업양도양수의 계약

① 개인기업 순자산평가액의 추정(자산감정 포함)	⑤ 자산의 감정
② 법인자본금 결정과 법인설립	⑥ 개인기업의 결산
❸ 사업양도양수의 계약	⑦ 개인기업의 부가가치세 확정신고와 폐업신고
④ 법인설립신고와 사업자등록신청	⑧ 명의이전 등 후속 조치

① 법인이 설립되면 신설법인의 대표이사와 개인기업주 간에 다음과 같은 사업양도양수 계약서를 사용하여 사업양도양수계약을 체결하게 되는데 이 계약서에는 사업의 포괄적인 양도양수가 되도록 특히 주의하여야 한다.

② 왜냐하면, 사업의 포괄적인 양도는 조특법상 조세지원을 받기 위한 요건일 뿐만 아니라 사업양도에 대한 부가가치세가 과세하지 않기 위한 필수요건이기 때문이다.

③ 한편, 사업양도양수 계약서상의 중요사항의 예를 들면 계약당사자, 계약체결시기, 양도양수가액의 결정방법[7], 사업양수에 대한 주총·이사회 승인 등의 사항은 일반 사업양도양수의 경우와 같다.[8]

---

[7] 일반 사업양도양수의 경우는 양도양수가액 결정시 시가로 평가하지 않아도 되나 세금감면사업양도양수의 경우는 반드시 시가로 평가하여야 조세감면을 적용받을 수 있다.
[8] 2편 3장 2절 참조.

사업양도양수계약서

갑: (주소) 서울특별시 ××구 ××동 ××번지   을: (주소) 서울특별시 ××구 ××동 ××번지
    (상호) 코페공업사   (상호) 코페공업주식회사
    (대표) 소 구 연(이하 '갑'이라 한다.)   (대표이사) 소 구 연(이하 '을'이라 한다.

'갑'이 운영하고 있는 서울특별시 ××구 ××동 ××번지 소재 코페공업사(이하 '회사'라 칭함)의 사업에 관한 일체의 권리와 의무를 '을'이 포괄적으로 양도 양수함에 대하여 다음과 같이 계약을 체결한다.
- 다 음-

제1조(목적) 본 계약은 '갑'이 운영하고 있는 회사의 사업에 관한 일체의 권리와 의무를 '을'이 포괄적으로 양수함으로써 부가가치세법 제10조 9항의 규정에 의한 사업양도를 하고, 조특법 제32조에 의한 양도소득세 이월과세와 제방세특례제한법 제57조의2 제4항조에 의한 취득세감면을 받는 법인전환을 함에 그 목적이 있다.

제2조(사업승계) 사업양도양수일 현재 '갑'과 거래 중인 모든 거래처는 '을'이 인수하여 계속 거래를 보장하며 '갑'이 기왕에 제조 판매한 제품이 사업양수일 이후 반품될 경우에는 '을'이 책임지고 인수 처리토록 한다.

제3조(양도양수 부채 및 기준일) '을'은 20××년 12월 31일을 양도양수기준일로 하여 동일 현재의 '갑'의 장부상 자산총액과 부채총액을 인수하기로 한다.

제4조(양도양수가액) 양도양수가액은 제3조의 자산총액에서 부채총액을 차감한 잔액으로 하되 다음과 같이 수정 평가한다.
① 토지·건물·기계장치 등 유형자산은 감정가액으로 수정 평가한다.
② ①항을 제외한 자산과 부채는 기업회계기준에 따라 수정할 사항이 있을 때에는 수정 평가하며 이를 위하여 공인회계사의 회계감사를 할 수 있다.

제5조(종업원 인계) '을'은 '갑'의 전 종업원을 신규채용에 의하여 전원인수, 계속 근무케 함은 물론 사업양수일 이후 퇴직자가 발생하면 종전 '갑'의 사업에서 근무하던 근속연수를 통산 인정하여 퇴직금을 지급하기로 한다.

제6조(양도양수대금의 지급) 양도양수대금은 제4조에서 정한 방법에 의하여 계산된 금액을 지급하되 구체적인 지급방법과 지급기일은 '갑'과 '을'이 별도의 약정서에 의하여 정하기로 한다.

제7조(협조의무) '갑'은 '을'이 사업을 양수함에 따른 제반 절차를 수행하는데 적극적으로 협조하여야 한다.

제8조(기타) 본 계약규정 이외에도 사업양도양수에 관하여 협정할 사항이 발생한 경우는 '갑'과 '을' 쌍방 협의에 의하여 정하기로 한다.

이상의 계약내용을 '갑' '을' 쌍방은 성실히 이행할 것을 약속하며 후일을 증명키 위하여 본 계약서 2통을 작성 각각 1통씩 보관키로 한다.

20××년 ××월 ××일

갑: (주소) 서울특별시 ××구 ××동 ××번지 을: (주소) 서울특별시 ××구 ××동 ××번지
    (상호) 코페공업사   (상호) 코페공업주식회사
    (대표) 소 구 연   ⑩   (대표이사) 소 구 연   ⑩

4 법인설립신고와 사업자등록신청

① 개인기업 순자산평가액의 추정(자산감정 포함) ❺ 자산의 감정
② 법인자본금 결정과 법인설립 ⑥ 개인기업의 결산
③ 사업양도양수계약 ⑦ 개인기업의 부가가치세 확정신고와 폐업신고
❹ 법인설립신고와 사업자등록신청 ⑧ 명의이전 등 후속 조치

법인은 설립등기를 한 날로부터 2월 이내에 납세지 관할 세무서에 법인설립신고를 하여야 하며(법인법 109조), 사업자등록신청은 사업개시일로부터 20일 이내에 상기 기관에 하여야 한다. (법인법 111조)

그러나 법인전환은 일반 사업양도양수의 경우와 마찬가지로 세감면 사업양도양수의 경우에도 법인전환기준일의 2일 전까지는 사업자등록신청과 법인설립신고를 하여야 하며, 이때 필요한 서류는 일반 사업양도양수의 경우와 동일하다.[9]

5 자산의 감정

개인기업을 세감면 사업양도양수 방법을 통해 법인전환을 함에 있어서 법인설립 시 자산의 감정은 필수적인 사항은 아니지만, 다음과 같은 이유로 자산의 감정을 하여 사업양도양수를 하는 것이 좋을 것이다.

(1) 세무상 부당행위계산 여부

① 사업양도양수는 세무상 특수관계인과의 거래로서 공정한 금액을 기준으로 이루어져야 하며, 부당한 금액으로 사업양도양수 하였을 때 세무상 부당행위규정을 적용받게 된다.

② 다만, 토지·건물 등 부동산이 없다거나 기계장치 등의 금액이 중대하지 않을 경우에는 기계장치 등의 유형자산에 대하여 장부가액(취득가액에서 감가상각비를 뺀 금액)으로 양도양수해도 큰 문제를 일으키지 않을 것이다.

③ 그러나 무형자산 중 특허권 등의 산업재산권, 광업권, 상표권 등이 있을 경우 '벤처기업 육성에 관한 특별조치법'에 의한 기술평가기관의 가격평가를 받아야 법인세 또는 소득세법상의 부당행위 계산 부인의 문제가 발생하지 않을 것이다.

(2) 순자산가액의 계산

① 세감면 사업양도양수 방법에 의한 법인전환시 조세지원을 받기 위해서는 새로이 설립되는 법인의 자본금이 법인으로 전환되는 사업장의 순자산가액 이상이 되어야 하는데, 이때

---

[9] 2편 3장 2절 4. 참조.

순자산가액을 계산하기 위해서는 자산을 시가로 평가하여야 한다.

② 만약 다수인 간에 이루어진 거래금액이 없다면 시가를 입증하는 근거로써 감정이 필요할 수도 있지만, 상증세법에 따른 보충적 평가방법으로 평가하여도 조세지원을 받는 데는 문제가 없으므로 감정이 필수적인 것은 아니다. 다만, 사업용고정자산에 꼬마빌딩 등이 포함되어 있을 경우 국세청의 감정사업에 의해 저가 및 고가양도로 인한 증여로 과세될 수도 있으니, 이때는 감정을 받는 것도 고려해야 할 것이다.

(3) 출자액의 적정가액 여부

① 사업양도양수시 외부전문가의 평가금액을 기초로 공정하게 결정되어야만 개인기업주와 다른 주주간에 공평한 출자가 이루어질 수 있다. 다만, 법인전환시 개인기업주가 대부분 출자하는 경우라면 이 목적은 큰 의미가 없을 것이다.

② 결론적으로 개인기업의 양도양수 가액을 결정하는 데 있어 자산의 감정이 필수적이 아니지만, 자산의 평가방법으로 감정을 받기로 하였다면 해당 자산에 대하여 감정을 실시해야 한다.

(4) 자산의 감정 관련 사항

자산의 감정시 감정대상 자산, 감정기관, 감정시기와 준비서류 등은 제3편 현물출자에 의한 법인전환 내용을 참조하기 바란다.

6 개인기업의 결산

① 개인기업 순자산평가액의 추정(자산감정 포함)	⑤ 자산의 감정
② 법인자본금 결정과 법인설립	❻ 개인기업의 결산
③ 사업양도양수계약	⑦ 개인기업의 부가가치세 확정신고와 폐업신고
④ 법인설립신고와 사업자등록신청	⑧ 명의이전 등 후속 조치

① 세감면 사업양도양수에 의한 법인전환시 개인기업은 결산을 두 번 하게 된다.

첫 번째는 개인기업 순자산평가액 추정을 위한 결산으로 법인전환 하는 당해연도의 1월 1일부터 법인설립등기일 전월 말일까지를 결산 기간으로 한다.

두 번째는 개인기업 양도양수 가액 결정과 개인기업주의 사업소득 결정을 위한 결산으로 법인전환 하는 당해연도의 1월 1일부터 법인전환기준일까지를 결산 기간으로 한다.

② 어느 결산을 불문하고 결산방법은 일반적인 결산과 마찬가지로 기업회계기준에 따라 행하면 되고, 사업양도양수 및 폐업을 전제로 하는 점에서의 유의사항은 일반 사업양도양수

의 경우와 동일하다.[10]

③ 한편, 두 번째 결산은 늦어도 법인전환기준일로 이 속하는 달의 말일부터 24일 이내에 종료되어야 한다.

왜냐하면 법인전환기준일(폐업일)이 속하는 달의 말일부터 25일 이내에 개인기업의 부가가치세 확정신고를 하여야 하는데 신고 시 사업양도신고서를 제출하여야 하는바, 이때 결산자료가 필요하기 때문이다.

7 부가가치세 확정신고와 폐업신고

① 개인기업 순자산평가액의 추정(자산감정 포함)　⑤ 자산의 감정
② 법인자본금 결정과 법인설립　⑥ 개인기업의 결산
③ 사업양도양수계약　❼ 개인기업의 부가가치세 확정신고와 폐업신고
④ 법인설립신고와 사업자등록신청　❽ 명의이전 등 후속 조치

개인기업이 법인으로 전환된 경우 개인기업은 폐업되며, 이에 따른 부가가치세 확정신고와 폐업신고를 하여야 한다.

폐업신고는 사업장소재지 관할 세무서나 그밖에 편의에 따라 선택한 세무서에 폐업 즉시 신고하여야 하며(부가령 13조), 부가가치세 확정신고는 폐업일이 속하는 달의 말일부터 25일 이내에 하여야 하는데(부가통 49-91-2) 신고 시 첨부서류, 신고내용 등은 일반 사업양도양수의 경우와 같다.[11]

8 명의이전 등 후속 조치

① 개인기업이 법인으로 전환되면 개인기업에서 법인으로 양도 양수된 각종 자산과 부채 중 명의가 등록·등재된 자산·부채의 명의를 법인으로 이전하는 등의 후속 조치가 뒤따라야 한다. 이 후속 조치의 내용은 개별기업의 상황에 따라 상당히 차이가 있지만, 일반적일 때의 후속 조치내용은 다음 표와 같다.

② 세감면 사업양도양수에 의한 법인전환의 후속 조치는 다음 표에서 보는 바와 같이 상당 부분이 일반 사업양도양수의 경우와 동일하다.

따라서 여기에서는 동일한 부분의 설명은 생략하고 세감면 사업양도양수에 의한 법인전환 시 추가되는 부분만을 설명하면 다음과 같다.

---

[10] 2편 3장 2절 참조.
[11] 2편 3장 2절 참고.

《 세감면 사업양도양수 법인전환의 후속조치 요약 》

후속 조치 명	주 요 내 용	일반 사업양도·양수와의 비교
1. 부동산실거래가격 신고	· 부동산매매계약 체결일로부터 30일 이내 실제거래가격 신고 · 부동산 소재지 관할 시·군·구청에 신고 또는 국토교통부 '부동산거래관리시스템'에서 신고	동일
2. 부동산 명의이전	· 토지, 건물 등 부동산소유권이전등기 · 관할법원 소속 등기소에 신청	동일
3. 차량·등록기계장치 명의이전	· 차량의 명의이전과 등록건설기계 명의변경 · 차량은 자동차등록사업소 등에 신청 · 건설기계는 군 또는 구청의 담당 부서에 신청	동일
4. 금융기관 예금·차입금의 명의변경	· 당좌예금을 제외한 예금과 차입금의 명의변경 · 차입금과 관련 저당설정된 부동산의 채무자 명의변경 병행	동일
5. 거래처·조합·협회 등의 명의변경	· 거래처, 조합, 협회 등에 법인전환사실을 통보 및 명의변경	동일
6. 공장등록 변경	· 공장등록의 명의변경 · 공장소재지의 시·군·구청에 신청	동일
7. 토지거래의 허가	· 법인전환기업의 토지가 해당되면 적용 · 공장소재지의 시·군·구청에 신고	동일
8. 감가상각방법·재고자산평가 방법의 신고	· 법인 신설시 소관 세무서장에게 신고 · 신고기한: 영업개시 사업연도의 과세표준 신고기한 내	동일
9. 양도소득세 등 신고·납부와 이월과세적용신청서 제출	· 양도소득세 등 이월과세적용신청의 경우에도 양도소득세 등 신고는 하여야 함. · 이월과세적용신청서 필히 제출 · 신고·제출기한 ① 예정신고: 양도 월의 익익월 말일 ② 확정신고: 양도 년의 익년 5월	이월과세적용 신청서제출 추가 외는 동일
10. 취득세신고와 감면확인	· 토지·건물·차량 등 취득세 과세대상 자산의 취득세 신고 · 취득세감면확인 병행 · 신고기한: 취득일로부터 60일 이내에 자진신고·납부	취득세감면확인 추가 외는 동일

(1) 양도소득세 등 이월과세적용신청서 제출

세감면 사업양도양수에 의한 법인전환에 따라 개인기업주의 이월과세적용신청으로 양도소득세 및 개인지방소득세가 이월과세 된다 해서 양도소득세 및 개인지방소득세의 신고의무까지 면제되는 것은 아니다.

따라서 법인전환에 따른 양도소득세 등 신고서와 이월과세적용신청서를 작성하여 개인기업주 주소지 관할세무서에 소정기한 내 제출하여야 하며, 새로이 설립되는 법인도 이월과세신청서를 납세지 관할 세무서장에게 제출하여야 한다.

개인기업주의 이월과세적용신청서 제출 기한은 양도소득세 과세표준신고일(예정신고일 포함)까지이며, 신설법인도 최초 법인세 과세표준신고 시 이월과세적용신청서를 제출하여야 한다.

(2) 취득세 감면신청

세감면 사업양도양수에 따라 취득하는 사업용 재산에 대하여는 취득세가 75% 경감(부동산 임대업 및 공급업 제외)된다. 이 경우 취득세감면확인을 본점 소재지 관할 시 또는 군으로부터 확인받아 제출하여야 한다.

한편, 현물출자에 의한 법인전환은 중소기업에 해당하는 것을 전제로 부동산 명의이전시 국민주택채권 매입도 면제받을 수 있으나, 세감면 사업양도양수에 의한 법인전환은 동 채권의 매입을 면제받을 수 없다.

3절 법인전환 절차 관련 예규사례

(사례1) 법인전환시 개인사업에 사용하던 부동산과 함께 양도된 영업권의 양도소득세 여부
(사례2) 조특법상 취득세 등 감면요건 및 순자산가액의 충족 여부
(사례3) 사업양도양수 법인전환에 대한 양도소득세 예정신고기한을 경과하여 신고한 경우
(사례4) 양도소득세 이월과세적용신청서 제출 후 양도가액이 변경되는 경우

사례 1

법인전환시 개인사업에 사용하던 부동산과 함께 양도된 영업권의 양도소득세 여부

■ (요지) 법인전환시 개인사업에 사용하던 부동산과 함께 양도된 영업권은 양도소득세 과세 대상임. (조심 2024부3067, 2024.10.28.)

● (처분개요) 1. 청구인은 2013.3.15.부터 'A'라는 상호로 선박부분품 제조업을 운영하다가, 2018.1.2. 법인전환을 위해 주식회사 A(이하 "전환법인"이라 한다)와 사업포괄양수도 계약을 체결하였고, 쟁점부동산의 양도에 대해서는 조세특례제한법 제32조에 따라 법인전환에 대한 양도소득세 이월과세를 적용하여 2018년 귀속 양도소득세를 신고하였다.

또한, 청구인은 2018.1.2. 전환법인과 'A의 사업에 관한 영업의 권리와 의무'(이하 "쟁점영업권"이라 한다)에 대한 양수도 계약을 체결하였고, 감정평가법인의 평가에 따른 영업권 ○○○원을 기타소득으로 보아 2018년 귀속 종합소득세를 신고하였다.

2. 부산지방국세청장은 2024.2.27.부터 2024.3.27.까지 청구인에 대한 양도소득세 조사를 실시한 결과, 쟁점영업권을 청구인이 운영하던 개인사업에 관한 일체의 권리와 의무를 전환법인에 포괄적으로 양도하는 과정에서 쟁점부동산과 함께 양도한 양도소득세 과세대상으로 보아 처분청에 과세자료를 통보하였고, 처분청은 이에 따라 2024.4.4. 청구인에게 2018년 귀속 양도소득세 ○○○원을 경정·고지하였다.

▶ (판단) 1. 청구인은 쟁점영업권이 청구인의 기술력과 거래선에 기반하여 형성된 것이므로, 포괄적 사업양수도 방식에 따라 쟁점부동산과 동시에 양도되었다 하더라도 이를 양도소득세 과세대상으로 볼 수 없다고 주장한다.

2. 「소득세법」 제94조 제1항 제4호 가목은 토지, 건물 또는 부동산을 취득할 수 있는 권리와 함께 양도하는 영업권(영업권을 별도로 평가하지 아니하였으나 사회통념상 자산에 포

함되어 함께 양도된 것으로 인정되는 영업권과 행정관청으로부터 인가·허가·면허 등을 받음으로써 얻는 경제적 이익을 포함한다)의 양도로 발생하는 소득을 양도소득세 과세대상 소득으로 규정하고 있고, 「소득세법」 제21조 제1항 제7호는 영업권(대통령령으로 정하는 점포임차권을 포함한다)을 양도하거나 대여하고 그 대가로 받는 금품은 기타소득으로 규정하면서, 같은 법 시행령 제41조 제3항은 법 제21조 제1항 제7호에 따른 영업권에는 행정관청으로부터 인가·허가·면허 등을 받음으로써 얻는 경제적 이익을 포함하되, 토지 및 건물과 함께 양도되는 영업권은 포함되지 않도록 규정하고 있다.

3. 이 건의 경우, 쟁점영업권은 청구인의 개인사업체(A)를 전환법인으로 전환하는 과정에서 개인사업에 사용하던 쟁점부동산과 함께 양도되었으므로, 「소득세법」 제94조 제1항 제4호 가목에 따라 쟁점영업권의 양도에 따른 소득은 양도소득세 과세대상에 포함된다할 것이고(조심 2024중442, 2024.8.29. 등, 같은 뜻임), 이와 달리 쟁점영업권의 양도에 따른 소득을 기타소득으로 볼만한 근거가 제시되지 않음에 따라 청구주장을 받아들이기 어렵다고 판단된다. (조심2024부3067, 2024.10.28.)

사례 2

조특법상 취득세 등 감면요건 및 순자산가액의 충족 여부

▶ (판단) 조특법상 사업양도양수에 의하여 취득하는 사업용 재산에 대하여 취득세를 면제받기 위해서는 설립되는 법인의 자본금이 개인사업장의 순자산가액 이상이 되어야 하고, 순자산가액이란 사업의 양도양수일 현재 시가로 평가한 자산의 합계액에서 충당금을 포함한 부채의 합계액을 공제한 금액임 (조심 2017지831, 2017.12.20)

▶ 조세특례제한법 제120조 제5항 및 제32조에 따른 사업양도·양수에 의하여 취득하는 사업용 재산에 대하여 취득세를 면제받기 위해서는 설립되는 법인의 자본금이 개인사업장의 순자산가액 이상이 되어야 하고, 순자산가액이란 사업의 양도·양수일 현재 시가로 평가한 자산의 합계액에서 충당금을 포함한 부채의 합계액을 공제한 금액인 점. (대법원 1998.11.24. 선고 97누6216 판결, 조심 2015지733, 2017.1.16., 같은 뜻임)

사례 3

사업양도양수 법인전환에 대한 양도소득세 예정신고기한을 경과하여 신고한 경우

■ (사실관계) • 2013.1. 사업양도·양수계약에 따른 법인전환(법인설립일로부터 3개월 이내

에 해당 법인에 사업 관련 부동산소유권 이전)

- 2013.4. 법인전환에 대한 양도소득세 예정신고 기한 후 신고

● (질의) 조특법 제32조에 따른 사업양도·양수의 방법에 따라 법인전환 후 예정신고기한을 경과하여 법인전환에 대한 양도소득세의 이월과세를 신청하는 경우 가산세 해당 여부

▶ (회신) 조특법 제32조에 따른 사업양도·양수의 방법에 따라 법인전환 한 후 예정신고기한을 경과하였더라도 확정신고기한까지 같은 법 시행령 제29조 제4항에 따라 이월과세적용신청서를 납세지관할세무서장에게 제출하는 경우에는 양도소득세의 이월과세를 적용받을 수 있는 것이며, 이는 국세기본법 제47조의 2의 규정이 개정(2010.1.1. 법률 제9911호)된 이후 사업양도·양수의 방법에 따라 법인전환 하는 경우에도 동일하게 적용되는 것임. (상속증여세과-169, 2013.05.30)

사례 4

양도소득세 이월과세적용신청서 제출 후 양도가액이 변경되는 경우

● (질의) 이월과세 적용신청 후 관할 세무서로부터 세무조사 중 취득가액 경정으로 인해 양도소득세가 추가로 과세 될 경우 추가로 과세되는 세액에 대해서도 양도소득세 이월과세가 적용되는지 여부

▶ (회신) 조특법 제32조의 양도소득세 이월과세는 같은 법 시행령 제29조 제4항에 따라 이월과세적용신청서를 납세지 관할 세무서장에게 제출한 경우 그 신청서에 기재한 이월과세액에 한하여 적용하는 것이며, 본 건의 경우, 당초 양도가액이 변경됨에 따라 순자산가액이 증가하는 경우에는 이월과세 적용 요건에 해당하지 아니할 수 있으니 이에 대한 추가 검토가 필요하다. (부동산거래관리과-72, 2013.02.08.)

5편

중소기업 통합에 의한 법인전환 실무해설

5편 중소기업 통합에 의한 법인전환에 대하여

중소기업 통합에 의한 법인전환은 둘 이상의 기업체가 있는 경우를 전제조건으로 한다는 점에 그 특징이 있다.

즉 2편에서 4편까지의 법인전환 방법(일반 사업양도양수, 현물출자, 세감면 사업양도양수)은 모두 하나의 기업만을 대상으로 하는 데 반해 중소기업 통합은 복수의 기업을 대상으로 한다.

중소기업 통합에 의한 법인전환은 조세지원 효과와 절차 면에서 현물출자에 의한 법인전환의 경우와 상당히 유사하다. 다만, 현물출자에 의한 법인전환은 법인설립 시 현물로 출자하는 데 비해 이 방법에 의한 법인전환은 기존법인에 현물출자 등을 하는 점(기존법인에 개인기업이 흡수 통합되는 유형을 상정한 경우)이 다르다.

이 방법에 의한 법인전환의 핵심은 조특법상의 조세지원 요건 충족과 기업의 통합에 있으며, 이의 추진과정에서는 조특법 등 세법, 기타 관련 법규에 대한 이해가 요구된다.

한편, 5편에서는 앞 편에서 설명한 내용은 중복설명을 생략하고 있으므로 주의를 바란다.

1장
중소기업 통합 법인전환의 개요

1절 중소기업 통합의 이해

1 기업형태의 이해

① 기업통합은 둘 이상의 기업을 하나의 기업으로 합치는 것을 의미하며, 경제학상 기업집중의 한 형태인 기업합동과 같은 개념이다.

② 기업은 「1) 기업 상호 간의 경쟁제한·배제 등을 통한 시장지배, 2) 생산규모의 적정화, 생산공정의 합리화 등을 통한 경영합리화, 3) 자본지배 등을 목적으로 서로 협정을 맺거나 합동」하게 되는데 이를 기업집중이라 한다.

③ 기업집중의 형태

1. 기업연합(Cartel 카르텔)
2. 기업합동(Trust 트러스트) : 몇몇 기업이 개개의 독립성을 상실하고 합동하여 새로운 독립기업을 만드는 경우를 말한다.
3. 기업결합(Konzern 콘체른)

④ 상술한 기업집중은 그 목적에 따라 국가 경제에 미치는 효과가 다르므로 이에 대한 정부의 산업정책에도 차이가 있다. 즉, 기업집중의 목적이 시장지배, 자본지배 등에 있을 때에는 국가 경제 발전과 공정한 경쟁을 저해하게 되므로 법에 따라 규제된다. 그러나 기업집중의 목적이 경영합리화에 있으면 국가경제발전을 위해 이를 지원하게 된다.

⑤ 경영합리화를 위한 기업집중에 대한 지원제도의 예로서 중소기업기본법 제9조에서는 정부가 중소기업의 구조고도화를 위하여 중소기업의 법인전환을 원활히 할 수 있도록 필요한 시책을 실시하도록 촉구하고 있으며, 조특법에서는 소정의 요건에 합당하는 중소기업간의

통합에 대하여 양도소득세 이월과세 등의 조세지원을 하고 있다.

이는 중소기업의 통합을 통하여 기업경쟁력 제고 및 경영합리화를 할 수 있도록 유도하기 위한 것이다.

2 기업의 합병과 통합의 이해

조특법에서는 기업 간의 합동을 통합이라는 용어로 나타내고 있는데 그 이유는 통합과 상법에서의 합병은 둘 이상의 기업이 하나의 기업으로 합동된다는 점에서 공통점이 있으나 다음과 같은 차이점이 있기 때문이다.

첫째, 합병은 상법상 법인기업끼리의 합동만을 그 대상으로 하는 데 반해, 통합은 개인기업과 개인기업, 개인기업과 법인기업 간의 합동까지를 포괄한다.

① 합병: 법인기업과 법인기업

② 통합: 개인기업과 개인기업, 개인기업과 법인기업

둘째, 법인기업 간 합동인 합병은 상법상의 규제에 의하여 당사회사의 청산절차 없이 기업활동이 이루어질 수 있는데 반해, 통합은 기업의 현물출자일 때 소멸기업의 청산절차가 필요하게 된다.

① 합병: 합병회사의 청산절차 없음

② 통합: 현물출자 소멸기업의 청산절차 필요함

2절 기업통합의 유형과 법인전환

1 기업통합의 유형

조특법 제31조에 의한 중소기업간의 통합은 중소기업자가 조특법상의 제 요건을 갖추어 통합하는 경우 조세지원을 받을 수 있으며, 이때의 중소기업자는 개인과 법인을 구분하지 아니한다. 또한, 조특법상 중소기업간 통합 후의 기업형태는 법인으로 한정되어 있으며, 따라서 동 법상의 중소기업의 통합유형은 다음과 같이 4가지로 구분된다.

① 개인중소기업간의 통합에 의하여 법인 신설

　〈 개인기업 A ＋ 개인기업 B → 법인기업 C 〉

② 개인중소기업과 법인중소기업간의 통합에 의하여 법인 신설

　〈 개인기업 A ＋ 법인기업 B → 법인기업 C 〉

③ 개인중소기업이 법인중소기업에 흡수통합

　〈 개인기업 A ＋ 법인기업 B → 법인기업 B 〉

④ 법인 중소기업간의 통합

　〈 법인중소기업 A ＋ 법인중소기업 B → 법인기업 A 또는 B 또는 C 〉

2 기업통합에 의한 법인전환

통합유형 중 ①②③의 통합유형은 모두 개인기업이 통합당사기업으로 참여하고 있는 유형으로서 통합의 결과 개인기업은 법인으로 전환된다. 본서에서는 본편 제3장 제2절에서 후술하는 여러 이유로 ③개인중소기업이 법인중소기업에 흡수 통합되는 유형을 중심으로 설명하고자 한다.

① 개인중소기업간의 통합에 의하여 법인 신설

　〈 개인기업 A ＋개인기업 B → 법인기업 C 〉

② 개인중소기업과 법인중소기업간의 통합에 의하여 법인 신설

　〈 개인기업 A ＋ 법인기업 B → 법인기업 C 〉

③ 개인 중소기업이 법인중소기업에 흡수통합

　〈 개인기업 A ＋ 법인기업 B → 법인기업 B 〉

3절 중소기업 통합의 조세지원

1 조세지원의 비교

조특법 제31조 소정의 요건에 맞는 중소기업 통합에 의한 법인전환시 받을 수 있는 조세지원 내용은 양도하는 사업용부동산에 대한 양도소득세 및 개인지방소득세 이월과세, 사업용재산에 대한 취득세 75% 경감 등인데 현물출자에 의한 법인전환의 경우와 비교하면 다음과 같다.

《 조세지원 비교 》

세 목	현 물 출 자	중소기업 통합	비 고
1. 양도소득세	이월과세	좌 동	같 음
2. 양도소득분 개인지방소득세	이월과세	좌 동	같 음
3. 취득세	75% 경감	좌 동	같 음
4. 국민주택채권매입	전액면제	전액매입	다 름
5. 개인기업 조세감면 승계	승 계	좌 동	같 음

2 양도소득세의 이월과세

① 기업통합을 위해 개인기업의 토지·건물 등 양도소득세 과세대상 자산을 법인에 현물출자 또는 양도하는 경우 개인기업주는 양도소득세를 납부하는 것이 원칙이다.

② 그러나 조특법 소정의 요건을 갖춘 중소기업 통합을 위해 개인기업의 사업용 부동산을 통합에 의하여 설립 또는 존속하는 법인에 양도함으로써 발생하는 양도소득세는 이월과세적용신청으로 이월과세 된다(조특법 31조 1항).

③ 중소기업 통합에 의한 법인전환은 현물출자에 의한 법인전환의 경우와 양도소득세 이월과세에 관한 내용이 거의 같다. 다만, 조특법 개정으로 현물출자의 경우 「주택 또는 주택을 취득할 수 있는 권리」가 이월과세 대상에서 제외되었으나, 중소기업 통합에 의한 경우에는 당해 사업에 직접 사용되는 유형자산 및 무형자산이면 모두 양도소득세 이월과세대상이 된다는 차이가 있다.

3 개인지방소득세의 이월과세

중소기업의 통합에 의한 법인전환시 조특법 소정의 요건을 갖춘 경우 양도소득세의 이월과세 시 양도소득분 개인지방소득세도 이월과세 됨은 현물출자에 의한 경우와 같다.

4 취득세의 감면

① 토지·건물 등 지방세법상 취득세 과세대상 자산을 통합에 의하여 법인이 취득하는 경우에는 취득세를 납부해야 한다.

② 그러나 조특법 및 지특법 소정의 요건을 갖춘 중소기업 통합에 따라 2027년 12월 31일까지 설립되거나 존속하는 법인이 양수하는 해당 사업용 재산에 대해서는 취득세의 75%를 경감한다(지특법 57조의2, 3항5호).

이미 설명한 바와 같이 조특법 32조에 따른 현물출자 또는 사업양도양수에 따라 부동산 임대 및 공급업이 법인전환으로 취득하는 사업용 재산에 대해서는 취득세가 감면되지 않는데, 지특법 57조의 2가 개정됨으로써 중소기업 통합의 경우도 부동산 임대 및 공급업의 사업용 재산에 대해서는 취득세 경감이 적용되지 않게 되었다.

③ 이렇게 취득세의 75%를 경감하므로써 현물출자에 의한 법인전환의 경우와 같이 취득세의 25%는 납부하도록 한 것으로 이 경우에도 경감받은 취득세액의 20%를 농어촌특별세로 납부해야 한다.

  1. 취득세 : 75% 감면, 25% 납부
  2. 농어촌특별세 : 취득세 경감분의 20% 납부

④ 한편, 취득일로부터 5년 이내에 정당한 사유없이 해당 사업을 폐지하거나 해당 자산을 50% 이상 처분 또는 주식을 50% 이상 처분하는 경우에는 경감받은 취득세를 추징한다. (지특법 57조의 2, 3항5호 단서)

- 취득세 추징 : 5년 이내 사업 폐지(해당 자산을 50% 이상 처분하는 경우 포함) 또는 주식을 50% 이상 처분

예규

개인중소기업간 통합에 따라 사업용 재산을 양수하는 경우 지방세감면 여부

● (질의) 1. 본인은 대전광역시 거주자로 본 세무회계법인이 수임하는 ○○주유소가 지역경제의 어려움이 있어 ○○주유소를 매매하게 되어 ○○주유소를 매매하는 과정에 채권,

채무 모두를 현 매수인에게 양도 양수하기로 하였다.

2. 조특법 제31조의 규정에 의한 중소기업간의 통합에 의하여 설립된 법인 또는 통합 후 존속하는 법인이 당해 사업용 재산을 양수함에 따른 등기에 대하여는 등록세 취득세를 면제한다는 조항이 있음. 사업양도양수의 개인사업자와 개인사업자 간의 사업용자산을 양수함에 발생하는 지방세(등록세, 취득세)를 감면받을 수 있는지

▶ (회신) 조특법 제31조와 동법 시행령 제28조의 규정에 의한 중소기업간의 통합에 해당하는 경우라면 동법 제119조1항과 제120조1항의 규정에 의하여 취득세와 등록세 면제 대상이다. (세정 13407-659, 2000.5.23)

5 개인기업의 조세감면 승계

다음의 경우 존속하는 법인이 동 개인기업의 조세감면내용을 승계하여 감면받게 되는데, 구체적인 내용은 현물출자에 의한 법인전환에서 설명한 바와 같다.[1]

① 중소기업 통합시 통합당사 개인기업에 조특법 제144조에 의한 미공제세액이 있는 경우
② 통합당사 개인기업이 창업중소기업·창업벤처중소기업·농공단지 및 지방중소기업 특별지원지역 입주기업으로서 소득세 등의 감면기간이 종료되지 않은 경우
③ 농업회사법인 등으로서 그 감면기간이 만료되지 않은 경우

---

[1] 3편 1장 2절 참조.

중소기업 통합 법인전환의
조세지원 요건

① 중소기업 통합은 조특법 소정의 요건에 맞는 경우에만 조세지원을 받을 수 있다.

② 중소기업 통합시의 조세지원 요건은 현물출자에 의한 법인전환의 경우보다도 까다로우며, 따라서 이 방법을 통한 법인전환대상 기업도 그만큼 축소된다.

③ 중소기업 통합시 조세지원을 받기 위한 요건은 조특법 제31조 및 시행령 제28조에 규정되어 있는데 이를 요약하면 다음과 같다.

1. 조특법 시행령으로 정한(소비성서비스업을 제외) 업종을 경영하는 중소기업간의 통합
   일 것.
2. 사업장별로 그 사업에 관한 주된 자산을 모두 승계하여 사업의 동일성이 유지될 것
3. 통합으로 소멸하는 사업장의 중소기업자는 통합 후 설립·존속되는 법인의 주주일 것
4. 통합으로 취득하는 주식가액은 통합으로 소멸하는 사업장의 순자산평가액 이상일 것
5. 이월과세적용신청서를 제출하여야 할 것

1절 조세지원의 대상

1. 업종: 소비성서비스업 제외 요건
2. 통합 당사자: 중소기업 해당 요건
3. 소멸되는 사업장의 중소기업자: 통합법인의 주주요건
4. 취득주식의 가액: 순자산평가액 이상 요건

1 업종: 소비성서비스업 제외 요건

① 중소기업 통합시 조세지원을 받기 위해서는 통합당사기업이 대통령령이 정하는 업종을 경영하는 중소기업이어야 한다(조특법 31조1항). 여기서 '대통령령이 정하는 업종을 경영하는 중소기업'이란 다음에 해당하는 소비성서비스업을 제외한 사업을 경영하는 중소기업을 말한다.

② 다음의 소비성서비스업과 다른 사업을 겸영하고 있는 경우 해당 사업은 부동산 양도일이 속하는 직전과세연도의 사업별 수입금액이 가장 큰 사업을 말한다.

1. 호텔 및 여관업 (관광진흥법에 따른 관광숙박업 제외)
2. 주점업 (일반유흥주점업, 무도유흥주점업 및 식품위생법 시행령 제21조에 따른 단란주점영업만 해당하되, 관광진흥법에 따른 외국인전용유흥음식점업 및 관광유흥음식점업 제외)
3. 기타 재정경제부령이 정하는 오락·유흥을 목적으로 하는 사업

2 통합 당사자: 중소기업 해당 요건

① 중소기업 통합시 조세지원을 받기 위해서는 통합당사기업 모두가 중소기업에 해당하여야만 한다. 따라서 통합하는 당사기업 중 어느 하나라도 중소기업에 해당하지 않을 때에는 조특법상의 다른 요건을 갖추었더라도 중소기업 통합에 의한 조세지원을 받을 수 없다.

② 여기에서 중소기업이란 중소기업기본법에 의한 중소기업을 말하는데 중소기업기본법에서는 업종의 특성에 따라 평균매출액 또는 연간매출액(이하 '평균매출액 등이라 함)을 참작하여 정한 업종별 규모 기준과 자산규모 및 소유·경영의 실질적인 독립성에 관한 기준을 모두 갖추어야 중소기업에 해당한다고 하고 있다.

③ 이때 사업개시 전의 기업은 중소기업으로 보지 아니한다.

가. 업종별 규모의 기준

① 업종별 규모 기준은 해당 기업의 업종별 평균 매출액 등의 규모가 중소기업기본법시행령 별표1의 규정에 의한 규모기준에 해당하여야 한다(중기령 3조1항1호가목). 이 별표에 의하면 업종별로 평균매출액 등이 1,500억원 이하, 1,000억원 이하, 800억원 이하, 600억원 이하, 400억원 이하여야 중소기업의 일차적인 요건을 갖춘다.

② 여기서 하나의 기업이 2개 이상의 서로 다른 사업을 경영하는 경우에는 그 중 평균매출

액 등이 큰 사업을 주된 사업으로 본다(중기령 4조).

《 주된 업종별 평균매출액 등의 중소기업 규모기준 》
(중소기업기본법 시행령 제3조제1항제1호가목 관련) 별표1, 2017.10.17)

해당 기업의 주된 업종	분류기호	규모 기준
1. 의복, 의복액세서리 및 모피제품 제조업	C14	평균 매출액 등 1,500억원 이하
2. 가죽, 가방 및 신발 제조업	C15	
3. 펄프, 종이 및 종이제품 제조업	C17	
4. 1차 금속 제조업	C24	
5. 전기장비 제조업	C28	
6. 가구 제조업	C32	
7. 농업, 임업 및 어업	A	평균 매출액 등 1,000억원 이하
8. 광업	B	
9. 식료품 제조업	C10	
10. 담배 제조업	C12	
11. 섬유제품 제조업(의복 제조업은 제외한다)	C13	
12. 목재 및 나무제품 제조업(가구 제조업은 제외한다)	C16	
13. 코크스, 연탄 및 석유정제품 제조업	C19	
14. 화학물질 및 화학제품 제조업(의약품 제조업은 제외한다)	C20	
15. 고무제품 및 플라스틱제품 제조업	C22	
16. 금속가공제품 제조업(기계 및 가구 제조업은 제외한다)	C25	
17. 전자부품, 컴퓨터, 영상, 음향 및 통신장비 제조업	C26	
18. 그 밖의 기계 및 장비 제조업	C29	
19. 자동차 및 트레일러 제조업	C30	
20. 그 밖의 운송장비 제조업	C31	
21. 전기, 가스, 증기 및 공기조절 공급업	D	
22. 수도업	E36	
23. 건설업	F	
24. 도매 및 소매업	G	
25. 음료 제조업	C11	평균 매출액등 800억원 이하
26. 인쇄 및 기록매체 복제업	C18	
27. 의료용 물질 및 의약품 제조업	C21	
28. 비금속 광물제품 제조업	C23	
29. 의료, 정밀, 광학기기 및 시계 제조업	C27	
30. 그 밖의 제품 제조업	C33	
31. 수도, 하수 및 폐기물 처리, 원료재생업(수도업은 제외한다)	E(E36 제외)	
32. 운수 및 창고업	H	
33. 정보통신업	J	
34. 산업용 기계 및 장비 수리업	C34	평균매출액등 600억원 이하
35. 전문, 과학 및 기술 서비스업	M	
36. 사업시설관리, 사업지원 및 임대 서비스업(임대업은 제외한다)	N(N76 제외)	
37. 보건업 및 사회복지 서비스업	Q	
38. 예술, 스포츠 및 여가 관련 서비스업	R	
39. 수리(修理) 및 기타 개인 서비스업	S	
40. 숙박 및 음식점업	I	평균매출액등 400억원 이하
41. 금융 및 보험업	K	
42. 부동산업	L	
43. 임대업	N76	
44. 교육 서비스업	P	

(비고) 1. 해당 기업의 주된 업종의 분류 및 분류기호는 「통계법」 제22조에 따라 통계청장이 고시한 한국표준산업분류에 따른다.
2. 위 표 제19호 및 제20호에도 불구하고 자동차용 신품 의자 제조업(C30393), 철도 차량 부품 및 관련 장치물 제조업(C31202) 중 철도 차량용 의자 제조업, 항공기용 부품 제조업(C31322) 중 항공기용 의자 제조업의 규모 기준은 평균매출액등 1,500억원 이하로 한다.

③ 다만, 업종별 규모 기준과 소유·경영의 독립성 기준을 모두 갖춘 기업이라 하더라도 자산총액이 5천억원 이상인 기업은 중소기업으로 보지 아니한다(중기령 3조1항1호나목). 한편, 평균매출액 및 자산총액의 정의와 산정은 다음과 같다.

(1) 평균매출액 등

① 평균매출액을 산정하는 경우 매출액은 일반적으로 공정·타당하다고 인정되는 회계관행에 따라 작성한 손익계산서상의 매출액을 말하며, 업종의 특성에 따라 매출액에 준하는 영업수익 등을 사용하는 경우에는 그 영업수익 등을 말한다.

② 여기서 평균매출액등은 다음과 같은 방법으로 계산한다(중기령 7조2항)

1. 직전 3개 사업연도의 총 사업기간이 36개월인 경우: 직전 3개 사업연도의 총 매출액을 3으로 나눈 금액

2. 직전 사업연도 말일 현재 총 사업기간이 12개월 이상 36개월 미만인 경우: 사업기간이 12개월인 사업연도의 총 매출액을 사업기간이 12개월인 사업연도 수로 나눈 금액

3. 직전 사업연도 또는 해당 사업연도에 창업하거나 합병 또는 분할한 경우로서 위의 ②에 해당하지 않는 경우: 중소기업기본법시행령 제7조에 따라 연간매출액으로 환산하여 산정한 금액

(2) 자산총액

① 회계관행에 따라 작성한 직전 사업연도 말일 현재 재무상태표상의 자산총계로 한다.
② 해당 사업연도에 창업하거나 합병 또는 분할한 경우는 창업일이나 합병일 또는 분할일 현재의 자산총액으로 한다.

나. 소유와 경영의 독립성 기준

이 기준은 소유와 경영의 실질적인 독립성이 다음에 해당하지 아니하는 기업이어야 한다. (중기령 3조1항2호)

① 자산총액이 5천억원 이상인 법인(외국법인을 포함하되, 비영리법인 및 제3조의2제3항 각 호의 어느 하나에 해당하는 자는 제외한다)이 주식 등의 100분의 30 이상을 직접적 또는 간접적으로 소유한 경우로서 최다출자자인 기업

이 경우 최다출자자는 해당 기업의 주식 등을 소유한 법인 또는 개인으로서 단독으로 또는 다음의 어느 하나에 해당하는 자와 합산하여 해당 기업의 주식등을 가장 많이 소유한 자를 말하며, 주식 등의 간접소유 비율에 관하여는 「국제조세조정에 관한 법률 시행령」 제2조제3항을 준용한다.

1. 주식 등을 소유한 자가 법인인 경우: 그 법인의 임원

2. 주식 등을 소유한 자가 1에 해당하지 아니하는 개인인 경우: 그 개인의 친족

② 관계기업에 속하는 기업의 경우에는 중기령 제7조의4에 따라 산정한 평균매출액 등이 별표 1의 기준에 맞지 아니하는 기업

다. 중소기업 규모를 초과한 경우 경과조치

① 중소기업이 그 규모의 확대 등으로 중소기업에 해당하지 아니하게 된 때에는 그 사유가 발생한 날이 속하는 과세연도와 그다음 5과세연도까지는 이를 중소기업으로 본다. (중기법 2조3항)

② 다만, 중소기업이 다음의 사유로 중소기업에 해당하지 아니하게 되면 유예기간을 적용하지 아니한다. (중기법 2조3항, 중기령 9조)

1. 중소기업 외의 기업과 합병하는 경우

2. 중소기업이 중소기업으로 보는 유예기간 중에 있는 기업을 흡수합병한 경우로서 중소기업으로 보는 유예기간 중에 있는 기업이 당초 중소기업에 해당하지 아니하게 된 사유가 발생한 연도의 다음 연도부터 5년이 지난 경우

3. 중소기업이 중기법 제2조 제1항 각호 외의 부분 단서에 해당하게 된 경우

4. 규모의 확대 등으로 중소기업 유예를 받았던 기업이 업종별 규모기준에 따른 중소기업이 되었다가 그 평균매출액의 증가 등으로 다시 중소기업에 해당하지 아니하게 된 경우

❖ 관련 법령

■ 조세특례제한법 시행령 제2조(중소기업의 범위)
① 법 제6조 제1항 각 호 외의 부분에서 "대통령령으로 정하는 중소기업"이란 다음 각 호의 요건을 모두 갖춘 기업(이하 "중소기업"이라 한다)을 말한다. 다만, 자산총액이 5천억원 이상인 경우에는 중소기업으로 보지 않는다. (2021.2.17. 개정)
1. 매출액이 업종별로 「중소기업기본법 시행령」 별표 1에 따른 규모 기준("평균매출액등"은 "매출액"으로 보며, 이하 이 조에서 "중소기업기준"이라 한다) 이내일 것 (2015.2.3. 개정)
2. 삭 제(2000.12.29.)
3. 「독점규제 및 공정거래에 관한 법률」 제31조 제1항에 따른 공시대상기업집단에 속하는 회사 또는 같은 법 제33조에 따라 공시대상기업집단의 국내 계열회사로 편입·통지된 것으로 보는 회사에 해당하지 않으며, 실질적인 독립성이 「중소기업기본법 시행령」 제3조 제1항 제2호에 적합할 것. 이 경우 「중소기업기본법 시행령」 제3조 제1항 제2호 나목의 주식등의 간접소유 비율을 계산할 때 「자본시장과 금융투자업에 관한 법률」 에 따른 집합투자기구를 통하여 간접소유한 경우는 제외하며, 「중소기업기본법 시행령」 제3조 제1항 제2호 다목을 적용할 때 "평균매출액등이 별표 1의 기준에 맞지 아

니하는 기업"은 "매출액이 「조세특례제한법 시행령」 제2조 제1항 제1호에 따른 중소기업기준에 맞지 않는 기업"으로 본다. (2022.2.15. 개정)
4. 제29조 제3항에 따른 소비성서비스업을 주된 사업으로 영위하지 아니할 것 (2017.2.7. 신설)

라. 중소기업 범위 관련 예규사례

(사례1) 조특령 제2조 제2항 본문의 "최초로 그 사유가 발생한 때"는 최초로 중소기업의 유예기간을
　　　　적용할 사유가 발생한 때로 해석함
(사례2) 중소기업 유예기간을 적용하여, 중소기업에 해당하는지 여부
(사례3) 부동산임대업 개인사업자가 법인과 합병하는 경우 양도소득세 이월과세 적용 여부
(사례4) 골프연습장 사업을 주업으로 경우 중소기업 해당 여부
(사례5) 중소기업 통합의 소멸하는 기업의 사업용 부동산 취득에 따른 과세 여부
(사례6) 대규모 기업집단에 속하는 회사로 통지를 받은 경우 중소기업에 해당하지 않음
(사례7) 중소기업 법인과 개인중소기업간의 통합이 조감법상 통합에 해당하는지
(사례8) 사업개시 전 신설기업은 조감법 44조의 중소기업에 포함되지 아니함

사례 1

조특령 제2조 제2항 본문의 "최초로 그 사유가 발생한 때"는 최초로 중소기업의 유예기간을 적용할 사유가 발생한 때로 해석함

■ (요지) 법인설립 후 1회의 중소기업 유예기간을 적용할 수 있다는 취지로 보아 조특법 시행령 제2조 제2항 본문의 "최초로 그 사유가 발생한 때"는 최초로 중소기업 유예기간을 적용할 사유(매출액 규모기준 초과 등)가 발생한 때로 해석함(조심2024중1912, 2024.07.08).

● (처분개요) 1. 청구법인은 2005.4.1. 개업하여 중고자동차 도·소매업을 영위하는 법인으로, 중소기업과 관련한 신고내역은 다음과 같다.
① 청구법인은 설립 이후 2007사업연도까지는 업종요건 미충족
② 2008사업연도에 업종을 사업지원서비스에서 도소매업으로 변경한 후 중소기업으로 신고
③ 2010사업연도에 독립성 기준 미충족(모회사 자산총액이 ○○○원 이상으로 30% 이상 출자) 중소기업 제외(유예기간의 적용도 배제)
④ 2021사업연도부터 모회사(최다출자자) 변경으로 중소기업 해당(종전 A 및 B에서 C로 변경)
⑤ 2022사업연도에 청구법인의 매출액 규모기준 ○○○원을 초과하여 중소기업에 해당하지 아니하게 되었으나 유예기간을 적용하여 중소기업으로 신고

2. 청구법인은 2022사업연도에 매출액 규모기준 초과 중소기업에 해당하지 아니하게 되었으나, 「조세특례제한법 시행령」 (이하 "조특법 시행령"이라 한다) 제2조 제2항 소정의 유예기간(이하 "유예기간"이라 한다)이 적용된다고 보아 사업연도 소득금액의 100분의 100에 상당하는 이월결손금을 공제(「법인세법」 제13조)하여 법인세를 신고하였다.

3. 중부지방국세청장은 법인세 신고내용 확인을 실시하여, 중소기업 유예기간 적용이 배제되므로 이월결손금 공제 한도를 사업연도 소득의 60%로 하여야 한다고 처분청에 통보함

▶ (판단) 1. 처분청은 조특법 시행령 제2조 제2항 본문에서 "최초로 그 사유가 발생한 날"의 의미를 "최초로 중소기업에 해당하지 아니하게 된 날"로 해석하여야 하고, 청구법인이 이미 2010사업연도에 독립성 기준을 위배하여 최초로 중소기업에 해당하지 아니하게 되었으며(2015사업연도에는 매출액 규모기준도 초과), 2022사업연도에 다시 매출액 규모기준을 초과하여 중소기업에서 배제되었으므로 2022사업연도에 중소기업 유예기간을 적용할 수 없다는 의견이다.

2. 그러나, 조특법 시행령 제2조의 주요 개정 이력을 보면, 2000.12.29.에 중소기업 유예기간이 반복적으로 적용되지 아니하도록 유예기간을 "1회에 한하여" 부여하도록 개정되었고, 2010.12.30.에는 유예기간 중에 중소기업→일반기업→중소기업이 되는 경우 잔존 유예기간을 보장하려는 취지에서 "최초로"로 조문을 개정하였으며, 2012.2.2.에는 중소기업 규모·졸업기준 판단시 관계기업과 합산하여 판단하도록 중기업 시행령이 개정된 것을 반영하였고, 2015.2.3.에는 관계기업 합산매출액 초과시에도 유예기간을 적용하도록 완화하면서 부칙 제4조에서 2015.1.1. 이후 최초로 중소기업에 해당하지 아니하게 된 사유가 발생한 경우부터 적용하도록 개정되어 왔는바,

3. 특히 2000.12.29. 및 2010.12.30.의 개정내용에 따르면 이는 종전의 중소기업 졸업횟수, 사유, 유예기간 적용배제와는 무관하게 법인 설립 후 1회의 중소기업 유예기간을 적용(유예기간의 재차적용은 불허)하도록 한 취지로 보이므로, 조특법 시행령 제2조 제2항 본문의 "최초로 그 사유가 발생한 날"은 최초로 중소기업 유예기간을 적용할 사유(매출액 규모기준 초과 등)가 발생한 때로 해석함이 타당하다(조심 2021광3262, 2022.4.25., 조심 2022중2851, 2024.2.14., 같은 뜻임).

4. 따라서, 청구법인이 종전에 중소기업 유예기간을 적용받은 사실이 없음에도 처분청이 유예기간 적용을 배제하여 법인세를 과세한 처분은 잘못이라고 판단된다. (조심2024중1912, 2024.07.08)

사례 2

중소기업 유예기간을 적용하여, 중소기업에 해당하는지 여부

■ (사실관계) 1. 2010.8.24. 설립된 부동산 시행사로서 부동산 개발 및 공급을 주업으로 하고 있음

2. 2015년 중소기업 매출액기준을 충족하였으나 업종기준을 충족하지 못하였고,

3. 2016년 중소기업 업종 및 매출액기준을 충족하지 못하였고

● (질의) 2017년 법령 개정에 따라 업종기준이 충족된 경우 중소기업에 해당하는지 여부

▶ (회신) 1. 조특령(2017.2.7.,영제27848호) 제2조 제1항 제4호(이하 "업종기준"이라고 함)는 2017.1.1. 이후 개시하는 과세연도부터 적용하는 것이고, 내국법인이 2017.1.1. 이후 개시하는 과세연도에 업종기준을 충족하는 경우라도 동 시행령 제2조 제1항을 모두 충족하는 경우에 한하여 중소기업에 해당하는 것입니다. (서면-2018-법인-0995, 2018.5.18.)

2. 조특령(2017.2.7., 영제27848호) 제2조 제1항 제4호의 "업종기준"은 2017.1.1. 이후 개시하는 과세연도부터 적용하는 것임. (서면법인-3659, 2019.01.14)

사례 3

부동산임대업 개인사업자가 법인과 합병하는 경우 양도소득세 이월과세 적용 여부

● (질의) 부동산임대업을 경영하는 개인과 당해 부동산을 임차한 법인이 합병하는 경우 조특법 제31조의 규정의 중소기업간의 통합에 대한 양도소득세의 이월과세를 적용받고자 하는바, 부동산임대업이 상기 이월과세 적용 대상업종에 해당하는지.

▶ (회신) 부동산임대업을 주업으로 하는 중소기업은 조특법 제31조1항과 같은 법 시행령 제28조1항 및 제130조2항의 규정에 따라 양도소득세의 이월과세를 적용받을 수 있다. (서이-445, 2004.3.16.)

사례 4

골프연습장 사업을 주업으로 경우 중소기업 해당 여부

▶ 골프연습장을 주업으로 하는 중소기업은 조특법 제31조1항 및 같은 법 시행령 제28조1항과 같은 법 시행령 제130조2항의 규정에 따라 양도소득세의 이월과세를 적용받을 수 있

는 중소기업의 업종(사업)에 해당하는 것임. (서일 49014-11040, 2002.8.12.)

사례 5

중소기업 통합의 소멸하는 기업의 사업용 부동산 취득에 따른 과세 여부

▶ 중소기업간의 통합에 의하여 존속하는 법인이 소멸하는 중소기업의 당해 사업용 부동산의 취득·등기에 대하여는 취득세 등록세를 면제하도록 규정하므로, 청구인이 통합하였다는 개인기업은 통합한 후에도 매년 부가가치세를 신고하였을 뿐만 아니라 3년여가 지난 후에 폐업신고 하였다는 사실 등을 미루어 보면 이 사건 부동산은 소멸하는 기업의 사업용 부동산을 취득한 것으로는 볼 수 없으므로 취득세 등 과세대상이 됨. (행심 2001-566,2001.11.26.)

사례 6

대규모 기업집단에 속하는 회사로 통지를 받은 경우 중소기업에 해당하지 않음

● (질의) 1. 조세감면규제법시행령 제2조1항3호에서 중소기업 판정시 '소유 및 경영의 실질적인 독립성이 중기령 제2조2호의 규정에 적합할 것'으로 규정하고 있으나 1997.12.27 중기령 제2조2호의 규정을 '통상산업부 장관이 매년 고시하는 중소기업이 아닐 것'에서 '독점규제 및 공정거래에 관한 법률 제14조1항의 규정에 의하여 동법 제9조1항의 대규모 기업집단에 속하는 회사로 통지받은 법인이 아닐 것'으로 개정되었음.

2. 과세연도종료일 현재 독점규제 및 공정거래에 관한 법률 제14조1항의 규정에 따라 동법 제9조1항의 대규모 기업집단에 속하는 회사로 통지받으면 중소기업에 해당하는지

▶ (회신) 법인이 당해 과세연도종료일 현재 독점규제 및 공정거래에 관한 법률 제14조 1항의 규정에 따라 동법 제9조1항의 대규모기업집단에 속하는 회사로 통지를 받으면 조세감면규제법시행령 제2조1항3호의 규정에 따라 중소기업에 해당하지 아니함. (조세 46070-45, 1998.2.20.)

사례 7

중소기업 법인과 개인 중소기업간의 통합이 조감법상 통합에 해당하는지

● (질의) 직물제조를 하는 중소기업 법인과 염색제조를 하는 개인 중소기업간 통합하고자

할 때(직물 및 염색은 대통령령이 정하는 합병장려업종임) 조세감면규제법 제44조의 규정에 의한 통합으로 볼 수 있는지

▶ (회신) 조세감면규제법 제44조의 규정에 따라 중소기업간의 통합으로 소멸하는 중소기업이 그 사업용 부동산을 통합에 의하여 설립된 법인 또는 통합 후 존속하는 법인에 양도함으로써 발생하는 소득에 대하여는 양도소득세 또는 특별부가세를 면제하는 것이며, 이때 개인과 법인 간의 통합도 포함되는 것이나 동법 시행령 제38조 제2항 단서에 의하여 설립 후 1년이 경과하지 아니한 법인이 출자자인 개인(국세기본법 제39조 제2호의 규정에 의한 과점주주에 한 한다.)의 사업을 승계하는 것은 통합으로 보지 아니한다. (소득 1264-92, 83.1.12)

사례 8

사업개시 전 신설기업은 조감법 44조의 중소기업에 포함되지 아니함

● (질의) 1. 당 법인은 직물제조를 목적으로 1981.3.1자로 설립된 법인으로서 1981.4.30자로 '제조(직물)를 업종으로 한 사업자등록을 하고 토지매입 및 건물(공장 및 사무실)을 신축하였으며, 동 사업자등록에 의해 제조설비인 직기 50대(총 설치예정 대수 150대)를 설치하고 현재 미가동 중(통합과 동시 가동예정)에 있으며(고정자산총액은 3억원을 초과함), 설립 후 지금까지 상시 종업원은 10명 미만(통합 후 정상 가동시 총인원 약 120명)임.

2. 본 법인의 출자자인 개인중소기업(현재 가동 중인 본 법인과 동일업종임)과 조세감면규제법 제44조의 규정에 의한 중소기업간의 통합을 하고자 함에서, 본 법인이 통합대상 중소기업에 해당하는지 질의함.

▶ (회신) 조세감면규제법 제44조의 중소기업이란 합병장려업종을 경영하는 기업으로서 동법 시행령 제11조의 규정에 해당하는 중소기업을 말하는 것이므로 귀 질의와 같이 사업개시 전 신설기업은 동 중소기업에 포함되지 아니하는 것임. (법인 1264.21-2771, 82.8.21)

3 소멸되는 사업장의 중소기업자: 통합법인의 주주요건

(1) 통합법인의 주주요건

중소기업 통합시 조세지원을 받기 위해서는 통합으로 소멸하는 사업장의 중소기업자는 '통합 후 존속 또는 설립되는 법인의 주주'이어야 한다. (조특령 28조1항1호)

(2) 통합법인 관련 예규사례

> (사례1) 법 규정 중에서 출자자인 개인에 과점주주와 특수관계자가 포함되는지
> (사례2) 소멸하는 사업장의 중소기업자가 통합법인 기존주주의 주식을 취득하는 경우
> (사례3) 중소기업간 통합으로 소멸하는 개인기업의 출자금의 납입방법은

사례 1

법 규정 중에서 출자자인 개인에 과점주주와 특수관계자가 포함되는지

● (질의) 조특법 제31조 조특령 제28조1항 본문 후단에 '설립 후 1년이 경과되지 아니한 법인이 출자자인 개인(국세기본법 제39조2항의 규정에 의한 과점주주에 한 한다.)의 사업을 승계하는 것은 이를 통합으로 보지 아니한다.'라고 규정하고 있음. 출자자인 개인(기본법 제39조2항의 규정에 의한 과점주주에 한 한다.)에 출자자가 아닌 과점주주와 특수관계자가 포함되는지

▶ (회신) 조특령 제28조1항 본문 후단의 '설립 후 사업을 개시한 날이 1년이 경과되지 아니한 법인이 출자자인 개인(기본법 제39조2항의 과점주주에 한 한다.)의 사업을 승계하는 경우'에서 '출자자인 개인'에 출자자(국세기본법 제39조2항의 과점주주에 한한다.)」가 아닌 개인은 포함되지 아니하는 것임 (부동산거래관리-594, 2010.04.21.)

사례 2

소멸하는 사업장의 중소기업자가 통합법인 기존주주의 주식을 취득하는 경우

● 양도소득세 감면 대상인 중소기업간 통합방법의 범위 및 기존주주의 주식을 취득하는 경우 양도소득세의 이월과세 여부

▶ ① 조세감면규제법 제31조 제1항의 규정에 의한 '중소기업간 통합'은 통합으로 소멸하는 사업장별로 그 사업에 관한 주된 자산이 통합법인에 모두 승계되어 사업의 동질성이 유

지되는 경우로서 같은 법 시행령 제28조 제2항 각 호에 규정하는 요건을 모두 갖춘 현물출자 등 사업용자산을 통합 후 존속법인에 양도하는 때에만 적용되는 것으로,

② 통합으로 말미암아 소멸하는 사업장의 중소기업자가 통합법인 기존주주의 주식을 취득하는 경우에는 같은 규정에 의한 중소기업간 통합에 해당하지 않음.(법인 46012-1418, 1999.4.15.)

사례 3

중소기업간 통합으로 소멸하는 개인기업의 출자금의 납입방법은

● (질의) 1. 조세감면규제법 제31조 중소기업간의 통합에 대한 양도소득세 등의 감면에 관하여 의문사항이 있어 질의함. 개인중소기업을 기존 중소기업인 법인에 통합시 소멸하는 개인기업이 존속하는 법인기업에 자본금을 출자하는 방법이

2. '반드시 현물출자방식'으로 출자하여야만 양도가액 특례(이월과세)규정의 조세지원을 받을 수 있는지

3. '현금출자방식'(존속 법인기업에서는 증자형식)으로 출자하여도 양도가액 특례(이월과세)규정의 조세지원을 받을 수 있는지

▶ (회신) 조세감면규제법 제31조의 규정에 따라 중소기업간 통합으로 말미암아 소멸하는 중소기업의 사업용고정자산을 통합에 의하여 설립되는 법인 또는 통합 후 존속하는 법인에 양도함으로써 이월과세를 적용받을 수 있는 경우는 소멸하는 사업장의 중소기업자가 주식대금 또는 출자금의 납입방법에 관계없이 당해 통합으로 말미암아 취득하는 주식 또는 출자지분의 가액이 통합으로 말미암아 소멸하는 사업장의 순자산가액 이상이 되어야 한다. (재일 46014-709, 1998.4.24.)

4 취득주식의 가액: 순자산평가액 이상 요건

(1) 주식취득 가액

① 중소기업 통합시 조세지원을 받기 위해서는 소멸하는 사업장의 중소기업자가 '통합시 취득하는 주식의 가액은 통합으로 인하여 소멸하는 사업장의 순자산평가액 이상'이어야 한다. (조특령 28조1항2호)

② 중소기업 통합은 개인기업의 사업 일체를 법인에 양도하고 그 대가로 법인의 주식을 신주발행을 통하여 받는 거래로서 조특법상 감면요건을 갖추면 조세지원을 받을 수 있다. 이

경우 양도하는 개인사업의 자산과 부채는 시가로 평가하여 순자산가액을 계산하는 것에는 이론이 없으며, 대가로 받는 법인의 신주 발행가액은 실무상 상증법상의 증여의제 규정을 고려하여 상증법상 보충적 평가방법으로 하면 문제가 없는 것으로 인식되어왔다.

③ 그런데, 최근에 분식회계에 따라 과대평가된 주가를 다시 재평가하여 반영하면 대가로 취득한 주식가액이 소멸하는 사업장의 순자산가액 이상이 아니어서 조세감면 요건을 갖추지 아니한다(조심2019서1858,2020.10.15)는 조세심판원의 판례가 있었다.

④ 이에 대해 고법에서는 중소기업자가 취득하는 '주식의 가액'에 관하여는 별다른 평가방법을 규정하고 있지 않으므로 당사자 사이에서 계약으로 정한 주식가액을 의미한다고 보는 것이 문언에 부합한다(서울행법2020구합85108, 2021.10.12)고 하여, 동 '주식의 가액'은 당사자 사이의 합의에 의하여 정하여진 발행가액(자본금 증가액)을 의미한다고 하고 있다.

⑤ 필자의 소견으로는 중소기업 통합에 의한 법인전환 이후 회계감사나 세무조사 등으로 인해 통합하는 법인의 상증법상 보충적 평가방법에 의한 주식의 가치는 변동될 소지가 많은데, 과세관청의 의견대로 중소기업 통합으로 취득하는 주식의 가액을 취득당시의 시가로 보게 되면 실무상 중소기업 통합 자체가 어려워질 것이다.

(2) 순자산평가액

중소기업 통합으로 인하여 소멸하는 사업장의 순자산평가액은 통합일 현재의 시가로 평가한 자산의 합계액에서 충당금을 포함한 부채의 합계액을 공제하여 계산하며, 이 책 3편 '현물출자에 의한 법인전환'[2]의 경우에서와 동일한 개념이다.

(3) 취득주식 및 순자산가액 관련 예규사례

(사례1) 중소기업 통합시 물상보증채무 및 가공채무인 임대보증금을 반영하여 순자산가액 계산 시 양도소득세 이월과세 대상이 되지 않음
(사례2) 중소기업간의 통합시 통합으로 인하여 취득하는 주식의 가액은
(사례3) 유상증자 후 중소기업 통합시 양도소득세의 이월과세 적용 여부
(사례4) 소멸하는 사업장의 순자산가액이 부수(-)인 경우 양도소득세 이월과세를 적용 여부
(사례5) 물상보증채무의 소멸하는 사업장의 순자산가액 계산의 공제 부채 여부
(사례6) 중소기업 통합에서 물상보증채무가 순자산가액 계산에 포함하는지 여부
(사례7) 공제대상 부채가 통합법인이 당해 자산을 양도할 때 납부할 이월과세액을 포함하는지
(사례8) 소멸사업장의 순자산가액 계산에 대여금 또는 가지급금 등의 포함 여부
(사례9) 중소기업 통합으로 취득하는 주식 또는 출자지분의 이월과세 요건
(사례10) 중소기업간 통합시 소멸하는 사업장의 영업권 등의 순자산가액 계산방법

[2] 3편 2장 3절 참조.

사례 1

중소기업 통합시 물상보증채무 및 가공채무인 임대보증금을 반영하여 순자산가액 계산 시 양도소득세 이월과세 대상이 되지 않음

- ■ (처분개요) 1. 청구인들은 쟁점부동산에서 ○○○이라는 상호로 공동으로 임대업을 영위하다가 2017.12. 27. 쟁점부동산을 주식회사 ○○○(이하 "통합법인"이라 한다)에 현물출자하고, 통합법인의 신주를 취득하였다.

- 2. 청구인들은 2018.5.31. 양도소득세 신고를 하면서 쟁점부동산에 대하여 자산평가액 ○○○, 부채평가액을 ○○○, 순자산가액 ○○○, 신주취득가액 평가액을 ○○○으로 각 산정하여, 신주취득가액이 소멸하는 사업장의 순자산가액 이상에 해당한다고 보아 조특법 제31조 및 같은 법 시행령 제28조 제1항 제2호에 따라 중소기업간의 통합에 대한 양도소득세 이월과세를 적용받았다.

- 3. 처분청은 양도소득세 조사를 실시한 결과, ○○○의 순자산가액 계산시 부채로 계상된 단기차입금 ○○○(이하 "쟁점차입금"이라 한다) 중 ○○○, 임대보증금 ○○○(이하 "쟁점보증금"이라 한다) 중 ○○○이 사업과 관련이 없거나 가공채무에 해당하므로 이를 부채에서 차감하여 순자산가액을 계산하면, 청구인들이 중소기업 통합으로 인하여 취득한 쟁점주식의 가액이 소멸하는 ○○○의 순자산가액에 미달하므로 이월과세 대상에 해당되지 아니한다고 보고, 양도소득세를 경정·고지하였다.

- ▶ (판단) 1. 청구인들은 중소기업간 통합에 대한 양도소득세 이월과세 요건 판단시 기획재정부 예규(재산세제과-760, 2017.11.8.)에 따라 쟁점물상보증채무를 자산가액에서 차감해야 한다고 주장하나,

- 2. 청구인들이 물상보증채무라고 주장하는 쟁점부동산에 설정된 근저당권상 채권최고액 상당액인 ○○○은 이 건 현물출자시 법원의 결정에 따라 물상보증채무로 판단되어 현물출자가액에서 공제된 금원이 아니므로 "법인으로 전환하는 사업장의 순자산가액을 계산할 때 현물출자하는 자산에 담보된 물상보증채무액을 법원으로부터 현물출자가액에서 공제하여 자본금으로 인가받은 후 새로 설립되는 법인이 해당 물상보증채무액을 주식발행초과금으로 계상한 경우"에 적용되는 기획재정부 예규(재산세제과-760, 2017.11.8.)는 이 건과 사실관계가 달라 원용하기 어려워 보이는 점,

- 3. 청구인들은 쟁점차입금○○○과 쟁점보증금○○○을 소멸하는 사업장의 부채로 계상하여 법원의 인가를 받아 쟁점부동산을 현물출자 하였으나, 처분청이 쟁점차입금과 쟁점보증금

중 ○○○에 대하여 소멸하는 사업장과 직접 관련이 없거나 가공채무인 것으로 조사된 자료를 제출한 반면, 청구인들은 이에 대하여 반증을 제시하지 못하고 있는 점,

4. 법원의 현물출자 인가 심사는 부동산감정서의 평가기준일이나 근저당채무의 반영 여부, 대항력 있는 임차인의 존부, 현물출자의 이행 여부 등과 같은 외형적·형식적 사항에 집중되어 있으므로 법원으로부터 현물출자에 대하여 승인받았다는 사정만으로는 조특법상의 이월과세의 요건까지 승인받은 것으로 보기 어려운 점(수원지법 2017.3.8. 선고 2016구단8092 판결 참조) 등에 비추어 청구인들의 주장을 받아들이기 어렵다고 판단된다.

5. 따라서, 처분청이 중소기업간 통합으로 청구인들이 취득한 쟁점주식의 가액이 소멸하는 사업장의 순자산가액 이상이 아니어서 조특법제31조 및 같은 법 시행령 제28조 제1항 제2호의 이월과세 요건을 충족하지 못한 것으로 보아 청구인들에게 이 건 양도소득세를 과세한 처분은 달리 잘못이 없는 것으로 판단된다. (조심2020서883, 2021.01.19.)

사례 2

중소기업간의 통합시 통합으로 인하여 취득하는 주식의 가액은

중소기업간의 통합시 통합으로 인하여 취득하는 주식의 가액은 통합 당시 당사자 사이의 합의에 의하여 정하여진 발행가액을 의미한다. (서울행법2020구합85108, 2021.10.12.)

● (쟁점) 1. 처분청은 분식회계로 인한 오류를 제거한 BB콘크리트의 재무제표를 기준으로 원고가 이 사건 통합계약으로 인하여 취득한 주식을 재평가할 경우 1주당 가액이 3,438원에 미달하게 되므로, 양도소득세 이월과세를 적용받기 위한 요건으로서 구 조세특례제한법 시행령 제28조 제1항 제2호(이하 '이 사건 조항'이라 한다)에서 정하고 있는 '통합으로 인하여 소멸하는 사업장의 중소기업자가 당해 통합으로 인하여 취득하는 주식 또는 지분의 가액이

2. 통합으로 인하여 소멸하는 사업장의 순자산가액(통합일 현재의 시가로 평가한 자산의 합계액에서 충당금을 포함한 부채의 합계액을 공제한 금액을 말한다. 이하 같다) 이상일 것'을 충족하지 못한다고 보아, 2019. 3. 11. 원고에 대하여 이 사건 각 부동산의 양도로 인한 양도소득세 6,591,661,190원(가산세 포함)을 경정·고지함

▶ (판단) 이 사건 조항에서 말하는 '통합으로 인하여 취득하는 주식 또는 지분의 가액'은 통합 당시 당사자 사이의 합의에 의하여 정하여진 발행가액을 의미한다고 봄이 상당하다. 그 구체적인 이유는 다음과 같다.

1. 이 사건 조항은 '소멸하는 사업장의 순자산가액'은 통합일 현재의 시가로 평가하도록 하고

있으나, 소멸하는 사업장의 중소기업자가 취득하는 '주식 또는 지분의 가액'에 관하여는 별다른 평가방법을 규정하고 있지 않으므로, 당사자 사이에서 계약으로 정한 주식가액을 의미한다고 보는 것이 문언에 부합하는 해석이다.

2. 이 사건 조항의 전신인 구 조세감면규제법 시행령(1997.12.31. 대통령령 제15562호로 개정되기 전의 것) 제28조 제2항 제2호는 이월과세의 요건으로 '통합으로 인하여 소멸하는 사업장의 중소기업자가 당해 통합으로 인하여 취득하는 주식 또는 지분의 가액은 통합으로 인하여 소멸하는 사업장의 1년간 평균 순자산가액(통합일이 속하는 월의 직전 월말일부터 소급하여 1년간 매월 말일 현재의 사업용자산의 합계액에서 충당금을 포함한 부채의 합계액을 공제한 금액의 합계액을 12로 나눈 금액을 말한다) 이상일 것'이라고 규정하고 있다가,

3. 1997.12.31. 대통령령 제15562호로 개정되면서 '통합으로 인하여 소멸하는 사업장의 중소기업자가 당해 통합으로 인하여 취득하는 주식 또는 지분의 가액은 통합으로 인하여 소멸하는 사업장의 순자산가액(통합일 현재의 시가로 평가한 사업용자산의 합계액에서 충당금을 포함한 부채의 합계액을 공제한 금액의 합계액을 말한다. 이하 같다) 이상일 것'으로 변경되었다.

3. 이는 소멸하는 사업장의 순자산가액을 장부가액으로 평가하던 것을 시가로 평가하도록 변경한 것인데, 당사자 사이에 시가와 장부가액의 차액 상당액을 현금 등으로 수수하는 경우 유상양도에 해당함에도 양도소득세를 과세하지 못하게 되는 것을 방지하고, 법인의 자본을 충실히 하기 위한 것이다.

4. 즉, 중소기업간 통합에 관한 양도소득세 이월과세의 취지는 통합으로 인하여 소멸하는 사업장의 사업용고정자산을 통합법인에 양도함에 따라 중소기업자에 대하여 발생하는 장부가액과 양도가액(시가)의 차액에 대한 양도소득세를 통합일 현재 과세하지 아니하고 통합법인이 이를 양도할 때까지 그 과세를 이월하겠다는 것이다.

5. 통합법인의 주식가치 평가가 의미가 있는 것은 결국 당사자 사이에서 인수되는 순자산가액의 대가로 몇 주의 신주를 발행할 것인지를 결정할 때인바, 가사 이때 통합 후 존속하는 법인의 주식가치가 잘못 평가되어 과다하거나 과소한 신주가 발행되었다고 하더라도, 이는 당사자 사이의 고가매입 또는 저가매입 문제가 될 뿐이지 통합법인의 자본에는 아무런 영향을 미치지 않으므로, 이월과세 적용 요건과 관련하여 과세관청이 이를 사후적으로 재평가할 이유가 없다. (서울행법2020구합85108, 2021.10.12.)

유상증자 후 중소기업 통합시 양도소득세의 이월과세 적용 여부

■ (사실관계) (갑)은 중소기업(A)을 영위 중이며, B법인(중소기업)과 아래와 같은 방법으로 중소기업간의 통합 예정임 (유상증자 후 사업포괄양도·양수)

① B법인은 사업양수자금 마련을 위하여 유상증자

　• (갑)이 유상증자대금 납입

　• B법인은 신주발행·교부(A사업장의 순자산가액 이상)

② 사업포괄양도·양수

　• (갑)은 B법인에 사업양도,

　• B법인은 甲에게 대금 지급

● (질의) 유상증자에 따라 신주를 교부받은 후 사업을 양도·양수하는 방식으로 통합하는 경우 중소기업간의 통합에 대한 양도소득세의 이월과세 적용 여부

▶ (회신) 조특법 제31조에 따라 중소기업간의 통합으로 인하여 소멸되는 중소기업이 사업용고정자산을 통합법인에 양도하는 경우 그 사업용고정자산에 대해서는 양도소득세 이월과세를 적용받을 수 있는 것입니다. 이 경우 "중소기업간의 통합"에는 주금 또는 출자금의 납입방법에 관계없이 해당 중소기업의 사업장별로 그 사업에 관한 주된 자산을 모두 승계하여 사업의 동일성이 유지되는 것으로서 같은 법 시행령 제28조제1항에 따른 요건을 모두 갖춘 경우를 포함하는 것이다. (부동산거래관리과-59, 2013.02.05.)

소멸하는 사업장의 순자산가액이 부수(-)인 경우 양도소득세 이월과세를 적용 여부

● (질의) ① 조특법 제31조(중소기업간 통합에 대한 양도소득세 이월과세)에 따라 중소기업인 개인기업A와 개인기업B를 통합하여 법인C를 만드는 과정에서 개인기업A의 경우 자산보다 부채가 커서 순자산가액이 0원 이하인 경우

▶ (회신) 조특법 제31조에 따른 중소기업간 통합에 따른 양도소득세 이월과세를 적용함에 있어 통합으로 소멸하는 사업장의 순자산가액이 부수(-)인 경우 양도소득세 이월과세를 적용받을 수 없는 것임. (서면법규과-1376, 2012.11.20)

사례 5

물상보증채무의 소멸하는 사업장의 순자산가액 계산의 공제 부채 여부

- (쟁점) 청구인은 쟁점부채가 ○○○에게 승계된 것으로 보아 청구인이 현물출자한 쟁점부동산의 순자산가액을 계산하였으나, 쟁점채무는 2004.9.1. 청구인이 채무자로서 ○○은행으로부터 쟁점부동산에 근저당권을 설정함으로써 성립된 우발채무로서, 2005.12.20. 청구인이 대표이사로 있는 ○○○가 동 채무를 인수하였으나 2008.2.22. 현물출자 이후에도 ○○○에 승계되지 아니하였으며, 우발부채는 순자산가액 산정시 자산가액에서 공제하는 부채에 해당하지 않는 점도 있다.

▶ (판단) 1. 처분청이 쟁점부채를 쟁점부동산의 부채에서 차감하여 쟁점부동산의 순자산가액을 계산한 결과, 청구인이 쟁점부동산의 현물출자 대가로 취득한 주식가액이 소멸하는 사업장의 순자산가액 이상이 아니어서 이월과세요건을 충족하지 못한다.

2. 물상보증채무는 소멸하는 사업장의 순자산가액 산정 시 자산가액에서 공제하는 부채가 아니므로 조특법상 이월과세 요건을 충족하지 못하였다 (조심2012광3701, 2012.12.05)

사례 6

중소기업 통합에서 물상보증채무가 순자산가액 계산에 포함하는지 여부

- (질의) 중소기업간 통합에 따른 양도소득세 이월과세 특례를 적용받기 위해서는 통합으로 취득하는 주식가액이 통합으로 소멸하는 사업장의 순자산가액 이상이어야 하는바, 통합으로 소멸하는 사업장의 순자산가액 평가시 법원이 결정한 소멸하는 사업장의 물상보증채무(타인의 채무를 위하여 자기 소유의 재산을 담보에 공여하는 것)를 부채로 볼 수 있는지

▶ (회신) 조특법시행령 제28조1항2호의 순자산가액은 통합일 현재의 시가로 평가한 자산의 합계액에서 충당금을 포함한 부채의 합계액을 공제한 금액을 말하는 것이며, 이 경우 기업회계기준에 따른 우발부채는 부채에 포함되지 아니하는 것임 (부동산거래관리과-1008, 2011.12.2.)

사례 7

공제대상 부채가 통합법인이 당해 자산을 양도할 때 납부할 이월과세액을 포함하는지

● (질의) 조특법 제31조 및 같은 법 시행령 제28조1항2호에 의한 중소기업간(개인 부동산임대업을 법인에 통합)의 통합시 '통합으로 말미암아 소멸하는 사업장의 중소기업자가 당해 통합으로 말미암아 취득하는 주식 또는 지분의 가액이 통합으로 말미암아 소멸하는 사업장의 순자산가액(통합일 현재의 시가로 평가한 자산의 합계액에서 충당금을 포함한 부채의 합계액을 공제한 금액을 말한다.) 이상일 것'이라고 규정하고 있음. 이 경우 '충당금을 포함한 부채의 합계액'의 범위에 통합 후 통합법인이 당해 자산을 양도할 때 납부할 양도소득세 이월과세액을 포함하는지

▶ (회신) ① 조특령 제28조1항2호에 따른 '통합으로 말미암아 소멸하는 사업장의 순자산가액(통합일 현재의 시가로 평가한 자산의 합계액에서 충당금을 포함한 부채의 합계액을 공제한 금액)'에서 공제대상 부채에는 같은 법제31조1항에 따른 양도소득세 이월과세액은 포함되지 아니하는 것임 (부동산거래관리-594, 2010.04.21.)

사례 8

소멸사업장의 순자산가액 계산에 대여금 또는 가지급금 등의 포함 여부

● (질의) 중소기업 통합에서 조특령 제28조1항2호의 '소멸사업장의 순자산가액 이상일 것'에서 '순자산가액'을 계산함에서, 대여금 또는 가지급금 등 정상적인 영업거래와 관계없는 자산을 제외한 가액으로 순자산가액을 계산할 수 있는지 여부

▶ (회신) 조특법 제32조 및 같은 법 시행령 제29조4항의 규정에 따라 거주자가 사업용고정자산을 현물출자 하거나 법인설립일로부터 소급하여 1년 이상 당해 사업을 영위하던 자가 발기인이 되어 법인으로 전환하는 사업장의 순자산가액 이상을 출자하여 법인을 설립하고 법인설립일로부터 3월 이내에 당해 법인에 사업에 관한 모든 권리와 의무를 포괄적으로 양도하는 방법인 사업양도양수 방법에 의하여 법인(소비성서비스업을 경영하는 법인은 제외)으로 전환하는 경우 당해 사업용고정자산에 대하여 양도소득세의 이월과세규정을 적용함에서, 법인으로 전환하는 사업장의 순자산가액이란 같은 법 시행령 제28조 제1항 제2호의 규정에 의한 '법인전환일 현재의 시가로 평가한 자산의 합계액에서 충당금을 포함한 부채의 합계액을 공제한 금액'으로 계산하는 것임. (서면2팀-2082, 2006.10.17)

사례 9

중소기업 통합으로 취득하는 주식 또는 출자지분의 이월과세 요건

● (질의) 개인중소기업의 순자산가액을 중소기업인 법인에 현물출자하는 방식으로 중소기업간의 통합을 할 경우 개인기업의 순자산가액에 해당하는 주식 또는 출자지분이

- 상속세 및 증여세법에 의하여 평가한 법인의 1주당 가액을 현물출자 할 개인기업의 순자산가액으로 나누어 자본금과 자본잉여금으로 출자가 이루어 지면 조세특례제한법 제31조의 규정의 양도소득세가 이월과세되는 중소기업간의 통합요건에 해당하는지 여부

▶ (회신) 1. 소멸하는 사업장의 중소기업자가 통합으로 인하여 취득하는 주식 또는 출자지분의 가액이 통합으로 인하여 소멸하는 사업장의 순자산가액 이상이 되어야 함. (서일 46014-10663, 2001.12.27)

2. 조세감면규제법(현행 조세특례제한법) 제31조의 규정에 의하여 중소기업간 통합으로 인하여 소멸되는 중소기업의 사업용고정자산을 통합에 의하여 설립되는 법인 또는 통합후 존속하는 법인에 양도함으로써 이월과세를 적용받을 수 있는 경우는 소멸하는 사업장의 중소기업자가 주금 또는 출자금의 납입방법에 관계없이 당해 통합으로 인하여 취득하는 주식 또는 출자지분의 가액이 통합으로 인하여 소멸하는 사업장의 순자산가액이상이 되어야 하는 것임(재일46014-709, 1998.04.24).

3. 조세특례제한법 시행령 제28조에서 규정하는 소멸하는 사업장의 중소기업자가 당해 통합으로 인하여 통합후 존속 또는 설립되는 법인으로부터 취득하는 주식 또는 지분의 가액은 당해 주식의 발행가액을 말하는 것임(제도46014-10208,2001.03.23.)

사례 10

중소기업간 통합시 소멸하는 사업장의 영업권 등의 순자산가액 계산방법

● (질의) 중소기업간 통합시 소멸하는 사업장의 순자산가액 계산과 관련하여
  ① 영업권의 포함 여부
  ② 자산성 없는 자산의 통합에 따른 양도차손의 손금산입 여부
  ③ 자산성 없는 자산의 제외 가능 여부

▶ (회신) 조세감면규제법 제31조 제1항의 규정에 의한 '중소기업간 통합'은 통합으로 소멸하는 사업장별로 그 사업에 관한 주된 자산이 통합법인에 모두 승계되어 사업의 동질성이

유지되는 경우로서 같은 법 시행령 제28조2항 각호에 규정하는 요건을 갖춘 때에만 적용되는 것으로 통합시 승계되는 자산에서 제외되는 자산이 주된 자산에 해당하는지는 사실 판단할 사항이며 동조 동항 제2호의 규정에 의한 순자산가액은 시가로 평가한 사업용자산의 합계액에서 부채의 합계액을 공제한 금액의 합계액을 말하는 것임. (법인 46012-193, 1999.1.16.)

2절 조세지원의 통합 범위

> 1. 사업장 단위별 통합의 요건
> 2. 주된 자산의 승계 요건
> 3. 사업의 동일성 유지 요건
> 4. 통합의 예외 요건

중소기업 통합시 조세지원을 받기 위한 통합의 범위는 '사업장별로 그 사업에 관한 주된 자산을 모두 승계하여 사업의 동일성이 유지되는 것'을 요건으로 하되, '설립 후 1년이 경과되지 아니한 법인이 출자자인 개인(국세기본법 제39조2항의 규정에 의한 과점주주에 한한다)의 사업을 승계하는 것은 통합으로 보지 아니한다.' (조특령 28조1항)

1 사업장 단위별 통합의 요건

① 중소기업 통합은 사업장별로 할 수 있다. 예를 들면 한 개인기업주나 법인이 여러 개의 사업장을 운영하는 경우 각 사업장 단위로 분리해서 통합할 수 있으며 당해 기업 전체가 통합되어야 하는 것은 아니다.

② 그러나 통합하는 사업장은 전체로서 통합이 되어야 하며 하나의 사업장을 다시 나누어서 그 일부분만 통합대상으로 할 수 없다.

③ 한편, 사업장별로 통합할 수 있다고 해서 전술한 중소기업 여부의 판정도 사업장별로 분리해서 판정할 수 있는 것은 아니므로 주의가 필요하다. 즉 중소기업 여부는 기업 전체로 판정하되 통합은 사업장별로 분리해서 할 수 있다.

2 주된 자산의 승계 요건

① 중소기업 통합은 사업장별로 그 사업에 관한 주된 자산을 모두 승계하여야 하는데 이는 부가가치세법상 사업양도의 경우보다는 다소 완화된 개념이다. 부가가치세법상의 사업양도는 그 사업에 관한 모든 권리와 의무(미수금, 미지급금, 사업무관토지·건물 등에 관한 것 제외)가 포괄적으로 승계되는 것을 요건으로 하고 있다. (부가령 23조)

② 주된 자산의 범위에 대하여는 명문 규정은 없으나 사업의 동일성을 유지하는 데 필요

한 자산으로 넓게 해석하고, 특히 개인기업의 법인전환 경우에는 승계하는 자산의 범위를 부가가치세법상의 사업양도에 맞추는 것이 실무상 유익할 것으로 판단된다.

③ 왜냐하면, 중소기업 통합이 부가가치세법상의 사업양도에 해당하지 않으면 통합대상 사업장의 재고자산·기계·건물 등 부가가치세 과세대상 자산에 대하여 부가가치세가 과세되기 때문이다.

④ 한편, 여기서 유의할 점은 조특법상 조세지원을 요건을 충족하기 위해서는 "사업장별로 그 사업에 관한 주된 자산을 모두 승계하여"라는 규정에 충실하여 부외자산을 누락하여 승계하는 일이 없도록 하여야 한다.

3 사업의 동일성 유지 요건

① 중소기업 통합 후의 신설법인 또는 존속법인은 통합당사기업이 통합 전에 운영하였던 사업과 동일한 사업을 운영하여야 하는데, 구체적으로 통합 후 법인은 통합 전 중소기업자가 운영하였던 업종·품목을 운영하여야 한다. (조특령 28조1항)

② 중소기업 통합과 관련한 과세관청의 유권해석을 보면 "중소기업 통합에 의한 법인전환 시 통합 중소기업간에 동일한 업종을 영위하여야 하는 것은 아니나, 통합법인은 통합으로 인하여 소멸하는 중소기업 사업장의 사업에 관한 주된 자산을 모두 승계하여 당해 사업의 동일성이 유지되어야 한다"고 하고 있다.

③ 따라서, 개인사업자가 사업용고정자산을 다른 법인에 임대하다가 두 기업이 통합한 후 통합법인이 해당 사업용고정자산을 자가사용하는 경우에는 사업의 동일성이 유지되는 것으로 보지 않으므로 이에 유의해야 한다.

4 통합의 예외 요건

① 통합당사기업 중 일방이 설립 후 1년이 지나지 아니한 법인이고 상대방이 그 법인 과점주주[3]의 개인기업일 때 조세지원을 받는 중소기업 통합으로 보지 아니한다. (조특령 28조1항)

② 따라서 통합대상 개인기업의 대표자가 법인의 과점주주일 경우 조특법 제31조의 중소기업 통합이 되기 위해서는 법인은 설립 후 1년이 지나야 한다.

③ 그러나 통합대상 개인기업의 대표자가 통합대상 법인기업의 과점주주가 아닌 경우에는 법인의 설립 후 경과기한에 대한 제한이 없다.

---

[3] 과점주주란 주주 1인과 대통령령이 정하는 친족 기타 특수관계에 있는 자들의 소유주식비율이 50%를 초과한 자를 말하는데 (국기법 39조 2항) 이에 대하여는 7편 4장 1절 참조.

④ 한편, 법인의 설립 후 경과 기간계산 시 법인의 휴업 기간은 경과 기간에서 제외한다.

5 조세지원의 통합범위 관련 예규사례

(사례1) 철거 후 신축 임대시 중소기업간의 통합에 따른 양도소득세 이월과세 해당 여부
(사례2) 임대업 개인사업자와 중소기업 통합 후 통합법인에서 자가사용 하는 경우
(사례3) 제조업과 임대업 개인사업자와 중소기업 통합 후 부동산을 자가사용 하는 경우
(사례4) 개인기업 통합 후 통합법인에서 소멸기업의 업종이 유지되지 않는 경우
(사례5) 이월과세를 적용받는 법인전환 한 법인이 또다른 개인기업을 통합하는 경우
(사례6) 임대업 중소기업을 통합하여 통합법인이 8개월이 지난 후 임대하는 경우
(사례7) 임대업 개인기업이 통합 후 통합법인이 자가사용 및 일부 임대하는 경우
(사례8) 임대업의 개인사업자가 중소기업 통합으로 법인전환 후 일부 분양한 경우
(사례9) 중소기업 통합 후 개인기업의 사업만 유지하고 법인사업을 폐지하는 경우
(사례10) 토지임대업 개인사업자가 건물임대업 법인과 통합시 이ㅣ월과세 적용 여부
(사례11) 조특법시행령 28조의 "설립"이란 "법인설립등기일"을 의미함
(사례12) 1년 이내의 신설법인이 개인사업을 승계하는 것은 중소기업 통합으로 보지 아니함

사례 1

철거 후 신축 임대시 중소기업간의 통합에 따른 양도소득세 이월과세 해당 여부

● (요지) 부동산임대업을 영위하던 거주자가 법인과의 통합계약에 따라 사업용고정자산인 토지를 법인에 양도하고 법인이 해당 토지 위에 있는 구건물의 철거를 완료하여 건물을 신축한 후 부동산임대업에 사용하는 경우 「조세특례제한법」 제31조에 따른 중소기업간의 통합에 대한 양도소득세의 이월과세를 적용받을 수 있는 것임

▶ (회신) 1. 「조세특례제한법」 제31조에 따른 중소기업간의 통합이란 중소기업이 사업장별로 그 사업에 관한 주된 자산을 모두 승계하여 사업의 동일성이 유지되는 것으로서 동법 시행령 제28조 제1항 각호의 요건을 모두 갖춘 것을 말하는 것입니다.

2. 부동산임대업을 영위하던 거주자가 법인과의 통합계약에 따라 사업용고정자산인 토지를 법인에 양도하고 법인이 해당 토지 위에 있는 구건물의 철거를 완료하여 건물을 신축한 후 부동산임대업에 사용하는 경우 「조세특례제한법」 제31조에 따른 중소기업간의 통합에 대한 양도소득세의 이월과세를 적용받을 수 있는 것입니다. (양도, 서면-2016-부동산-3981, 2016.08.23.)

사례 2

임대업 개인사업자와 중소기업 통합 후 통합법인에서 자가사용 하는 경우

● (질의) 개인사업자가 사업용고정자산을 법인에 임대하다가 현물출자하여 기업을 통합한 후 통합법인이 그 자산을 자가사용하는 경우 사업의 동일성이 유지되는 것으로 보아 중소기업간 통합시 이월과세를 적용할 수 있는지

(사실관계) 1. ○○식품(개인사업자, 부동산임대)은 사업용고정자산을 ㈜△△푸드(제조업/단무지)에게 임대하다가 2013.9.30. 현물출자하여 두 기업통합

2. 이후 사업용고정자산은 ㈜○○푸드에서 자가사용

▶ (회신) 1. 국세청 회신(부동산납세과-873, 2014.11.19) 조세특례제한법 제31조의 "중소기업간의 통합에 대한 양도소득세의 이월과세 등" 규정은 같은 법 시행령 제28조에 따라 중소기업자가 당해 기업의 사업장별로 그 사업에 관한 주된 자산을 모두 승계하여 사업의 동질성이 유지되는 경우에 적용되는 것으로, 동 규정을 적용함에 있어 임대사업에 사용하던 부동산을 임차인인 통합법인에 양도한 후 통합법인이 동 부동산을 자가사용 및 일부 임대하는 경우 사업의 동질성이 유지되지 않는다.

2. 조세특례제한법 제31조 제1항 및 같은 법 시행령 제28조 제1항에 따라 중소기업간 통합에 대한 양도소득세 이월과세는 중소기업자가 당해 기업의 사업장별로 그 사업에 관한 주된 자산을 모두 승계하여 사업의 동일성이 유지되는 경우에 적용되는 것으로서, 귀 질의와 같이 개인사업자가 사업용고정자산을 다른 법인에 임대하다가 두 기업이 통합한 후 통합법인이 해당 사업용고정자산을 자가사용하는 경우에는 사업의 동일성이 유지되는 것으로 볼 수 없다. (재산세제과-233, 2015.03.17)

사례 3

제조업과 임대업 개인사업자와 중소기업 통합 후 부동산을 자가사용 하는 경우

● (질의) 개인사업자(제조업)가 100% 출자하여 설립한 법인에 사업장의 일부를 임대하고 있던중 중소기업간의 통합으로 사업용고정자산을 통합 후 존속하는 법인에 양도하고 해당 사업장을 존속하는 법인이 단독으로 자가사용할 때 조특법 제31조의 양도소득세 이월과세 및 같은 법제120조제1항제2호의 취득세감면 규정을 적용받을 수 있는지
  • 1997.07.06. 개인사업자(○○○, 제조업) 개업

- 2009.01.01. 위 개인사업장 내에 주식회사 ○○○ 설립
- 개인사업장 중 일부를 주식회사 ○○○에 임대

▶ (회신) 조특법 제31조에 따른 양도소득세 이월과세와 관련된 예규참고

☞참고예규(재산세과-1635(2009.08.07) 조특법 제31조의 "중소기업간의 통합에 대한 양도소득세의 이월과세 등" 규정은 같은 법 시행령 제28조에 따라 중소기업자가 당해 기업의 사업장별로 그 사업에 관한 주된 자산을 모두 승계하여 사업의 동일성이 유지되는 경우에 적용되는 것으로, 동 규정의 적용에서 임대사업에 사용하던 부동산을 임차인인 통합법인에 양도한 후 통합법인이 동 부동산을 자가사용 및 일부 임대하는 경우 사업의 동일성이 유지되지 않는 것입니다. (부동산납세과-15, 2015.01.12.)

사례 4

개인기업 통합 후 통합법인에서 소멸기업의 업종이 유지되지 않는 경우

- (청구) 청구인은 토지·건물을 2012.4.10. (주)○○에 양도한 후 조세특례제한법 제31조 중소기업간의 통합에 대한 양도소득세의 이월과세를 적용하여 양도소득세 ○○○백만원을 과세이연 받은 것과 관련하여 사업에 필요한 모든 자산이 승계되었고, 통합법인은 부동산임대업을 승계할 수 없는 상황이었으므로 불가피한 이유로 업종이 빠지는 경우를 감면대상에서 배제할 수 없다고 주장

▶ (판단) 통합 후 소멸기업의 사업구성이 유지되고 승계자산을 일정한 비율 이상 기존업종에 사용하는 경우에도 승계자산의 업종별 사용비율이 변경되면 사업의 동일성이 인정되지 아니한다고 보는 것이 예규(재제산-1355, 2011.11.12. 등 다수)의 일관된 태도인바, 통합 후 소멸기업의 업종구성 자체가 유지되지 않는 본 건은 사업의 동일성이 유지된다고 볼 수 없다. 이러한 점을 종합하면 임대업에 사용하던 부동산을 임차인인 통합법인에 양도한 후 통합법인이 동 부동산을 자가사용하는 경우 사업의 동일성이 유지되지 않는 것이므로 청구인의 이월과세 적용을 배제한 당초 처분은 정당하다 (심사양도2014-136, 2014.10.17.)

사례 5

이월과세를 적용받는 법인전환을 한 법인이 또 다른 개인기업을 통합하는 경우

- (질의) 개인기업 AA가 (주)BB로 법인전환하여 조특법 제32조에 따른 양도소득세 이월과

세 적용받은 후 새로 개업한 개인기업 CC의 사업용고정자산을 모두 (주)BB가 승계하는 조건으로 통합할 경우 같은 법 제31조의에서 규정한 중소기업간 통합에 해당하는지.

(사실관계) 1. 1986.10.05 개인기업 AA정밀 개업

2. 2013.05.02 (주)B정밀 설립

3. 2013.05.15 A정밀은 사업양도·양수 방식으로 (주)B정밀로 법인전환하여 양도소득세 이월과세 적용받음.

4. 2014.01.20 개인기업 C정밀 개업

5. 2014.09.00 (주)B정밀은 C정밀의 자산을 모두 승계하는 방법으로 통합 예정

※ CC정밀과 (주)B정밀은 자동차 부품제조업으로 업종이 통합 이후에도 동일업종 유지

▶ (회신) 조특법 제32조에 따라 "법인(BB)전환에 대한 양도소득세 이월과세"를 적용받은 거주자가 새로이 개업한 개인사업장(CC)의 사업용고정자산을 전환된 법인(BB)에 양도하는 경우로서 같은 법 시행령 제28조의 요건을 갖춘 경우 그 사업용고정자산은 같은 법 제31조의 규정에 따라 이월과세를 적용받을 수 있음. (부동산납세과-572, 2014.08.08.)

사례 6

임대업 중소기업을 통합하여 통합법인이 8개월이 지난 후 임대하는 경우

● (질의) 임대업에 사용하던 부동산을 임차자인 통합법인에 양도한 후 통합법인이 통합일부터 약 8개월이 지난 시점부터 임대를 개시하여 일부를 6개월 임대한 경우 사업의 동질성이 유지된 것으로 볼 수 있는지 (지방세운영과-170, 2014.01.14

▶ (회신) 1. 참고로, 국세청에서는 임대사업에 사용하던 토지를 임차자인 통합법인에 양도한 후 통합법인이 해당 토지를 자가사용 및 일부 임대하는 경우 사업의 동질성이 유지되는 것으로 보지 않고 있으며(부동산거래과-859, 2010.6.29), 임대업에 사용되는 토지가 법인에 양도된 후에도 임대업에 사용되는 경우를 사업의 동질성이 유지되는 것으로 보고 있다(부동산거래과-207, 2012.4.18).

2. 위 내용과 귀 도에서 제출한 공문 및 관련 서류를 근거로 판단해 보면, 통합법인이 통합일부터 약 8개월이 지난 시점에 임대를 개시한 점, 임대개시 후에도 임대기간이 일부는 6개월, 일부는 15개월인 점, 통합법인의 법인등기부나 사업자등록증에 부동산임대업을 추가하거나 변경한 사실이 없는 점 등을 고려할 때 중소기업자가 영위하던 임대업의 동일성이 중소기업간 통합 후에도 유지되는 것으로 보기에는 무리가 있는 것으로 보이나, 이에 대하여는 과세권자가 관련자료 및 사실관계 조사 등을 통해 중소기업간 통합전후

경영하는 사업현황 및 해당 재산의 이용실태이용기간 등을 종합적으로 고려하여 최종 판단하여야 할 사안이다. (지방세운영과-170, 2014.01.14.)

사례 7

임대업 개인기업이 통합 후 통합법인이 자가사용 및 일부 임대하는 경우

● (질의) 부동산임대업을 영위하는 개인사업자가 조세특례제한법 제31조의 중소기업 통합 방식에 의하여 사업용고정자산인 임대부동산을 (주)×××에 양도할 예정임. 통합법인이 임대 부동산의 일부를 자기가 직접 사용하는 경우 사업의 동일성이 유지되는 것으로 볼 수 있는지.

▶ (회신) 1. 임대사업에 사용하던 부동산을 임차자인 통합법인에 양도한 후 통합법인이 동 부동산을 자가사용 및 일부 임대하는 경우 사업의 동일성이 유지되지 않는 것임. (서면법규과-1192, 2013.10.31)

2. 조세특례제한법 제31조의 "중소기업간의 통합에 대한 양도소득세의 이월과세 등" 규정은 같은 법 시행령 제28조에 따라 중소기업자가 당해 기업의 사업장별로 그 사업에 관한 주된 자산을 모두 승계하여 사업의 동일성이 유지되는 경우에 적용되는 것으로, 동 규정을 적용함에 있어 임대사업에 사용하던 부동산을 임차자인 통합법인에 양도한 후 통합법인이 동 부동산을 자가사용 및 일부 임대하는 경우 사업의 동일성이 유지되지 않는 것임. (재산세과-163, 2009.8.7.)

사례 8

임대업의 개인사업자가 중소기업 통합으로 법인전환 후 일부 분양한 경우

● (쟁점) 1. 개인사업자가 부동산임대업을 영위하다가 2010.12.22. 청구법인과 중소기업 통합계약을 체결하여 쟁점 임대용 부동산을 토지와 건축물(임대용 부동산)을 현물출자하는 방식으로 청구법인에 현물출자 한 후,

2. 청구법인은 같은 날 소유권이전등기를 경료받아 신탁으로 ○○은행에게 소유권을 이전한 후 2011.1.31. 쟁점 건축물을 철거하여 2011.3.21. 착공신고를 하고, 2011.6.28. 처분청에 분양신고(분양대상: 신축건물 전체, 분양기간: 2011.7.13.~2012.8.30.)를 하여 2011.7.4. 분양신고필증을 교부받고 2012.10.12. 신축건물 사용승인을 받아 분양대행사를 통하여 3개 호수를 분양한 경우

▶ (판단) 국세청에서 임대사업에 사용하던 부동산을 통합법인에 양도한 후 통합법인이 임대용 부동산을 자가사용 및 일부 임대하는 경우 사업의 동일성이 유지되지 않는 것으로 해석하고, 처분청이 개인사업자가 쟁점 부동산에서 임대업을 하다가 중소기업 통합으로 존속하는 청구법인이 일부 분양함에 따라 임대업의 동일성이 유지되지 않는다고 보아 기면제한 취득세 등을 부과고지한 이건 처분은 달리 잘못이 없는 것으로 판단된다. (조심 2013지59, 2013.04.25.).

사례 9

중소기업 통합 후 개인기업의 사업만 유지하고 법인사업을 폐지하는 경우

● (질의) 1. 개인기업(A)과 법인기업(B)이 각각 사업을 영위하던 중, 조특법 제31조의 규정에 의한 중소기업간 통합하여 개인기업(A)의 모든 자산과 부채를 법인기업(B)에 포괄적으로 승계시켰음. 기타 동 규정의 양도소득세 이월과세의 요건을 충족시켰으며 통합절차를 마무리하였음.

2. A와 B의 업종이 다른 경우 만약 통합 후 구조조정 차원에서 B의 기존사업 부문을 폐지하고 승계한 A의 사업 종목만을 유지할 때 사업의 동일성을 유지하는 것으로 보아 양도소득세의 이월과세 규정이 적용되는지.

▶ (회신) 조특법 제31조(중소기업간의 통합에 대한 양도소득세의 이월과세) 및 같은 법 시행령 제28조의 규정을 적용에서 통합 중소기업간에 동일한 중소기업업종을 주업으로 영위하여야 하는 것은 아니나, 통합법인은 통합으로 소멸하는 중소기업사업장의 사업에 관한 주된 자산을 모두 승계하여 당해 사업의 동일성이 유지되어야 한다. (서사-2576, 2005.12.21.)

사례 10

토지임대업 개인사업자가 건물임대업 법인과 통합시 이월과세 적용 여부

● (질의) 1. 토지임대업을 하는 개인사업자(대표이사 지분 1/3, 과점주주 2명 2/3지분)는 제조업 및 건물임대업을 하는 법인의 과점주주임.
  • 법인은 개입사업자의 토지를 임차하여 법인의 공장건물 및 인쇄업 영위
  • 2005년 법인재무구조 개선을 위하여 대표이사 지분 법인에 무상증여
  • 신축한 공장의 일부 건물에 대하여 다른 기업에 임대(매출총액의 5% 정도)

- 개인사업자는 법인에 흡수통합하여 폐업하고, 토지 전체를 기존 법인기업이 경영하는 사업할 사용예정(매출총액: 제조 95%, 임대 5%)

2. 중소기업간의 통합에 대한 이월과세 등 적용 여부

▶ (회신) 조특법 제31조 및 같은 법 시행령 제28조의 규정을 적용에서 통합 중소기업간에 동일한 중소기업업종을 주업으로 영위하여야 하는 것은 아니나, 통합법인은 통합으로 소멸하는 중소기업 사업장의 사업에 관한 주된 자산을 모두 승계하여 당해 사업의 동일성이 유지되어야 함. (서면5팀-749, 2007.03.06.)

사례 11

> ### 조특법시행령 28조의 "설립"이란 "법인설립등기일"을 의미함

- (규정) 현행 조특법시행령 제28조(중소기업간의 통합에 대한 양도소득세의 이월과세 등) 제1항 후단에서는 '설립 후 1년이 경과되지 아니한 법인이 출자자인 개인(국세기본법 제39조2항의 규정에 의한 과점주주에 한한다.)의 사업을 승계하는 것은 이를 통합으로 보지 아니한다.'라고 규정하고 있는바

▶ (해석) 상기 규정에서 '설립'이란 '법인설립등기일'을 의미하는 것이며, 법인설립 후 1년이 경과 하였더라도 조세의무를 면하기 위하여 휴업기간이 있으면 그 휴업기간을 제외하고 같은 규정을 적용하는 것임. (서일 46014-104940, 2003.7.16.)

사례 12

> ### 1년 이내의 신설법인이 개인사업을 승계하는 것은 중소기업 통합으로 보지 아니함

- (질의) 신설법인 설립 후 신설법인 주주의 개인기업을 통합하는 경우 조세감면규제법상 중소기업으로 통합으로 볼 수 있는지 여부

▶ (회신) ① 조세감면규제법 제44조의 규정에 따라 중소기업간의 통합으로 소멸되는 중소기업이 그 사업용 부동산을 통합에 의하여 설립된 법인 또는 통합후 존속하는 법인에 양도함으로써 발생하는 소득에 대하여는 양도소득세 또는 특별부가세를 면제하는 것이며,

② 이때 개인과 법인 간의 통합도 포함되는 것이나 동법 시행령 제38조 제2항 단서에 의하여 설립 후 1년이 경과되지 아니한 법인이 출자자인 개인(국세기본법 제39조 제2호의 규정에 의한 과점주주에 한한다)의 사업을 승계하는 것은 통합으로 보지 아니하는 것임. (소득 1264-92, 83.1.12)

3절 조세지원의 신청

1 양도소득세의 이월과세 적용신청

(1) 이월과세의 신청

① 전에는 중소기업 통합에 의한 법인전환시 해당 사업용고정자산을 2012년 12월 31일까지 양도하는 경우만 양도소득세 이월과세를 적용받을 수 있었다.

② 조특법의 개정으로 2013년 1월 1일부터의 법인전환에 대하여 이 일몰기한이 삭제되어 조특법 소정의 요건을 갖추어 양도소득세의 이월과세를 신청하는 경우 이월과세를 할 수 있다.

③ 중소기업 통합시 양도소득세의 조세지원을 받기 위해서는 '이월과세적용신청서'를 제출하여야 한다. (조특법 31조3항)

(2) 이월과세적용신청서 작성요령

1. 이월과세적용대상 자산·사업용자산 및 부채명세는 각각 별지로 작성합니다.
2. "⑮취득가액"란 및 "⑰양도가액"란은 "⑱이월과세"란의 금액을 기준시가로 산정하는 경우 기준시가를 기재하고, 실지거래가액으로 산정하는 경우 실지거래가액을 적습니다.
3. "⑯양도일"란은 통합일(법인전환일) 또는 현출출자일을 적습니다.
4. "⑳사업용자산의 합계액"란은 소멸하는 사업장의 사업용자산을 시가로 평가한 후 그 합계액을 적습니다.
5. "㉓순자산가액"란은 소멸하는 사업장의 사업용자산에 대한 시가의 합계액에서 부채의 합계액을 차감한 금액을 적습니다.
6. 조세특례제한법 시행령 제63조제10항 및 제65조에 따른 이월과세는 "⑳사업용자산의 합계액(시가)"란부터 "㉓순자산가액"란까지는 적지 않습니다.

조세특례제한법 시행규칙 [별지 제12호 서식] (2015.3.13. 개정)

이월과세적용신청서

신 청 인 (양 도 자)	① 상호		② 사업자등록번호		
	③ 성명		④ 생년월일		
	⑤ 주소 (전화번호 :)				
양 수 인	⑥ 상호		⑦ 사업자등록번호		
	⑧ 성명		⑨ 생년월일		
	⑩ 주소 (전화번호 :)				

이월과세적용 대상 자산					
⑪ 자 산 명	⑫ 소재지		⑬ 면적	⑭ 취득일	⑮ 취득가액
토 지					
건 물					

⑯ 양 도 일	⑰ 양도가액	⑱ 이월과세액	⑲ 비고	
2018.8.16.				
2019.8.16.				

소멸하는 사업장의 순자산가액의 계산				
⑳ 사업용자산의 합계액 (시가)	부채		㉓ (⑳-㉒) 순자산가액	
	㉑ 과목	㉒ 금액		

「조세특례제한법 시행령」 [ ]제28조 제3항 / [ ]제29조 제4항 / [ ]제63조 제10항 / [ ]제65조 제5항 에 따라 이월과세의 적용을 신청합니다.

2019년 10월 31일

신청인(양도인)   (서명 또는 인)
양 수 인   (서명 또는 인)

세무서장 귀하

첨부서류	1. 사업용자산 및 부채명세서 1부 (전자신고 방식으로 제출하는 경우에는 구비서류를 제출하지 않고 법인이 보관합니다) 2. 현물출자계약서 사본 1부(「조세특례제한법 시행령」제63조 제10항에 따라 신청하는 경우로 한정합니다)	수수료 없음
담당 공무원 확인사항	이월과세적용대상자산의 건물(토지) 등기사항증명서	

2 개인지방소득세의 이월과세 적용신청

중소기업 통합시 개인지방소득세의 조세지원을 받기 위해서는 현물출자에 의한 법인전환의 경우와 같이 '이월과세적용신청서'를 제출하여야 한다. (지특법 119조3항)

개인지방소득세의 이월과세신청은 양도소득세의 이월과세 적용을 신청으로 갈음한다.

3 취득세의 감면확인

(1) 일몰기한

중소기업간의 통합에 의한 법인전환에 따라 설립되거나 존속되는 법인이 2027년 12월 31일까지 취득하는 사업용 재산(부동산 임대 및 공급업의 사업용 재산 제외)에 대하여 취득세를 감면한다. (지특법 제57조의2, 3항5호)

(2) 직권감면

중소기업 통합시 취득세의 조세지원을 받기 위해서는 '관할 시장·군수·구청장에게 감면확인'을 받아야 한다. 다만, 지방자치단체의 장이 감면대상을 알 수 있을 때는 직권으로 감면할 수 있다. (지특법 183조)

(3) 감면신청

지방세(취득세)의 감면을 신청하려는 자는 감면대상을 취득한 날부터 60일 이내 감면신청서를 관할 시장·군수·구청장에게 제출하여야 한다. (지특령126조)

또한, 지방세를 감면받은 자는 소정의 요건을 갖추어 지방세특례제한법 시행령으로 정하는 바에 따라 관할 지방자치단체의 장에게 감면에 관한 자료를 제출하여야 한다. (지특법 184조)

《 지방세(취득세) 감면신청서 처리절차 》

신청서 작성	→	관계증빙서류	→	접수	→	감면처리 (감면확인서 발부)	→	통 지
(신청인)		(신청인)		(시·군·구)		(시·군·구)		(시·군·구)

■ 지방세특례제한법 시행규칙[별지 제1호서식] 〈개정 2020.12.31.〉

지방세감면신청서

(앞쪽)

접수번호	접수일	처리기간	5일

신청인	성명(대표자)		주민(법인)등록번호	
	상호(법인명)		사업자등록번호	
	주소 또는 영업소			
	전자우편주소		전화번호 (휴대전화번호)	

감면대상	종류		면적(수량)
	소재지		

감면세액	감면세목	과세연도	기분
	과세표준액	감면구분	
	당초 산출세액	감면받으려는 세액	

감면신청 사유	
감면 근거 규정	「지방세특례제한법」 제 조 및 같은 법 시행령 제 조
관계 증명서류	
감면 안내 방법	직접교부[ ] 등기우편[ ] 전자우편 [ ]

 신청인은 본 신청서의 유의사항 등을 충분히 검토했고, 향후에 신청인이 기재한 사항과 사실이 다른 경우에는 감면된 세액이 추징되며 별도의 이자상당액 및 가산세가 부과됨을 확인했습니다.
 「지방세특례제한법」 제4조 및 제183조, 같은 법 시행령 제2조제6항 및 제126조제1항, 같은 법 시행규칙 제2조에 따라 위와 같이 지방세감면을 신청합니다.

년   월   일

신청인   (서명 또는 인)

 특별자치시장·특별자치도지사시장·군수·구청장 귀하

첨부서류	감면받을 사유를 증명하는 서류	수수료 없음

4절 조세지원 후 사후관리

1 양도소득세 등 사후관리

조특법 규정에 의거 중소기업간의 통합에 따라 법인전환시 통합으로 인하여 소멸되는 중소기업인이 사업용고정자산을 양도한 날로부터 5년 이내에 다음의 사유가 발생할 때에는 해당 중소기업인이 사유 발생일이 속하는 달의 말일부터 2개월 이내에 이월과세액(해당 법인이 이미 납부한 세액을 제외한 금액)을 양도소득세 및 개인지방소득세로 납부하여야 한다. (조특법 31조7항, 지특법 119조4항).

(1) 통합법인이 소멸되는 중소기업으로부터 승계받은 사업을 폐지하는 경우

여기서 통합법인이 통합으로 인하여 소멸되는 사업장의 중소기업자로부터 승계받은 사업용고정자산을 50% 이상 처분하거나 사업에 사용하지 않는 경우는 사업의 폐지로 보나, 다음에 해당하는 경우에는 사업의 폐지로 보지 않는다. (조특령 28조9항).

1. 통합법인이 파산하여 승계받은 자산을 처분한 경우
2. 통합법인이 법인세법 제44조2항에 따른 합병, 같은 법 제46조2항에 따른 분할, 같은법 제47조1항에 따른 물적분할, 같은 법 제47조2항에 따른 현물출자의 방법으로 자산을 처분한 경우
3. 통합법인이 '채무자 회생 및 파산에 관한 법률'에 따른 회생절차에 따라 법원의 허가를 받아 승계받은 자산을 처분한 경우

(2) 해당 중소기업인이 통합으로 취득한 주식 또는 출자지분의 50% 이상을 처분하는 경우

① 여기서 주식 등의 처분은 주식 등의 유상이전, 무상이전, 유상감자 및 무상감자[4]를 포함한다. 다만, 다음에 해당하는 경우에는 그러하지 아니하다. (조특령 28조10항)

1. 조특법 제31조1항을 적용받은 내국인(이하 '해당 내국인'이라 한다)이 사망하거나 파산하여 주식 또는 출자지분을 처분하는 경우
2. 해당 내국인이 법인세법 제44조2항에 따른 합병이나 같은 법 제46조2항에 따른 분할의 방법으로 주식 또는 출자지분을 처분하는 경우
3. 해당 내국인이 조특법 제38조에 따른 주식의 포괄적 교환·이전 또는 조특법 제38조의2에 따른 주식의 현물출자 방법으로 과세특례를 적용받으면서 주식 또는 출자지분을 처

---

[4] 주주 등이 소유주식 또는 출자지분 비율에 따라 균등하게 소각하는 경우는 제외한다.

분하는 경우

4. 해당 내국인이 '채무자 회생 및 파산에 관한 법률'에 따른 회생절차에 따라 법원의 허가를 받아 주식 또는 출자지분을 처분하는 경우

5. 해당 내국인이 법령상 의무를 이행하기 위하여 주식 또는 출자지분을 처분하는 경우

6. 해당 내국인이 가업의 승계를 목적으로 해당 가업의 주식 또는 출자지분을 증여하는 경우로서 수증자가 조특법 제30조의 6에 따른 증여세 과세특례를 적용받은 경우

② 한편, 중소기업 간의 통합에 따라 법인전환시 통합으로 인하여 소멸되는 중소기업인이 사업용고정자산을 양도한 날로부터 5년이 지난 후 이 법인이 이월과세 적용받은 고정자산을 양도했을 때 해당 자산의 양도소득세 이월과세금액을 법인세로 납부해야 한다.

이때 해당 과세연도의 법인세신고시 법인세법 [별지 제 8호 서식(을)] "공제감면세액 및 추가납부세액합계표(을)"상의 4.이월과세(조세특례제한법) (176)중소기업 통합에 대한 양도소득세 이월과세 칸에 기재하고 "법인세 과세표준 및 세액조정계산서"상의 (133)감면분추가납부세액 칸에 기재하여 신고 납부하면 된다.

③ 또한 해당 과세연도의 법인지방소득세 신고시 지방세법[별지 제43의 3]"공제(감면)세액 및 추가납부세액합계표"상의 2.이월과세액 ⑤중소기업 간의 통합에 대한 이월과세 칸에 기재하고 "법인지방소득세 과세표준 및 세액조정계산서"상의 (134)감면분추가납부세액 칸에 옮겨 기재하여 신고 납부하면 된다.

2 취득세의 추징

지방세특례제한법 규정에 의거 중소기업간의 통합에 따라 2027년 12월 31일까지 취득하는 사업용 재산사업용 재산(부동산 임대업 및 공급업 제외)에 대해서는 취득세를 75%를 경감한다(지특법 57조의2, 3항5호).

다만, 사업용 재산을 취득한 날로부터 5년 이내에 승계받은 사업을 폐지하거나 통합으로 취득한 주식 등의 50% 이상을 처분하는 경우에는 면제받은 취득세를 추징한다.

3 사후관리 관련 예규사례

(사례1) 통합법인의 주식을 5년 이내에 미리 유증할 경우 추징사유인 "처분"으로 볼 수 없음
(사례2) 중소기업간 통합에 대한 이월과세 적용 이후 극히 일부 부동산을 자가사용 하는 경우
(사례3) 중소기업간 통합시 양도소득세 이월과세가 적용되는 경우, 이월과세의 적용범위

(사례4) 부동산임대업자가 임대건물 철거 중에 중소기업간 통합하는 경우 이월과세 여부
(사례5) 중소기업 통합 후 자본금을 상법상 유상감자를 실시하는 경우

예규 1

통합법인의 주식을 5년 이내에 미리 유증할 경우 추징사유인 "처분"으로 볼 수 없음

■ (사실관계)

1. 신청인 甲은 조세특례제한법§31에 따른 중소기업간 통합을 하여, 사업용고정자산을 A법인에 양도하고 양도소득에 대하여 이월과세를 적용받음

2. 甲은 고령으로, 취득한 A법인의 주식을 유증(遺贈)*하고자 함

   * 유증하는 내용의 유언을 할 예정이고 유증자는 현재 생존중임을 전제

● (질의) 사업용고정자산을 양도한 날부터 5년 이내에 취득한 지분을 미리 유증할 경우, 조특령§28⑩(1)에 따른 사후관리 예외 사유인

   • '내국인이 사망하거나 파산하여 주식 또는 출자지분을 처분하는 경우'에 해당하는지 여부

▶ (회신)

「조세특례제한법」 제31조제1항의 중소기업간의 통합에 대한 양도소득세의 이월과세 특례를 적용받은 내국인이 통합으로 취득한 통합법인의 주식을 유증하는 경우는 같은법 제31조제7항제2호에 따른 처분에 포함하지 않는 것임. (서면법규재산-6606, 2022.06.21.)

예규 2

중소기업간 통합에 대한 이월과세 적용 이후 극히 일부 부동산을 자가사용 하는 경우

■ (사실관계)

2013.02.25. 개인사업자는 임대용 건물 철거 중(2013.2.20~2013.4.30) (주)○○○와 중소기업간 통합하면서 개인사업자의 사업용고정자산을 통합 후 존속하는 법인인 (주)○○○에 양도하고 조세특례제한법 제31조제1항에 따른 양도소득세 이월과세를 적용받음(개인사업자 폐업)

   • 2013.06.17. 철거완료 및 (주)○○○ 신축건물 착공

   • 2014.10.20. (주)○○○건물 준공(준공 후 계속 전부 임대)

※ 향후 임대용 건물(16층 임대연면적 5,843.87㎡) 중 일부(약 50㎡)를 (주)○○○가 건물 관리사무실용(지점설치)으로 자가사용 할 예정

● (질의내용) 개인인 부동산임대업자가 조세특례제한법 제31조제1항에 따른 중소기업간의 통합으로 양도소득세 이월과세를 적용받은 후,

  • 통합 후 존속하는 법인이 승계받은 임대용 부동산의 일부를 자가 사용하는 경우 이월 과세가 계속 유지되는 것인지

▶ (회신) 개인인 부동산임대 사업자가 「조세특례제한법」 제31조에 따른 중소기업간의 통합에 대한 양도소득세 이월과세를 적용받은 후, 구건물을 철거하고 신축한 임대사업용 건물의 극히 일부를 통합법인이 임대사업의 관리 목적만으로 사용하는 경우에는 계속하여 양도소득세 이월과세를 적용받을 수 있는 것입니다. 이 경우 실질적으로 임대사업의 관리 목적만을 위하여 사용하는지 여부는 사실판단할 사항입니다.(서면법령재산-1743, 2016.04.15.)

예규 3

중소기업간 통합시 양도소득세 이월과세가 적용되는 경우, 이월과세의 적용 범위

● (판시사항) 사업용고정자산의 양도인이 구 조세특례제한법 제31조 제1항, 제3항에 따라 통합일이 속하는 과세연도의 과세표준 신고 시까지 이월과세적용신청을 함으로써 양도소득세 이월과세가 적용되는 경우, 이월과세의 적용 범위(＝양도소득세 전부)

▶ (판결요지) 구 조세특례제한법(2013.1.1. 법률 제11614호로 개정되기 전의 것. 이하 '구 조특법'이라 한다) 제31조 제1항에 정한 중소기업간 통합에 대한 양도소득세 이월과세의 취지는 개인이 중소기업간의 통합을 위하여 사업용고정자산을 양도함으로써 발생하는 소득에 대한 과세시기를 통합법인이 이를 양도하는 시점으로 늦추고 아울러 그 납세의무자도 개인이 아닌 통합법인으로 변경함으로써 중소기업간의 원활한 구조조정을 지원하려는 데 있는 점, 구 조특법 제2조 제1항 제6호의 문언상 장래에 통합법인이 납부하여야 할 세액은 '소득세법 제104조에 따른 양도소득 산출세액 전부'로 해석되는 점 등을 종합하여 보면, 사업용고정자산의 양도인이 구 조특법 제31조 제1항, 제3항에 따라 통합일이 속하는 과세연도의 과세표준 신고 시까지 이월과세적용신청을 함으로써 양도소득세 이월과세가 적용되는 경우에는 그 사업용고정자산의 양도에 따른 양도소득세 전부에 대하여 이월과세가 적용된다고 봄이 타당하고, 양도인이 양도소득 과세표준이나 양도소득세액을 적게 신고하였다고 하여 달리 볼 것은 아니다. (대법원 2014.12.24. 선고 2014두40661 판결)

▶ (참조조문) 구)조세특례제한법(2013.1.1. 법률제11614호로 개정되기 전의 것) 제2조제1항 제6호, 제31조제1항,제3항, 조세특례제한법 시행령 제28조제3항

예규 4

부동산임대업자가 임대건물 철거 중에 중소기업간 통합하는 경우 이월과세 여부

● (질의) 부동산임대업자가 세입자를 모두 퇴거시키고 임대업에 사용하던 건물을 철거하는 중에 조특법 제31조에 따른 중소기업간 통합이 이루어진 경우 해당 기업의 사업장별 그 사업에 관한 주된 자산을 모두 승계하여 사업의 동일성이 유지되는 것으로 볼 수 있는지. (사실관계 생략: 문서번호 서면법규과-973, 2013.09.09)

▶ (회신) 부동산임대업을 영위하던 거주자가 법인과의 통합계약에 따라 임대에 사용하던 구건물을 철거하던 중 구건물을 포함한 사업용고정자산을 법인에 양도하고 법인이 양수한 구건물의 철거를 완료하여 건물을 신축한 후 부동산임대업에 사용하는 경우 조특법 제31조에 따른 중소기업간의 통합에 대한 양도소득세의 이월과세를 적용받을 수 있는 것임. (서면법규과-973, 2013.09.09.)

예규 5

중소기업 통합 후 자본금을 상법상 유상감자를 실시하는 경우

● (질의) 다음과 같은 감자의 경우 증여세 문제가 있는지를 질의 함
  1. A법인은 '갑'이 100% 출자한 법인임
  2. '갑'이 영위하던 개인사업체 B를 조특법 제31조에 의하여 A법인에 중소기업 통합(현물출자 방법)을 시킨 후 법인에서 영업하고자 함.
  3. 중소기업 통합 후 2개월이 안 된 시점에서 법인의 자본이 과다하다고 판단되어 상법상 유상감자(주식소각)하고자 함

▶ (회신) 참고예규(재산세과-307, 2009.9.24) 법인이 자본을 감소하기 위하여 주식을 소각한 때에 당해 감자 전에 각 주주가 소유하고 있는 주식수 대로 균등하게 주식을 매입하여 소각함으로써 특정주주가 얻는 이익이 없는 경우에는 '상속세 및 증여세법' 제39조의2 및 같은 법 제42조의 규정이 적용되지 않는 것임. (재산세과-411, 2012.11.19.)

3장
중소기업 통합 법인전환
절차와 실무

1절 중소기업 통합방법의 결정
2절 중소기업 통합 법인전환 절차와 일정
3절 중소기업 통합 법인전환 절차별 실무

1절 중소기업 통합방법의 결정

1 중소기업 통합의 유형

① 중소기업 통합에 의한 법인전환의 유형은 3가지가 있다.

　1. 개인중소기업간 통합에 의한 법인 신설

　2. 개인중소기업과 법인중소기업의 통합에 의한 법인 신설

　3. 개인중소기업이 법인중소기업에 흡수통합

② 그런데 기업 간 통합시 구체적으로 어떤 법적 절차를 통하여 자산을 법인에 승계시켜야 하는지 즉, 사업양도양수 방법을 택해야 하는지 아니면 현물출자 방법을 택해야 하는지에 대하여 논란이 있다.

③ 이에 대하여 결론부터 말하면 법상 명문규정은 없으나 중소기업 통합에 의한 법인전환시 조세지원을 받기 위해서는 현물출자 방법을 통해 개인기업을 법인에 승계하는 것이 좋으며 그 이유는 다음과 같다.

2 개인 중소기업의 통합

① 중소기업 통합시 소멸하는 사업장의 개인 중소기업기업주는 신설되는 법인의 주주가 되어야만 조세지원을 받을 수 있으며, 신설법인의 주주가 되면서 통합을 이루는 방법으로는 두 가지가 있다.

　1. 법인을 먼저 설립하고 신설법인에 개인기업을 양도 양수하는 방법

2. 현물출자로 법인을 설립하는 방법

② 1의 경우 즉 법인 신설 후 동 신설법인에 개인기업을 양도 양수하는 방법은 세무상 개인기업 간의 통합이 아닌 신설법인과 개인기업과의 통합으로 해석되며, 이때 신설법인은 사업개시 전 법인이기 때문에 중소기업에 해당하지 않는다.

③ 따라서 개인중소기업간 통합시 법인 신설 후 동 신설법인에 개인기업을 양도 양수하는 방법은 조세지원을 받을 수 없으며[5] 각 개인기업체를 동시에 현물출자 함으로써 중소기업간의 통합을 이루어야만 조세지원을 받을 수 있다.

3 개인기업과 법인기업의 통합 신설

개인중소기업간 통합에 의한 법인설립과 같은 이유로 개인중소기업과 법인중소기업이 현물출자를 통하여 법인을 신설하는 경우에만 조세지원을 받을 수 있다.

4 개인기업이 법인기업에 흡수통합

① 개인중소기업이 법인중소기업에 흡수 통합되는 경우 개인중소기업 사업자가 법인중소기업의 주주가 되면서 개인중소기업을 법인에 승계시키는 방법은 세 가지가 있다.

1. 법인중소기업의 기존주주로부터 주식을 취득하고 개인기업은 법인에 양도 양수하는 방법
2. 법인중소기업의 유상증자금액을 개인기업주가 인수하고 개인기업은 법인에 양도 양수하는 방법[6]
3. 개인중소기업을 법인중소기업에 현물출자하는 방법

② 1방법은 법인기업의 기존주주로부터 주식을 취득하는 경우는 조특법 31조의 중소기업 통합으로 보지 아니한다.[7] 그 이유는 기업통합으로 말미암아 기업의 자본이 축소되는 것을 방지해야 한다는 중소기업 통합시 조세지원 요건의 입법 취지에 어긋나는 것으로 해석되기 때문이다. 2방법은 통합에 의하여 개인기업주가 주식을 취득한 것이 아니라고 해석될 소지가 있다.

③ 개인중소기업이 법인중소기업에 흡수통합 되는 유형의 중소기업간 통합시에는 개인기업을 현물출자하는 방법이 조세지원을 받는 데 문제도 없고, 추가적인 자금의 소요가 없다는 점에서 많이 활용되고 있다.

---

[5] 재산 01254-514, 1986.2.13, 국심 2001서855, 2001.11.20
[6] 재일 46014-709, 1998.4.24
[7] 법인 46012-1418, 1999.4.15

2절 중소기업 통합 법인전환 절차와 일정

1 법인전환 절차의 개요

(1) 개인기업의 법인기업에 흡수통합

① 이 책에서는 중소기업 통합에 의한 법인전환 유형 3가지 중 개인중소기업이 법인중소기업에 현물출자 방법으로 흡수 통합되는 경우만을 대상으로 절차를 설명하는 이유는 다음과 같다.

첫째, 개인중소기업간의 통합에 의하여 법인이 신설되는 경우의 일정과 절차는 법인전환하는 기업이 복수라는 점 외에는 현물출자에 의한 법인전환의 경우와 같다.

둘째, 개인중소기업과 법인중소기업간의 통합에 의하여 법인이 신설되는 경우는 그 절차가 복잡할 뿐만 아니라 실익도 별로 없어 실무상 나타날 가능성이 거의 없기 때문이다.

② 절차의 복잡함은 기존법인을 해산하여야 하기 때문이며, 실익이 없다함은 통합의 결과를 기존법인이 존속되는 경우와 비교할 때 상호가 변경되는 정도의 차이를 제외하고는 그 사업의 실질내용에는 거의 변동이 없다고 보이기 때문이다.

(2) 개인기업의 법인기업에 현물출자

① 개인중소기업을 법인중소기업에 현물출자하는 중소기업 통합은 회사설립 후 증자 시의 현물출자라는 점에서 회사설립시의 현물출자의 경우와는 다소 다르다.

② 또한, 조세지원 요건을 갖추어야 하고 개인기업을 법인전환 한다는 점에서 일반적인 증자시의 현물출자보다도 그 절차가 복잡하다.

③ 따라서 이를 이른 시일 내에 차질없이 완료하기 위해서는 구체적인 일정계획을 작성하고 작성된 계획대로 필요한 업무를 필요한 시기에 수행해야 한다.

2   중소기업 통합 법인전환의 절차

개인중소기업을 법인기업에 현물출자하는 중소기업 통합에 의한 법인전환의 단계별 절차는 다음과 같다.

《 중소기업 통합 법인전환의 단계별 절차 》

①	중 소 기 업 통 합 계 약 서 작 성
②	사 업 자 등 록 의 신 청
③	자 산 의 감 정
④	개 인 기 업 의 결 산
⑤	공 인 회 계 사 의 회 계 감 사
⑥	개인기업의 부가가치세 확정신고와 폐업신고
⑦	현물출자가액과 신주인수가액의 결정
⑧	신 주 의 발 행 준 비 와 청 약
⑨	현물출자 조사보고 및 법원의 심사
⑩	출 자 의 이 행
⑪	자 본 변 경 의 등 기
⑫	명 의 이 전 등 후 속 조 치

3 중소기업 통합 법인전환의 일정수립

개인중소기업을 법인기업에 현물출자하는 중소기업 통합에 의한 법인전환 일정은 다음의 일정표와 같이 수립 및 작성할 수 있는데, 이 일정표는 법인기업을 주식회사로 가정하여 작성되었다.

이 일정표에서는 '법인전환기준일'이란 개인기업이 폐업하고 법인 명의로 사업이 개시되는 날을 말하며 이는 법인의 증자등기일 또는 현물출자이행일과는 다른 개념이다. 또한, 법인전환기준일은 법인전환일정표의 작성에 앞서 미리 정해져야 한다.

《 중소기업 통합 법인전환 일정표 》

절차 \ (월·일 / 행위주체)	행위주체	D-1월 10	D-1월 20	D+1월 10	D+1월 20	D+2월 10	D+2월 20	D+3월 10	D+3월 20
① 중소기업 통합계약서 작성	개인·법인		■						
② 사업자등록 신청	법 인		■						
③ 자산의 감정	개 인		■						
④ 개인기업의 결산	개 인	■	■	■					
⑤ 공인회계사 회계감사	개 인				■				
⑥ 개인기업의 부가가치세 확정신고와 폐업신고	개 인				■				
⑦ 현물출자가액과 신주인수가액 결정	법 인				■				
⑧ 신주의 발행준비와 청약	법 인			■	■				
⑨ 현물출자 조사보고 및 법원의 심사	법 인					■			
⑩ 출자의 이행	법 인					■	■		
⑪ 자본변경등기	법 인							■	
⑫ 명의이전 등 후속 조치	법 인							■	■

3절 중소기업 통합 법인전환 절차별 실무

❶ 중소기업 통합계약서 작성 　　⑦ 현물출자가액과 신주인수가액 결정
② 사업자등록 신청 　　⑧ 신주의 발행준비와 청약
③ 자산의 감정 　　⑨ 현물출자 조사보고 및 법원의 심사
④ 개인기업의 결산 　　⑩ 출자의 이행
⑤ 공인회계사 회계감사 　　⑪ 자본변경등기
⑥ 개인기업의 부가가치세 확정신고와 폐업신고 　　⑫ 명의이전 등 후속 조치

1 중소기업 통합계약서 작성

중소기업 통합을 위해서는 개인중소기업주와 법인중소기업대표 간에 다음과 같은 계약서를 사용하여 중소기업 통합계약을 체결하게 된다.

중소기업 통합계약 시에는 개인기업이 법인기업에 포괄적으로 현물출자 되도록 주의하여야 한다. 왜냐하면, 사업의 포괄적인 현물출자는 사업양도에 대한 부가가치세가 과세하지 않기 위한 필요조건일 뿐만 아니라[8] 조특법상의 양도소득세 이월과세 등 조세지원을 받기 위한 요건[9]이기 때문이다.

한편, 중소기업 통합계약서상의 몇 가지 중요사항을 살펴보면 다음과 같다.

(1) 계약당사자

계약당사자는 개인중소기업주와 법인중소기업의 대표가 되는데 이때 양자는 동일인일 수도 있고 아닐 수도 있다. 동일인인 경우에도 양자는 법상 별개의 인격체로 간주하기 때문에 계약체결에 법상 문제는 없다.

(2) 계약체결 시기

계약은 중소기업 통합 의사결정 후 소멸하는 개인사업장에 대한 법인명의 사업자등록 신청일 이전에 체결되어야 하는데 그 이유는 이 계약서가 사업자등록신청 시 첨부서류로 필요하기 때문이다.

---

[8] 사업의 포괄적인 현물출자 또는 양도는 부가가치세법상의 개념으로서 이에 대하여는 7편 3장 참조.
[9] 중소기업 통합시 조세지원 요건은 사업에 관한 주된 자산을 모두 승계하는 것이며 포괄적인 현물출자를 요구하지는 않는다. 그러나 포괄적인 현물출자는 상기 중소기업 통합시의 조세지원 요건을 당연히 충족시킨다.

(3) 현물출자의 가액

중소기업 통합계약 시에도 현물출자가액을 확정할 수 없는 것은 현물출자에 의한 법인전환의 경우와 같다. 따라서 현물출자계약서에는 현물출자가액의 결정방법만이 기재되며, 현물출자가액은 후에 개인기업의 결산·감정 및 감사가 종료된 후 결정된다.

중소기업 통합계약서

갑 : 서울특별시 ××구 ××동 ××번지

　　코페공업사

　　대　　표 : 소 구 연(이하 '갑'이라 칭한다)

을 : 서울특별시 ×××구 ×××동 ×××번지

　　코페공업주식회사

　　대표이사 : 소 구 연(이하 '을'이라 칭한다)

'갑이' 운영하고 있는 서울특별시 ××구 ××동 ××번지 소재 코페공업사(이하 '회사'라 칭함)와 '을'이 대표이사로 재임하고 있는 서울특별시 ×××구 ×××동 ×××번지 소재 코페공업주식회사는 조특법 제31조에 의한 중소기업인 바, '갑'이 운영하고 있는 '회사'의 사업에 관한 일체의 권리와 의무를 '을'에게 포괄적으로 현물출자 함으로써 '갑'과 '을'이 중소기업 통합을 하고자 다음과 같이 계약을 체결한다.

제1조 (목 적) 본 계약은 '갑'이 운영하고 있는 '회사'의 사업에 관한 일체의 권리와 의무를 '을'에게 포괄적으로 현물출자 함으로써 부가가치세법 제10조 9항의 규정에 의한 사업양도를 하고, 조특법 제31조에 의한 양도소득세 이월과세와 지방세특례제한법 제57조의2 제3항에 의한 취득세감면을 받는 중소기업 통합을 함에 그 목적이 있다.

제2조 (사업승계) 현물출자기준일 현재 '갑'과 거래 중인 모든 거래처는 '을'이 인수하여 계속거래를 보장하며 '갑'이 기왕에 제조 판매한 제품이 현물출자일 이후 반품될 경우에는 '을'이 책임 하에 인수처리토록 한다.

제3조 (현물출자기준일) '갑'은 20××년 12월 31일을 현물출자기준일로 하여 동일 현재의 '갑'의 장부상 자산총액과 부채총액을 현물출자 하기로 한다.

제4조 (현물출자가액) 현물출자가액은 제3조의 자산총액에서 부채총액을 차감한 잔액 범위내에서서 감정인 등이 인정하는 가액으로 하되 자산총액과 부채총액은 장부가액에 불구하고 다음과 같이 수정 평가한다.

　　① 토지·건물·기계장치 등 유형자산은 감정평가법인의 감정가액으로 수정 평가한다.

　　② 위 ①항을 제외한 자산과 부채는 공인회계사의 감정보고서상 감정금액으로 수정 평가한다.

제5조 (현물출자에 대하여 교부할 주식의 종류와 수) '을'은 제4조에서 정한 방법에 의하여 계산된 금액에 상당하는 보통주식을 '갑'에게 교부하기로 한다. 단, 신주의 발행가액은 이사회에서 결정한 금

액으로 한다.

제6조 (종업원인계) '을'은 '갑'의 전 종업원을 신규채용에 의하여 전원인수, 계속 근무케 하기로 한다.

제7조 (계약의 효력) 본 계약은 20××년 1월 1일에 효력이 발생한다. 따라서 '갑'은 20××년 12월 31일을 현물출자에 따른 폐업일로 하는 폐업신고를 하여야 하며, '을'은 20××년 1월 1일을 개업일로 하는 사업자등록신청을 하고 20××년 1월 1일부터 '을'의 계산에 의한 사업을 영위하도록 한다.

제8조 (협조의무) '갑'은 '을'의 사업승계 및 사업수행에 필요한 일체의 협조를 하여야 한다.

제9조 (기 타) 본 계약규정 이외에도 현물출자에 의한 중소기업 통합에 관하여 협정할 사항이 발생한 경우에는 '갑' '을' 쌍방 간 협의에 의하여 정하기로 한다.

　이상의 계약내용을 '갑' '을' 쌍방은 성실히 이행할 것을 약속하며 후일을 증명키 위하여 본 계약서 2통을 작성 각 1통씩 보관키로 한다.

20××년 ××월 ××일

　　　갑 : 서울특별시 ××구 ××동 ××번지
　　　　　코페공업사
　　　　　대　　표 : 소 구 연　㊞
　　　을 : 서울특별시 ×××구 ×××동 ×××번지
　　　　　코페공업주식회사
　　　　　대표이사 : 소 구 연　㊞

2 사업자등록의 신청

① 중소기업 통합계약서 작성	⑦ 현물출자가액과 신주인수가액 결정
❷ 사업자등록 신청	⑧ 신주의 발행준비와 청약
③ 자산의 감정	⑨ 현물출자 조사보고 및 법원의 심사
④ 개인기업의 결산	⑩ 출자의 이행
⑤ 공인회계사 회계감사	⑪ 자본변경등기
⑥ 개인기업의 부가가치세 확정신고와 폐업신고	⑫ 명의이전 등 후속 조치

　① 통합당사 개인기업은 법인전환기준일로 폐업되고 그 익일부터 존속하는 법인기업의 일부 사업장으로서 사업을 개시하게 된다. 따라서 중소기업 통합시 법인전환기준일의 2일 전까지는 개인사업장에 대한 법인명의 사업자등록 신청을 하여야 한다.

　② 왜냐하면, 법인전환기준일에 폐업한 개인기업을 승계한 법인기업이 사업을 중단없이

수행하기 위해서는 법인전환기준일까지는 사업자등록번호를 부여받아야 하는데, 사업자등록 신청의 법정처리기한이 3일(5일 이내에 연장할 수 있음)이기 때문이다.

③ 한편, 개인기업이 법인기업에 흡수통합되는 중소기업 통합에 의한 법인전환의 경우 통합되는 개인기업 사업장은 지점이 되는 것이 일반적이며, 지점에 대한 사업자등록 신청은 지점소재지 관할 세무서에 다음의 서류를 갖추어 신청하여야 한다.

《 사업자등록 신청서류 》

구 분	서 류 명 및 부 수
본 점 법 인	1. 법인설립신고 및 사업자등록신청서 1부(소정양식) 2. 주주 등의 명세서 또는 발기인의 주민등록표 등본 각 1부 3. 법령에 의한 허가사업인 경우 : 사업허가증사본·사업등록증사본 또는 신고확인증 사본 1부(사업허가 전은 사업허가신청서사본·사업등록신청서사본·사업신고서사본 또는 사업계획서 1부) 4. 사업장을 임차한 경우에는 임대차계약서 사본 1부 5. 상가건물임대차보호법 제2조 제1항의 규정에 의한 상가건물을 임차한 경우 해당 부분의 도면(상가건물의 일부분을 임차하는 경우에 한함) 6. 사업자금명세 또는 재무상황 등을 확인할 수 있는 서류: 자금출처명세서[10] 7. 사업자단위[11]로 등록하려는 사업자는 종된사업장에 대한 위 2부터 6까지의 서류 및 기획재정부령으로 정하는 서류
지점법인 또는 사업장	1. 법인설립신고 및 사업자등록신청서 1부(소정양식) 2. 본점 사업자등록증 사본 1부 3. 사업장을 임차한 경우에는 임대차계약서 사본 1부 4. 상가건물임대차보호법 제2조 제1항의 규정에 의한 상가건물을 임차한 경우 해당 부분의 도면(상가건물 일부분을 임차하는 경우에 한함)

*사업자등록을 신청하려는 사업자가 미성년자인 경우에는 법정대리인 동의서를 추가로 첨부

---

[10] 다음의 사업자에 한한다.
　① 조특법 제106조의3 제1항에 따른 금지금 도매 및 소매업
　② 개별소비법 제1조 제4항에 따른 과세유흥장소에서 영업을 경영하는 경우
　③ 액체연료 및 관련제품 도매업, 기체연료 및 관련제품 도매업, 차량용주유소운영업, 차량용 가스 충전업, 가정용 액체연료 소매업과 가정용 가스연료 소매업
　④ 재생용 재료 수집 및 판매업
[11] 사업자단위과세사업자란 2 이상의 사업장을 보유한 사업자는 법정기한 내에 신청에 의해 사업자등록을 본점 또는 주사무소의 등록번호로 단일화하고, 세금계산서도 하나의 사업자등록번호로 교부할 수 있도록 하고 있다(부가세법 제8조3항).

3 자산의 감정

① 중소기업 통합계약서 작성	⑦ 현물출자가액과 신주인수가액 결정
② 사업자등록 신청	⑧ 신주의 발행준비와 청약
❸ 자산의 감정	⑨ 현물출자 조사보고 및 법원의 심사
❹ 개인기업의 결산	⑩ 출자의 이행
⑤ 공인회계사 회계감사	⑪ 자본변경등기
⑥ 개인기업의 부가가치세 확정신고와 폐업신고	⑫ 명의이전 등 후속 조치

중소기업 통합을 위해 개인기업을 법인에 현물출자하는 경우 출자자산 중 고정자산 등을 감정받아야 하는 데 감정이 필요한 이유, 감정대상자산, 감정기관, 감정시기 및 준비서류 등 자세한 사항은 현물출자에 의한 법인전환의 경우와 같다[12].

《 자산감정 준비서류 》

자 산	준 비 서 류
토지·건물	1. 등기부 등본 2. 토지(임야)대장, 건축물 관리대장 3. 토지이용계획확인원 4. 관련 도면(지적도, 설계도면 등)
기계장치	1. 기계장치목록 2. 취득원가 증빙(세금계산서, 수입면장 등)
자동차(중기)	1. 자동차(건설기계)등록원부 및 검사증 사본
집기 비품 등	1. 목록대장(수량·형식·연식 등 기재) 2. 취득원가 증빙(세금계산서 등)

4 개인기업의 결산

개인기업의 결산은 개인기업 순자산평가액 또는 현물출자가액 결정의 기초자료일 뿐만 아니라 개인기업주의 소득세산출자료가 됨에 그 중요성이 있음은 현물출자에 의한 법인전환의 경우와 중소기업 통합의 경우가 같다.

결산은 중소기업 통합에 관한 의사결정시부터 준비를 시작하여 늦어도 법인전환기준일이 속하는 달의 말일로부터 24일 이내에는 종료하여야 하는데 그 이유와 기타결산 시의 유의사항은 현물출자에 의한 법인전환의 경우와 동일하다.[13]

---

12) 3편 3장 2절 참조
13) 3편 3장 2절 참조

5   공인회계사의 회계감사

① 중소기업 통합계약서 작성	❼ 현물출자가액과 신주인수가액 결정
② 사업자등록 신청	⑧ 신주의 발행준비와 청약
③ 자산의 감정	⑨ 현물출자 조사보고 및 법원의 심사
④ 개인기업의 결산	⑩ 출자의 이행
❺ 공인회계사의 회계감사	⑪ 자본변경등기
❻ 개인기업의 부가가치세 확정신고와 폐업신고	⑫ 명의이전 등 후속 조치

중소기업 통합을 위해 개인기업을 기존법인에 현물출자 할 때에 유형자산을 제외한 자산과 부채에 대하여 공인회계사의 회계감사를 받아야 하는데, 감사시기와 감사인선임, 준비서류, 감사 후 수정사항의 처리 등 세부사항은 현물출자에 의한 법인전환의 경우와 같다.[14]

6   개인기업의 부가가치세 확정신고와 폐업신고

개인기업이 중소기업 통합을 위해 기존 법인기업에 현물출자 되는 경우 개인기업은 폐업되며, 이에 따른 부가가치세 확정신고와 폐업신고를 하여야 한다.

폐업신고는 사업장소재지 관할 세무서나 그밖에 편의에 따라 선택한 세무서에 폐업 즉시 신고하여야 하며(부가령 13조), 부가가치세 확정신고는 폐업일이 속하는 달의 말일로부터 25일 이내에 하여야 하는데(부기통 49-91-2) 신고 시 첨부서류, 신고내용 등은 현물출자에 의한 법인전환의 경우와 같다.[15]

7   현물출자가액과 신주인수가액 결정

개인기업의 결산, 자산의 감정, 자산·부채에 대한 회계감사가 종료되면 중소기업 통합시의 조세지원 요건을 갖추기 위해 개인기업의 순자산평가액을 산정하여 현물출자가액 및 신주인수가액을 결정하여야 한다.

(1) 개인기업의 순자산평가액 산정

중소기업 통합시 조세지원을 받기 위해서는 현물출자 되는 개인기업의 기업주가 법인기업의 주식을 인수하여야 하며 이때 인수하는 주식가액은 개인기업의 순자산평가액 이상이어야 한다함은 전술한 바 있다.

따라서 개인기업의 결산이 종료되면 시가로 평가한 개인기업의 순자산평가액을 산출하고

---

[14]   3편 3장 2절 참조.
[15]   3편 3장 2절 참조.

개인기업주가 인수하는 주식가액이 최소한 그 이상이 되도록 기존법인의 신주발행사항을 결정하여야 한다.

(2) 현물출자가액의 결정

중소기업 통합시의 현물출자가액은 개인기업의 자산·부채를 법인에 현물출자하는 가액 즉 법인전환기준일 현재의 개인기업 순자산평가액을 말하며 그 결정 방법은 현물출자에 의한 법인전환의 경우와 같다.[16]

(3) 신주인수가액의 결정

① 중소기업 통합시 개인기업주가 인수하는 신주인수가액은 주식 수×1주당 발행가액으로 산정된다.

② 신주발행 시 1주당 발행가액은 액면가일 수도 있고 그 이상일 수도 있는데, 발행가액 결정시에는 상속세 및 증여세법상 증여의제 규정을 고려하여 세무상 불이익을 받지 않도록 주의하여야 한다.[17]

③ 실무적으로 신주발행 시 인수하는 인수가액은 상속세 및 증여세법의 규정에 의한 시가를 기준으로 하여 정하고 있으며, 이는 동법상의 증여의제 규정에도 문제를 발생시키지 않고 통합법인의 기존 주주와 현물출자하는 주주간에도 공평한 거래가 된다고 볼 수 있다. 한편, 동 인수가액(취득주식가액)에 대하여는 「본편 2장 1절 4. 취득주식의 가액」에 있는 내용을 참고하기 바란다.

④ 1주당 발행가액이 결정되면 인수할 주식 수는 앞서 설명한 개인기업의 순자산평가액보다 다소 여유를 두고 현물출자 외에 추가로 현금출자를 하여 발행주식수를 결정하는 것이 바람직하다.

---

[16] 3편 3장 2질 참조.
[17] 상속세 및 증여세법 제39조(증자에 따른 이익의 증여) 참조

8 신주의 발행준비와 청약

① 중소기업 통합계약서 작성	⑦ 현물출자가액과 신주인수가액 결정
② 사업자등록 신청	❽ 신주의 발행준비와 청약
③ 자산의 감정	⑨ 현물출자 조사보고 및 법원의 심사
④ 개인기업의 결산	⑩ 출자의 이행
⑤ 공인회계사 회계감사	⑪ 자본변경등기
⑥ 개인기업의 부가가치세 확정신고와 폐업신고	⑫ 명의이전 등 후속 조치

중소기업 통합시 개인기업이 기존법인에 현물출자 되는 대가로 개인기업주에게 신주를 발행·교부하여야 하는데 신주의 발행에 필요한 준비와 청약절차는 다음과 같다.

가. 사업양수와 정관변경을 위한 주주총회

1) 사업양수

개인기업체를 현물출자에 의하여 포괄양수 하기 위해서는 주주총회의 특별결의가 필요하며(상법 374조1항3호) 이 특별결의는 출석한 주주의 의결권의 3분의 2 이상의 수와 발행주식총수의 3분의 1 이상의 수로써 하여야 한다.

2) 정관변경

중소기업 통합시 정관변경이 필요하게 되는 사유는 다음과 같은바, 정관변경 시에도 주주총회의 특별결의가 필요함은 전술한 사업양수의 경우와 같다.

(1) 목적의 변경과 보완

정관상 사업목적이 개인기업의 사업내용까지를 포괄하지 못하면 이를 변경 또는 보완하여야 한다.

(2) 발행할 주식 총수의 변경

회사가 발행할 수 있는 주식의 총수는 정관의 절대적 기재사항이며(상법 289조1항3호) 신주발행은 이 범위 내에서 미발행주식을 발행하는 것이다. 발행할 주식 총수 중 미발행 부분이 없는 경우에는 정관변경에 따라 이를 확대한 후에 신주를 발행할 수 있다.

(3) 신주인수권의 제한

① 신주인수권이란 회사성립 후에 신주가 발행되는 경우 그 신주를 우선적으로 인수하는 권리를 말한다. 신주발행 시에 그 신주를 기존주주 외의 제3자에게 배정하는 때에는 주주의

재산적 이해 및 기업지배 관계에 영향을 미치므로 상법은 기존주주를 보호하기 위해 신주인수권을 기존주주에게 우선적으로 인정한다. (상법 418조)

② 그러나 자금조달의 융통성 확보 등의 편의를 위하여 정관으로 주주 신주인수권의 제한 또는 특정한 제3자가 신주인수권을 가진다는 것을 정할 수 있으며(상법 418조2항), 이 경우에는 그 신주에 대하여는 기존주주의 신주인수권이 없다.

③ 중소기업 통합은 개인기업주 단독으로 신주발행의 청약을 하는 것이 일반적이므로 기존법인의 주주구성에 따라서는 다음 표와 같이 신주인수권의 제한이 필요할 수도 있는바, 신주인수권 제한을 하기 위해서는 정관변경이 선행되어야 한다.

《 주주구성 형태별 개인기업주 단독증자 방안 》

주주구성 형태	개인기업주 단독증자방안
1. 개인기업주가 기존법인의 주주가 아닌 경우	· 기존법인의 전체주주가 신주인수권을 개별적으로 포기하거나 · 기존법인의 정관변경으로 신주인수권 제한
2. 개인기업주가 기존법인의 공동주주인 경우	· 기존법인의 타 주주가 신주인수권을 개별적으로 포기하거나 · 기존법인의 정관변경으로 타 주주의 신주인수권 제한
3. 개인기업주가 기존법인의 1인 단독주주인 경우	· 개인기업주만 신주인수권을 갖고 있으므로 아무 조치도 필요 없음

④ 한편, 법인의 증자 시 기존주주가 신주인수권을 포기[18]하고 그와 특수관계에 있는 자가 동 주식을 인수하는 경우에는 세무상 증여세 과세문제가 발생할 수도 있어 주의를 필요하다.[19].

나. 신주발행사항의 결정을 위한 이사회

신주발행 시 다음 사항은 상법이 정하는 특수한 신주발행[20]의 경우 또는 정관으로 주주총회에서 결정하기로 정한 경우 외는 원칙적으로 이사회에서 결정한다. (상법 416조)

(1) 신주의 종류와 수

---

[18] 신주인수권을 주주 단독으로 포기하는 경우는 물론 주총결의에 의한 정관변경에 따라 신주인수권이 제한되는 경우도 세무상 신주인수권 포기의 범위에 포함된다.

[19] 상속세 및 증여세법 제39조(증자에 따른 이익의 증여) 참조

[20] 상법이 정하는 특수한 신주발행에는 전환주식 또는 전환사채의 전환에 의한 신주발행(상법 346조, 상 513조), 준비금의 자본전입에 의한 신주발행(상법 461조 2항), 흡수합병에 따른 신주발행(상법 523조) 등이 있다.

발행할 주식 수와 수종의 주식을 정관에 정하고 있는 경우는 이에 해당하는 신주의 종류와 수를 결정한다.

(2) 신주의 발행가액과 납입기일

① 주식을 액면 이상 또는 액면 미달의 가액으로 발행하는 때도 있으므로 발행가액을 결정하여야 하며 액면 액으로 발행할 것으로 정할 수도 있음은 물론이다. 그러나 액면미달발행은 회사설립 후 2년이 경과한 후에 주총결의와 법원의 인가를 얻어야만 발행 가능하다. (상법 417조)

② 신주인수인이 납입을 하는 경우에는 그다음 날부터 주주의 권리·의무가 있으며 납일기일에 납입을 하지 않으면 그 권리를 잃게 되는데(상법 423조), 이는 신주발행 시 미리 결정되어야 한다.

(3) 무액면주식의 경우에는 신주의 발행가액 중 자본금으로 계상하는 금액

(4) 신주의 인수방법

정관으로 주주의 신주인수권을 제한하거나 주주가 신주를 인수하지 아니하는 경우에 대하여 정할 필요가 있는 사항으로서 실권주의 공모 여부·단주의 처리방법 등을 결정한다.

(5) 현물출자를 하는 자의 성명과 그 목적인 재산의 종류·수량·가액과 이에 대하여 부여할 주식의 종류와 수

① 현물출자에 의한 법인설립 시는 현물출자내용을 정관에 기재하였던 것과는 달리 증자 때에는 정관에서 미리 정할 수 없으므로 이사회에서 결정하도록 규정되어 있으며, 증자시 현물출자는 주식인수인의 자격이 있는 자는 누구나 가능하다.

② 한편, 상법 개정으로 증자시 현물출자의 경우에도 설립시 현물출자의 경우와 마찬가지로 법원 검사인의 조사를 공인된 감정인의 감정으로 갈음할 수 있게 되었다. (상법 422조)

(6) 주주가 가지는 신주인수권을 양도할 수 있는 것에 관한 사항

(7) 주주의 청구가 있는 때에만 신주인수권증서를 발행한다는 것과 그 청구기간

다. 주식인수의 청약과 배정

(1) 신주인수권자에 대한 최고와 주주의 모집

① 신주발행에 관한 사항이 결정된 때에는 회사는 신주의 인수권자에 대하여 그 인수권을 가지는 주식의 종류 및 수와 일정한 기일까지 주식인수의 청약을 하지 아니하면 그 권리를 잃는다는 뜻을 통지하여야 한다.

② 위의 통지는 주식인수의 청약을 할 일정 기일의 2주간 전에 하여야 하며, 회사의 통지에도 불구하고 신주인수권자가 그 기일까지 주식인수의 청약을 하지 아니하는 때에는 그 권리를 잃는다. (상법 419조)

③ 한편, 전술한 바와 같이 정관변경으로 신주인수권을 제한하여 신주인수권의 대상이 되지 아니하는 주식과 위에서 설명한 청약기일까지 주식인수의 청약을 하지 아니하여 신주인수권을 잃은 주식에 대하여는 회사는 주주를 모집할 수 있는데, 중소기업 통합시 증자는 개인기업주가 동 주식의 모집에 응하게 된다.

(2) 주식인수의 청약

주식인수의 청약을 하고자 하는 자는 대표이사가 법정사항을 기재하여 작성한 주식청약서에 의하여 청약하여야 한다. (상법 420조, 425조, 302조1항)

(3) 신주의 배정과 인수

대표이사는 신주인수권자의 청약에 대하여는 반드시 배정하여야 하나, 기타의 청약에 대하여는 임의적으로 배정할 수 있다.

청약에 대한 배정으로 주식인수청약인은 주식인수인이 되며, 배정한 주주에 따라 납입할 의무를 부담한다. (상법 425조, 303조).

9 현물출자 조사보고 및 법원심사

① 중소기업 통합계약서 작성
② 사업자등록 신청
③ 자산의 감정
④ 개인기업의 결산
⑤ 공인회계사 회계감사
⑥ 개인기업의 부가가치세 확정신고와 폐업신고
⑦ 현물출자가액과 신주인수가액 결정
⑧ 신주의 발행준비와 청약
❾ 현물출자 조사보고 및 법원의 심사
⑩ 출자의 이행
⑪ 자본변경등기
⑫ 명의이전 등 후속 조치

중소기업 통합을 위한 현물출자의 경우도 일정한 조사절차를 거쳐야 하며, 이 조사절차도 현물출자에 의한 법인전환의 경우와 같이 검사인에 의한 조사 또는 공인된 감정인의 감정에 의할 수 있다.

(1) 법원이 선임한 검사인에 의한 조사

① 신주발행 시 현물출자를 하는 자가 있으면 대표이사는 주식의 청약과 배정 후 현물출자자산을 인도받기 전에 현물출자에 관한 내용을 조사하기 위하여 본점 소재지 관할 지방법원에 검사인의 선임을 법원에 청구하여야 한다. (상법 422조1항)

② 이렇게 선임된 검사인은 "현물출자하는 자의 성명과 그 목적인 재산의 종류, 수량, 가액과 이에 대하여 부여할 주식의 종류와 수"를 조사하여 법원에 보고한다. 다만, 현물출자 시 재산총액이 자본금의 5분의 1을 초과하지 아니하고 5천만원을 초과하지 아니하는 경우 등에는 검사인의 조사가 필요없다. (상법 422조2항)

③ 법원은 검사인의 조사보고서를 심사한 후 현물출자가 부당하다고 인정되는 경우에는 이를 변경하여 각 발기인에게 통고할 수 있다(상법 422조3항). 법원의 변경에 불복하는 현물출자자는 주식의 인수를 취소할 수 있다.

④ 검사인 선임은 비용과 소요기간 등의 측면에서 불리하므로 이를 공인된 감정인의 감정으로 갈음하도록 상법이 개정된 이후에는 실무상 거의 활용되지 않는 것도 현물출자에 의한 법인전환의 경우와 동일하다.

(2) 공인된 감정인의 감정

① 현행 상법은 신주발행 시 현물출자에 관한 내용 및 현물출자의 이행에 관하여 검사인의 조사를 공인된 감정인의 감정으로 갈음하도록 허용하고 있다. 이에 따라 이사는 공인된 감정인을 선임하여 그로 하여금 현물출자에 관한 사항을 조사한 후 법원에 조사보고서를 제출하며, 법원이 이를 심사한다.

② 공인된 감정인이란 주로 유형자산(특히 부동산)을 감정하는 한국부동산원 등의 감정평가법인과 산업재산권 등을 평가하는 기술평가기관, 그리고 이외의 자산과 부채를 감사하여 평가하는 회계법인 등이 있다. 최근의 추세는 회계법인 등이 조사보고서 또는 감정보고서의 형태로 다른 감정기관의 조사 내용을 포함 정리하여 보고하는 것이 일반적이다.

③ 4절 사례연구에서는 이러한 감정보고서의 사례를 제시하고 있으나, 이러한 형식이 법제화된 것이 아니라 경험적인 결과물이라는 것을 인지하여 주기 바란다.

(3) 법원의 심사

상기와 같은 검사인 또는 감정인의 조사보고서 및 감정서가 제출되면 법원은 "현물출자 조사보고 및 법원의 심사(예규)"에 따라 사건접수 및 심사를 진행한다.

최근 실무적으로 현물출자에 의한 신주발행 시 법원의 심사가 까다로워 "인가"까지는 2~3개월 이상의 기간이 소요되므로 이를 감안하여 일정을 짜는 것이 바람직할 것이다.

10 출자의 이행

① 중소기업 통합계약서 작성
② 사업자등록 신청
③ 자산의 감정
④ 개인기업의 결산
⑤ 공인회계사 회계감사
⑥ 개인기업의 부가가치세 확정신고와 폐업신고
⑦ 현물출자가액과 신주인수가액 결정
⑧ 신주의 발행준비와 청약
⑨ 현물출자 조사보고 및 법원의 심사
❿ 출자의 이행
⓫ 자본변경등기
⓬ 명의이전 등 후속 조치

현물출자의 이행은 조사보고내용을 법원으로부터 인가받은 후에 실행되는데, 현물출자의 이행은 소정의 납입기일에 현물출자의 목적물을 인도하고 등기·등록·기타 권리이전서류를 완비하여 법인에 교부하면 된다.

11 자본변경의 등기

법인의 신주발행으로 자본금이 증가하면, 증가한 자본에 대하여 자본변경등기를 주식회사 변경등기 신청서에 소정의 서류를 첨부하여 본점 소재지 관할 지방법원의 등기과에 신청한다.

12 명의이전 등 후속 조치

① 중소기업 통합에 의하여 개인기업이 법인에 현물출자 되면 법인으로 승계된 각종 자산과 부채 중 명의가 등록·등재된 자산·부채의 명의를 법인으로 이전하는 등의 후속 조치가 뒤따라야 한다.

② 이 후속 조치의 내용은 개별기업의 상황에 따라 상당히 차이가 있으나 일반적일 때의 후속 조치내용은 다음 표와 같다.

③ 중소기업 통합시의 후속 조치내용은 현물출자에 의한 법인전환의 경우와 다음 사항을 제외하고는 거의 동일하다.

1. 중소기업 통합은 법인이 신설되지 않은 경우이므로 법인 신설에 따른 법인설립신고, 감가상각방법신고, 재고자산평가방법신고를 하지 않아도 된다.

2. 현물출자에 의한 법인전환은 부동산이전등기시의 국민주택채권 매입을 면제받기 위한 절차가 필요했으나 중소기업 통합시는 그러한 절차가 필요 없다.

《 중소기업 통합 법인전환시 자본변경등기 후 후속조치와 주요내용 》

후속조치	주 요 내 용	현물출자에 의한 법인전환과 비교
1. 부동산의 명의이전	· 토지·건물 등 부동산 소유권이전등기 · 관할법원등기소에 신청	국민주택채권 매입외는 동 일
2. 차량·등록건설기계 명의 이전	· 차량의 명의이전과 등록기계장치 명의 변경 · 차량은 자동차등록사업소 등에 신청 · 건설기계는 군 또는 구청의 담당 부서에 신청	동 일
3. 금융기관 예금·차입금의 명의변경	· 당좌예금을 제외한 예금과 차입금의 명의변경 · 차입금과 관련하여 저당설정된 부동산의 채무자 명의변경 병행	동 일
4. 거래처·조합·협회 등의 명의변경	· 거래처·조합·협회에 중소기업 통합사실을 통보, 명의변경	동 일
5. 공장등록 변경	· 공장등록의 명의변경 · 공장소재지의 시·군·구청에 신청	동 일
6. 양도소득세등 신고·납부와 이월과세적용신청서 제출	· 양도소득세 등 이월과세적용신청의 경우에도 양도소득세 등 신고는 하여야 함. · 이월과세적용신청서 필히 제출 · 신고 제출기한 : - 예정신고: 양도 월 익익월 말일 - 확정신고: 양도 년 익년 5월	동 일
7. 취득세신고와 감면확인	· 토지·건물·차량 등 취득세 과세대상 자산의 취득세 신고 · 취득세감면확인 병행 · 신고기한: 취득일로부터 60일 이내에 자진신고·납부	동 일
8. 토지거래의 허가	· 통합하는 개인기업의 토지가 해당되는 경우에만 적용 · 관할 시장·군수·구청장에게 허가신청	동 일

4장
중소기업 통합 법인전환의
사례해설

1 (사례) 부동산임대업 개인기업을 법인기업에 통합

사례

부동산임대업을 하는 ○○빌딩 개인기업주가 해당 개인기업과 본인이 경영하는 교육 서비스업을 하는 법인기업 △△주식회사를 통합하여 법인으로 전환하는 것이 현물출자로 법인을 설립하는 법인전환 방법보다 유리하다는 전문가의 조언을 들었다.

1. 어떤 경우에 중소기업 통합에 의한 법인전환이 유리한지를 알아보고
2. 중소기업 통합에 의한 법인전환 과정에서 신주발행을 위한 현물출자 감정보고서를 작성해 보자.

예제 부동산임대업 개인기업의 재무제표

① ○○빌딩의 감사가 종료된 2025년 6월 30일 현재의 재무상태표는 다음과 같다.

《 ○○빌딩 재무상태표 》

과 목	금 액	과 목	금 액
현금및현금성자산	65,000,000	예수금	800,000
매출채권	13,200,000	부가세예수금	14,000,000
부가세대급금	1,200,000	미지급비용	8,100,000
토지	1,650,000,000	장기차입금	800,000,000
건물	350,000,000	임대보증금	250,000,000
시설장치	4,000,000	퇴직급여충당부채	13,000,000
집기비품	2,500,000	자본금	1,000,000,000
합계	2,085,900,000		1,085,900,000

② 2025년 6월 30일 현재의 토지의 시가평가액은 45억원이고 건물의 시가평가액은 5억원이다.

③ 통합당사 회사 모두 중소기업에 속하는 등 조특법 및 지특법상 소정의 조세지원 요건을 갖추어 중소기업 통합을 하고 있음

④ △△주식회사는 설립 후 5년 이상 계속 정상적으로 경영하고 있는 법인이며, 개인기업 ○
　○빌딩에는 인적·물적설비가 없어 취득세 중과세 대상이 아님.

⑤ 자본금은 현물출자 방법시 40억원이고 중소기업 통합방법시 10억원이다.

2 (해설) 중소기업 통합방법과 현물출자 방법의 법인전환 소요비용

(1) 계산사례 해설

① 사례에서 △△주식회사는 5년 이상인 법인이므로 증자 시 등록면허세는 중과되지 않아서
　0.4%의 세율을 적용한다.

② 또한, 신주발행 시 할증발행하여 자본금이 10억원 이므로 이 금액의 0.4%인 4,000,000원
　의 등록면허세를 부담하면 되며, 이에 대한 지방교육세 또한 800,000원으로 감소된다.

③ 한편, ○○빌딩이 인적·물적 설비없이 단순히 임대용으로 취득하는 부동산에 해당된다면
　이 경우의 취득세 또한 중과되지 않고 일반세율인 4%를 적용받는다. 따라서 50억원의 4%
　인 2억원을 취득세로 납부하면 된다.

④ 농어촌특별세액은 표준세율을 2%로 적용하여 계산한 취득세액 1억원의 10%인 1천만원이다.

⑤ 취득세에 대한 지방교육세는 취득세율에서 2%를 뺀 세율을 적용하여 계산한 금액의 20%
　이다.

⑥ 결론적으로 새로운 법인을 신설하면서 하는 현물출자 법인전환 방법 보다 기존의 법인에
　중소기업 통합의 방법으로 법인전환 하는 것이 사례의 경우처럼 소요 비용면에서 상당히
　유리할 수 있다.

(2) 법인전환의 비용 비교

《 법인전환 소요비용 비교 》

구분	현물출자 방법	중소기업 통합방법	비고
1. 법인설립 비용			
등록면허세	48,000,000	4,000,000	10억원×0.004
지방교육세	9,600,000	800,000	20%
법무사수수료	8,000,000	8,000,000	임의적
회계감사수수료	8,000,000	8,000,000	임의적
자산감정수수료	5,000,000	5,000,000	임의적
소계	78,600,000	25,800,000	

구분	현물출자 방법	중소기업 통합방법	비고
2. 부동산 명의이전 비용			
양도소득세	이월과세	이월과세	
(양도세)지방소득세	이월과세	이월과세	
취득세	400,000,000	200,000,000	부동산임대업 현물출자시 감면 없음
농어촌특별세			
-취득세액	10,000,000	10,000,000	
-감면 취득세액	-	-	
취득세분 지방교육세	60,000,000	20,000,000	
소계	470,000,000	230,000,000	
(합계)	548,600,000	255,800,000	

3 (작성) 중소기업 통합시 현물출자 감정보고서

중소기업 통합을 위한 법인전환 과정에서 신주발행을 위한 감정보고서는 주목적이 법원에 상법상의 현물출자 내용을 보고하고 인가받기 위한 목적이다.

다음은 중소기업 통합(신주발행)시 현물출자를 위한 감정보고서 중 "감정결과부분"의 일부 서식이다.

(중소기업 통합) 현물출자를 위한 감정보고서

- 감정 결과 부분 -

1. 현물출자자의 성명, 주소, 전화번호

　　성　　명 : ○○○ (주민등록번호　　　　　)

　　주　　소 : 서울시 강남구 테헤란로 ○○ 길

　　전화번호 : 02) 1234- 5678

2. 감정의 목적인 재산의 종류, 수량 및 가격

감정의 목적인 재산은 현물출자의 대상이 되는 재산으로서 서울시 서초구 양재동 35-15에 소재하는 평가기준일 현재 운영중인 개인기업 ○○빌딩의 자산과 부채를 포함한 사업 일체이며 출자재산의 종류, 수량 및 가격은 다음과 같습니다.

가. 자산

(단위: 원)

구 분	명 세	금 액
현금및현금성자산	별지명세와 같음	65,000000
매출채권	〃	13,200,000
부가세대급금	〃	1,200,000
토지	〃	4,500,000,000
건물	〃	500,000,000
시설장치	〃	4,000,000
집기비품	〃	2,500,000
자산총계		5,085,900,000

나. 부채

(단위 : 원)

구 분	명 세	금 액
예수금	별지명세와 같음	800,000
부가세예수금	〃	14,000,000
미지급비용	〃	8,100,000
장기차입금	〃	800,000,000
임대보증금	〃	250,000,000
퇴직급여충당부채	〃	13,000,000
부채총계		1,085,900,000

다. ○○빌딩 현물출자 재산가액(가 – 나)

- 순자산평가액 4,000,000,000원 = 자산 5,085,900,000원 - 부채 1,085,900,000원

3. 현물출자 재산에 대해서 부여할 주식의 종류와 수

가. ×× 주식회사의 주식의 신주발행가액

×× 주식회사의 신주발행 시 1주당 발행가액은 상속세 및 증여세법 제63조와 동법 시행령 제54조에 의거하여 2023.6.30. 현재의 비상장주식가액을 평가하였으며, 그 금액은 1주당 20,000원입니다.

나. 부여할 주식의 종류와 수

현물출자재산 금4,000,000,000원에 대하여 부여할 주식의 종류와 수는 사건 본인 ×× 주식회사의 보통주 200,000주(1주의 발행금액 20,000원, 1주의 액면금액 5,000원)이며 이에 대한 자본금의 액수는 금1,000,000,000원, 주식발행초과금의 액수는 금3,000,000,000원, 현물출자금액의 합계 4,000,000,000원입니다.
(단, 현물출자순자산액 4,000,000,000원 중 단주에 해당하는 0원은 현물출자자에게 현금으로 반환한다.)

6편

법인전환의 소요비용 검토 실무해설

법인전환 소요비용은 각종 세금과 수수료로 구성되어 있으며 법인전환에 따라 그 부담 내용과 금액이 서로 달라, 소요비용을 계산하기 위해서는 소득세법, 지방세법, 인지세법을 비롯한 관련 세법과 각종 수수료에 관한 계산기준을 이해해야 한다.

법인전환 소요비용에 대한 6편의 기술범위는 법인전환 계획단계에서 소요비용을 추정할 수 있는 계산기준을 제공하는 수준까지로 제한되어 있다. 따라서 6편의 내용은 일반적인 경우의 세금과 수수료 계산에 초점이 맞춰 있으며, 예외적이고 특수한 경우의 상당 부분은 설명이 생략되었다.

왜냐하면, 예외적이고 특수한 경우의 상세한 내용까지를 포함하는 경우에는 상술한 소득세법 등 하나하나의 세목은 별도의 책으로 구성되어야 할 방대한 내용이기 때문이다.

법인전환 소요비용의 계산은 관련 법규 및 전문가의 자문을 병행함이 바람직하다.

1장
법인전환 방법별 소요비용

1절 법인전환 방법별 소요비용의 비교

개인기업의 법인전환에 드는 비용은 각종 세금과 수수료로 구성되어 있으며, 비용 발생 원인을 기준으로 구분할 때 법인설립 비용, 부동산명의이전비용 및 기타비용으로 나누어진다.

이러한 법인전환 소요비용은 어떤 법인전환 방법을 선택하느냐에 따라 그 부담하는 내용이 달라지는데 각 비용의 산출방법은 6편 2장 이하에서 설명하기로 하고 우선 소요비용항목과 각 법인전환 방법별 비용부담 여부를 요약하면 다음과 같다.

《 법인전환 방법별 소요비용 비교표 》

구분	전환 방법 / 비용명	일반 사업양도양수	현물출자	세금 감면 사업양도양수	중소기업 통합
법인설립	1. 등록면허세	부 담	부 담	부 담	부 담
	2. 등록면허세에 대한 지방교육세	부 담	부 담	부 담	부 담
	3. 공증수수료	부 담	부 담	부 담	부 담
	4. 검사인 수수료	(해당없음)	부 담[1]	(해당없음)	부 담[1]
	5. 법무사 수수료	부 담	부 담	부 담	부 담
	6. 회계감사 수수료	(해당없음)	부 담	(해당없음)	부 담
	7. 자산감정 수수료	(필수비용아님)	부 담	(필수비용아님)[2]	부 담
부동산명의이전	1. 양도소득세	부 담	이월과세	이월과세	이월과세
	2. 양도소득세에 대한 지방소득세	부 담	이월과세	이월과세	이월과세
	3. 양도소득세에 대한 농특세	(해당없음)	(해당없음)	(해당없음)	(해당없음)
	4. 취득세	부 담	감 면	감 면	감 면
	5. 취득세에 대한 농특세	부 담	부 담	부 담	부 담
	6. 취득세에 대한 지방교육세	부 담	감 면	감 면	감 면)
	7. 국민주택채권매입	부 담	면 제	부 담	부 담
	8. 법무사 수수료	부 담	부 담	부 담	부 담
기타	1. 취득세(차량 등)	부 담	감 면	감 면	감 면
	2. 취득세에 대한 농특세	부 담	부 담	부 담	부 담
	3. 취득세에 대한 지방교육세	부 담	감 면	감 면	감 면
	4. 부가가치세	(과세 비해당)	(과세 비해당)	(과세 비해당)	(과세 비해당)
	5. 공증수수료(법인전환계약서)	부 담	부 담	부 담	부 담

---

1) 상법의 개정으로 공증인 또는 감정인의 조사·감정으로 갈음한 경우 필수비용이 아님

2절 법인전환 방법별 소요비용의 특징

1 일반 사업양도양수 법인전환의 비용

① 일반 사업양도양수에 의한 법인전환시는 일체의 조세지원 없이 전환시 소요되는 세금과 수수료 등을 모두 부담하여야 한다. 즉, 다음 법인전환비용 요약에서 보는 바와 같이 법인설립 비용, 부동산명의이전비용 및 기타비용 모두를 부담하여야 한다.

② 다만, 법인설립 비용 중 검사인수수료와 회계감사수수료는 일반 사업양도양수에 의한 법인전환은 해당하지 않는 비용인데 그 이유는 동 비용은 현물출자 등에 대한 법원검사인 등의 조사를 받는 경우에만 드는 비용이기 때문이다.

《 일반 사업양도양수 법인전환의 비용 요약 》

구분	소요비용	일반 사업양도양수
법인설립	1. 등록면허세	부 담
	2. 등록면허세에 대한 지방교육세	부 담
	3. 공증수수료	부 담
	4. 검사인 수수료	(해당없음)
	5. 법무사 수수료	부 담
	6. 회계감사 수수료	(해당없음)
	7. 자산감정 수수료	(필수비용 아님)
부동산명의이전	1. 양도소득세	부 담
	2. 양도소득세에 대한 지방소득세	부 담
	3. 양도소득세에 대한 농특세	(해당없음)
	4. 취득세	부 담
	5. 취득세에 대한 농특세	부 담
	6. 취득세에 대한 지방교육세	부 담
	7. 국민주택채권매입	부 담
	8. 법무사 수수료	부 담
기타	1. 취득세(차량 등)	부 담
	2. 취득세에 대한 농특세	부 담
	3. 취득세에 대한 지방교육세	부 담
	4. 부가가치세	(과세 비해당)
	5. 공증수수료(법인전환계약서)	부 담

---

2) 순자산가액 평가시 상속세 및 증여세법의 규정에 의하여 평가할 경우 자산을 감정하지 않아도 됨

2 현물출자 법인전환의 비용

① 현물출자에 의한 법인전환은 조특법 소정의 요건에 맞는 것을 전제로 법인전환시 소요비용 중의 상당 부분을 이월과세 또는 감면받을 수 있다.

② 법인전환 소요비용 중 사업용 부동산의 명의이전에 따라 발생하는 양도소득세, 동 지방소득세는 이월과세적용신청으로 이월과세되며, 취득세와 동 지방교육세를 75% 경감받을 수 있으며 부동산 등기시의 국민주택채권 매입은 전액 면제된다. 또한, 사업용 차량 명의이전시 취득세도 감면받을 수 있다.

③ 한편, 감면세액에 대해서는 농어촌특별세의 과세대상이 되며, 납부하는 취득세액에 대해서도 농어촌특별세가 부과된다.

④ 또한, 법인설립 비용은 현물출자에 의해 법인설립을 하기 때문에 일반 사업양도양수에 의한 법인전환의 경우보다 검사인수수료, 회계감사수수료, 자산감정수수료 등의 비용이 추가로 소요된다.

《 현물출자 법인전환 비용의 요약 》

구분	소요비용	현물출자
법인설립	1. 등록면허세	부 담
	2. 등록면허세에 대한 지방교육세	부 담
	3. 공증수수료	부 담
	4. 검사인 수수료	부 담3)
	5. 법무사 수수료	부 담
	6. 회계감사 수수료	부 담
	7. 자산감정 수수료	부 담
부동산 명의 이전	1. 양도소득세	이월과세
	2. 양도소득세에 대한 지방소득세	이월과세
	3. 양도소득세에 대한 농특세	(해당없음)
	4. 취득세	감 면
	5. 취득세에 대한 농특세	부 담
	6. 취득세에 대한 지방교육세	감 면
	7. 국민주택채권매입	면 제
	8. 법무사 수수료	부 담
기타	1. 취득세(차량 등)	감 면
	2. 취득세에 대한 농특세	부 담
	3. 취득세에 대한 지방교육세	감 면
	4. 부가가치세	(과세 비해당)
	5. 공증수수료(법인전환계약서)	부 담

3 세감면 사업양도양수 법인전환의 비용

① 세감면 사업양도양수에 의한 법인전환의 경우도 조특법 소정의 요건에 맞는 것을 전제로 법인전환시 소요비용 중 상당 부분을 감면받을 수 있다.

② 법인전환 소요비용 중 사업용 부동산의 명의이전에 따라 발생하는 양도소득세와 동 지방소득세 및 취득세는 현물출자의 경우와 같으며, 사업용 차량 명의이전시 취득세도 현물출자의 경우와 같이 감면받을 수 있다.

③ 한편, 감면세액에 대해서는 농어촌특별세의 과세대상이 되며, 납부하는 취득세액에 대해서도 농어촌특별세가 부과된다.

④ 이 방법에 의한 법인전환시 법인설립 비용 중 검사인수수료[3]와 회계감사수수료 및 자산감정수수료[4]가 소요되지 않음은 일반 사업양도양수에 의한 법인전환의 경우와 같다.

《 세금감면 사업양도양수 법인전환의 비용 요약 》

구분	소요비용	세금감면 사업양도양수
법인설립	1. 등록면허세	부 담
	2. 등록면허세에 대한 지방교육세	부 담
	3. 공증수수료	부 담
	4. 검사인 수수료	(해당없음)
	5. 법무사 수수료	부 담
	6. 회계감사 수수료	(해당없음)
	7. 자산감정 수수료	(필수비용아님)[5]
부동산 명의이전	1. 양도소득세	이월과세
	2. 양도소득세에 대한 지방소득세	이월과세
	3. 양도소득세에 대한 농특세	(해당없음)
	4. 취득세	감 면
	5. 취득세에 대한 농특세	부 담
	6. 취득세에 대한 지방교육세	감 면
	7. 국민주택채권매입	부 담
	8. 법무사 수수료	부 담
기타	1. 취득세(차량 등)	감 면
	2. 취득세에 대한 농특세	부 담
	3. 취득세에 대한 지방교육세	감 면
	4. 부가가치세	(과세 비해당)
	5. 공증수수료(법인전환계약서)	부 담

---

[3] 상법의 개정으로 공증인 또는 감정인의 조사·감정으로 갈음한 경우 필수비용이 아님
[4] 자산감정은 선택적 사항이므로 자산감정을 의뢰하여 감정을 받은 경우에는 수수료를 부담하게 된다.
[5] 순자산가액 평가시 상속세 및 증여세법의 규정에 의하여 평가할 경우 자산을 감정하지 않아도 됨

4 중소기업 통합 법인전환의 비용

중소기업 통합[6]에 의한 법인전환 소요비용은 부동산명의이전시 국민채권매입을 제외하고는 현물출자에 의한 법인전환의 경우와 거의 동일하다.

《 중소기업 통합 법인전환의 비용 요약 》

구분	소요비용	중소기업 통합
법인설립	1. 등록면허세	부 담
	2. 등록면허세에 대한 지방교육세	부 담
	3. 공증수수료	부 담
	4. 검사인 수수료	부 담[1]
	5. 법무사 수수료	부 담
	6. 회계감사 수수료	부 담
	7. 자산감정 수수료	부 담
부동산명의이전	1. 양도소득세	이월과세
	2. 양도소득세에 대한 지방소득세	이월과세
	3. 양도소득세에 대한 농특세	(해당없음)
	4. 취득세	감 면
	5. 취득세에 대한 농특세	부 담
	6. 취득세에 대한 지방교육세	감 면
	7. 국민주택채권매입	부 담
	8. 법무사 수수료	부 담
기타	1. 취득세(차량 등)	감 면
	2. 취득세에 대한 농특세	부 담
	3. 취득세에 대한 지방교육세	감 면
	4. 부가가치세	(과세 비해당)
	5. 공증수수료(법인전환계약서)	부 담

---

6) 현물출자 방법으로 중소기업 통합을 하는 경우를 상정한 것이다.

2장
양도소득세

1절 법인전환과 양도소득세

1 양도소득세의 개요

(1) 양도의 개념

양도란 자산에 대한 등기 또는 등록에 관계없이 매도·교환·법인에 대한 현물출자 등으로 인하여 그 자산이 유상으로 사실상 이전되는 것을 말한다(소득법 88조1항).

따라서 자산의 무상이전은 양도소득세 과세대상이 아니며 이에 대하여 수증자가 개인이면 증여세, 영리법인이면 법인세의 과세대상이 된다.

(2) 양도소득세와 법인전환

개인기업의 법인전환을 위해 개인기업 소유 부동산을 법인에 양도하거나 현물출자를 하게 되면 양도소득세가 과세된다.

왜냐하면, 양도소득세는 소득세법 제94조에 열거한 양도소득세 과세대상 자산의 양도로 말미암아 발생하는 소득에 대하여 과세하는 것으로 법인전환을 한다 해서 예외로 하지는 않기 때문이다.

그러나 개인기업의 법인전환시 조특법 소정의 요건에 해당하는 경우는 양도소득세가 이월 과세 하며, 이 요건은 이 책 3편에서 5편까지의 내용과 같다.

2 양도소득세 과세대상 자산의 범위

양도소득세 과세대상 자산은 토지·건물, 부동산에 관한 권리, 대주주의 상장주식 및 장외거래주식, 비상장주식 및 기타자산이 열거되어 있는바 이를 구체적으로 살펴보면 다음과 같다.

(1) 토지·건물 (소득법 94조1항1호)

토지란 '공간정보의 구축 및 관리 등에 관한 법률'에 따라 지적공부에 등록하여야 할 지목에 해당하는 것을 말한다. 건물에는 건물과 이에 부속된 시설물과 구축물이 포함된다.

(2) 부동산에 관한 권리 (소득법 94조1항2호)

① 부동산에 관한 권리는 지상권, 전세권, 등기된 부동산임차권 및 부동산을 취득할 수 있는 권리의 4종이 양도소득세 과세대상 자산으로 규정되어 있다.

② 여기에서 부동산을 취득할 수 있는 권리란 부동산의 취득시기가 도래하기 전에 당해 부동산을 취득할 수 있는 권리를 말하며, 그 예로서는 다음과 같은 것이 있다.[7]

1. 건물이 완성된 때에 그 건물과 이에 부수되는 토지를 취득할 수 있는 권리(아파트당첨권 등)
2. 지방자치단체·한국토지주택공사가 발행하는 토지상환채권 및 주택상환사채
3. 부동산매매계약을 체결한 자가 계약금만 지급한 상태에서 양도하는 권리

(3) 주권상장법인의 주식 (소득법 94조1항3호가목)

① 원칙적으로 자본시장과 금융투자업에 관한 법률에 따른 주권상장법인의 주식 등의 양도차익은 양도소득세 과세대상에서 제외한다.

② 그러나 주권상장법인의 주식 등으로서 대주주가 양도하는 것과 증권시장에서의 거래에 의하지 아니하고 양도하는 것의 양도로 발생하는 소득은 양도소득세 과세대상이다.

③ 여기서 주권상장법인이란 유가증권시장과 코스닥시장 및 코넥스시장에 주권이 상장된 법인을 말하며, 대주주란 소득세법시행령 제157조4항에 해당되는 자를 말한다.

(4) 비상장주식 (소득법 94조1항3호나목)

① 주권상장법인 또는 코스닥상장법인 및 코넥스상장법인이 아닌 법인의 주식 또는 출자지분의 양도로 인하여 발생하는 소득에 대해서는 양도소득세가 과세된다. 여기에서의 비상

---

[7] 소기통 94-0-1

장주식은 양도일 현재 상장되지 아니한 주식 등으로서 후술하는 기타자산에 해당하지 아니하는 주식을 말한다.

② 한편, 주권비상장법인의 주식이지만 대주주에 해당하지 아니하는 자가 한국금융투자협회가 행하는 장외거래시장(K-OTC 시장)에서 장외매매거래에 의하여 양도하는 중소기업 및 중견기업의 주식에 대하여는 양도소득세가 과세되지 않는다.

(5) 기타자산 (소득법 제94조1항4호)

① 양도소득세 과세대상인 기타자산에는 사업용고정자산과 함께 양도하는 영업권, 시설물이용권, 특정주식 및 특정법인의 주식(소득령 제158조)이 규정되어 있다.

② 여기서 영업권은 사업에 사용하는 토지·건물 및 부동산에 관한 권리와 함께 양도하는 영업권을 말하며, 이 영업권에는 "영업권을 별도로 평가하지 아니하였으나 사회통념상 자산에 포함되어 함께 양도된 것으로 인정되는 영업권과 행정관청으로부터 인가·허가·면허 등을 받음으로써 얻는 경제적 이익"이 포함된다.

3 양도·취득의 시기

가. 원칙: 대금청산일

자산의 양도·취득시기는 원칙적으로 당해 자산의 대금(양수자가 부담하기로 약정한 양도소득세 등 제외)을 청산한 날로 한다. (소득법 98조)

나. 예외

(1) 대금청산일이 불분명한 경우 등

① 대금을 청산한 날이 분명하지 아니하면 등기부·등록부·명부 등에 기재된 등기·등록접수일 또는 명의개서일이 양도·취득시기가 된다(소득령 162조1항1호). 이 규정은 2002.1.1 이후 최초로 양도하는 분부터 적용한다. (2001.12.31. 개정부칙③)

② 따라서 2002.1.1 이전에 취득하여 2002.1.1 이후에 양도분에 대한 취득시기는 종전의 규정에 의한다.

종전 규정의 변경 연혁은 다음과 같다.

《 2002.1.1.전 취득·양도분 취득시기 개정 연혁 》

시기	개정내용
1982.12.31 신설	대금을 청산한 날이 분명하지 아니하거나 대금을 청산하기전에 소유권이전등기(등록 포함)를 한 경우에는 등기부 또는 등록부에 기재된 소유권이전등기원인일. 다만, 등기원인일로부터 등기접수일까지의 기간이 1월을 초과하는 경우에는 등기부 또는 등록부에 기재된 등기접수일
1983.7.1 개정	대금을 청산한 날이 분명하지 아니하거나 대금을 청산하기전에 소유권이전등기(등록 및 명의개서 포함)를 한 경우에는 등기부·등록부 또는 명부 등에 기재된 소유권이전등기원인일. 다만, 등기원인일로부터 등기접수일까지의 기간이 1월을 초과하는 경우에는 등기부·등록부 또는 명부 등에 기재된 등기접수일
1988.12.31 개정	대금을 청산한 날이 분명하지 아니한 경우에는 매매계약서에 기재된 잔금지급약정일. 다만, 매매계약서에 기재된 잔금지급약정일로부터 등기접수일까지의 기간이 1월을 초과하는 경우에는 등기부·등록부·명부 등에 기재된 등기접수일.
1989.8.1 개정	대금을 청산한 날이 분명하지 아니한 경우에는 매매계약서에 기재된 잔금지급약정일. 다만, 잔급지급약정일이 확인되지 아니하거나 매매계약서에 기재된 잔급지급약정일로부터 등기접수일까지의 기간이 1월을 초과하는 경우에는 등기부·등록부·명부 등에 기재된 등기접수일.
2001.12.31 개정	대금을 청산한 날이 분명하지 아니한 경우에는 등기부·등록부 또는 명부 등에 기재된 등기·등록접수일 또는 명의개서일

(2) 대금 청산 전 소유권이전등기 등의 경우

대금을 청산하기 전에 소유권이전등기(등록 또는 명의개서 포함)를 한 경우에는 등기부·등록부 또는 명부 등에 기재된 등기접수일을 양도·취득시기로 한다. (소득령 162조1항2호)

(3) 장기할부 조건부 매매의 경우

소득세법 시행규칙 제78조에 규정하는 장기할부 매매의 경우에는 소유권이전등기(등록 및 명의개서를 포함) 접수일·인도일 또는 사용수익일 중 빠른 날로 한다. (소득령 162조 1항3호)

(4) 자기건설 건축물의 취득시기

자기건설 건축물의 취득시기는 사용승인서 교부일이다. 다만, 사용승인서교부일 전에 사실상 사용하거나 임시사용승인을 얻은 경우에는 사실상의 사용일 또는 임시사용승인일 중 빠른 날을 취득시기로 한다. 한편, 무허가 건축물의 취득시기는 사실상의 사용일이다. (소득령 162조1항4호)

(5) 상속·증여의 취득일

상속 또는 증여재산의 취득시기는 그 상속 개시일(피상속인 사망일)과 증여일[8]로 한다. (소득령 162조1항5호)

(6) 점유로 인한 취득시기

민법 제245조 제1항의 규정에 의하여 부동산의 소유권을 취득하는 경우에는 당해 부동산의 점유를 개시한 날을 취득시기로 한다. (소득령 162조1항6호)

다. 특수한 경우의 취득·양도시기

(1) 현물출자의 양도시기

현물출자자산의 양도시기는 현물출자의 대가로 주식을 교부받은 날이며[9]주식교부 전 소유권이전등기시는 등기부·등록부 또는 명부 등에 기재된 등기접수일로 한다. 이 경우 주식을 교부한 날이 불분명하거나 주권 자체를 발행하지 않은 등의 사유가 있으면 당해 현물출자로 인한 증자등기일과 현물출자부동산의 소유권이전등기접수일 중 먼저 도래한 날을 취득·양도시기로 본다.[10]

(2) 수용되는 경우

'공익사업을 위한 토지 등의 취득 및 보상에 관한 법률'이나 그 밖의 법률에 따라 공익사업을 위하여 수용되는 경우에는 대금을 청산하는 날, 수용의 개시일 또는 소유권이전등기접수일 중 빠른 날을 양도·취득시기로 본다. (소득령 162조1항7호)

다만, 소유권에 대한 소송으로 보상금이 공탁된 경우에는 소유권 관련 판결 확정일로 한다.

(3) 미완성 자산의 양도·취득시기

완성 또는 확정되지 아니한 자산을 양도 또는 취득한 경우로서 해당 자산의 대금을 청산한 날까지 그 목적물이 완성 또는 확정되지 아니한 경우에는 그 목적물이 완성 또는 확정된 날. 이 경우 건설 중인 건물의 완성된 날에 관하여는 자기건설건축물의 취득시기를 준용한다. (소득령 162조1항8호)

---

8) 증여일은 증여등기·등록접수일로 본다(상증령 24조).

9) 재산 01254-1768, 1988.6.25.

10) 재일 01254-174, 1991.1.21.

(4) 환지 처분된 토지의 취득시기

도시개발법 또는 그밖의 법률에 따른 환지처분으로 인하여 취득한 토지의 취득시기는 환지 전의 토지의 취득일, 다만, 교부받은 토지의 면적이 환지처분에 의한 권리면적보다 증가 또는 감소된 경우에는 그 증가 또는 감소된 면적의 토지에 대한 취득시기 또는 양도시기는 환지처분의 공고가 있은 날의 다음날로 한다. (소득령 162조1항9호)

(5) 특정주식 또는 출자지분의 경우

소득세법시행령 제158조2항의 경우 자산의 양도시기는 주주 1인과 기타주주가 주식 등을 양도함으로써 해당 법인의 주식 등의 합계액의 100분의 50이상이 양도되는 날. 이 경우 양도가액은 그들이 사실상 주식 등을 양도한 날의 양도가액에 의한다. (소득령 제162조1항10호)

(6) 기타의 경우

① 잔금을 어음 등으로 받은 경우의 취득시기는 어음 등의 결제일이 잔금청산일이 된다.[11]

② 잔금청산일이 계약서상 명시된 날짜와 다른 경우의 양도·취득시기는 실지로 받은 날을 잔금청산일로 한다. 다만, 잔금을 소비대차로 변경한 경우는 소비대차로 변경한 날을 잔금청산일로 한다.[12]

③ 경락에 의하여 자산을 취득하는 경우의 취득시기는 경매대금완납일이다.[13]

---

[11] 소기통 98-162-4
[12] 소기통 98-162-1
[13] 소기통 98-162-3

4 양도소득세의 계산구조

양도소득세는 다음과 같이 계산되는데 각각의 구체적인 내용은 절을 바꾸어 토지·건물의 부동산을 중심으로 설명하기로 한다.

《 양도소득세의 계산구조 》

구분	계산방법			
과세표준의 계산	양 도 차 익	=	양 도 가 액	− 필요경비 / 취득가액·기타필요경비
	⇩			
	양도소득금액	=	양 도 차 익	− 장기보유특별공제
	⇩			
	양 도 소 득 과 세 표 준	=	양도소득금액	− 양도소득 기본공제
세액의 계산	양 도 소 득 산 출 세 액	=	양 도 소 득 과 세 표 준	× 세　　율
	⇩			
	결 정 세 액	=	양 도 소 득 산 출 세 액	− 세액감면·세액공제
	⇩			
	총결정세액	=	결 정 세 액	+ 가　산　세
	⇩			
	납 부 세 액	=	총결정세액	− 기 납 부 세 액

2절 양도소득 차익의 결정

1 양도가액

① 양도가액은 당해 자산의 양도로 발생한 총수입금액을 말하는데 양도소득세 과세시 당해 양도가액은 당해 자산의 양도 당시의 양도자와 양수자 간에 실제로 거래한 가액에 의한다.

② 그러나 양도소득과세표준 확정신고 의무자가 신고하지 아니한 경우로서 다음에 해당하는 때에는 부동산등기법 제68조에 따라 등기부에 기재된 등기부기재가액을 실지거래액으로 추정하여 양도소득과세표준과 세액을 결정할 수 있다. (소득법 114조 5항)

1. 등기부기재가액을 실지거래액으로 추정하여 계산한 납부할 양도소득세액이 300만원 미만인 경우
2. 상기 양도소득세액이 300만원 이상인 경우로서 관할 세무서장 등이 기한 후 신고를 하도록 통보하였음에도 통보 후 30일 이내에 기한 후 신고를 하지 아니한 경우

③ 또한, 양도가액을 실지거래액에 의하여 양도소득세 신고를 한 경우로서 당해 신고가액이 사실과 달라 납세지 관할 세무서장 등이 실지거래가액을 확인한 때에는 그 확인된 가액을 양도가액으로 하여 양도소득 과세표준과 세액을 경정한다. (소득법 114조6항)

2 필요경비

가. 필요경비의 구성

양도차익 결정 시 양도가액에서 공제하는 필요경비는 당해 자산의 취득가액, 자본적 지출액, 양도비 등 기타 필요경비로 구성된다. (소득법 97조)

1. 당해 자산의 취득가액
2. 자본적 지출액
3. 양도비 등

나. 취득가액

1) 실지거래가격을 확인할 수 있는 경우

① 양도차익 결정 시 공제되는 취득가액은 그 자산의 취득에 소요된 실지거래가액으로 한다. (소득법 97조1항1호가목)

② 이때 토지, 건물 및 부동산에 관한 권리를 양도한 자가 당해 자산의 취득 당시 다음의 방법에 의하여 실지거래가액을 확인한 사실이 있는 경우에는 이를 취득 당시의 실지거래가액으로 본다. (소득법 97조7항)

> 거주자가 부동산 취득시 '부동산거래신고에 관한 법률' 제3조 제1항에 따른 부동산의 실제거래가격을 기획재정부령이 정하는 방법에 의하여 확인하는 방법

③ 한편, 양도자산 보유 기간에 그 자산에 대한 감가상각비로서 과세기간의 사업소득금액을 계산하는 경우 필요경비에 산입하였거나 산입할 금액이 있으면 이를 공제한 금액을 취득가액으로 한다. (소득법 97조3항)

(1) 일반적일 때의 취득가액

일반적일 때의 취득에 소요된 실지거래가액은 소득세법시행령 제89조1항의 규정을 준용하여 계산한 취득원가에 상당하는 금액(현재가치할인차금과 면세전용 및 폐업시 잔존재화에 대한 부가가치세를 포함하되 부당행위계산에 의한 시가초과액은 제외)으로서 다음과 같이 구한다.

① 매입한 고정자산은 매입가액에 취득세·등록면허세, 기타 부대비용 포함

② 자기가 제조·생산 또는 건설 등에 의하여 취득한 고정자산은 원재료비·노무비·운임·하역비·보험료·수수료·설치비·공과금(취득세와 등록면허세 포함)·기타 부대비용의 합계액

③ 상기 자산으로서 그 취득가액이 불분명한 자산과 그 외의 자산: 당해 자산의 취득 당시의 시가에 취득세·등록면허세 기타 부대비용을 가산한 금액

④ 취득에 소요된 소송비용(소득령 163조1항2호) : 자산의 소유권 등을 확보하기 위하여 직접 소요된 소송비용·화해비용 등의 금액으로서 그 지출한 연도의 각 소득금액 계산에서 필요경비에 산입된 것을 제외한 금액은 취득가액에 포함.

⑤ 취득원가에 가산하는 이자상당액(소득령 163조1항3호) : 당사자 약정에 의한 대금지급방법에 따라 취득원가에 이자상당액을 가산하여 거래가액을 확정하는 경우 당해 이자상당액은 취득원가에 포함한다. 다만, 당초 약정에 의한 거래가액의 지급기일의 지연으로 인하여 추가로 발생하는 이자상당액은 취득언가에 포함하지 아니한다.

⑥ 현재가치할인차금의 상각액(소득령 163조2항) : 현재가치할인차금을 취득원가에 포함하는 때도 있어서 양도자산의 보유 기간에 동 현재가치할인차금의 상각액을 각 연도의 사업소득금액 계산시 필요경비로 산입하였거나 산입할 금액이 있는 때에는 그 금액을 취득가액

에서 공제함.

(2) 특수한 경우의 취득가액

① 대가를 금전 이외의 물품으로 지급하는 경우: 토지나 건물을 취득·양도하는 자가 당해 자산의 대가로서 금전 이외의 물품을 지급하거나 영수하고 그 양도자산의 매매계약서 상에는 물품 수량만이 명시된 경우에는 당해 양도자산의 취득가액·양도가액은 물품의 인도·영수 당시의 시가에 의해 계산한 가액으로 한다. (소기통 97-0-1)

② 감정가액으로 기록된 장부가액을 취득가액으로 기장한 경우: 감정가액으로 장부에 계상하고 이를 기초로 감가상각 등을 한 경우에도 필요경비로 공제하는 취득가액은 취득당시의 실지거래가액으로 한다. (소기통 97-0-2)

2) 실지거래가격을 확인할 수 없는 경우

취득가액 계산시 취득 당시의 실지거래가액을 확인할 수 없는 경우에는 매매사례가액, 감정가액 또는 환산취득가액을 순차적으로 적용한 금액에 의한다(소득법 97조 1항 1호 나목). 여기서 매매사례가액 등은 다음과 같은 것을 말한다. (소득령 176조의 2)

(1) 매매사례가액

취득일 전후 각 3월 이내에 당해 자산(주권상장법인의 주식 등 제외)과 동일성 또는 유사성이 있는 자산의 매매사례가 있는 경우 그 가액

(2) 감정가액

취득일 전후 각 3월 이내에 당해 자산(주식 등 제외)에 대하여 둘 이상의 감정평가법인 등이 평가한 것으로서 신빙성이 있는 것으로 인정되는 감정가액(감정평가기준일이 취득일 전후 각 3월 이내인 것에 한함)이 있는 경우에는 그 감정가액의 평균액. 다만, 기준시가가 10억원 이하인 자산의 경우에는 취득일 전후 3개월 이내에 하나의 감정평가법인 등이 평가한 것으로서 신빙성 있는 것으로 인정되는 경우 그 감정가액으로 한다.

(3) 환산취득가액

① 토지·건물 및 부동산을 취득할 수 있는 권리

$$ \text{양도 당시의 실지거래가액,}\ \text{매매사례가액 또는 감정가액} \times \frac{\text{취득 당시의 기준시가[14]}}{\text{양도 당시의 기준시가[15]}} $$

---

[14] 소득령 164조, 165조
[15] 소득령 제164조8항의 규정에 해당하는 경우에는 동항의 규정에 의한 양도당시의 기준시가

② 주식·기타자산

$$\boxed{\begin{array}{c}\text{양도 당시의 실지거래가액,}\\\text{매매사례가액 또는 감정가액}\end{array}} \times \boxed{\dfrac{\text{취득 당시의 기준시가}}{\text{양도 당시의 기준시가}}}$$

다. 기타 필요경비

1) 취득가액을 실지거래가액에 의하여 계산하는 경우

취득가액을 실지거래가액에 의하여 계산하는 경우의 기타 필요경비는 자본적 지출액과 양도비이다.

(1) 자본적 지출액

자본적 지출액이란 다음과 같은 비용을 말한다. (소득령 163조3항).

① 소득세법시행령 제67조 2항의 규정을 준용하여 계산한 자본적지출액

② 양도자산을 취득한 후 쟁송이 있으면 그 소유권을 확보하기 위하여 직접 소요된 소송비용·화해비용 등의 금액으로서 그 지출한 연도의 소득금액 계산시 필요경비에 산입되지 않는 금액

③ 토지 등이 협의매수 또는 수용되는 경우로서 그 보증금의 증액과 관련하여 직접 소요된 소송비용·화해비용 등의 금액으로서 그 지출한 연도의 소득금액 계산시 필요경비에 산입되지 않은 금액 중 증액보상금 한도 내의 금액

④ 양도자산의 용도변경·개량 또는 이용 편의를 위하여 지출한 비용

⑤ 개발부담금 및 재건축부담금

⑥ 기타 소득세법시행규칙 제79조1항에 열거된 비용

(2) 양도비

양도비란 다음과 같은 내용을 말한다. (소득령 163조5항)

① 자산을 양도하기 위하여 직접 지출한 비용과 증권거래세. 이때 양도비용의 범위에는 자산을 양도하기 위한 계약서작성비용, 공증비용, 인지대, 소개비, 양도자가 지출하는 명도비용 등이 포함된다.

② 자산을 취득하면서 법령 등의 규정에 따라 매입한 국민주택채권 및 토지개발채권을 만기 전에 금융기관 등에 양도함으로써 발생하는 매각차손(금융기관 외의 자에게 양도하는 경우에는 금융기관에 양도하였을 때 발생하는 매각차손을 한도로 함)

2) 기타의 경우

취득 당시의 실지거래가액을 확인할 수 없어 취득가액을 매매사례가액·감정가액·환산가액에 의하는 경우 등에 기타 필요경비는 실소요액에 불구하고 다음의 금액으로 한다. (소득령 163조6항)

(1) 토지

$$\text{취득 당시의 개별공시지가} \times \frac{3}{100} \quad (\text{미등기 양도자산은} \quad \frac{3}{1000})$$

(2) 건물

① 일반건물

$$\text{국세청장이 고시한 기준시가} \times \frac{3}{100} \quad (\text{미등기 양도자산은} \quad \frac{3}{1,000})$$

② 주택(부수토지 포함)

$$\text{개별주택가격 및 공동주택가격} \times \frac{3}{100} \quad (\text{미등기 양도자산은} \quad \frac{3}{1,000})$$

③ 오피스텔 및 상업용 건물(부수토지 포함)

$$\text{국세청장이 고시한 기준시가} \times \frac{3}{100} \quad (\text{미등기 양도자산은} \quad \frac{3}{1,000})$$

(3) 지상권·전세권·부동산임차권(미등기양도자산 제외)

$$\text{취득 당시의 기준시가} \times \frac{7}{100}$$

(4) 상기 (1) 내지 (3) 이외의 자산

$$\text{취득 당시의 기준시가} \times \frac{1}{100}$$

라. 취득시기의 의제

① 토지, 건물로서 1984년 12월 31일 이전에 취득한 것은 1985년 1월 1일에 취득한 것으로 본다. (법률4803호, 부칙8조, 94.12.22)

② 또한, 부동산에 관한 권리와 소득세법 94조 제1항 제4호의 자산으로서 1984년 12월 31일 이전에 취득한 것은 1985년 1월 1일에 취득한 것으로 보며, 주식(특정주식·부동산 과다보유법인의 주식 제외)으로서 1985년 12월 31일 이전에 취득한 것은 1986년 1월 1일에 취득한 것으로 본다. (소득령 162조 6~7항).

3 양도차익의 산정

(1) 양도차익의 산정 원칙

① 양도차익은 양도가액에서 필요경비를 공제하여 계산하며 이때 양도가액과 필요경비 중 취득가액은 실지거래가액 또는 기준시가에 의해 산정하는바 양도가액과 취득가액은 동일 기준에 의하여야 한다. (소득법 100조1항)

② 즉, 양도차익을 산정하면서 양도가액을 실지거래가액(소득세법 제96조3항에 따른 가액 및 매매사례가액·감정가액 포함)에 의하여 결정하는 때에는 취득가액도 실지거래가액(소득세법 제97조7항에 따른 가액 및 매매사례가액·감정가액·환산취득가액)에 의하고, 양도가액을 기준시가에 의하여 결정하는 때에는 취득가액도 기준시가에 의하여 결정한다.

(2) 양도자가 신고하는 경우

① 양도자가 양도차익을 신고하는 경우에는 양도가액은 반드시 실지거래가액에 의하여야 한다. (소득세법 제96조1항)

② 즉, 실지거래가액의 대체적 방법인 매매사례가액, 감정가액, 환산취득가액(소득세법시행령 제176조의 2 제2항에 의하여 환산한 취득가액)을 사용할 수 없다.

③ 그러나 이에 대응하는 취득가액은 실지거래가액을 확인할 수 없는 경우에 실지거래가액의 보완적 방법인 매매사례가액, 감정가액, 환산취득가액을 적용할 수 있다. (소득법 제97조1항1호가목)

(3) 과세당국에 의한 결정 또는 경정의 경우

과세당국이 실지거래가액에 의하여 양도차익을 결정 또는 경정하는 경우에는 양도가액을 적용시에 실지거래가액이 확인되지 아니하면 실지거래가액의 보완적 방법인 매매사례가액,

감정가액, 환산취득가액 또는 기준시가 등을 순차로 적용하여 산출한 가액으로 할 수 있으며 이에 대응하는 취득가액의 경우에도 실지거래가액 및 보완적 방법을 모두 적용할 수 있다. (소득령 제176조의2 제3항)

(4) 토지와 건물 등을 일괄 양도·취득한 경우의 양도차익

토지와 건물 등을 일괄 양도·취득한 경우에는 이를 각각 구분하여 기장한다. 이 경우 토지와 건물 등 가액의 구분이 불분명한 때에는 취득 또는 양도 당시의 기준시가에 의하여 계산한 가액에 비례하여 안분계산하며, 공통되는 취득가액과 양도비용은 당해 자산의 가액에 비례하여 안분계산한다. (소득법 100조2항)

여기서 토지와 건물 등을 함께 취득하거나 양도한 경우로서 그 토지와 건물 등을 구분 기장한 가액이 위에 따라 안분계산한 가액과 30% 이상 차이가 있는 경우에는 토지와 건물 등의 가액 구분이 불분명한 때로 본다.

3절 양도소득금액의 계산

1 양도소득금액

양도소득금액은 앞서 계산한 양도차익에서 장기보유특별공제액을 공제한 금액으로 한다. 다만, 조정대상지역의 다주택자 소유주택 및 미등기 양도자산 등에 대하여는 동 공제를 하지 아니한다. (소득법 95조2항)

2 장기보유특별공제

(1) 공제액

장기보유특별공제액은 해당 자산의 양도차익에 다음 표에 규정된 보유기간별 공제율을 곱하여 계산한 금액으로 한다. (소득법 95조2항)

《 장기보유특별공제 공제율 》

보유기간	공제율	보유기간	공제율
3년 이상 4년 미만	100분의 6	10년 이상 11년 미만	100분의 20
4년 이상 5년 미만	100분의 8	11년 이상 12년 미만	100분의 22
5년 이상 6년 미만	100분의 10	12년 이상 13년 미만	100분의 24
6년 이상 7년 미만	100분의 12	13년 이상 14년 미만	100분의 26
7년 이상 8년 미만	100분의 14	14년 이상 15년 미만	100분의 28
8년 이상 9년 미만	100분의 16	15년 이상	100분의 30
9년 이상 10년 미만	100분의 18	-	-

다만, 1세대 1주택에 해당하는 자산은 다음 표에 규정된 보유기간별 공제율을 곱하여 계산한 금액과 거주기간별 공제율을 곱하여 계산한 금액을 합산하여 적용한다.

《 1세대1주택 공제율 》

보유기간	공제율	거주기간	공제율
3년 이상 4년 미만	100분의 12	2년 이상 3년 미만 (보유기간 3년 이상 에 한정함)	100분의 8
		3년 이상 4년 미만	100분의 12
4년 이상 5년 미만	100분의 16	4년 이상 5년 미만	100분의 16
5년 이상 6년 미만	100분의 20	5년 이상 6년 미만	100분의 20
6년 이상 7년 미만	100분의 24	6년 이상 7년 미만	100분의 24
7년 이상 8년 미만	100분의 28	7년 이상 8년 미만	100분의 28
8년 이상 9년 미만	100분의 32	8년 이상 9년 미만	100분의 32
9년 이상 10년 미만	100분의 36	9년 이상 10년 미만	100분의 36
10년 이상	100분의 40	10년 이상	100분의 40

(2) 공제대상 자산

장기보유특별공제는 3년 이상 보유·등기된 토지와 건물을 그 대상으로 하되, 미등기 양도자산 및 조정대상지역의 다주택자 소유주택은 제외한다.

4절 세액계산과 신고와 납부

1 양도소득 기본공제

(1) 과세표준

양도소득세 과세표준은 양도소득금액에서 양도소득 기본공제액을 공제하여 계산한다.

(2) 기본공제 대상

① 양도소득이 있는 거주자에 대하여는 다음의 자산에서 발생하는 양도소득별로 당해연도의 양도소득금액에서 각각 연 250만원을 공제한다. (소법 제103조)

    1. 토지·건물·부동산에 대한 권리, 기타 자산(특정주식 등)

    2. 주권상장법인의 대주주 소유주식 및 장외거래주식, 비상장주식

    3. 대통령령으로 정하는 파생상품 등의 거래 또는 행위로 발생하는 소득

    4. 신탁의 이익을 받을 권리의 양도로 발생하는 소득

② 한편, 양도소득금액에 감면소득금액이 있는 때에는 당해 감면소득금액 외의 양도소득금액에서 양도소득 기본공제를 먼저 공제하고, 감면소득금액 외의 양도소득금액 중에서는 당해연도 중 먼저 양도한 자산의 양도소득금액부터 순차로 공제한다.

(3) 공제제외 대상

토지·건물·부동산에 관한 권리로서 미등기 양도면 양도소득 기본공제를 하지 아니한다.

2 양도소득의 세율

《 양도소득의 세율 (소득법 104조) 》

구분		양도소득세율[16]		
토지, 건물	보유기간 2년 이상	과세표준	세율	누진공제
		1,400만원 이하	6%	-
		1,400만원 초과 5,000만원 이하	15%	126만원
		5,000만원 초과 8,800만원 이하	24%	576만원
		8,800만원 초과 1억5천만원 이하	35%	1,544만원
		1억5천만원 초과 3억원 이하	38%	1,944만원
		3억원 초과 5억원 이하	40%	2,594만원
		5억원 초과 10억원 이하	42%	3,594만원
		10억원 초과	45%	6,594만원

구분		세 율		
토지, 건물	보유기간 1년 이상 2년 미만[17]	40%		
	보유기간 1년 미만[17]	50%		
	비사업용토지·비사업용토지 과다 소유법인의 주식	기본세율+10%		
	미등기 양도자산	70%		
주식	중소기업법인외 법인의 대주주 1년 미만 보유주식	30%		
	기타 일반적인 대주주 보유주식	과세표준	세율	
		3억원 이하	20%	
		3억원 초과	6천만원+(3억원초과액×25%)	
	중소기업법인의 소액주주 보유주식	10%		
	중소기업법인외 법인의 소액주주 보유주식	20%		
신탁수익권		기타 일반적인 대주주보유주식 세율과 같음		
파생상품	거래행위의소득	20%		
기타 자산	영업권, 시설물이용권, 특정주식, 특정법인의 주식	양도소득세 기본세율		

---

[16] 2021.6.1 이후 양도하는 조정대상지역 내 1세대 2주택의 경우에는 양도소득세 세율에 20%를 가산하고, 1세대 3주택의 경우에는 30%를 가산한다. 단 2026.5.9. 이전에 양도분은 중과 배제한다.

[17] 2021.6.1 이후 양도하는 보유기간 1년 이상 2년 미만인 주택, 조합입주권 및 분양권에 대한 양도소득세 세율은 60%이며, 2021.6.1 이후 양도하는 보유기간 1년 미만인 주택, 조합입주권 및 분양권에 대한 양도소득세 세율은 70%임

３ 예정신고

가. 신고·납부기한

① 양도소득세의 예정신고 및 납부기한은 양도일이 속하는 달의 말일(주식 또는 출자지분을 양도한 경우에는 반기 말일)부터 2월 이내이며 양도차익이 없거나 양도차손이 발생한 때도 신고는 하여야 한다. (소득법 105조)

② 한편, 부동산 거래신고 등에 관한 법률 제10조 제1항의 규정에 의한 거래계약허가구역 안에 있는 토지를 양도하면서 토지거래계약허가를 받기 전에 대금을 청산한 경우에는 그 허가일(토지거래 허가를 받기전에 허가구역의 지정이 해제된 경우에는 그 해제일을 말함)이 속하는 달의 말일부터 2월로 한다.

③ 당해연도에 누진세율의 적용대상 자산에 대한 양도차익예정신고를 2회 이상 하는 경우로서 이미 신고한 양도소득금액과 합산하여 신고하고자 하면 다음 산식에 의한 금액을 2회 이후 신고하는 예정신고산출예정액으로 한다. (소득법 107②)

$$\text{예정신고 산출세액} = (\text{이미 신고한 양도소득금액} + \text{제2회 이후 신고하는 양도소득금액} - \text{양도소득 기본공제}) \times \text{세율} - \text{이미 신고한 예정신고 산출세액}$$

나. 제출서류

양도소득세 예정신고 시에는 양도소득과세표준예정신고 및 자진납부계산서에 다음의 서류를 첨부하여 주소지 관할 세무서장에게 제출하여야 한다. (소득령 169조)

(1) 부동산 등

① 환지예정증명원·잠정등급확인원 및 관리처분내용을 확인할 수 있는 서류 등
② 당해 자산의 매도 및 매입에 관한 계약서 사본(계약서 사본에는 양수자의 인감 날인)
③ 자본적 지출액·양도비 등의 명세서
④ 감가상각비명세서

(2) 주식

① 매도 및 매입계약서 사본
② 양도비 등의 명세서
③ 대주주 등에 해당하는 경우 주식거래내역서

④ 연중에 주권상장법인 대주주가 되는 경우 대주주 등 신고서

한편, 예정신고를 받은 납세지관할서장은 행정정보의 공동이용을 통하여 부동산 등의 양도와 관련된 토지대장, 건축물대장등본, 토지 및 건물 등기사항 증명서를 확인하여야 한다.

다. 예정신고 자진 납부

① 예정신고 시 산출세액은 전술한 양도소득세 과세표준에 세율을 곱하여 계산하며, 납부세액은 산출세액에서 예정신고 납부세액을 공제하여 계산한다.

② 이 예정신고 납부세액공제는 2011년 1월 1일 이후 양도분부터 전면폐지 되었으며, 예정신고를 하지 않았을 경우 무신고가산세가 적용됨을 유의하여야 한다.

4 확정신고

① 당해연도에 부동산 등을 여러 건 양도하는 경우에는 그다음 해 5월 1일부터 5월 31일 사이에 확정신고를 하여야 한다.

② 다만 1건의 양도소득만 있는 자가 예정신고를 한 경우 확정신고를 하지 않아도 된다.

3장
등록면허세

1절 법인전환과 등록면허세

1 등록면허세의 개요

① 정부는 2011년 이후 지방세법의 세목 체계를 대폭 변경하였다.

② 주목할 것은 등록세를 없애면서 등록세 중에서 원시취득이나 승계취득 등 취득이 수반되는 등기·등록에 관한 것은 취득세로 통합하고,

③ 저당권·전세권·임차권·지상권·가등기 등의 기타등록세와 법인등기·상호등기 등 취득이 수반되지 아니하는 기타등록세는 '등록분 등록면허세'로 하였다.

④ 또한, 종전의 면허세는 '면허분 등록면허세'로 하여 등록면허세를 이원화하였다. 이 면허분 등록면허세는 법인전환과 특별한 관련이 없으므로 여기서는 등록분 등록면허세만 다루기로 한다.

구분	내용
취득세	원시취득 및 승계취득의 등기 및 등록에 관한 것
등록분 등록면허세	저당권·전세권·임차권·지상권·가등기 등 기타등록세 법인등기·상호등기 등 기타등록세
면허분 등록면허세	종전의 면허세

2 납세의무자

① 등록분 등록면허세의 납세의무자는 등록을 신청하는 자이며, 취득을 원인으로 이루어지는 등기 또는 등록은 제외한다.

② 즉, 취득이 수반되는 경우는 취득세의 과세대상이 되는 것이다. 그러나 광업권·어업권 및 양식업권의 취득에 따른 등록, 외국인 소유의 취득세 과세 대상 물건의 연부 취득에 따른 등기 또는 등록은 등록면허세의 대상이 된다. (지방법 23조1호)

③ 또한, 리스로 취득하는 차량 등이나 지입 차량 등의 경우에는 취득세 납세의무자와 등록을 하는 자가 다르므로 취득세와 등록면허세를 구분하여 납부하여야 한다. 면허분 등록면허세는 종전과 동일하게 면허를 받는 자가 납세의무자이다.

3 법인등기 등록면허세

① 법인전환을 위해 개인기업 소유 부동산 등을 양도하거나 현물출자를 하게 되면 소유권의 이전이 발생한다.

② 이렇게 부동산 등의 소유권을 이전하는 것은 취득세의 과세대상이지 등록면허세의 과세 대상이 아니다. 따라서 개인기업의 법인전환시 부동산 등의 명의이전은 소유권의 이전에 해당하므로 일반적으로 등록면허세의 과세대상이 아니다.

③ 다만, 법인전환시 법인을 설립하거나 증자가 이루어질 때는 법인등기에 따른 등록면허세를 납부하여야 할 것이다.

2절 등록면허세 과세표준과 세율

1 등록면허세 과세표준

① 부동산·선박·항공기·자동차와 건설기계의 등록에 대한 등록면허세의 과세표준은 등록 당시의 가액으로 하되, 등록자의 신고에 따른다.

② 다만, 신고가 없거나 신고가액이 지방세법 제4조에 따른 시가표준액보다 적으면 시가표준액을 과세표준으로 한다.

③ 그러나 지방세법 제23조1호 각목에 따른 취득을 원인으로 하는 등록의 경우 지방세법 제10조의 2부터 제10의 6까지의 규정에서 정하는 취득당시가액을 과세표준으로 하며, 취득세 부과제척기간이 경과한 물건의 등기 또는 등록의 경우에는 등록 당시의 가액과 취득당시가액 중 높은 가액을 과세표준으로 한다.(지방법 제27조3항)다. (지방법 제27조3항)

④ 따라서 전환법인의 등록면허세 과세표준은 법인장부에 의한 사실상의 취득가격이 되며, 등록 당시에 자산재평가 또는 감가상각 등의 사유로 그 가액이 달라지면 변경된 가액을 과세표준으로 하되, 그 변경된 가액은 법인장부나 결산서 등에 의하여 입증되어야 한다.

⑤ 또한, 채권금액으로 과세액을 정하면 일정한 채권금액이 없을 때에는 채권의 목적이 된 것의 가액 또는 처분의 제한의 목적이 된 금액을 그 채권금액으로 본다.

2 부동산등기 세율

부동산등기에 관한 등록면허세의 표준세율을 보면 다음과 같으며, 실제 적용세율은 지방자치단체의 조례에 의하여 50% 범위내에서 가감조정할 수 있으므로, 특별시, 광역시, 도의 조례를 반드시 확인해 보아야 한다.

《 부동산등기의 등록면허세 세율 》

과세대상		과세표준	세 율	
① 소유권 보존		부동산 가액	1천분의 8	
② 유상으로 인한 소유권 이전		부동산 가액	1천분의 20[18]	6,000원 미만 시 6,000원
③ 무상으로 인한 소유권 이전		부동산 가액	1천분의 15	
④ 상속으로 인한 소유권 이전		부동산 가액	1천분의 8	
⑤ 소유권 외의 물권과 임차권의 설정 및 이전	지상권	부동산 가액	1천분의 2	

과세대상		과세표준	세 율	
⑤ 소유권 외의 물권과 임차권의 설정 및 이전	저당권	채권금액	1천분의 2	6,000원 미만 시 6,000원
	지역권	요역지 가액	1천분의 2	
	전세권	전세금액	1천분의 2	
	임차권	월 임대차금액	1천분의 2	
⑥ 경매신청		채권금액	1천분의 2	
⑦ 가압류		채권금액	1천분의 2	
⑧ 가처분		채권금액	1천분의 2	
⑨ 가등기		부동산 가액	1천분의 2	
⑩ ①~⑩ 이외의 기타 등기		가액	6,000원	

※ 1. 소유권 보존등기는 취득을 수반하지 아니하는 경우에만 해당
   2. 취득세 납세의무자와 등록면허세 납세의무자는 서로 다름

3 선박·차량 등에 대한 세율

《 선박·자동차·건설기계 등기·등록의 등록면허세 세율 》

과세대상		과세표준	세 율
선박 등기	소유권 보존	선박 가액	1천분의 0.2
	기타 등기	매 1건당	15,000원
자동차 등록	소유권 등록	가액	1천분의 20~50
	저당권	채권금액	1천분의 2
	기타 등록	가액	15,000원
건설기계 등록	소유권 등록	건설기계가액	1천분의 10
	저당권	채권금액	1천분의 2
	기타 등록	매 1건당	10,000원
항공기 등록	최대이륙중량 5,700kg 이상	가액	1천분의 0.1
	기타 등록	가액	1천분의 0.2
공장재단 및 광업재단 등기	저당권	채권금액	1천분의 1
	기타 등기	매 1건당	9,000원

※ 선박 소유권 보존등기는 취득을 수반하지 아니하는 경우에만 해당

---

18) 19)지방세법 제11조 제1항 제8호에 따른 세율을 적용받는 주택의 경우에는 해당 주택의 취득세율에 100분의 50을 곱한 세율을 적용하여 산출한 금액을 그 세액으로 한다.

4 법인등기 세율

《 법인등기에 대한 등록면허세 세율 》

과세대상		과세표준	세율
영리법인 설립·합병	①설립과 납입	납입 주식금액, 출자가액	1천분의 4
	②자본·출자증가	납입액, 출자가액	1천분의 4
비영리법인 설립·합병	③설립과 납입	납입 재산가액, 출자가액	1천분의 2
	④출자·재산총액 증가	납입 재산가액, 출자가액	1천분의 2
⑤재평가적립금	자본·출자 증가	증가금액	1천분의 1
⑥본점·주사무소 이전		매 1건당	112,500원
⑦지점·분사무소 이전		매 1건당	40,200원
⑧ ①~⑦외의 기타 등기		매 1건당	40,200원

※ 참고: 산출세액이 112,500원 미만은 112,500원으로 한다.

5 상호등기 등의 세율

(1) 상호 등 등기의 세율

상호의 설정이나 관리인과 대리인의 선임 등은 다음과 같이 세율을 적용한다. (지방법 §28①7)

《 상호 등 등기에 대한 등록면허세 세율 》

과세대상	세 율
상호의 설정 또는 취득	78,700원
지배인의 선임 또는 대리권의 소멸	12,000원
선박관리인의 선임 또는 대리권의 소멸	12,000원

(2) 광업권 등록의 세율

광업권에 관하여 광업권 원부에 등록을 받을 때에는 다음과 같이 세율을 적용한다. 이 경우 광업권의 존속기간 만료 전에 존속기간을 연장한 경우에는 광업권의 설정으로 본다. (지방법 §28①8)

《 광업권 등록에 대한 등록면허세 세율 》

과세대상		세 율
① 광업권 설정		매 1건당 135,000원
공업권의 변경	② 증구 또는 증감구	매 1건당 66,500원
	③ 감구	매 1건당 15,000원
광업권의 이전	④ 상속	매 1건당 26,200원
	⑤상속 이외의 이전	매 1건당 90,000원
⑥ 기타 등록		매 1건당 12,000원

(3) 조광권 등록의 세율

조광권의 등록에 대하여는 다음과 같이 세율을 적용한다. (지방법 §28①8의2)

《 조광권 등록에 대한 등록면허세 세율 》

과세대상		세 율
① 조광권 설정(존속기간 만료 전에 기간 연장한 경우 포함)		135,000원
조광권 이전	② 상속	26,200원
	③ 상속 이외의 이전	90,000원
④ 기타 등록		12,000원

(4) 어업권·양식업권 등록의 세율

어업권에 관하여 어업권 원부에 등록을 받을 때에는 다음과 같이 세율을 적용한다. (지방법 §28①9)

《 어업권·양식업권 등록에 대한 등록면허세 세율 》

과세대상		세 율
어업권·양식업권 이전	① 상속	매 1건당 6,000원
	② 상속 이외의 이전	매 1건당 40,200원
어업권·양식업권의 지분 이전	③ 상속	매 1건당 3,000원
	④ 상속 이외의 이전	매 1건당 21,000원
⑤ 기타 등록		매 1건당 9,000원

(5) 저작권 등 등록의 세율

저작권··배타적발행권·출판권·저작인접권·컴퓨터프로그램저작권 또는 데이터제작자의 권리에 관하여 등록받을 때는 다음과 같이 세율을 적용한다. (지방법 §28①10)

《 저작권 등록에 대한 등록면허세 세율 》

과세대상	세율
① 저작권 등의 상속	매 1건당 6,000원
② 저작권법 제54조, 제90조 및 제98조에 따른 등록 중 상속 외의 등록(프로그램 등록 제외)	매 1건당 40,200원
③ 저작권법 제54조에 따른 프로그램 등록, 배타적발행권, 출판권 등록 중 상속 외의 등록	매 1건당 20,000원
④ 기타 등록	매 1건당 3,000원

(6) 특허권 등록의 세율

특허권·실용실안권 또는 디자인권에 관하여 등록을 받을 때에는 다음과 같이 세율을 적용한다. (지방법 §28①11)

《 특허권 등록에 대한 등록면허세 세율 》

과세대상	세율
① 상속에 의한 특허권 등의 이전	매 1건당 12,000원
② 상속 이외의 특허권 등의 이전	매 1건당 18,000원

(7) 상표·서비스표 등록의 세율

상표 또는 서비스표에 관하여 등록받을 때는 다음과 같이 세율을 적용한다(지방법 §28①12). 다만, 상표법 제196조 제2항의 규정에 의한 국제등록기초상표권의 이전은 과세하지 아니한다.

《 상표·서비스표 등록에 대한 등록면허세 세율 》

과세대상		세율
① 상표법 제82조 및 제84조에 따른 상표 또는 서비스표의 설정 및 존속기간 갱신		매 1건당 7,600원
② 상표 또는 서비스표의 이전	상속	매 1건당 12,000원
	상속 이외의 이전	매 1건당 18,000원

(8) 동산담보권 등에 대한 등기 또는 등록

동산담보권 및 채권담보권 등기 또는 지식재산권담보권 등록에 대하여 담보권 설정등기 또는 등록은 채권금액의 1천분의 1로 하고, 그 밖의 등기 또는 등록은 건당 9,000원으로 한다. (지방법 §28①5의2)

(9) 기타 등기의 세율

앞에서 살펴본 '부동산등기세율'에서 '상호 등 등기의 세율'까지의 등기 이외의 등기에 대하여 매 1건당 12,000원을 납부하여야 한다. (지방법 §28①14)

이 경우 '등기'로 되어 있으므로 등기가 아닌 등록을 하는 경우에는 12,000원도 과세할 수 없다.

3절 대도시의 법인등기 중과세

1 중과세 내용

(1) 중과세율

법인등기세율의 3배 중과세 (지방법 §28②)

(2) 중과세 지역

① 대도시 : 수도권정비계획법 제6조에 따른 과밀억제권역('산업집적활성화 및 공장설립에 관한 법률'을 적용받는 산업단지는 제외한다.)

② 중과세 제외 업종 : 대통령령으로 정하는 업종

(3) 중과세 등기

① 대도시에서 법인을 설립(설립 후 또는 휴면법인을 인수한 후 5년 이내에 자본 또는 출자액을 증가하는 경우를 포함한다.)하거나 지점이나 분사무소를 설치함에 따른 등기이다. (지방법 §28②1)

② 대도시 밖에 있는 법인의 본점이나 주사무소를 대도시로 전입(전입 후 5년 이내에 자본 또는 출자액이 증가하는 경우를 포함한다.)함에 따른 등기. 이 경우 전입은 법인의 설립으로 보아 세율을 적용한다. (지방법 §28②2)

2 대도시의 범위

등록면허세가 중과되는 대도시란 수도권정비계획법 제6조 규정에 의한 과밀억제권역을 말하되 '산업집적활성화 및 공장설립에 관한 법률'의 적용을 받는 산업단지를 제외한다. (지방법 §13②)

과밀억제권역은 다음의 지역이다.

① 서울특별시

② 인천광역시 (강화군, 옹진군, 서구 대곡동·불노동·마전동·금곡동·오류동·왕길동·당하동·원당동, 인천경제자유구역 및 남동국가산업단지는 제외한다)

③ 의정부시   ④ 구리시

⑤ 남양주시 (호평동, 평내동, 금곡동, 일패동, 이패동, 삼패동, 가운동, 수석동, 지금동, 도

농동에 한한다)

⑥ 하남시   ⑦ 고양시   ⑧ 수원시   ⑨ 성남시   ⑩ 안양시

⑪ 부천시   ⑫ 광명시   ⑬ 과천시   ⑭ 의왕시   ⑮ 군포시

⑯ 시흥시 (반월 특수지역[19]을 제외한다)

3 중과세 예외

과밀억제권역에서의 등기라 하더라도 불가피하다고 인정되는 업종은 등록면허세 중과를 하지 아니한다. 이 대도시중과제외 업종은 지방세법시행령 제26조에 열거되어 있으며, 이 업종 중 개인기업의 법인전환과 밀접한 관계가 있는 업종은 '개인이 영위하던 제조업'이다.

즉, 대도시 내에서 부가가치세법 또는 소득세법에 의한 사업자등록을 하고 5년 이상 소득세법 19조1항3호의 규정에 의한 제조업을 영위한 개인기업[20]이 당해 대도시 내에서 법인으로 전환하면 등록면허세가 중과되지 아니한다.

---

[19] 반월특수지역에서 해제된 지역을 포함함
[20] 지방세법 시행규칙 제5조

4장
취 득 세

1절 법인전환과 취득세

1 취득세

① 취득세는 부동산·차량·기계장비·입목·항공기·선박·광업권·어업권·골프회원권·승마회원권·콘도미니엄회원권, 종합체육시설이용회원권 또는 요트회원권의 취득자에게 부과하는 지방세이다.

② 따라서 개인기업의 법인전환시 취득세 과세물건이 개인기업에서 법인으로 양도 양수하는 경우에는 취득세를 부담하게 되는데 지특법 소정의 요건에 해당하면 사업용 재산에 대한 취득세가 경감된다.

2 과세표준

(1) 과세표준 일반

① 취득세의 과세표준은 '취득 당시의 가액'으로 하며, 연부로 취득한 금액은 연부금액(매회 사실상 지급되는 금액을 말하며, 취득금액에 포함되는 계약보증금을 포함한다)으로 한다. (지방법 10조)

② 최근 지방세법 개정으로 '취득 당시의 가액'이 과세대상의 실질가치를 반영될 수 있도록 취득 원인별로 법조문을 명확히 구성하였다.

(2) 무상취득의 경우

부동산등을 무상취득하는 경우 과세표준은 취득시기 현재 불특정 다수인 사이에 자유롭게 거래가 이루어지는 경우 통상적으로 성립된다고는 인정되는 '시가인정액'을 말하며, 이에는 매매사례가액, 감정가액, 공매가액 등이 있다.

(3) 유상승계취득의 경우

① 부동산 등을 유상거래(매매 및 교환 등 취득에 대한 대가를 지급하는 거래)로 승계취득하는 경우 과세표준은 취득시기 이전에 해당 물건을 취득하기 위하여 납세의무자 등이 거래상대방이나 제3자에게 지급하였거나 지급하여야 할 일체의 비용인 '사실상의 취득가액'을 말한다.

② '사실상의 취득가액'이란 거래상대방 등에게 지급하였거나 지급하여야 할 직접비용과 다음의 간접비용의 합계금액을 말한다. (지방령 18조1항)

    1. 건설자금에 충당한 차입금의 이자 또는 이와 유사한 금융비용

    2. 할부 또는 연부 계약에 따른 이자 상당액 및 연체료

    3. 공인중개사법에 따른 공인중개사에게 지급한 중개보수

    4. 기타 지방세법 시행령 18조1항에 열거된 간접비용

③ 단, 법인이 아닌 자가 취득하는 경우에는 상기②의 1.2.3.에 해당하는 비용은 제외하여 계산한다.

④ 지방자치단체의 장은 특수관계인과의 거래로 그 취득에 대한 조세부담을 부당히 감소시킨 것으로 인정되는 경우('부당행위계산'이라 함) 상기의 '시가인정액'을 과세표준으로 결정할 수 있다.

⑤ 부당행위계산은 특수관계인으로부터 시가인정액보다 낮은 가액으로 부동산을 취득한 경우로서 시가인정액과 사실상 취득가액의 차액이 3억원 이상이거나 시가인정액의 100분의 5에 상당하는 금액 이상인 경우로 한다. (지방령 18조의2)

(4) 원시취득하는 경우

부동산등을 원시취득하는 경우 과세표준은 사실상 취득가액으로 하되, 법인이 아닌 자가 건축물을 건축하여 취득하는 경우로서 사실상 취득가액을 확인할 수 없는 경우에는 지방세법 4조의 시가표준액으로 한다.

3 세 율

① 취득세는 종전의 취득세와 등록세를 합한 것이므로, 세율도 종전의 취득세와 등록세 세율을 합한 것으로 한다. 다만, 취득이 수반되지 아니하고 등기·등록만 하는 것은 등록면허세로 부과된다.

② 세율 특례나 중과세율이 아닌 취득세 일반세율은 표준세율이라고 하며, 각 지방자치단

체에서 조례에 의하여 50% 범위 이내에서 가감 조정할 수 있기 때문에 실제 적용세율은 반드시 해당 지방자치단체의 조례를 확인해 보아야 한다. (지방법 제14조)

《 부동산 취득세 세율 》

과세대상		세율
상속	농지	1천분의 23
	농지 이외 것	1천분의 28
무상취득	일반납세자	1천분의 35
	비영리사업자	1천분의 28
원시취득		1천분의 28
공유물·합유물·총유물의 분할, 구분소유자 공유권의 분할		1천분의 23
유상취득[21]	농지	1천분의 30
	농지 이외 것	1천분의 40[22]

《 기계장비 취득세 세율 》

취득유형	세율
건설기계	1천분의 30
미등록 기계장비	1천분의 20

《 차량 취득세 세율 》

취득유형			세율
비영업용 승용자동차	일반 승용자동차		1천분의 70
	경자동차		1천분의 40
영업용 승용차 승합차, 화물차 이륜차, 특수자동차 등	비영업용	일반	1천분의 50
		경자동차	1천분의 40
	영업용		1천분의 40
자동차세 부과 제외 차량(궤도, 삭도 등)			1천분의 20

《 항공기 취득세 세율 》

취득유형	세율
항공법 제3조 단서에 따른 항공기(리스물건 등)	1천분의 20
일반항공기(최대이륙중량 5,700kg 이상)	1천분의 20.1
일반항공기(최대이륙중량 5,700kg 미만)	1천분의 20.2

---

[21] 법인이 합병 또는 분할에 따라 부동산을 취득하는 경우에도 적용한다.

[22] 유상거래를 원인으로 취득 당시의 가액이 6억원 이하인 주택을 취득하는 경우에는 1%, 6억원 초과 9억원 이하의 주택을 취득하는 경우에는 1~3%, 9억원 초과 주택을 취득하는 경우에는 3%의 세율을 각각 적용한다.

《 선박 취득세 세율 》

취득유형		세율
상속으로 인한 취득		1천분의 25
증여, 유증, 그 밖의 무상취득		1천분의 30
원시취득		1천분의 20.2
수입에 의한 취득 및 주문 건조에 의한 취득		1천분의 20.2
그 밖의 원인으로 인한 취득(소형선박 제외)		1천분의 30
소형선박	선박법 제1조의2 제2항에 따른 소형선박	1천분의 20.2
	동력수상레저기구	1천분의 20.2
	그 밖의 소형선박	1천분의 20

《 기타자산의 취득세 세율 》

대상자산	세율
입목	1천분의 20
광업권, 어업권 또는 양식업권	1천분의 20
골프회원권, 승마회원권, 콘도미니엄 회원권, 종합체육시설 이용회원권 또는 요트회원권	1천분의 20

4 중과세율

취득세 세율은 표준세율이며, 아래의 요건에 해당하는 경우 표준세율에 추가로 2%(중과기준세율)의 2배 또는 4배를 합한 세율을 적용하는 것이 취득세 중과세율이다.[23](지방법 제13조)

《 취득세 중과세율 》

구분	대상	세율
㉮	• 과밀억제권역에서 본점이나 주사무소의 사업용으로 신축하거나 증축하는 건축물과 그 부속토지를 취득하는 경우 • 과밀억제권역(산업단지·유치지역 및 공업지역 제외)에서 공장을 신설하거나 증설하기 위하여 사업용 과세물건을 취득하는 경우	표준세율 + 중과기준세율(2%)의 2배 •유상매입분: 8%

[23) 세법강의 (이철재, 세경사 2011) 참조

구분	대상	세율
㉯	• 대도시에서 법인을 설립(휴면법인을 인수하는 경우 포함) 하거나 지점 또는 분사무소를 설치하는 경우 및 법인의 본점·주사무소·지점 또는 분사무소를 대도시로 전입함에 따라 대도시의 부동산을 취득(그 설립·설치·전입 이후의 부동산 취득 포함)하는 경우 • 대도시(유치지역 및 공업지역 제외)에서 공장을 신설하거나 증설함에 따라 부동산을 취득하는 경우	표준세율×3-중과기준세율(2%)의 2배 •유상매입분: 8%
㉰	• 골프장·고급주택·고급오락장·고급선박을 취득하는 경우	표준세율 + 중과기준세율(2%)의 4배 •유상매입분: 12%

(1) 세율적용 특례

① ㉮와 ㉯가 동시에 적용되는 경우 : 표준세율의 3배

② ㉯와 ㉰가 동시에 적용되는 경우 : 표준세율의 3배 + 중과기준세율(2%)의 2배

(2) 부동산을 매입한 경우의 취득세 중과

① 과밀억제권에서 본점의 사업용 부동산 취득(㉮) : 4%＋2%×2＝8%

② 대도시에서 지점을 설치하고 지점용 부동산 취득(㉯) : 4%×3-2%×2＝8%

③ 대도시에서 법인을 설립하면서 본점용 부동산 취득(㉮와㉯ 중복) : 4%×3＝12%

④ 고급오락장용 부동산 취득(㉰) : 4%＋2%×4＝12%

⑤ 대도시 내 지점인 고급오락장용 부동산 취득(㉯와㉰) 중복 : 4%×3＋2%×2＝16%

5 중과세 예외

① 과밀억제권역에서의 부동산 등의 취득이라 하더라도 불가피하다고 인정되는 업종의 취득에 대해서는 취득세 중과를 하지 아니한다. 이 대도시중과제외업종은 지방세법 시행령 제26조에 열거되어 있으며, 이 업종 중 개인기업의 법인전환과 밀접한 관계가 있는 업종은 '개인이 영위하던 제조업'이다.

② 즉, 대도시 내에서 부가가치세법 또는 소득세법에 의한 사업자등록을 하고 5년 이상 제조업을 영위한 개인기업이 당해 대도시 내에서 법인으로 전환하면 취득세가 중과되지 아니한다. 이때 중과되지 아니하는 부동산은 법인전환에 따라 법인기업에서 취득한 부동산에 한한다.

③ 따라서 법인전환에 따라 취득한 부동산의 가액(시가표준액)이 법인전환 전의 부동산가액을 초과하는 경우의 그 초과 부분과 법인으로 전환한 날 이후에 취득한 부동산은 중과된다. (지방령 26조1항10호)

6 법인전환과 취득세

① 취득세 대상을 많이 보유하고 있는 개인기업의 경우 법인전환을 함에 따라 해당 자산의 명의이전에 따른 양도소득세·취득세 등이 과다하게 소요되는 문제가 있으나, 조특법 및 지특법상의 조세지원에 따라 양도소득세 이월과세 및 취득세 면제를 받아왔다.

② 그러나 2019년 1월 1일부터는 조특법 및 지특법상 소정의 요건을 갖추더라도 취득세의 75%만 경감하는 것으로 바뀌어 적어도 25%의 취득세를 납부하게 되었으며, 2020년 8월 12일 이후부터는 부동산 임대업 및 공급업의 사업용 고정자산의 취득에 대해서는 취득세 경감을 하지 않고 전액 과세하고 있다.

③ 특히 과밀억제권역에 주사무소가 있거나 부동산소재지가 있는 경우에는 법인전환으로 인한 취득세가 중과세되어 더욱 부담스러울 것이다. 물론 취득세가 경감되더라도 경감되는 취득세의 20%는 농특세로 납부하여야 하고, 이때 경감되는 취득세가 중과된 것이라면 이에 대한 농특세도 중과된 취득세를 과표로 하여 계산되어 그 부담은 체증하게 될 것이다.

④ 이러한 변화에 따라 앞으로는 취득세 중과를 피할 수 있는 방법을 찾아서 법인전환 하는 사례가 늘어날 수 있다. 그렇게 하기가 어렵다면 법인전환 자체를 꺼리게 되어 중소기업의 경영합리화 및 구조현대화를 통해 중소기업의 역량을 강화하려는 정부의 시책에는 그다지 바람직스럽지 않은 결과가 도출될 수 있다.

2절 취득의 시기와 신고

1 취득의 시기

(1) 유상승계취득의 경우

유상승계취득의 경우 취득시기는 사실상의 잔금지급일로 본다. 그러나 사실상의 잔금지급일을 확인할 수 없는 경우에는 그 계약상의 잔금지급일(계약상 잔금지급일이 명시되어 있지 않은 경우에는 계약일로부터 60일이 경과한 날)을 취득시기로 본다. (지방령 20조2항)

(2) 잔금지급 전 등기·등록의 경우

전술한 유상승계취득의 경우 취득일 전에 등기 또는 등록한 경우에는 그 등기일 또는 등록일에 취득한 것으로 본다. (지방령 20조14항)

2 신고와 납부

가. 자진신고 납부기한

유상승계취득의 경우 취득세는 취득일로부터 60일 이내에 시장·군수에게 신고 및 납부하여야 한다. (지방법 20조1항)

나. 가산세 (지방법 21조)

1) 일반가산세

취득세 납세의무자가 신고 또는 납부의무를 다하지 아니한 때에는 산출세액 또는 그 부족세액에 다음의 가산세를 합한 금액을 세액으로 하여 보통징수의 방법에 의하여 징수한다.

(1) 무신고가산세

법정신고기한까지 신고하지 아니한 경우에는 산출세액의 20%, 사기나 그 밖의 부정한 행위로 법정신고기한까지 신고하지 아니한 경우에는 산출세액이 40%에 상당하는 무신고가산세

(2) 과소신고가산세

신고하여야 할 산출세액보다 적게 신고한 경우에는 과소신고분 세액의 10%, 사기 등의 행위로 인한 과소신고인 경우에는 과소신고분 세액의 40%에 상당하는 과소신고가산세

(3) 납부지연가산세

납부하지 아니하였거나 산출세액에 미달하게 납부한 때에는 그 납부하지 아니하였거나 부족한 세액에 대해 다음과 같이 계산한 금액을 합하여 납부지연가산세로 납부하여야 한다. 이 경우 ①,②가산세는 납부하지 아니한 세액, 과소납부한 세액 또는 초과한급분의 75%에 해당하는 금액을 한도로 하고, ④의가산세를 부과하는 기간은 60개월을 초과할 수 없다

① 납부하지 아니하였거나 부족한 세액에 10만분의 22와 납부지연 일자를 곱하여 산출한 금액

② 초과환급분 세액에 10만분의 22와 납부지연 일자를 곱하여 산출한 금액

③ 납세고지서에 따른 납부기한까지 미납부 또는 과소납부세액의 3%

④ 납세고지서에 따른 납부기한이 지난 미납부 또는 과소납부세액에 1만분의 66과 월수를 곱하여 산출한 금액

2) 중가산세

① 취득세 과세물건을 사실상 취득한 후 지방세법 제20조에 따른 신고를 하지 아니하고 과세물건을 매각하는 경우에는 산출세액에 80%를 가산한 금액을 세액으로 하여 보통징수의 방법으로 징수한다.

② 다만, 등기·등록이 필요하지 아니한 아래의 과세물건 등은 중가산세 적용을 하지 않는다. (지방법 21조2항)

1. 취득세 과세물건 중 등기 또는 등록이 필요하지 아니하는 과세물건(골프회원권, 승마회원권, 콘도미니엄회원권, 종합체육시설이용회원권 및 요트회원권은 제외함)

2. 지목변경, 차량·기계장비 또는 선박의 종류 변경, 주식 등의 취득 등 취득으로 보는 과세물건

5장
지방교육세·지방소득세·농어촌특별세

1 취득세 등에 대한 지방교육세

(1) 법인전환과 지방교육세

① 개인기업의 법인전환시에는 법인설립등기 시 등록면허세와 부동산 등의 취득시 취득세를 납부하게 되는데 이 경우 취득세 등에는 지방교육세가 부가된다(지방법 150조).

② 지방교육세는 모든 취득세에 대해 과세되는 것이 아니고 부동산, 기계장비(지방법 제124조에 해당하는 자동차 제외), 항공기 및 선박의 취득에 대한 취득세에 과세된다.

③ 한편, 지특법 소정의 요건에 해당되어 취득세를 감면받은 경우에는 동 지방교육세도 당연히 감면된다.

(2) 과세표준과 세율

① 취득세는 종전의 등록세와 취득세가 통합되었기 때문에 취득세 전체 금액을 과세표준으로 하면 세 부담이 늘어난다. 따라서 취득세 세율에서 종전의 취득세에 해당하는 2%(중과기준세율)를 공제하여 산출한 취득세 세액의 20%를 지방교육세로 과세한다. (지방법 151조)

② 농지 외의 부동산을 취득하는 경우 지방세법 11조에 의한 취득세율 4%에서 2%를 뺀 세율인 2%를 적용하여 산출된 금액의 20%를 지방교육세로 납부하는 것이다. 이 때 지방세법 제13조 제2항, 3항, 6항, 7항에 해당하는 경우에는 상기 금액에 3배를 적용한 금액을 지방교육세로 한다. (지방법 제151조1항1호가목)

③ 한편, 등록분 등록면허세에 대한 지방교육세는 등록면허세의 20%이다.

2 양도소득세에 대한 지방소득세

(1) 법인전환과 지방소득세

① 개인기업의 법인전환시 부동산 등 양도소득세 과세대상자산이 법인 앞으로 명의이전되는 경우에는 양도소득세가 과세되며 이 양도소득세 납부의무가 있는 자는 지방소득세를 납부할 의무가 있다(지방법 86조1항).

② 한편, 법인전환에 따른 부동산 등 양도시 조특법 소정의 요건에 해당하여야 양도소득세가 이월과세되며, 이 양도소득에 대한 지방소득세는 지특법 소정의 요건에 해당하여야 이월

과세된다.

③ 현재 법인전환시 양도소득세 이월과세에 대한 조특법상의 요건과 양도소득분 지방소득세의 이월과세에 대한 지특법상의 요건은 거의 동일하다.

(2) 과세표준과 세율

양도소득에 대한 지방소득세의 과세표준은 양도소득세 과세표준과 같으며(지방법 103조), 세율은 양도소득세 세율의 10% 수준으로 규정되어 있다(지방법 103조의 3).

(3) 신고납부 및 가산세

① 양도소득세의 납세의무자는 양도소득에 대한 지방소득세를 양도소득세 신고기한(예정신고 또는 확정신고 기한)에 2개월을 더한 날까지 소득세의 납세지를 관할하는 지방자치단체의 장에게 신고·납부하여야 한다.

② 신고납부하지 않거나 미달하게 신고납부한 경우에는 지방세기본법상의 가산세를 가산하여 납부하여야 한다.

3 농어촌특별세

(1) 법인전환과 농어촌특별세

① 농어촌특별세(이하 '농특세'라 한다)는 농어업의 경쟁력 강화와 농어촌산업기반시설의 확충 및 농어촌지역개발사업을 위하여 필요한 재원을 확보함을 목적으로 하여 1994.7.1부터 2034.6.30까지 한시적으로 시행되는 한시목적세이다.

② 농특세의 과세체계는 조세감면액에 10~20%의 농특세를 부과함으로써 조세감면을 통해 증가한 소득 일부를 세원으로 흡수하는 형식과 취득세 등에 일정세율을 곱하여 농특세를 산출하는 부가세형식의 2가지가 있다.

③ 따라서 법인전환시 조특법에 따라 감면받은 세액에 대하여 일정률의 농특세가 부과되며, 부동산 등의 명의이전시 취득세를 납부하는 경우에 일정률의 농특세가 부과되는 것이다.

(2) 과세표준과 세율

① 법인전환시 조특법 규정에 따라 감면받은 취득세에 대하여는 감면세액의 20%를 농특세로 납부하여야 한다.

② 또한, 지방세법, 지방세특례제한법 및 조세특례제한법에 따라 산출한 취득세액에 대하여는 취득세액(표준세율을 2%로 적용함)의 10%를 농특세로 납부하여야 한다. (농특법 5조)

③ 한편, 법인전환시 양도소득세 이월과세 적용신청으로 양도소득세가 이월과세되는 경우에는 납부할 본세가 없으므로 농특세도 납부하지 않는다.

6장
국민주택채권의 매입

1 국민주택채권의 매입

개인기업의 법인전환을 할 때는 부동산이전등기시에 주택도시기금법의 규정에 따라 일정금액의 국민주택채권을 매입하여야 한다. 다만, 부동산이전등기시의 국민주택채권의 매입은 현물출자에 의한 법인전환시 주택도시기금법시행규칙 별표1의[24] 규정에 해당하면 매입을 면제받을 수 있다.

2 국민주택채권의 매입률

부동산의 소유권이전등기시 국민주택채권의 매입률은 다음 표와 같으며 매입금액은 당해 부동산의 시가표준액[25]에 매입률을 곱하여 계산한다.

《 부동산등기시 국민주택채권 매입률 》

부동산의 종류	시가 표준액 규모별	매입률	
		서울특별시 및 광역시	기타 지역
(1) 주택	(가) 2,000만원 이상 5,000만원	13/1,000	13/1,000
	(나) 5,000만원 이상 1억원 미만	19/1,000	14/1,000
	(다) 1억원 이상 1억 6,000만원 미만	21/1,000	16/1,000
	(라) 1억 6,000만원 이상 2억 6,000만원 미만	23/1,000	18/1,000
	(마) 2억 6,000만원 이상 6억원 미만	26/1,000	21/1,000
	(바) 6억원 이상	31/1,000	26/1,000
(2) 토지	(가) 500만원 이상 5,000만원 미만	25/1,000	20/1,000
	(나) 5,000만원 이상 1억원 미만	40/1,000	35/1,000
	(다) 1억원 이상	50/1,000	45/1,000
(3) 주택 및 토지 외의 부동산	(가) 1,000만원 이상 1억 3,000만원 미만	10/1,000	8/1,000
	(나) 1억 3,000만원 이상 2억 5,000만원 미만	16/1,000	14/1,000
	(다) 2억 5,000만원 이상	20/1,000	18/1,000

* 주택도시기금법시행령 별표(개정, 2022.12.17.)

---

[24] 주택도시기금법 시행규칙 별표1 '국민주택채권의 매입이 일부 면제되는 범위'는 표〈국민주택채권매입 일부 면제범위〉 참조.
[25] 지방세법 제4조의 부동산 등 시가표준액과 동일함

3 국민주택채권 매입의 일부면제 범위

주택도시기금법 시행규칙 별표1에 따른 국민주택채권의 매입이 일부 면제되는 범위는 다음과 같다.

《 국민주택채권 매입 일부면제 범위 》

대상자	대상자의 범위	면제항목	면제자임을 확인하는 서류
5. 다음 각 항목의 등기를 신청하는 자 가. '상법'에 의하여 합병·분할합병(이하 '합병'이라한다)으로 설립되는 법인 또는 합병후 존속되는 법인의 합병에 따른 등기 나. '중소기업기본법'에 의한 중소기업을 경영하는 자가 당해 사업에 1년 이상 사용한 사업용자산을 현물출자하여 설립한법인(자본금이 종전사업자의 1년간 평균순자산가액 이상인 경우에 한한다)의 설립에 따른 등기	가. 합병으로 인하여 신설되는 경우에는 그 설립등기를 한 회사 나. 합병 후 존속되는 경우에는 그 변경등기를 한 회사 다. 중소기업을 경영하는 자가 법인을 설립하는 경우에는 그 설립등기를 하는 자	가. 합병으로 인하여 신설되거나 합병후 존속되는 회사의 경우에는 그 소멸한 회사로부터 승계한 부동산 및 부동산에 관한 권리의 등기 나. 중소기업을 경영하는 자가 신설되는 회사에 현물출자 한 부동산에 관한 등기	가. 합병에 의하여 신설되거나 합병후 존속되는 회사의 경우 그 설립 또는 변경의 내용이 기재된 법인등기부등본 나. 등기대상부동산이 합병으로 인하여 소멸한 회사의 재산임을 증명하는 등기부등본 다. 중소기업을 경영하는 자가 설립한 법인의 경우 당해 법인설립일의 전일 현재의 대차대조표·감정평가서 및 회계검사보고서가 포함된 검사인의 보고서

▷주택도시기금법 시행규칙 별표1 (개정 2016.11.1)

《 국민주택채권 매입 일부면제 처리절차 》

■ 주택도시기금법 시행규칙 [별지 제4호서식] 〈개정 2016.11.1.〉

국민주택채권 매입 일부면제 신청서

접수번호		접수일자		처리기간	3일

신청인	주소	
	성명 (상호 및 대표자)	

면제대상항목	
면제대상금액	

「주택도시기금법 시행규칙」 제6조 제2항에 따라 위와 같이 국민주택채권의 매입대상항목 중 일부면제를 신청합니다.

년   월   일

신청인   (서명 또는 인)

※첨부서류 : 면제대상임을 증명하는 서류

(1) 회계감사 수수료

회계감사보수는 개인기업의 법인전환시 개인기업에 대해 회계감사를 하는 경우 지급하는 보수로서 당사자간 계약에 의하여 결정된다.

(2) 자산감정 수수료

자산감정 수수료는 개인기업의 법인전환시 개인기업의 고정자산 등에 대한 감정을 받는 경우 지급하는 보수로서 감정평가업자의 보수에 관한 기준에 따라 당사자간 계약에 의하여 결정된다.

(3) 검사인 수수료

검사인 수수료는 현물출자에 의한 법인설립 등의 경우 법원 선임 검사인에 대한 보수로서 당해 기업의 규모 등을 참작하여 판사가 결정하는 금액으로 한다.

(4) 공증 수수료

공증인 인증수수료는 개인기업의 법인전환시 정관, 계약서, 의사록 등의 인증시 부담하는 수수료로서 각 인증시 공증인 수수료 규칙에 따라 지급한다.

(5) 법무사 수수료

법무사 수수료는 개인기업의 법인전환시 법인설립등기, 부동산이전등기 등의 업무를 변호사 또는 법무사에게 위탁하는 경우 지급하는 보수이다. 따라서 법무사 수수료는 위탁하는 업무에 따라 법무사보수표(대한법무사협회칙 제76조)를 기준으로 당사자간 계약에 의해 결정된다.

7편

법인전환 실무상 검토사항 실무해설

법인전환 실무상 검토사항에서는

법인전환 실무에서 일반적으로 나타나기 쉽고 또 이를 간과하면 나중에 생각하지 못한 세금을 부담할 가능성이 많은 세무문제를 중심으로 해설하였다.

법인전환 실무에서 검토할 사항은 그 범위가 넓고 종류도 다양하며 각 기업이 처한 구체적 상황에 따라 중요성이 다르다.

따라서 실제로 법인전환의 추진할 때에는 개별기업의 구체적 상황을 기초로 전문가의 자문을 받아 업무를 진행하는 것이 가장 경제적인 법인전환을 위한 방법이다.

1장
자문과 교육의 검토

1 전문가의 자문

개인기업의 법인전환 실무에서는 최초의 법인전환 계획단계에서부터 법인전환 종료시까지 당해 업무에 대한 전문가의 자문이 필요한데 그 이유는 다음과 같다.

첫째, 개인기업의 법인전환 업무는 당해 개인기업의 기업주나 담당실무자 모두에게 처음 수행해보는 업무인 경우가 일반적이며 따라서 경험부족에 기인한 실수가 있을 수 있어 이를 당해 업무에 대한 전문가로부터의 자문으로 보완하여야 하기 때문이다.

둘째, 개인기업의 법인전환에서는 법률·세무·회계 및 금융에 이르기까지 넓은 분야에 걸쳐 복잡한 문제가 발생할 소지가 있는바, 이를 기업주나 담당실무자의 힘만으로 사전에 발견하고 문제 발생을 예방하는 데는 한계가 있을 수 있기 때문이다.

셋째, 가장 경제적으로 법인전환을 완료하기 위해서이다. 여기에서 경제적이란 의미는 법인전환을 최단시일 내에 최소의 비용으로 완료한다는 뜻이며 비용에는 실지 지출되는 비용만이 아니라 법인전환 과정에서 나타날 수 있는 세무상 불이익 예방 또는 합리적인 방법을 택함으로써 얻을 수 있는 절세효과 개념인 기회비용이 포함된다.

2 실무자의 교육

법인전환 업무를 수행하면서는 법률, 세무, 회계 및 금융에 이르기까지 넓은 분야에 걸쳐 상당한 지식이 요구된다.

따라서 법인전환 업무를 실지 수행할 담당실무자는 사전에 필요한 분야에 대한 교육을 받아야 하며 전술한 전문가의 자문을 받아 가면서 법인전환 일정계획을 입안하고 동 계획을 차질없이 추진할 수 있도록 준비되어야 한다.

2장
부당행위계산부인의 검토

1절 법인전환과 부당행위계산부인

1 개요

개인기업의 법인전환시 사업양도자인 개인기업주와 양수자인 법인은 세무상 특수관계자로서 양자 사이의 거래금액 즉 양도양수가액 또는 현물출자가액은 세무상의 부당행위계산부인 규정의 적용대상이 된다.

따라서 법인전환시의 양도양수가액 또는 현물출자가액은 제3자와의 거래가격 또는 시가에 의해 결정되어야 하며 이를 시가보다 높게 또는 낮게 결정하는 경우에는 세무상 다음과 같은 문제가 발생한다.

2 양도양수가액의 과대평가

양도양수가액을 시가 보다 과대평가하여 양도 양수한 경우에는 법인세법상의 부당행위계산부인을 받게 된다. 이에 따라 과대평가한 금액은 법인이 개인기업주에게 배당금을 지급한 것으로 보게 되며 이에 대한 소득세 납세의무가 발생한다.

3 현물출자가액의 과대평가

현물출자가액을 시가 보다 과대평가하여 현물 출자한 때도 법인세법상의 부당행위계산부인을 받게 된다. 이 경우에는 당해 출자가 없었던 것으로 보게 되며 이에 따라 세무상 법인의 자기자본은 과대평가된 금액만큼 줄게 되며 과대평가한 자산이 고정자산인 경우에는 이에 대한 감가상각비도 손비로 인정되지 아니한다.

4　양도양수가액 및 현물출자가액의 과소평가

　　양도양수가액 또는 현물출자가액을 시가보다 과소평가하여 법인전환 한 경우에는 양도소득세 및 사업소득 또는 기타소득 과세대상 자산에 한하여 소득세법상의 부당행위계산부인을 받게 된다.

　　즉, 양도소득세 등을 실지거래금액에 의하여 결정하는 경우 당해 양도가액이 세무상 부당하다고 인정되는 경우에는 당사자가 신고한 소득금액에 불구하고 정부가 소득금액을 다시 계산하게 된다.

　　따라서 법인전환의 양도양수가액 등을 결정에는 세무상의 부당행위계산부인을 받지 않도록 특히 유의하여야 한다.

2절 세법상 부당행위계산부인

1 법인세법상 부당행위계산부인

가. 부당행위계산부인의 개념

① 법인의 행위 또는 소득금액의 계산이 특수관계인과의 거래로 인하여 그 법인의 소득에 대한 조세의 부담을 부당히 감소시킨 것으로 인정되는 경우에는 그 법인의 행위 또는 소득금액의 계산에 불구하고 정부가 그 법인의 각 사업연도의 소득금액을 계산할 수 있도록 하는 것이 부당행위계산부인이다. (법인법 52조)

② 즉 부당행위계산부인은 두 가지 요건이 동시에 충족되는 것을 전제로 하는데 하나는 「❶거래의 상대방이 당해 법인과 특수관계에 있는 자」이어야 하고 또 하나는 「❷거래의 내용이 조세부담을 부당히 감소시킨 것」으로 인정되어야 한다.

③ 따라서 이 두 가지 요건 중 하나를 결하게 되거나 특수관계가 소멸된 후에 발생한 거래에 대하여는 부당행위계산부인 규정을 적용할 수 없다.

나. 특수관계인의 범위

법인세법상 특수관계인이란 '법인과 경제적 연관관계 또는 경영지배관계 등 다음과 같은 관계에 있는 자'를 말한다. 이 경우 본인도 그 특수관계인과의 특수관계자로 본다(법인법 제2조1항12호). 법인전환시 개인기업주는 해당 법인의 주주로서 해당 법인의 특수관계인에 해당한다.

① 임원 임명권의 행사, 사업방침의 결정 등 당해 법인의 경영에 대하여 사실상 영향력을 행사하고 있다고 인정되는 자(상법 제401조의 2 제1항의 규정에 따라 이사로 보는 자를 포함한다)와 그 친족

② 주주 등 : 여기에서 주주 등이란 당해 주주 등이 개인이거나 영리·비영리법인 이거나에 관계없이 모든 주주 등을 뜻한다. 그러나 주주 등에는 소액주주 등이 제외되는바, 소액주주란 당해 법인의 발행주식총액 또는 출자총액의 1%에 미달하는 주식 등을 소유한 주주 등을 말한다.

③ 주주 등의 친족 : 주주 등의 친족이란 주주 등이 개인인 경우 그 주주 등과 아래와 같은 관계에 있는 자를 말한다(국기령 20조).

1. 4촌 이내의 혈족

2. 3촌 이내의 인척

3. 배우자(사실상 혼인관계에 있는 자를 포함한다)

4. 친생자로서 다른 사람에게 친양자 입양된 자 및 그 배우자·직계비속

5. 본인이 민법에 따라 인지한 혼인 외 출생자의 생부나 생모

④ 법인의 임원·직원 또는 비소액주주 등의 직원(비소액주주 등이 영리법인인 경우에는 그 임원을, 비영리법인인 경우에는 이사 및 설립자를 말한다.)이나 직원 이외의 자로서 법인 또는 비소액주주 등의 금전 기타자산에 의하여 생계를 유지하는 자와 이들과 생계를 함께 하는 친족

⑤ 해당 법인이 직접 또는 그와 ①내지 ④에 해당하는 관계에 있는 자를 통하여 어느 법인의 경영에 대하여 지배적인 영향력을 행사하고 있는 경우 그 법인

⑥ 해당 법인이 직접 또는 그와 ①내지 ⑤에 해당하는 관계에 있는 자를 통하여 어느 법인의 경영에 대하여 지배적인 영향력을 행사하고 있는 경우 그 법인

⑦ 해당 법인에 100분의 30 이상을 출자하고 있는 법인에 100분의 30 이상을 출자하고 있는 법인이나 개인

⑧ 해당 법인이 독점규제 및 공정거래에 관한 법률에 의한 기업집단에 속하는 법인인 경우 그 기업집단에 소속된 다른 계열회사 및 그 계열회사의 임원

다. 조세부담을 부당히 감소시킨 경우

조세부담을 부당히 감소시킨 것으로 인정되는 경우란 아래 같은 경우를 말한다. (법인령 88조1항)

① 자산을 시가보다 높은 가액으로 매입 또는 현물출자 받았거나 그 자산을 과대상각한 경우

② 무수익 자산을 매입 또는 현물출자 받았거나 그 자산에 대한 비용을 부담한 경우

③ 자산을 무상 또는 시가보다 낮은 가액으로 양도 또는 현물출자 한 경우

④ 특수관계인인 법인 간 합병·분할에 있어서 불공정한 비율로 합병·분할하여 합병·분할에 따른 양도손익을 감소시킨 경우

⑤ 불량자산을 차환하거나 불량채권을 양수한 경우

⑥ 출연금을 대신 부담한 경우

⑦ 금전 기타 자산 또는 용역을 무상 또는 낮은 이율·요율이나 임대료로 대부하거나 제공한 경우. 다만, 주주 등이나 출연자가 아닌 임원 및 직원에게 사택을 제공하는 경우를 제외한다.

⑧ 금전 기타 자산 또는 용역을 높은 이율·요율이나 임차료로 차용하거나 제공받은 경우

⑨ 파생상품에 근거한 권리를 행사하지 아니하거나 그 행사기간을 조정하는 등의 방법으로

이익을 분여하는 경우

⑩ 자본거래로 인하여 주주 등인 법인이 특수관계자인 다른 주주 등에게 이익을 분여한 경우

⑪ 증자·감자·합병·분할 등 자본거래를 통해 법인의 이익을 분여하였다고 인정되는 경우

⑫ 기타 상기한 내용에 준하는 행위 또는 계산 및 그 외에 법인의 이익을 분여하였다고 인정되는 경우

한편, 상기 행위 중 ①, ③, ⑦, ⑧ 및 이에 준하는 행위 또는 계산에 대해서는 시가와 거래가액의 차액이 3억원 이상이거나 시가의 5%에 상당하는 금액 이상인 경우에 한하여 적용한다.

라. 시가의 개념

특수관계인과의 거래에서 법인의 부당한 행위 또는 계산은 시가를 기준으로 판정하며, 여기에서 시가란 건전한 사회통념 및 상관행과 특수관계인이 아닌 자간의 정상적인 거래에서 적용되거나 적용될 것으로 판단되는 가격(요율·이자율·임대료 및 교환비율 등 포함)을 말한다. (법인법 52조2항)

또한, 해당 거래와 유사한 상황에서 해당 법인이 특수관계인 외의 불특정다수인과 계속적으로 거래한 가격 또는 특수관계인이 아닌 제3자간에 일반적으로 거래한 가격이 있는 경우에는 그 가격으로 한다. 그러나 시가가 불분명한 경우에는 다음의 가액을 순차로 적용하여 계산한 금액을 시가로 본다. (법인령 89조2항)

(1) 감정가액

감정가액은 감정평가 및 감정평가사에 관한 법률에 따른 감정평가법인 등이 감정한 가액(감정가액이 2 이상인 경우에는 그 가액의 평균액)에 의한다. 다만, 주식 및 가상자산은 제외한다.

그러나 상법 제298조의 규정에 의하여 법원이 선임한 검사인은 법인세법시행령 제89조2항 1호에 규정하는 감정기관에 해당되지 아니하므로 현물출자자산에 대한 법원검사인의 감정가액은 법인세법 시행령 제88조1항1호,3호에 규정하는 시가로 보지 아니한다. (법기통 52-89…1)

(2) 상속세 및 증여세법에 의한 평가액

감정한 가액이 없는 경우에는 상속세 및 증여세법 제38조 내지 제39조의3 및 제61조 내지 제66조의 규정을 준용하여 평가한 가액에 의한다.

2 소득세법상 부당행위계산부인

가. 양도소득의 부당행위계산부인

1) 개념

양도소득이 있는 거주자의 행위 또는 계산이 그 거주자와 특수관계인과의 거래로 인하여 당해 소득에 대한 조세부담을 부당히 감소시킨 것으로 인정되는 경우에는 그 거주자의 행위 또는 계산에 관계없이 정부가 당해연도의 소득금액을 계산할 수 있는 것이 양도소득의 부당행위계산부인이다. (소득법 101조1항)

법인세법상의 부당행위계산부인과 마찬가지로 소득세법상 양도소득의 부당행위계산부인도 특수관계자 간의 거래와 조세 부담의 부당한 감소를 요건으로 한다.

2) 특수관계자의 범위

부당행위계산부인의 적용에서 특수관계에 있는 자라 함은 당해 소득자와 아래와 같은 관계에 있는 자를 말하며, 본인도 그 특수관계인의 특수관계인으로 본다(국기령1조의2). 법인전환의 경우 전환법인은 개인기업주와 (3)에 따른 특수관계인에 해당한다.

(1) 혈족·인척 등 친족관계

1. 4촌 이내의 혈족
2. 3촌 이내의 인척
3. 배우자(사실상 혼인관계에 있는 자를 포함한다)
4. 친생자로서 다른 사람에게 친양자 입양된 자 및 그 배우자·직계비속
5. 본인이 민법에 따라 인지한 혼인외 출생자의 생부나 생모(본인의 금전이나 그밖의 재산으로 생계를 유지하는 사람 또는 생계를 함께하는 사람으로 한정)

(2) 임원·사용인 등 경제적 연관관계

1. 임원과 그 밖의 사용인
2. 본인의 금전이나 그 밖의 재산으로 생계를 유지하는 자
3. 1 및 2의 자와 생계를 함께하는 친족

(3) 주주·출자자 등 경영지배 관계

1. 본인이 직접 또는 그와 친족관계 또는 경제적 연관관계에 있는 자를 통하여 법인의 경영에 대하여 지배적인 영향력을 행사하고 있는 경우 그 법인

2. 본인이 직접 또는 그와 친족관계, 경제적 연관관계 또는 1의 관계에 있는 자를 통하여 법인의 경영에 대하여 지배적인 영향력을 행사하고 있는 경우 그 법인

(4) 법인의 경영에 지배적인 영향력 행사로 보는 경우

해당 법인의 경영에 대하여 지배적인 영향력을 행사하고 있는 것으로 보는 경우는 아래의 요건에 해당하는 경우이다.

① 영리법인인 경우

1. 법인의 발행주식총수 또는 출자총액의 100분의 30 이상을 출자한 경우
2. 임원의 임면권의 행사, 사업방침의 결정 등 법인의 경영에 대하여 사실상 영향력을 행사하고 있다고 인정되는 경우

② 비영리법인의 경우

1. 법인 이사의 과반수를 차지하는 경우
2. 법인의 출연재산(설립을 위한 출연재산만 해당한다)의 100분의 30 이상을 출연하고 그 중 1인이 설립자인 경우

3) 조세부담을 부당히 감소시킨 경우

① 조세의 부담을 부당히 감소시킨 것으로 인정되는 때라 함은 아래 같은 경우를 말한다 (소득령 167조3항). 다만, 시가와 거래가액과의 차액이 3억원 이상이거나 시가의 5%에 상당하는 금액 이상인 경우에 한한다.

1. 특수 관계있는 자로부터 시가[1]보다 높은 가격으로 자산을 매입하거나 특수 관계있는 자에게 시가보다 낮은 가격으로 자산을 양도한 때
2. 그밖에 특수 관계있는 자와의 거래로 해당 연도의 양도가액 또는 필요경비의 계산 시 조세의 부담을 부당하게 감소시킨 것으로 인정되는 때

② 법인전환시 양도소득의 부당행위계산이 적용될 경우는 상기 ①의 경우로서, 특수 관계있는 자와의 거래에서 토지 등을 시가를 초과하여 취득하거나 시가에 미달하게 양도함으로써 조세의 부담을 부당히 감소시킨 것으로 인정되는 때에는 그 취득가액 또는 양도가액을 시가에 의하여 계산한다. (소득령 167조4항)

---

[1] 시가의 산정에 관하여는 상속세 및 증여세법 제60조 내지 제66조와 동법 시행령 제49조 내지 제63조의 규정을 준용하여 평가한 가액에 의한다. 이 경우 동법 시행령 제49조의 "평가기준일 전후 6개월(증여재산의 경우에는 평가기준일 전 6개월부터 평가기준일 전 3개월까지로 한다) 이내의 기간"은 "양도일 또는 취득일 전후 각 3개월의 기간"으로 본다. (소득령 167조 5항)

③ 이때 개인과 법인 간에 재산을 양수 또는 양도하는 경우로서 그 대가가 법인세법시행령 제89조의 규정에 의한 가액에 해당하여 당해 법인의 거래에 대하여 법인세법상 부당행위계산부인 규정이 적용되지 아니하는 경우에는 소득세법상의 부당행위계산부인 규정을 적용하지 아니한다. (소득령 167조6항)

④ 다만, 거짓 그 밖의 부정한 방법으로 양도소득세를 감소시킨 것으로 인정되는 경우에는 그러하지 아니하다. (소득령 167조6항 단서)

나. 사업소득의 부당행위계산부인

(1) 개념

① 소득세법상 부당행위계산부인은 양도소득세 외에도 배당소득, 사업소득 및 기타소득이 해당 될 수 있으며, 배당소득과 사업소득의 부당행위계상부인은 법인전환과 직접적인 관련이 없었다.

② 사업소득은 법인전환시 양도양수가액 또는 현물출자가액과 직접적인 관련이 없고, 양도소득세 과세대상자산이 아닌 다른 고정자산, 예를 들면 기계·비품·차량운반구 등의 처분손익은 사업소득을 구성하지 아니하였다.

③ 그러나 2018년 1월 1일부터는 세법의 개정으로 복식부기 의무자가 사업용 유형고정자산의 양도함으로써 발생하는 소득(양도소득 제외)을 사업소득의 범위에 포함시켜 종합소득세를 과세하도록 하고 있다.

④ 이러한 고정자산의 처분손익이 사업소득을 구성하므로 이 처분손익이 있는 거주자의 행위 또는 계산이 그 거주자와 특수관계인과의 거래로 인하여 그 소득에 대한 조세부담을 부당하게 감소시킨 것으로 인정되는 경우에는 그 거주자의 행위 또는 계산과 관계없이 과세관청이 해당 과세기간의 소득금액을 계산할 수 있다. (소득법 41조)

(2) 특수관계자의 범위

양도소득 부당행위계산부인의 경우와 같다.

(3) 조세부담을 부당히 감소시킨 경우

① 조세부담을 부당하게 감소시킨 것으로 인정되는 경우는 다음 중 어느 하나에 해당하는 경우이다. 다만, 시가와 거래가액의 차액이 3억원 이상이거나 시가의 5%에 상당하는 금액 이상인 경우에 한한다. (소득령 98조2항)

　1. 특수관계인으로부터 시가보다 높은 가격으로 자산을 매입하거나 특수관계인에게 시

가보다 낮은 가격으로 자산을 양도한 경우

2. 특수관계인에게 금전이나 그 밖의 자산 또는 용역을 무상 또는 낮은 이율 등으로 대부하거나 제공한 경우

3. 특수관계인으로부터 금전이나 그 밖의 자산 또는 용역을 높은 이율 등으로 차용하거나 제공받는 경우

4. 특수관계인으로부터 무수익자산을 매입하여 그 자산에 대한 비용을 부담하는 경우

5. 그 밖에 특수관계인과 거래에 따라 해당 과세기간의 총수입금액 또는 필요경비를 계산할 때 조세의 부담을 부당하게 감소시킨 것으로 인정되는 경우

② 법인전환시 사업소득의 부당행위계산이 적용되는 경우는 상기 1, 4, 5의 경우이며, 시가의 산정에 관하여는 법인세법 시행령 제89조 제1항 및 제2항의 규정을 준용한다.

다. 기타소득의 부당행위계산부인

(1) 개념

① 기타소득 중 일부에 대해서는 법인전환시 부당행위계산부인의 대상이 될 수도 있다. 기타소득 중 광업권·어업권·산업재산권, 사업정보·산업상 비밀, 상표권, 영업권(점포임차권 포함), 토사석의 채취허가에 따른 권리, 지하수의 개발이용권, 기타 유사한 자산이나 권리를 양도하고 그 대가로 받는 금품이 바로 그것이다.

② 이러한 기타소득이 있는 거주자의 행위 또는 계산이 그 거주자와 특수관계인의 거래로 인하여 그 소득에 대한 조세부담을 부당하게 감소시킨 것으로 인정되는 경우에는 그 거주자의 행위 또는 계산과 관계없이 과세관청이 해당 과세기간의 소득금액을 계산할 수 있다.(소득법 41조)

(2) 특수관계자의 범위

양도소득 부당행위계산부인의 경우와 같다.

(3) 조세부담을 부당히 감소시킨 경우

특수관계인으로부터 시가보다 높은 가격으로 자산을 매입하거나 특수관계인에게 시가보다 낮은 가격으로 자산을 양도한 경우 해당될 수 있으며, 기타 내용은 사업소득의 경우와 같다.

3 부당행위계산부인 관련 예규사례

(사례1) 감정평가서상 영업권 평가액을 영업권의 시가로 하여, 무상양도한 것에 대해 부당행위계산
부인을 적용하여 과세한 처분은 달리 잘못이 없음
(사례2) 영업권을 특수관계법인에 무상양도하는 경우 부당행위계산부인 규정이 적용되는 것임
(사례3) 개인사업자가 영업권을 법인사업자에게 양도한 후 대금을 5년간 분할지급하는 경우
(사례4) 거주자가 특수관계 있는 법인에 양도한 특허권 가액의 평가는
(사례5) 법인전환시 특수관계자로부터 영업권을 고가로 매입한 경우
(사례6) 특수관계자와의 사업양도양수 과정에서의 영업권 시가 산정방법
(사례7) 개인과 법인, 특수관계 법인 간에 재산을 양수 또는 양도하는 경우
(사례8) 개인사업자가 특수관계 있는 법인에 재고자산을 시가보다 낮은 가액으로 양도하는 경우 부
당행위계산의 대상이 되는 것임
(사례9) 법인이 특수관계 있는 법인 간에 상표권을 포함한 영업권을 양수도하는 경우

사례 1

감정평가서상 영업권 평가액을 영업권의 시가로 하여, 무상양도한 것에 대해 부당행위계산부인을 적용
하여 과세한 처분은 달리 잘못이 없음

■ (처분개요) 1. 청구인은 2013.3.15. ○○도에서 폐기물 최종재활용업을 주업으로 하는
AAAA이라는 상호의 개인사업자를 개업하여 운영하다가 2019.8.5. 법인전환을 폐업사유
로 폐업신고(접수일 2019.8.28.)하였다.

2. 청구인은 2019.7.31. ㈜AAAA에 2019.7.31. 기준 쟁점사업장의 영업권(이하 "쟁점영업권"
이라 한다) 감정평가액 000원을 사업권 양도대가로 하여 쟁점사업장의 사업에 관한 일체
의 권리와 의무를 양도하기로 하는 사업양도 · 양수계약서를 체결하고, 2019.8.20. 폐기물
처리업 허가를 쟁점사업장에서 청구외법인으로 변경신고를 하였다.

3. 청구인은 2019.8.23. 처분청 민원실을 직접 방문하여 청구외법인의 '법인설립신고 및 사
업자등록신청서'(대표자 청구인, 개업일 2019.8.5.로 기재)를 제출하면서 첨부 서류로 '폐
기물 최종재활용업 허가증 사본', 사업양수도계약서'를 제출하였고, 청구외법인은 사업자
등록 신청내용대로 사업자등록 처리되었다.

4. 청구인은 2019년 과세연도 종합소득세 신고시 쟁점영업권 양도에 따른 소득을 종합소득
과세표준에 합산하여 신고한 사실이 없다.

5. 처분청은 2021.3월경 실시된 중부지방국세청의 처분청에 대한 정기종합감사 기간 중 청
구인이 쟁점영업권 양도에 따른 소득을 무신고한 사실이 있어 이에 대한 해명을 요구하

였으나, 청구인은 쟁점영업권에 대하여 청구외법인으로부터 대가를 받지 않고 사업 일체를 양도한 것이라고 소명하였을 뿐 구체적인 해명자료를 제출하지 않았다.

6. 처분청은 청구인이 기타소득 과세대상인 쟁점영업권을 특수관계 있는 법인에 무상 양도한 것으로 보아 「소득세법」 제41조의 규정에 따라 부당행위계산부인을 적용하면서 쟁점영업권의 시가는 감정평가법인 등이 감정한 감정평가액 000원으로 하여 2021.5.6. 청구인에게 2019년 과세연도 종합소득세 000원을 경정·고지하였다.

▶ (판단) 1.이 건의 경우 쟁점영업권이 유사한 상황에서 거래된 가격이 존재하지 아니하고, 이 건 사업양수도 당시 쟁점영업권에 대한 감정가액이 존재하므로 「소득세법」 제41조 및 「법인세법 시행령」 제89조 제2항 등의 법령에 따라 그 감정가액을 시가로 보는 것이 부적당하다는 특별한 사정이 없는 한 그 가액을 기준으로 무상양도 부당행위계산 여부를 판단하여야 한다.

2. 청구인은 열분해로 기계장치의 재취득가액이 000원임에도 쟁점감정평가서는 기계장치 자산가액을 장부가액(000원)으로 평가하여 중대한 하자가 있다고 주장하나, 「감정평가 실무기준」 (국토교통부 고시)에 따르면 기계기구류의 감정평가는 원가법을 적용하며 (630-1), 원가법이란 대상물건의 재조달원가에 감가수정을 하여 대상물건의 가액을 산정하는 감정평가방법을 말하고(400-3), 기계기구류의 감가수정은 경제적 내용연수를 기준으로 정률법을 적용하여 감가수정하도록 규정(630-1)하고 있는 바,

3. 열분해로 기계장치 견적액 000원은 이를 재조달원가로 인정한다고 하더라도 2013년 취득 이후 경제적 내용연수를 기준으로 정률법을 적용한 금액을 공제하여야 기준시점 (2019.7.31.)의 열분해로 기계장치의 평가액을 산정할 수 있으나, 청구인은 이에 대한 감가수정 금액을 공제하지 않아 열분해로 기계장치의 적정한 평가액에 해당하지 않으며, 또한 통상적으로 감정평가 실무에서는 기계장치의 경우 재조달원가에 감가수정을 하여 산정한 대상물건의 가액과 장부가액은 큰 차이가 없다고 보아 장부가액을 사용하고 있으므로, 쟁점감정평가서는 기계장치 자산가액을 장부가액으로 평가하였기에 중대한 하자가 있다는 청구인의 주장은 받아들이기 어렵다.

4. 쟁점사업장 재무상태표 및 쟁점감정평가서에 따르면, 청구인은 2013년 쟁점사업장 개업 당시 당해 공장의 기계설비, 영업 운영 관련 자료, 거래처 정보 등 유형자산과 무형자산 합쳐서 000원에 취득하고 이를 영업권으로 계상하였는바, 청구인은 2013년경 영업권 가액 000원을 지급하고 쟁점사업장을 양수하였던 것으로 확인된다.

5. 청구인은 취소된 쟁점사업양수도계약서의 관련 서류인 쟁점감정평가서를 근거로 과세하

는 것은 부당하다고 주장하나, 청구인이 제출한 최종본 사업양수도계약서에 따르면 쟁점
영업권 가액은 없는 것으로 하여 사업양수도를 하였는바, 이는 쟁점영업권을 무상으로 양
도한 것에 해당하므로 「소득세법」 제41조 및 및 「법인세법 시행령」 제89조 제2항 등
에 따라 사업양수도 당시 쟁점영업권의 감정가액을 시가로 보아 부당행위계산부인함이
타당하다.

6. 따라서, 처분청이 쟁점감정평가서상 영업권 평가액을 쟁점영업권의 시가로 보고 청구인
   이 청구외법인에 쟁점영업권을 무상양도한 것에 대해 부당행위계산부인을 적용하여 종합
   소득세를 과세한 이 건 부과처분은 달리 잘못이 없는 것으로 판단된다. (심사소득
   2021-61, 2023.10.18.)

사례 2

> 영업권을 특수관계법인에 무상양도하는 경우 부당행위계산부인 규정이 적용되는 것임

- **(사실관계)** 거주자 갑은 1999년부터 제조업을 영위하던 중 매출증가, 대외신뢰도 향상을
  위해 사업양수도 방식에 의한 법인전환을 할 예정임.
  - 개인사업자가 보유하는 토지·건물을 제외한 자산을 법인에 이전하며 법인의 주주는
    거주자 갑 외 2인으로 구성될 예정임.
- **(질의 요약)** 1) 거주자가 사업양수도 방식에 의한 법인전환시 「소득세법」 제41조의 부당
  행위계산에 위배되지 않기 위해 「소득세법 기본통칙」에 규정된 영업권을 반드시 평가
  하여야 하는지.
2) 영업권을 평가하는 경우 상증법 시행령 제49조 제1항에 따라 공신력있는 감정기관의 평
   가를 적용해야 하는지, 상증법 시행령 제59조에 따라 평가하여야 하는지.
3) 평가된 영업권 및 특허권의 양도로 발생된 소득을 기타소득으로 하여 80% 필요경비를 인
   정받을 수 있는지.
- **(회신)** 귀 질의의 경우 「소득세법시행령」 제87조 및 기존 해석사례(서면인터넷방문상담1
  팀-1630, 2007.11.30.)를 참조하시기 바람. (소득세과-313, 2013.05.20.)
  ※참고예규 : (서면인터넷방문상담1팀-1630, 2007.11.30)

1. 제조업을 운영하는 개인사업자가 그 사업을 양도하는 경우 영업권(점포임차권 포함)의
   양도로 인하여 발생하는 소득은 「소득세법」 제21조 제1항 제7호 및 같은법 시행령 제41
   조에 의하여 기타소득에 해당하는 것임. 다만, 사업용고정자산(「소득세법」 제94조 제1

항 제1호 및 제2호의 자산을 말함)과 함께 양도하는 경우에는 같은법 제94조 제1항 제4호에 의하여 양도소득에 해당하는 것임.

2. 기타소득인 영업권을 특수관계에 있는 법인에 무상양도하는 경우 「소득세법」 제41조에 따라 부당행위계산부인규정이 적용되며, 당해 영업권의 시가는 「법인세법 시행령」 제89조 제1항에 의한 가액으로 하고, 시가가 불분명한 경우에는 같은조 제2항에 의하여 평가한 가액에 의하는 것임.

사례 3

> **개인사업자가 영업권을 법인사업자에게 양도한 후 대금을 5년간 분할지급하는 경우**

● (질의) 개인사업자가 영업권을 2010.1.1. 법인사업자에게 양도한 후 법인사업자가 그 영업권을 사용하다가 2010.6월에 양도대금을 확정하고 대금을 5년간 분할하여 개인사업자에게 지급하기로 확정된 경우 개인사업자의 기타소득 수입시기를 언제로 보아야 하는지
  • 개인사업자는 2009.12.31 폐업하고
  • 2010.1.1 법인전환 및 포괄 양수양도계약을 한 후
  • 2010. 6월에 영업권 평가하고 가액을 확정함
  • 영업권에 대하여 5년간 균등상각 하기로 하고 그 대금의 1/5을 동년 6월에 지급하고 기타소득세로 원천징수 납부하고 나머지 금액은 4년간 균등액으로 매년 6월에 지급하기로 함.

▶ (회신) 개인사업자가 영업권을 법인에 양도한 후 대금을 청산하기 전에 자산을 인도 또는 사용·수익하였으나 대금이 그 이후 확정된 경우, 그 기타소득의 수입시기는 소득세법 제39조1항 및 같은 법 시행령 제50조1항1호에 따라 그 대금을 청산한 날, 자산을 인도한 날 또는 사용·수익일 중 빠른 날로 하는 것이다. (소득세과-335, 2011.4.11. 소득세과-369, 2011.4.29.)

사례 4

> **거주자가 특수관계 있는 법인에 양도한 특허권 가액의 평가는**

■ (사실관계) 거주자 갑은 벤처기업인 A법인의 대표이사로서 A법인의 자본증자를 통해 재무구조를 견실히 하고자,
  1. 본인 소유의 특허권을 A법인에 현물출자 할 예정이며,

2. '벤처기업육성에 관한 특별조치법' 제6조2항에 따라 기술신용보증기금 대전중앙기술평가원에 평가의뢰 하였음, 2010.11.19. 기술가치평가서에 따른 기술가치평가액은 ×××백만원이며,

3. 2010년 12월 중순경 상법제299조의2 및 제422조에 따라 A법인에 현물출자 할 예정임

● (질의) ① '벤처기업육성에 관한 특별조치법' 제6조제2항에 따라 기술신용보증기금 기술평가원에서 평가한 금액이 시가에 해당하는지 여부

② 거주자가 법인에 현물출자한 산업재산권의 가액이 의제필요경비가 적용되는 기타소득에 해당하는지 여부

▶ (회신) (소득세과-152, 2011.2.18) 질의 ①의 경우 1. 거주자가 특수관계 있는 법인에 양도한 특허권 가액의 평가는 소득세법시행령 제98조3항, 법인세법 시행령 제89조1항2항, 상속세 및 증여세법 제64조, 같은 법 시행령 제59조5항, 같은 법 시행규칙 제19조4항에 따라 하는 것이며,

2. 수입금액이 없는 무체재산권의 평가는 예규참고(재산세과-731, 2010.10.6) 상속세 및 증여세법 시행령 제59조에 따라 무체재산권을 평가함에 있어 수입금액이 없는 경우에는 같은 법 시행규칙 제19조4항에 의하여 세무서장 등이 2 이상의 감정평가법인 또는 발명진흥법 제32조에 의하여 설립된 한국발명진흥회 및 벤처기업육성에 관한 특별조치법 시행령 제4조1항의 기술평가기관의 감정가액으로 평가할 수 있는 것임.

②의 경우 거주자가 특허권을 양도하고 발생한 소득의 경우 소득세법시행령 제87조 제1항에 따라 거주자가 받은 금액의 100분의 80에 상당하는 금액을 필요경비로 할 수 있는 것임.

사례 5

법인전환시 특수관계자로부터 영업권을 고가로 매입한 경우

■ (사실) 1. 질의법인은 전 대표이사의 개인사업을 영업양수도 방식으로 법인전환 하면서 이 과정에서 영업권 고가 매입함. 영업권 고가 매입에 대해 부당행위계산부인으로 아래와 같이 세무조정하여 수정신고를 이행한 바 있음

2. '영업권 계상액 100원, 세무상 영업권 인정액 50원, 영업권에 대한 대가 지급액 80원'에 대한 세무조정(감가상각비는 고려하지 않음)을 아래와 같이 행함

⇨ 〈손금산입〉 영업권 감액   50 (△유보)
　〈익금산입〉 부당행위계산부인   30 (상여)
　〈익금산입〉 미지급금   20 (유보)

● (질의) 영업권대가를 수령할 권리가 있는 소득귀속자가 영업권 미수금에 대하여 채권을 포기하는 경우 회사의 세무조정 방법은?

▶ (회신) 법인이 특수관계자로부터 시가를 초과한 가액으로 매입한 자산은 법인세법 제52 조에 따라 부당행위계산부인규정을 적용하여 소득금액을 계산하는 것으로, 시가초과액의 일부를 미지급한 경우의 세무조정에 대해서는 같은 법 기본통칙 67-106…9 제1항 제2호를 참고하시기 바라며, 시가초과액에 대한 미지급액 중 일부 채무를 면제받아 이익으로 계상한 경우에는 세무상 동 금액을 손금산입하여 당초 유보로 처분한 미지급액을 추인하고 이를 다시 익금산입하여 기타로 처분하는 것임 (법인세과-739, 2010.8.4)

사례 6

| 특수관계자와의 사업양도양수 과정에서의 영업권 시가 산정방법 |

● (질의) 법인세법상 영업권 시가 산정방법

▶ (회신) 내국법인이 특수관계자와의 사업양도양수 과정에서의 영업권 시가 산정방법은 법인이 특수관계자와 거래를 함에 있어 영업권의 시가는 법인세법 시행령 제89조 제1항에 의해 당해 거래와 유사한 상황에서 당해 법인이 특수관계자 외의 불특정다수인과 계속적으로 거래한 가격 또는 특수관계자가 아닌 제3자간에 일반적으로 거래된 가격에 의하는 것이나, 시가가 불분명한 경우에는 같은 조 제2항 각 호의 규정을 순차로 적용하여 계산한 금액에 의하는 것임(서면2팀-2278(2006.11.09. 법인세과-95, 2010.01.29)

사례 7

| 개인과 법인, 특수관계 법인 간에 재산을 양수 또는 양도하는 경우 |

● (질의) 다음 주식거래가 양도소득 부당행위계산 대상인지 여부

1. A법인 주주현황 : A법인, B(A법인의 최대주주겸 대표이사), C법인

2. 2009.7.21. 위 주주들이 D법인 설립

3. D법인 주주 현황(지분) : A법인(30%), B(51%), C법인(19%)

4. 2009.7.31. D법인은 타사가 운영중단한 열병합발전소를 양수하는 계약을 체결함
　•양수가액 : 11,016백만원　　•감정가액('09.7.13) : 20,093백만원

5. B는 D법인 소유지분을 특수관계자인 A법인에 액면가액(취득가액)으로 매각하고자 함

▶ (회신) 1. 개인과 법인 간에 재산을 양수 또는 양도하는 경우로서 그 대가가 법인세법 시행령 제89조(시가의 범위 등)의 규정에 의한 가액에 해당되어 당해 법인의 거래에 대하여 법인세법 제52조(부당행위계산의 부인)의 규정이 적용되지 아니하는 경우에는 소득세법 제101조(양도소득의 부당행위계산) 제1항의 규정을 적용하지 아니함(다만, 거짓 그 밖의 부정한 방법으로 양도소득세를 감소시킨 것으로 인정되는 경우에는 그러하지 아니함).

2. 거주자와 특수관계있는 법인간에 거래한 가액이 법인세법 시행령 제89조에 의한 시가의 범위에 해당하는지를 확인하여 판정하기 바람. (재산세과-1042, 2009.12.18)

> **사례 8**
>
> 개인사업자가 특수관계 있는 법인에 재고자산을 시가보다 낮은 가액으로 양도하는 경우 부당행위계산의 대상이 되는 것임

■ (현황) 1. 당사는 2001년부터 사업을 운영하고 있는 개인사업자로서 현재 일반적 포괄양수도에 의한 현금출자방식으로 법인전환을 준비중에 있으며, 법인전환시 발기인은 개인사업의 대표자로 하여 법인의 대표이사로 등록할 예정임.

2. 당사의 장부상 자산은 취득원가로 20억원이며, 부채는 은행차입금으로 17억원이고 당사는 현재 판매 주상품인 "A"상품을 공급처인 본사의 정해진 룰에 의하여 판매가액표에 기재된 20%의 마진율을 적용하여 정찰가격으로 소매 판매하고 있음.

● (질의) 1. 위와 같이 당사가 포괄양수도 절차에 의하여 법인전환 하는 경우 재고자산의 시가상당액을 당해 사업을 양도하는 때에 총수입금액에 산입하고 이에 대응하는 취득원가는 필요경비에 산입한다고 하는데 당사는 "갑", "을", "병" 중 어느 금액을 적정한 시가상당액으로 총수입금액에 산입해야 하는지.

〈갑설〉 매입원가인 20억원을 총수입금액에 산입한다.

〈을설〉 판매가액표에 의한 매입원가에 20% 마진율을 적용한 정찰가인 소비자가격 24억원을 총수입금액에 산입한다.

〈병설〉 재고자산 전체를 일시에 판매한다고 할 경우의 금융비용 및 최소한의 도매마진율을 적용한 21억원을 총수입금액에 산입한다.

2. 위와 같이 사업양수도 방법에 의해 법인전환 하는 경우 특수관계있는 법인에 재고자산을 시가보다 낮은 가액으로 양도하게 되면 소득세법 제41조 및 같은법 시행령 제98조 규정에 의해 부당행위계산 대상이 되는데, 위 "갑", "병"의 경우에는 부당행위계산의 대상이 되는지.

▶ (회신) 1. 기질의회신문(소득46011-403,1998.2.17)을 참고하기 바람

2. 기질의회신문(소득46011-1688, 1997.6.23. 및 소득46011-570, 1997.2.25.)을 참고하기 바라 며 2007.2.28. 이후 최초로 거래하는 분부터는 시가와 거래가액의 차액이 3억원 이상이거 나 시가의 100분의 5에 상당하는 금액 이상인 경우에 한하여 부당행위계산의 대상이 되 는 것임. (소득세과-1522, 2009.10.07)

▶ (참고예규 : 소득46011-1688, 1997.06.23) 사업양수도로 법인전환시 개인사업자의 재고자 산을 장부가액으로 양도한 경우 부당행위계산부인 여부

(질의) 기계부품을 수입·판매하는 개인사업자가 포괄양수도방법에 의하여 법인전환함에 있 어서 개인기업의 자산 및 부채를 장부가액으로 평가하여 법인에 양도한 경우 개인사업자 의 재고자산인 상품을 시가로 평가하지 아니하고 매입부대비용을 포함한 취득원가로 평 가하게 되면 부당행위계산의 대상이 되는지.

(회신) 도매업을 영위하는 개인사업자가 사업양수도 방법에 의하여 법인전환 하는 경우 양 수도자산에 포함되어 있는 재고자산의 시가상당액은 당해 사업을 양도하는 때에 총수입 금액에 산입하는 것이며, 당해 개인사업자가 특수관계있는 법인에 재고자산을 시가보다 낮은 가액으로 양도하는 경우에는 소득세법 제41조 및 같은법시행령 제98조의 규정에 의 하여 부당행위계산의 대상이 되는 것임.

사례 9

법인이 특수관계 있는 법인 간에 상표권을 포함한 영업권을 양수도하는 경우

● (질의) 법인세법상 특수관계자간에 사업양도양수를 하면서 영업권 대가는 별도로 지급받 지 않았으나, 양도법인이 영업권에 포함되는 상표권을 양수법인에 대여하면서 사용료를 지급받는 경우, 법인세법상 부당행위계산부인이 적용됨에 따라 양도법인의 익금에 산입 될 영업권 가액산정시 양도법인이 양수법인으로부터 지급받는 상표권 사용료수입을 영업 권 평가액에서 공제하고 영업권 평가액을 산정하는 것인지 여부

▶ (회신) 법인이 특수관계 있는 법인 간에 상표권을 포함한 영업권을 양수도하는 경우로서 법인세법 제52조의 부당행위계산의 부인 적용에 따른 시가산정 시 영업권에 포함된 상표 권의 시가가 있는 경우 당해 영업권의 시가는 같은 법 시행령 제89조 제1항의 규정에 의 한 가액으로 하고, 시가가 불분명한 경우에는 같은 조 제2항의 규정에 의하여 평가한 가 액에 의하는 것임. (서면2팀-934, 2007.5.15)

3장
포괄적 사업양도의 검토

1절 법인전환과 부가가치세

① 부가가치세는 재화 또는 용역의 공급에 대하여 과세되는 국세로서 그 재화의 범위에는 개인기업의 법인전환시 개인기업에서 법인으로 이전되는 재고자산, 건물, 기계장치, 비품 등이 모두 포함된다.

따라서 법인전환시 이러한 부가가치세 과세대상 자산에 대하여는 원칙적으로 부가가치세를 납부하여야 한다.

　　1. 재고자산

　　2. 건물

　　3. 기계장치

　　4. 비품 등

② 예외적으로 부가가치세법상의 사업양도에 해당하는 경우에는 당해 재화에 대하여 재화의 공급으로 보지 아니함으로써 부가가치세를 납부하지 아니한다.

즉, 개인기업의 법인전환시에는 부가가치세법상의 사업양도에 해당하는 것을 전제로 부가가치세를 납부하지 않는 것이 일반적인 것으로 이 경우에는 반드시 부가가치세법상의 사업양도가 되도록 하여야 한다.

③ 만약, 법인전환을 종료한 후 사후적으로 부가가치세법상의 사업양도에 해당되지 않는 것으로 판정되는 경우에는 개인기업은 부가가치세를 추징당하게 되고 법인기업은 매입세액공제를 받지 못하므로 유의하여야 한다.

　　1. 개인기업: 부가가치세 추징

　　2. 법인기업: 매입세액 불공제

2절 포괄적인 사업양도의 요건

1. 사업양도의 개요
2. 사업장별 사업의 승계
3. 사업에 관한 모든 권리와 의무
4. 권리와 의무의 포괄승계
5. 포괄적 사업양도 관련 예규

1 사업양도의 개요

① 사업을 양도하는 것은 재화의 공급으로 보지 아니함으로써 법인전환시에 부가가치세가 과세되지 않는데 이때 사업의 양도란 사업장별[2]로 그 사업에 관한 모든 권리와 의무(미수금, 미지급금, 사업 무관 토지·건물 등에 관한 것 제외)를 포괄적으로 승계시키는 것으로 한다.[3].

② 따라서 부가가치세법상의 사업양도에 해당하기 위하여는

첫째, 사업장별로의 사업의 승계이어야 하며

둘째, 사업에 관한 모든 권리와 의무의 승계이어야 하고

셋째, 권리와 의무는 포괄적으로 승계되어야 하는 것을 그 요건으로 한다.

③ 다만, 부가가치세법 제52조 제4항의 대리납부규정에 따라 그 사업을 양수받는 자가 대가를 지급하는 때에는 그 대가를 받은 자로부터 부가가치세를 징수하여 납부하는 경우에는 재화의 공급으로 본다.

2 사업장별 사업의 승계

이는 사업장별로 그 경영주체만 변경되고 사업자체는 변동이 없이 양수인에게 양도인과 동일시되는 정도로 법률상의 지위를 그대로 승계시켜야 하는 요건으로서 이를 구체적으로 살펴보면 다음과 같다.

(1) 2 이상의 사업장이 있는 사업자의 경우

2 이상의 사업장이 있는 사업자가 그중 한 사업장에 관한 모든 권리와 의무를 포괄적으로

---

[2] 상법에 따라 분할 또는 분할합병하는 경우에는 동일한 사업장 안에서 사업부문별로 양도하는 경우를 포함한다.

[3] 법인세법 제46조1항 또는 제47조1항의 요건을 갖춘 분할의 경우 및 양수자가 승계받은 사업외에 새로운 사업의 종류를 추가하거나 사업의 종류를 변경한 경우를 포함

양도하는 경우는 이를 사업의 양도로 본다. (부기통 10-23-1,4호)

(2) 과세사업과 면세사업을 겸영하는 경우3

과세사업과 면세사업을 겸영하는 사업자가 사업장별로 과세사업에 관한 모든 권리와 의무를 포괄적으로 양도하는 경우는 사업의 양도로 본다. (부기통 10-23-1 2호)

(3) 미등록된 건설 중인 사업장의 사업양도

과세사업에 공할 목적으로 건설 중인 독립된 제조장으로서 등록되지 아니한 사업장을 다른 사업자에게 당해 제조장에 대한 모든 권리와 의무를 포괄적으로 양도하는 경우에는 사업의 양도로 본다. (부기통 10-23-1 3호)

(4) 사업양수자가 다른 사업을 경영하는 경우

① 종전에는 양수자가 사업의 양도자와는 다른 사업을 영위하게 되는 경우는 사업의 일관성이 유지되었다고 볼 수 없으므로 부가가치세법상 사업의 양도에 해당하지 아니한다고 하였다.

② 그러나 2006년 2월 6일 부가가치세법 시행령 제17조(현행 부가가치세법 시행령 제23조)의 개정으로 사업장별로 그 사업에 관한 모든 권리와 의무를 포괄적으로 승계하는 경우를 사업양도로 보되, 양수자가 새로운 사업의 종류를 추가하거나 사업의 종류를 변경한 때도 포함하는 것으로 하여 사업양도의 범위를 확대하였다.

③ 따라서 종전의 사업의 동일성이라는 엄격한 요건을 완화한 것은 사실이나, 과세관청의 유권해석은 '양수인에게 양도인과 동일시되는 정도로 법률상의 지위를 그대로 승계시키는 것'이라는 요건을 계속 충족시키길 바라고 있다.

④ 이러한 상황을 감안하여 법인전환시 일단은 사업을 승계한 후, 양수사업을 영위하다가 사업의 종류를 변경하는 것*이 바람직하다고 생각된다. 특히 조특법 및 지특법 상의 조세감면을 받기 위한 법인전환의 경우는 일정한 기간 내 승계받은 사업을 폐지하는 경우 감면세액을 추징하므로 이에 유의하여야 한다.

> **예규** 숙박업을 경영하는 사업자가 자기의 '자'에게 숙박업을 양도하면서 당해 숙박업에 관한 모든 권리와 의무를 포괄적으로 승계시켜 부가가치세법 제6조 제6항의 규정에 의한 사업의 양도에 해당된 경우에는 '자'가 당해 사업의 양수 이후, 당해 양수받은 숙박업을 영위하다가 사업의 종류를 부동산임대업으로 변경한 경우에도 당초 사업의 양도에는 영향을 미치지 아니하는 것임(부가 46015-2276, 1999.8.3).

(5) 일부는 현물출자하고 일부는 양도 양수한 경우

개인인 사업자가 법인전환을 위하여 토지·건물 등 일부 자산은 현물출자하고 나머지 그 사업에 관한 모든 권리와 의무는 포괄적으로 그 신설법인의 설립등기일에 당해 신설법인에 양도함으로써 사업의 동일성이 유지되는 경우에는 사업의 양도에 해당한다*.

> **예규** *제조업을 경영하는 개인사업자가 그 사업을 법인으로 전환하기 위하여는 개인사업에 공하던 건물과 토지는 현물출자하고 기타 그 사업에 관한 모든 권리(미수금에 관한 것은 제외)와 의무(미지급금에 관한 것은 제외)를 포괄적으로 당해 신설법인의 설립등기일에 그 신설법인에 양도함으로써 사업의 동일성이 유지되는 경우에는 부가가치세법 제6조6항에 규정하는 사업의 양도에 해당하는 것임(부가 1265-1637, 84.8.1).

3 사업에 관한 모든 권리와 의무

사업에 관한 모든 권리와 의무에는 양도되는 당해 사업장의 사업에 관련된 모든 자산의 소유권, 부채의 변제의무 및 기타 사업상의 권리의무가 포함되며, 미수금과 미지급금 및 사업무관 토지·건물 등은 제외되는바 이를 구체적으로 살펴보면 다음과 같다.

(1) 미수금과 미지급금

미수금과 미지급금이란 그 명칭에 불구하고 사업의 일반적인 거래 이외에서 발생한 미수채권 또는 미지급채무를 말한다.

미수금과 미지급금의 포함 여부는 사업양도의 요건이 아니며 미수금 등이 포함된 경우는 물론 제외된 경우에도 사업의 양도로 본다.[4]

(2) 사업무관 토지·건물 등

당해 사업과 직접 관련이 없는 토지·건물 등은 취득 후 유예기간(2~5년) 내에 고유업무에 사용하지 않거나 매각하는 부동산[5] 등에 준하는 자산을 말하는바(부가칙 16조), 이를 제외하는 경우에도 사업의 양도로 본다.

(3) 외상매출금과 외상매입금

종전에는 사업양도 시 외상매출금 및 외상매입금의 일부를 제외할 경우는 사업의 양도로 보지 아니하였으나,[6] 1994.4.21일 국세청은 세정개혁추진과제의 일환으로 이를 개선하여 사

---

4) 부기통 10-23-2
5) 법인세법시행령 제49조 제1항(업무와 관련이 없는 자산의 범위) 참조.
6) 부가 1265. 1-1257, 1982.5.17

업의 동일성을 상실하지 아니하는 범위내에서 외상매출금 및 외상매입금을 제외하는 경우에도 사업양도로 보도록 하였다.[7]

(4) 인적설비의 승계

사업상의 권리·의무에 인적설비가 포함되는지에 대하여는 논란의 여지가 있으나 인적설비의 승계여부도 사업의 양도요건 해당 여부에 관한 사실판단에서 중요기준이 된다.*

> **예규** *재화의 공급으로 보지 아니하는 사업의 양도는 사업의 양도인이 양수인에게 모든 사업시설뿐만 아니라 그 사업에 관한 일체의 인적·물적 권리와 의무를 양도하여 양도인과 동일시되는 정도로 법률상의 지위를 그대로 승계시키는 것이므로 사업용고정자산과 재고자산을 제외하거나 당해 사업과 관련된 종업원 전부를 제외하고 양도하는 경우에는 '부가가치세법' 제6조 제6항에 의한 사업양도에 해당하지 아니하는 것임(서삼 2666, 2006.11.06)

4 권리와 의무의 포괄승계

① 이는 사업장별로 그 권리와 의무를 전체적으로 승계시키는 것을 말하는데 이 경우 당해 사업과 직접관련이 없거나 사업의 동일성을 상실하지 아니하는 범위내에서 일부 권리 또는 의무를 제외하여도 포괄승계로서 사업의 양도로 본다.*

> **예규** (부가 46015-778, 1998.4.22). 1. 부가가치세법 제10조제9항제2호의 규정에 의하여 부가가치세가 과세되지 아니하는 사업의 양도는 양도인이 양수인에게 모든 사업의 동일성을 유지하면서 경영주체만을 교체하는 것을 말하는 것이며 다만, 사업과 직접 관련이 없거나 사업의 동일성을 상실하지 아니하는 범위내에서 일부 권리·의무를 제외하여도 사업의 양도로 보는 것이나,
> 2. 일부 자산과 부채를 제외하여도 사업의 동일성이 유지되는지는 양도하는 사업의 특성과 계약내용 등 관련사실을 종합하여 사실판단할 사항임

② 그러나 일부 권리 또는 의무를 제외한 경우 포괄승계요건을 충족하는지 여부는 사실판단에 속하는 사항으로서 구체적 사안 발생시 해석이 엇갈리므로 실무상 안전성을 위해서는 가능하면 제외되는 권리·의무가 없도록 하는 것이 좋을 것이다.

③ 한편, 자산 중 토지와 건물을 제외하고 나머지 권리·의무 일체를 포괄양도 한 경우는 포괄적인 사업양도로 보지 않는다. (재경원 소비 46015-51, 1997.2.12.)

④ 그러나 이미 설명한 바와 같이 당해 사업과 직접 관련이 없는 토지와 건물을 제외하고 포괄양도 한 경우에는 부가가치세법상의 사업양도로 본다.

---

[7] 부가 46015-809, 1994.4.21, 부가 46015-851, 1998.4.27.

5 포괄적 사업양도 관련 예규사례

(사례1) 자신의 건물에서 도매업과 부동산임대업을 영위하다가 도매업만 법인에 승계하는 경우
(사례2) 법인전환 중에 개인사업자로 수수한 세금계산서의 법인설립 후 신고의 경우
(사례3) 기존사업에 사용하지 않던 자산을 사업양도시에 같이 양도한 경우 부가가치세
(사례4) 사업양도 시점에 남은 재고자산이 있는 경우 사업포괄양도 해당 여부
(사례5) 부동산사업자가 아들에게 부동산을 증여하면서 임대보증금을 승계하지 않는 경우
(사례6) 사업양도법인 양수법에 현물출자 후 건설중인 자산을 양도하는 경우
(사례7) 도소매업 사업자가 임대용 부동산을 양수하여 자가사용하는 경우
(사례8) 임대사업자가 전체가 공실인 상가를 양수자인 임대사업자에게 양도하는 경우
(사례9) 건물과 토지의 임차부동산을 임대자로부터 임차인이 양수하여 신축하여 자가사용하는 경우
(사례10) 임대사업자 공장을 제조법인이 양수 후 일부는 임대하고 일부는 자가사용하는 경우
(사례11) 개인사업자가 법인으로 전환하면서 사업장을 이전하는 경우
(사례12) 임대업자가 임차인인 도소매업자에게 모든 사업을 양도하는 경우
(사례13) 임대업 법인의 건물과 토지를 양수하여 임대하지 않고 자가 사용하는 경우
(사례14) 일반과세자에게 사업양도하고, 타업종으로 전환시 사업양도 해당 여부
(사례15) 공급받는 자가 법인전환 후 내국신용장 개설거래분의 영세율 적용 여부
(사례16) 개인기업의 법인전환 과정에서 사업장이 변경된 경우

사례 1

자신의 건물에서 도매업과 부동산임대업을 영위하다가 도매업만 법인에 승계하는 경우

자신의 건물에서 도매업과 부동산임대업을 영위하다가 도매업만 법인에 승계하는 경우, 사업의 포괄양도에 해당하지 아니함

- **(사실관계)** ① 질의인은 2002.2.1. ○○시에서 전자제품도매업(이하 "양도대상사업")으로 사업자등록한 개인사업자로

  1. 2018.6.19. ○○○구에 소재한 단독건물(지하1층, 지상4층)을 매입하여 부동산임대업으로 사업자등록하고

  2. 2018.6.29. 상기 건물의 지하 1층과 지상 1층으로 전자제품 도매업 사업장(이하 "본건 사업장")을 이전하였음

  ② 질의인은 2018.9.12. 본건 사업장에 도매업 및 제조업을 영위하는 양수법인을 신설하였으며 양수법인에 양도대상사업과 관련한 모든 권리와 의무를 이전하고 양도대상사업은 폐업할 예정임

  - 양수법인과 질의인은 임대차계약을 체결함

● (질의) 도매업을 영위하던 개인사업자가 부동산을 취득하여 해당 부동산소재지에 부동산 임대업으로 사업자등록하고 도매업 사업장을 부동산임대업 사업장으로 이전한 경우로서 도매업 사업부문을 법인전환 하기 위하여 도매업 사업장에 법인을 신설하고 도매업 사업장으로 사용하던 부동산은 제외하고 도매업에 관한 모든 권리와 의무를 신설한 법인에 양도하는 경우

1. 재화의 공급으로 보지 아니하는 사업의 양도에 해당하는지 여부

2. 재화의 공급에 해당하는 경우 영업권을 포함한 사업양도 대가를 사업양수 이후 5년간 매년 9월에 장기할부 조건으로 분할하여 지급하는 경우 재화의 공급시기

▶ (회신) 1. 자신의 건물(사업장)에서 도매업과 부동산임대업을 영위하는 개인사업자가 토지와 건물을 제외하고 도매업 사업부문에 관한 모든 권리(영업권 포함)와 의무를 법인에 포괄적으로 승계하는 경우, 해당 사업의 양도는 「부가가치세법」 제10조제9항에 따른 사업의 양도에 해당하지 아니하는 것임

2. 이 경우 사업양도자가 사업양수도 이후 양도대금을 장기할부조건으로 지급받기로 약정한 경우에는 재화의 공급시기는 「부가가치세법」 제15조 및 같은 법 시행령 제28조제3항에 따라 그 대가의 각 부분을 받기로 한 때이며 해당 공급시기 전에 세금계산서를 발급한 때는 같은 법 제17조제4항에 따라 그 발급한 때를 공급시기로 보는 것임(사전법령부가-584, 2018.10.11.)

사례 2

법인전환 중에 개인사업자로 수수한 세금계산서의 법인설립 후 신고의 경우

● (질의) 1. 당사는 학원업 및 출판업을 영위하는 개인기업이며 현물출자를 통한 법인전환을 추진하고 있으며 현물출자를 통해 법인전환을 진행하는 관계로 법원이 선임한 검사인의 검사 등의 절차를 거쳐야 하므로 법인전환일부터 법인등기까지 2개월이 소요될 예정임

2. 법인등기가 완료되지 않은 관계로 일부 금융기관에서 법인명의 계좌가 개설되지 않고 신용카드 가맹점 가입이 되지 않는 등의 영업상 어려움이 있어 법인전환일 이후 법인등기 완료시까지 개인사업자 명의로 매출 등의 거래를 진행하고 회계 및 세무상으로 동거래를 법인에 귀속시킬 예정이며 개인사업자는 법인등기 완료후 법인명의로 영업이 가능해지는 시점에 폐업할 예정임

3. 법인전환기일 이후 개인사업자 명의로 수수한 세금계산서(신용카드매출전표 포함)를 법
인의 부가가치세 신고 시 포함할 수 있는지 여부

▶ (회신) 개인사업자가 현물출자에 의해 법인을 설립하여 부가가치세법 제6조 제6항 규정
에 따라 당해 법인에 사업을 양도함에 있어서 사업양도이후 법인설립등기 전까지 개인명
의 거래분이 실질적으로 당해 법인에 귀속되는 경우에는 당해 법인명의로 신고납부하여
야 한다. (부가46015-566, 1996.03.23, 서면부가-22026, 2015.06.28)

사례 3

기존사업에 사용하지 않던 자산을 사업양도시에 같이 양도한 경우 부가가치세

● (요지) 원고가 AA건물 일부를 임대하고 BB건물을 임대하려고 하였던 것은 원고가 주업
종인 전자통신기기 제조업에 사용하기 위하여 BB건물과 CC 건물을 잇따라 신축함에 따
라 전자통신기기 제조업에 사용하고 남게 되는 공실이 발생하자 이를 활용하기 위한 일
환으로 보일 뿐이어서 이를 제조업과 별도로 임대업에 사용하기 위하여 보유하고 있었다
고 보기는 어려우므로, 이 부분 원고의 주장은 이유 없다.

▶ (판단) 또한, 원고는 부가가치세법 시행령의 개정으로 '사업의 동일성' 요건은 삭제되었으
므로, 원고가 위 공실 부분을 실제로 임대업에 사용하지 않았다고 하더라도 양수인이 이
를 임대업에 사용하기 위하여 양수한 이상 사업양도에 해당한다고 주장하므로 살피건대,
부가가치세법 시행령이 2006.2.9. 대통령령 제19330호로 개정되며 사업양도에 관하여 '양
수자가 승계받은 사업 외에 새로운 사업의 종류를 추가하거나 사업의 종류를 변경한 경
우를 포함한다'는 문구가 추가되기는 하였으나, 이는 어디까지나 새로운 사업이 추가되거
나 변경된 경우도 사업양도에 해당된다는 것일 뿐이며, 양도인이 기존사업에 사용하지
않던 자산을 사업 양도시에 같이 양도한 경우 그 자산에 대하여 별개의 사업양도가 이루
어진 것으로 보고 양도인에게 부가가치세를 과세하지 않겠다는 취지는 아니므로, 원고의
위 주장은 이유 없다.(서울고법 2014누 72288, 2015.06.16)

사례 4

사업양도 시점에 남은 재고자산이 있는 경우 사업포괄양도 해당 여부

● (질의) 다음의 경우 사업의 포괄양도로 보아 세금계산서를 발행하지 않아도 되는지, 생산
되어 남아 있는 전기가 양도되지 않았으므로 포괄양도로 볼 수 없는 것인지

(사실관계) 1. 당사는 태양광발전소를 운영하다가 2014.9월 자금사정상 허가권, 토지, 건물, 태양광발전시설 사업과 관련된 모든 것을 일괄양도함.

2. 발전된 전기 중 한전과 계약된 일정량의 전기는 한전에 바로 매출이 이루어지고 계약량을 초과해서 생산된 전기는 한국전력거래소에 등재하여 한국전력거래소를 통해 생산시점에서 3년 이내에 경매에 의해서만 팔게 되어 있음.

3. 사업양도 시점에 팔려고 하였으나 팔리지 않아 남아 있는 생산된 전기가 있으며 이는 사업을 양수한 사업자에 양도가 불가하고 당초 생산자 명의로 한국전력거래소를 통해 경매에 의해서만 판매가 가능함.

▶ (회신) 부가가치세법 제10조 제8항 2호에서 규정하는 재화의 공급으로 보지 아니하는 사업양도는 사업용자산을 비롯한 물적·인적시설 및 권리(미수금에 관한 것을 제외), 의무(미지급금에 관한 것을 제외) 등을 포괄적으로 양도하여 사업의 동질성을 유지하면서 경영주체만을 교체시키는 것으로서 사업과 직접 관련이 없거나 사업의 동질성을 상실하지 아니하는 범위 내에서의 일부 재고자산(경매진행중인 생산된 전기)를 제외하여도 사업의 양도로 보는 것임. (부가가치세과-1022, 2014.12.30.)

사례 5

> **부동산사업자가 아들에게 부동산을 증여하면서 임대보증금을 승계하지 않는 경우**

● (질의) 부동산임대업자가 임대사업 및 임대사업에 공하던 부동산을 아들에게 증여하면서 임대보증금을 승계시키지 아니하는 경우 부가가치세법 제10조 제8항 제2호 및 같은 법 시행령 제23조에 따라 재화의 공급으로 보지 아니하는 사업의 양도에 해당하는지 여부 및 아들은 관련 매입세액을 공제받을 수 있는지

(사실관계) 신청인은 근린생활시설을 임대하는 사업자로서 해당 근린생활시설을 신청인의 아들에게 증여하고자 함.

신청인은 기존 임차인들과의 부동산임대계약을 해지하고 임차보증금을 임차인들에게 반환하고 신청인의 아들이 임대조건을 종전과 동일한 조건으로 기존 임차인들과 계약을 체결하고 임차보증금도 신청인의 아들이 수령할 예정임.

▶ (회신) 부동산임대업을 경영하는 사업자(이하 '해당사업자')가 임대업에 공하던 부동산을 포함하여 그 사업의 인적·물적 시설 및 권리와 의무 등을 아들에게 증여하면서 해당 부동산임대업과 관련된 임대보증금을 제외하는 경우 부가가치세법 제10조 제8항 제2호가

적용되지 아니하며, 해당 사업자는 아들에게 세금계산서를 발급하여야 하고, 아들은 부담한 부가가치세액에 대하여 같은 법 제38조 제1항 제1호에 따라 매입세액을 공제받을 수 있는 것임 (법규부가2014-209, 2014.06.25.)

사례 6

사업양도법인 양수법에 현물출자 후 건설중인 자산을 양도하는 경우

● (질의) 사업양수도 당시 양도법인은 보유토지를 양수법인에 현물출자한 후 건설중인 자산과 그 건설중인 자산에 대한 권리 등을 양수법인에 양도하였는바, 건설중인 자산 등의 양도가 부가가치세가 과세되지 아니하는 사업의 양도에 해당되는지.

▶ (회신) 가스제조 및 공급업을 경영하는 사업자(이하 "양도법인")가 국내의 다른 사업자(이하 "양수법인")에게 보유토지를 현물출자한 이후 그 토지 위에 건설중인 ○○○터미널과 해당 ○○○터미널 시설공사계획에 대한 지위 등을 양도하면서 해당 업무 관련 직원을 승계하지 아니하고 파견한 경우에는 부가가치세법 제10조 제8항 제2호에 따른 사업의 양도에 해당되지 아니하는 것임 (법규부가2013-426, 2013.10.07)

사례 7

도소매업 사업자가 임대용 부동산을 양수하여 자가사용하는 경우

■ (사실관계) 1. 신청인은 도매업 등을 경영하는 사업자로 ○○시 ○○구 ○○동 소재 토지·건물(이하 "쟁점부동산"이라 한다)을 2011.11.18. 158억원에 매입하기로 계약하고 계약금을 지급한 상태임

2. 신청인은 위 부동산 매입 즉시 전체를 자가사용 하려고 하나, 양도인과 기존임차인간 임대차계약을 승계함으로써 불가피하게 임대차계약상 기존임차인에게 잔여 임차기간까지 임대에 공함(임대차계약 조건 변경 없음)

3. 신청인은 쟁점임대부동산을 매수하여 부동산임대업이 아닌 도·소대업의 매장으로 사용할 예정임

4. 쟁점부동산과 관련된 종업원은 없으며, 쟁점부동산과 관련된 자산, 부채 중 임대보증금만 승계함

● (질의) 부동산임대업을 운영하는 사업자로부터 부동산을 양수하여 해당 부동산을 도·소매업 운영하는 양수인의 사업장으로 자가사용 할 예정인 경우 재화의 공급으로 보지 아

니하는 사업양도에 해당하는지 여부

▶ (회신) 1. 도·소매업을 경영하는 사업자가 일부 공가상태의 임대용 부동산을 자가사용하기 위하여 양수하였으나 양도인의 기존 임대차계약을 승계함으로 불가피하게 일시적으로 임대에 공하던 부동산을 임대차계약이 종료하는 즉시 해당 부동산 전체를 도·소매업을 운영하기 위해 자가사용 할 예정인 경우,

2. 해당 부동산임대업에 관한 권리와 의무를 포괄적으로 승계받은 것으로 볼 수 없으므로「부가가치세법」제6조 제6항 제2호에 따라 재화의 공급으로 보지 아니하는 사업의 양도에 해당되지 않는 것임 (법규부가 2011-517, 2011.12.19.)

사례 8

임대사업자가 전체가 공실인 상가를 양수자인 임대사업자에게 양도하는 경우

● (질의) 다음의 경우 재화의 공급으로 보지 않는 사업의 양도에 해당하는지.

■ (사실관계) 2008.6. 부산소재상가를 공동명의로 신규 분양받아 임대사업을 영위하였으나, 2011.5.부터 공실 상태로 유지하던 중 임대사업을 목적으로 하는 매수희망자와 매매계약을 체결하기로 상담중임. 임대사업과 관련한 사업양도양수 대상은

1. 임대사업과 관련된 토지, 건물 등 부동산 전부

2. 2년 전 세입자가 사용하다 남겨 둔 시설물 및 집기비품 전부

3. 상가와 관련된 부동산 담보대출금 15억원 중 상환 후 잔액 14억원 등을 양도할 대상이나 대출금은 매도대금으로 전액 상환하고 양수자는 대출금 승계를 받지 않는 거래임.

▶ (회신) (부가가치세과-474, 2013.05.28) 1. 신청인이 임대부동산을 담보로 차입한 금융기관 부채를 양수도일 이전에 변제하고 임대차계약과 이에 따른 임대보증금과 기타 모든 사업용고정자산을 포괄적으로 양수인에게 승계하여 사업의 동일성을 유지하면서 경영주체만 교체된 경우에는「가가치세법제6조 제6항 제2호의 재화의 공급으로 보지 않는 사업의 양도에 해당하는 것임. (법규부가2013-32, 2013.2.14.)

2. 집합건물 내에 2개 이상의 구분점포를 소유한 자가 이를 하나의 사업장으로 하여 사업자 등록을 하고 부동산임대업을 영위하다가 그 중 임대차계약기간이 만료되어 공실 상태인 하나의 구분점포를 양도하는 경우에는부가가치세법제6조 제6항 제2호와 같은 법 시행령 제17조 제2항에 따른 사업의 양도에 해당하지 아니하는 것임 (법규부가2011-450, 2011.11.15.)

사례 9

> 건물과 토지의 임차부동산을 임대자로부터 임차인이 양수하여 신축하여 자가사용하는 경우

- **(사실관계)** 1. 주유소를 임대하는 부동산임대사업자가 임대업에 사용하던 건물 및 토지를 양도하는 경우로서 양수자는 동 건물을 철거 후 신축하여 주유소업을 영위하고자 함.

2. 동 건물 등의 양도자는 양수자에게 임대차에 관한 내용을 인계하지 아니하였으며 주유소업을 영위하던 임차인은 양수자와 임대차에 대한 재계약을 체결(갱신)하지 않은 때로서 임차인은 더 이상 사업을 하지 못하게 되어 폐업하게 됨.

3. 다만, 주유소의 특성상 즉시 폐업이 어려운 점 원활한 사업의 폐지를 위하여 양수자는 무상으로 1개월 정도 편의상 사업의 연장을 허락하였으며, 매매계약 체결시 포괄적인 사업양도양수의 의지가 전혀 없었기에 포괄적 사업양도양수 계약을 체결하지 아니하고 세금계산서를 교부하였음.

- **(질의)** 이 경우 부가가치세법 제6조6항2호에 의한 사업양도에 해당하는지 여부

- ▶ **(답변)** 재화의 공급으로 보지 아니하는 사업의 양도는 사업장별로 사업의 양도인이 양수인에게 모든 사업시설뿐만 아니라 그 사업에 관한 일체의 인적·물적 권리와 의무를 양도하여 양도인과 동일시되는 정도로 법률상의 지위를 그대로 승계시키는 것으로, 귀 질의 경우 부동산임대업과 관련된 임차인을 승계하지 아니한 때에는 「부가가치세법」 제6조6항2호의 규정에 의한 사업양도에 해당하지 아니하는 것임. (서삼-851, 2008.4.29)

사례 10

> 임대사업자 공장을 제조법인이 양수 후 일부는 임대하고 일부는 자가사용하는 경우

- **(질의)** 매수법인은 임대사업자 공장건물 양수 후 부동산임대업을 임차인의 임대차계약 기간이 만료되는 시점까지 영위함. 4층, 5층은 임대차계약을 해지하고 당 법인이 직접 사용할 예정이며, 1층, 2층, 3층은 계속하여 임대할 예정임. 이런 경우 위 공장건물 양도양수가 부가가치세법 시행령 제17조2항의 사업의 포괄양도에 해당되는지.

- ▶ **(회신)** 부동산임대업을 경영하는 사업자가 임대업에 사용하던 건물 및 임대보증금 등 임대사업에 관련된 모든 권리와 의무를 포괄적으로 승계시킨 후, 양수자가 승계받은 건물을 임대업에 사용하다가 건물 일부를 양수자의 다른 사업에 직접 사용하는 때에도 당초 사업양도에는 영향을 미치지 아니하는 것임. (서면3팀-588, 2008.3.20.)

사례 11

개인사업자가 법인으로 전환하면서 사업장을 이전하는 경우

● (질의) 자기 소유의 공장과 부속토지에서 제조업을 영위하던 개인사업자가 법인으로 전환하면서 사업장을 이전하고자 함. 자신의 소유였던 공장과 부속토지는 개인명의로 타인에게 매도하여 잔금 청산하였으며 이후 사업장 외의 모든 자산과 부채, 종업원 모두 법인으로 이전할 예정임. 이러한 경우 사업양도에 해당하여 세금계산서 발행을 하지 않아도 되는 것인지.

▶ (회신) 부가가치세법 제6조 제6항에 규정하는 사업의 양도는 사업장별로 그 사업에 관한 모든 권리와 의무 및 인적·물적 시설을 포괄적으로 양도하는 것을 말하는 것으로, 귀 질의의 경우가 사업의 양도에 해당하는지 여부는 양도 당시의 현황에 따라 관련사실을 종합하여 판단하여야 할 사항임. (서면3팀-2108, 2007.7.27)

사례 12

임대업자가 임차인인 도소매업자에게 모든 사업을 양도하는 경우

● (질의) 상가를 임대하는 부동산 임대사업자(간이과세자)인 '갑'이 도 소매업을 경영하는 임차인 '을'에게 임대업에 공하던 상가를 양도하는 경우 「부가가치세법」 제6조 제6항 제2호 및 같은 법 시행령 제17조 제2항에 의하여 사업양도에 해당하는지.

▶ (회신) 1. 재화의 공급으로 보지 아니하는 사업양도는 사업의 양도인이 양수인에게 모든 사업시설뿐만 아니라 그 사업에 관한 일체의 인적 물적 권리와 의무를 양도하여 양도인과 동일시되는 정도로 법률상의 지위를 그대로 승계시키는 것으로, 귀 질의의 경우 부가세법 제6조 제6항 제2호의 규정에 의한 사업양도 해당 여부와 관련하여 참고하기 바람.

2. 재화의 공급으로 보지 아니하는 사업의 양도는 사업의 양도인이 양수인에게 모든 사업시설뿐만 아니라 그 사업에 관한 일체의 인적 물적 권리와 의무를 양도하여 양도인과 동일시되는 정도로 법률상의 지위를 그대로 승계시키는 것으로, 부동산임대업자가 임대업에 사용하는 부동산 전부를 임차하여 음식점업을 경영하는 임차인에게 부동산임대업에 사용하던 토지와 건물 등 일체의 인적 물적 권리와 의무를 포괄적으로 양도하고, 임차인이 당해 부동산에서 계속하여 음식점업을 경영하는 경우에는 「부가가치세법」 제6조 제6항에 규정된 사업의 양도에 해당하는 것임(서삼-2667, 2006.11.6.).

사례 13

임대업 법인의 건물과 토지를 양수하여 임대하지 않고 자가 사용하는 경우

● (질의) A법인은 토지, 건물을 소유한 임대사업자로서, B법인은 위 A법인의 토지, 건물 전체를 임차하여 영화관을 운영하고 있음. 이 경우 B법인이 A법인의 토지, 건물을 양수하여 영화관만을 계속할 운영할 경우, 사업의 양도에 해당 여부

▶ (회신) 사업의 포괄양도양수에 해당 여부에 관한 참고바람.(서삼-2266, 2006.09.25) 당해 부동산의 전부 또는 일부를 임차하여 사용하고 있던 임차인에게 부동산을 양도한 경우로서 당해 임차인이 당해 장소에서 종전의 사업을 실질적으로 계속 경영하는 경우에는 부가가치세법 제6조 제6항의 규정에 의한 사업의 양도에 해당하지 아니하는 것으로, 사업의 양도에 해당하는지 여부는 계약관계, 양도 당시의 현황, 양도양수 후 부동산의 이용실태 등 관련사실을 종합하여 판단하여야 할 사항인 것임 (제도 46015-12579, 2001.8.7).

사례 14

일반과세자에게 사업양도하고, 타업종으로 전환시 사업양도 해당 여부

● (질의) 당사는 서비스 노래방을 경영하는 법인으로서 '노래방사업'을 개인 '일반과세자'에게 부가가치세법 제6조6항2호 규정에 의한 사업양도를 하고, 타업종으로 전환하고자 하는바, 상기와 같이 일반과세자에게 양도시 사업의 양도에 해당하는지?

▶ (회신) 답변사례를 참고하기 바람. (서삼-820, 2006.05.02)

1. 부가가치세법 제6조 제2호에서 규정하는 재화의 공급으로 보지 아니하는 사업양도라 함은 사업장별로 그 사업에 관한 모든 권리와 의무를 포괄적으로 승계시키는 것을 말하는 것임. 이와 관련된 기질의 답변문(부가 46015-1184, 2000.5.25.)을 참고하기 바람(서삼-2396, 2005.12.29).

2. 사업의 양도는 사업장별로 당해 사업의 사업 전부를 전체로서의 동일성이 상실됨이 없이 그 사업에 관련된 모든 권리(미수금에 관한 것을 제외)와 의무(미지급금에 관한 것을 제외)를 포괄적으로 승계시키는 것을 말하는 것으로 동일건물 내 인접(403·404호)되어 있는 2개의 점포를 분양받아 하나의 사업자등록으로 부동산임대업을 경영하는 사업자가 그 중 1개의 점포를 양도하는 경우에는 부가가치세법 제6조 제6항 제2호에서 규정하는 사업의 양도에 해당하지 아니하는 것임(부가 46015-1184, 2000.5.25).

3. 부가가치세법 제6조 제6항 제2호에서 재화의 공급으로 보지 아니하는 사업의 양도는 사업용자산을 비롯한 물적·인적시설 및 권리(미수금에 관한 것을 제외함), 의무(미지급금에 관한 것을 제외함) 등을 포괄적으로 양도해 사업의 동일성을 유지하면서 경영주체만을 교체시키는 것을 말하는 것으로, 이에 해당하는지 여부는 사실 판단할 사항임(제도 46015-10288, 2001.3.28).

사례 15

공급받는 자가 법인전환 후 내국신용장 개설거래분의 영세율 적용 여부

● (질의) 사업자가 다른 개인사업자에게 2002.3. 과세재화를 공급한 분에 대하여 일반세금계산서를 교부한 후, 공급받는 당해 개인사업자가 현물출자로 법인전환(부가가치세법 제6조 제6항에서 규정하는 포괄적인 사업양도양수에 의함)된 바, 법인전환된 후 2002.4.에 당초 개인명의와 전환된 법인명의로 내국신용장이 각각 개설되어 발급시(금융기관 명의 변경관계로 일부는 개인명의로, 일부는 법인명의로 개설됨) 당해 내국신용장 개설거래분에 대하여 각각 영세율을 적용하는 수정세금계산서로 교부가능 여부 및 가능 시 교부방법

▶ (회신) 1. 사업자가 다른 개인사업자에게 과세재화를 공급한 대가에 대하여 영세율이 적용되지 않는 세금계산서를 교부하고 당해 공급받는 자가 부가가치세법 제6조 제6항 제2호의 규정에 의한 포괄적인 사업양도방식으로 법인전환된 후 당해 거래의 공급시기가 속하는 과세기간 종료 후 20일 이내에 법인전환되기 전의 개인사업자 및 법인사업자 명의로 각각 내국신용장이 개설된 경우 영세율이 적용되는 수정세금계산서로 교부 가능한 것임.

2. 또한, 이 경우 수정교부 방법은 부가가치세법 기본통칙 16-59-1에 의하는 것임. (서삼 46015-11215, 2002.7.24.)

사례 16

개인기업의 법인전환 과정에서 사업장이 변경된 경우

● (질의) 개인기업의 법인전환 과정에서 사업장이 변경된 경우에도 개인기업의 모든 자산, 부채가 포괄적으로 양도된 사업의 양도로 볼 수 있는지.

▶ (회신) 1. 사업자가 사업장별로 그 사업에 관한 모든 권리와 의무를 포괄적으로 승계시키

는 경우(일반과세자가 간이과세자에게 사업을 양도하는 경우는 제외)에는 부가가치세법 제6조6항2호 및 동법 시행령 제17조2항의 규정에 의하여 재화의 공급으로 보지 아니하는 것이므로 부가가치세가 과세되지 아니하는 것이며,

2. 사업을 포괄적으로 양도 양수하는 과정에서 사업장의 이동이 있으면 사업양도의 요건을 충족하는 경우에는 사업의 양도로 보는 것임. (부가 46015-1812, 2000.7.26)

4장

주주구성의 세무상 검토

법인전환을 위한 주식회사설립시에는 1인 이상의 발기인을 구성하고 각 발기인별 출자금액을 결정해야 하는데 이를 주주구성이라 한다. 이 주주구성에서 상법상으로는 행위무능력자만 아니면 되나 세무상으로는 고려해야 할 몇 가지 유의사항이 있다.

주주구성 시의 세무상 고려사항은 과점주주의 문제와 주식인수인의 자금출처 및 제3자명의 주식취득에 대한 증여의제에 관한 문제이다.

1절 과점주주의 세무문제

1 법인전환과 과점주주

① 과점주주란 주주 또는 유한책임 사원 등 1명과 그의 특수관계인 중 대통령령으로 정하는 자[8])로서 그들의 소유주식의 합계 또는 출자액의 합계가 당해 법인의 발행주식 총수 또는 출자총액의 50%를 초과하면서 그 법인의 경영에 대하여 지배적인 영향력을 행사하는 자들을 말한다. (국기법 39조2호, 지기법 46조2호)

② 개인기업의 법인전환시 개인기업주는 대부분 이러한 과점주주가 되는데 과점주주가 되면 세무상 몇 가지 문제가 발생한다

---

8) 해당 주주 또는 유한책임사원과 다음에 해당하는 관계에 있는 자를 말한다.
  1. 친족관계
  2. 경제적 연관관계
  3. 경영지배관계 중 국세기본법시행령 제1조의2 제3항 1호가목 및 같은 항 제2호가목 및 나목의 관계

2 국세·지방세의 2차 납세의무

① 주식회사의 유한책임제도를 근간으로 하여 주주는 그가 출자한 금액을 한도로 유한책임을 부담하는데 예외적으로 과점주주가 되는 경우에는 국세 및 지방세의 2차 납세의무를 부담한다.

② 국세와 지방세의 2차 납세의무란 법인[9]의 재산으로 그 법인에 부과되거나 그 법인이 납부할 국세·강제징수비 및 지방자치단체의 징수금에 충당하여도 부족한 경우에 그 부족액에 대하여 2차적으로 지는 납세의무를 말하며 납세의무 성립일 또는 과세기준일 현재 무한책임사원, 과점주주에 해당하는 자는 이 2차 납세의무를 부담한다. (국기법 39조, 지기법 46조).

③ 다만, 국세와 지방세의 제2차 납세의무에 대한 책임은 법인의 납부부족액에 과점주주가 소유하고 있는 주식 또는 출자지분의 비율을 적용하여 산출한 금액을 한도로 한다. (국기법 39조 단서, 지기법 46조 단서)

3 취득세의 이중과세

① 법인의 주식 또는 지분을 취득함으로써 과점주주가 된 때에는 그 과점주주는 당해 법인의 부동산·차량·기계장비·입목 또는 항공기 등을 취득한 것으로 보아(지방법 7조5항) 취득세 납세의무를 지게 되는데 이를 통칭 취득세의 이중과세라 한다.

② 이 과점주주에 대한 취득세과세는 법인설립 시 주식취득으로 인해 과점주주가 되는 경우에는 취득세 납세의무가 발생치 않는다. 이때의 과점주주란 주주 1인만이 아니라 주주 1인과 특수관계자 소유주식금액을 합해서 판정하며 취득세 과세액의 결정은 다음과 같이 한다.

(1) 주식취득 및 증자로 최초로 과점주주가 된 경우

법인의 과점주주가 아닌 주주 또는 유한책임사원이 다른 주주 또는 유한책임사원의 주식 또는 지분을 취득함으로써 최초로 과점주주가 된 경우 또는 증자 등으로 인하여 최초로 과점주주가 된 경우에는 최초로 과점주주가 된 날 현재 당해 과점주주가 소유하고 있는 법인의 주식 또는 지분을 모두 취득한 것으로 보아 취득세를 부과한다.

(2) 이미 과점주주가 된 자가 지분율 증가의 경우

① 이미 과점주주가 된 주주 또는 유한책임사원이 당해 법인의 주식 또는 지분을 새로이

---

9) 지방세기본법에서는 유가증권시장 및 코스닥시장에 상장한 법인을 제외한다.

취득함으로써 당해 법인의 주식 또는 지분의 총액에 대한 과점주주가 가진 지분의 비율이 증가한 경우 그 증가한 분을 취득으로 보아 취득세를 부과한다.

② 다만, 증가된 후의 주식등의 비율이 해당 과점주주가 이전에 가지고 있던 주식등의 최고비율보다 증가되지 아니한 경우에는 취득세를 부과하지 아니한다.

(3) 재차 과점주주가 된 경우

과점주주가 주식양도, 당해 법인의 증자, 기타 사유로 인하여 과점주주에 해당되지 않게 되었다가 해당 법인의 주식 등을 취득하여 다시 과점주주가 된 경우에는 다시 과점주주가 된 당시의 지분율이 그 이전에 과점주주가 된 당시의 지분율보다 증가된 경우에 한하여 그 증가된 분만을 취득으로 보아 취득세를 부과한다.

4 과점주주 관련 예규사례

> (사례1) 기존의 과점주주가 현물출자로 지분이 증가하였을 경우
> (사례2) 중소기업 통합으로 과점주주 비율이 증가된 경우 취득세의 납부 여부

사례 1

기존의 과점주주가 현물출자로 지분이 증가하였을 경우

● (질의) 기존의 과점주주가 현물출자로 지분이 증가하였을 경우 과점주주 취득세 납세의무가 있는지.

▶ (회신) 1. 지방세법 제7조5항에 따르면 법인설립 시 외에 법인의 주식 또는 지분을 취득함으로서 지방세기본법 제47조2호에 따른 과점주주(이하 '과점주주'라 한다)가 되었을 때에는 그 과점주주는 해당 법인의 부동산 등을 취득한 것으로 보아 취득세를 납부하여야 하며, 같은 법 시행령 제11조2항에 따르면, 이미 과점주주가 된 주주 또는 유한책임사원이 해당 법인의 주식 등을 취득하여 그 주식 등의 소유비율이 증가된 경우에는 그 증가분을 취득으로 보아 법 제7조5항에 따라 취득세를 납부하여야 하며, 증가된 후의 주식 등의 비율이 그 증가된 날을 기준으로 그 이전 5년 이내에 해당 과점주주가 가지고 있던 주식 등의 최고비율보다 증가되지 아니한 경우에도 취득세를 납부할 의무가 없다.

2. 기존의 과점주주가 본인 부동산의 현물출자로 인해 지분율이 증가하였다면 지분율이 증가된 시점에 당해 법인의 현물출자된 부동산을 소유하고 있는 것으로 보아야 하고, 비록

본인 소유의 부동산을 출자하였다 하더라도 그 과점주주와 당해 법인의 법인격을 동일시할 수는 없다고 할 것이므로 과점주주 취득세 납세의무가 있다고 판단되며, 이에 해당하는지의 여부는 과세관청에서 면밀히 파악하여 결정할 사안이다. (세정과-897, 2006.3.3. 지방세운영과-998, 2012.4.2.)

사례 2

> ### 중소기업 통합으로 과점주주 비율이 증가된 경우 취득세의 납부 여부

● (질의) 1. 법인설립일부터 과점주주이면서 대표이사로 있는 개인기업의 대표자가 조특법 31조에 의거하여 개인기업과 법인기업을 통합하려고 함.

● 2. 기업통합 형태를 개인기업의 사업용자산을 현물출자 방식으로 통합하려고 할 때 개인기업의 대표자는 현물출자가액 상당액에 해당하는 금액을 주식으로 취득함으로써 과점주주의 취득세 문제에 대하여 질의함.

▶ (회신) 1. 지방세법시행령 제78조 제2항의 규정에 의거 이미 과점주주가 된 주주 또는 유한책임사원이 당해 법인의 주식 또는 지분을 취득함으로써 당해 법인의 주식 또는 지분의 총액에 대한 과점주주가 가진 주식 또는 지분의 비율이 증가된 경우에는

2. 그 증가된 부분을 취득으로 보아, 법 제105조 제6항의 규정에 의거 취득세를 부과토록 규정하고 있으므로, 중소기업 통합으로 인하여 과점주주 비율이 증가된 경우라면 증가된 비율만큼 취득세를 납부하여야 한다. (지방세정 13407-33, 2003.1.13)

2절 주식인수인의 자금출처조사

　개인기업의 법인전환시 주식회사설립에는 1인 이상의 발기인이 필요하며 각 발기인은 1주 이상의 주식을 인수·취득하게 된다. 이때 각 발기인이 취득한 주식금액이 일정액 이상이 되는 등 세무상 요건에 해당되는 경우에는 동 주식취득자금에 관한 자금출처조사를 받게 되므로 주주구성시 이를 유의하여야 한다.

1 자금출처의 조사

　① 증여세는 타인으로부터 재산을 증여[10]받는 경우 취득자에게 증여받은 취득재산가액을 과세표준으로 하여 부과하는 조세이며 수증자는 이를 자진신고·납부하여야 한다. 그러나 일반적으로 증여는 특수한 관계에 있는 자간에 은밀히 이루어지므로 증여사실의 파악이 곤란하여 증여세 과세가 누락되는 경우가 있다.

　② 이와 같이 증여세가 누락되는 경우 과세형평에 위배되므로 과세관청은 재산취득자에게 그 취득자금의 원천을 조사하고 그 결과 자금출처를 밝히지 못하면 타인으로부터 증여받은 것으로 추정하여 증여세를 과세하게 되는데 이를 증여추정이라 한다.

　③ 즉, 직업·연령·소득 및 재산상태 등으로 보아 재산을 자력으로 취득하였다고 인정하기 어려운 경우로서 자금출처가 입증되지 아니하는 경우에는 당해 재산의 취득자가 다른 자로부터 취득자금을 증여받은 것으로 추정하여(상속법 45조 1항) 증여세를 과세한다.

2 증여추정에 해당하는 경우

　① 자금출처조사과정에서 다음의 방법에 의하여 입증된 금액의 합계액이 취득재산액수 또는 채무상환금액에 미달하는 경우에는 재산취득자금을 증여받은 것으로 추정한다.

　② 다만, 자금출처를 입증하지 못한 금액이 취득재산가액 또는 채무상환금액의 100분의 20에 상당하는 금액과 2억원 중 적은 금액에 미달하는 경우는 증여추정과세를 하지 않는다.

　　1. 신고 또는 과세 받은 소득금액(비과세 또는 감면받은 금액을 포함한다)의 입증
　　2. 신고하였거나 과세 받은 상속 또는 수증재산 가액의 입증

---

[10] 세법상 증여란 행위 또는 거래의 명칭, 형식, 목적 등에 불구하고 타인에게 경제적 가치를 계산할 수 있는 유·무형의 재산을 직·간접적으로 무상이전(현저히 저렴한 대가를 받고 이진하는 경우 포함)하거나 타인의 기여에 의하여 재산의 가치가 증가하는 것을 말한다.

   3. 재산을 처분한 대가로 받은 금전이거나 부채를 부담하고 받은 금전으로 당해 재산
      의 취득 또는 채무의 상환에 직접 사용한 금액의 입증

 ③ 한편, 재산취득일 전 또는 채무상환일 전 10년 이내에 당해 재산취득자금 또는 채무상
환자금의 합계액이 5천만원 이상으로서 국세청장이 정한 금액[11] 이하인 경우와 취득자금의
출처에 관한 충분한 소명이 있는 경우에도 증여추정을 배제한다. (상속법 45조3항)

3 과세관청의 자금출처조사 내용

 과세관청의 자금출처조사는 상속세 및 증여세 사무처리규정에 의거 진행되는데 동 규정을
중심으로 자금출처조사 내용을 요약하면 다음과 같다.

(1) 자금출처조사의 관할

 자금출처조사는 수증혐의자의 주소지(또는 거소지)를 관할하는 지방국세청장 또는 세무서
장이 담당한다. 다만, 수증혐의자가 비거주자이거나 주소 및 거소가 분명하지 않은 경우에는
증여혐의자의 주소지 관할 지방국세청장 등이 담당한다.

(2) 자금출처조사 대상자

 ① 지방국세청장 또는 세무서장은 국세기본법 제81조의 6에 따라 대상을 선정하여 자금출
처조사를 할 수 있다

 ② 또한, 선정된 실지조사 대상자가 배우자 또는 직계존비속으로부터 취득자금을 증여받
은 혐의가 있는 경우에는 그 배우자 또는 직계존비속을 조사대상자로 동시에 선정할 수 있
다.

(3) 자금출처조사의 서면확인 등

 ① 지방국세청장 등은 서면확인대상자의 자금출처 서면확인을 실시하는 경우에는 납세자
가 제출하여야 할 거래증명 서류 등을 구체적으로 기재한 「상속세(증여세) 신고내용 확인 해
명자료 제출 안내문(소정서식)」을 우편으로 발송하여 해명자료를 제출하도록 안내하여야 한
다.

 ② 지방국세청장 등은 납세자가 해명자료를 제출한 경우 그 처리결과를 「상속세(증여세)
신고내용 확인 해명자료 검토결과 안내문(소정서식)」에 기재하여 납세자에게 발송하여야 한
다.

---

11) 연령·직업·재산상태·사회경제적 지위 등을 참작하여 국세청장이 정한 금액은 표〈재산취득자금 등의 증여
    추정 배제기준 금액〉과 같다.

③ 한편, 지방국세청장 등은 해명자료 등을 검토한 결과 혐의사항이 단순하고 경미한 경우에는 「상속세(증여세) 수정(기한후)신고 안내문(소정 서식)」을 우편으로 발송하고, 실지조사가 필요하다고 인정되는 경우에는 실지조사 대상자로 선정하여야 한다.

(4) 재산취득자금 등의 증여추정 배제기준

① 재산취득일 전 또는 채무상환일 전 10년 이내에 주택과 기타자산의 취득가액 및 채무상환금액이 다음 표의 기준금액에 미달하는 경우에는 재산취득의 증여추정 규정을 적용하지 않는다.

② 다만, 부동산 등의 취득가액 또는 채무상환금액이 타인으로부터 증여받은 사실이 확인될 경우에는 증여세 과세대상이 된다.

《 재산취득자금 등의 증여추정 배제기준 금액 》

구 분	취 득 자 산		채무상환	총액한도
	주 택	기타 재산		
30세 미만	5천만 원	5천만 원	5천만 원	1억 원
30세 이상	1.5억 원	5천만 원	5천만 원	2억 원
40세 이상	3억 원	1억 원	5천만 원	4억 원

3절 제3자명의 주식취득에 대한 증여의제

1 증여

① 주주구성 시 제3자명의로 주식을 위장 분산하는 때도 있는데 이는 상속세 및 증여세법상 증여한 것으로 의제되어 증여세가 과세된다.

② 즉 권리의 이전이나 그 행사에 등기·등록·명의개서 등을 요하는 재산에 있어서 실질소유자와 명의자가 다른 경우에는 국세기본법 제14조의 실질과세원칙에 불구하고 그 명의자로 등기 등을 한 날(명의개서를 요하는 재산인 경우에는 소유권 취득일이 속하는 연도의 다음 연도 말일의 다음날)에 그 재산의 가액(그 재산이 명의개서를 하여야 하는 재산인 경우에는 소유권 취득일을 기준으로 평가한 가액)을 실제소유자가 그 명의자에게 증여한 것으로본다.

2 비증여

조세회피목적 없이 타인의 명의로 등기 등을 하거나 소유권을 취득한 실제 소유자 명의로 명의개서를 하지 아니한 경우 및 자본시장과 금융투자업에 관한 법률에 따른 신탁재산인 사실의 등기 등을 한 경우와 비거주자가 법정대리인 또는 재산관리인의 명의로 등기 등을 한 경우에는 증여로 보지 않는다. (상속법 45조의2 제1항)

3 명의변경의 판단

① 여기에서 명의개서를 한 날이란 상법 제337조의 규정에 따라 취득자의 주소와 성명을 주주명부에 기재한 때를 말한다. 따라서 법인전환시 주주구성에서 사실상은 개인기업주의 주식임에도 타인의 명의로 주식을 취득하게 되면 이에 대하여 증여세가 과세되므로 주의하여야 한다.

② 한편, 상기 내용의 적용에서 주주명부 또는 사원명부가 작성되지 아니하면 납세지 관할 세무서장에게 제출한 주주 등에 관한 서류 및 주식이동상황명세서에 의하여 명의개서 여부를 판정한다.

이 경우 증여일은 증여세 또는 양도소득세 등의 과세표준신고서에 기재된 소유권이전일 및 주식이동상황명세서에 기재된 거래일로 한다.

5장
법인전환시 시가평가의 검토

1절 시가평가의 필요성
2절 법인전환과 시가 관련 법규
3절 상속세와 증여세법의 시가평가
4절 법인전환과 시가평가의 중요성

1절 시가평가의 필요성

개인기업의 법인전환시 시가의 개념 및 시가의 평가는 자주 거론되는 문제이며, 이와 관련된 내용은 의사결정의 단계마다 세법이나 상법의 규정이 약간씩 차이를 보이고 있어 상당한 주의가 필요하다.

또한, 같은 세법 내에서도 시가 관련 규정이 세목별로 산재하여 있어 법인전환 전반에 걸쳐 흩어져 있는 내용을 정리해 보고자 한다.

법인전환시 시가의 평가는 아주 중요한 절차인바, 시가의 평가가 필요한 이유는 다양하며, 그 이유에 따라 관련 규정과 그 규정에 따른 내용이 일부 차이가 있으므로 법인전환시 상당한 주의가 필요하다.

이 시가의 평가가 필요한 이유와 관련 규정상의 시가의 개념 및 내용은 다음과 같다.

1 공평한 출자

① 법인전환을 함에서 개인기업주와 신설되는 법인은 서로 별개의 실체이므로 사업양도양수 되는 자산 또는 현물출자 되는 자산이 적정하게 평가되어 이전되어야 회사의 자본충실이 이루어지고 개인기업주 입장에서도 자신이 운영하던 개인기업에 대한 적정한 대가를 받았다고 생각할 수 있을 것이다.

② 또한, 법인전환으로 신설 또는 존속되는 법인에는 현금출자자와 현물출자자가 있을 수

있는데 이들 간의 공평한 출자를 위해서도 시가의 적정한 평가는 필요할 것이다. 이는 법령의 차원이라기보다는 상호 간의 거래 차원에서 생각해 볼 수 있을 것이다.

2 │ 상법상 조사와 보고의무

① 회사의 자본충실을 해치지 않도록 규제하는 차원에서 상법에서는 검사인 등으로 하여금 현물출자의 내용 및 이행에 대하여 조사·보고를 하도록 하고 있다.

② 이때 검사인의 조사는 공인회계사의 감사와 감정기관의 감정을 근거로 수행되며, 개인기업주의 선택에 의해 법원 선임 검사인 외에 공인된 감정인의 감정으로 이를 갈음할 수도 있다.

③ 이 경우에도 공인회계사의 감사와 감정기관의 감정이 필요하며, 이는 개인기업의 현물출자가액 결정의 기초자료가 될 것이다.

3 │ 부당행위계산부인 검토

① 사업양도양수와 현물출자는 세무상 특수관계인과의 거래로서 공정한 금액을 기준으로 이루어져야 하며, 부당한 금액으로 사업양도양수 하거나 현물출자 하게 되면 세무상 부당행위계산부인규정을 적용받게 된다.

② 이미 본편 제2장에서 설명한 대로 법인세법 및 소득세법상의 부당행위계산부인을 적용받지 않기 위해서는 동 세법의 규정에 따른 시가를 평가하여 그 시가로 양도 양수하거나 현물출자 하여야 문제를 야기하지 않을 것이다.

4 │ 조세지원 요건

① 조특법에 따라 사업양도양수 또는 현물출자에 의해 법인전환하여 조세지원을 받기 위해서는 새로 설립되는 법인의 자본금이 법인으로 전환하는 개인기업의 순자산가액 이상인 경우로 하는 등 순자산가액의 평가가 감면요건을 갖추는 데 있어 아주 중요한 절차이다.

② 순자산가액의 평가는 중소기업간의 통합에 의한 법인전환시도 감면요건을 갖추는 데 중요한 절차이며, 그 평가 규정에 관하여는 다시 후술하고자 한다.

2절 법인전환시 시가관련 법률규정

1 상법 규정

① 법인전환 할 때 시가와 관련하여 상법상의 규정을 살펴보면 변태설립사항 중 현물출자의 내용이 있다. 현물출자의 경우에는 목적물이 과대평가되어 금전출자를 한 주주를 해하거나 주주의 액면미달발행과 같이 회사의 재산적 기초를 위협하여 회사채권자를 해할 우려가 있기 때문에 변태설립사항으로 규제하는 것이다.

② 이러한 이유로 상법에서는 현물출자를 하는 자의 성명과 그 목적인 재산의 종류, 수량, 가격과 그 양도인의 성명을 정관에 기재하도록 하고 있으며, 검사인은 그 내용과 이행을 조사하여 법원에 보고하도록 하고 있다. (상법 290조, 299조).

③ 또한, 상기 검사인의 조사·보고를 공인된 감정인의 감정으로 갈음하도록 하되, 이 경우 감정인은 그 감정결과를 법원에 보고하여야 한다(상법 299조의 2). 법원은 검사인의 조사보고서 또는 감정인의 감정결과와 발기인의 설명서를 심사하여 현물출자의 내용 및 이행이 부당하다고 인정한 때에는 이를 변경하여 각 발기인에게 통고할 수 있다. (상법 300조).

④ 상기 규정에서 현물출자의 가격이 곧 시가라 할 수 있는 바, 그 가격은 검사인의 조사·보고 또는 공인된 감정인의 감정에 의하고 있다. 여기서 검사인의 조사·보고도 결국 공인된 감정인의 감정을 근거로 수행되므로, 실무상 사업용고정자산에 대해서는 감정평가회사의 감정으로, 기타의 자산과 부채는 공인회계사의 감사에 의한 금액에 의하고 있는 실정이다.

2 조세특례제한법 및 지방세특례제한법 규정

법인전환시 시가와 관련하여 조세특례제한법 및 지방세특례제한법의 규정을 보면 다음과 같다.

① 먼저 법인전환시 조세지원을 받기 위해서는 신설법인의 자본금이 개인기업의 순자산가액 이상이거나 통합시 취득하는 주식의 가액이 소멸하는 사업장의 순자산가액 이상이어야 한다.

② 이때 순자산은 법인전환일 또는 통합일 현재의 시가로 평가한 자산의 합계액에서 충당금을 포함한 부채의 합계액을 공제한 금액을 말한다. (조특령 28조1항2호 지특령 72조1항).

③ 여기서 시가라함은 불특정 다수인 사이에 자유로이 거래가 이루어지는 경우에 통상 성립된다고 인정되는 가액을 말하며 수용·공매가격 및 감정가액 등 상증법 시행령 제49조의

규정에 의하여 시가로 인정되는 것을 포함한다. 또한 순자산가액을 계산함에 있어 영업권을 포함하지 아니한다. (조기통32-29···2).

④ 그런데 조특법에 따른 법인전환시 양도소득세 이월과세와 관련된 유권해석을 보면 순자산가액의 시가는 법인세법 시행령 제89조 제1항에 해당하는 가격, 같은 조 제2항 제1호의 감정가액, 상증법 제61조 내지 제64조의 규정을 준용하여 평가한 가액의 순서대로 적용해야 한다(부동산거래관리과-965, 2011.11.15)고 하고 있다.

3 법인세법 규정

① 법인세법상의 시가와 관련된 규정은 부당행위계산부인시 부당한 행위 또는 계산의 기준이 되는 가격으로 거론되는 시가 관련 규정을 들 수 있을 것이다.

② 여기서 시가란 건전한 사회통념 및 상관행과 특수관계인이 아닌 자간의 정상적인 거래에서 적용되거나 적용될 것으로 판단되는 가격을 기준으로 하되(법인법 52조2항), 해당 거래와 유사한 상황에서 해당 법인이 특수관계인 외의 불특정다수인과 계속적으로 거래한 가격 또는 특수관계인이 아닌 제3자간에 일반적으로 거래된 가격이 있는 경우에는 그 가격을 말한다. (법인령 89조1항).

③ 그러나 상기에서 정의한 시가가 불분명한 경우에는 다음의 규정을 순차로 적용하여 계산한 금액에 의한다. (법인령 89조2항).

(1) 감정평가액

「감정평가 및 감정평가사에 관한 법률」에 따른 감정평가법인 등이 감정한 가액이 있는 경우 그 가액(감정한 가액이 2 이상인 경우에는 그 감정한 가액의 평균액).

(2) 상증법상의 보충적 평가액

상속세 및 증여세법 제38조 제39조 제39조의2 제39조의3, 제61조부터 제66조까지의 규정을 준용하여 평가한 가액에 의한다.

4 소득세법 규정

① 소득세법상의 시가와 관련된 규정을 사업소득 또는 기타소득의 부당행위계산부인시 부당한 행위 또는 계산의 기준이 되는 시가는 법인세법 시행령 제89조1항및2항을 준용하도록 되어 있다. (소득령 98조3항)

② 또한, 양도소득의 부당행위계산시의 시가는 상속세 및 증여세법 제60조 내지 66조와 동법 시행령 제49조 내지 63조까지의 규정을 준용하여 평가한 가액에 의하도록 되어 있다. (소득령 167조5항)

5 상속세와 증여세법 규정

법인전환시 시가와 관련된 상속세 및 증여세법상의 직접적인 규정은 없으나 조특법, 법인세법 및 소득세법에서는 시가의 평가와 관련하여 상속세 및 증여세법의 시가 규정을 준용하도록 되어 있는 것을 알 수 있다.

6 지방세법의 규정

① 최근 지방세법의 개정으로 취득세의 과세표준은 '취득 당시의 가액'으로 한다고 하여 '시가'의 개념을 도입하였다. (지방세법 10조의 2, 10조의 3)

이에 따라 세부적으로

1. 유상승계취득의 경우 '취득 당시의 가액'은 '사실상의 취득가액'으로 하였으며,
2. 무상취득의 경우에는 매매사례가액, 감정가액, 공매가액 등의 '시가인정액' 을 '취득 당시의 가액'으로 하고 있다.

② 법인전환시 사업용고정자산의 취득세는 유상승계취득으로 보아 '사실상의 취득가액'을 과세표준으로 하여 계산하여야 할 것이다.

3절 상속세와 증여세법의 시가평가

법인전환시 준용하는 상속세·증여세법의 시가평가 규정을 개략적으로 살펴보고자 한다.

1 시가평가의 원칙

상증세법상 재산의 가액은 상속개시일 또는 증여일(평가기준일) 현재의 시가에 따르며, 이 시가는 불특정 다수인 사이에 자유롭게 거래가 이루어지는 경우에 통상적으로 성립된다고 인정되는 가액으로 하고 평가기준일 전후 6개월(증여재산의 경우는 평가준일전 6개월, 평가기준일 후 3개월) 이내의 기간 중 매매·감정·수용·경매 또는 공매가격이 있으면 이를 포함한다. (상증법 60조, 상증령 49조)

(1) 거래가액

해당 재산에 대한 매매사실이 있는 경우에는 그 거래가액. 다만, 특수관계인과의 거래 등으로 그 거래가액이 객관적으로 부당하다고 인정되는 경우는 제외한다.

(2) 감정가액의 평균액

① 해당 재산에 대하여 2 이상의 '공신력 있는 감정기관'이 평가한 감정가액이 있는 경우에는 그 감정가액의 평균액. 다만, '하나의 감정기관이 평가한 감정평가액'은 동 규정에 의한 시가의 범위에 포함되지 아니한다. (재산-499, 2010.7.7.)

*'공신력 있는 감정기관'이란 "감정평가 및 감정평가사에 관한 법률"에 따른 감정평가법인 등을 말한다. 동 규정에서 기준시가 10억원 이하의 부동산은 '하나 이상의 감정기관의 감정평가액'도 시가로 포함한다.

② 이렇게 감정기관의 감정을 받더라도 관할 세무서장 또는 지방국세청장은 감정기관이 평가한 감정가액이 다른 감정기관이 평가한 감정가액의 80%에 미달할 경우 1년의 범위에서 기간을 정해 해당 감정기관을 시가불인정 감정기관으로 지정할 수 있으며, 시가불인정 감정기관으로 지정된 기간 동안 해당 기관이 평가하는 감정가액은 시가로 보지 아니한다. (상속법 60조5항)

③ 또한 해당 감정가액이 기준금액[(보충적 평가방법으로 평가한 가액, 유사사례가액의 90%) 중 적은 금액]에 미달하거나 기준금액 이상인 경우에도 평가심의위원회의 심의를 거쳐 감정가액이 부적정하다고 인정되는 경우에는 세무서장 등이 다른 감정기관에 의뢰하여 감정

한 가액에 의하며, 그 가액이 납세자가 제시한 감정가액보다 낮은 경우에는 해당 감정가액으로 한다. (상증령 49조1항2호)

(3) 보상가액 및 경매·공매가액

당해 재산에 대하여 수용·경매 또는 공매사실이 있는 경우에는 그 보상가액·경매가액 또는 공매가액.

(4) 유사재산의 매매사례가액 등

당해 재산과 면적·위치·용도·종목 및 기준시가가 동일하거나 유사한 다른 재산에 대한 매매 등의 가액이 있는 경우에는 당해 가액을 시가로 본다(상증령 49조4항). 다만, 해당 재산의 매매 등의 가액이 있는 경우에는 유사재산의 매매사례가액 등은 적용하지 아니한다.

이때 시가로 보는 가액이 2 이상인 경우에는 평가기준일을 전후하여 가장 가까운 날에 해당하는 가액에 의한다. (상증령 49조2항)

(5) 보충적 평가방법(기준시가)

① 시가를 산정하기 어려운 경우에는 해당 재산의 종류, 규모, 거래상황 등을 고려하여 상증세법 제61조 내지 제65조에 따라 평가한 가액을 시가로 보는 바, 이를 보충적 평가방법이라 한다. (상증법 60조3항) 이 방법에 의한 시가를 일반적으로 '기준시가'라고 부른다.

② 한편, 국세청은 2019.2.12일자로 상증법 시행령 49조를 개정해 평가기간이 경과한 후부터 상속세 및 증여세의 법정결정기한(상속세 신고기한부터 9개월, 증여세 신고기한부터 6개월)까지 매매 등이 있는 경우에도 해당 매매 등의 가액을 시가로 볼 수 있도록 하였다.

이 규정을 통해 국세청은 '꼬마빌딩 등에 대한 감정사업'을 발표하여 보충적방법으로 평가하여 신고한 비주거용 부동산 및 나대지에 대해 시가와의 차이가 크고 고가인 부동산을 중심으로 감정평가를 실시하여 그 가격을 기준으로 상속세 및 증여세를 과세하고 있으며, 신고가액과 시가의 차액이 큰 경우의 구체적인 기준조차 공개하지 않고 있는 실정이다.

③ 이러한 국세청의 감정사업은 상속세 및 증여세의 과세표준과 세액을 결정하는데 활용된다고 하며, 법인전환시에는 저가 및 고가 양도로 인한 증여의제 등에 영향을 미칠 수 있으니 꼬마빌딩 등이 사업용고정자산에 포함되어 있을 경우 평가에 유의해야 한다고 생각된다.

2 부동산 등의 평가 (상증법 제61조)

1) 토지의 평가

토지는 부동산 가격공시 및 감정평가에 관한 법률에 따른 개별공시지가로 평가한 가액으로 하며, 개별공시지가는 평가기준일 현재 고시되어 있는 것을 적용한다. 또한, 개별공시지가가 없는 토지는 납세지 관할 세무서장이 인근 유사 토지의 개별공시지가를 고려하여 법령의 요건에 따라 평가한 가액으로 하며, 지가가 급등하거나 급등할 우려가 있는 국세청장이 지정한 지역의 토지 가액은 배율방법으로 평가한 가액으로 한다.

2) 건물의 평가

① 주택 : 부동산 가격공시 및 감정평가에 관한 법률에 따른 개별주택가격 및 공동주택가격으로 평가한 가액으로 한다. 다만, 개별주택가격 및 공동주택가격이 없는 주택의 가격은 납세지 관할 세무서장이 인근 유사주택의 고시주택가격을 고려하여 법령에 따라 평가한 가액으로 한다.

② 오피스텔 및 상업용 건물 : 건물에 딸린 토지를 공유로 하고 건물을 구분소유하는것으로서 국세청장이 해당 건물의 용도·면적 및 구분소유하는 건물의 수 등을 감안하여 지정하는 지역에 소재하는 오피스텔 및 상업용 건물에 대해서는 건물의 종류, 규모, 거래 상황, 위치 등을 고려하여 매년 1회 이상 국세청장이 토지와 건물에 대하여 일괄하여 산정·고시한 가액으로 평가한다.

③ 일반 건물 : 상기 주택과 오피스텔 및 상업용 건물 외의 일반 건물에 대해서는 건물의 신축가격, 구조, 용도, 위치, 신축연도 등을 고려하여 매년 1회 이상 국세청장이 산정·고시하는 가액으로 평가한다.

3) 지상권 및 부동산을 취득할 수 있는 권리 등의 평가

(1) 지상권

지상권의 가액은 각 연도마다 다음 산식에 의하여 환산한 금액의 합계액으로 한다.

$$\frac{\text{지상권 설정 토지의 가액} \times 2\%}{(1+0.1)^n}$$

* n＝평가기준일부터의 경과연수

(2) 부동산을 취득할 수 있는 권리 및 특정시설물을 이용할 수 있는 권리

평가기준일까지 납입한 금액과 평가기준일 현재의 프리미엄에 상당하는 금액을 합한 금액.

4) 기타 시설물과 구축물의 평가

기타 시설물과 구축물은 재취득가액 등(평가기준일에 다시 건축하거나 다시 취득할 때 드는 가액)에서 그것의 설치일부터 평가기준일까지의 감가상각비상당액을 뺀 것을 평가한 가액으로 한다.

5) 사실상 임대차계약이 체결되거나 임차권이 등기된 재산의 평가

다음 중 큰 금액을 그 재산의 가액으로 한다.
① 임대료 등의 환산가액 = (1년간의 임대료 / 12%) + 임대보증금
② 상속세 및 증여세법 제61조 제1항부터 제4항까지의 규정에 따라 평가한 가액

3 선박 등 그 밖의 유형재산 평가 (상증법 제62조)

(1) 선박, 항공기, 차량, 기계장비 및 입목

해당 자산을 처분할 경우 다시 취득할 수 있다고 예상되는 가액으로 평가하되, 그 가액이 확인되지 아니하는 경우에는 장부가액(취득가액에서 감가상각비를 뺀 가액) 및 지방세법 시행령 제4조 제1항의 시가표준액에 따른 가액을 순차로 적용한 가액으로 평가한다

(2) 상품·제품·반제품·재공품·원재료 기타 이에 준하는 동산 등

그것을 처분할 때에 취득할 수 있다고 예상되는 가액으로 평가하되, 그 가액이 확인되지 아니할 때에는 장부가액으로 한다.

(3) 판매용이 아닌 서화 등

판매용이 아닌 서화골동품 등 예술적 가치가 있는 유형재산의 평가는 전문분야별로 2인 이상의 전문가가 감정한 가액의 평균한 가액으로 한다.

4 무체재산권 등의 평가 (상증법 제64조)

(1) 무체재산권의 평가원칙

① 무체재산권의 가액은 다음의 가액 중 큰 금액으로 한다.
  1. 취득가액에서 취득한 날부터 평가기준일까지의 법인세법상의 감가상각비 상당액을 뺀 금액

2. 장래의 경제적 이익 등을 고려하여 대통령령이 정하는 방법으로 평가한 금액

② 상기의 대통령령이 정하는 방법에 따라 영업권, 특허권, 광업권 등을 평가하는 규정은 다음과 같다.

(2) 영업권의 평가

① 영업권의 평가는 평가기준일 이후의 영업권지속연수(원칙적으로 5년)를 감안하여 다음과 같이 환산한 가액에 의한다. 다만, 매입한 무체재산권으로서 그 성질상 영업권에 포함시켜 평가되는 무체재산권의 경우에는 이를 별도로 평가하지 아니하되, 당해 무체재산권의 평가액이 환산한 가액보다 큰 경우에는 당해 가액을 영업권의 평가액으로 한다.

$$영업권평가액 = \sum \frac{자기자본이익률\ 초과\ 순손익액}{(1+0.1)^n}$$

* n = 평가기준일로부터 경과연수

② 상기 산식의 자기자본이익률 초과 순손익액은 다음과 같다.

초과이익금액 = {최근 3년간(3년에 미달하는 경우에는 당해 연수로 한다)의 순손익액의 가중평균액 × 50%} − (평가기준일 현재의 자기자본 × 10%*)
*1년 만기 정기예금이자율을 고려하여 기획재정부령이 정하는 율은 10%임(상증칙19①)

③ 개인으로서 경영하는 사업체의 영업권을 평가하는 경우 평가기준일 전 최근 3년간의 순손익액의 가중평균액을 계산할 때 각사업연도소득은 소득세법상 종합소득금액으로 보며, 평가기준일 현재 자기자본이란 상증령 제55조 제1항에 따라 계산한 해당 기업의 총자산가액에서 부채를 뺀 가액을 말한다. (상증통 64-59…1)

④ 한편, 영업권을 평가함에 있어서 제시한 증빙에 의하여 자기자본을 확인할 수 없는 경우에는 다음의 산식에 의하여 계산한 금액 중 많은 금액으로 한다.

1. 사업소득금액 ÷ 자기자본이익률(한국은행이 업종별, 규모별로 발표한 비율)
2. 수입금액 ÷ 자기자본회전율(한국은행이 업종별, 규모별로 발표한 비율)

(3) 특허권 등의 평가

특허권·실용신안권·상표권·디자인권 및 저작권 등은 그 권리에 의하여 장래에 받을 각 연도의 수입금액을 기준으로 다음과 같이 계산한 금액의 합계액에 의한다.

$$평가액 = \frac{각연도의\ 수입금액}{(1+\frac{10}{100})^n}$$

* n = 평가기준일로부터 경과연수

(4) 광업권 및 채석권 등의 평가

광업권 및 채석권 등은 평가기준일 이후의 채굴가능연수에 대하여 평가기준일 전 3년간 평균소득을 기준으로 다음과 같이 계산한 가액으로 한다. 다만, 조업할 가치가 없는 경우에는 설비 등에 의하여만 평가한 가액으로 한다.

$$\text{평가액} = \frac{\text{평가기준일 전 3년간 평균소득}}{(1+\frac{10}{100})^n}$$

* n = 평가기준일로부터 채굴 가능 연수

5 저당권 등이 설정된 재산평가의 특례 (상증법 제66조)

담보제공자산 등에 대하여는 시가주의 원칙에 접근하려는 취지에서 이미 설명한 평가방법에 따라 평가한 가액과 다음에 해당하는 금액 중 큰 금액을 그 재산의 가액으로 한다.

① 저당권(공동저당권 및 근저당권 제외)이 설정된 재산의 가액은 당해 재산이 담보하는 채권액

② 공동저당권이 설정된 재산의 가액은 당해 재산이 담보하는 채권액을 공동저당된 재산의 평가기준일 현재의 가액으로 안분하여 계산한 가액

③ 근저당권이 설정된 재산의 가액은 평가기준일 현재 당해 재산이 담보하는 채권액

④ 질권이 설정된 재산 및 양도담보재산의 가액은 당해 재산이 담보하는 채권액

⑤ 전세권이 등기된 재산의 가액은 등기된 전세금(임대보증금을 받고 임대한 경우에는 임대보증금)

⑥ 위탁자의 채무이행을 담보할 목적으로 신탁계약을 체결한 재산의 가액은 신탁계약 또는 수익증권에 따른 우선수익자인 채권자의 수익한도금액

4절 법인전환시 시가평가의 중요성

1 부동산 등의 시가

개인기업의 법인전환시 이전되는 재산에 대한 시가의 평가는 아주 중요한 절차이며, 그 이유와 규정에 대해서도 이미 살펴본 바 있다. 그런데 법인전환과 관련된 시가평가규정을 살펴보면 약간씩의 차이가 있어 법인전환 하는 기업들의 상황에 따라 시가의 평가를 어떻게 할 것인지 결정하는 것은 아주 중요한 일이다.

또한, 법인전환 하는 방법에 따라서도 이전되는 재산의 시가평가 중요성이나 시가평가의 방법이 달라질 수 있으므로 이 또한 유의해야 한다.

(1) 감정이 필수인 전환방법

'현물출자에 의한 법인전환'이나 '현물출자에 의한 중소기업 통합' 시에는 공인된 감정인의 감정이 필수이다.

- 현물출자에 의한 법인전환
- 현물출자에 의한 중소기업 통합

(2) 감정이 필수가 아닌 전환방법

'세감면 사업양도양수에 의한 법인전환[12]'이나 '일반 사업양도양수에 의한 법인전환'의 경우는 공인된 감정인의 감정이 필수절차는 아니다.

- 세감면 사업양도양수에 의한 법인전환
- 일반 사업양도양수에 의한 법인전환

그렇다고 해도 부당행위계산부인의 문제와 개인기업주의 이해 등을 고려하면 공인된 감정인의 감정을 받는 것이 좋을 것이다.

---

[12] 세감면 사업양도양수 방법에 의한 법인전환시 조세지원을 받기 위해서는 새로이 법인의 자본금이 법인으로 전환되는 사업장의 순자산액 이상이 되어야 하는데, 이때 순자산가액은 상증세법에 따른 보충적 평가방법으로 평가하여도 될 것이다.

2 부동산 등의 감정가액

부동산 등의 시가평가는 주로 감정평가법인의 감정을 받고 있으며, 세법 및 상법의 규정에 서는 1개 감정기관의 감정한 가액으로 충분한 경우가 있고 2개 감정기관의 감정가액을 평균한 가액을 시가로 인정하는 경우가 있으므로 주의해야 한다.

(1) 법인세법상 감정가액

예를 들면 법인세법에서는 감정평가법인 등이 감정한 가액을 시가로 인정하되, 2개 이상의 감정가액이 있으면 이를 평균한 가액을 시가로 보고 있다. 이는 2개의 감정이 필수가 아니라는 뜻일 것이다.

(2) 상증법상 감정가액

그러나 상속세 및 증여세법에서는 2개 감정기관이 감정한 감정가액의 평균액을 시가로 인정하고 있으며, 기준시가가 10억원을 초과하는 부동산의 경우 1개 기관의 감정가액은 시가로 인정하지 않고 있는 실정이다.

상속세 및 증여세법에서는 시가를 산정하기 어려운 경우에는 보충적 평가방법의 규정을 두고 있으므로 시가로 인정받을 수 있는 가격이 없다면 재산의 종류별로 이 규정에 따라 평가해야 할 것이다.

(3) 소득세법상 감정가액

한편, 소득세법에서는 양도소득세의 부당행위계산부인시 시가는 상속세 및 증여세법을 따르게 되어 있으므로 이 경우에도 시가는 감정가액의 평균액으로 하거나 보충적 평가방법에 따라야 할 것이다.

3 영업권의 평가

영업권이란 기업의 배타적 영리기회에서 나오는 초과수익력으로 일종의 무체재산권이라 할 수 있다. 이러한 영업권은 보통 합병, 사업양도 등의 과정에서 실제 거래된 가액과 장부금액의 차이가 영업권으로 계상된다.

이론적으로는 내재적인 영업권도 존재 가능하지만 기업회계기준이나 관행상 내부적으로 창출된 영업권은 자산으로 인정되지 않는다. 법인전환시에도 포괄적인 사업양도나 현물출자로 인해 영업권이 발생되고 계상될 수 있는데 이로 인해 발생될 수 있는 문제들을 정리해 보고자 한다.

(1) 영업권을 계상하는 경우

① 과세관청의 유권해석에서는 사업을 양도양수하면서 양도양수자산과는 별도로 그 사업으로 소유하고 있는 허가·인가 등 법률상의 특권 등 영업상의 이점 등을 고려하여 적절한 평가방법에 따라 유상으로 취득한 금액은 세법상의 영업권에 포함되는 것이며(법인46012-3049, 1998.10.19), 감정평가서상의 영업권가액이 있으면 이를 사업을 양수한 때의 영업권가액으로 인정한다(국심 2000서1535, 2001.1.27)고 하고 있다.

② 또한, 소득세법상 영업권의 양도로 말미암아 발생하는 소득은 기타소득에 해당하고 사업용고정자산과 함께 양도하는 영업권은 양도소득세 과세대상이 된다. 기타소득으로 과세되는 경우 이에 상응하는 비용으로서 일반적으로 용인되는 통상적인 것은 필요경비로 산입되나, 그 금액이 60%에 미달되면 60%까지 필요경비로 인정된다.

③ 법인세법상 정상적으로 거래되어 계상된 영업권은 무형자산으로 5년의 기간동안 상각되어 비용으로 산입되어 법인세 과세표준을 감소시킬 수 있다. 이 외에도 영업권을 계상하면 사업양수도에 의한 법인전환시 개인기업주가 전환법인으로부터 세금없이 자금을 인출할 여유가 생기고, 현물출자에 의한 법인전환시에는 현물출자가액이 늘어나는 결과를 가져올 수 있을 것이다.

④ 따라서 개인기업주는 영업권을 과다하게 계상할 유혹을 느낄 수 있으며, 개인기업주가 신설되는 법인에 시가보다 높은 가액으로 양도할 때에는 법인에 부당행위계산부인 문제가 발생하거나 개인기업주에게 타주주 재산의 이전으로 인한 증여 문제가 발생할 수 있으므로 주의를 요한다. 증여 판단시 시가의 평가는 상속세 및 증여세법의 규정에 의하므로 영업권 계상시 가액의 평가는 매우 중요하다고 할 수 있다.

(2) 영업권을 계상하지 않는 경우

신설되는 법인에 시가보다 낮은 가액으로 양도할 때는 소득세법상 기타소득 또는 양도소득의 부당행위계산부인 문제 또는 주주간 증여 문제가 발생할 수 있다. 따라서 초과수익력이 상당히 높아 영업권 평가액이 큰 개인기업이 영업권을 전혀 평가하지 않거나 낮은 가액으로 평가하여 법인전환 하는 경우에도 문제가 될 수 있다.

(3) 법인전환과 영업권

① 법인전환시 영업권 관련 조특법의 규정을 더 살펴보면, 조특법상 양도소득세 이월과세 요건중 통합법인 또는 신설법인의 자본금이 법인으로 전환하거나 소멸하는 사업장의 "순자

산가액" 이상이어야 하는데 이 규정에 따라 "순자산가액"을 계산할 때 영업권의 가액은 포함하지 않는다. (조기통 32-29…2)

② 또한 조특법상 양도소득세 이월과세를 받을 수 있는 사업용고정자산이란 당해 사업에 직접 사용하는 유형자산 및 무형자산을 말하는 것인 바, 이 경우 현물출자가액에 자기창설영업권이 포함되는 때에는 자기창설영업권은 조특법 제32조 제1항에 따른 이월과세를 적용할 수 없다(부동산거래과 560, 2011.7.5, 법규과-829,2011.6.28)고 하고 있다.

③ 여기서 영업권은 기업회계기준에 의하는 것으로서 내부적으로 창출된 자기창설영업권에 해당하는지 여부는 기업회계기준에 따라 사실판단하여 적용하여야 한다는 것이 일반적인 해석이다. 기업회계기준에 따르면 개발비를 제외하고는 내부적으로 창출된 무형자산은 무형자산으로 인식하지 않는다. 영업권은 기업 내부적으로 창출된 영업권(자기창설영업권)과 외부에서 구입한 영업권(매수영업권)으로 구분할 수 있으며, 기업회계기준에서는 매수영업권만을 영업권으로 인정하고 있다.

④ 최근의 과세관청 유권해석을 보면 법인전환 과정에서 감정평가를 통해 새롭게 인식한 영업권은 자가창설영업권으로서 기업회계기준상 개인사업자가 유상취득한 무형자산이 아니므로 양도소득세 이월과세 대상으로 보기 어렵다는 판단을 하고 있고, 법인전환시 부동산 등과 함께 양도하는 영업권의 양도인 경우 양도소득으로 과세여야 한다고 판시하고 있다.

거기다가 자기창설영업권의 양도소득세 계산시 취득가액은 "0"원으로 보게되므로 영업권를 포함하여 법인전환시에는 과도한 양도소득세를 납부하거나 추징당할 수 있으니 신중을 기하여야 할 것이다.

⑤ 이상 영업권과 관련된 세법상 및 기업회계상의 각종 규정을 살펴보았다.

법인전환시 개인기업이 영업권을 평가하여 법인기업에 사업양도 또는 현물출자할 것인지는 여전히 어렵고 까다로운 문제라 생각된다. 일단 세법상의 요건을 충족하는 영업권이 존재하는지 판단한 후 영업권의 범위에 포함되는 영업권이 있다면, 상증세법상 보충적 평가방법으로 영업권을 평가한 후 금액의 중요성이 크지 않을 경우에는 실무적으로는 계상하지 않는 것이 일반적이라고 생각한다.

⑥ 만약 보충적 평가방법으로 계산해 본 결과 영업권 평가금액이 상당한 금액으로 산출된다면, 평가하지 않고 사업을 양도하거나 현물출자를 할 경우 파생될 수 있는 부당행위계산부인의 문제 및 개인기업주의 재산상 손해를 고려해서 영업권을 평가해서 승계하는 것이 바람직할 수도 있다.

이 경우에 영업권을 상증세법상 보충적 평가방법으로 평가할지 아니면 적법한 평가기관(감정평가법인 등)의 감정을 받은 감정가액으로 평가하여 승계할지도 결정해야 할 문제라 생각된다. 또한 영업권을 평가해서 승계하는 경우 그에 따른 양도소득세 등의 부담금액과 양도소득세 이월과세가 가능한지 여부도 함께 심사숙고해야 할 문제이다.

4 시가평가 관련 예규사례

(사례1) 법인전환을 하는 과정에서 감정평가를 통해 새롭게 인식한 영업권은 자가창설영업권으로 봄이 타당 자가창설영업권은 고정자산 양도소득세 이월과세 적용받기 어려움

(사례2) 현물출자시 특수관계법인에 기준시가로 평가하여 현물출자한 가액은 정상적인 거래에서 적용될 가격으로 보기는 어렵고, 조사청이 감정평가한 감정가액이 시가임

(사례3) 쟁점주식의 1주당 가액을 산정함에 있어 영업권평가액을 합산할지 여부

(사례4) 현물출자 사업용자산의 순자산가액 계산에서 건물의 시가 판단 방법

(사례5) 순자산가액의 평가방법으로 1개의 감정평가액을 시가로 볼 수 있는지

(사례6) 비상장주식 순자산가액 계산 시 이월과세액의 부채 여부

(사례7) 법인전환 하면서 영업권을 장기할부조건으로 매각하는 경우

(사례8) 사업용고정자산 현물출자 시 순자산가액계산에 법인장부가액의 적용 여부

(사례9) 개인사업자가 법인전환시 주식가액산정에 영업권의 포함 여부

(사례10) 사업양도양수법인전환시 영업권의 감가상각 자산 해당 여부

(사례11) 개인사업자가 사업을 양도할 때 영업권을 특수관계 법인에 무상양도하는 경우

(사례12) 법인전환에 의한 양도소득세의 이월과세 적용시 순자산가액의 시가

(사례13) 무체재산권 평가 시 수입금액이 없는 경우 전문가 범위의 평가기관은

(사례14) 현물출자 법인전환시 해외현지법인의 주식지분에 대한 시가평가방법은

(사례15) 특수관계자인 법인에 무상으로 영업권을 양도했을 때 부당행위계산부인 적용 여부

(사례16) 사업용고정자산을 양도할 때 영업권 평가없이 영업권을 계산하여 양도하는 경우

(사례17) 결손업체의 개인사업자가 영업권을 설정하여 법인으로 전환하는 경우

(사례18) 자기창설 영업권을 개인에게 양도하는 경우

사례 1

법인전환을 하는 과정에서 감정평가를 통해 새롭게 인식한 영업권은 자가창설영업권으로 봄이 타당, 자가창설영업권은 고정자산 양도소득세 이월과세 적용받기 어려움

■ (처분개요) 1. A 및 B(이하 "청구인들"이라 한다)는 2014.6.9. 경기도 파주시○○○원)의 양도(현물출자)에 따른 소득을 기타소득으로 하여 2020년 귀속 종합소득세를 신고하였다.

2. 처분청은 2023.6.12.부터 2023.7.1.까지 청구인들에 대한 양도소득세 세무조사를 실시한 결과 쟁점영업권이 사업용 고정자산과 함께 양도되어 양도소득세 과세대상에 해당하므로 청구인들이 양도소득세를 과소신고한 것으로 보아 2023.9.6. 청구인들에게 2020년 귀속

양도소득세 합계 ○○○원(청구인 A분 ○○○원, 청구인 B분 ○○○원)을 경정·고지하였다.

▶ (판단) ① 먼저 주위적 청구에 대하여 살피건대, 청구인들은 처분청이 쟁점영업권에 대해 양도소득세 이월과세를 부인하고 과세한 처분은 부당하다고 주장하나,

1. 조특법 제32조 제1항 및 조특법 시행령 제28조 제2항에 따르면 법인전환에 대한 양도소득세 이월과세 적용 시의 '사업용 고정자산'이란 당해 사업에 직접 사용하는 유형자산 및 무형자산을 의미한다고 규정하고 있는데,

2. 쟁점영업권은 청구인들이 법인전환을 하는 과정에서 감정평가를 통해 새롭게 인식한 자가창설영업권으로서 한국채택국제회계기준(K-IFRS)나 일반기업회계기준에서 유상취득한 영업권이 아닌 이와 같은 자가창설영업권은 무형자산으로 인정되지 않는 것(조심 2019중 51, 2020.1.16. 참조)이므로 쟁점영업권은 법인전환에 따른 양도소득세 이월과세 적용대 상으로 보기 어렵다할 것이고,

3. 조특법 제32조 제3항 및 조특법 시행령 제28조 제3항에 따르면 양도소득세의 이월과세를 적용받고자 하는 자는 통합일이 속하는 과세연도의 과세표준신고(예정신고를 포함한다) 시 통합법인과 함께 기획재정부령이 정하는 이월과세적용신청서를 납세지 관할세무서장 에게 제출하여야 하나, 쟁점영업권은 청구인들이 제출한 이월과세적용신청서에 포함되지 않는 것으로 보이는 점 등에 비추어 쟁점영업권의 양도소득에 대해 조특법 제32조 제1항 에서 규정하고 있는 법인전환에 따른 양도소득세 이월과세 규정을 적용하여야 한다는 청 구주장은 이를 받아들이기 어려운 것으로 판단된다.

② 다음으로 예비적 청구에 대하여 살피건대 1.「소득세법」 제94조 제1항 제4호 가목에 따 르면 토지, 건물 또는 부동산을 취득할 수 있는 권리와 함께 양도하는 영업권(영업권을 별도로 평가하지 아니하였으나 사회통념상 자산에 포함되어 함께 양도된 것으로 인정되 는 영업권과 행정관청으로부터 인가·허가·면허 등을 받음으로써 얻는 경제적 이익을 포함한다)의 양도로 발생하는 소득에 대해서는 양도소득세 과세대상 소득에 포함되는 것 으로 규정하고 있고,

2.「소득세법」 제21조 제1항 제7호에 따르면 영업권(대통령령으로 정하는 점포 임차권을 포함한다)을 양도하거나 대여하고 그 대가로 받는 금품은 기타소득에 포함되는 규정하면 서, 같은 법 시행령 제41조 제3항에 따르면 법 제21조 제1항 제7호에 따른 영업권에는 행 정관청으로부터 인가·허가·면허 등을 받음으로써 얻는 경제적 이익을 포함하되, 토지 및 건물과 함께 양도되는 영업권은 포함되지 않도록 규정하고 있다.

③ 청구인들은 쟁점영업권의 양도에 따른 소득이 기타소득에 해당한다고 주장하나, 1. 청구

인들의 개인사업체(C)를 법인(쟁점법인)으로 전환하는 과정에서 쟁점영업권은 쟁점부동산과 함께 양도된 것으로 보이므로 「소득세법」 제94조 제1항 제4호 가목에 따라 쟁점영업권의 양도에 따른 소득은 양도소득세 과세대상에 포함된다할 것이고,

2. 이미 앞서 언급한 바와 같이 소득세법령에 따르면 영업권의 양도에 따른 소득이 기타소득에 포함되기 위해서는 영업권만 단독으로 양도되는 경우여야 하는데 이 건은 청구인들의 개인사업체를 법인으로 전환하는 과정에서 쟁점영업권이 사업용 고정자산과 함께 양도된 경우이므로 이에 해당한다고 보기는 어려운 점 등에 비추어 위와 같은 청구주장도 받아들이기 어려운 것으로 판단된다. (조심2024인2029, 2024.07.17.)

사례 2

> 현물출자시 특수관계법인에 기준시가로 평가하여 현물출자한 가액은 정상적인 거래에서 적용될 가격으로 보기는 어렵고, 조사청이 감정평가한 감정가액이 시가임

■ (사실관계 및 통지내용) 1. 청구인은 夫 박AA(이하 "피상속인"이라 한다)이 2020.12.27. 사망함에 따라 자녀 박BB(1972년생, 男), 박CC(1974년생, 女)와 함께 쟁점부동산을 협의분할하여 상속받고 2021.3.30. 소유권이전등기하였다.

2. 청구인과 박BB, 박CC는 2021.5.28. 유한회사 DD를 설립하여 쟁점부동산과 쟁점외부동산①을 현물출자하였고, 쟁점부동산과 쟁점외부동산①에 대하여는 현물출자한 가액으로, 쟁점외부동산②에 대하여는 유사재산매매사례가액으로 평가하여 2021.6.30. 아래와 같이 상속세 신고하였다.

3. 조사청은 2021.10.20.부터 2022.5.5.까지 피상속인에 대한 상속세 조사를 실시하면서 「상속세 및 증여세법」(이하 "상속세및증여세법"이라 한다) 제60조제2항 및 같은 법 시행령 제49조제1항에 따라 쟁점부동산에 대한 감정평가를 실시하고, 2개의 감정평가 평균액 000원(이하 "쟁점감정가액"이라 한다)을 조사청 재산평가심의위원회의 심의를 거쳐 상속 당시 시가로 인정받았다.

4. 조사청은 쟁점감정가액을 상속개시일 현재 쟁점부동산의 시가로 보아 청구인이 신고한 쟁점부동산 가액과의 차이 000을 상속세 과세가액에 추가로 산입하는 등 청구인에게 상속세 000원을 과세하겠다는 내용으로 2022.5.13. 세무조사결과를 통지하였다.

▶ (판단) ① 관련 법리

가) 시가란, 원칙적으로 정상적인 거래에 의하여 형성된 객관적 교환가치를 의미하지만 이는 객관적이고 합리적인 방법으로 평가된 가액도 포함되는 개념이므로 공신력 있는 감정

기관의 감정가액도 시가로 볼 수 있다(대법원 2001.8.21. 선고 2000두5098판결 등 참조).

나) 현행 시행령(2019.2.12. 대통령령 제29533호로 개정된 상속세및증여세법 시행령) 제49조 제1항의 단서는 평가기간에 해당하지 아니하는 기간으로서 평가기준일 전 2년 이내의 기간중에 매매등(감정평가가 포함됨)이 있거나 평가기간이 경과한 후부터 제78조제1항에 따른 기한(법정결정기한)까지의 기간중에 매매 등이 있는 경우에도 평가기준일부터 매매 등이 일어난 날까지의 기간중에 시간의 경과 및 주위환경의 변화 등을 고려하여 가격변동의 특별한 사정이 없다고 보아 상속세 또는 증여세 납부의무가 있는 자, 지방국세청장 또는 관할세무서장이 신청하는 때에는 평가심의위원회의 심의를 거쳐 해당 매매 등의 가액을 시가로 인정되는 가액에 포함시킬 수 있도록 하였다.

다) 현행 시행령으로 개정한 취지는 상속·증여받은 재산에 대하여 평가기간 내 매매등 가액을 시가로 인정하는 것은 물론이고, 상속·증여재산의 평가기간이 지난 경우에도 상속·증여재산의 시가를 실제 가치에 근접한 평가가 가능할 수 있도록 평가기간 경과 후 상속·증여세의 법정결정기한 내에 발생한 매매등(감정평가가 포함됨) 가액이 있는 경우에도 평가심의위원회를 거쳐 시가로 인정될 수 있는 절차를 마련하는 데 있다. 이는 시가로 인정되는 범위를 확대함으로써 상속·증여받은 재산이 시가에 근접하게 평가되도록 하기 위한 것이라 하겠다.

라) 한편, 부동산 중 아파트, 오피스텔 등은 면적·위치·용도 등이 유사한 물건이 많아 매매사례가액 등을 상속·증여재산의 시가로 활용할 수 있는 반면, 비주거용 부동산은 물건별로 개별적 특성이 강하여 비교대상 물건이 거의 없고, 거래도 빈번하지 않아 매매사례가액 등을 확인하기 어려워 대부분 공시가격으로 상속·증여재산을 평가·신고하고 있으나, 공시가격 현실화율이 현저하게 낮아 과세형평성 논란이 지속적으로 제기되고 있었다. 이러한 불공정한 평가관행을 개선하고자 과세관청은 개정된 현행 시행령에 따라 비주거용 부동산 중 일명 '꼬마빌딩'을 대상으로 감정평가사업을 실시하고 있다.

② 쟁점부동산을 상속 이후 현물출자한 가액으로 평가하여야 하는지에 관한 판단

가) 위 법리와 앞서 인정한 사실관계에 비추어 볼 때, 아래와 같은 이유로 쟁점부동산을 현물출자한 가액으로 평가하여야 한다는 청구주장을 받아들이기는 어려운 것으로 보인다.

1. 상속·증여재산가액이 시가에 근접하게 평가되도록 하기 위하여 상속세및증여세법 시행령이 개정되어 평가기간이 지나 법정결정기한까지의 기간 중에 매매 등(감정가액도 포함)이 있는 경우에도 시가로 인정될 수 있는 절차가 마련되었고, 쟁점감정가액은 현행 시행령에 따라 법정결정기한 내에 감정평가를 실시하고 조사청 평가심의위원회의 자문을 거

쳐 쟁점부동산의 시가로 보았으므로 이는 적법·타당해 보인다.

2. 청구인은 현물출자한 가액이 평가기간 내에 이루어진 시가라고 주장하나 청구인이 현물출자한 거래상대방은 청구인과 자녀들이 설립한 특수관계법인이고, 별도의 감정평가없이 기준시가로 평가하여 현물출자한 가액은 건전한 사회통념 및 상거래 관행에 비추어 특수관계인이 아닌 자간의 정상적인 거래에서 적용되거나 적용될 가격으로 보기는 어렵다.

나) 따라서, 조사청이 상속세및증여세법 제60조제2항 및 같은 법 시행령 제49조제1항에 따라 감정평가를 실시하고 쟁점감정가액으로 쟁점부동산을 평가하여 과세예고한 이 건 통지내용은 달리 잘못이 없다고 판단된다. (적부2022-56, 2022.09.21.)

사례 3

쟁점주식의 1주당 가액을 산정함에 있어 영업권평가액을 합산할지 여부

- (조심 2019 전186, 2019.07.18)

■ (사실관계) 청구인들은 쟁점주식의 증여 당시 1주당 가액을 산정함에 있어 상증법 시행령 제55조 제3항 제2호 단서에 따른 영업권 합산 요건을 충족하지 못한다고 주장하나,

1. 상증법 시행령 제54조 제4항 제2호에서 사업개시 후 3년 미만의 법인 등은 순자산가액에 따라 주식의 가액을 평가하도록 규정하고 있고, 같은 영 제55조 제3항에서는 순자산가액을 계산할 때, 영업권평가액을 합산하되, 위 제54조 제4항 제2호에 해당하는 경우에는 그러하지 아니하나, 각 목의 요건을 모두 해당하는 경우에는 예외에서 제외(영업권평가액을 순자산가액에 합산)하는 것으로 하면서 해당 가목에서 "개인사업자가 제59조에 따른 무체재산권을 현물출자하거나 「조세특례제한법 시행령」 제29조 제2항에 따른 사업 양도·양수의 방법에 따라 법인으로 전환하는 경우로서 그 법인이 해당 사업용 무형자산을 소유하면서 사업용으로 계속 사용하는 경우"로 규정하고 있는 점,

2. 2014.12.31.자 현물출자계약서를 보면, 현물출자자들이 운영하고 있는 사업에 관한 일체의 권리와 의무를 쟁점법인에 현물출자함으로써 「부가가치세법」 제10조 제8항의 규정에 의한 사업양도를 하고, 「조세특례제한법」 제31조 및 제32조에 의한 중소기업간의 통합에 의한 법인전환을 실시하여 양도소득세 이월과세 및 취득세 면제를 받는 법인전환을 함에 그 목적이 있고(제1조),

3. 현물출자기준일 현재의 출자자들과 거래 중인 모든 거래처를 쟁점법인이 인수하여 계속 거래를 보장하며, 출자자들이 판매한 제품에 대한 반품 책임도 쟁점법인이 인수하며(제3조), 종업원도 모두 승계하기로 계약(제6조)한 것으로 나타나 이 건 현물출자는 상증법

시행령 제55조 제3항 제2호 가목 전단의 요건 중 하나인 "「조세특례제한법 시행령」 제29조 제2항에 따른 사업 양도·양수의 방법에 따라 법인으로 전환하는 경우"에 해당한다고 볼 수 있는 점,

4. 쟁점법인이 현물출자자들이 보유하던 무체재산권을 외관상 직접 소유한 것은 아니지만, 사실상 과거 개인사업자 형태로 영위하던 사업과 다름없이 김제조 기술, 거래처 및 상표권 등을 동일하게 사용한 것으로 보이므로 상증법 시행령 제55조 제3항 제2호 가목 후단의 요건을 충족한다고 보이는 점,

5. 쟁점법인은 현물출자자들이 오랫동안 영위해온 김제조·판매업을 포괄적으로 현물출자받아 설립된 2015사업연도에 약 000원의 영업이익을 달성하였고, 쟁점주식이 증여된 2016사업연도와 그 후인 2017사업연도에 각각 000원, 000원의 영업이익을 달성하여 매년 000%의 매우 높은 영업이익률을 실현하고 있어 초과수익력을 보유하고 있다고 보이는 점 등에 비추어 볼 때,

▶ (판단) 쟁점주식의 1주당 가액을 산정함에 있어 영업권평가액을 합산하여 쟁점법인의 순자산가액을 계산하는 것이 타당하다 할 것이다. (조심 2019 전186, 2019.07.18.)

사례 4

현물출자 사업용자산의 순자산가액 계산에서 건물의 시가 판단 방법

● (쟁점) 현물출자 법인전환 이 사건 건물의 시가에 대하여 원고는 감정가액인 1,539,037,500원으로 보아야 한다고 주장하는 한편, 피고는 장부가액인 2,464,801,525원으로 보아야 한다고 주장한다.

▶ (판단) 1. 살피건대, 전체의 취지를 종합하여 인정되는 다음과 같은 사정들을 종합하면, 이 사건 건물의 시가는 감정가액인 1,539,037,500원으로 봄이 상당하고, 피고의 주장과 같이 장부가액인 2,464,801,525원이 이 사건 건물의 시가에 해당한다고 볼 수 없다. 따라서 원고의 위 주장은 이유 있다. (이하 생략)

2. 원고는 현물출자 당시 법원으로부터 00회계법인의 재산확인감사보고서를 인가받았다. 위 감사보고서에는 이 사건 건물의 가치가 2009. 7. 17.자 주식회사 000감정법인의 감정평가(이하 '이 사건 감정'이라 한다)에 따라 1,539,037,500원으로 평가되어 있다. (이하 생략)

3. 원고가 피고에게 양도소득세 신고당시 이 사건 건물의 취득가액을 장부가액으로 계산하여 양도소득세 과세표준을 적게 신고하였다고 하더라도 건물과 관계없는 비용과 관련된

취득가액이 수정되는 것은 별론으로 하고, 그것만으로 장부가액이 법인전환일 당시 이 사건 건물의 시가라고 보기 어렵다.

4. 법인전환에 대한 양도소득세 이월과세 적용 여부- 결국 원고가 현물출자를 할 당시 이 사건 법인의 자본금은 3,600,000,000원이고, 이 사건 건물의 가액을 포함하여 원고가 현물출자 한 사업용자산의 순자산가액은 3,440,222,505원이므로, 구 조세특례제한법 제32조에서 정한 이월과세요건을 충족한다고 봄이 상당하다. 따라서 이월과세요건을 충족하지 못하였음을 전제로 한 피고의 이사건 처분은 위법하다. (창원지법2016구합51823, 2017.05.30)

사례 5

순자산가액의 평가방법으로 1개의 감정평가액을 시가로 볼 수 있는지

● (질의) 1. 조세특례제한법 제32조법인전환에 따른 양도소득세의 이월과세 규정에 따라 현물출자에 따른 양도소득세 ×,×××백만원을 2011.1월 이월과세 신청함.

2.. 조세특례제한법 제32조 법인전환에 따른 양도소득세의 이월과세 적용 여부 판단시 소멸하는 사업자의 순자산가액의 평가방법으로 1개의 감정평가액을 시가로 볼 수 있는지 여부 (법인세법상 시가적용 여부)

▶ (회신) 조세특례제한법 제32조에 따라 거주자가 사업용고정자산을 현물출자하여 법인으로 전환하는 경우 그 사업용고정자산에 대해 이월과세를 적용함에 있어 법인으로 전환하는 사업장의 순자산가액의 시가는 법인세법 시행령 제89조제1항에 해당하는 가격, 같은 조 제2항제1호의 감정가액, 상속세및증여세법 제61조 내지 제64조의 규정을 준용하여 평가한 가액의 순서대로 적용하는 것입니다. (기준법령재산-15, 2016.05.04)

사례 6

비상장주식 순자산가액 계산 시 이월과세액의 부채 여부

● (질의) 1. (주)△△△은 사업양수도를 통해 법인전환 한 기업으로 조특법 제32조 법인전환에 대한 양도소득세 이월과세에 따라 920,620,928원 이월과세를 적용하였음.

2. (주)△△△ 비상장주식 평가시 이월과세액을 부채에 포함하지 않고 신고하였고, 2014.11월 조세심판원에서 주식의 순자산가치 평가 시 이월과세액을 자산에서 차감되는 부채로 보지 아니하고 증여세를 과세한 처분은 잘못이 있다고 결정을 하여(<조심 2014서2740, 2014.11.11.>) 이월과세액을 자산가액에서 차감한 금액으로 재평가하여 증여세 과다납부

분 경정 청구함.

3. 비상장주식 순자산가치 평가시 이월과세된 세액을 부채로 볼 것인지에 대한 쟁점

▶ (회신) 1. 조세특례제한법 에 따라 이월과세된 세액의 경우 평가기준일 현재 납세의무가 성립되지 아니한 경우에는 부채로 볼 수 없는 것임(재산세과-397, 2011.08.26 등)

2. 쟁점이월과세액은 개인에게 발생한 양도소득 산출세액 상당액을 법인세로 납부하는 것인 점 쟁점법인은 쟁점이월과세액을 납부할 의무가 존재하는 점 등에 비추어 처분청이 쟁점 주식의 순자산가치 평가시 쟁점이월과세액을 자산에서 차감되는 부채로 보지 아니하고 증여세를 과세한 처분은 잘못이 있음(조심2014서2740, 2014.11.11)

3. 상속세 및 증여세법 시행령 제55조에 따른 비상장주식의 순자산가액을 계산할 때에 부채 에 가산하는 법인세액등은 평가기준일 현재 법인세법 등에 따라 실제 납부하여야 할 것 으로 확정된 법인세액등을 말하는 것으로서, 조세특례제한법 제32조에 따른 이월과세액 은 양수한 법인이 그 사업용고정자산을 양도하는 경우 법인세로 납부할 의무가 확정되므 로, 평가기준일 현재 해당 이월과세액은 순자산가액 계산시 부채에 가산하여 계산할 수 없는 것임.(서면4팀-1699, 2004.10.22., 기준법령재산-136, 2015.09.02)

사례 7

법인전환 하면서 영업권을 장기할부조건으로 매각하는 경우

● (질의) 사업양도에 해당하지 아니하는 방법으로 법인전환하면서 영업권을 장기할부조건 으로 매각하는 경우 공급가액 및 세금계산서 발급방법 여부

(사실관계) 1. 자가 소유의 토지와 공장건물을 가지고 제조업을 경영하는 개인사업자로 2014.07.01.자로 법인전환 하였음.

1. 법인전환시 사업용 토지와 공장건물을 양도하지 아니하고 신설법인에 임대함으로써 부가 가치세법 제10조8항2호에 따른 사업양도 요건을 갖추지 아니함.

2. 토지 및 건물 외의 모든 자산과 부채는 신설법인에 이전되었으며, 주주현황은 신청인 본 인지분 60%와 자녀 1인 지분 40%로 구성됨.

3. 개인사업체의 영업권을 감정평가법인의 감정을 통해 약 7억원으로 평가하고 이를 신설법 인에 장기할부조건으로 양도하기로 하였음.

▶ (회신) 개인사업자가 제조업에 사용하던 토지 및 공장건물을 제외한 모든 자산과 부채를 포괄적으로 승계하는 방식으로 법인전환하면서 영업권을 별도 평가하여 신설법인에 부가

가치세법 시행규칙 제17조에 따른 장기할부판매조건으로 양도하는 경우 같은 법 시행령 제28조 제3항 제1호에 따라 대가의 각 부분을 받기로 한때를 공급시기로 하여 세금계산서를 발급하여야 함. 다만, 해당 공급시기가 도래하기 전에 세금계산서를 발급하는 경우에는 그 발급하는 때가 공급시기가 되는 것임. 또한 사업을 양수한 법인사업자가 자기의 사업을 위하여 사용하였거나 사용할 목적으로 공급받은 재화(영업권)에 대한 부가가치세액은 자기의 매출세액에서 공제할 수 있는 것임. (법규부가2014-277, 2014.08.06)

사례 8

사업용고정자산 현물출자 시 순자산가액계산에 법인장부가액의 적용 여부

● (질의) 조세특례제한법 제120조5항에 따라 거주자가 사업용고정자산을 현물출자의 방법에 따라 법인으로 전환하는 경우 소멸하는 사업장의 순자산가액을 지방세법 제10조5항3호에서 규정하고 있는 현물출자 받은 법인의 장부상 가액을 사실상의 취득가액으로 적용할 수 있는지

▶ (회신) 1. 현물출자의 경우에는 그 현물출자재산의 가액에 대응하는 주식이 그 출자자에게 주어지므로 그 재산을 정당한 가액에 의하여 평가하도록 제도적으로 규율하고 있으며 자산의 매수의 경우에는 장부상가액인 매수가액을 현실로 지급하여야 하거나 법인의 부채로 남아 후에라도 지급하여야 할 것이어서 정당한 매수가액을 장부상에 기재하지 아니할 수 없으므로, 특별히 그 취득가액을 조작하였다고 인정되지 아니하는 한 그 장부상의 가액은 그 취득원인이 현물출자이거나 매매이거나에 관계없이 실제로 취득가액을 나타내는 것이라고 할 것(대법원 1992.5.8. 선고 91누9701 판결 참조).

2. 따라서 현물출자 받은 법인의 법인 장부상의 취득가액이 특별히 조작되었거나 착오로 기장되지 아니한 이상, 해당 법인의 법인 장부상의 취득가액을 현물출자로 취득한 부동산의 취득세 과세표준으로 적용해야 한다. 다만, 법인의 법인 장부상의 취득가액이 객관적 증거서류에 의하여 기장되었는지 등에 대해서는 과세권자가 관련 자료 조사 등을 거쳐 최종 판단할 사안임 (지방세운영과-1668, 2014.05.15)

사례 9

개인사업자가 법인전환시 주식가액산정에 영업권의 포함 여부

● (쟁점) 1. ○○○지방국세청장은 ○○○(주)와 그 주주들에 대한 2009~2011사업연도 법인세

통합조사 및 자금출처조사결과, 쟁점 영업권을 평가한 후 순자산가액에 포함하여 ○○○ (주)의 주식가액을 재산정하여야 하는 사실을 통보하였고, 이에 처분청은 증여재산가액 및 양도가액을 증액하여 2013.7.3 청구인에게 2009년 귀속 양도소득세 ○○○원, 청구인에게 2009.12.1 증여분 증여세 ○○○원, 청구인에게 2009.12.1. 증여분 증여세 ○○○원을 각 경정·고지하였다.

2. 개인사업자가 법인전환 하면서 사업에 사용하던 영업권을 사실상 법인에 이전한 것으로 보아 법인 사업개시 후 3년 미만임에도 영업권을 순자산가액에 포함하여 당해 주식을 평가함이 타당한지 여부

▶ (판단) 1. 개인사업자로서 오랫동안 동일한 사업을 영위하면서 이미 영업권이 형성되어 있었고, 법인전환시 영업권이 실질적으로 그대로 이전된 경우에는 그 영업권평가액을 순자산가액에 포함하여 평가함이 타당하다 할 것이다.

2. 따라서 2009.12.1. 시점의 ○○○(주) 주식을 평가함에 있어 쟁점 영업권을 ○○○원으로 산정하여 순자산가액에 포함함으로써 1주당 ○○○원으로 평가하여 청구인에게 저가양도에 따른 양도소득세를 과세하고, 청구인과 ○○○에게 저가수증 및 저가양수에 따른 증여세를 과세한 처분은 잘못이 없는 것으로 판단된다.(조심2013서4200, 2014.02.18)

사례 10

적절한 평가방법에 따라 유상으로 취득한 금액은 영업권에 해당함

● (질의) 개인사업자가 사업양도·양수의 방식을 통해 법인전환 하면서 계상한 영업권의 감가상각자산 해당 여부

(사실관계) 1. 개인사업을 영위하던 거주자 A는 사업양도·양수의 방식을 통해 개인사업장을 법인으로 전환하고 단독주주가 됨.

2. 법인전환시 2개 이상의 감정평가법인에 영업권 평가를 의뢰하여 개인사업장에 대한 임차권리금, 지리적 입지조건, 고객유치능력, 순이익 창출능력, 명성, 신용 등을 고려하여 영업권가액을 평가하여 지급한 후(유상취득), 이를 자산으로 계상하고, A는 이에 대해 종합소득세 신고

▶ (회신) 개인사업자가 자신이 운영하던 A사업을 사업양도·양수방식으로 법인전환하면서 해당 법인의 단독주주가 된 경우로서, 해당 법인이 양수하는 A사업의 자산과는 별도로 A사업에 관한 지리적 입지조건, 고객유치능력, 순이익 창출능력, 명성, 신용, 영업상의 이

점 등을 감안하여 적절한 평가방법에 따라 유상으로 취득한 금액은 「법인세법 시행규칙」 제12조 제1항 제1호에 따른 영업권에 해당하는 것임. (서면법규과-1083, 2013.10.04.)

사례 11

> **개인사업자가 사업을 양도할 때 영업권을 특수관계 법인에 무상양도하는 경우**

■ (사실관계) 1. 거주자 갑은 1999년부터 제조업을 영위하던 중 매출증가, 대외신뢰도 향상을 위해 사업양수도 방식에 의한 법인전환을 할 예정임.

2. 개인사업자가 보유하는 토지·건물을 제외한 자산을 법인에 이전하며 법인의 주주는 거주자 갑 외 2인으로 구성될 예정임.

● (질의) 1. 거주자가 사업양수도 방식에 의한 법인전환시 소득세법 제41조의 부당행위계산에 위배되지 않기 위해 소득세법 기본통칙에 규정된 영업권을 반드시 평가하여야 하는지.

2. 영업권을 평가하는 경우 상증법 시행령 제49조 제1항에 따라 공신력있는 감정기관의 평가를 적용해야 하는지, 상증법 시행령 제59조에 따라 평가하여야 하는지.

3. 평가된 영업권 및 특허권의 양도로 발생된 소득을 기타소득으로 하여 80% 필요경비를 인정받을 수 있는지.

▶ (회신) 소득세법시행령 제87조 및 참고예규(서면인터넷방문상담1팀-1630(2007.11.30)

1. 제조업을 운영하는 개인사업자가 그 사업을 양도하는 경우 영업권(점포임차권 포함)의 양도로 인하여 발생하는 소득은 소득세법 제21조 제1항 제7호 및 같은 법 시행령 제41조에 의하여 기타소득에 해당하는 것임. 다만, 사업용고정자산(소득세법 제94조 제1항 제1호 및 제2호의 자산을 말함)과 함께 양도하는 경우에는 같은 법 제94조 제1항 제4호에 의하여 양도소득에 해당하는 것임.

2. 기타소득인 영업권을 특수관계에 있는 법인에 무상양도하는 경우 소득세법 제41조에 따라 부당행위계산부인규정이 적용되며, 당해 영업권의 시가는 법인세법 시행령 제89조1항에 의한 가액으로 하고, 시가가 불분명한 경우에는 같은 조 제2항에 의하여 평가한 가액에 의하는 것임. (소득세과-313, 2013.05.20)

사례 12

법인전환에 의한 양도소득세의 이월과세 적용시 순자산가액의 시가

- (사실관계) 갑은 제조업을 영위 중이며 사업양도·양수 방법에 따라 법인으로 전환하고 자 함

  1. 사업용 고정자산의 장부가액은 360백만원(감가상각 반영), 기준시가는 1,400백만원이 며, 매매예상가는 2,400백만원 정도임

  2. 지난 2년여간 감정가액이나 매매사례가액은 없었음

- (질의) ① 개인사업장의 순자산가액을 계산할 때 토지 및 건물의 시가를 적용함에 있어 해당 자산의 수용, 공매, 감정가액 등이 없는 경우 기준시가에 의하는지 아니면 반드시 감 정평가를 하여 감정가액을 적용해야 하는지(법인전환에 따른 양도소득세 이월과세 관련)

② 장부가액 또는 기준시가로 평가하여 법인전환 하는 경우 양도소득 부당행위계산부인 규 정이 적용되는지 여부

- (회신) ① 귀 질의의 경우 기질의회신문(부동산거래관리과-838, 2011.10.5.) 및 「소득세법 시행령」 제167조 제6항을 참고하기 바람. (부동산거래관리과-531, 2012.10.05.)

② 참고예규(부동산거래관리과-838, 2011.10.5.)

  1. (사실관계) 조세특례제한법 제32조에 따라 개인사업자가 사업용고정자산을 현물출자 또는 사업양수도 방법에 따라 법인전환 하려함

  2. (질의) 법인으로 전환하는 사업장의 순자산가액계산시 상속세및증여세법시행령 제49 조에 규정하는 시가가 없는 경우 순자산가액 계산방법은

  3. (회신) 조세특례제한법 제32조에 따른 법인전환에 대한 양도소득세의 이월과세 적용시 순자산가액의 시가는 법인세법 시행령 제89조 제1항에 해당하는 가격, 같은 조 제2항 제1호의 감정가액, 상속세및증여세법 제61조 내지 제64조의 규정을 준용하여 평가한 가액의 순서대로 적용하는 것임.

사례 13

무체재산권 평가 시 수입금액이 없는 경우 전문가 범위의 평가기관은

- (질의) 1. 상증법 제64조 및 같은 법 시행령 제59조, 같은 법 시행규칙 제19조 등에서는 특허권 등 무체재산권 관련 재산 평가방법에 대하여 규정하고 있고 상증법 시행규칙 제

19조4항의 규정에서는 '각 연도의 수입금액의 합계액을 평균한 금액을 각 연도의 수입금 액으로 하되 최근 3년간 수입금액이 없거나 저작권으로서 평가기준일 현재 장래에 받을 각 연도의 수입금액이 하락할 것이 명백한 경우에는

2. 법 제6조1항 본문에 따른 세무서장 등이 2 이상의 공신력 있는 감정기관 또는 전문가의 감정가액 및 해당 권리의 성질 기타 제반 사정을 감안하여 적정한 가액으로 평가할 수 있 다.'라고 규정하고 있음. 전문가의 범위에 회계법인이 포함되는지

▶ (회신) 상증법 시행령 제59조에 따라 무체재산권을 평가함에 있어 수입금액이 없는 경우 에는 같은 법 시행규칙 제19조4항에 의하여 세무서장 등이 2 이상의 감정평가법인 또는 발명진흥법 제32조에 의하여 설립된 한국발명진흥회 및 벤처기업육성에 관한 특별조치법 시행령 제4조1항의 기술평가기관의 감정가액으로 평가할 수 있는 것임. (재산세과-731, 2010.10.06)

사례 14

현물출자 법인전환시 해외현지법인의 주식지분에 대한 시가평가방법은

조특법상 현물출자 법인전환시 외국법인이 발행한 비상장주식의 평가는 내국법인과 동일하게 평가기준일 현재의 시가에 의하며 시가산정이 어려운 경우 보충적 평가방법에 의하는 것임 (재산세과-293, 2009.09.23)

● (질의) 휴대폰용 정밀금형 제조회사로서 국내 판매 및 수출하는 개인기업이며 현물출자 방식에 의한 법인전환을 계획 중 당사는 2007년부터 인도시장에 현지법인을 설립하여 주 식 90%를 보유하고 있음. 다음과 같이 질의함

  1. 해외 현지법인의 지분에 대한 시가평가방법은.

  2. 부외자산 또는 부채가 현물출자대상 사업용자산 및 부채에 포함되는지.

▶ (회신) 1. 외국법인이 발행한 비상장주식의 평가는 내국법인과 동일하게 평가기준일 현재 의 시가에 의하며 시가를 산정하기 어려운 경우에는 「상속세 및 증여세법」 제63조 제1항 제1호 다목 및 같은법 시행령 제54조의 규정에 의하여 평가하는 것이나, 이에 따라 평가 하는 것이 부적당한 경우 같은법 시행령 제58조의 3 규정에 따라 평가할 수 있는 것임.

2. 조세특례제한법 제32조의 규정에 따라 법인으로 전환하는 사업장의 순자산가액은 법인전 환일 현재의 시가로 평가한 자산의 합계액에서 충당금을 포함한 부채의 합계액을 공제한 금액을 말하는 것이나, 순자산가액의 계산시 장부계상을 누락한 부외부채는 상대계정이 부외자산으로 확인되는 경우에 부채의 합계액에 포함되는 것으로서, 동 부외부채가 이에

해당하는지 여부는 사실관계에 따라 판단하는 것임. (재산세과-293, 2009.09.23)

사례 15

특수관계자인 법인에 무상으로 영업권을 양도했을 때 부당행위계산부인 적용 여부

● (질의) 1. 개인사업자로 제조업을 영위하여 왔으며, 다음해부터 시설투자도 늘리고 매출을 신장시키려 법인을 설립하여 개인사업체의 일부 부동산을 제외한 사업관련 자산과 부채 및 종업원과 영업일체를 법인으로 이전할 계획임.

2. 설립하는 법인은 본인 40%, 가족 30%, 타인 30%의 지분으로 하고 그동안의 영업권을 평가한 결과 상속세 및 증여세법상 영업권 평가액이 1.5억원으로 계산됨.

3. 이 경우 특수관계자인 법인에 무상으로 영업권을 양도했을 때 소득세법 제41조 부당행위계산부인 규정이 적용되는지 및 상증법상 평가액으로 양도했을 때 부당행위계산부인 규정이 적용되는 여부와 영업권을 유상양도한 경우 소득구분(기타소득인지 아니면 사업소득인지) 여부

▶ (회신) 1. 제조업을 운영하는 개인사업자가 그 사업을 양도하는 경우 영업권(점포임차권 포함)의 양도로 인하여 발생하는 소득은 소득세법 제21조 제1항 제7호 및 같은 법 시행령 제41조에 의하여 기타소득에 해당하는 것입니다. 다만, 사업용고정자산(소득세법 제94조 1항1호~2호의 자산을 말함)과 함께 양도하는 경우에는 같은 법 제94조 제1항 제4호에 의하여 양도소득에 해당하는 것입니다.

2. 기타소득인 영업권을 특수관계에 있는 법인에 무상양도하는 경우 소득세법 제41조에 따라 부당행위계산부인 규정이 적용되며, 당해 영업권의 시가는 법인세법 시행령 제89조 제1항에 의한 가액으로 하고, 시가가 불분명한 경우에는 같은 조 제2항에 의하여 평가한 가액에 의하는 것입니다. (서면1팀-1630, 2007.11.30)

사례 16

사업용고정자산을 양도할 때 영업권 평가없이 영업권을 계산하여 양도하는 경우

● (질의) 1. 소득세법 제94조1항2호에서 건물(건물에 부속된 구축물과 시설물을 포함한다)로 규정한바, 건물은 타인소유이고(임차), 건물에 부속된 미등기시설물과 구축물 소유권(장부에 등재됨)을 영업권(장기 임차권리 및 인허가권 등)과 함께 매도하였을 경우 양도소득의 범위에 해당되는지.

2. 종합소득 확정신고 시 사업소득금액만 신고하고 일시재산소득금액은 신고를 하지 않은 경우 신고누락한 일시재산소득에 대한 과세 제척기간은.

▶ (회신) 사업용고정자산인 토지와 건물(건물에 부속된 시설물과 구축물을 포함한다)과 함께 양도하는 영업권(영업권을 별도로 평가하지 아니하였으나 사회통념상 영업권이 포함되어 양도된 것으로 인정되는 것과 행정관청으로부터 인가·허가·면허 등을 받음으로써 얻는 경제적 이익을 포함한다)의 경우에는 소득세법 제94조1항4호가목의 규정에 의하여 양도소득세가 과세되는 것이며, 종합소득세 과세표준확정신고서를 법정신고기한 내에 제출한 자가 그 소득의 일부를 신고누락한 경우에는 종합소득세를 부과할 수 있는 날부터 5년간 부과할 수 있는 것입니다. (서면4팀 617, 2005.4.22)

사례 17

결손업체의 개인사업자가 영업권을 설정하여 법인으로 전환하는 경우

● (질의) 결손업체의 개인사업자가 사업양도양수 방법에 의하여 법인전환 하는 경우 양도소득세 이월과세 방법 및 법인이 (-)순자산가액을 양수하고, 개인으로부터 대금을 지급받지 않는 대신에 영업권을 설정하여 계상하는 경우 법인세법 제52조 부당행위계산부인 규정이 적용되는지

▶ (회신) 기존예규(재일 46014-1358, 1996.6.3 및 법인 46012-3591, 1999.9.29) 참고 영업권이란 '사업의 양도양수과정에서 양도양수자산과는 별도로 양도사업에 관한 인가·허가등 법률상의 지위, 사업상의 편리한 지리적 여건, 영업상의 비법, 신용·명성·거래선등 영업상의 이점 등을 감안하여 적절한 평가방법에 따라 유상으로 취득한 금액'을 말하는 것이며, 특수관계있는 자로부터 영업권을 적정대가를 초과하여 취득한 때에는 법인세법 제52조의 '부당행위계산의 부인' 규정을 적용하는 것임. (서일 46014-10546, 2001.11.30)

사례 18

자기창설 영업권을 개인에게 양도하는 경우

● (질의) 자기창설(최초허가자) 영업권(주유소영업허가권)을 개인에게 양도한 경우 양소득세 과세방법에 대f하여 질의함

▶ (회신) 1. 영업권을 단독으로 양도하는 때와 자산과 영업권을 함께 양도한 경우로서 영업권을 별도로 평가하여 양도한 때와 영업권을 별도로 평가하지 아니하였으나 사회통념상

영업권이 포함된 것으로 인정되는 때에는 양도소득세가 과세되는 것임(재산세과 01254-618, 1987.3.9).

2. 소득세법시행령 제44조의2 제1항 제3호의 규정에 의거 영업권을 단독으로 양도하는 때와 동항 제2호 이외의 자산과 영업권을 함께 양도한 경우로서 영업권을 별도로 평가하여 양도한 때와 영업권을 별도로 평가하지 아니하였으나 사회통념상 영업권이 포함된 것으로 인정되는 때에는 양도소득세가 과세되는 것이며, 이 경우 양도가액 및 취득가액은 실지거래가액에 의하는 것이나 실지거래가액을 알 수 없는 때에는 소득세법시행령 제115조 제1항 제3호의 규정에 의거 상속세법시행령 제5조의 규정을 준용하여 평가한 가액으로 하는 것임(재산 01254-330, 1985.02.01).

6장
개인사업자의 소득세 신고와
은행거래 확인

1 소득세의 신고

(1) 종합소득의 신고

개인기업이 법인전환을 한 경우 당해 개인기업에서 발생한 사업소득과 개인기업주의 사업소득 이외의 소득은[13] 다음연도 5월 1일부터 5월 31일까지 국세청에 과세표준을 신고하여야 한다. (소득법 70조)

이때, 사업소득은 과세표준을 신고받은 국세청이 이를 기초로 당해 개인기업주의 과세표준과 세액을 결정하였으나 1996년 1월 1일 이후 신고분부터는 과세표준과 세액을 당해 개인기업주의 신고에 의하여 확정하는 신고납부제도로 전환되었다.

(2) 성실신고사업자 신고기한

성실신고확인 대상 사업자가 성실신고확인서를 제출하는 경우에는 종합소득세 과세표준 확정신고를 그 과세기간의 다음연도 5월 1일부터 6일 30일까지 하게 되어 있다.

(2) 폐업신고 시 유의사항

법인전환에 의해 폐업하는 개인기업주는 폐업연도의 1월 1일부터 폐업일까지의 사업소득 및 기타 종합소득에 대한 소득세를 다음연도 5월 31일까지 납세지 관할 세무서장에게 신고 납부하여야 한다.

한편, 사업소득이 발생하는 사업을 폐업한 경우 사업장 관할 세무서장은 조세채권의 확보가 어렵다고 인정되는 경우 수시부과[14]를 할 수 있으므로 폐업사유가 사업부진이 아닌 법인

---

[13] 연도 중에 법인전환을 한 경우 대표이사인 개인기업주에 대한 법인의 급여는 근로소득으로서 종합소득세신고 시 합산된다.

[14] 수시부과란 확정신고기한까지 기다려서는 조세채권을 일실할 긴급한 사유가 있는 경우 신고기한이 도래하기 전에 미리 과세권을 행세하는 것으로, 조세포탈 등의 우려가 있는 자와 수시부과지역의 납세의무자에 대하여 사업장 관할 세무서장이 실지조사방법 또는 추계조사방법에 의하여 소득금액을 결정하여 다음과 같이 산출된 세액을 통지하여 징수한다.
(종합소득금액-본인기본공제)×기본세율=수시부과세액

전환이라는 것을 명시하여 폐업신고를 하여야 수시부과를 피할 수 있다.

> **소득세 신고기한 후 포괄양도양수 법인전환시 개인사업자의 소득세 신고는**

● (질의) 2006년에 개업한 개인사업자가 2007.8.30.자로 법인전환을 하고 개인사업은 폐업하였으며, 법인전환시 2007.8.30 현재로 결산하여 자산과 부채를 포괄 양도 양수하였음. 이 경우 개인이 2007년 귀속분 소득세 신고 시 추계신고를 할 수 있는지.

▶ (회신) 납세지관할 세무서장 또는 지방국세청장이 소득세법 제80조의 규정에 의하여 종합소득과세표준과 세액을 경정함에 있어 거주자가 같은 법 제70조 제4항 제6호의 추계소득금액에 의하여 신고한 때도 당해연도 소득금액을 계산할 수 있는 장부 기타 증빙서류를 비치·기장하고 있으면 당해 장부 기타 증빙서류에 근거하여 과세표준과 세액을 실지조사 결정하는 것임. (서면1팀-1593, 2006.11.24)

2 은행거래의 확인

(1) 명의변경 및 승계

개인기업의 법인전환시 개인기업에서 거래하였던 은행의 예금(당좌예금 제외), 대출금, 수출입거래실적 등은 모두 법인 앞으로 명의변경 또는 승계할 수 있다.

따라서 먼저 법인이 설립되고 사업이 양수 양도되는 사업양도양수 방법에 의한 법인전환시는 은행거래상 특별한 문제가 발생치 않는다.

(2) 현물출자 법인전환시 유의사항

① 그러나 현물출자에 의한 법인전환시는 사업의 양도양수가 먼저 이루어지고 상당기간 후에 법인이 설립되는데 법인전환 기간에는 은행으로부터의 신규차입, 기존차입금의 상환기한연장, 어음할인 등의 대출거래가 곤란하므로 특히 유의하여야 한다.

② 왜냐하면, 현물출자에 의한 법인전환 기간에는 개인기업은 폐업되었으므로 법인 명의로 상기한 대출거래를 하여야 하나 법인의 설립 전이므로 은행 규정상 설립 전 법인은 대출을 받기가 곤란하기 때문이다.

(3) 거래은행과 사전협의

① 다만, 은행에 따라서는 법인전환 기간 중의 거래에 대하여 법인전환 중임을 증빙할 수

있는 서류(개인기업의 폐업사실증명원, 법인의 사업자등록증, 사업양도양수 계약서 등)를 받아 설립 중인 법인과 개인기업과의 관계가 계약인수요건을 충족하고 채권보전에 지장이 없다고 영업점장이 판단하는 때에만

② 개인기업의 폐업일(법인설립 후 개인기업을 포괄 양도하는 경우에는 법인설립일)로부터 계약인수계약체결일까지 최장 3개월 안의 범위에서 법인전환 중인 개인기업을 고객으로 하여 기 약정범위 이내에서 여신거래(당좌 및 할인어음 한도거래, 관리자금 지급거래, 기간연장 등)를 계속할 수 있도록 하고 있다.

③ 따라서 현물출자에 의한 법인전환시는 거래은행과의 사전협의가 필요하며 법인전환 기간의 자금대책을 수립하여 이에 대비하여야 한다.

또한, 금융기관에서 법인전환 이전 개인사업자의 사업실적을 평가에 반영하지 않아 차입 시 불이익을 받을 수가 있다.

④ 금융감독원에서는 이에 대한 개선을 위해 중소기업 대출을 취급하는 은행들에 대한 해당 내규 근거를 마련하여 법인기업의 신용평가 시 법인전환 전 실적을 반영하도록 개선하고 있다. 이러한 실적 및 신용평가 관련 내용도 미리 협의하는 것이 바람직할 것이다.

8편

법인전환 종합사례
실무해설

1장
법인전환 방법의 선택

법인전환 방법은 「①조세지원을 받지 않는 일반 사업양도양수방법 ②조세지원을 받는 현물출자 방법 ③세금감면 사업양도양수방법 ④중소기업 통합방법」의 4가지이다.

어느 방법을 통한 법인전환이 가장 좋을지의 결정에는 여러 요소가 고려되어야 하는데 그 중 하나가 조세지원의 수혜 가능 여부이다.

법인전환 하는 개인기업의 상황이 다음의 각 사례 같은 경우에 조세지원 여부만을 고려할 때 선택 가능한 법인전환 방법은 무엇인가? 단, 주어진 조건 외의 다른 상황은 조특법 및 지특법 상의 조세지원 요건을 충족할 수 있는 것으로 가정한다.

사례 문제

> 1. 자기사업장에서 제조업과 도소매업을 하는 경우
> 2. 공장을 임차하여 제조업을 하는 경우
> 3. 자기사업장에서 소비성서비스업을 하는 경우
> 4. 남편소유공장에서 부인 명의로 제조업을 하는 경우
> 5. 부동산임대업을 하다가 동일사업장에서 제조업을 1년 미만 한 경우
> 6. 부동산 및 취득세 과세물건이 없는 건설업을 하는 경우
> 7. 중소기업 규모를 초과하는 여객운송업을 자기사업장에서 하는 경우
> 8. 소비성서비스업과 제조업을 각기 다른 장소에서 하는 경우
> 9. 부동산임대업을 하는 경우
> 10. 중소기업 개인제조업과 주식회사 법인제조업을 1년 이상 경영한 경우
> 11. 개업 전 주식회사를 2개월 전에 설립한 경우

1 자기사업장에서 제조업과 도소매업을 하는 경우

① 법인전환 방법 : 현물출자 또는 세금감면 사업양도양수 방법
② 이유 : 제조업과 도·소매업을 영위하였기 때문에 조특법상의 조세지원 요건 '업종'을 충족하며, 자기의 사업장 즉, 부동산을 소유하고 있어 조세지원을 받는 법인전환 방법을 선택할 실익이 있기 때문이다.

2 공장을 임차하여 제조업을 하는 경우

① 법인전환 방법 : 일반 사업양도양수 방법

② 이유 : 조특법상의 조세지원 내용은 요약하면 사업용 부동산이 법인 앞으로 명의이전되는 데서 발생하는 각종 세금이 감면되는 것이다. 따라서 공장을 임차하고 있는 경우에는 조특법상의 조세지원을 받을 대상자산인 부동산이 없는 경우이므로 법인전환 절차상 유리한 일반 사업양도양수 방법을 선택한다.

③ 유의사항 : 다만, 부동산을 제외한 다른 사업용자산 명의이전시의 취득세 금액이 클 경우에는 상기 방법은 재검토되어야 한다. 왜냐하면, 부동산을 제외한 다른 사업용자산 (예를 들면, 사업용 차량 등)의 취득세도 조특법 및 지특법 소정의 요건에 맞는 경우에는 감면되기 때문이다.

3 자기사업장에서 소비성서비스업을 하는 경우

① 법인전환 방법 : 일반 사업양도양수 방법

② 이유 : 소비성서비스업은 조특법상의 조세지원을 받을 수 있는 업종이 아니다. 따라서 현물출자 등에 의한 법인전환을 하더라도 조세지원을 받을 수 없어서 절차상 간편한 일반 사업양도양수 방법을 선택한다.

4 남편소유공장에서 부인명의로 제조업을 하는 경우

① 법인전환 방법 : 일반 사업양도양수 방법

② 이유 : 남편소유공장은 제조업을 영위한 사업자인 부인의 사업용자산이 아니기 때문에 조특법상의 조세지원을 받을 수 있는 대상자산이 아니다. 따라서 동 공장은 현물출자 등에 의한 법인전환시에도 조세지원을 받을 수 없어서 부인명의의 사업체만 일반 사업양도양수 방법으로 법인전환 한다.

5 부동산임대업을 하다가 동일사업장에서 제조업을 1년 미만한 경우

① 법인전환 방법 : 현물출자 또는 세금감면 사업양도양수 방법

② 이유 : 제조업을 영위한 지 1년이 넘지 않았으나 동 개인기업은 조특법상의 조세지원 요건업종을 충족한다. 현행 세법의 개정으로 현물출자에 의한 법인전환뿐만 아니라 세

금감면 사업양도양수 방법도 사업기간 요건을 충족하지 않아도 되고, 부동산이 있어 조세지원을 받을 실익이 있으므로 즉시 현물출자 방법 또는 세금감면 사업양도양수 방법으로 법인전환이 가능하다.

6 부동산 및 취득세 과세물건이 없는 건설업을 하는 경우

① 법인전환 방법 : 일반 사업양도양수 방법
② 이유 : 부동산 및 취득세 과세물건이 없다함은 현물출자 등에 의한 법인전환시에도 조세지원을 받을 대상 세금이 없다는 뜻이다. 따라서 비록 업종 등의 상황은 조특법상의 조세지원 요건에 해당하는 경우라 하더라도 현물출자 등의 방법을 취할 실익이 없으므로 절차가 간편한 일반 사업양도양수 방법을 택한다.

7 중소기업 규모를 초과하는 여객운송업을 자기사업장에서 하는 경우

① 법인전환 방법 : 현물출자 또는 세금감면 사업양도양수 방법
② 이유 : 여객운송업을 영위하였기 때문에 조특법상의 조세지원 요건 '업종'을 충족하며, 자기의 사업장 즉, 부동산과 사업용 차량을 소유하고 있어 조세지원을 받는 법인전환 방법을 선택할 실익이 있기 때문이다.

8 소비성서비스업과 제조업을 각기 다른 장소에서 하는 경우

① 법인전환 방법
 1. 제조업 : 현물출자 또는 세금감면 사업양도양수 방법
 2. 소비성서비스업 : 일반 사업양도양수 방법
② 이유 : 개인기업의 법인전환은 사업장별로 할 수 있으며 한 개인사업자의 전체 사업장이 동시에 전환되어야 하는 것은 아니다. 따라서 조특법상의 조세지원 요건에 해당하는 제조업을 경영하는 사업장의 경우는 현물출자 등 조세지원을 받는 법인전환 방법을 선택하며, 조세지원 요건에 해당하지 않는 소비성서비스업을 경영하는 사업장의 경우는 절차가 간편한 일반 사업양도양수 방법을 선택한다.

9 부동산임대업을 하는 경우

일반적으로 부동산임대업은 순자산평가액의 규모가 큰 경우가 많아 조특법상의 요건을 갖추려면 자본금 규모가 커지게 된다. 따라서 현금 동원의 문제가 있어 사업양도양수 법인전환보다는 현물출자에 의한 법인전환을 선호하고 있는 실정이다.

① 법인전환 방법 : 현물출자 법인전환 또는 세금감면 사업양도양수 법인전환
② 이유 : 부동산임대업도 지특법상의 취득세 경감을 못 받지만, 조특법상의 양도소득세 이월과세 등 조세지원을 받을 수 있는 업종이고, 부동산을 소유하고 있으므로 조세지원을 받는 법인전환 방법을 선택한 실익이 있기 때문이다.

10 중소기업 개인제조업과 주식회사 법인제조업을 1년 이상 경영한 경우

① 법인전환 방법 : 현물출자 또는 세금감면 사업양도양수, 중소기업 통합방법
② 이유 : 중소기업인 제조업이기 때문에 위의 3가지 방법 중 어느 방법을 선택하더라도 조세지원을 받을 수 있기 때문이다.

11 개업 전 주식회사를 2개월 전에 설립한 경우

자기소유의 공장에서 제조업을 1년 이상 경영하고 있으며, 제조업을 사업목적으로 한 주식회사를 2개월 전에 설립한 경우 (단, 동 주식회사는 아직 개업하지 않았음)
① 법인전환 방법 : 현물출자 또는 세금감면 사업양도양수 방법
② 이유 : 질문의 주식회사는 개업 전의 회사이기 때문에 중소기업 통합에 의한 법인전환 시 조세지원을 받을 수 있는 대상이 아니다. 따라서 중소기업 통합방법은 선택에서 제외된다. 한편, 개인기업은 제조업을 영위한 경우로서 조특법상의 조세지원 요건, 업종을 충족하고 자기의 사업장 즉, 부동산을 소유하고 있기 때문에 조세지원을 받는 법인전환 방법을 선택한다.

그러나 세감면 사업양도양수에 의한 법인전환시 기왕에 설립된 주식회사로 전환할 수 있는지는 동 주식회사가 조특법상의 다른 조세지원 요건을 충족시킬 수 있는지를 검토하여 결정하여야 하며, 현물출자에 의한 법인전환은 현물출자를 통하여 법인을 설립하여야 하므로 기왕에 설립된 주식회사로 전환할 수 없고 별도의 법인을 신설하여 법인전환 하여야 조세지원 요건을 충족시킬 수 있다.

2장
조세지원 요건과 법인전환 비용

① **전환대상** : 개인기업 (코페공업사)
② **전환형태** : 주식회사
③ **법인전환 기준일** : 2025년 6월 30일
③ **비용검토** : 일반 사업양도양수방법, 현물출자 방법, 세감면 사업양도양수방법

1 조세지원 요건의 확인

(1) 예제

코페공업사의 사업 개요가 (자료 1)과 같은 경우 조특법상의 현물출자에 의한 법인전환시 조세지원을 받을 수 있는지 알아보자

(자료 1)

〈기업 및 사업 개요〉

1. 상　호 : 코페공업사
2. 사업장 소재지 : 서울시 성동구 성수로 57
3. 업　태 : 제조
4. 종　목 : 자동차부품
5. 대표자 : 소구연
6. 개업일 : 1993년 5월 26일
7. 사업용 부동산 : 공장용 토지, 건물

(2) 해설

코페공업사가 현물출자에 의한 법인전환을 할 때에 법인전환 과정에서
① 개인기업의 순자산평가액 이상을 신설법인의 자본금으로 하고
② 법인설립 시 현물출자하고
③ 이월과세적용신청서 등을 제출하는 것을 전제조건으로 조특법상의 조세지원을 받을 수 있다.

즉, 코페공업사는 조특법상의 조세지원 요건 중 선행요건인 업종요건과 사업용자산 요건을 충족하고 있는데 이를 요약하면 다음과 같다.

《 조세지원 요건확인 요약 》

구분	조특법규정	코페공업사 자료	요건충족 여부
1. 대상자(업종)	소비성서비스업을 경영하는 법인 외의 법인으로 전환하는 거주자	제조업	충족
2. 대상자산	사업용고정자산	존재	충족
3. 신설법인의 자본금	개인기업의 순자산평가액 이상	자료 없음	추후 충족 가능
4. 법인전환 방법	설립시 현물출자	〃	〃
5. 이월과세적용 신청서 등	제출하여야 함	〃	〃

② 현물출자가액과 법인자본금의 결정

(1) 예제

2025년 6월 말 현재 고정자산에 대한 감정평가서[1](자료 2)와 공인회계사의 회계감사보고서(자료 3)와 같다.

이 자료로 현물출자 법인전환시 조세지원을 받을 수 있도록 다음 사항의 결정에 대해 알아보자.

1. 신설법인 자본금
2. 자본납입 방법

---

[1] 개인기업의 상황에 따라 2개의 감정가액의 평균에 의하여 할 수 있음.

(자료 2)

감 정 평 가 서

코페공업사 대표 소구연 귀하   2025년 7월 10일

한 국 부 동 산 원
감정평가사 × × ×

귀하께서 의뢰하신 감정평가의 내용은 다음과 같습니다.

다   음

1. 감정평가액 :

        ① 토   지   173,560,000
        ② 건   물   56,079,000
        ③ 차   량   17,283,000
        ④ 기계장치   88,712,000
        ⑤ 공기구비품   <u>4,629,000</u>
          (합 계)   <u>₩340,263,000</u>

2. 감정평가 대상물건의 내용 부속명세표 참조
3. 감정평가액의 가격시점 2025년 6월 30일
4. 감정평가 조사기간 2025년 7월 1일부터 동년 7월 5일까지
5. 의뢰목적   일반시가(사업연도)
6. 감정평가의 조건 없음
7. 감정가격의 산출근거및 그 결정에 관한 의견
   ① 공장개요 : 서울시 성동구 성수로 57에 위치하며 '93년 5월 26일부터 ×× 가공제조를 위한 일체의 시설을 갖추어 가동 중인 공장임
   ② 본건 공장의 일체의 시설은 가격시점 이후에도 정상적으로 가동이 계속될 것을 전제로 하여 각각 평가하였음
   ③ 본건 토지는 주변지역의 상황과 본건의 효용성 등 지역요인및 개별요인을 참작하고 인근지 시세·수요성 등을 고려하여 유추가격으로 평가하였으며, 본건 건물은 구조·규모·용재·시공정도및 관리상태 등 현상을 참작하여 복성가격으로 평가하였음.
   ④ 본건 기계장치·공기구·비품에 대해서는 원칙적으로 가격시점 현재의 재조달 원가를 구하여 경제적 내용연수및 앞으로의 사용가치를 감안하여 평가하였으며, 제작일자가 미상인 것에 대해서는 현상을 참작하여 유추가격으로 평가하였음.
   ⑤ 본건 차량운반구는 승용차에 대해서는 유추가격으로, 기타 품종에 대해서는 복성가격으로 평가하였음.
   ⑥ 본건 토지및 건물의 사정 면적단위는 '제곱미터' 임.

(자료 3)

회계에 관한 감사보고서 (본문)

검사인 △ △ △ 귀하   (2025년 7월 27일)

본 감사인은 코페공업사의 2025년 6월 30일 현재의 현물출자가액 감정을 위한 감사를 하였습니다. 이 감사를 실시함에 있어서 본 감사인은 한국의 회계감사기준을 준수하고 이를 적용하였으며, 유형자산 금액은 한국부동산원의 2025년 7월 10일자 감정평가서상의 금액을 기준으로 평가하였습니다. 우리의 의견으로는 아래 계정잔액은 코페공업사의 2025년 6월 30일 현재의 현물출자가액을 적정하게 표시하고 있다고 인정합니다.

계 정 과 목	금 액 (원)	비 고
Ⅰ. 자 산		
1. 현금·예금	96,659,004	
2. 재고자산	145,338,567	
3. 기타유동자산	75,362,387	
4. 토 지	173,560,000	감정평가액
5. 건 물	56,079,000	〃
6. 차 량	17,283,000	〃
7. 기계장치 등	93,341,000	〃
자산합계	657,622,958	
Ⅱ. 부 채		
1. 외상매입금	88,328,909	
2. 기타유동부채	120,602,181	
3. 장기차입금	185,336,000	
4. 퇴직급여충당금	78,140,025	
부채합계	472,407,115	
Ⅲ. 현물출자가액(Ⅰ-Ⅱ)	185,215,843	

○ ○ 회계법인
서울특별시 서초구 양재동 406번지
공인회계사 △△△ ㉑

(2) 신설법인 자본금

① 자본금 결정액 : 2억원

② 결정 이유 : 법인전환시 조세지원을 받기 위해서는 신설법인의 자본금은 개인기업의 순자산평가액인 185,215,843원 이상이어야 하므로 자본금 요건에 관한 안정성을 고려하여 신설법인의 자본금을 2억원으로 결정한다.

(3) 자본납입방법

개인기업의 사업주는 순자산평가액인 185,215,843원 중 843원을 포기한 185,215,000원을 현물출자하고, 개인기업주 및 여타 발기인은 14,785,000원을 현금출자 하기로 한다.

3 양도소득세의 계산

(1) 예제

코페공업사의 공장으로 사용하고 있는 토지, 건물에 대한 자료 및 기타 주요정보는 다음과 같다. 이에 의하여 일반 사업양도양수에 의한 법인전환시 부담해야 할 양도소득세 및 동 지방소득세를 계산해보자.

(자료 4) 양도소득세 계산 기초자료

구 분	자 료 원	내　　용
토 지	1. 토지등기부등본	1. 취득일 : 1993.9.1 2. 면　적 : 176.3㎡
	2. 취득증빙 외	없음
	3. 감정평가서	감정평가액: 173,560,000원
	4. 공시지가확인원	1. 1993.1.1을 기준으로 한 공시지가 : 450,000/㎡ 2. 2023.1.1을 기준으로 한 공시지가 : 890,000/㎡
건 물	1. 건물등기부등본	1. 취득일 : 1996.9.1 2. 면　적 : 452.6㎡
	2. 취득증빙 외	1. 취득가액 : 52,000,000원 2. 필요경비 : 5,000,000원
	3. 감정평가서	감정평가액 : 56,079,000원
	4. 국세청자료	양도일(2025.6.30)의 기준시가 : 48,000,000원

(2) 양도소득세의 계산

항 목	금 액 (원)		
	토 지	건 물	합 계
Ⅰ. 양도가액	① 173,560,000	56,079,000	229,639,000
Ⅱ. 필요경비 　1. 취득가액	② 87,755,056	52,000,000	139,755,056
2. 기타필요경비	③ 2,632,651	④ 5,000,000	7,632,651
Ⅲ. 양도차익(Ⅰ-Ⅱ)	83,172,293	△ 921,000	82,251,293
Ⅳ. 장기보유특별공제	⑤ 24,951,687	-	24,951,687
Ⅴ. 양도소득금액(Ⅲ-Ⅳ)	58,220,606	△ 921,000	57,299,606
Ⅵ. 양도소득 기본공제	-	-	2,500,000
Ⅶ. 양도소득 과세표준(Ⅴ-Ⅵ)	-	-	54,799,606
Ⅷ. 세율	-	-	24%
Ⅸ. 양도소득세 산출세액	-	-	⑥ 7,391,905
Ⅹ. 예정신고 세액공제(Ⅸ×10%)	-	-	-
Ⅺ. 양도소득세 납부세액(Ⅸ-Ⅹ)	-	-	7,391,905

(3) 양도소득세의 계산내역

① 감정평가서 금액으로 양도하였다고 보았음

② $173,560,000원 \times \dfrac{450,000원}{890,000원} = 87,755,056원$

③ $87,755,056원 \times 3\% = 2,632,651원$

④ 실제 필요경비

⑤ $83,172,293원(양도차익) \times 30\% = 24,951,687원$

⑥ $6,240,000 + (54,799,606-50,000,000) \times 24\% = 7,391,905$

(4) 양도소득세에 대한 지방소득세의 계산

항 목	금 액
Ⅰ. 과세표준	54,799,606원
Ⅱ. 세 율	24/1,000
Ⅲ. 지방소득세 산출세액(Ⅰ×Ⅱ)	739,190원

• 계산내역 : $624,000 + 4,799,606 \times 24/1,000$

4 부동산·차량 명의이전 시 취득세 등의 계산

(1) 예제

전술한 연습2에서 확정한 현물출자가액(감정가액)을 기준으로 하여, 일반 사업양도양수에 의한 법인전환시 부담해야 할 다음 세액을 계산해보자.

(2) 부동산명의이전 시 취득세, 취득세분 농특세, 취득세분 지방교육세의 계산

구 분	항 목	금 액 (원)		
		토 지	건 물	계
취득세	Ⅰ. 과세표준 Ⅱ. 세 율 Ⅲ. 취득세 산출세액(Ⅰ × Ⅱ)	173,560,000 4%[2] 6,942,400	56,079,000 4%[1] 2,243,160	229,639,000 9,185,560
취득세분 농특세	Ⅰ. 과세표준 Ⅱ. 세 율 Ⅲ. 농특세 산출세액(Ⅰ × Ⅱ)	3,471,200[3] 10% 347,120	1,121,580[2] 10% 112,158	4,592,780 10% 459,278
취득세분 지방교육세	Ⅰ. 과세표준 Ⅱ. 세 율 Ⅲ. 교육세 산출세액(Ⅰ × Ⅱ)	3,471,200[4] 20% 694,240	1,121,580[3] 20% 224,316	4,592,780 918,556

(3) 차량명의 이전시 취득세, 취득세분 농특세의 계산

(단, 8,295,360원은 비영업용 소형승용차, 8,987,640원은 화물자동차임)

구 분	항 목	금 액(원)		
		비영업용 소형승용차	화물자동차	계
취득세	Ⅰ. 과세표준 Ⅱ. 세 율 Ⅲ. 취득세 산출세액(Ⅰ × Ⅱ)	8,295,360 7% 580,675	8,987,640 5% 449,382	 1,030,057
취득세분 농특세	Ⅰ. 과세표준 Ⅱ. 세 율 Ⅲ. 농특세 산출세액(Ⅰ × Ⅱ)	165,907[2] 10% 16,590	179,752[2] 10% 17,975	 34,565

---

[2] 코페공업사는 당해 대도시 내에서 5년 이상 제조업을 영위하였으므로 취득세 중과대상이 아니므로, 표준세율인 4%를 적용함.

[3] 표준세율을 2%로 적용하여 산출한 취득세액

[4] 취득세 세율(4%)에서 중과기준세율(2%)를 공제하여 산출한 취득세 세액

5 법인설립등기 시 등록면허세·지방교육세의 계산

(1) 예제

2에서 결정된 신설법인의 자본금은 2억원 이었다. 이 자본금을 기준으로 하여 법인설립등기에 따른 등록면허세와 지방교육세를 계산해보자.

(2) 등록면허세와 지방교육세의 계산

구 분	항 목	금 액 (원)
등록면허세	Ⅰ. 과세표준 Ⅱ. 세 율 Ⅲ. 등록세 산출세액(Ⅰ × Ⅱ)	200,000,000 0.4% 800,000
지방교육세	Ⅰ. 과세표준 Ⅱ. 세 율 Ⅲ. 교육세 산출세액(Ⅰ × Ⅱ)	800,000 20% 160,000

6 법인전환 소요비용 비교표의 작성

(1) 예제

코페공업사의 법인전환시 법인전환 소요비용을 일반 사업양도양수 방법, 현물출자 방법, 세금감면 사업양도양수 방법의 방법별로 산출하여 비교해 보자.

(2) 소요비용 산출결과 분석

법인전환 소요비용 산출결과 소요비용은 다음의 ①②③순으로 적어짐으로써 현물출자 방법이 가장 경제적인 법인전환 방법임을 보여주고 있다.

이는 현물출자 방법이 법인설립 시의 각종 수수료 부담으로 설립비용은 다른 방법에 비해 다소 많이 소요되나 부동산 명의이전 시의 각종 세금이 전액 감면(양도소득세 이월과세)되는데 그 원인이 있다.

구 분	소요비용
① 일반 사업양도양수 방법	30,365,111원
② 세감면 사업양도양수 방법	15,406,195원
③ 현물출자 방법	14,581,194원

한편, 세금감면 사업양도양수 방법의 소요비용은 일반 사업양도양수 방법보다는 적고 현

물출자 방법보다는 많은데 이는 부동산명의이전 시 국민주택채권을 매입하는데 기인한다.

> 일반 사업양도양수 방법 **》** 세금감면 사업양도양수 방법 **》** 현물출자 방법

(3) 법인전환 소요비용 비교표

구 분	비 용 명	법인전환 방법		
		일반 사업양도양수	현물출자	세감면 사업양도양수
1. 법인설립	1. 등록면허세	800,000	800,000	800,000
	2. 동지방교육세	160,000	160,000	160,000
	3. 공증수수료	① 215,000	215,000	215,000
	4. 검사인수수료	-	② 2,000,000	-
	5. 법무사수수료	③ 500,000	③ 1,000,000	③ 500,000
	6. 회계감사수수료	-	④ 5,000,000	-
	7. 자산감정수수료	⑤ 500,000	⑤ 500,000	⑤ 500,000
	소 계	2,175,000	9,675,000	2,175,000
2. 부동산명의 이전	1. 양도소득세	7,391,905	⑥ -	⑥ -
	2. 양도소득세분 지방소득세	739,190	-	-
	3. 취득세	9,185,560	⑦ 2,296,390	⑦ 2,296,390
	4. 취득세분 농특세	459,278	⑧ 114,820	⑧ 114,820
	5. 취득세경감분 농특세	-	⑨ 1,377,834	⑨ 1,377,834
	6. 취득세분 지방교육세	918,556	⑩ 229,639	⑩ 229,639
	7. 국민주택채권 매입	⑪ 8,325,000	-	⑪ 8,325,000
	소 계	27,019,489	4,018,683	12,343,683
3. 기 타	1. 취득세(차량)	1,030,057	⑫ 693,021	⑫ 693,021
	2. 취득세분 농특세	34,565	⑬ 21,084	⑬ 21,084
	3. 취득세경감분 농특세	-	⑭ 67,407	⑭ 67,407
	4. 공증수수료	⑮ 106,000	⑮ 106,000	⑮ 106,000
	소 계	1,170,622	887,512	887,512
(1+2+3)	합 계	30,365,111	14,581,194	15,406,195

(4) 법인전환 소요비용 산출내역

① 공증내용 및 수수료

- 정관 : 8만원 + (2억원 - 5천만원) × $\dfrac{1}{2,000}$ = 155,000원

- 창립총회의사록 : 30,000원

- 이사회의사록 : 30,000원

② 법원검사인 수수료는 당해 기업의 규모 등을 감안하여 판사가 결정하는 금액으로 하며 본 사례는 2,000,000원 정도로 추정함

③ 법무사 수수료는 '법무사보수표'(법무부령 289호)에 의거 당사자간 수의계약금액으로 하는바, 본 사례에서는 일반법인설립은 500,000원, 현물출자에 의한 법인설립은 1,000,000원 정도로 추정함

④ 회계감사 수수료는 당사자간 수의계약금액으로 하는바, 본 사례에서는 자산총액 657,622,958원을 감안하여 5,000,000원 정도로 추정함.

⑤ 자산감정보수는 감정가액 340,263,000원을 기준으로 '감정평가업자의 보수에 관한 기준 (약식)'에 의거 다음과 같이 계산함

- 기본보수(5천만원)까지 : 200,000원

- 340,263,000원까지 : 319,289원 ($290,263,000 \times \dfrac{11}{10,000}$)

- 합계 : 519,289원 ≒ 500,000원

⑥ 양도소득세는 이월과세 적용신청에 따라 이월과세 되었다고 가정하였음.

⑦ 취득세는 일반(229,639,000×4%)은 9,185,560원, 현물출자·세감면은 일반 산출세액의 25%인 2,296,390원임

⑧ 취득세분 농특세는 취득세 산출세액 4,592,780원(2%세율적용분)×25%×10%=114,820원임

⑨ 취득세경감분 농특세는 취득세 경감세액 6,889,170원의 20%인 1,377,834원임

⑩ 취득세분 지방교육세는 지방교육세 산출세액 918,556원의 25%인 229, 639원임

⑪ 국민주택채권 매입액은 시가표준액을 기준으로 다음과 같이 계산함.

- 토지 : 176.3×890,000원×50/1,000 = 7,845,350 ≒ 7,845,000

- 건물 : 48,000,000원×10/1,000 = 480,000≒480,000

- 합계 : 8,325,000

⑫ 비영업용 승용자동차의 취득세(580,675원)과 화물자동차의 취득세 (449,382원)의 25%인 112,346원의 합계인 693,021원임

⑬ 비영업용 승용자동차의 취득세분 농특세(16,590원)와 화물자동차의 취득세분 농특세 (17,975원)의 25%인 4,494원의 합계인 21,084원임

⑭ 화물자동차 취득세 경감세액 337,036원의 20%인 67,407원임

⑮ 현물출자계약서상 금액이 없으므로 20,000,100원으로 보아

2부×53,000원＝106,000원이 됨

3장
세무신고

사례 문제

법인설립에 대한 법원의 인가 후 2023년 8월 16일에 법인설립등기가 이루어졌다. 제2장.의 내용을 참조하여 세무신고에 관한 다음의 서류를 작성해 보자.

1 법인설립신고서 등의 작성

코페공업주식회사가 본점 소재지 관할 세무서에 제출하여야 할 법인설립신고서 및 사업자등록신청서와 동 첨부서류를 작성해 보자.

작성 ❶ 법인설립신고서 및 사업자등록신청서
❷ 주주 또는 출자자 명부
❹ 현물출자명세서
❺ 법인등기부등본 : (생략)
❻ 정관 사본 : (생략) [참고 편] 참고서류 참조

작성 ❶ 법인설립신고서 및 사업자등록신청서

[별지 제73호 서식] (2023.3.20. 개정) (앞쪽)

접수번호	[✓] 법인설립신고 및 사업자등록신청서 [ ] 국내사업장설치신고서(외국법인)	처리기간	2일 (보정기간은 불산입)

귀 법인의 사업자등록신청서상의 내용은 사업내용을 정확하게 파악하여 근거과세의 실현 및 사업자등록 관리업무의 효율화를 위한 자료로 활용됩니다. 아래의 사항에 대하여 사실대로 작성하시기 바라며 신청서에 서명 또는 인감(직인)날인하시기 바랍니다

1. 인적사항

법 인 명(단체명)	코페공업주식회사	승인법인고유번호 (폐업당시 사업자등록번호)	
대 표 자	소구연	주민등록번호	650321-1234567
사업장(단체)소재지	서울특별시 성동구 성수로 57		
전 화 번 호	(사업장) 02) 1234-5678	(휴대전화) 010-1111-1111	

2. 법인현황

법인등록번호	110-0751100	자본금	200,000,000원	사업연도	1월1일~12월31일

법 인 성 격 (해당란에 ○표)											
내 국 법 인					외 국 법 인				지점(내국법인의 경우)	분할신설법인	
영리 일반	영리 외투	신탁 재산	비영리	국가 지방자치	법인으로보는단체 승인법인 기타	지점 (국내사업 장)	연 락 사무소	기타	여 부	본점 사업자 등록번호	분할전 사업자 등록번호	분할연월일
○											
조합법인 해당 여부	사업자 단위 과세 여부	법인과세 신탁재산	공 익 법 인				외국· 외투 법인	국 적	투자비율
여 부	여 부	여 부	해당여부	사업유형	주무부처명	출연자산여부			
			여 부			여 부			

3. 법인과세 신탁재산의 수탁자(법인과세 신탁재산의 설립에 한함)

법 인 명(상호)		사 업 자 등 록 번 호	
대 표 자		주 민 등 록 번 호	
사 업 장 소 재 지			

4. 외국법인 내용 및 관리책임자 (외국법인에 한함)

외 국 법 인 내 용				
본점	상 호	대 표 자	설 치 년 월 일	소 재 지

관 리 책 임 자			
성 명 (상 호)	주민등록번호 (사업자등록번호)	주 소 (사업장소재지)	전 화 번 호

5. 사업장현황

사 업 의 종 류						사업(수익사업) 개 시 일
주업태	주 종 목	주업종코드	부업태	부 종 목	부업종코드	
제조 및 도매	자동차부품					2025년 7월 1일
사이버몰 명칭		사이버몰 도메인				

사업장 구분 및 면적		도면첨부	사업장을 빌려준 사람(임대인)			
자가	타가	여 부	성 명(법인명)	사업자등록번호	주민(법인)등록번호	전화번호
452.6㎡	㎡					

임 대 차 계 약 기 간		(전세)보증금	월 세(부가세 포함)
20 . . ~ 20 . .		원	원

개 별 소 비 세			주 류 면 허		부가가치세 과세사업		인·허가 사업 여부			
제조	판매	장소	유흥 면허번호	면 허 신 청	여	부	신고	등록	인·허 가	기타
				여 부						

설립등기일 현재 기본 재무상황 등						
자산 계	유동자산	비유동자산	부채 계	유동부채	비유동부채	종업원수
672,407천원	332,144천원	340,263천원	472,407천원	208,931천원	263,476천원	25명

전자우편주소		국세청이 제공하는 국세정보 수신동의 여부	[ ] 문자(SMS) 수신에 동의함(선택) [ ] 이메일 수신에 동의함(선택)

(뒤쪽)

---

6. 사업자등록신청 및 사업 시 유의사항(아래 사항을 반드시 읽고 확인하시기 바랍니다)

가. 사업자등록 명의를 빌려주는 경우 해당 법인에 부과되는 각종 세금과 과세자료에 대하여 소명 등을 해야 하며, 부과된 세금의 체납 시 소유재산의 압류·공매처분, 체납내역 금융회사 통보, 여권발급제한, 출국규제 등의 불이익을 받을 수 있습니다.

나. 내국법인은 주주(사원)명부를 작성하여 비치해야 합니다. 주주(사원)명부는 사업자등록신청 및 법인세 신고 시 제출되어 지속적으로 관리되므로 사실대로 작성해야 하며, 주주명의를 대여하는 경우에는 양도소득세 또는 증여세가 과세될 수 있습니다.

다. 사업자등록 후 정당한 사유 없이 6개월이 경과할 때까지 사업을 개시하지 아니하거나 부가가치세 및 법인세를 신고하지 아니하거나 사업장을 무단 이전하여 실지사업여부의 확인이 어려울 경우에는 사업자등록이 직권으로 말소될 수 있습니다.

라. 실물거래 없이 세금계산서 또는 계산서를 발급하거나 수취하는 경우 「조세범처벌법」 제10조 제3항 또는 제4항에 따라 해당 법인 및 대표자 또는 관련인은 3년 이하의 징역 또는 공급가액 및 그 부가가치세액의 3배 이하에 상당하는 벌금에 처하는 처벌을 받을 수 있습니다.

마. 신용카드 가맹 및 이용은 반드시 사업자 본인 명의로 해야 하며 사업상 결제목적 이외의 용도로 신용카드를 이용할 경우 「여신전문금융업법」 제70조 제2항에 따라 3년 이하의 징역 또는 2천만원 이하의 벌금에 처하는 처벌을 받을 수 있습니다.

바. 공익법인의 경우 공익법인에 해당하게 된 날부터 3개월 이내에 전용계좌를 개설하여 신고해야 하며, 공익목적사업과 관련한 수입과 지출금액은 반드시 신고한 전용계좌를 사용해야 합니다.(미이행시 가산세가 부과될 수 있습니다.)

사. 「정보통신망 이용촉진 및 정보보호 등에 관한 법률」 제2조 제1항 제1호에 따른 정보통신망을 이용하여 가상의 업무공간에서 사업을 수행하는 사업자의 경우 그 법인의 등기부에 따른 본점이나 주사무소의 소재지(국내에 본점 또는 주사무소가 있지 않은 경우에는 사업을 실질적으로 관리하는 장소의 소재지)를 "사업장(단체)소재지"란에 기재할 수 있습니다.

신청인의 위임을 받아 대리인이 사업자등록신청을 하는 경우 아래 사항을 적어 주시기 바랍니다.

대 리 인 인적사항	성 명		주민등록번호	
	주 소 지			
	전화 번호		신청인과의 관계	

신청 구 분	[ ] 사업자등록만 신청 [ ] 사업자등록신청과 확정일자를 동시에 신청
	[ ] 확정일자를 이미 받은 자로서 사업자등록신청 (확정일자 번호:)

신청서에 적은 내용과 실제 사업내용이 일치함을 확인하고, 「법인세법」 제75조의 12 제3항·제109조·제111조, 같은 법 시행령 제152조부터 제154조까지, 같은 법 시행규칙 제82조 제7항 제11호 및 「상가건물 임대차보호법」 제5조 제2항에 따라 법인설립 및 국내사업장설치 신고와 사업자등록 및 확정일자를 신청합니다.

2025년 8월 20일

신 청 인   소 구 연   (인)

위 대리인   (서명 또는 인)

세무서장 귀하

첨부 서류	1. 정관 1부(외국법인만 해당합니다) 2. 임대차계약서 사본(사업장을 임차한 경우만 해당합니다) 1부 3. 「상가건물 임대차보호법」 의 적용을 받는 상가건물의 일부를 임차한 경우에는 해당 부분의 도면 1부 4. 주주 또는 출자자명세서 1부 5. 사업허가·등록·신고필증 사본(해당 법인만 해당합니다) 또는 설립허가증사본(비영리법인만 해당합니다) 1부 6. 현물출자명세서(현물출자법인의 경우만 해당합니다) 1부 7. 자금출처명세서(금지금 도·소매업, 액체·기체연료 도·소매업, 재생용 재료 수집 및 판매업, 과세유흥장소에서 영업을 하려는 경우에만 제출합니다) 1부 8. 본점 등의 등기에 관한 서류(외국법인만 해당합니다) 1부 9. 국내사업장의 사업영위내용을 입증할 수 있는 서류(외국법인만 해당하며, 담당 공무원 확인사항에 의하여 확인할 수 없는 경우만 해당합니다) 1부 10. 신탁 계약서(법인과세 신탁재산의 경우만 해당합니다) 1부 11. 사업단위과세 적용 신고자의 종된 사업장 명세서(법인사업자용)(사업자단위과세 적용을 신청한 경우만 해당합니다) 1부

작성방법

사업장을 임차한 경우 「상가건물 임대차보호법」 의 적용을 받기 위해서는 사업장 소재지를 임대차계약서 및 건축물관리대장 등 공부상의 소재지와 일치되도록 구체적으로 적어야 합니다.

(작성 예) ○○동 ○○○○번지 ○○호 ○○상가(빌딩) ○○동 ○○층 ○○○○호

작성 ❷ 주주 또는 출자자 명부

■ 법인세법 시행규칙 [별지 제74호 서식] (2012.2.28 개정)

사업연도	2025.8.16 ~ 2025.12.31	주주 등의 명세서		법 인 명	코페공업주식회사
				사업자등록 번 호	109-81-34445

① 성 명 (법인명)	② 주민등록번호 (사업자등록번호)	④ 전화번호 (휴대전화)	지분 또는 출자관계				⑨ 대주주 와의 관계	비 고
③ 주 소			⑤ 주식수	⑥ 주당 액면가액	⑦ 금 액	⑧ 지분율 (%)		
소구연	654321-1234567	222-2222	37,043주	5,000원	185,215,000원	92.6%	본인	
서울시 중구 장충로 123								
이××			500		2,500,000	1.25	타인	
김××			500		2,500,000	1.25	″	
박××			500		2,500,000	1.25	″	
정××			500		2,500,000	1.25	″	
오××			500		2,500,000	1.25	″	
강××			457		2,500,000	1.14	″	
계			40,000주		200,000,000원	100.0%		

작성 | ❸ 현물출자명세서

현물출자명세서[*]	2025

법인명 : 코페공업주식회사   2025년 8월 16일 현재

1. 현물출자자 : 소 구 연 (코페공업사 대표)
   서울특별시 중구 장충로 123

2. 현물출자의 목적인 재산의 내역

　　가. 자 산
　　　　　　(1) 현금·예금　　　　　　　96,659,004원
　　　　　　(2) 재고자산　　　　　　　145,338,567
　　　　　　(3) 기타유동자산　　　　　　75,362,387
　　　　　　(4) 토지　　　　　　　　　173,560,000
　　　　　　(5) 건 물　　　　　　　　　56,079,000
　　　　　　(6) 차 량　　　　　　　　　17,283,000
　　　　　　(7) 기계장치 등　　　　　　93,341,000
　　　　　　　　(자산 합계)　　　　　657,622,958원

　　나. 부 채
　　　　　　(1) 외상매입금　　　　　　　88,328,909원
　　　　　　(2) 기타유동부채　　　　　120,602,181
　　　　　　(3) 장기차입금　　　　　　185,336,000
　　　　　　(4) 퇴직급여충당금　　　　　78,140,025
　　　　　　　　(부채 합계)　　　　　472,407,115원

　　다. 차감현물출자가액　　　　　　185,215,843원

3. 부여하는 주식
　　보통주식 37,043주 (액면가액 185,215,000원)

[*] "임의양식"으로 1부 첨부함.

2　감가상각방법과 재고자산평가방법 신고서 등의 작성

코페공업주식회사가 관할 세무서에 제출해야 할 감가상각방법신고서 및 내용연수신고서와 재고자산 등 평가방법신고서를 작성해 보자.

❶ 감가상각방법신고서 및 내용연수신고서
❷ 재고자산 등 평가방법신고서

작성 ❶ 감가상각방법신고서 및 내용연수신고서

[별지 제63호 서식] (2019.3.20. 개정)

[✓] 감가상각방법신고서	[ ] 내용연수변경신고서
[ ] 감가상각방법변경신청서	[ ] 중소기업내용연수특례적용신청서
[✓] 내용연수신고서	[ ] 내용연수변경승인신청서
[ ] 내용연수승인신청서	

접수번호		접수일자		처리기간	즉시

신고(청)인 인적사항	법 인 명		코페공업주식회사		사업자등록번호	109-81-3445
	본점 소재지		서울특별시 성동구 성수로 57			
	대표자 성명		소 구 연		생년월일	1965년 3월 1일
	사 업 개 시 일	2025년 7월 1일		변경방법 적용사업연도		년 월 일 부터

내용 연수 신고(청) 및 변경	자산및업종		내용연수범위		신고내용연수(당초 신고내용연수)	변경 내용연수		변경사유
	건축물		30-50년		30년			
	차량운반구, 공기구비품		4-6년		4년			
	기계장치		6-10년		6년			

	특례 적용 자산및업종	기존 내용연수 범위	특례 내용연수 범위	내용연수		투자금액		
				기존	특례	직전 연도	해당 연도	해당연도특례 적용 금액

감가상각 방법 신고(청) 및 변경	자산명	신고상각방법 (당초신고상각방법)	변경상각방법	변경사유
	유형자산 (건축물제외)	정률법		
	광업권			
	광업용자산 (건축물제외)			

「법인세법 시행령」 제26조 제3항·제27조 제2항·제28조 제3항·제29조 제2항 및 제29조의2제4항에 따라 감가상각방법신고서, 감가상각방법변경신청서, 내용연수신고서, 내연수변경신고서, 내용연수승인신청서, 내용연수변경승인신청서 및 중소기업 내용연수특례적용신고서를 제출합니다.

2026년   3월   20일

신고(신청)인   소 구 연 (서명 또는 인)

세무서장 귀하

작성 ❷ 재고자산 등 평가방법신고서

■ 법인세법 시행규칙 [별지 제64호서식] 〈개정 2013.2.23〉   (앞쪽)

[✓] 재고자산 등 평가방법신고(변경신고)서
[ ] 채권 등의 보유기간계산방법신고서

접수번호	접수일자	처리기간	즉시

1. 신고인 기본사항

① 법 인 명	코페공업주식회사	②사업자등록번호	109-81-34445
③ 대 표 자 성 명	소 구 연	④전 화 번 호	02-1234-5678
⑤ 본 점 소 재 지	서울시 성동구 성수로 57		

2. 신고내용

❶ 평가(계산)방법 기본사항

⑥ 사업개시일(연월일)	2025년 7월 1일	⑦ 변경방법적용개시사업연도 (연 월 일)	
⑧ 변 경 사 유			
⑨ 변경사업장소재지			
⑩ 동일종목채권등의 보유기간계산방법			

❷ 평가방법 신고(변경) 내역

재고자산의 종류	평 가 방 법(변경전)	평 가 방 법(변 경 후)
⑪ 상 품 및 제 품	총평균법	
⑫ 반 제 품 및 재 공 품	총평균법	
⑬ 원 재 료	총평균법	
⑭ 저 장 품	선입선출법	
⑮ 위 에 준 하 는 자 산	총평균법	
⑯ 유 가 증 권 ⑭ 채권	원가법 중 총평균법	
⑮ 기타	원가법 중 총평균법	

「법인세법 시행령」 제74조제3항·제6항, 제75조제2항 및 제113조제7항에 따라 재고자산 등의 평가방법신고(변경신고)서, 채권등의 보유기간 계산방법신고서를 제출합니다.

2026년 3월 20일

신고인   소 구 연 (서명 또는 인)

세무서장 귀하

3 폐업신고서의 작성

개인기업인 코페공업사의 법인전환에 따른 폐업신고서를 작성하여 보자.

❶ 폐업신고서

4 양도소득세의 신고

코페공업사 대표인 소구연씨가 주소지 관할 세무서에 제출하여야 할 양도소득세 신고서와 현물출자에 의한 법인전환에 따른 양도소득세 이월과세적용신청서를 작성하여 보자.

❷ 양도소득세 신고서

❸ 양도소득금액 계산명세서

❹ 이월과세적용신청서

작성 ❶ 폐업신고서

[별지 제9호 서식] (2022. 3. 18. 개정)

[ ] 휴업
[✓] 폐업 ┐ 신고서

접수번호		접수일			처리기간	즉시

인적사항	상호(법인명)	코페공업사		사업자등록번호 123-00-12300
	성명(대표자)	소 구 연		전화번호 02)1234-5678
	사업장 소재지 서울특별시 성동구 성수로 57			

신고내용	휴업기간	년 월 일부터 년 월 일까지(일간)
	폐 업 일	2025년 6월 30일

휴업·폐업 사유	사업부진	행정처분	계절사업	법인전환	면세포기
	1	2	3	4√	5
	면세적용	해산(합병)	양도·양수	기타	
	6	7	8	9	

사업 양도 내용 (포괄양도·양수의 경우만 적음)	양수인 사업자등록번호(또는 주민등록번호)

송달받을 장소 신고 (「국세기본법」 제9조에 따라 서류를 송달받을 장소를 신고하는 경우만 적음)	신고(변경) 후 장소
	1. 대표자 주민등록상 주소 □ 2. 기타 □ (주소: ,전화번호:) 주민등록상 주소가 이전하는 때에 송달장소도 변경되는 것에 동의 여부 □ 동의함 □ 동의하지 않음 "주민등록상 주소"를 선택하고, 위의 동의함에 체크한 경우 대표자의 주민등록상 주소를 이전하는 때에 자동으로 송달장소가 변경됩니다(「국세기본법 시행령」 제5조 제2항)

폐업자 멘토링 서비스	신청여부	[ ]여 [ ]부

※ 세무대리인을 선임하지 못한 경우 신청 가능하며, 서비스 제공 요건을 충족하지 못한 경우 서비스가 제공되지 않을 수 있음

납세자의 위임을 받아 대리인이 휴업·폐업 신고를 하는 경우에는 아래의 위임장을 작성하시기 바랍니다.

위 임 장	본인은 [ ]휴업,[ ]폐업신고와 관련한 모든 사항을 아래의 대리인에게 위임합니다. 본인 : (서명 또는 인)			
대리인 인적사항	성명	주민등록번호	전화번호	신고인과의 관계

「부가가치세법」 제8조 제8항 및 같은 법 시행령 제13조 제1항·제2항에 따라 위와 같이([ ]휴업, [√]폐업)하였음을 신고합니다.

2025년   7월   25일
신고인   소 구 연   (서명 또는 인)

세무서장   귀하

신고인(대표자) 제출서류	1. 사업자등록증 원본(폐업신고를 한 경우에만 제출합니다) 2. 사업양도·양수계약서 사본(포괄 양도·양수한 경우에만 제출합니다)	수수료 없음
담당 공무원 확인사항	사업자등록증	

 본인은 이 건 업무처리와 관련하여 담당 공무원이 「전자정부법」 제36조에 따른 행정정보의 공동이용을 통해 위의 담당 공무원 확인 사항을 확인하는 것에 동의합니다. *동의하지 않는 경우에는 신고인이 직접 관련 서류를 제출해야 합니다.

신고인   (서명 또는 인)

참고 및 유의사항

※ 참고사항
관련 법령에 따라 허가·등록·신고 등이 필요한 사업으로서 주무관청에 제출해야 하는 해당 법령상의 신고서(예: 폐업신고서)를 함께 제출할 수 있습니다. 이 경우 세무서장은 해당 신고서를 주무관청에 보냅니다.
※ 유의사항
 1. 휴업기간 중에도 제세신고 기한이 도래하면, 부가가치세 등 확정신고·납부를 해야 합니다.
 2. 폐업하는 사업자는 과세기간 개시일부터 폐업일까지의 사업실적과 잔존 재화에 대해 폐업일이 속한 달의 말일부터 25일 이내에 부가가치세 확정신고·납부를 해야 합니다.

작성 ❷ 양도소득세 신고서

[별지 제84호 서식] (2023.3.20. 개정)
※ 2010.1.1 이후 양도분부터는 양도소득세 예정신고를 하지 않으면 가산세가 부과됩니다.　　　　(4쪽 중 제1쪽)

(2025년 귀속) 양도소득(국외전출자)과세표준 신고 및 납부계산서
([✓]예정신고, [　]확정신고, [　]수정신고, [　]기한 후 신고)

관리번호								

① 신 고 인 (양 도 인)	성　　　명	소구연		주민등록번호	650321-111111	내 · 외국인	[✓]내국인, [　]외국인	
	전 자 우 편 주　　　소			전 화 번 호		거주구분	[┌]거주자, [　]비거주자	
	주　　　소	서울특별시 중구 장충로 123				거주지국	대한민국	거주지국 코드
						국적		국적코드

② 양 수 인	성　　명	주민등록번호	양도자산 소재지		지　분	양도인과의 관계	
	코페공업(주)		서울 성동구 성수로 57				

③ 세 율 구 분	코　　　　드	양도소득세 합　　　계	국내분 소계	1 - 10	-	-	국외분 소계
④ 양 도 소 득 금 액		57,299,606	57,299,606	57,299,606			
⑤ 기신고 · 결정 · 경정된 　양 도 소 득 금 액 합 계							
⑥ 소 득 감 면 대 상 소 득 금 액							
⑦ 양 도 소 득 기 본 공 제		2,500,000	2,500,000	2,500,000			
⑧ 과 　 세 　 표 　 준 　(④ + ⑤ - ⑥ - ⑦)		54,799,606	54,799,606	54,799,606			
⑨ 세　　　　　　율		24%	24%	24%			
⑩ 산 　 출 　 세 　 액		7,391,905	7,391,905	7,391,905			
⑪ 감 　 면 　 세 　 액		7,391,905	7,391,905	7,391,905			
⑫ 외 국 납 부 세 액 공 제							
⑬ 원 천 징 수 세 액 공 제							
⑭ 전 자 신 고 세 액 공 제							
⑮ 가 산 세	무 (과 소) 신 고						
	납 　 부 　 지 　 연						
	기장불성실 등						
	계						
⑯ 기신고 · 결정 · 경정세액, 　조 　 정 　 공 　 제							
⑰ 납 　 부 　 할 　 세 　 액 (⑩ - ⑪ - ⑫ - ⑬ - ⑭ + ⑮ - ⑯)							
⑱ 분 납 (물 납) 할 세 액							
⑲ 납 　 부 　 세 　 액							
⑳ 환 　 급 　 세 　 액							

농어촌특별세 납부계산서		신고인은 「소득세법」 제105조(예정신고) · 제110조(확정신고), 「국세기본법」 제45조(수정신고) · 제45조의3(기한 후 신고), 「농어촌특별세법」 제7조에 따라 신고하며, 위 내용을 충분히 검토하였고 신고인이 알고 있는 사실 그대로를 정확하게 적었음을 확인합니다.
㉑ 소 득 세 　 감 면 세 액		
㉒ 세　　　　　　율		
㉓ 산 　 출 　 세 　 액		
㉔ 수 정 신 고 가 산 세 등		2025년 10월 31일
㉕ 기신고 · 결정 · 경정세액		신고인　소 구 연 (서명 또는 인)
㉖ 납 　 부 　 할 　 세 　 액		환급금 계좌신고
㉗ 분 　 납 　 할 　 세 　 액		세무대리인은 조세전문자격자로서 위 신고서를 성실하고 공정하게 작성하였음을 확인합니다.
㉘ 납 　 부 　 세 　 액		㉚ 금 융 기 관 명	세무대리인　　　(서명 또는 인)
㉙ 환 　 급 　 세 　 액		㉛ 계 　 좌 　 번 　 호	세무서장 귀하

붙 임 서 류	1. 양도소득금액계산명세서(부표 1, 부표 2, 부표 2의2 중 해당하는 것) 1부 2. 매매계약서(또는 증여계약서) 1부 3. 필요경비에 관한 증빙서류 1부 4. 감면신청서 및 수용확인서 등 1부 5. 그밖에 양도소득세 계산에 필요한 서류 1부	접수일 인
담당공무원 확 인 사 항	1. 토지 및 건물등기사항증명서 2. 토지 및 건축물대장 등본	
세 무 대 리 인	성명(상호)　　　　　　　　　　사업자등록번호 생년월일　　　　　　　　　　　전화번호	

작성 ❸ 양도소득금액 계산명세서

[별지 제84호 서식 부표 1] (2024.3.22. 개정)   (3쪽 중 제1쪽)

양도소득금액 계산명세서

관리번호	-

※ 관리번호는 적지 마십시오.

□ 양도자산 및 거래일

		합 계	토지,건물(1-10)	토지,건물(1-10)	(-)
① 세 율 구 분 (코드)					
② 소재지국	소 재 지		대한민국 / 성동구 성수동 57 - -	대한민국 / 성동구 성수동 57 - -	
	부동산고유번호				- -
③ 자 산 종 류 (코드)			토지 (1)	기타건물 (4)	( )
거 래 일 (거래원인)	④ 양 도 일 (원 인)		2025.8.16(기타)	2025.8.16(기타)	( )
	⑤ 취 득 일 (원 인)		1993.9.1(매매)	1996.9.1(매매)	( )
거 래 자 산 면 적 (㎡)	⑥ 총 면 적 (양도지분) 토지		176.3m(100 /100)	(/)	(/)
	건물		(/)	452.6m(100/100)	(/)
	⑦ 양도면적 토지		176.3m		
	건물			452.6m	
	⑧ 취득면적 토지		176.3m		
	건물			452.6m	
1세대1주택비 과세대상	⑨ 보 유 기 간		년 이상 년 미만	년 이상 년 미만	년 이상 년 미만
	⑩ 거 주 기 간		년 이상 년 미만	년 이상 년 미만	년 이상 년 미만

□ 양도소득금액 계산

			합계	토지,건물	토지,건물	
거 래 금 액	⑪ 양 도 가 액		229,639,000	173,560,000	56,079,000	
	⑫ 취 득 가 액		139,755,056	87,755,056	52,000,000	
	취 득 가 액 종 류			환산가액	실거래가액	
⑬ 기 납 부 토 지 초 과 이 득 세						
⑭ 기 타 필 요 경 비			7,632,651	2,632,651	5,000,000	
양 도 차 익	전 체 양 도 차 익		82,251,293	83,172,293	(-)921,000	
	비 과 세 양 도 차 익					
	⑮ 과 세 대 상 양 도 차 익		82,251,293	83,172,293	(-)921,000	
⑯ 장 기 보 유 특 별 공 제(코드)			24,951,687	24,951,687(02)	( )	( )
⑰ 장기보유특별공제적용대상거주기간				년 이상 년 미만	년 이상 년 미만	년 이상 년 미만
⑱ 양 도 소 득 금 액			57,299,606	58,220,606	(-)921,000	
감면소득금액	⑲ 세 액 감 면 대 상					
	⑳ 소 득 금 액 감 면 대 상					
㉑ 감 면 종 류	감 면 율					

□ 기준시가 (기준시가 신고 또는 취득가액을 환산취득가액으로 신고하는 경우에만 적습니다)

양 도 기 준 시 가	㉒ 건 물					
	㉓ 토 지		156,907,000			
	합 계					
취 득 기 준 시 가	㉔ 건 물					
	㉕ 토 지		79,335,000			
	합 계					

작성 ❹ 이월과세적용신청서

조세특례제한법 시행규칙 [별지 제12호 서식] (2015.3.13. 개정)

이월과세적용신청서

신 청 인 (양 도 자)	① 상호 코페공업사		② 사업자등록번호	
	③ 성명 소 구 연		④ 생년월일 1965년 3월 21일	
	⑤ 주소 서울시 중구 장충로 123		(전화번호: 02) 577-0000)	
양 수 인	⑥ 상호 코페공업(주)		⑦ 사업자등록번호 109-81-34445	
	⑧ 성명 소 구 연		⑨ 생년월일 1965년 3월 21일	
	⑩ 주소 서울시 성동구 성수로 57		(전화번호: 02-2222-2222)	

이월과세 적용대상 자산

⑪ 자 산 명	⑫ 소재지	⑬ 면적	⑭ 취득일	⑮ 취득가액
토 지	서울시 성동구 성수로 57	176.3㎡	93.9.1	87,755,056
건 물	서울시 성동구 성수로 57	452.6㎡	96.9.1	52,000,000

⑯ 양 도 일	⑰ 양도가액	⑱ 이월과세액	⑲ 비고
2025.8.16.	173,560,000	7,931,905	
2025.8.16.	56,079,000		

소멸하는 사업장의 순자산가액의 계산

⑳ 사업용자산의 합계 액 (시 가)	부채		㉓ (⑳-㉒) 순자산가액
	㉑ 과목	㉒ 금액	
657,622,958	외상매입금 등	472,407,115	185,215,843

「조세특례제한법 시행령」 ┌ [　]제28조 제3항
├ [✔]제29조 제4항
├ [　]제63조 제10항
└ [　]제65조 제5항 에 따라 이월과세의 적용을 신청합니다.

2025년 10월 31일

신청인(양도인) 소 구 연 (서명 또는 인)
양수인 코페공업(주) (서명 또는 인)

세무서장 귀하

첨 부 서 류	1. 사업용자산 및 부채명세서 1부 (전자신고 방식으로 제출하는 경우에는 구비서류를 제출하지 않고 법인이 보관합니다) 2. 현물출자계약서 사본 1부(「조세특례제한법 시행령」제63조 제10항에 따라 신청하는 경우로 한정합니다)	수수료 없음
담 당 공 무 원 확 인 사 항	이월과세적용대상자산의 건물(토지) 등기사항증명서	

[참고]

법인전환 관련 참고자료

1　정관의 작성예시

(예시)

정　　관

제1장 총 칙

제1조 (상호) 당 회사는 '코페공업주식회사'(이)라 칭한다.

제2조 (목적) 당회사는 다음의 사업을 영위함을 목적으로 한다.

　　1. 자동차 부품의 제조 및 판매

　　2. 도장처리 제조 및 판매업

　　3. 전기 공사업

　　4. 전기시설 관리업

　　5. 부동산임대업

　　6. 각 호에 관련된 부대사업 일체

제3조 (본점 소재지 및 지점 등의 설치) 1. 당회사는 본점을 서울시 성동구 성수로 57본자에 둔다.

　　2. 당회사는 필요에 따라 이사회의 결의로 국내외에 지점, 출장소, 사무소 및 현지 법인 등을 둘 수 있다.

제4조 (공고방법) 당 회사의 공고는 서울시내에서 발행하는 일간신문 한국경제에 게재한다.

제2장 주 식

제5조 (발행예정 주식의 총수) 당회사가 발행할 주식의 총수는 160,000주로 한다.

제6조 (1주의 금액) 당회사가 발행하는 주식 1주의 금액은 금5,000원으로 한다.

제7조 (설립시에 발행하는 주식의 총수) 당회사가 설립시에 발행하는 주식의 총수는 40,000주로 한다.

제8조 (주식 및 주권의 종류) 1. 당회사의 주식은 기명식 보통 주식으로 한다.

　　2. 당회사의 주권은 일주권, 오주권, 일십주권, 오십주권, 일백주권, 오백주권, 일천주권, 일만주권의 8종으로 한다.

　　3. 주주총회의 결의로 전 각항과 다른 주식을 발행할 수 있다.

제9조 (신주인수권) 1. 당회사의 주주는 신주발행에 있어서 그가 소유한 주식에 비례하여 신주의 배정을 받을 권리를 가진다.

　　2. 전항의 규정에도 불구하고 다음 각 호의 경우에는 이사회의 결의로 신주의 배정비율이나 신주를 배정받을 자를 정할 수 있다.

　　　① 이사회의 결의로「자본시장과 금융투자업에 관한 법률」제165조의6에 따라 일반공모 증자방식으로 신주를 발행하는 경우

　　　② 우리사주조합원에게 신주를 우선 배정하는 경우

　　　③ 주식매수선택권의 행사로 인하여 신주를 발행하는 경우

　　　④ 회사가 경영상 필요로 외국인 투자를 유치하기 위하여 국외 법인 또는 개인에게 신주를 우선배정하는 경우

　　　⑤ 신기술사업금융지원에 관한 법률에 의한 신기술사업금융회사와 신기술투자조합, 중소기업창업지원법에 의한 중소기업창업투자회사와 중소기업창업투자조합 및 법인세법 규정에 의한 기관투자자에게 총발행주식의 50%까지 배정하는 경우

　　　⑥ 회사가 첨단기술의 도입, 사업다각화, 해외진출, 원활한 자금조달 등 전략적 제휴를 위하여 상대회사에 신주를 배정하는 경우.

　　　⑦ 신기술의 도입, 재무구조의 개선 등 기타 회사의 경영상의 목적을 달성하기 위하여 필요한 경우.

3. 주주가 신주인수권의 일부 또는 전부를 포기하거나 상실한 경우와 신주발행에 있어서 단주가 발생한 경우에는 그 처리방법은 이사회의 결의로 정한다.

제9조의2 (준비금의 자본전입) 회사가 준비금의 자본전입에 따른 신주를 발행함에 있어서는 이사회의 결의에 의함을 원칙으로 하되 회사의 경영상 및 기타 필요가 있는 경우에는 주주총회 결의에 의하여도 이를 할 수 있다.

제10조 (주식의 발행가격) 신주를 발행함에 있어서는 그 일부 또는 전부를 시가 또는 액면이상의 금액으로 할 수 있으며, 이때에 그 발행가격은 이사회의 결의로 정한다.

제11조 (신주의 배당기산일) 당회사가 유무상증자 및 주식배당에 의하여 신주를 발행한 경우, 신주에 대한 이익의 배당에 관하여는 그 신주를 발행한 때가 속하는 사업년도의 직전사업년도말에 발행된 것으로 본다.

제12조 (명의개서 대리인) 당회사는 명의개서에 관한 사무를 취급하기 위하여 이사회의 결의로 명의개서 대리인을 둘 수 있다.

제13조 (명의개서 등) 회사가 이사회의 결의로 명의개서대리인을 두기 전 까지는 명의 개서 등의 사무를 회사가 취급한다.

1. 주식의 명의개서, 질권의 등록 또는 말소, 신탁재산의 표시 또는 말소, 주권의 발행, 신고의 접수, 기타 주식에 관한 업무절차는 이사회의 결의로 정하는 주식업무취급규칙에 따른다.

2. 주식의 양도로 인하여 주식의 명의개서를 청구할 경우에는 회사 소정의 청구서에 기명날인 또는 서명하고 이에 주권을 첨부하여 회사에 제출하여야 한다.

3. 주식의 상속, 증여 기타 계약 이외의 사유로 인하여 주식의 명의개서를 청구할 경우에는 회사소정의 청구서에 주권 및 취득의 원인을 증명할 서면을 첨부하여 회사에 제 출하여야 한다.

4. 주식을 목적으로 한 질권의 설정 또는 이전의 등록이나 말소를 청구할 경우에는 회사소정의 청구서에 주권을 첨부하여 회사에 제출하여야 한다.

5. 전각항의 청구를 받았을 경우, 회사는 주주명부에 소정의 사항을 기입하고 주권이면에 대표이사의 직인을 날인한 후 청구자에게 반환하여야 한다.

제14조 (주식의 양도) 1. 주식을 양도함에 있어서는 주권을 교부하여야 한다.

2. 주식의 이전은 취득자의 성명과 주소를 주주명부에 기재하지 아니하면 회사에 대하여 대항하지 못한다.

제15조 (주주 등의 주소, 성명, 인감 또는 서명 등 신고) 1. 주주와 등록질권자는 그 성명, 주소 및 인감 또는 서명을 당 회사에 신고하여야 한다.

2. 외국에 거주하는 주주와 등록질권자는 대한민국내에 통지를 받을 장소와 대리인을 정하여 신고하여야 한다.

3. 제1항 및 제2항의 변동이 발생한 경우에도 같다.

제16조 (주권의 재교부) 1. 주권의 오손 또는 분합으로 인하여 새로운 주권의 교부를 청구할 경우 회사소정의 청구서에 기명날인 또는 서명하고 주권을 첨부하여 제출하여야 한다. 단, 오손 또는 훼손이 심하여 진위를 식별하기 곤란한 경우에는 다음 항에서 정하는 상실의 예에 따른다.

2. 주권의 상실로 인하여 주권의 재교부를 청구코자 할 경우 회사소정의 청구서에 주권상실에 대한 제권판결 정본을 첨부하여 제출하여야 한다.

제17조 (수수료) 회사는 주식의 명의개서는 무료로 취급하고, 주권의 분합 및 재발행 등으로 인한 주권의 재교부의 경우는, 이사회의 결의에 따른 소정의 수수료를 징수할 수 있다.

제18조 (주주명부의 폐쇄 및 기준일) 1. 당회사는 매사업년도의 말일의 다음날부터 그 사업년도에 관한 정기주주총회의 종료일까지 주주명부의 기재변경을 정지한다.

2. 당회사는 매사업년도의 말일의 최종의 주주명부에 기재되어 있는 주주를 그 사업년도에 관한 정기주주총회에서 권리를 행사할 주주로 한다.

3. 당회사는 임시주주총회의 소집 기타 필요한 경우 이사회의 결의로 3월을 경과하지 아니하는 일정한 기간을 정하여 주주명부의 기재변경을 정지하거나, 이사회의 결의로 정한 날에 주주명부에 기재되어 있는 주주를 그 권리를 행사할 수 있는 주주로 할 수 있으며, 이사회가 필요하다고 인정하는 경우에는 주주명부의 기재변경 정지와 기준일의 지정을 함께할 수 있다. 회사는 이를 2주전에 공고하여야 한다.

제3장 사 채

제19조 (사채모집) 1. 당회사는 이사회의 결의로 사채를 모집할 수 있다.

2. 사채의 종류는 일반사채, 전환사채, 신주인수권부사채의 3종으로 한다.

3. 사채의 총액은 최종의 대차대조표에 의하여 현존하는 순자산액의 4배를 초과할 수 없다.

제20조 (수탁회사) 사채모집을 위하여 이사회의 결의로 수탁회사를 선임할 수 있다.

제21조 (전환사채의 발행) 1. 회사는 사채의 액면총액이 최종의 대차대조표에 의하여 현존 하는 순자산액의 4배를 초과하지 않는 범위내에서서 다음 각 호의 경우 이사회의 결의로 주주 이외의 자에게 전환사채를 발행할 수 있다.

① 전환사채를 일반공모의 방법으로 발행하는 경우

② 경영상 필요로 외자유치를 위하여 외국 법인 또는 개인에게 전환사채를 발행하는 경우

③ 회사가 경영상 긴급한 자금 조달의 필요성에 의하여 이사회 결의로 발행 결의 당시의 적정시가에 의하여 국내외 법인 또는 개인투자자에게 전환사채를 발행하는 경우.

2. 제1항의 전환사채에 있어서 이사회는 그 일부에 대하여만 전환권을 부여하는 조건으로도 이를 발행할 수 있다.

3. 전환으로 인하여 발행하는 주식은 기명식 보통주식으로 하고, 전환가액은 주식의 액면금액 또는 그 이상의 가액으로 사채발행 시 이사회가 정한다.

4. 전환을 청구할 수 있는 기간은 당해 사채의 발행일 다음날부터 그 상환 기일의 직전일까지로 한다. 그러나 위 기간내에서 이사회의 결의로써 전환청구기간을 조정 할 수 있다.

5. 전환으로 인하여 발행하는 주식에 대한 이익의 배당과 전환사채에 대한 이자의 지급에 관하여는 제11조의 규정을 준용한다.

6. 전환사채발행에 있어서 전 각항 이외의 사항은 이사회의 결의로 이를 정한다.

제22조 (신주인수권부사채의 발행) 1. 회사는 사채의 액면총액이 최종의 대차대조표에 의하여 현존 하는 순자산액의 4배를 초과하지 않는 범위내에서서 다음 각 호의 경우 이사회의 결의로 주주 이외의 자에게 신주인수권부사채를 발행할 수 있다.

① 신주인수권부사채를 일반공모의 방법으로 발행하는 경우

② 경영상 필요로 외자유치를 위하여 외국 법인 또는 개인에게 신주인수권부 사채를 발행하는 경우

③ 회사가 경영상 긴급한 자금 조달의 필요성에 의하여 이사회 결의로 발행 결의 당시의 적정시가에 의하여 국내외 법인 또는 개인투자자에게 신주인수권부사채를 발행하는 경우

2. 신주인수를 청구할 수 있는 금액은 사채의 액면총액을 초과하지 않는 범위내에서 이사회가 정한다.

3. 신주인수권의 행사로 발행되는 주식은 기명식 보통주식으로 하고, 그 발행가액은 액면 금액 또는 그 이상의 가격으로 사채발행 시 이사회가 정한다.

4. 신주인수권을 행사할 수 있는 기간은 당해 사채의 발행일 다음날로부터 그 상환기일의 직전일까지로 한다. 그러나 위 기간내에서 이사회의 결의로써 신주인수권의 행사기간을 조정할 수 있다.

5. 신주인수권의 행사로 인하여 발행하는 주식에 대한 이익의 배당은 제11조의 규정을 준용한다.

6. 신주인수권부사채발행에 있어서 전각 항 이외의 사항은 이사회의 결의로 이를 정한다.

제23조 (사채발행에 관한 준용규정) 제13조(명의개서 등), 제15조(주주 등의 주소, 성명 및 인감 또는 서명 등 신고)의 규정은 사채발행의 경우에도 준용한다.

제4장   주주총회

제24조 (소집시기) 1. 당회사의 주주총회는 정기주주총회와 임시주주총회로 한다.

2. 정기주주총회는 매사업년도 종료 후 3월 이내에, 임시주주총회는 필요에 따라 이사회의 결의나 기타 법령이 정하는 바에 따라 소집한다.

제25조 (소집권자) 1. 주주총회의 소집은 법령에 다른 규정이 있는 경우를 제외하고는 이사회의 결의에 따라 대표이사가 소집한다.

2. 대표이사의 유고시에는 제42조 제4항의 규정을 준용한다.

제26조 (소집통지 및 공고) 주주총회를 소집함에는 그 일시, 장소 및 회의의 목적사항을 총회일 2주간전에 주주에게 서면 또는 전자문서로 통지를 발송하여야 한다.

제27조 (소집지) 주주총회는 원칙적으로 본점 소재지에서 개최하되 필요에 따라 이의 인접지역에서도 개최할 수 있다.

제28조 (주주총회 의장) 1. 주주총회의 의장은 대표이사로 한다.

2. 대표이사의 유고시에는 제42조 제4항의 규정을 준용한다.

제29조 (의장의 질서유지권) 1. 주주총회의 의장은 그 주주총회에서 고의로 의사진행을 방해하기 위한 발언·행동을 하는 등 현저히 질서를 문란하게 하는 자에 대하여 그 발언의 정지 또는 퇴장을 명할 수 있다.

2. 주주총회의 의장은 의사진행의 원활을 기하기 위하여 필요하다고 인정한 때에는 주주의 발언시간 및 회수를 제한할 수 있다.

제30조 (주주의 의결권) 주주의 의결권은 의결권 있는 주식 1주마다 1개로 한다.

제31조 (상호주에 대한 의결권 제한) 당 회사, 모회사 및 자회사 또는 자회사가 다른 회사의 발행주식총수의 10분의 1을 초과하는 주식을 가지고 있는 경우 그 다른 회사가 가지고 있는 당 회사의 주식은 의결권이 없다.

제32조 (의결권의 불통일행사) 1. 2이상의 의결권을 가지고 있는 주주가 의결권의 불통일행사를 하고자 할 때에는 회의일의 3일전 회사에 대하여 서면으로 그 뜻과 이유를 통지 하여야 한다.

2. 회사는 주주의 의결권의 불통일행사를 거부할 수 있다. 그러나 주주가 주식의 신탁을 인수하였거나 기타 타인을 위하여 주식을 가지고 있는 경우에는 그러하지 아니하다.

제33조 (의결권의 대리행사) 1. 주주는 대리인으로 하여금 그 의결권을 행사하게 할 수 있다.

2. 제1항의 대리인은 주주총회 개시일전에 그 대리권을 증명하는 서면(위임장)을 회사에 제출하여야 한다.

제34조 (주주총회의 결의방법) 주주총회의 결의는 법령 또는 정관에 다른 정함이 있는 경우를 제외하고는 출석한 주주의 의결권의 과반수로 하되 발행주식총수의 4분의1 이상의 수로 하여야 한다.

제35조 (서면에 의한 의결권의 행사) 1. 주주는 총회에 출석하지 아니하고 서면에 의하여 의결권을 행사할 수 있다.

2. 회사는 제1항의 경우 총회의 소집통지서에 주주의 의결권 행사에 필요한 서면과 참고자료를 첨부하여야 한다.

3. 서면에 의하여 의결권을 행사하고자 하는 주주는 제2항의 서면에 필요한 사항을 기재하여, 회의일의 전일까지 회사에 제출하여야 한다.

제36조 (주주총회의 의사록) 주주총회의 의사는 그 경과의 요령과 결과를 의사록에 기재하고 의장과 출석한 이사가 기명날인 또는 서명을 하여 본점에 비치하여야 한다.

제5장   이사·이사회

제37조 (이사의 원수) 당회사의 이사는 3인 이상으로 한다. 단, 자본금이 10억원 미만인 때에는 1인 이상

으로 할 수 있다.

제38조 (이사의 선임) 1. 이사는 주주총회에서 선임한다.

2. 이사의 선임은 출석한 주주의 의결권의 과반수로 하되 발행주식총수의 4분의 1이상의 수로 하여야 한다.

3. 2인 이상의 이사를 선임하는 경우 상법에서 규정하는 집중투표제는 적용하지 아니한다.

제39조 (이사의 임기) 이사의 임기는 3년으로 한다. 단, 그 임기가 최종의 결산기 종료 후 당해 결산기에 관한 정기주주총회전에 만료될 경우에는 그 총회의 종결시까지 그 임기를 연장한다.

제40조 (이사의 보선) 1. 이사 중 결원이 생긴 때에는 주주총회에서 이를 선임한다. 단, 결원이 있음에도 불구하고 재적이사가 본 정관 제37조에서 정하는 원수에 미달되지 아니하고, 업무수행 상 지장이 없는 경우에는 보결선임을 보류 또는 연기할 수 있다.

2. 보결 또는 증원에 의하여 선임된 이사의 임기는 취임한 날로부터 기산한다.

제41조 (대표이사 등의 선임) 1. 이사회의 결의로 1인 또는 수인의 대표이사를 선임할 수 있다. 단 이사가 2인 이하인 때에는 주주총회의 결의로 1인 또는 수인의 대표이사를 선임할 수 있다.

2. 이사회의 결의로 회장, 부회장, 사장, 부사장, 전무, 상무 등의 직책을 갖는 이사를 정할 수 있다.

제42조 (이사의 직무) 1. 대표이사는 당회사를 대표하고 업무를 총괄한다. 단, 대표이사가 수명일 때는 이사회의 결의로 각자 또는 공동으로 대표할 것을 정하여야 한다.

2. 회장 또는 부회장은 사장의 자문에 응하거나, 경영상의 중요한 사항에 대하여 사장에게 의견을 제시할 수 있다.

3. 부사장, 전무이사, 상무이사 및 이사는 사장을 보좌하고 이사회에서 정하는 바에 따라 당회사의 업무를 분장 집행한다.

4. 대표이사의 유고시에는 다른 대표이사나 위 제3항의 순위로 그 직무를 대행한다.

제43조 (이사의 보고의무) 이사는 회사에 현저하게 손해를 미칠 염려가 있는 사실을 발견한 때에는 즉시 감사에게 이를 보고하여야 한다.

제44조 (이사회의 구성과 소집) 1. 이사회는 이사로 구성하며 당회사 업무의 중요사항을 결의한다.

2. 이사회는 대표이사 또는 이사회에서 따로 정한 이사가 있을 때에는 그 이사가 회의일 3일전에 각 이사 및 감사에게 통지하여 소집한다. 단, 이사 및 감사 전원의 동의가 있을 때 에는 소집절차를 생략할 수 있다.

3. 이사회의 의장은 제2항의 규정에 의한 이사회의 소집권자로 한다.

제45조 (통신수단에 의한 회의) 1. 이사회는 이사의 전부 또는 일부가 직접 회의에 출석하지 아니하고 모든 이사가 동영상 및 음성을 동시에 송수신하는 통신수단에 의하여 결의에 참가하는 것을 허용할 수 있다. 이 경우 당해 이사는 이사회에 직접 출석한 것으로 본다.

2. 전항의 방법으로 회의가 진행되었을 때는 의사록에 그 사실을 기록하여야 한다.

제46조 (이사회의 결의방법) 1. 이사회의 결의는 이사 과반수의 출석과 출석이사의 과반수로 한다.

2. 이사회의 결의에 관하여 특별한 이해관계가 있는 자는 의결권을 행사하지 못한다.

제47조 (이사회의 의사록) 1. 이사회의 의사에 관하여는 의사록을 작성하여야 한다.

2. 의사록에는 의사의 안건, 경과요령, 그 결과 반대하는 자와 그 반대 이유를 기재하고 출석한 이사 및 감사가 기명날인 또는 서명하여야 한다.

제48조 (이사의 보수와 퇴직금) 1. 이사의 보수는 주주총회의 결의로 이를 정한다. 단, 직원의 업무를 겸하여 수행하는 이사에 있어서 직원의 업무에 대한 보수는, 여타 직원의 경우에 준한다.

2. 이사의 퇴직금의 지급은 주주총회의 결의를 거친 임원퇴직금 지급규정에 의한다.

3. 전항의 퇴직금은 최소 근로기준법에서 규정되어 있는 금액이상으로 한다.

제49조 (상담역 및 고문) 1. 당회사는 이사회의 결의로 상담역 또는 고문 약간 명을 둘 수 있다.

2. 상근하지 아니하는 상담역이나 고문은 등기하지 아니한다.

제6장 감 사

제50조 (감사) 1. 당 회사의 감사는 1명이상으로 한다. 단, 자본금이 10억원 미만인 때에는 감사를 두지
    않을 수 있다.

  2. 감사의 선임을 위한 의안은 이사의 선임을 위한 의안과는 구분하여 의결한다.

  3. 감사의 선임은 출석한 주주의 의결권의 과반수로 하되 발행주식총수의 4분의 1이상의 수로 하여야
    한다. 그러나 의결권 있는 발행주식총수의 100분의 3을 초과하는 수의 주식을 가진 주주는 그 초과
    하는 주식에 관하여 제1항의 감사의 선임에 있어서는 의결권을 행사하지 못한다.

제51조(감사의 임기) 감사의 임기는 취임 후 3년내의 최종 결산기에 관한 정기주주총회의 종결시까지로
    한다.

제52조 (감사의 보선) 감사 중 결원이 생긴 때에는 주주총회에서 이를 선임한다. 그러나 이 정관 제50조
    에서 정하는 원수를 결하지 아니하고 업무수행 상 지장이 없는 경우에는 그러하지 아니하다.

제53조 (감사의 직무) 1. 감사는 당회사의 회계와 업무를 감사한다.

  2. 감사는 이사회에 출석하여 의견을 진술할 수 있다.

  3. 감사는 회의의 목적사항과 소집의 이유를 기재한 서면을 이사회에 제출하여 임시총회의 소집을 청
    구할 수 있다.

  4. 감사는 그 직무를 수행하기 위하여 필요한 때에는 자회사에 대하여 영업의 보고를 요구할 수 있다.
    이 경우 자회사가 지체 없이 보고를 하지 아니할 때 또는 그 보고의 내용을 확인할 필요가 있는 때
    에는 자회사의 업무와 재산 상태를 조사할 수 있다.

제54조 (감사의 감사록) 감사는 감사에 관하여 감사록을 작성하여야 하며, 감사록에는 실시요령과 그 결
    과를 감사록에 기재하고 그 감사를 실시한 감사가 기명날인 또는 서명을 하여야 한다.

제55조 (감사의 보수와 퇴직금) 1. 감사의 보수는 주주총회의 결의로 이를 정한다. 단, 직원의 업무를 겸
    하여 수행하는 감사에 있어서 직원의 업무에 대한 보수는, 여타직원 경우에 준한다.

  2. 감사의 퇴직금의 지급은 주주총회의 결의를 거친 임원퇴직금지급 규정에 의한다.

  3. 전항의 퇴직금은 최소 근로기준법에서 규정되어 있는 금액이상으로 한다.

제7장 계 산

제56조 (사업년도) 당 회사의 사업 년도는 매년 1월 1일부터 12월 31일까지로 한다.

제57조 (재무제표와 영업보고서의 작성과 비치등) 1. 당회사의 대표이사사장은 정기주주총회 회의일 6주
    간 전에 다음의 서류와 그 부속명세서 및 영업보고서를 작성하여 감사의 감사를 받아야 하며, 다음
    각 호의 서류와 영업보고서를 정기주주총회에 제출하여야 한다.

    ① 대차대조표

    ② 손익계산서

    ③ 이익잉여금처분계산서 또는 결손금처리계산서

    ④ 기타 재무제표부속명세서 및 영업보고서

  2. 감사는 정기주주총회 회의일의 1주전까지 감사보고서를 대표이사에게 제출하여야 한다.

  3. 대표이사사장은 제1항 각 호의 서류와 그 부속명세서를 영업보고서 및 감사보고서와 함께 정기주주
    총회 회의일 1주간 전부터 본사에 5년간, 그 부본을 지점에 3년간 비치하여야 한다.

  4. 대표이사사장이 제1항 각 호의 서류에 대한 주주총회의 승인을 얻은 때에는 지체 없이 대 차대조
    표와 외부감사인의 감사의견을 공고하여야 한다.

제58조 (이익잉여금의 처분) 당회사는 매 사업 년도말의 처분전 이익잉여금을 다음과 같이 처분한다.

    1. 이익준비금

    2. 별도적립금

3. 주주배당금

4. 임의적립금

5. 임원상여금

6. 기타의 이익잉여금처분

제59조 (이익배당) 1. 이익의 배당은 금전과 주식으로 할 수 있다.

2. 전항의 배당은 매 결산기말 현재의 주주명부에 기재된 주주 또는 등록된 질권자에게 지급한다.

3. 이익의 배당을 주식으로 하는 경우 회사가 수종의 주식을 발행한 때에는 주주총회의 결의로 그와 다른 종류의 주식으로도 할 수 있다.

제60조 (배당금지급청구권의 소멸시효) 1. 배당금은 배당이 확정된 날로부터 5년이 경과하여도 수령되지 않은 때에는 당회사는 지급의무를 면하는 것으로 한다.

2. 전항의 시효의 완성으로 인한 배당금은 당회사에 귀속한다.

3. 이익배당금에 대하여는 이자를 지급하지 않는다.

제8장 기 타

제61조 (업무규정) 당 회사는 업무의 수행 및 기타 경영상 필요한 규정 및 세부규칙을 이사회의 결의에 의하여 제정할 수 있다.

제62조 (규정외 사항) 본 정관에 규정되지 않은 사항은 주주총회의 결의, 상법 및 기타의 법령에 따른다.

부 칙

제1조 (시행일) 이 정관은 제정한 날로부터 그 효력을 발생한다.

제2조 (경과규정) 이 정관 중 이사회에 관한 규정은 이사가 3인 이상인 경우에만 적용되며, 이사가 2인 이하인 경우에는 '이사회'는 각각 '주주총회'로 본다.

제3조 (최초의 영업년도) 본 회사의 최초의 영업 년도는 회사설립년월일로부터 당해 연도 12월 31일까지로 한다.

제4조 (발기인의 성명, 주민등록번호 및 주소) 회사의 발기인의 성명, 주민등록번호 및 주소는 정관 말미의 기재와 같다.

위 주식회사를 설립하기 위하여 본 정관을 작성하고 발기인 전원이 다음에 기명날인 또는 서명한다.

202 년   월   일

코페공업주식회사

발 기 인   (인)

발 기 인   (인)

2 법인전환 관련 참고 서식

(서식1)

예금·신탁(채권 등) 양도 동의의뢰서

　귀 은행에 대한 본인 명의 예금(이하 신탁 및 채권을 포함한다)을 사정에 의하여 다음과 같이 양도하고자 하며 본 예금양도로 귀행에 손해가 발생하는 경우에는 본인과 양수인이 연대하여 배상하겠사오니 동의하여 주시기 바라며,

　특히 금융소득 종합과세 시행과 관련하여 동 예금을 양도한 후 중도해지시 이율변경에 의한 이자소득은 정산하나 양도일에 양도인으로부터 원천징수한 세금은 정산하지 않고 양수인에게 귀속시키며 향후 개인간의 실제소득정산 및 종합소득세신고 등은 양도인·양수인 책임하에 당사자 스스로 행하겠으며 이와 관련된 어떠한 이의도 제기하지 않겠습니다.

명　세　서

예금종별	계좌번호	금　액	기　일	비　고

년　　월　　일

양 도 인 주　　소
　　실명번호
　　성　　명 (인, 서명)
양 수 인 주　　소
　　실명번호
　　성　　명 (인, 서명)

본인 확인 및 인감·서명 대조

××은행 귀중

위의 양도에 동의합니다.

202 년　　월　　일

××은행 지점장

(서식2)

예금주명의변경신고서		책임자		취급자	

통 장 또 는 증 서 번 호		예 금 종 별	
통 장 잔 액 또 는 증 서 금 액		발 급 년 월 일	
예 금 주 명 칭		비 고	

위의 예금은 이번에   하였기   명의로 변경하여 주시기
바라며, 이후에 거래에 관한 일체의 채권·채무 및 약정사항을 신명의로 계승하여 거래하
고자 증빙서류를 첨부하여 신고합니다.

년   월   일

주 소
　　　변 경 전 명 의 ㊞

주 소
　　　변 경 후 명 의 ㊞

×   ×   은   행
귀중

(주) 1. 사 유 란: ① 거래자 명의를 개명
　　　　　　　　② 예금주사망으로 본인이 상속
　　　　　　　　③ 법인의 명칭 또는 대표자를 변경 등을 기재함.
　　2. 증빙서류: ① 인감증명서
　　　　　　　　② 입증 가능한 호적초본 또는 등본(개명 상속의 경우)

(서식3)

본인확인자	팀원	팀장	부점장

채무인수약정서
년   월   일

○○은행 앞

수입
인지

1. 약정관계인은 ○○은행(이하 '은행'이라 합니다)을 채권자로 하여 채무인수 약정을 체결함에 있어 은행여신거래기본약관(□기업용, □가계용)(이하 '기본약관'이라 합니다)이 적용됨을 승인하고 다음 각 조항을 확약합니다.
2. 약정관계인은 기본약관과 이 약정서 사본을 확실히 수령하였으며, 중요내용에 대하여 충분한 설명을 듣고 이해하였습니다. 또한 연대보증인은 채무인수인의 부채현황, 연체유무 및 신용관리대상정보 등에 대하여 설명을 들었습니다.

채 무 자 _____
주   소 _____

채 무 인 수 인 _____
주   소 _____

근저당권설정자 _____
(소유권 이전된 경우 제3취득자)
주   소 _____
연 대 보 증 인 _____
주   소 _____
연 대 보 증 인 _____
주   소 _____

제1조 채무의 인수

① 채무인수인은 채무자가 은행여신거래기본약관 및 아래표시의 약정서(이하 '원약정서'라 합니다)에 의하여 채권자에게 현재 및 장래에 부담하는 모든 채무를 그 채무의 동일성을 유지한 채 인수할 것을 청약하고 채무자 및 채권자는 이를 승낙하였습니다.

◆ 원약정서상의 채무표시(년   월   일 현재)

구 분		1	2	3	4	5
약정서명칭		． ．약정서	． ．약정서	． ．약정서	． ．약정서	． ．약정서
채 무 자						
채무액	원 금					
	이 자					
	지연배상금					
	부 대 채 무					
	합 계					

② 근저당권설정자 또는 담보목적물의 제3취득자(이하 '담보제공자'라 합니다) 및 연대보증인은 제1항에 대하여 동의하였습니다.

제2조 채무자 및 채무인수인의 지위

채무자 및 채무인수인은 제1조의 채무에 대하여   의 지위를 가집니다.

면책적인수형
채무자는 채무자의 지위에서 탈퇴하여 채무이행의무를 면하고, 채무인수인은 인수한 채무를 원약정서의 각 조항에 따라 이행할 의무를 부담합니다.

중첩적인수형
채무자는 채무자의 지위를 계속 유지하고, 채무인수인은 인수한 채무를 채무자와 연대하여 원약정서의 각 조항에 따라 이행할 의무를 부담합니다.

제3조 담보·보증의 유지

담보제공자와 연대보증인은 아래표시 근저당권설정계약 및 보증계약이 그 계약의 내용에 따라 채무인수인을 위하여 효력을 가지는데 동의합니다.

◈ 원근저당권설정계약의 표시

구 분		1	2	3	4	5
등기·등록	관 할	지방법원 등기소	지방법원 등기소	지방법원 등기소	지방법원 등기소	지방법원 등기소
	접 수 일 자	. . .	. . .	. . .	. . .	. . .
	접 수 번 호	제 호	제 호	제 호	제 호	제 호
	채권최고액					
	물 건 목 록	끝부분기재	끝부분기재	끝부분기재	끝부분기재	끝부분기재
	순 위 번 호	끝부분기재	끝부분기재	끝부분기재	끝부분기재	끝부분기재

◈ 보증계약의 표시

구 분	1	2	3	4	5
계 약 일 자	. . .	. . .	. . .	. . .	. . .
약정서 또는 보증서					
보 증 인					

※ 약정서 또는 보증서란은 여신거래약정서 또는 보증서의 종류를 기재합니다.

제4조 변경등기·등록 기타의 대항요건

이 약정 당사자는 제3조의 담보와 보증에 관하여 이 약정에 의한 채무인수로 말미암은 변경등기·등록 기타 대항요건구비 등의 필요한 절차를 밟기로 합니다.

제5조 계약의 해제

① 제4조에 의한 변경등기·등록, 대항요건구비 등이 이 약정일부터 1개월이내에 완료되지 아니한 때에는 채권자는 이 약정을 해제할 수 있습니다.

② 제1항에 의하여 채권자가 이 약정을 해제한 때에는 원약정서에 의한 채무와 담보제공자 및 연대보증인의 채무와 책임은 원래대로 복귀합니다.

제6조 비용부담

이 약정의 이행 또는 해제로 인한 원상회복과 관련하여 드는 등기·등록비용, 대항요건구비 비용 및 기타 각종 부대비용은 채무자와 채무인수인이 연대하여 부담합니다.

◈ 물건목록 및 순위번호

물 건 목 록	순 위 번 호	
	등기상순위	실제순위

(서식4)

본인확인자	팀원	팀장	부점장

근저당권변경계약서
(계약인수용)

년   월   일

약정관계인은 은행여신거래기본약관(□기업용, □가계용)과 이 계약서 1통을 확실히 수령하였으며, 중요내용에 대하여 충분한 설명을 듣고 잘 이해하였습니다.

채 권 자 _____(인)
(겸근저당권자)
주   소

채 무 자 _____(인)
주   소

계 약 인 수 인 _____(인)
주   소

근저당권설정자 _____(인)
(소유권 이전된 경우 제3취득자)
주   소

제1조 근저당권의 채무자지위인수

① 채권자(근저당권자), 채무자, 계약인수인 및 근저당권설정자(또는 제3취득자)는 아래표시 근저당권(이하 '원근저당권'이라 합니다) 설정계약의 기초가 되는 채권자와 채무자간에 존재하는 계약(아래표시 약정서를 포함합니다. 이하 '기본계약'이라 합니다) 및 원근저당권설정계약상의 채무자지위를 계약인수인이 전부 인수하는데 합의하였습니다.

◆ 원약정서상의 채무표시(년   월   일 현재)

구 분		1	2	3	4	5
약정서명칭		‥‥ 약정서	‥‥ 약정서	‥‥ 약정서	‥‥ 약정서	‥‥ 약정서
채 무 자						
채무액	원 금					
	이 자					
	지연배상금					
	부 대 채 무					
	합 계					

◆ 원근저당권설정계약의 표시

구 분		1	2	3	4	5
등기 · 등록	관 할	지방법원 등기소	지방법원 등기소	지방법원 등기소	지방법원 등기소	지방법원 등기소
	접 수 일 자	‥‥	‥‥	‥‥	‥‥	‥‥
	접 수 번 호	제 호	제 호	제 호	제 호	제 호
	채권최고액					
	물 건 목 록	끝 부 분 기 재	끝 부 분 기 재	끝 부 분 기 재	끝 부 분 기 재	끝 부 분 기 재
	순 위 번 호	끝 부 분 기 재	끝 부 분 기 재	끝 부 분 기 재	끝 부 분 기 재	끝 부 분 기 재

② 제1항에 의하여 채무자는 채무자지위에서 탈퇴하고, 계약인수인은 기본계약 및 원근저당권설정계약상 채무자의 지위를 가집니다.

제2조 피담보채무의 범위

원근저당권은 다음 각 호의 채무를 담보합니다.

1. 계약인수인이 인수하는 제1조 표시 약정서에 따라 현재 및 장래에 부담하는 모든 채무
2. 원근저당권설정계약서상 피담보채무의 범위에 속하는 종류의 거래로 말미암아 계약인수인이 채권자에 대하여 장래에 부담하는 모든 채무

제3조 다른 계약조항의 효력

제1조 및 제2조에서 정한 사항 이외의 원근저당권설정계약서 각 조항은 그대로 계속하여 효력을 가집니다.

제4조 변경등기

이 계약당사자는 이 계약에 의한 근저당권변경등기 절차를 밟기로 합니다.

제5조 계약의 해제

① 제4조에 의한 변경등기가 이 계약일부터 1개월 이내에 완료되지 아니한 때에는 채권자는 이 계약을 해제할 수 있습니다.
② 제1항에 의하여 채권자가 이 계약을 해제한 때에는 기본계약 및 원근저당권설정계약은 원상대로 회복되는 것으로 합니다.

제6조 비용부담

이 계약서의 작성이나 등기 또는 이 계약에 부대되는 비용 및 이 계약의 이행 또는 해제로 인한 원상회복과 관련하여 드는 등기비용 기타 각종 부대비용은 채무자와 계약인수인이 연대하여 부담합니다.

제7조 근저당권설정자(또는 제3취득자)의 승낙

근저당권설정자 또는 근저당목적물의 제3취득자는 이 계약의 각 조항에 관하여 이의없이 승낙하였습니다.

◈ 물건목록 및 순위번호

물 건 목 록	순 위 번 호	
	등기상순위	실제순위

이 계약서에 따라 등기되었음을 확인하고 등기권리증을 수령함.

　　　　　　　　　년　　월　　일　　　근저당권설정자　　　　　　(인)

3 법인전환 관련 「조세특례제한법 등」

조세특례제한법 (2024.12.31. 개정)	조세특례제한법 시행령 (2024.12.31. 개정.)
제31조(중소기업간의 통합에 대한 양도소득세의 이월과세 등) ① 대통령령으로 정하는 업종을 경영하는 중소기업간의 통합으로 인하여 소멸되는 중소기업이 대통령령으로 정하는 사업용고정자산(이하 "사업용고정자산"이라 한다)을 통합에 의하여 설립된 법인 또는 통합 후 존속하는 법인(이하 이 조에서 "통합법인"이라 한다)에 양도하는 경우 그 사업용고정자산에 대해서는 이월과세를 적용받을 수 있다. 〈개정 2013.1.1.〉 ② 제1항의 적용대상이 되는 중소기업간 통합의 범위 및 요건에 관하여는 대통령령으로 정한다. ③ 제1항을 적용받으려는 내국인은 대통령령으로 정하는 바에 따라 이월과세 적용신청을 하여야 한다. ④ 제6조제1항 및 제2항에 따른 창업중소기업 및 창업벤처중소기업 또는 제64조제1항에 따라 세액감면을 받는 내국인이 제6조 또는 제64조에 따른 감면기간이 지나기 전에 제1항에 따른 통합을 하는 경우 통합법인은 대통령령으로 정하는 바에 따라 남은 감면기간에 대하여 제6조 또는 제64조를 적용받을 수 있다. 〈개정 2014. 12. 23.〉 ⑤ 제63조에 따른 수도권과밀억제권역 밖으로 이전하는 중소기업 또는 제68조에 따른 농업회사법인이 제63조 또는 제68조에 따른 감면기간이 지나기 전에 제1항에 따른 통합을 하는 경우 통합법인은 대통령령으로 정하는 바에 따라 남은 감면기간에 대하여 제63조 또는 제68조를 적용받을 수 있다. ⑥제144조에 따른 미공제 세액이 있는 내국인이 제1항에 따른 통합을 하는 경우 통합법인은 대통령령으로 정하는 바에 따라 그 내국인의 미공제 세액을 승계하여 공제받을 수 있다. ⑦ 제1항을 적용받은 내국인이 사업용고정자산을 양도한 날부터 5년 이내에 다음 각 호의 어느 하나에 해당하는 사유가 발생하는 경우에는 해당 내국인은 사유발생일이 속하는 달의 말일부터 2개월 이내에 제1항에 따른 이월과세액(통합법인이 이미 납부	제28조(중소기업간의 통합에 대한 양도소득세의 이월과세 등) ① 법 제31조 제1항에서 "대통령령으로 정하는 업종을 경영하는 중소기업 간의 통합"이란 제29조 제3항에 따른 소비성서비스업(소비성서비스업과 다른 사업을 겸영하고 있는 경우에는 부동산양도일이 속하는 사업연도의 직전사업연도의 소비성서비스업의 사업별 수입금액이 가장 큰 경우에 한한다)을 제외한 사업을 영위하는 중소기업자(「중소기업기본법」에 의한 중소기업자를 말한다. 이하 이 조에서 같다)가 당해 기업의 사업장별로 그 사업에 관한 주된 자산을 모두 승계하여 사업의 동일성이 유지되는 것으로서 다음 각호의 요건을 갖춘 것을 말한다. 이 경우 설립 후 1년이 경과되지 아니한 법인이 출자자인 개인(「국세기본법」 제39조 제2항의 규정에 의한 과점주주에 한한다)의 사업을 승계하는 것은 이를 통합으로 보지 아니한다. (2014.2.21. 제목개정) 1. 통합으로 인하여 소멸되는 사업장의 중소기업자는 통합 후 존속하는 법인 또는 통합으로 인하여 설립되는 법인(이하 이 조에서 "통합법인"이라 한다)의 주주 또는 출자자일 것 (2013.2.15. 개정) 2. 통합으로 인하여 소멸하는 사업장의 중소기업자가 당해 통합으로 인하여 취득하는 주식 또는 지분의 가액이 통합으로 인하여 소멸하는 사업장의 순자산가액(통합일 현재의 시가로 평가한 자산의 합계액에서 충당금을 포함한 부채의 합계액을 공제한 금액을 말한다. 이하 같다) 이상일 것 (2003.12.30. 개정) ② 법 제31조 제1항에서 "대통령령으로 정하는 사업용고정자산"이란 당해 사업에 직접사용하는 유형자산 및 무형자산(1981년 1월 1일 이후에 취득한 부동산으로서 기획재정부령이 정하는 법인의 업무와 관련이 없는 부동산의 판정기준에 해당되는 자산을 제외한다)을 말한다. (2010.2.18. 개정) ③ 법 제31조 제1항의 규정에 의하여 양도소득세의 이월과세를 적용받고자 하는 자는 통합일이 속하는 과세연도의 과세표준신고(예정신고를 포함한다)시 통합법인과 함께 기획재정부령이 정하는 이월과세

한 세액을 제외한 금액을 말한다)을 양도소득세로 납부하여야 한다. 이 경우 사업 폐지의 판단 기준 등에 관하여 필요한 사항은 대통령령으로 정한다. 〈2014.12.23.〉

1. 통합법인이 소멸되는 중소기업으로부터 승계받은 사업을 폐지하는 경우

2. 제1항을 적용받은 내국인이 통합으로 취득한 통합법인의 주식 또는 출자지분의 100분의 50 이상을 처분하는 경우

적용신청서를 납세지관할세무서장에게 제출하여야 한다. (2001.12.31. 개정; 2008.2.29. 직제개정)

④ 법 제31조 제4항의 규정에 의한 잔존감면기간에 대한 감면대상이 되는 자는 통합으로 인하여 소멸되는 창업중소기업 또는 창업벤처중소기업이나 농공단지 및 「지역중소기업 육성 및 혁신촉진에 관한 법률」 제23조에 따른 중소기업특별지원지역(이하 "중소기업특별지원지역"이라 한다)의 입주기업으로부터 승계받은 사업에서 발생하는 소득에 대하여 통합당시의 잔존감면기간 내에 종료하는 각 과세연도까지 그 감면을 받을 수 있다. (2024.2.29. 개정)

⑤ 법 제31조 제4항의 규정을 적용받고자 하는 통합법인은 제5조 제26항 또는 제61조 제7항을 준용하여 감면신청을 하여야 한다. (2020.2.11. 개정)

⑥ 법 제31조 제5항의 규정에 의한 잔존감면기간에 대한 감면대상이 되는 자는 통합으로 인하여 소멸되는 중소기업자로부터 승계받은 사업에서 발생하는 소득에 관하여 통합당시 잔존감면기간 내에 종료하는 각 과세연도분까지 그 감면을 받을 수 있다. (2002.12.30. 개정)

⑦ 법 제31조 제5항의 규정을 적용받고자 하는 통합법인의 감면신청에 관하여는 제60조 제5항 또는 제65조의 규정은 이를 준용한다. (2013.2.15. 개정)

⑧ 법 제31조 제6항의 규정에 의하여 미공제세액을 승계한 자는 통합으로 인하여 소멸되는 중소기업자로부터 승계받은 자산에 대한 미공제세액상당액을 당해 중소기업자의 이월공제잔여기간 내에 종료하는 각 과세연도에 이월하여 공제받을 수 있다. (2002.12.30. 개정)

⑨ 통합법인이 통합으로 인하여 소멸되는 사업장의 중소기업자로부터 승계받은 제2항의 사업용고정자산을 2분의 1 이상 처분하거나 사업에 사용하지 않는 경우 법 제31조 제7항 제1호에 따른 사업의 폐지로 본다. 다만, 다음 각 호의 어느 하나에 해당하는 경우에는 그러하지 아니한다. (2013.2.15. 신설)

1. 통합법인이 파산하여 승계받은 자산을 처분한 경우

2. 통합법인이 「법인세법」 제44조 제2항에 따른 합병, 같은 법 제46조 제2항에 따른 분할, 같은 법 제47조 제1항에 따른 물적분할, 같은 법 제47조의 2 제1항에 따른 현물출자의 방법으로 자산을 처분한 경

우

3. 삭 제 (2018.2.13.)

4. 통합법인이 「채무자 회생 및 파산에 관한 법률」에 따른 회생절차에 따라 법원의 허가를 받아 승계받은 자산을 처분한 경우

⑩ 법 제31조 제7항 제2호의 처분은 주식 또는 출자지분의 유상이전, 무상이전, 유상감자 및 무상감자(주주 또는 출자자의 소유주식 또는 출자지분 비율에 따라 균등하게 소각하는 경우는 제외한다)를 포함한다. 다만, 다음 각 호의 어느 하나에 해당하는 경우에는 그러하지 아니하다. (2014.2.21. 개정)

1. 법 제31조 제1항을 적용받은 내국인(이하 이 조에서 "해당 내국인"이라 한다)이 사망하거나 파산하여 주식 또는 출자지분을 처분하는 경우

2. 해당 내국인이 「법인세법」 제44조 제2항에 따른 합병이나 같은 법 제46조 제2항에 따른 분할의 방법으로 주식 또는 출자지분을 처분하는 경우

3. 해당 내국법인이 법 제38조에 따른 주식의 포괄적 교환·이전 또는 법 제38조의 2에 따른 주식의 현물출자의 방법으로 과세특례를 적용받으면서 주식 또는 출자지분을 처분하는 경우 (2018.2.13. 개정)

4. 해당 내국인이 「채무자 회생 및 파산에 관한 법률」에 따른 회생절차에 따라 법원의 허가를 받아 주식 또는 출자지분을 처분하는 경우

5. 해당 내국인이 법령상 의무를 이행하기 위하여 주식 또는 출자지분을 처분하는 경우

6. 해당 내국인이 가업의 승계를 목적으로 해당 가업의 주식 또는 출자지분을 증여하는 경우로서 수증자가 법 제30조의 6에 따른 증여세 과세특례를 적용받은 경우 (2015.2.3. 신설) 부칙

⑪ 제10항 제6호에 해당하는 경우에는 수증자를 해당 내국인으로 보아 법 제31조 제7항을 적용하되, 5년의 기간을 계산할 때 증여자가 통합으로 취득한 통합법인의 주식 또는 출자지분을 보유한 기간을 포함하여 통산한다. (2015.2.3. 신설)

제32조(법인전환에 대한 양도소득세의 이월과세) ① 거주자가 사업용고정자산을 현물출자하거나 대통령령으로 정하는 사업 양도·양수의 방법에 따라 법인(대통령령으로 정하는 소비성서비스업을 경영	제29조(법인전환에 대한 양도소득세의 이월과세) ① 삭 제(2002.12.30.) ② 법 제32조 제1항 본문에서 "대통령령으로 정하는 사업 양도·양수의 방법"이란 해당 사업을 영위하던

하는 법인은 제외한다)으로 전환하는 경우 그 사업용고정자산에 대해서는 이월과세를 적용받을 수 있다. 다만, 해당 사업용고정자산이 주택 또는 주택을 취득할 수 있는 권리인 경우는 제외한다. (2020.12.29. 단서 신설) 적용시기부칙

② 제1항은 새로 설립되는 법인의 자본금이 대통령령으로 정하는 금액 이상인 경우에만 적용한다. (2010.1.1. 개정) 부칙

③ 제1항을 적용받으려는 거주자는 대통령령으로 정하는 바에 따라 이월과세 적용신청을 하여야 한다. (2010.1.1. 개정) 부칙

④ 제1항에 따라 설립되는 법인에 대해서는 제31조 제4항부터 제6항까지의 규정을 준용한다. (2010.1.1. 개정) 부칙

⑤ 제1항에 따라 설립된 법인의 설립등기일부터 5년 이내에 다음 각 호의 어느 하나에 해당하는 사유가 발생하는 경우에는 제1항을 적용받은 거주자가 사유발생일이 속하는 달의 말일부터 2개월 이내에 제1항에 따른 이월과세액(해당 법인이 이미 납부한 세액을 제외한 금액을 말한다)을 양도소득세로 납부하여야 한다. 이 경우 사업 폐지의 판단 기준 등에 관하여 필요한 사항은 대통령령으로 정한다. (2017.12.19. 개정) 부칙

1. 제1항에 따라 설립된 법인이 제1항을 적용받은 거주자로부터 승계받은 사업을 폐지하는 경우

2. 제1항을 적용받은 거주자가 법인전환으로 취득한 주식 또는 출자지분의 100분의 50 이상을 처분하는 경우

자가 발기인이 되어 제5항에 따른 금액 이상을 출자하여 법인을 설립하고, 그 법인설립일부터 3개월 이내에 해당 법인에 사업에 관한 모든 권리와 의무를 포괄적으로 양도하는 것을 말한다. (2021.2.17. 개정)

③ 법 제32조 제1항 본문에서 "대통령령으로 정하는 소비성서비스업"이란 다음 각 호의 어느 하나에 해당하는 사업(이하 "소비성서비스업"이라 한다)을 말한다. (2021.2.17. 개정)

1. 호텔업 및 여관업(「관광진흥법」에 따른 관광숙박업은 제외한다)

2. 주점업(일반유흥주점업, 무도유흥주점업 및 「식품위생법 시행령」 제21조에 따른 단란주점 영업만 해당하되, 「관광진흥법」에 따른 외국인전용유흥음식점업 및 관광유흥음식점업은 제외한다)

3. 그밖에 오락·유흥 등을 목적으로 하는 사업으로서 기획재정부령으로 정하는 사업

④ 법 제32조 제1항의 규정에 의하여 양도소득세의 이월과세를 적용받고자 하는 자는 현물출자 또는 사업양수도를 한 날이 속하는 과세연도의 과세표준신고(예정신고를 포함한다)시 새로이 설립되는 법인과 함께 기획재정부령이 정하는 이월과세적용신청서를 납세지관할세무서장에게 제출하여야 한다. (2010.2.18. 개정)

⑤ 법 제32조 제2항에서 "대통령령으로 정하는 금액"이란 사업용고정자산을 현물출자하거나 사업양수도하여 법인으로 전환하는 사업장의 순자산가액으로서 제28조 제1항 제2호의 규정을 준용하여 계산한 금액을 말한다. (2010.2.18. 개정)

⑥ 법 제32조 제1항에 따라 설립되는 법인(이하 이 조에서 "전환법인"이라 한다)이 같은 조 제1항에 따른 현물출자 또는 사업 양도·양수의 방법으로 취득한 사업용고정자산의 2분의 1이상을 처분하거나 사업에 사용하지 않는 경우 법 법 제32조 제5항 제1호에 따른 사업의 폐지로 본다. 다만, 다음 각 호의 어느 하나에 해당하는 경우에는 그러하지 아니한다. (2013.2.15. 개정)

1. 전환법인이 파산하여 승계받은 자산을 처분한 경우

2. 전환법인이 「법인세법」 제44조 제2항에 따른 합병, 같은 법 제46조 제2항에 따른 분할, 같은 법 제47조 제1항에 따른 물적분할, 같은 법 제47조의 2 제

1항에 따른 현물출자의 방법으로 자산을 처분한 경우

3. 삭 제(2018.2.13.)

4. 전환법인이 「채무자 회생 및 파산에 관한 법률」에 따른 회생절차에 따라 법원의 허가를 받아 승계받은 자산을 처분한 경우

⑦ 법 제32조 제5항 제2호의 처분은 주식 또는 출자지분의 유상이전, 무상이전, 유상감자 및 무상감자(주주 또는 출자자의 소유주식 또는 출자지분 비율에 따라 균등하게 소각하는 경우는 제외한다)를 포함한다. 다만, 다음 각 호의 어느 하나에 해당하는 경우에는 그러하지 아니하다. (2014.2.21. 개정)

1. 법 제32조 제1항을 적용받은 거주자(이하 이 조에서 "해당 거주자"라 한다)가 사망하거나 파산하여 주식 또는 출자지분을 처분하는 경우

2. 해당 거주자가 「법인세법」 제44조 제2항에 따른 합병이나 같은 법 제46조 제2항에 따른 분할의 방법으로 주식 또는 출자지분을 처분하는 경우

3. 해당 거주자가 법 제38조에 따른 주식의 포괄적 교환·이전 또는 법 제38조의 2에 따른 주식의 현물출자의 방법으로 과세특례를 적용받으면서 주식 또는 출자지분을 처분하는 경우 (2018.2.13. 개정)

4. 해당 거주자가 「채무자 회생 및 파산에 관한 법률」에 따른 회생절차에 따라 법원의 허가를 받아 주식 또는 출자지분을 처분하는 경우

5. 해당 거주자가 법령상 의무를 이행하기 위하여 주식 또는 출자지분을 처분하는 경우

6. 해당 거주자가 가업의 승계를 목적으로 해당 가업의 주식 또는 출자지분을 증여하는 경우로서 수증자가 법 제30조의 6에 따른 증여세 과세특례를 적용받은 경우 (2015.2.3. 신설)

⑧ 제7항 제6호에 해당하는 경우에는 수증자를 해당 거주자로 보아 법 제32조 제5항을 적용하되, 5년의 기간을 계산할 때 증여자가 법인전환으로 취득한 주식 또는 출자지분을 보유한 기간을 포함하여 통산한다. (2015.2.3. 신설)

조세특례제한법 시행규칙
(2024.12.31. 현재)

제15조(이월과세적용대상자산의 취득가액)

①영 제28조 및 영 제29조에 따른 이월과세를 적용함에 있어서 이월과세적용대상자산의 취득가액은 당해자산 취득당시의 실지거래가액으로 한다. 〈개정 2009.3.30.〉

②제1항의 규정에 의한 취득당시의 실지거래가액이 불분명한 때에는 통합일·법인전환일 또는 현물출자일 현재의 당해자산에 대하여 다음 각호의 규정을 순차로 적용하여 계산한 금액을 「소득세법시행령」 제176조의2제2항제2호의 규정을 준용하여 환산한 가액으로 한다. 〈개정 2005.3.11.〉

1. 「감정평가 및 감정평가사에 관한 법률」에 따른 감정평가업자가 감정한 가액이 있는 경우 그 가액. 다만, 증권거래소에 상장되지 아니한 주식등을 제외한다.

2. 「상속세 및 증여세법」 제38조·동법 제39조 및 동법 제61조 내지 제64조의 규정을 준용하여 평가한 가액

③영 제28조제2항에서 "기획재정부령이 정하는 법인의 업무와 관련이 없는 부동산의 판정기준에 해당되는 자산"이라 함은 「법인세법 시행령」 제49조제1항제1호의 규정에 의한 업무와 관련이 없는 부동산(이하 이 항에서 "업무무관부동산"이라 한다)을 말한다. 이 경우 업무무관부동산에 해당하는지의 여부에 대한 판정은 양도일을 기준으로 한다. 〈2008.4.29. 개정〉

제17조(소비성서비스업의 범위)

영 제29조 제3항 제3호에서 "오락·유흥 등을 목적으로 하는 사업으로서 기획재정부령으로 정하는 사업"이란 다음 각 호의 사업을 말한다. (2024.3.22. 신설)

1. 무도장 운영업

2. 기타 사행시설 관리 및 운영업(「관광진흥법」 제5조 또는 「폐광지역 개발 지원에 관한 특별법」 제11조에 따라 허가를 받은 카지노업은 제외한다)

3. 유사 의료업 중 안마를 시술하는 업

4. 마사지업

4　법인전환 관련 「지방세특례제한법 등」

지방세특례제한법 (2024.12.31. 개정)	지방세특례제한법 시행령 (2024.12.31. 개정)
제57조의2(기업합병·분할 등에 대한 감면) ① 「법인세법」 제44조 제2항 또는 제3항에 해당하는 합병으로서 대통령령으로 정하는 합병 중 법인으로서 「중소기업기본법」에 따른 중소기업 간 합병 및 법인이 대통령령으로 정하는 기술혁신형사업법인과의 합병에 따라 양수(讓受)하는 사업용 재산을 2027년 12월 31일까지 취득하는 경우에는 「지방세법」 제15조 제1항에 따라 산출한 취득세의 100분의 60을 경감한다. 다만, 「지방세법」 제15조 제1항 제3호 단서에 해당하는 경우에는 경감된 취득세를 추징한다. (2024.12.31. 개정) ② 다음 각 호에서 정하는 법인이 「법인세법」 제44조 제2항에 따른 합병으로 양수받은 사업용 재산에 대해서는 취득세를 2027년 12월 31일까지 면제하고, 합병으로 양수받아 3년 이내에 등기하는 재산에 대해서는 2027년 12월 31일까지 등록면허세의 100분의 50을 경감한다. 다만, 합병등기일부터 3년 이내에 「법인세법」 제44조의 3 제3항 각 호의 어느 하나에 해당하는 사유가 발생하는 경우(같은 항 각 호 외의 부분 단서에 해당하는 경우는 제외한다)에는 면제된 취득세를 추징한다. (2024.12.31. 개정) 1. 「농업협동조합법」, 「수산업협동조합법」 및 「산림조합법」에 따라 설립된 조합 간의 합병 2. 「새마을금고법」에 따라 설립된 새마을금고 간의 합병 3. 「신용협동조합법」에 따라 설립된 신용협동조합 간의 합병 4. 삭 제(2018.12.24.) ③ 다음 각 호의 어느 하나에 해당하는 사업용 재산을 2027년 12월 31일까지 취득하는 경우에는 취득세의 100분의 50을 경감한다. 다만, 제7호의 경우에는 취득세를 면제한다. (2024.12.31. 개정) 1. 삭 제(2024.12.31.) 2. 「법인세법」 제46조 제2항 각 호(물적분할의 경우에는 같은 법 제47조 제1항을 말한다)의 요건을 갖춘 분할(같은 법 제46조 제3항에 해당하는 경우	제28조의 2 【법인 합병의 범위 등】 ① 법 제57조의 2 제1항 본문에서 "대통령령으로 정하는 합병"이란 합병일 현재 「조세특례제한법 시행령」 제29조 제3항에 따른 소비성서비스업(소비성서비스업과 다른 사업을 겸영하고 있는 경우로서 합병일이 속하는 사업연도의 직전 사업연도의 소비성서비스업의 사업별 수입금액이 가장 큰 경우를 포함하며, 이하 이 항에서 "소비성서비스업"이라 한다)을 제외한 사업을 1년 이상 계속하여 영위한 법인(이하 이 항에서 "합병법인"이라 한다) 간의 합병을 말한다. 이 경우 소비성서비스업을 1년 이상 영위한 법인이 합병으로 인하여 소멸하고 합병법인이 소비성서비스업을 영위하지 아니하는 경우에는 해당 합병을 포함한다. (2024.12.31. 개정) ② 법 제57조의 2 제1항 본문에서 "대통령령으로 정하는 기술혁신형사업법인"이란 다음 각 호의 어느 하나에 해당하는 법인을 말한다. (2024.12.31. 개정) 1. 합병등기일까지 「벤처기업육성에 관한 특별법」 제25조에 따라 벤처기업으로 확인받은 법인 (2024.7.2. 개정) 2. 합병등기일까지 「중소기업 기술혁신 촉진법」 제15조와 같은 법 시행령 제13조에 따라 기술혁신형 중소기업으로 선정된 법인 3. 합병등기일이 속하는 사업연도의 직전 사업연도의 「조세특례제한법」 제10조 제1항 각 호 외의 부분 전단에 따른 연구·인력개발비가 매출액의 100분의 5 이상인 중소기업 (2020.12.31. 개정) 4. 합병등기일까지 다음 각 목의 어느 하나에 해당하는 인증 등을 받은 중소기업 가. 「보건의료기술 진흥법」 제8조 제1항에 따른 보건신기술 인증 나. 「산업기술혁신 촉진법」 제15조의 2 제1항에 따른 신기술 인증 다. 「산업기술혁신 촉진법」 제16조 제1항에 따른 신제품 인증 라. 「제약산업 육성 및 지원에 관한 특별법」 제7조 제2항에 따른 혁신형 제약기업 인증

는 제외한다)로 인하여 취득하는 사업용 재산. 다만, 분할등기일부터 3년 이내에 같은 법 제46조의 3 제3항(물적분할의 경우에는 같은 법 제47조 제3항을 말한다) 각 호의 어느 하나에 해당하는 사유가 발생하는 경우(같은 항 각 호 외의 부분 단서에 해당하는 경우는 제외한다)에는 경감받은 취득세를 추징한다. (2024.12.31. 개정)

3. 「법인세법」 제47조의 2에 따른 현물출자에 따라 취득하는 사업용 재산. 다만, 취득일부터 3년 이내에 같은 법 제47조의 2 제3항 각 호의 어느 하나에 해당하는 사유가 발생하는 경우(같은 항 각 호 외의 부분 단서에 해당하는 경우는 제외한다)에는 경감받은 취득세를 추징한다. (2024.12.31. 개정)

4. 삭 제 (2021.12.28.)

5. 「조세특례제한법」 제31조에 따른 중소기업 간의 통합에 따라 설립되거나 존속하는 법인이 양수하는 해당 사업용 재산(「통계법」 제22조에 따라 통계청장이 고시하는 한국표준산업분류에 따른 부동산 임대 및 공급업에 해당하는 중소기업이 양수하는 재산은 제외한다). 다만, 사업용 재산을 취득한 날부터 5년 이내에 같은 조 제7항 각 호의 어느 하나에 해당하는 사유가 발생하는 경우에는 경감받은 취득세를 추징한다. (2021.12.28. 개정)

6. 삭 제 (2018.12.24.)

7. 특별법에 따라 설립된 법인 중 「공공기관의 운영에 관한 법률」 제2조 제1항에 따른 공공기관이 그 특별법의 개정 또는 폐지로 인하여 「상법」 상의 회사로 조직 변경됨에 따라 취득하는 사업용 재산

④ 「조세특례제한법」 제32조에 따른 현물출자 또는 사업 양도·양수에 따라 2027년 12월 31일까지 취득하는 사업용 고정자산(「통계법」 제22조에 따라 통계청장이 고시하는 한국표준산업분류에 따른 부동산 임대 및 공급업에 대해서는 제외한다)에 대해서는 취득세의 100분의 50을 경감한다. 다만, 취득일부터 5년 이내에 대통령령으로 정하는 정당한 사유 없이 해당 사업을 폐업하거나 해당 재산을 처분(임대를 포함한다) 또는 주식을 처분하는 경우에는 경감받은 취득세를 추징한다. (2024.12.31. 개정)

마. 「중견기업 성장촉진 및 경쟁력 강화에 관한 특별법」 제18조 제1항에 따른 중견기업등의 선정

③ 법 제57조의 2 제4항 단서에서 "대통령령으로 정하는 정당한 사유"란 다음 각 호의 어느 하나에 해당하는 경우를 말한다. (2014.12.31. 신설)

1. 해당 사업용 재산이 「공익사업을 위한 토지 등의 취득 및 보상에 관한 법률」 또는 그 밖의 법률에 따라 수용된 경우

2. 법령에 따른 폐업·이전명령 등에 따라 해당 사업을 폐지하거나 사업용 재산을 처분하는 경우

3. 「조세특례제한법 시행령」 제29조 제7항 각 호의 어느 하나에 해당하는 경우 (2018.12.31. 신설)

4. 「조세특례제한법」 제32조 제1항에 따른 법인전환으로 취득한 주식의 100분의 50 미만을 처분하는 경우 (2018.12.31. 신설)

④ 삭 제(2024.12.31.)

⑤ 삭 제(2016.12.30.)

⑥ 법 제57조의 2 제9항 각 호 외의 부분에서 "대통령령으로 정하는 바에 따라 분할한 경우"란 「수산업 협동조합법」 제2조 제5호에 따른 수산업협동조합중앙회가 같은 법 제141조의 4 제1항에 따라 신용사업을 분리하여 수협은행을 설립한 경우를 말한다. (2016.11.30. 신설) 부칙

⑦ 법 제57조의 2 제9항 제1호에서 "대통령령으로 정하는 바에 따른 분할로 신설된 자회사"란 「수산업 협동조합법」 제141조의 4 제1항에 따라 설립된 수협은행을 말한다. (2016.11.30. 신설)

제119조(중소기업간의 통합에 대한 양도소득분 개인지방소득세의 이월과세 등)

① 대통령령으로 정하는 업종을 경영하는 중소기업 간의 통합으로 인하여 소멸되는 중소기업이 대통령령으로 정하는 사업용고정자산(이하 "사업용고정자산"이라 한다)을 통합에 의하여 설립된 법인 또는 통합 후 존속하는 법인(이하 이 조에서 "통합법인"이라 한다)에 양도하는 경우 그 사업용고정자산에 대해서는 이월과세를 적용받을 수 있다. (2014.1.1. 신설) 부칙

② 제1항의 적용대상이 되는 중소기업간 통합의 범위 및 요건에 관하여는 대통령령으로 정한다. (2014.1.1. 신설) 부칙

③ 제1항을 적용받으려는 내국인은 대통령령으로 정하는 바에 따라 이월과세 적용신청을 하여야 한다. (2014.1.1. 신설) 부칙

④ 제1항을 적용받은 내국인이 사업용고정자산을 양도한 날부터 5년 이내에 다음 각 호의 어느 하나에 해당하는 사유가 발생하는 경우에는 해당 내국인은 사유발생일이 속하는 달의 말일부터 2개월 이내에 제1항에 따른 이월과세액(통합법인이 이미 납부한 세액을 제외한 금액을 말한다)을 양도소득분 개인지방소득세로 납부하여야 한다. 이 경우 사업폐지의 판단 기준 등에 관하여 필요한 사항은 대통령령으로 정한다. (2014.12.31. 개정) 부칙

1. 통합법인이 소멸되는 중소기업으로부터 승계받은 사업을 폐지하는 경우
2. 제1항을 적용받은 내국인이 통합으로 취득한 통합법인의 주식 또는 출자지분의 100분의 50 이상을 처분하는 경우

제120조(법인전환에 대한 양도소득분 개인지방소득세의 이월과세)

① 거주자가 사업용고정자산을 현물출자하거나 대통령령으로 정하는 사업 양도·양수의 방법에 따라 법인(대통령령으로 정하는 소비성서비스업을 경영하는 법인은 제외한다)으로 전환하는 경우 그 사업용고정자산에 대해서는 이월과세를 적용받을 수 있다. (2014.1.1. 신설) 부칙

② 제1항은 새로 설립되는 법인의 자본금이 대통령령으로 정하는 금액 이상인 경우에만 적용한다.

제72조(중소기업간의 통합에 대한 양도소득분 개인지방소득세의 이월과세 등)

① 법 제119조 제1항에서 "대통령령으로 정하는 업종을 경영하는 중소기업간의 통합"이란 「조세특례제한법 시행령」 제28조 제1항에 따른 통합을 말하고, "대통령령으로 정하는 사업용고정자산"이란 「조세특례제한법 시행령」 제28조 제2항에 따른 자산을 말한다. (2014.3.14. 신설) 부칙

② 법 제119조 제1항에 따라 양도소득분 개인지방소득세의 이월과세를 적용받으려는 자는 통합일이 속하는 과세연도의 과세표준신고 시 통합법인과 함께 행정안전부령으로 정하는 이월과세적용신청서를 납세지 관할 지방자치단체의 장에게 제출하여야 한다. 다만, 「조세특례제한법」 제28조 제3항에 따라 납세지 관할 세무서장에게 양도소득세 이월과세를 신청하는 경우에는 법 제119조에 따른 개인지방소득세에 대한 이월과세도 함께 신청한 것으로 본다. (2014.3.14. 신설; 2014.11.19. 직제개정; 2017.7.26. 직제개정)

③ 법 제119조 제4항 각 호 외의 부분 후단에 따른 사업 폐지의 판단 기준 등에 관하여는 「조세특례제한법 시행령」 제28조 제9항부터 제11항까지의 규정을 준용한다. (2020.1.15. 개정) 부칙

제73조(법인전환에 대한 양도소득분 개인지방소득세의 이월과세)

① 법 제120조 제1항에서 "대통령령으로 정하는 사업 양도·양수의 방법"이란 「조세특례제한법 시행령」 제29조 제2항에 따른 방법을 말하고, "대통령령으로 정하는 소비성서비스업"이란 「조세특례제한법 시행령」 제29조 제3항 각 호의 어느 하나에 해당하는 사업을 말한다. (2014.3.14. 신설) 부칙

② 법 제120조 제2항에서 "대통령령으로 정하는 금액"이란 「조세특례제한법 시행령」 제29조 제5항에

(2014.1.1. 신설) 부칙

③ 제1항을 적용받으려는 거주자는 대통령령으로 정하는 바에 따라 이월과세 적용신청을 하여야 한다. (2014.1.1. 신설) 부칙

④ 제1항에 따라 설립된 법인의 설립일부터 5년 이내에 다음 각 호의 어느 하나에 해당하는 사유가 발생하는 경우에는 제1항을 적용받은 거주자가 사유발생일이 속하는 달의 말일부터 2개월 이내에 제1항에 따른 이월과세액(해당 법인이 이미 납부한 세액을 제외한 금액을 말한다)에 대해서는 양도소득분 개인지방소득세로 납부하여야 한다. 이 경우 사업 폐지의 판단 기준 등에 관하여 필요한 사항은 대통령령으로 정한다. (2014.12.31. 개정) 부칙

1. 제1항에 따라 설립된 법인이 제1항을 적용받은 거주자로부터 승계받은 사업을 폐지하는 경우

2. 제1항을 적용받은 거주자가 법인전환으로 취득한 주식 또는 출자지분의 100분의 50 이상을 처 처분하는 경우

따라 계산한 금액을 말한다. (2014.3.14. 신설) 부칙

③ 법 제120조 제1항에 따라 양도소득분 개인지방소득세의 이월과세를 적용받으려는 자는 현물출자 또는 사업 양도·양수를 한 날이 속하는 과세연도의 과세표준신고 시 새롭게 설립되는 법인과 함께 행정안전부령으로 정하는 이월과세적용신청서를 납세지 관할 지방자치단체의 장에게 제출하여야 한다. 다만, 「조세특례제한법 시행령」 제29조 제4항에 따라 납세지 관할 세무서장에게 양도소득세 이월과세를 신청하는 경우에는 법 제120조에 따른 개인지방소득세에 대한 이월과세도 함께 신청한 것으로 본다. (2014.3.14. 신설; 2014.11.19. 직제개정; 2017.7.26. 직제개정)

④ 법 제120조 제4항 각 호 외의 부분 후단에 따른 사업 폐지의 판단 기준 등에 관하여 필요한 사항은 「조세특례제한법 시행령」 제29조 제6항부터 제8항까지의 규정을 준용한다. (2020.1.15. 개정) 부칙

5 제1종 국민주택채권 매입대상자 및 매입금액 등

■ 주택도시기금법 시행령 [별표] 〈개정 2022.2.17.〉

제1종 국민주택채권 매입대상자 및 매입기준
(주택도시기금법 시행령 제8조제2항 관련)

1. 매입대상 및 매입금액은 별지 부표와 같다. 다만, 「도시철도법 시행령」 별표 2 제2호부터 제5호까지, 제7호부터 제13호까지 및 제16호에 따라 도시철도채권을 매입한 자는 해당 호에 상응하는 부표 제1호부터 제5호까지, 제9호, 제12호부터 제14호까지, 제16호, 제17호 및 제20호에 따른 국민주택채권을 매입하지 아니한다.

2. 다음 각 목의 어느 하나에 해당하는 자에 대해서는 국민주택채권의 매입의무를 면제한다.
   가. 국가기관
   나. 지방자치단체
   다. 제8조제1항에 따른 공공기관
   라. 「지방공기업법」에 따른 지방공기업
   마. 「한국자산관리공사 설립 등에 관한 법률」에 따른 한국자산관리공사
   바. 「부동산투자회사법」에 따른 부동산투자회사
   사. 「한국주택금융공사법」에 따라 설립된 한국주택금융공사

3. 다음 각 목의 어느 하나에 해당하는 자에 대해서는 매입의무의 일부를 면제한다.
   가. 다음의 어느 하나에 해당하는 경우 융자에 필요한 저당권의 설정등기를 할 때에는 국민주택채권을 매입하지 아니한다.
      1) 「농업협동조합법」에 따른 농업인, 「수산업협동조합법」에 따른 어업인 또는 「산림조합법」에 따른 임업인에 대하여 농업협동조합중앙회(농협은행을 포함한다)와 그 회원조합의 장, 수산업협동조합중앙회와 그 회원조합의 장 또는 산림조합중앙회와 그 회원조합의 장이 농어촌소득증대를 위한 영농자금·축산자금·어업자금·산림개발자금으로 융자하고 이를 확인한 경우
      2) 「주택법」 제9조에 따른 주택건설사업자에 대하여 금융기관(국민주택사업특별회계가 설치된 지방자치단체를 포함한다)의 장이 국민주택규모 이하의 주택을 건설하기 위한 자금으로 융자하고 이를 확인한 경우
   나. 다음의 어느 하나에 해당하는 경우에는 국민주택채권을 매입하지 아니한다.
      1) 「민법」 제32조에 따라 허가받은 종교단체와 그에 소속된 종교단체 및 관계 법령에 따라 시장·군수에게 등록된 종교단체 또는 「사회복지사업법」에 따른 사회복지법인이 종교용 또는 사회복지용 건축물을 건축하거나 해당 토지 또는 건축물의 소유권보존등기나 이전등기를 하는 경우
      2) 「사립학교법」에 따른 학교법인 또는 사립학교경영자가 교육용 토지 또는 건축물을 취득하여 소유권의 보존등기나 이전등기를 하는 경우
   다. 「외국인투자 촉진법」에 따른 외국인투자기업 및 그 밖에 국토교통부령으로 정하는 자에 대해서는 매입대상항목의 일부에 관하여 채권의 매입을 면제할 수 있다.
   라. 건축허가를 신청할 때에 국민주택채권을 매입한 자가 사용승인을 마친 건축물에 대하여 소유권보존등기를 할 때에는 국민주택채권을 매입하지 아니한다.
   마. 「농업·농촌 및 식품산업 기본법」 제3조제2호에 따른 농업인, 「수산업·어촌 발전 기본법」 제3조제3호에 따른 어업인 또는 「농어업경영체 육성 및 지원에 관한 법률」 제16조에 따라 설립된 영농조합법인 및 같은 법 제19조에 따라 설립된 농업회사법인이 영농을 목적으로 농지를 취득하여 소유권이전등기를 하거나 농지에 대하여 저당권의 설정등기 및 이전등기를 할 때에는 국민주택채

권을 매입하지 아니한다.

바. 관계 법령에 따라 조세를 납부하여야 하는 자가 그 법령에서 정하는 바에 따라 분납·연부연납(세금 신고기한 경과 후 장기간 분할납부하는 것을 말한다) 또는 조세의 납부시기를 연기할 목적으로 제공한 담보에 대하여 저당권설정등기를 할 때에는 국민주택채권을 매입하지 아니한다.

사. 공사가 법 제26조에 따른 업무 중 보증업무를 수행하는 경우로서 건축허가를 받거나 부동산등기를 할 때에는 국민주택채권을 매입하지 아니한다.

아. 「국가유공자 등 예우 및 지원에 관한 법률」, 「보훈보상대상자 지원에 관한 법률」, 「5·18민주유공자예우 및 단체설립에 관한 법률」, 「제대군인지원에 관한 법률」 및 「특수임무유공자 예우 및 단체설립에 관한 법률」을 적용받는 자가 대부금으로 취득한 재산을 담보로 제공하거나 대부를 받기 위하여 담보로 제공하는 재산에 대하여 근저당권설정등기를 할 때에는 국민주택채권을 매입하지 아니한다.

자. 다음의 어느 하나에 해당하는 사람이 담보로 제공하는 주택에 대하여 근저당권설정등기를 할 때에는 국민주택채권을 매입하지 아니한다.

  1) 「한국주택금융공사법」 제43조의2에 따라 한국주택금융공사로부터 주택담보노후연금보증을 받는 사람

  2) 장기주택저당대출(주택소유자가 주택에 저당권을 설정하고 「한국주택금융공사법」 제2조제11호의 금융기관으로부터 연금방식으로 생활자금을 대출받는 것을 말한다)에 가입한 사람

차. 「자본시장과 금융투자업에 관한 법률」 제229조제2호에 따른 부동산집합투자기구가 건축허가를 받거나 부동산등기를 할 때에는 국민주택채권을 매입하지 않는다.

4. 국민주택채권의 최저매입금액은 1만원으로 한다. 다만, 1만원 미만의 단수가 있을 경우에 그 단수가 5천원 이상 1만원 미만일 때에는 이를 1만원으로 하고, 그 단수가 5천원 미만일 때에는 단수가 없는 것으로 한다.

[부표] 〈개정 2022. 12. 27.〉

제1종국민주택채권 매입대상 및 금액표

(단위: 원)

매 입 대 상	세 부 범 위	매 입 금 액
1. 엽총소지허가		30,000
2. 사행행위영업허가		
가. 복권 발행업 및 현상업		500,000
나. 그 밖의 사행행위업		300,000
3. 주류판매업면허(도매업)		100,000
4. 주류제조업면허		300,000
5. 수렵면허		
가. 1종면허		100,000
나. 2종면허		50,000
6. 건축허가(대수선허가를 제외하되, 법령에 따라 건축허가를 받은 것으로 보는 경우를 포함한다)	(가) 주거전용건축물은 주거전용면적[공동주택(여러 가구가 한 건물에 거주하되, 각각의 가구가 독립하여 거주할 수 있도록 구획되어 건축된 주택을 포함한다. 이하 이 호에서 같다)의 경우에는 세대당 주거전용면적을 말한다]이 국민주택규모를 초과하는 경우로 한정한다. (나) 주거전용 외의 건축물(공동주택의 공용면적에 포함되는 부대ㆍ복리시설은 제외한다)은 연면적(대지에 둘 이상의 건축물이 있는 경우에는 각 건축물의 연면적의 합계로 한다. 이하 이 호에서 같다) 165제곱미터(공장용 건축물의 경우에는 연면적이 500제곱미터) 이상인 경우로 한정한다. (다) 증축의 경우에는 증축 후의 주거전용면적 또는 연면적을 기준으로 하되, 증축 전에 매입한 경우에는 그 금액을 뺀 금액(1973년 2월 26일 이전에 건축허가 받은 건축물과 1973년 2월 27일 이후 1975년 12월 4일 이전에 건축허가 받은 주거전용건축물로서 증축 후의 주거전용면적이 165제곱미터 미만인 주거전용건축물에 대해서는 증축 후의 주거전용면적 또는 연면적에 해당하는 란을 기준으로 하되, 증가면적에 한정하여 산정한 금액)의 국민주택채권을 매입하게 한다. (라) 용도변경의 경우에는 용도변경하려는 주거전용면적 또는 연면적을 기준으로 하되, 용도변경 전에 매입한 금액을 뺀 금액의 국민주택채권을 매입하게 한다.	
가. 주거전용건축물		
1) 주거전용면적이 국민주택규모 초과 100제곱미터 미만인 경우		주거전용면적 제곱미터당 300
2) 주거전용면적이 100제곱미터 이상 132제곱미터 미만인 경우		
가) 단독주택		〃　1,300
나) 공동주택		〃　1,000
3) 주거전용면적이 132제곱미터 이상 165제곱미터 미만인 경우		
가) 단독주택		〃　2,400
나) 공동주택		〃　2,000
4) 주거전용면적이 165제곱미터 이상 231제곱미터 미만인 경우		
가) 단독주택		〃　5,000

구분	설명	금액
나) 공동주택		〃 4,000
5) 주거전용면적이 231제곱미터 이상 330제곱미터 미만인 경우		〃 10,000
6) 주거전용면적이 330제곱미터 이상 660제곱미터 미만인 경우		〃 17,000
7) 주거전용 면적이 660제곱미터 이상인 경우		〃 28,000
나. 주거전용 외의 건축물	산업단지와 「산업집적활성화 및 공장설립에 관한 법률」에 따른 유치지역 안 또는 읍·면지역에서 신·증축하는 공장용건축물과 국토교통부령으로 정하는 교육용·종교용·자선용 그 밖의 공익용과 농업 및 축산업에 쓰이는 건축물 및 공동주택의 공용면적에 포함되는 부대·복리시설은 제외한다.	
1) 극장·영화관, 「식품위생법」에 따른 유흥주점 및 단란주점, 「게임산업진흥에 관한 법률」에 따른 게임장 및 「관광진흥법」에 따른 유원시설		연면적 제곱미터당 4,000
2) 그 밖의 철근 및 철골조의 건축물		〃 1,300
3) 연와조 및 석조의 건축물		〃 1,000
4) 시멘트벽돌 및 블록조의 건축물		〃 600
다. 「관광진흥법」의 적용을 받는 관광 숙박시설		〃 500
라. 주거용과 비주거용이 혼합된 건축물	(1) 주거용과 비주거용이 혼합된 건축물은 주거부분과 비주거부분을 구분하여 각 용도의 면적에 대하여 각각 가목 및 나목을 적용한다. (2) 건축물(주거부분이 공동주택인 경우는 제외한다)의 연면적이 165제곱미터 이상인 경우에는 (1)에 따라 산정한 금액과 전체연면적을 비주거용으로 산정한 금액 중 많은 것을 적용한다.	
7. 건설업, 주택건설사업 및 주택관리업 등록(갱신의 경우는 제외한다)		자본금(법인인 경우에는 법인 등기사항증명서상의 납입자본금. 개인인 경우에는 자산평가액)의 2/1,000. 다만, 이 호 또는 제10호의 업종에 해당하는 자가 추가로 이 호 또는 제10호의 업종을 등록하는 경우에는 기존 이 호 또는 제10호의 업종 등록 당시의 자본금은 매입금액 산정 시 제외한다.
8. 공유수면매립면허		면허수수료의 20/100
9. 건설기계신규등록		과세표준액의 5/1,000
10. 정보통신공사업, 전기공사업 및 소방시설공사업 등록(갱신의 경우는 제외한다)		자본금(법인인 경우에는 법인 등기사항증명서상의 납입자본금. 개인인 경우에는 자산평가액)의 1/1,000 다만, 제7호 또는 이 호의 업종에 해당하는 자가 추가로 제7호 또는 이 호의 업종을 등록하는 경우에는 기존 제7호 또

		는 이 호의 업종 등록 당시의 자본금은 매입금액 산정시 제외한다.
11. 측량업등록		50,000
12. 식품영업허가		
가. 유흥주점영업		700,000
나. 단란주점영업		
1) 특별시 및 광역시		500,000
2) 각 도청소재지		300,000
3) 그 밖의 지역		100,000
13. 「게임산업진흥에 관한 법률」에 따른 게임제공업, 인터넷컴퓨터게임시설제공업, 복합유통게임제공업의 허가 및 등록, 「관광진흥법」에 따른 유원시설업의 허가		
가. 특별시 및 광역시		50,000
나. 각 도청소재지		30,000
다. 그 밖의 지역		20,000
14. 「체육시설의 설치·이용에 관한 법률」에 따른 골프장업의 신규 등록		5,000,000
15. 부동산등기	등기하려는 부동산이 공유물인 때에는 공유지분율에 따라 산정한 「지방세법」 제4조에 따른 시가표준액(이하 "시가표준액"이라 한다)을, 공동주택인 경우에는 세대당 시가표준액을 각각 기준으로 하며, 이 경우 공유지분율에 따라 시가표준액을 산정함에 있어서 둘 이상의 필지가 모여서 하나의 대지를 형성하고 있는 때에는 그 필지들을 합하여 하나의 필지로 본다.	
가. 소유권의 보존 또는 이전	(가) 건축물의 소유권 보존은 제외한다. (나) 공유물을 공유지분율에 따라 분할하여 이전등기를 하는 경우와 신탁 또는 신탁종료에 따라 수탁자 또는 위탁자에게 소유권이전등기를 하는 경우는 제외한다.	
1) 주택	시가표준액이 공시되지 않은 신규 분양 공동주택의 경우에는 「지방세법」 제10조의3에 따른 취득당시가액을 시가표준액으로 한다.	
가) 시가표준액 2천만원 이상 5천만원 미만		시가표준액의 13/1,000
나) 시가표준액 5천만원 이상 1억원 미만		
(1) 특별시 및 광역시		〃 19/1,000
(2) 그 밖의 지역		〃 14/1,000
다) 시가표준액 1억원 이상 1억6천만원 미만		
(1) 특별시 및 광역시		〃 21/1,000
(2) 그 밖의 지역		〃 16/1,000
라) 시가표준액 1억6천만원 이상 2억6천만원 미만		
(1) 특별시 및 광역시		〃 23/1,000
(2) 그 밖의 지역		〃 18/1,000
마) 시가표준액 2억6천만원 이상 6억원 미만		
(1) 특별시 및 광역시		〃 26/1,000
(2) 그 밖의 지역		〃 21/1,000
바) 시가표준액 6억원 이상		
(1) 특별시 및 광역시		〃 31/1,000
(2) 그 밖의 지역		〃 26/1,000
2) 토지		

가) 시가표준액 5백만원 이상 5천만원 미만		
(1) 특별시 및 광역시		" 25/1,000
(2) 그 밖의 지역		" 20/1,000
나) 시가표준액 5천만원 이상 1억원 미만		
(1) 특별시 및 광역시		" 40/1,000
(2) 그 밖의 지역		" 35/1,000
다) 시가표준액 1억원 이상		
(1) 특별시 및 광역시		" 50/1,000
(2) 그 밖의 지역		" 45/1,000
3) 주택 및 토지 외의 부동산		
가) 시가표준액 1천만원 이상 1억3천만원 미만		
(1) 특별시 및 광역시		" 10/1,000
(2) 그 밖의 지역		" 8/1,000
나) 시가표준액 1억3천만원 이상 2억5천만원 미만		
(1) 특별시 및 광역시		" 16/1,000
(2) 그 밖의 지역		" 14/1,000
다) 시가표준액 2억5천만원 이상		
(1) 특별시 및 광역시		" 20/1,000
(2) 그 밖의 지역		" 18/1,000
나. 상속(증여 그 밖의 무상으로 취득하는 경우를 포함한다)		
1) 시가표준액 1천만원 이상 5천만원 미만		
가) 특별시 및 광역시		" 18/1,000
나) 그 밖의 지역		" 14/1,000
2) 시가표준액 5천만원 이상 1억5천만원 미만		
가) 특별시 및 광역시		" 28/1,000
나) 그 밖의 지역		" 25/1,000
3) 시가표준액 1억5천만원 이상		
가) 특별시 및 광역시		" 42/1,000
나) 그 밖의 지역		" 39/1,000
다. 저당권의 설정 및 이전	(가) 저당권 설정금액이 2천만원 이상인 경우만 해당한다. (나) 신탁 또는 신탁종료에 따라 수탁자 또는 위탁자에게 저당권을 이전하는 경우는 제외한다.	저당권 설정금액의 10/1,000. 다만, 매입금액이 10억원을 초과하는 경우에는 10억원으로 한다.
16. 화물자동차운송주선사업허가		500,000

17. 자동차정비업 및 자동차매매업등록
가. 자동차정비업등록(자동차종합정비업으로 한정한다)
  1) 특별시 및 광역시
  2) 각 도청소재지
  3) 그 밖의 지역
나. 자동차매매업등록
		
		100,000
		80,000
		50,000
		100,000

18. 국가, 지방자치단체 또는 제8조제1항에 따른 공공기관과의 건설공사도급계약	(가) 지방자치단체의 경우 지방자치단체의 교육, 과학, 기술, 체육, 그 밖의 학예에 관한 사무를 집행하는 기관만 해당한다. (나) 도급계약금이 5억원 이상인 경우만 해당하며, 설계변경 등으로 증액되거나 장기계속공사로서 5억원 이상이 되는 경우를 포함한다.	계약금액의 1/1,000
19. 「하천법」 제33조제1항제5호에 따른 토석·모래·자갈의 채취허가		점용료의 5/100
20. 카지노업허가		3,000,000

[찾기]

서식·표·용어·예규
찾아보기

서식

표

용어 및 소제목

예규

찾 아 보 기

서 식

ㄱ ～ ㅎ

표

ㄱ

ㅂ

ㅅ

용 어 및 소 제 목

ㅊ

ㅌ　ㅍ

ㅎ

예 규

♣ 저자소개

[이 철 호]

공인회계사
서울시립대학교 경상대학 졸업
서울시립대학교 경영대학원(세무관리학과) 수료
전) 한국은행 국제부 근무
전) 안건회계법인 근무
전) 한국공인회계사회 회계감사 심리위원
현) 한국재정경제연구소 법인전환센터 전문위원
현) 한빛회계법인 이사

〈저서 등〉
벤처@알아야 성공한다 (2001)

개인기업의 법인전환 실무해설

발행일	1991년 5월 20일 제 1 판 1쇄 발행
	2023년 3월 10일 제19판 1쇄 발행
	2025년 2월 14일 제20판 1쇄 발행
저자	이철호
발행인	강석원
발행처	한국재정경제연구소 〈코페하우스〉
출판등록	제2-584호(1988.6.1)
주소	서울특별시 강남구 테헤란로 406, A-1303호
전화	(02) 562-4355
팩스	(02) 552-2210
이메일	kofe@kofe.kr
홈페이지	www.kofe.kr
ISBN	978-89-93835-88-5 (13320)
값	48,000원